이근삼 박사 100주년 기념 논문집

개혁주의
신학과 문화

이근삼 박사 100주년 기념 논문집 발간위원회
책임편집: 이신열

크리스천
르네상스

이근삼 박사 100주년 기념 논문집

개혁주의 신학과 문화

이근삼 박사 100주년 기념 논문집 발간위원회

위원   정태진(위원장, 진주성광교회 담임목사)

　　　 이신열(총무, 고신대학교 교수)

　　　 김은태(은혜로교회 담임목사)

　　　 김진영(서울중앙교회 담임목사)

　　　 김형렬(송도제일교회 담임목사)

　　　 이정기(고신대학교 총장)

　　　 최승락(고려신학대학원 원장)

　　　 황대우(고신대학교 교수)

크리스천
르네상스

이근삼 박사 (李根三, Lee Kun Sam, 1923. 10. 28. ~ 2007. 01. 14.)

이근삼 박사 연혁

1923	10월 28일	부산 서구 부용동 출생 (부: 이영식 모: 한귀련, 3남 1녀 중 3남)
1941	12월	부산 제2상업학교(현 부산상업고등학교) 졸업
1946	03월	남조선대학(현 동아대학교) 입학
	09월 20일	고려신학교 제1회 입학
1951	05월 27일	고려신학교 제5회 졸업
	09월	초량교회 전도사 부임
1952	01월 22일	조영진(趙英珍)과 결혼
	09월	삼일교회에서 고려파 총회에서 목사 안수
1953	12월 26일	미국 고든 칼리지(Gordon College) 유학하기 위해 도미
1957	05월	미국 카버넌트신학교(Covenant Theological Seminary) 졸업(Th. M.) (지도 교수: Dr. R. Allan Killen)
	09월	미국 웨스트민스터신학교에서 변증학 수학
1958	08월 23일	네덜란드 자유대학교에 수학하기 위해 네덜란드로 출발
1962	07월 13일	자유대학교 박사학위(Th. D.) 취득 (논문: 기독교와 신도국가주의의 대결, 지도 교수: Dr. Johan H. Bavinck)
	07월 31일	네덜란드 로테르담에서 귀국(9월 1일 부산항 도착)
	09월	총회신학교 부산분교 교수 취임
1963	03월	고려신학교 교수 취임
	11월 03일	복음교회(현 송도제일교회) 개척
1966		박사학위 논문 The Christian Confrontation with Shinto Nationalism 출간 (Presbyterian & Reformed Publishing Co.)
1966	09월	고려신학교 교장 취임
1980	03월	고려신학대학 학장 취임
1991	08월 28일	고신대학 학장 취임
1993	03월 03일	고신대학교 총장 취임
1994	02월 28일	고신대학교 총장 퇴임 및 명예교수 추대
	03월 04일	교육부 국민훈장 모란장 수여
1995	05월	미국 가주고려신학대학원 원장 취임
1999	06월 01일	복음대학교 총장 취임
2007	01월 14일	소천(만 83세)

이근삼 박사 100주년 기념 논문집

발간사

풀은 마르고 꽃은 시드나

우리 하나님의 말씀은 영원히 서리라 하라

이사야 40:8

'법고창신'(法古創新)이라는 말이 있습니다. "옛것을 본받아 새로운 것을 창조한다"라는 뜻으로 18세기 조선의 대표적인 실학자 박지원이 '과거의 법칙이나 원칙'을 뜻하는 '법고'(法古)와 '새로운 시작'을 뜻하는 '창신'(創新)을 조합하여 사용한 것에서 비롯된 용어입니다. 박지원은 새로운 것을 만들어 가다 보면 근본을 잃어버릴 수 있는 위험을 잘 알았습니다. 그는 옛것에 토대를 두고 변화를 추구하지 않으면, 올바른 방향과 목적을 잃어버릴 수도 있음을 경고했던 것입니다.

'법고창신'(法古創新)은 모든 것이 무서운 속도로 빠르게 변하는 현대 사회에서 성도답게 살아가기 위한 우리 모두에게도 필요한 교훈입니다. 우리의 믿음과 삶이 하나님의 말씀에 기초하고 있는지, 위대한 종교개혁자들의 가르침을 벗어나고 있지는 않는지 늘 점검하고 살피도록 도전하기 때문입니다. 우리가 시대와 발맞추기 위해 시도하는 수많은 변화와 도전이 성경적 원리와 기준에 어긋나지는 않는지 혹여라도 믿음의 가치와 본질을 잃어버린 결정은 아닌지 끊임없이 성찰하며 살피는 일이 반드시 필요합니다.

이런 시기에 이근삼 박사님의 기념 논문집을 발간하게 된 것은 참으로 시의적절하다고 생각합니다. '창신'(創新)에만 몰두하지 않고 '법고'(法古)하는 계기가 되기 때문입니다. 이근삼 박사님 기념 논문집은 칼빈주의에 기초한 개혁주의 신학의 원칙이 무엇인지 우리 모두가 다시 생각하는 기회가 될 것입니다. 작고하신 오병세 박사님은 이근삼 박사님을 이렇게 평가하셨습니다. "그는 칼빈주의를 강의할 뿐만 아니라, 그대로 실천하려고 노력하는 하나님의 사람이다." 신앙과 삶의 일치를 몸으로 보여주셨던 이근삼 박사님의 삶과 신학을 이제 우리가 다시 정리하고 함께 공유할 수 있게 된 것은 하나님의 선하신 은혜와 인도하심의 결과라고 믿습니다.

이 논문집은 지난 2023년 12월 2일에 개최되었던 이근삼 박사 100주년 기념 학술대회에서 발표한 논문들을 기초로 이근삼 박사님을 존경하는 후학들이 기꺼이 작성한 원고와 취합한 것입니다. 논문집은 크게 네 부분으로 구성되어 있습니다. 첫 번째 논문들은 이근삼 박사의 생애를 다룹니다. 두 번째에서는 본격적으로 이근삼 박사님의 칼빈주의 신학을 탐구합니다. 세 번째에서는 칼빈주의 신학에 기초해서 이근삼 박사님께서 다루셨던 실천적인 주제를 소개하고, 마지막으로 네 번째 부분에서는 신사참배 반대운동과 관련하여 이근삼 박사님의 생각이 무엇이었는지를 다룹니다. 우리는 이근삼 박사님의 삶과 신학이 어떠했는지 살펴봄으로써 새로운 시대에 보조를 맞추며 살면서 동시에 우리 신앙의 근본과 토대가 되는 성경의 가르침을 되새길 수 있어야 하겠습니다.

무엇보다 이근삼 박사님의 생애와 신학에 대하여 한국을 대표하는 보수 교단의 교수 및 목회자와 함께 연구하고 그 결과물을 출판할 수 있게 되어 하나님께 모든 영광과 찬송을 올려드립니다. 부디 본 논문집이 고신 교단에 속한 교회와 목회자, 그리고 성도에게만이 아니라 모든 한국 교회와 한국 신학자들이 공유할 수 있게 되기를 소망합니다. 나아가 이근삼 박사님의 신앙과 신학이 다시 한국교회를 개혁신학과 신앙 위에 든든히 세우는 초석이 되고 또한 그분에 대한 연구가 더욱 활발하게 진행되는 계기가 되길 기대합니다.

정태진

발간위원회 위원장, 진주성광교회 담임목사

축 사

신학교 재학시절 제가 이근삼 박사님을 만난 것은 저에게는 엄청난 축복이었습니다. 지금은 신학교 졸업논문 제출 제도가 대부분 없어졌지만, 그 당시에는 신학교 졸업을 위한 논문을 제출해야 하던 시절이었습니다. '칼빈의 예정론'에 관한 졸업논문을 쓸 때의 지도교수님이셨습니다. 자상하게 지도해 주시던 모습이 지금도 눈에 선하게 떠오릅니다. 그 해맑은 미소도 그립습니다.

저의 스승이자 우리 고신총회의 신학자요, 교수로서 많은 제자를 목회의 길로 안내하신 이근삼 박사님 출생 100주년을 맞아, 한국개혁신학회 주최로 2003년 가을에 열린 학술 심포지움에 이어 기념논집을 발간하게 된 것을 축하드리며 하나님께 온전히 영광을 돌립니다.

이근삼 박사님은 한국 교회 특히 우리 고신총회 소속 교회에 영적으로 큰 감화력과 영향력을 미쳤습니다. 고려신학교에서 고신대학교에 이르기까지 30년이 넘는 긴 세월에 걸쳐서 먼저 우리 하나님과의 깊은 교제 가운데 말로 다할 수 없는 은혜를 체험하신 후, 이를 토대로 대학과 신학교를 이끄셨고 후학들에게 많은 귀감이 되어 주셨습니다. 저도 이렇게 이 박사님을 통해서 신학을 공부하게 되고 목회자의 길을 걷게 되었습니다.

또한 이 박사님 설교는 하나님을 만나게 하고, 하나님 앞에서 자신을 진술하게 돌아보는 기회를 제공하는 살아 있는 명설교였습니다. 한국 교회의 강단이 혼탁한 이때 그 설교가 무엇보다 그립습니다. 하나님의 뜻과 사랑을 외치시던 그 음성을 사모하는 마음이 더욱 간절합니다. 부디 우리 한국 교회가 이 기념논집의 발간을 계기로 이 박사님의 모범을 귀감으로 삼고, 주님의 음성을 더욱 사모하고, 그 은혜의 강물 속으로 더 깊이 잦아드는 교회가 되었으면 좋겠습니다. 이렇게 하나님의 은혜로 살아가는 개인과 교회가 복된 줄을 믿습니다.

한국 교회 특히 우리 고신교회에 하나님의 사랑과 은총의 메시지를 전하시던 이 박사님의 그 모습이 더욱 새롭게 기억되고, 그 은혜가 충만해 질 때, 우리 교회가 성 삼위 하나님의 존귀하신 이름을 열방을 향하여 증거하는 귀하고 아름다운 교회가 될 것입니다. 다시 한번 이렇게 귀한 기념논집을 출간하게 된 것을 축하드리며, 출간을 위해 수고하신 발간위원회 모든 위원의 노고에 진심으로 감사드립니다.

김홍석

총회장, 안양일심교회 담임목사

*

1977년 목사로 부르심을 받아 고려신학대학에 입학하여 새내기 신학생이 되었는데 송도 바람은 차갑고 교정은 초라하였습니다. 그런데 교수님들의 강의는 가슴을 뛰게 했고, 목회자로서의 꿈을 키워나가도록 해 주었습니다.

특별히 이근삼 교수님의 "칼빈·칼빈주의" 강의와 "칼빈주의 문화관"의 강의는 지금의 저의 개혁주의 목회자로서 길을 걷게 하는 신학의 토대를 만드는 기초가 되었습니다.

이교수님의 본인의 말씀대로 "외골수 칼빈주의자"로서 신학교와 온갖 집회의 설교와 강의, 자신의 삶을 통하여 소위 고신파 신학을 세워오신 칼빈주의 신학자이셨습니다. 그의 가르침은 지금의 고신의 지도자들,

특히 목회자들 속에 살아 있어 우리 총회의 신앙의 정통성을 지켜 가고 있다고 볼 수 있습니다.

2023년 교수님 탄생 100주년을 맞이하여 후학들이 그의 가르침과 학문을 기리며 기념 논문집을 출간하게 됨을 제자의 한 사람으로 크게 기뻐하고 감사하게 생각한다. 수고하신 모든 분들께 깊은 경의를 표합니다.

이 논문집이 세세에 고신신학과 고신정신을 지키고 견고히 하는데 큰 역할을 할 것을 기대하면서 발간을 진심으로 축하드립니다.

유연수

학교법인 고려학원 이사장, 수영교회 담임목사

*

이근삼 박사님의 탄생 100주년 기념 학술대회에서 발표된 논문들이 기념집으로 출간됨을 진심으로 축하드립니다.

제가 대학시절 저희 교회 담임목사님께서는 개혁주의는 성경주의라고 가르쳐 주셨습니다. 그래서 개혁주의에 대해 더 깊이 신뢰하며 성경에 기초한 개혁적 삶을 추구하여 왔습니다. 이근삼 박사님은 제가 1982년 고신대학교에서 강의를 시작할 때 학장님으로 모시며 가까이 서 뵙기 시작했습니다. 안타깝게도 그해 봄 미문화원 방화 사태로 물러나시기 직전 대구의 한 기도원에서 며칠간 마르투스수련회를 하며 역경을 대하시는 그분의 모습을 뵐 수 있었습니다. 1992년 이 박사님은 고신대학교 초대 총장님으로 다시 취임하시고 저는 34세의 젊은 나이에 학생처장으로 지근에서 보좌하는 특권을 누렸습니다 이 박사님께서 고신대학교 총장 퇴임 이후 미국 에반겔리아대학교 총장시절에도 지속적인 교류를 가지며 큰 사랑과 배려와 교훈을 받았습니다. 이 박사님께서 소천하시기 몇 주 전 저희 부부는 LA 인근 소재 자택을 방문하였습니다. 이미 며칠째 곡기를 끊으시고 의식이 없으신 상태셨습니다. 제가 이 박사님 귀에 대고 조그마한 소리로 찬송을 부르기 시작했습니다. "당신의 그 섬김이 천국에서 해 같이 빛나리." 그러자 의식이 돌아오시며 제 손을 잡으시며 "안교수, 개혁주의를 위해 함께해 주어 고마워요"하시며 미소를 지으시고 보리죽을 드시고 마지막 몇 시간을 함께 했습니다.

이때 저는 이 박사님에게 개혁주의는 자신의 인생 전부였음을 느낄 수 있었습니다. 이 박사님은 훌륭한 개혁주의신학자이시기도 하시지만 제게 있어 더 귀한 것은 그 신학을 친히 살아내어 신앙으로 승화시키신 그의 개혁주의적 삶이라고 생각됩니다. 그것이 지금도 제 가슴에 존경과 흠모의 마음으로 남아 있습니다.

강력한 리더십으로 우리를 이끄셨지만 언제나 따뜻하시고 겸손하시며 낮은 곳에서 좁은길을 걸어 본질을 놓지않으시는 예수님의 리더십을 친히 보여 주셨습니다. 제가 총장으로 재임하는 동안 고뇌의 시간마다 이 박사님의 삶의 모습이 언제나 큰 힘이 되었습니다. 세상은 물론 교회도 흔들리고 길을 잃은 듯한 이 시대에 개혁주의 신학과 함께 삶으로 개혁주의를 살아내신 이근삼 박사님의 그 정신이 담긴 책의 출간은 너무도 시의 적절하고 꼭 필요한 일이라 생각하며 마음 깊은 감사와 축하를 드립니다.

안 민

前 고신대학교 총장

2023년은 이근삼 박사님을 하나님께서 이 땅에 보내신지 100년째가 되는 해였습니다. 작년 12월 2일에 100주년을 기념하는 학술대회를 개최한 데 이어 올해에는 학술적 가치가 높은 논문을 모아 논문집을 편찬하게 되어 너무 감사하고 감격스럽습니다. 이근삼 박사님은 제가 고신대학교를 재학할 당시 학장으로 수고하셨습니다. 신학과 교수님이시기에 수업을 자주 들을 기회는 없었지만, 경건회에서 뜨겁고 힘있게 말씀을 선포하시던 모습은 아직도 눈에 선합니다. 박사님과 같은 신앙의 선배님들이 눈물과 기도로 우리 대학을 일구어오셨기에 오늘의 고신대학교가 있다고 생각합니다.

이번에 출간하는 논문집은 이근삼 박사님의 생애와 신학을 재조명하고 박사님께서 후세대에게 남기신 신앙의 유산을 잇고자 하는 마음과 의지를 담고 있습니다. 우리 교단과 한국 교회를 대표하는 신학자들이 참여해 주셨기에 논문집의 가치가 더 크다고 믿습니다. 바쁘신 가운데서도 이근삼 박사님을 추억하며 귀한 논문을 제공해 주신 모든 분들에게 감사의 마음을 전합니다. 이근삼 박사 100주년 기념 논문집의 출간을 축하드리며 후학들이 함께 모여 선배 학자의 신앙을 추억하고 가슴에 되새기는 아름다운 전통이 고신대학교와 고신 교단에서도 이어져 나가길 기대해 봅니다.

이정기

고신대학교 총장

이근삼 박사 100주년 기념 논문집

추천사

이근삼 박사 100주년 기념 논문집 간행에 추천사를 작성하게 된 것을 대단히 기쁘게 생각합니다. 이 박사님은 오병세, 홍반식 박사님과 더불어 저가 주일학교 시절에 해외 유학길에 올라 박사학위를 위해서 연마하고 계시는 분들이어서 환상의 대상이었습니다.

이근삼 박사님과 저와의 개인적인 대면은 1972년 겨울이었습니다. 한국교회와 신사참배 문제에 관한 주제로 연세대학교 연합신학대학원의 석사 학위 논문을 작성할 때였습니다. 부산 광안리 소재 그의 댁에 방문했던 저에게 역사에는 사관이 있어야 된다는 말씀부터 신사참배에 문제에 대해서 여러가지 말씀을 자상하게 해 주셔서 큰 도움이 되었습니다. 그리고 그의 박사학위 논문인 「The Christian Confrontation with Shinto Nationalism」을 선물로 받았습니다. 훗날 Yale 대학교 Divinity School 유학시절 세계선교사(History of World Mission) 과목을 수강할 때 이 책이 Reading List에 올라 있는 것을 보고 반갑기도 하고 또 이 문제에 대한 그의 공로는 한국교회 신사참배 투쟁의 사상과 모습을 세계교회에 알리는 역할을 했다는 것을 알게 되었습니다. 그 무렵 이 박사님께서 예일대를 방문하셨을 때, 이 사실을 말씀드렸더니 신사참배 문제에 대해서 처음으로 해외에서 학위논문으로 한국교회의 신앙상을 알렸다는 사실을 기뻐하셨습니다. 이러한 일들이 계기가 되어서 훗날 이 책을 번역하는 작업에도 관여하게 되었습니다.

이 박사님은 저에게 여러 가지 도움을 주셨습니다. 서울에서 부산의 신학교를 다닐 적에 등록금도 대납해 주셨습니다. 미국 유학시절에 일용할 양식을 간구하던 저에게 미국을 방문하시거나 연구년으로 와 계시는 동안에는 매월 $200씩 도움도 주셨습니다. 그 뿐만 아니라 이 박사님은 개인적으로 진로문제, 목사 안수, 목회에 관한 말씀도 많이 해 주셔서 제 삶에 길잡이가 되었습니다.

이 책에 글을 실어주신 여러 분들의 글들이 그의 신앙과 신학을 잘 정리하고 대변해 주셔서 그의 학문과 덕망을 기리는 분들에게는 물론이고 교회와 교계에 그의 삶에 발자취를 다시 한번 되새기게 해 주셨습니다. 우리의 신앙생활과 학문 탐구에 큰 도움을 주리라 믿습니다.

최재건

성결대학교 석좌교수

＊

이 책은 내가 만난 이근삼 박사를 정확히 묘사하고 있습니다. 본서를 따라 이근삼 박사를 그려봅니다. 그는 늘 차분했으며, 하나같이 경건한 모습을 유지했고, 주님의 제자로서 여유 있는 대화와 신중한 걸음으로 사람들의 귀감이 되셨습니다. 이근삼 박사는 신학자 찰스 하지가 말한 바 개혁신학자다운 인격, 신행일치(信行一致)의 모범을 보여주셨습니다. 하나님의 주권과 섭리를 믿고 신실하게 살았던 그는 실천적 칼빈주의자였습니다. 사심이 없었던 그는 솔직하고 소탈한 인품의 소유자답게 허세나 권위의식이 없었습니다. 어떤 자리에 있든지, 그는 자기 생각이나 자기주장을 관철시키려고 하지 않았으며, 모든 일을 민주적으로 처리했습니다. 자신의 실수를 그냥 담담히 인정하고 책임질 일이 있으면, 그 책임을 회피하지 않았습니다. 이근삼 박사는 '문화 변혁자 그리스도'(Christ, the transformer of culture)를 강조했습니다. 그는 신학적으로 아우구스티누스, 츠빙글리, 칼빈, 에드워즈, 웨슬리로 이어지는 세상을 복음으로 변혁하는 기독교인의 문화사명(cultural mandate)을 강조했습니다. 그에게는 그리스도인이 감당해야 할 3가지 사명이 있었는데, 예배 사명, 화목 사명, 하나님의 영광을 위한 삶이었습니다.

나는 1993년 미국에서 김진섭 박사와 함께 이근삼 박사님을 모시고 11개 도시를 돌며 밤에는 교회 집회를, 낮에는 목회자 특강을 하는 영광을 누렸습니다. 독일에서 갓 박사학위를 끝내고 시카고 한인 개혁교회(CRC)를 목회하던 40세의 저는 이 기간 이근삼 박사님과 함께 호텔에 투숙하고 세 끼 식사도 같이 하면서 감히 지근거리에서 동행하는 기회를 누렸습니다. 이때 내가 만난 이근삼 박사는 앞에서도 언급했지만, 이 책의 집필자들이 묘사한 그대로였습니다. 나는 이 책을 통해 내가 만난 이근삼 박사가 다르지 않음을 확인하며, 기뻐하였습니다. 화란 자유대학교의 한국인 박사 1호였던 이근삼 박사의 삶과 신학을 만나며 독자들 역시 뿌듯할 것입니다. 이근삼 박사는 어쩜 이토록 뿌리 깊은 나무처럼 심지가 굳은 안정된 신학자일 수 있는지! 어떻게 이토록 꾸밈이나 가식이 없는지! 독일 신학박사 취득으로 당시 들뜨고 설익은 초보 목회자였던 나의 마음은 그분 곁에서 안정을 찾을 수 있었습니다.

그는 대화 중 나의 모든 말 한 마디에도 민감하게 반응하며 대화했습니다. 순간 나는 이근삼 박사의 타인을 향한 관심과 사랑이 결코 적지 않음을 깨달으며, 지금도 잊히지 않은 따뜻한 감동을 간직하고 있습니다. 어떻게 내가 주의 종 이근삼 박사를 모델로 따를 수 있을지? 이후 나는 이근삼 박사를 존경하게 되었다. 그러던 중 이근삼 박사의 차남 이신열 박사를 백석대학교에서 동료교수로 만나게 되었을 때, 얼마나 반가웠는지 모릅니다! 기꺼이 이 책을 추천합니다.

주도홍

前 백석대학교 부총장

＊

　항상 만면에 미소를 머금고 '미스터 유'를 부르시던 은사 이근삼 박사님의 생전 모습이 지금도 떠오릅니다. 당신의 강의에 매료되어 전공을 택하였고, 당신의 주례로 가정을 이루었고, 당신이 개척하셨던 덕분에 네덜란드 캄펜으로 가서 공부하고, 그 결실로 모교에서 사역하고 은퇴하였으니, 저의 생애는 이 박사님께 진 빚이 너무 많습니다.

　이런 개인적인 회고를 맘에 머금고, 한국개혁신학회가 주최한 '이근삼 박사 100주년 기념학술대회'에서 발제한 논문들과 이와는 별도로 기고한 논문들로 구성된 본 기념 논문집을 읽으면서 신학자 이 박사님의 교수 사역과 교회 사랑, 그리고 개혁주의 문화관과 기독교 대학 등에 쏟으신 당신의 일대기를 잘 조망할 수 있어 심히 기쁩니다. 특별히 필자 중에 이 박사님을 직접 대면한 적이 없는 외부 학자들조차도 당신의 전집과 다른 자료들을 독서하고 연구하여 당신의 삶과 신학을 깊이 있게 개진하고 평가한 이 논문집은 우리 모두에게 베풀어진, 참으로 값진 선물입니다.

　모든 필자들이 각자의 주제를 따라 심도 있게 연구하고 밝히고 있듯이, 이 박사님은 고신교회가 낳은 탁월한 신학자이십니다. 당신은 성경 말씀에 기초하여 개혁신학에 투신하시기로 결단하신 후에, 항상 열과 성을 다하여 배우고 확신하신 진리를 갖은 방식으로 설파하셨습니다. 당신은 목사나 목사후보생만이 아니라, 교회와 교인들을 향하여 사역하셨습니다. 이런 논문집이 가능한 것은 당신께서 평생 쉼 없이 읽고 신학교에서 강의하고 다시 글로 담아 대중화하셨기 때문입니다. 그리고 당신께서 얼마나 많은 분야를 연구하고 다루셨는지, 이것이 새삼 놀라우며, 그 중에서도 평생 강조하신 주제와 사역의 내용 또한 이 논문집에서 뚜렷하게 드러납니다.

본 논문집에 실린 논문들이 다룬 주제를 먼저 신학의 측면에서 보자면, 구약(창조), 신약(불트만), 설교학, 선교학(변증학 포함) 외에도 평생 가르치셨던 조직신학 분야에 들어가면 신학서론, 조직신학서론, 신조학, 신론, 기독론, 성령론 등이 골고루 들어있습니다. 일단 신학의 많은 부분을 다루었다는 사실과 함께 조직신학의 각론 외에 특히 우리의 신앙고백과 교리문답서들을 지속적으로 목사후보생들과 모든 교인들에게 가르치고 이를 교회 교육에 적용하신 일, 그리고 신학 및 조직신학의 서론은 한국 신학교육에서 보기 드문 기여입니다. 이처럼 이 박사님은 신학의 파편화를 경고하고 신학의 일체성을 지키심으로 우리에게 독특한 유산을 남기셨습니다. 또한 성경과 성경에 기초한 고백서와 요리문답을 대중화하여 교회의 정체성을 분명하게 확립하기 위하여 애를 쓰셨습니다. 우리가 한국교회의 위기와 신학의 혼란을 목도하는 상황에서 이 박사님의 교회 사랑이 고백문서 해설과 신학적 작업으로 채워 나가신 모습을 이 논문집에 실린 모든 논문들이 고맙게도 잘 보여주면서 우리는 이 박사님을 격려를 또 다시 새롭게 읽고 듣습니다. 이 박사님은 신학 여러 분과와 조직신학 각론을 다룰 때에도 개혁신학의 입장만을 소개하지 않고, 당대의 다양한 논의들과 개혁신학 안이나 바깥에 있는 다양한 신학자들의 입장을 동시에 소개하면서 개혁신학의 독특성과 우월성을 증시하셨고, 교회의 일체성을 추구하도록 독려하셨습니다.

여러 외부 저자들은 이 박사님이 평생 설파하셨던 기독교문화에 대해서 놀라움과 존경을 표합니다. 당신께서 설파하신 기독교문화와 문화명령 덕분에 고신교회는 한국교회 안에서 독특한 역할을 수행하고 있습니다. 이것과 연관되어 이 박사님의 필생의 사역과 업적에 속하는 기독교 대학이라는 주제도 한국의 고등교육의 힘겨운 현실과 연관하여 잘 평가하고 있습니다. 이 박사님의 생애를 기술하고 사역을 개관하는 역사적 논문들은 말할 필요도 없이 이 박사님의 삶의 궤적과 함께 신학과 문화적 사역이라는 양면을 흥미롭고 균형있게 잘 소개하여 다른 논문들을 읽는 데에 큰 도움을 줍니다.

고신 바깥의 여러 필자들은 이 박사님의 신학과 사역을 고신교회 밖으로도 소개하는 수고를 자청하면서도 여전히 당신의 신학과 사역에 대해서 궁금한 점들과 아쉬운 점들을 지적하고, 동시에 이를 한국교회가 더 연구할 수 있도록 당신의 자료들을 더 수집하고 정리할 것을 요청합니다. 고신의 제자들은 이런 요청에 귀기울이면서 이 박사님의 넓은 신학의 세계와 업적들을 더 발전시킬 짐을 저야 할 것입니다. 교회를 말씀 위에 바르게 세우며, 특히 한국의 고등교육의 현실과 기독교 대학의 현주소를 직시하면서 이 박사님의 유지를 지켜나가야 하는 사명을 새롭게 깨닫게 됩니다.

고신의 제자들은 이런 요청에 귀 기울이면서 이 박사님의 넓은 신학의 세계와 업적들을 더 발전시킬 짐을 져야 할 것입니다. 교회를 말씀 위에 바르게 세우며, 특히 한국 고등교육의 현실과 기독교대학의 현주소를 직시하면서 이 박사님의 유지를 지켜나가야 하는 사명을 새롭게 깨닫게 됩니다.

발제를 통하여 신학과 신앙의 위대한 선진인 이 박사님의 100주년을 조명하고, 이 칭송 논문집(panegyric)에 기고한 모든 필자들에게 진심에서 우러나오는 고마움을 표합니다. 한국교회의 위기를 몸으로 부딪쳐야 하는 당신의 후예들인 우리에게 당신의 미소 어린 호통과 격려가 시리도록 아쉽고 그리운 이때에 당신의 생전 모습을 뵙듯, 육성을 듣듯, 우리를 일깨워 주어 참으로 좋습니다.

마지막으로 당신을 쓰셨던 삼위 하나님께 찬양과 영광을 돌려드립니다. 이 박사님이 기초를 놓으신 개혁신학과 개혁교회 건설에 후진인 우리도 더욱 진력하고, 혼신의 힘으로 교회 개혁과 세상의 변화를 위하여 매진할 때 우리까지도 도우실 이 박사님의 하나님께 감사를 드리면서, 이 칭송 논문집을 추천드립니다.

유해무

고려신학대학원 은퇴교수

*

이 책은 고신대학교에서 1962년부터 1994년까지 32년간 조직신학을 가르치면서 고신대를 기독교 세계관에 입각한 고등교육기관으로 발전

시키고자 헌신했던 이근삼 박사님의 탄생 100주년을 기념하여 한국개혁
신학회가 작년 12월 2일에 부산 고신대에서 개최되었던 한국개혁신학회
154차 학술 심포지엄에서 발표했던 논문들을 모아서 출판한 소중한 기념
논문집입니다.

이 논문집은 이근삼 박사님이 고신대에서 박윤선 목사님에 이어 2대
칼빈주의신학자이자 개혁주의신학자로서 발전시켰던 학문적인 업적을
다각도로 조명하고 평가하며 계승해 나가야할 지점들을 집중적으로 다
루고 있습니다.

이상규 교수와 황대우 교수는 이근삼 박사님의 생애와 신학을 칼빈
주의 관점에서 일목요연하게 소개했습니다. 김영한 박사는 이근삼 박사
님의 개혁주의 문화신학을 다양한 현대신학을 비판하며 칼빈주의로서 개
혁주의신학을 정립한 바탕에서 아브라함 카이퍼의 신칼빈주의적인 문화
신학의 수용이란 관점에서 평가했습니다. 이승구, 류길선, 이경직, 우병
훈 교수는 이근삼 박사님의 개혁주의와 칼빈주의 연구를 심화와 실천, 교
회의 성장과 세상의 변화, 신학서론, 근본주의가 아닌 포괄적 신앙고백
의 이해의 관점에서 분석했습니다. 기동연, 이신열, 최윤배, 이환봉, 신원
하 교수는 그의 조직신학 가운데 창조론, 기독론, 성령론, 교회론, 기독
교 윤리의 개별적인 주제들의 내용과 특성을 탐구했습니다. 권호 교수는
이근삼 박사님의 설교를 명료성과 연관성을 주제로 분석하면서 성경사랑
과 청중사랑이 바탕을 이루고 있음을 제시합니다. 김성수 교수는 이근삼
박사님이 기독교세계관에 입각한 고등교육기관으로 고신대의 발전을 위
한 수고를, 소기천 교수는 신토이즘에 대한 이근삼 박사님의 박사학위의
개혁주의신학으로서의 특성을 잘 분석했습니다. 이러한 논문들은 이근삼

박사님의 칼빈주의로서의 개혁주의신학 이해를 풍성하게 해주면서 오늘의 시각에서 재평가해 볼 수 있는 안목들을 제시해 주고 있습니다.

　이근삼 박사님의 업적이 2008년 1월에 10권의 전집으로 정리되고 출판되어 한국교계에 알려지게 되었습니다. 이번 기념논문집 출판은 그의 개혁신학과 문화신학이 다방면에서 평가되어 한국개혁주의신학계와 소통하게 됨으로 그의 학문적 업적이 더욱 널리 알려지게 되는 소중한 전기가 될 것입니다. 이 기념 논문집을 통해 이근삼 박사님의 2세대 개혁신학자로의 업적이 널리 알려질 뿐만 아니라 비판적인 학문적 대화를 통해 한국개혁신학 발전의 토양이 되기를 기대하며 이 책을 추천합니다.

이은선

안양대학교 명예교수

이근삼 박사 100주년 기념 논문집

개혁주의
신학과 문화

목 차

이근삼 박사 연혁   05

발간사   07
정태진(위원장, 진주성광교회 담임목사)

축사   11
김홍석(총회장, 안양일심교회 담임목사)
유연수(학교법인 고려학원 이사장, 수영교회 담임목사)
안　민(고신대학교 前 총장)
이정기(고신대학교 총장)

추천사   17
최재건(성결대학교 석좌교수)
주도홍(백석대학교 前 부총장)
유해무(고려신학대학원 은퇴교수)
이은선(안양대학교 명예교수)

프롤로그

황대우(고신대학교 교수)   **29**

제1부 헌정논문

1. 이근삼 박사의 생애와 사상 | 이상규   **35**
2. 이근삼 박사의 생애와 칼빈주의 | 황대우   **69**
3. 이근삼의 개혁주의적 문화신학 | 김영한   **97**
4. 이근삼 박사의 공헌로서의 개혁신학과 칼빈주의 개념의 심화와 실천 | 이승구   **155**
5. 이근삼 박사의 개혁신학 연구 | 류길선   **189**
6. 이근삼 박사의 신학서론 연구 | 이경직   **225**
7. 이근삼 박사와 기독교 신조와 신앙고백 | 우병훈   **275**
8. 이근삼 박사의 하나님의 창조 이해 | 기동연   **307**
9. 이근삼과 우상숭배 반대 투쟁 | 최승락   **345**
10. 이근삼과 기타모리 가조의 기독론 비교 연구 | 이신열   **377**
11. 이근삼 박사의 성령론에 관한 연구 | 최윤배   **411**
12. 이근삼 박사의 개혁주의 교회론 | 이환봉   **469**
13. 설교학의 명료성과 연관성 관점에서의 이근삼 박사의 설교 분석 | 권 호   **491**
14. 이근삼과 기독교 고등교육 | 김성수   **555**
15. 신토의 변천사에 관한 연구 | 소기천   **591**

제2부 일반논문

1. 고신의 성경관과 설교 | 변종길   **615**
2. 고신의 교의학자들 | 이신열·우병훈   **647**
3. 한국장로교 '조직신학'의 발전 역사 | 김은수   **695**
4. 차별금지법에 대한 신학적 분석과 교회의 책임적 대응에 대한 연구 | 신원하   **761**

에필로그

이신열(고신대학교 교수)   **793**

이근삼 박사 100주년 기념 논문집

프롤로그

신학자 이근삼 박사는 한국인으로는 최초로 네덜란드 자유대학교에서 박사학위를 받으신 분입니다. 「신도 국가주의와 기독교의 대결: 메이지 유신에서 제2차 세계대전 종전까지(1868~1945) 기독교와 일본 신도의 충돌에 대한 역사적 비판적 연구」라는 그의 박사학위논문은 학장 스미츠깜프(H. Smitskamp) 박사의 권위로 치러진 1962년 7월 13일 금요일의 논문방어식을 통과했습니다.[1] 이 논문으로 이근삼 박사는 '한국인 최초의 자유대학교 박사학위 수여자'라는 영예로운 칭호를 획득하게 되었습니다. 그의 박사학위논문 지도교수는 유명한 네덜란드 개혁주의 교의신학자 헤르만 바빙크(Herman Bavinck)의 조카 요한 헤르만 바빙크(Johan Herman Bavinck)였습니다. 그는 선교학 담당 교수였는데, 불행하게도 이근삼 목사에게 박사학위를 수여한지 2년 후인 1964년에 돌아가셨습니다.

이근삼 박사는 칼빈신학에 근거한 칼빈주의가 무엇인지 구체적이고 체계적으로 설명한 저술 『칼빈·칼빈주의』(1972)를 출간함으로써 자신이 확고한 칼빈주의자 즉 철저한 개혁신학자임을 천명합니다. 그는 "개혁주의 신학"과 "칼빈주의"를 동의어로 보고 개혁주의의 근본되는 중요한 원

---

1   THE CHRISTIAN CONFRONTATION WITH SHINTO NATIONALISM: A HISTORICAL AND CRITICAL STUDY OF THE CONFLICT OF CHRISTIANLITY AND SHINTO IN JAPAN IN THE PERIOD BETWEEN THE MEIJI RESTORATION AND THE END OF WORLD WAR II(1868~1945). Academish proefschrift. TER VERKRIJGING VAN GRAAD VAN DOCTOR IN DE GODGELEERDHEID AAN DE VRIJE UNIVERSITEIT TE AMSTERDAM, OP GEZAG VAN DE RECTOR MAGNIFICUS DR. H. SMITSKAMP, HOOGLERAAR IN DE FACULTEIT DER LETTEREN, IN HET OPENBAAR TE VERDEDIGEN OP VRIJDAG 13 JULI 1962 DES VOORMIDDAGS TE 11 UUR IN HET WOESTDUINCENTRUM, WOESTDUINSTRAAT 16, TE AMSTERDAM. DOOR **KUN SAM LEE** GEBOREN TE PUSAN, KOREA.

리를 "하나님의 영광"으로 간주하며 "개혁주의 근본 사상"을 "하나님 중심"이라고 주장합니다. 또한 개혁주의 신학의 성격에 대해서는 하나님의 절대주권을 믿는 "하나님 중심의 신학", 성경을 최고의 권위로 인정하는 "말씀 중심의 신학", 교회의 머리이신 그리스도께서 직분자들을 세우시고 그들을 통해 교회를 다스리신다는 "특이한 정치제도", 신학과 교리를 중시하면서도 동시에 성화와 윤리를 강조하는 "순수한 교리와 순결한 생활"에 대한 균형 잡힌 "강조", 신자의 삶 전 영역에서 하나님의 영광을 추구하는 "하나님의 나라 신학" 등 이 다섯 가지로 개혁주의 신학의 성격을 설명합니다.

귀국 후 칼빈학원과 고려신학교에서 후학을 가르치기 시작하신 이근삼 박사는 그 두 교육기관을 하나로 만드는데 주도적이었는데, 기독교 문화관의 선구자 아브라함 카이퍼(Abraham Kuyper)의 영역주권사상이 그의 이론적 근거와 토대였고 그 결과물이 오늘의 고신대학교입니다. 고신대학교의 초대 총장으로서 그는 고신대학교를 통해 기독교 문화가 대한민국에 뿌리내리길 소망하셨고 이것을 소명으로 여기셨기 때문에 고신대학교를 자유대학처럼 일종의 기독교 종합대학으로 발전하도록 신학대학 이외의 여러 학과들을 설립하는 일에 누구보다 적극적으로 앞장서서 헌신하셨습니다. 이근삼 박사에게 기독교 문화의 확신에 대한 분명한 교육철학과 확고한 신념, 그리고 적극적 의지가 없었다면 아마도 오늘날과 같은 고신대학교는 결코 존재하지 않았을 것입니다. 물론 고신대학교는 1946년 고려신학교로 출발할 때부터 문화적 사명감에 충만했습니다. 고려신학교 설립취지서(1946)의 결론은 아래와 같습니다.

또 한 가지 잊어서는 안 될 사실은 신학운동이야말로 참된 문화운동이라는 것입니다. 현대문명의 원천은 성경이라고 생각하지 아니하지 못합니다. 창세기 1장의 인생관은 곧 인생을 자연정복자로 보는 것입니다(창 1:28, 2:19). 그러므로 옛날부터 기독교 신자들은 자연을 숭배하지 않고 그것을 가까이하여 연구한 것입니다. 그러나 이방인들은 그 진리를 알지 못하고 자연을 숭배하고 영적으로나 지적으로 암흑세례에 빠지고 말았습니다. 대학제도는 어디서 왔습니까? 그것은 서구에서 기독교회가 창립한 것이 아닙니까? 역사가 오래된 캠브리지, 옥스퍼드 대학 등이 알려진 것처럼 교회의 대학으로 출발한 것입니다. 고로 우리는 문화운동도 먼저 천국을 구하는 정통신학운동을 따를 때 가장 올바르게 이루어진다고 믿습니다.

이근삼 박사의 총장은퇴기념 논문집은 『하나님 앞에서』(1994)라는 제목이고 그의 사역 50주년을 기념하는 논문집의 제목은 『하나님의 주권과 은혜』(2002)입니다. 이근삼 박사의 신앙과 신념, 그리고 평생의 활동을 두 권의 논문집 제목보다 더 명쾌하게 요약하기는 어려울 것입니다. '하나님 앞에서'라는 의미의 라틴어 용어 '코람데오'(Coram Deo)는 고신대학교와 고려신학대학원의 교훈이자 상징적 문구입니다. 이것은 루터신학의 특징을 대변하는 용어들 가운데 하나지만 고신대학교의 정신을 대변하는 용어로서 그것은 칭의를 절대적으로 강조하는 루터신학보다는 칭의와 성화를 균형 있게 강조하는 칼빈신학에 더 가깝습니다. 왜냐하면 '하나님 앞에서'란 구원의 첫 경험이자 증거인 회심의 칭의보다는 오히려 회심 이후 거듭난 양심의 소리를 청종하는 신자의 삶 즉 성화와 더 깊이 연관되기 때문입니다. 이러한 성화의 삶은 하나님의 주권과 은혜 없이는 불가능하다는 것이 칼빈신학의 근간입니다.

　이근삼 박사는 은퇴 이후 노년에 편안한 쉼을 누리기보다 또 다른 꿈을 이루기 위해 적극적인 활동을 멈추지 않았는데, 1994년에는 대한민국의 고신대학교와 같은 대학을 미국에도 설립하겠다는 강력한 의지로 에반겔리아대학교(Evangelia University)라는 기독교 대학 설립의 도전적인 꿈을 실현하셨습니다. 이처럼 개혁신앙과 개혁신학으로 무장한 교회 지도자 및 사회 지도자 양성이라는 기독교 인재양성을 위한 이근삼 박사의 열정은 소천하실 때까지 결코 식지 않았습니다. 칼빈주의 즉 개혁신학에 대한 그의 열정은 학문의 전당인 대학에서 가르치는 교수사역 뿐만 아니라, 기독교 대학을 설립하고 확장하는 교육행정을 위해서도 마지막 순간까지 불타올랐습니다.

　이런 점에서 이근삼 박사가 당대 대한민국의 대표적인 개혁주의 신학자라는데 이의를 제기할 사람은 아무도 없을 것입니다. 본서는 명실상부한 칼빈주의자로서 이근삼 박사의 가르침과 활동 및 업적을 기념하고 알리기 위하여 연구하고 발표한 결과물입니다. 본서가 이근삼 박사에 대한 연구의 종점이 아닌 출발점이길 바랍니다. 앞으로 더욱 활발한 연구가 진행될 수 있길 바라고 기대합니다.

황대우

고신대학교 교수

제1부
헌정논문

이상규
황대우
김영한
이승구
류길선
이경직
우병훈
기동연
최승락
이신열
최윤배
이환봉
권 호
김성수
소기천

이근삼 박사의 생애와 사상

이상규

시작하면서

이근삼 박사 탄생 100주년을 기념하여 한국개혁신학회가 '이근삼 100주년 기념 학술대회'를 개최하게 된 것은 뜻 깊은 일이라고 생각된다. 이런 특별한 행사에서 제자의 한 사람으로서 그의 삶의 여정, 특히 신학 여정을 소개하게 된 것을 영광으로 생각한다. 필자는 1971년 3월 고려신학대학에 입학 한 이래 이근삼 박사를 만나고 그 문하에서 신학수업을 받았고, 그가 1994년 2월 고신대학교에서 은퇴하기까지 학생으로 혹은 휘하의 교원으로 23년간 직접적인 가르침을 받았다. 특히 필자가 1980년 신학석사(Th.M.) 과정에 입학하여 그로부터 개혁주의 신학과 성찬론, 부르너(Frederick D. Bruner)의 성령론 등을 배웠고, 그가 학교행정 책임자로 일하는 관계로 학위논문은 이보민 박사 휘하에서 '몰트만의 종말론 신학'이라는 논문을 썼지만 그는 변함없는 스승으로 많은 가르침을 주었다.

필자는 1982년에는 연구조교라는 이름으로, 1983년 3월에는 고려신학대학 신학과 전임강사로 임용되어 그의 행정적 우산아래서 활동하면서 그의 교수활동과 학교행정을 보게 되었고, 1993년 8월부터는 이근삼 박사 휘하에서 교무처장직을 감당하면서 그의 삶과 신앙, 학문의 면모를 더 깊이 알게 되었다. 뒤돌아보면 필자가 고려신학대학에 입학한 이래로 그는 가장 오랜 기간 접했던 필자의 스승이었다. 그가 고신대학교를 은퇴한 이후 도미하여 복음대학교(Evangelia University)를 설립하고 활동하는 기간에도 귀국하시면 늘 필자를 만나 역사의 연대를 기억하게 하셨고 고려신학교와 고신교회의 숨겨진 역사, 혹은 그 이면(裏面)을 들려주시면서 선대의 역사를 기억하게(신 32:7) 해 주셨다. 이런 점을 생각해 볼 때 필자는 이근삼 박사의 생애와 사상 혹은 신학에 대해 말할 수 있는 약간의 자격을 부여받았다고 할 수 있다.

이근삼 박사는 박형룡(朴亨龍, 1897~1978), 박윤선(朴允善, 1905~1988), 이상근(李相根, 1911~2011)에 이어 고신의 제2세대 조직신학자였을 뿐만 아니라 한국교회를 대표하는 칼빈주의 신학자였고, 이눌서(William Reynold, 1867~1951), 구례인(John C. Crane, 1888~1964), 함일돈(Floyd E. Hamilton, 1890~1969)을 이어 박형룡 – 박윤선의 신학을 계승한 신학자라고 할 수 있다. 찰스 하지는 개혁주의자(칼빈주의자)는 개혁주의적 인격의 소유자여야 한다고 말한 바 있는데, 이근삼 박사야 말로 신행일치(信行一致) 혹은 학행일치(學行一致)의 모범을 보여준 학자였다고 할 수 있다.

이 글에서는 이근삼 박사의 생애와 삶의 여정들, 신학과 교육 활동에 대해 간략하게 소개하여 후일의 안내가 되기를 기대한다. 그의 넓고 깊은 학문의 세계를 바르게 성찰하지 못하는 필자의 한계를 절감하면서 이 글이 스승에게 누가 되지 않기를 기대하지만, 그럼에도 불구하고 이근삼 박사에 대한 그간의 연구[1]와 오늘 발표되는 여러 논자들의 깊은 연구가 '이근삼론' 혹은 '이근삼 신학'에 대한 보다 풍성한 자료가 될 것으로 확신한다. 이 글에서 기술한 그의 생애 여정에 대한 주요 정보는 이근삼 박사 본인의 회고기, "여기까지 인도하신 하나님"[2]과 여러 출판물에 근거하되 가용한 다른 정보들을 참고하였음을 밝혀 둔다.

I 이근삼 박사의 신학여정

1 출생, 가정배경, 교육

이근삼 박사(1923~2007)는 1923년 10월 28일 부산 동구 좌천동 179번지에서 불신가정인 이영식, 한귀연 씨의 3남 2녀 중 3남으로 출생했다. 그의 어머니 한귀연 여사는 한상동 목사의 누님이었다. 곧 부산 서구 부용동으로 이사하여 부산 부민보통학교를 거쳐 1937년 당시 5년제 중등학교였던 부산제2상업학교(현 부산상고)에 입학했다. 이 학교에서 수학하는 동

---

1   이근삼 박사에 대한 기존의 연구로는(발간 연대순), 이상규, "고신의 신학자들"『교회쇄신운동과 고신교회의 형성』(서울: 생명의양식, 2016), 316~326, 황대우, "이근삼 박사의 생애와 신학"『한국교회를 빛낸 칼빈주의자들』(용인: 킹덤북스, 2020), 137~161, 나삼진, "이근삼 박사의 학문적 세계와 공헌"『고신교회의 역사와 정신』(EU출판국, 2021), 이환봉, "이근삼 박사 설교의 신학과 특성"『영적거장들의 설교』(서울: 홀리북클럽, 2023), 905~917 등이 있다.

2   이근삼 박사의 생애 여정에 대한 기록으로는 "이근삼 박사의 약력"『이근삼 박사 화갑기념논문집』(이근삼 박사 화갑기념논문집 편찬위원회, 1984), 304쪽, 이근삼 박사의 회고기, "여기까지 인도하신 나의 하나님"『하나님의 주권과 은혜』(이근삼 박사 사역 50주년 기념논집 발행위원회, 2002), 39~69 등이 있다.

안 그는 일본정신, 신사참배, 애국사상을 배우고 군사훈련도 많이 받았다고 술회했다.[3] 이때는 1931년의 만주사변 이후 15년 전쟁기였고, 1937년의 중일전쟁으로 일본의 군국주의가 극에 달한 전시체제였음으로 국민정신 총동원이라는 이름으로 군사훈련이 강조되었을 것이다.

그런데 이 학교에 재학 중 일본 나가사끼고등상업학교에 진학한 친구로부터 전도를 받고 김길창 목사가 담임으로 있던 항서교회에 출석하기 시작했다. 항서교회는 1905년 2월 미국 북장로교의 리차드 사이드보텀(Richard H. Sidebotham, 1874~1908)에 의해 설립된 교회인데, 이전에는 '자갈치교회'로 불렸던 교회였다. 한득룡(1912~13), 정덕생(1915~20), 김이곤(1920~22), 심취명(1923), 박성애(1924~32)에 이어 1933년부터 김길창(1933~1968) 목사가 시무하고 있었다. 항서교회는 부산진, 초량, 제일영도교회에 이어 부산에 설립된 네 번째 교회였기에 '사초(四初)교회'로 불렸던 교회였다. 이근삼은 이 교회에 출석하며 김길창 목사에게 세례를 받았다.

2 신학교육과 목사 안수

1941년 12월 부산제2상업학교를 졸업한 그는 거제도 옥포보통학교에서 교사로 일하던 중 해방을 맞아 부산으로 돌아왔다. 그런데 미군정청에서 사회질서를 유지하기 위해 '모든 시민은 전직으로 돌아가라'고 하여 경상남도 학무국에 부산 시내 학교로 발령을 요청하여 부산대신보통학교에 부임하였다. 그러나 곧 사면하고 1946년 3월에는 갓 개교한 남조선대학(현 동아대학교)에 입학했다. 그러나 교사와 학생들의 저질 언행에 마음이

---

3   이근삼, "여기까지 인도하신 하나님", 39.

불편하여 학교를 그만두고 그해 9월 개교한 고려신학교에 입학했는데 이 것이 그의 삶의 첫 번째 전기(轉機)였다.

입학동료였던 홍반식(1918~1993)과 오병세(1926~2016)와는 일생동안의 동료가 되었다. 이근삼은 예과 2년과 본과 3년의 5년 과정을 이수하고 1951년 6월 27일 고려신학교를 제5회로 졸업했다. 고려신학교에서 수학 하는 동안 박윤선을 통하여 칼빈주의, 성경해석학, 조직신학을, 한부선으 로부터 교회사와 설교학을, 한상동 목사로부터 실천신학을 배웠는데, 이 기간이 "신앙의 기초와 골격 형성과 신앙성장에 필요한 전부를 제공해 주 었다"고 술회했다. 고려신학교를 졸업한 이근삼은 그해 9월부터 초량교 회 주일학교 담당 전도사로 일하게 된다. 약 한달 후 한상동 목사가 초량 교회를 나와 1951년 10월 14일 삼일교회를 설립했을 때 그를 따라 나와 삼일교회 전도사로 동사했고, 이 교회에서 만난 조영진 여사와 1952년 1 월 22일 박윤선 목사의 주례로 혼인했다. 1952년 9월에는 대한예수교장 로회 총로회에서 목사안수를 받고 삼일교회 부목사로 시무하게 되었다.

3 유학

그러던 중 1953년 12월 16일 미국 상선을 타고 미국 유학길에 올랐 다. 부산역 주변 대 화재가 발생한지(1953. 11. 27) 한 달이 채 되지 않는 날이 었다. 불길이 앗아간 삭막한 현실을 뒤로하고 부산을 떠난 그는 시카고 대화재를 보며 영적 회복을 꿈꾸었던 무디(D. L. Moody, 1837~1899)처럼 무거운 책임감을 가지고 미국으로 향했다. 1954년 1월 2일 샌프란시스코에 도착 한 그는 시카고, 그랜 래피즈, 필라델피아를 거쳐 보스톤으로 갔고 보스 톤의 고돈대학(Gorden College)에 편입했다. 이 학교에서 약 2년 간 수학(BA)한 그는 잠시 훼이스 신학교에서 수학하고 커버난트신학교로 옮겨 가 1957년 5월 석사학위(BD, ThM)를 취득했다. 학위 논문은 "불트만의 케리규마 신학"(Rudolf Bultmann's Kerygmatic Theology)이었다. 지도 교수는 자유대학 출신의 킬렌 박사(Dr. Kilen)였다.

커버넌트신학교를 졸업한 이근삼은 웨스트민스터 신학교로 가서 1957년 9월부터 1958년 7월까지 약 1년간 수학하며 변증학을 공부하고,[4] 당시 교수였던 존 머리(John Murry)와 코넬리우스 반틸(Cornelius VanTil)을 비롯한 오스왈드 엘리스(Oswald Allis), 에드워드 영(Edward J. Young), 네드 스톤하우스(Ned Stonehouse), 그리고 교회사를 가르쳤던 폴 울리(Paul Wooley) 등을 알게 되었을 것이다. 이때 반틸로부터 화란 자유대학교의 법철학자 헤르만 도이어베르트(Herman Dooyeweerd, 1884~1977), 기독교 철학자 폴렌호벤(Dirk Hendrik Theodoor Vollenhoven, 1892~1978), 남아공 포체프스트롬대학의 칼빈주의 철학자 스토꺼르((Hendrik Gerhardhus Stoker, 1899~1993) 등을 소개받았다고 한다.

다시 화란으로 유학하기로 하고 1958년 8월 23일 뉴욕을 떠나 31일 화란 로테르담에 도착했다. 그해 9월 자유대학교에 입학하여 1962년 7월 박사학위를 취득하기까지 만 4년간 화란에서 유학했다. 이 중 3년간은 장학금으로 공부할 수 있었다. 처음부터 저명한 교의신학자 벨르카워(Dr Gerrit Cornelis Berkouwer, 1903~1996) 휘하에서 조직신학을 수학했다. 벨르카워는 1932년 자유대학교에서 "최근 독일신학에서 믿음과 계시"(Geloof en Openbaring in de nieuwe Duitse theologie, Faith and Revelation in Recent German Theology)라는 제목의 논문으로 박사학위를 취득하였고 1945년 이래로 조직신학 교수

---

4   "이근삼 박사의 귀국소감을 듣다", 「파수군」 124 (1962. 11), 42.

로 활동하고 있었다.

　독트란두스 과정을 마친 이근삼은 선교변증학이라고 할 수 있는 엘렝틱스(elenctics) 분야로 정하고 헤르만 바빙크(Herman Bavinck, 1854~1921)의 조카인 요한 헤르만 바빙크(Johan Herman Bavink, 1895~1964) 교수의 지도를 박사학위 과정에 수학했다. 요한 바빙크는 화란 자유대학교에서 수학한 이후 독일 기쎈(Gieße)과 에르랑겐(Erlangen)에서 수학한 이후 1920년부터 화란 개혁교회(GKN: Gereformeerde Kerken in Nederland) 목사로 인도네시아와 화란에서 활동했다. 1930년 1월에는 다시 인도네시아로 가서 1934년부터 1939년까지 족자카르타에서 교수선교사로 활동했다. 그러다가 1939년에는 자유대학교 교수로, 그리고 동시에 캄펜신학교 선교학교수로 1954년까지 가르쳤다. 1954년부터는 자유대학교 교수(실천신학)로 일하면서 "엘렝틱스"라는 용어를 만들고 이 학문분야를 개척한 학자였다.[5]

　이근삼은 요한 바빙크의 지도하에 "신도국가주의와 기독교의 대결"[The Christian Confrontation with Shinto Nationalism: A Historical and Critical Study of the Conflict of Christianity and Shinto in Japan in the Period between the Meiji Restoration and the End of World War II(1868~1945)]이라는 논문으로 1962년 7월 13일 신학박사(ThD) 학위를 받았다. 그가 화란 자유대학교에서 박사학위를 수득한 첫 한국인이었다.

　학위논문은 제목이 암시하는 바처럼 일본과 한국에서의 신도(神道)와 신산참배에 대한 연구로서 신도국가주의와 국가 권력, 기독교의 저항과

5　　J. H. Bavink의 *Inleiding in de zendingswetenschap* (Kampen: Kok, 1954)는 Davis Hugh Freeman에 의해 *An Introduction to the Science of Missions* (1960)이란 제목으로 영역되었고, 전호진에 의해 『선교학 개론』(서울: 성광문화사, 1980)이란 제목으로 역간되었다. 이 책 제2부(227~280)는 엘렝틱스 문제를 다루고 있다.

대결의 문제를 취급한 논문이었다.

미국과 화란에서 9년간에 걸친 유학 생활을 마친 그는 7월 31일 로테르담에서 일본상선을 타고 대서양, 지중해, 홍해, 인도양, 대만해협을 지나 그해 9월 2일 주일 오후 부산으로 돌아왔다.[6] 「파수군」 122호(1962. 8/9, 49쪽)와 123호(1962. 10, 39쪽)에 귀국 일정이 소개되고, 124호(1962. 11)에서 「이근삼 박사 귀국소감을 듣다」는 제목의 인터뷰 기사가 게재된 것은 그에 대한 기대의 표시였을 것이다.

4 교수활동

고려신학교 5회 동기들로서 후일 '동방박사 세 사람'이라고 불린 홍반식(1918~1993)과 오병세(1926~2016) 박사는 1961년 8월 귀국하였고, 이근삼은 1962년 9월 귀국하여 고려신학교 제2세대 학자로 활동하게 된다. 이근삼 박사가 귀국했을 당시 고신 교단(敎團)은 1960년 12월 13일 승동측과 합동하여 합동교단을 이루었고, 고려신학교는 서울의 총회신학교와의 '신학교 단일화' 정책에 때라 점진적인 폐교 단계에 놓여 있었다. 이근삼 박사보다 1년 앞서 귀국한 홍반식와 오병세 박사는 총회신학교 교수로 임명되어 오병세 교수는 서울 본교에서, 홍반식 교수는 부산 분교에서 일하고 있었으나, 이근삼 교수는 일단 부산시 서구 감천동에 있던 '칼빈학원' 교수로 임명되었다.

칼빈학원은, 1946년 설립된 고려신학교의 예과 과정을 독립시켜 1955년 4년제 학부과정으로 출발한 학교로서 칼빈대학으로 부르기도 했

---

6   「파수군」 124(1962. 11), 40; 『하나님의 주권과 은혜』 (서울: 총회출판국, 2002), 57.

다. 이 일을 추진한 이가 한명동 목사였고 칼빈의 제네바 아카데미를 모델로 한 학교였는데, 신학과 철학과 영문학과가 있었으나 교육에는 사실상 차이가 없었다. 학교장은 한명동 목사였고(1955. 9~ 1963. 2) 김진홍, 장석인, 한부선 등이 가르쳤다. 후에는 김성린, 김영재, 김진경, 조용석 등이 교수로 활동했다. 이근삼은 귀국 후 1963년 3월부터 이 칼빈학원에서 교수와 원장으로 일했으나 1964년 이 학교는 다시 고려신학교 예과로 흡수되었다. 칼빈학원의 존속기간은 8년에 불과하지만 고신에서의 신학 예비과정으로서의 인문교양과정 교육 혹은 기독교 대학의 이상을 보여준 분명한 사례였다.

고신은 1960년 12월 승동측과 합동을 이루었으나 1962년 10월 17일 한상동 목사의 고려신학교 복교 선언으로 승동측과의 합동이전으로 돌아가려는 이른바 고신 환원이 시작되었고, 폐쇄 위기에 처했던 고려신학교도 복교하게 된다. 복교선언을 했던 한상동 목사는 10월 23일부터 구 고려신학교 학생들은 총회신학교 부산 분교가 아니라 고려신학교 학생으로 등교하라 했으나 수업이 정상적으로 진행되지 못했고 학생들은 복교 지지와 반대로 대립했다.[7]

11월 6일 한상동 목사는 복교예배를 진행했고, 11월 20일부터 수업을 재개한다고 했으나 한 건물에서 복교를 반대하는 총회신학교 부산분교측이 별도로 수업을 진행하는 등 마찰이 일어났다. 고려신학교 건물에 대한 소유권 문제도 제기되었으나 고신측에서 미리 재산등기를 완료하여 총회신학교 부산분교측은 11월 22일부터 6명의 학생들과 함께[8] 영도구

7 　허순길, 『고려신학대학원50년사』, 163.

8 　당시 부산 고려신학교 재학생 65명 중 복교 찬성이 53명, 반대가 6명, 중립이 6명이었다.

영선동의 지금의 흰여울 거리에 건물을 빌려 별도의 교육을 시작했다. 이 것이 합동측 부산신학교의 시작이었다. 홍반식과 이상근 두 교수는 이 고 려신학교를 지지하여 행동을 같이 했다. 그로부터 약 1개월 후인 1962년 12월 17일 이근삼 교수는 박손혁, 오병세 교수와 더불어 복교에 동참하 여 고려신학교 교수로 취임했고, 총회신학교에서 수업하던 구 고려신학 교 출신 졸업반 학생 5명(남영희 이지영 진학일 최만술 최진교)이 고려신학교로 돌아 왔다. 이들 5명은 12월 18일 고려신학교를 졸업했는데, 이들이 고려신학 교 제17회 졸업생들이다. 이근삼, 오병세 교수와는 달리 고신환원을 반대 하여 고려신학교를 떠나 있던 홍반식 교수는 송상석 목사의 강력한 권면 을 받고 다음해 2월 말 고려신학교 복교에 동참하게 된다.[9] 즉 이근삼 교 수를 비롯하여 오병세, 홍반식 세 교수는 1963년 2월 25일자로 공동명의 의 성명을 발표하고 고려신학교에서 동역을 다짐했다.

정리하면, 이근삼 박사는 1962년 12월 이후 고려신학교 교수로 활 동하게 되는데, 고려신학교가 고려신학대학(1970. 12), 고신대학(1980. 10), 고 신대학교(1993. 3)로 교명이 변경됨에 따라 그도 이 변화된 기구와 학제에서 교수로 활동했고, 1994년 2월 28일 퇴임하기까지 32년간 교수로 활동했 다. 이 기간 동안 조직신학, 기독교윤리, 칼빈주의 등의 과목을 교수했는 데, 1967학년도 1학기 신학부(지금의 신학대학원)의 경우, 조직신학(1학년), 조직 신학(2), 조직신학(3), 기독교윤리(2, 3)를 교수했고, 1975학년도 1학기(대학 부와 본과)의 경우, 칼빈주의(신2), 칼빈연구(신3), 조직신학서론(신4), 조직신학 1(본1), 교리사(본2), 조직신학3(본2), 교리사(본3)를 교수했다.[10]

---

9   이 점에 대한 자세한 사항은, 이상규, 『교회쇄신운동과 고신교회의 형성』, 199~209.

10   해 학년 '교과과정표'에 근거함.

그는 교수로 활동하는 기간 동안 고려신학교 교장(1965. 12~ 1966. 12), 고려신학대학원 원장(1978. 3~1979. 3), 고신대학 학장(1979. 4. 24~ 1982. 5. 10)으로 봉사했다. 1991년 8월 28일에는 다시 고신대학장으로 취임하여 일하던 중 고신대학교로 교명이 변경됨에 따라 1993년 3월 1일자로 총장으로 1년간 봉사하고 1994년 2월 29일자로 퇴임하고 명예교수로 추대되었다.

그가 고신울타리에서 교수하는 기간 동안 의예과의 설치, 이로 인한 교명 변경, 미문화원 방화사건(1982. 3)과 이로 인한 학장직 사임, 고신대학장으로의 복귀, 도서관과 기숙사의 건축, 기독교 대학(christian university)을 위한 입학생 신급자격 제한 등은 그의 기여이자 논란을 불러왔던 일들이었고, 그의 확신으로 기독교종합대학을 추진하여 아더 홈즈(Arthur F. Holmes, 1924~ 2011)나 알버트 월터스(Albert Wolters, 1942~)가 제시했던 기독교학문론 혹은 기독교 대학론을 발전시키고 확산하는 결과를 가져왔다. 따지고 보면 이런 기독교 대학론은 이근삼 박사가 지향해온 기독교 문화관의 반영이었다.

그의 교수활동 기간 중 교수 및 학문 활동 이외의 가장 중요한 기여는 제자들을 해외로 파송하여 신학을 연구하게 하여 한국교회를 위해 봉사하게 하는 인재 양성과 대외 교류활동이었다고 할 수 있다. 그는 제자들을 화란, 영국, 미국 등지로 유학하게 하거나 추천하여 수학의 길을 열어주었다. 특히 남아공화국 포쳅스트룸대학교(Potschefstroom University)와 접촉하여 교수교류와 유학생파송의 길을 개척했다. 그 결과 1979년 김용섭 이승미 정근두를 시작으로 김성수 황창기 심창섭 한정건 이환봉 등으로 하여금 남아공화국에서 공부할 수 있게 하였고 귀국 후 교수로 일할 수

있게 했다.[11]

5 은퇴 이후의 활동

이근삼 박사는 32년간의 교수활동을 마감하고 70세의 나이로 고신대학교를 은퇴했으나 그는 안거위락(安居爲樂)을 구하지 않았다. 은퇴와 함께 1994년 3월 미국으로 이주한 그는 재미 고려신학교(가주고려신학대학원)에서 1년간 가르치다가 1995년 7월 17일에는 복음대학교를 설립하고 조직신학 분야를 가르쳤다. 1998년에는 LA에 소재한 Pacific Baptist University를 인수하여 1999년 6월 Evangelia University 총장으로 취임하였다. 이때부터 8년간(고신대학교 은퇴 이후 12년 간) 학교를 운영하며 가르치다가 2007년 1월 14일 캘리포니아 헌팅톤비치 자택에서 83세를 일기로 하나님의 부름을 받았다. 2006년 9월 천안에서 고려신학대학원 설립 60주년 기념예배 설교가 한국에서 고신교회의 공식적인 마지막 설교였다.

이근삼 박사의 뒤를 이어 신현국(~2020.5) 목사가 복음대학교 총장 (2007. 4~ 2019. 9)으로 봉사했고, 2019년 9월에는 고신대학교 총장을 역임한 김성수 박사가 총장으로 취임하여 오늘에 이르고 있다. 이처럼 이근삼 박사는 한국과 미국에서 신학교육자로 활동하면서 후배들에게 일할 수 있는 터전을 마련하셨다.

----

11   이 점에 대한 자세한 사항은, 이상규, "이근삼 교수와 남아공 포체프스트롬대학", 『교회 쇄신운동과 고신교회의 형성』, 417~21을 참고할 것.

II 연구와 저술활동

이근삼 박사는 고려신학교에 재학하고 있던 당시 대한예수교장로회 총로회(고신)와 총회 휘하의 교회를 위해 교회 학교 교육용으로 성경공과를 집필한 일이 있는데, 1953년에는 6월에는 『1953년도 유년주일학교 통일공과(7~12월)』를 집필했다. 18×13 크기의 83쪽에 불과한 성경교안이지만 열왕기상하 중심으로 분열왕국시대 왕들과 선지자들의 활동을 엮은 이 책이 이근삼 박사의 첫 출판물이라 할 수 있다. 그 시대 교회의 요구에 부응한 문서라고 할 수 있다. 그 이후 미국과 화란에서 유학하고 돌아온 후 학위논문의 출간(1966)을 비롯하여, 『조직신학 강의안 기독론』(1971), 『칼빈, 칼빈주의』(1972), 『조직신학 강의안 구원론』(1979), 『개혁주의 신학과 교회』(1985), 『기독교의 기본 교리』(1990), 개혁주의 신앙과 문화』(1991) 등 여러 책을 저술하고, 『현대성경관 비판』(L. Doekes, 1971)과 『칼빈주의 문화관』(Henry Van Til, 1977)을 번역했는데 이중 몇 책에 대하여 소개하고자 한다.

『신도민족주의와 기독교의 대결』

이근삼 박사의 첫 학문적 연구는 1962년 자유대학교 박사학위논문으로 제출한 "신도국가주의에 대한 기독교의 대결"[The Christian Confrontation with Shinto Nationalism: a Historical and Critical Study of the Conflict of Christianity and Shinto in Japan in the Period Between the Meiji Restoration and the End of World War II(1868~1945)]인데, 이 논문은 1966년 필라델피아의 장로교 및 개혁주의출판사(The Presbyterian and Reformed Publishing Company)에 의해 *The Christian Confrontation with Shinto*

*Nationalism*라는 제목으로 출판되었다.[12] 루스두니(Rousas J. Rushdoony)가 편집하는 『철학과 역사 연구 총서』(Philosophical and Historical Studies Series) 제1권으로 출판된 것이다. 이 책은 신도(神道)와 신도 민족주의에 대한 일본과 한국에서의 저항에 대한 연구로서 교회사적 혹은 선교사적 연구라고 할 수 있는데, 이 책이 한국에서 신도 혹은 신도주의, 신사참배 강요와 거부에 대한 최초의 연구라고 할 수 있다. 신도에 대한 일본 내 연구[13]는 당연한 것이겠지만, 영어권에서는 일본에 주재하던 남장로교 선교부의 풀톤(C. Darby Fulton, 1892~1977)이나 캐나다장로교의 존 영(John M. L. Young)의 연구[14]가 있었으나 한국에서는 이근삼 박사의 연구가 사실상 최초의 연구라고 할 수 있고, 이 분야 연구를 선도했다. 그 이후의 대표적인 경우가 1966년 미

---

12   이 논문은 1966년에 단행본으로 출판되었고. 나중에 『신도국가주의와 기독교의 대결』(서울: 생명의양식, 2008)라는 제목으로 한역되었다.

13   일본에서의 신도에 대한 대표적인 연구로는, 伊藤義賢, 『神社宗教論』(竹下学寮出版部, 1926), 柳瀬直弥 編 『美濃ミッションに於ける神社参拝問題の真相』(一粒社, 1933), 宮地直一, 『神道史, 1~3』(理想社, 1958~63) 등이 있는데, 첫 번째 책은 浄土真宗 승려인 저자가 일본정부의 신사 비종교론을 비판하고 반론을 제시한 연구이고, 두 번째 책은 미노미션의 저항을 상세히 보고한 책이라고 할 수 있다. 미야지 나오카츠(宮地直一, 1886~1949)는 동경제국대학 신도(神道) 강좌 주임교수이자 신도사(神道史)학자였다. 미야지는 1943년에 『神道思潮』(東京: 日本神道出版會, 1943)를 출판한바 있는데 이근삼 박사는 이 책을 참고하였고 인용하였다(The Christian Confrontation with Shinto Nationalism, 266). 종전 이후에는 岩崎孝志, 『戦後日本の神社不参拝観』이 있으나, 신도와 신도의 비종교화 문제, 기독교회에 대한 신사참배 강요와 저항에 대한 실제적인 연구인 戸村政博, 『神社参拝とキリスト教』(新教出版社, 1976)는 1976년 출판되었다. 韓皙曦, 『日本の朝鮮支配と宗教政策』(未來社, 1988)도 1988년 출판되었다. 이렇게 볼 때 이근삼의 연구는 일본에서도 유용한 연구였다.

14   John Young, *The Two Empires in Japan: A Record of the Church-State Conflict* (Philadelphia: P&RPC, 1958).

국 템플대학교에 박사학위논문으로 제출된 김의환(金義煥)의 "일제치하의 한국교회, 장로교회의 저항운동을 중심으로"(The Korean Church under Japanese Occupation with Special Reference to the Resistance Movement within Presbyterianism, Temple University, 1966)와 1967년 시카고대학에 제출했던 강위조(姜渭祖)의 "한국에서의 일제의 통치와 종교"[The Japanese Government and Religion in Korea, (1910~1945)]를 들 수 있다.

이근삼의 연구는 편집자 루스두니의 평과 같이 「신도의 역사와 기독교와의 대결에 관한 역사적 분석」[15]인데, 일본의 신도주의의 본질을 해명하고 한국교회의 신사참배 반대운동을 소개하려는 의도에서 저술되었다. 그래서 1925년 이후 한국교회 현실에 실재했고, 또 강요되었던 신사참배의 본질과 성격, 그리고 그 후의 한국교회 분열의 원인(遠因)을 이해하는데 중요한 지침을 주고 있다. 김의환의 연구는 한국에서의 신사참배 강요와 저항운동에 관한 연구였다. 반면 강위조의 연구는 한국종교사연구로 볼 수 있는데 신도(神道)와 신사참배 문제, 일본 정부의 대한(對韓) 종교정책과 한국교회 분열에 대한 연구라고 할 수 있다. 결국 이근삼의 연구는 신도라는 일본 종교의 기원과 발전, 국가주의, 그리고 한국에서의 신도주의와 교회의 대결에 대한 선구적 연구라고 할 수 있다.

『칼빈·칼빈주의』

학위논문 이외의 첫 번째 저술은 『칼빈·칼빈주의』(고신대출판부, 1972)였다. 이 책은 그가 일생동인의 과제로 여겼던 칼빈주의 신학연구의 시작이

---

15   Kun Sam Lee, *The Christian Confrontation with Shinto Nationalism* (Nutley, NJ; P&RPC, 1966), preface.

었다. 비록 문고본 180쪽에 불과한 소책자이지만 당시로서는 칼빈이나 칼빈주의에 대한 연구가 미미할 때였다. 이런 상황에서 칼빈의 생애, 기독교강요 해설, 칼빈의 설교와 목회, 그리고 칼빈주의의 여러 영역, 곧 칼빈주의와 사회, 문화, 생활관, 학문관, 종교관 등에 취급한 간명한 해설은 매우 유용한 자료였다.

한국교회에서 칼빈에 대한 논문이 처음으로 발표된 때는 1916년이었고(「기독신보」 1916. 11~1917. 6), 두 번째 논설이 발표된 때는 1924년 9월이었다(김인영, "종교개혁가 요한 칼빈" 「신학세계」 9권 5호). 1918년 창간된 「신학지남」에 칼빈에 대한 독립적인 논문이 게재된 때는 1934년 7월(통권 76호)이었다. 그러다가 우리나라 최초로 칼빈에 관한 단행본이 출간된 때는 1936년이었고 1960년대까지 진척된 연구가 없었다. 이런 현실은 평양신학교 재학 중에 칼빈주의(Calvinism)는 말을 별로 들어본 적이 없었다는 박윤선의 회고[16]에 드러나 있다. 「신학지남」에서 칼빈 특집호를 처음 발간한 때는 1962년(통권 122호)이었고, 1970년대까지는 양적으로나 질적으로 특별한 진전을 보여주지 못했다.[17] 이것이 1970년대 상황이었다. 이근삼의 분고본이 발행되기 이전까지 출간된 칼빈 혹은 칼비주에 대한 저작으로는, 전경연의 『칼빈의 생애와 그 신학사상』(신교출판사, 1959), 이종성 편집한 『칼빈서거 400주년 기념 논문집』(한국칼빈신학연구회, 1965), 이종성의 『칼빈, 생애와 사

---

16   박윤선, 『성경과 나의 생애』(영음사, 1992), 56.

17   「신학지남」 122 (1962). 이 칼빈 특집호에 게재된 논문은, 박형룡, "칼빈의 현대적 의의"(권두언), 안용준, "칼빈의 생애와 사업", 박형룡, "칼빈 신학의 기본 원리", 오병세, "칼빈의 신국관", 명신홍, "칼빈의 윤리사상", 김희보, "목회자로서의 칼빈", 조동진, "교회 통일과 분리에 대한 칼빈의 해석", 한철하, "칼빈의 정치론", 등과 헨리 반틸의 '칼빈의 문화 개념,' 아브라함 카이퍼의 '칼빈주의 강의'에 대한 서평이 실려 있다.

상』(예장총회교육부, 1968), 김성환의 『평신도를 위한 칼빈주의 해설』(영음사, 1969) 정도에 불과했다.

칼빈, 칼빈주의를 시작으로 이근삼 박사는 『개혁주의 신학과 교회』 (CLC, 1985), 『칼빈주의 특성과 강조점』(엠마오, 1986), 『기독교의 기본교리』(고신출판사, 1990), 『개혁주의 신앙과 문화』(1991) 등을 출간한다. 이상의 책들은 따지고 보면 칼빈주의와 그 신학의 여러 영역에 대한 적용이라고 할 수 있다.

정리하면, 이근삼은 1970년대 칼빈연구에 있어서 이종성과 쌍벽을 이룬 인물이라고 할 수 있는데, 이종성 박사는 빌렐름 니이젤(Wilhelm Niesel, 1903~1988)의 전통을 따라 칼빈을 해석한다고 할 수 있다.[18] 일반적으로 니이젤은 워필드적인 칼빈 연구와는 대립되는 바르티안적 칼빈학자로 알려져 있고, 피터 바르트(Peter Barth)나 토마스 토렌스(Thomas F. Torrance), 혹은 파

---

18 니이젤의 『칼빈의 신학 Die Theologie Calvins』 독일어본은 1938년 출판되었고, 해롤드 나이트(Harold Knight)에 의해 영역된 것은 1956년이었다. 독일어본이 출간되고 35년이 지난 1973년 한국어로 역간되었다. 니이젤은 근본적으로 칼빈의 신학을 어떤 특수한 교리에서 찾지 않고 칼빈의 계시신학에서 찾고자 했는데, 칼빈의 전 작품에서 발견할 수 있는 한 가지 근본적인 가정은 하나님은 성령의 능력을 통해 예수 그리스도 안에서 자신을 계시하실 때에만 비로소 인간과의 관계가 가능하다고 주장한다. 이런 인식에서 니이젤은 칼빈의 교리체계, 신인식의 문제, 성서관, 자연신학의 문제, 창조와 섭리, 칭의의 교리, 예정의 교리 등을 검토한다. 이 책에서 니이젤은, 칼빈은 성경의 문자적 영감을 믿지 않았다고 주장하고, 칼빈의 예정교리도 주로 신자들을 위한 확신의 교리로 의도된 것으로 해석했다. 니이젤은 예정교리는 칼빈신학의 중심을 이룬다는 슈나벨(F. Schnabel)의 주장을 강하게 거부하고 있다. 이런 점만 보더라도 칼빈에 대한 워필드적인 접근과는 다르다는 사실을 알 수 있다. 니이젤이 말하는 바처럼 어떤 측면에서 칼빈을 읽는가에 따라 그 해석이 다를 수 있다. 칼빈 해석은 크게 3가지 관점에서 구분될 수 있는데, 첫째는 교파적으로 어떤 신앙고백에서 읽는가의 문제이고, 둘째는 어떤 국가 혹은 민족적 배경에서 읽는가의 문제이다. 셋째는 어떤 신학파에서 읽는가의 문제이다. 이상규, "한국에서의 칼빈연구", 『해방전후 한국장로교회의 역사와 신학』, 570~71.

커(T. H. L. Parker) 등과 견해를 같이 하는 칼빈학자로 알려져 있다.

반면에 이근삼 박사는 워필드(Benjamin B. Warfield, 1851~1921)의 전통을 따른다고 할 수 있다. 즉 워필드의 『칼빈과 어거스틴』(Calvin and Augustine)을 비롯한 아브라함 카이퍼(Abraham Kuyper, 1837~1920)의 『칼빈주의 강의』(Lectures on Calvinism), 헨리 미터(Henry Meeter, 1886~1963)의 『칼빈주의의 기본 개념』(The Basic Ideas of Calvinism)이 그의 사상의 근간을 이룬다고 할 수 있다.

역서 『현대성경관 비판』(Modern Struggle Against the Truth)

이 책은 화란 캄펜신학교 조직신학교수였던 두케스(L. Doekes)의 고려신학대학에서의 강연 "Modern Struggle Against the Truth" 원고를 번역한 것이다. 고려신학대학은 설립 25주년을 기념하여 화란개혁파교회(31조파) 두케스(L. Doekes) 교수를 기념강좌 강사로 초청하였고, 두케스 교수는 1971년 5월과 6월에 걸쳐 주 1회 여섯 차례 강연했는데, 이때의 강연록이라고 할 수 있다. 이 책은 주로 칼 바르트와 본훼퍼의 성경관, 종교관, 창조론 등을 비판한 것이지만 그 근본 출발점은 그들의 성경관에 기초하고 있음을 지적하고 있다. 미국 복음주의 서클에서 성경관 논쟁이 일어났을 때가 1970년대 중반이었음을 고려해 볼 때 시의적절한 번역서라고 할 수 있다. 풀러신학교의 해롤드 린셀(Harold Lindsell)의 *The Battle for the Bible*이 발간되었을 때가 1976년이었기에 『현대성경관비판』은 이보다 앞서 성경관의 문제를 개혁신학 입장에서 제시하고, 현대신학사조와의 신학적 경계선을 제시하고 있다고 할 수 있다.[19]

---

19 Laird Harris의 「*Inspiration and Canonicity of the Bible*」이 출판된 때는 1969년이었으나 1978년 박종칠에 의해 『성경의 영감과 정경』 이란 제목으로 출판되었다. Harold Lindsell

역서 『칼빈주의 문화관』(The Calvinistic Concept of Culture)

이근삼 박사의 한 가지 중요한 기여는 코넬리우스 반틸(Conelius Van Til)의 조카인 헨리 반틸(Henry Van Til)의 The Calvinistic Concept of Culture을 역간한 일이라고 할 수 있다. 이 당시 한국에서는 기독교와 문화 혹은 기독교문화관에 대한 관심이나 인식이 매우 부족한 시기였다. 리차드 니버(R. Niebuhr)의 『그리스도와 문화』(Christ and Culture)는 1956년에 역간되었고, 폴틸리히가 1959년에 출판한 『문화의 신학』(Theology of Culture)는 1971년에 역간되었으나 복음주의 혹은 개혁주의 문화관를 다룬 단행본은 소개된 바 없었다.

복음주의계의 '기독교문화' 혹은 '기독교와 문화'에 대한 관심은 1980년대 이후 제시되는데, 우리에게 널리 알려진 로버트 웨버(R. Webber)의 The Secular Saint가 이승구 교수에 의해 『기독교문화관』이라는 제목으로 역간된 때는 1984년이었고, 김영한 박사의 역작인 『한국기독교문화신학』이 출판된 때는 1992년이었다. 영어권에서 기독교와 문화에 대한 훌륭한 저작으로 알려진 존 스토트(John Stott)와 로버트 콧트(Robert Coote)가 공동 편집한 Down to Earth, Studies in Christianity and Culture(Erdmans)는 1980년에 출판되었다.

이런 점을 고려해 볼 때 이근삼 박사가 번역한 『칼빈주의 문화관』은

의 「The Battle for the Bible」은 『성경에 관한 논쟁』(생명의 말씀사, 1986)이라는 제목으로 역간되었다. 이 책의 주제가 성경의 영감과 무오의 문제였는데, 복음주의 서클에서의 첫 번째 견해는 성경은 영감으로 기록되었고 성경에 기록된 역사, 지리, 과학적 문제를 포함한 모든 것이 무오한 진리라는 입장(Plenary Inerrancy)이고, 두 번째 견해는 성경은 영감으로 기록되었지만 구원사에 관한 기록으로서 이 주제에 대한 기록만이 무오하다는 입장(Limited Inerrancy)이었다.

한국에서 개혁주의 입장을 대변하는 기독교와 문화에 대한 선구적 작품이라고 할 수 있다. 이 책에서 저자는 문화란 하나님의 형상으로 지음 받은 인간에게 땅을 개발하고 다스리며 정복하라는 창조시에 주신 명령을 수행하는 활동이라는 의미로 정의하면서, 이를 수행할 문화적 사명(cultural mandate)을 우리에게 주었다는 점을 강조한다. 이 점에 있어서는 니버나 틸리히 혹은 크로너(Richard Kroner)와 의견을 같이 한다. 그러나 헨리 반틸은 문화적 그리스도에 대한 틸리히 등의 실존주의적 개념을 반대하고 칼빈주의 문화관의 근원을 역사적으로 제시한다. 저자는 칼빈주의야 말로 진정한 참된 신학이기 때문에 우리가 살고 있는 세계에 대한 바른 문화관을 제시한다고 말하고 있다. 즉 저자는 어거스틴, 칼빈, 아브라함 카이퍼, 그리고 스킬더에 이르는 문화관을 소개하고 칼빈주의 문화와 일반은총의 문제를 제시하면서 문화에 대한 그리스도인의 사명을 강조하고 있다.

이상의 저역서 외에도 그가 쓴 논설, 논문, 강연, 강의안, 설교 등은 나삼진 목사(대한예수교장로회 고신총회 교육원장)에 의해 편집되어 2007~2008년에 『이근삼 전집』 10권으로 출판되었다. 이 전집은 다음과 같이 구성되었다.

제1권. 『칼빈과 칼빈주의』, 354면.

제2권. 『개혁주의 신학과 한국교회』, 482면.

제3권. 『개혁주의 교회와 목회』, 364면.

제4권. 『개혁주의 신학과 현대신학』, 332면,

제5권. 『개혁주의 조직신학 개요 1』, 310면,

제6권. 『개혁주의 조직신학 개요 2』, 410면.

제7권. 『개혁주의 신앙과 문화』, 318면.

제8권.『교리문답 해설』, 266면.

제9권.『기독교와 신도국가주의의 대결』, 466면.

제10권.『오직 하나님의 은혜로』, 332면.

이 전집에는 이근삼 박사의 이미 출판된 저작들과 설교를 포함하여 총 357편의 글이 수록되어 있어[20] 이근삼 박사의 삶의 여정과 신학 그리고 사상이 집대성 되어 있다고 할 수 있다. 필자도 이근삼 전집 편찬위원이었지만 실제로 나삼진 목사가 편집을 주도했고, 그의 헌신적인 노력이 아니었다면 전집출판은 불가능했을 것이다.

III 이근삼 박사의 신학과 사상

이제 이근삼 박사의 저작을 중심으로 그의 학문적 여정, 관심사, 사상 혹은 신학의 일면에 대해 살펴보고자 한다. 교리사적 혹은 조직신학적 문제에 대해서는 다른 논자들의 연구가 있으므로 여기서는 크게 유의하거나 주목하지 못했다.

1 기독교 대학에 대한 이상

이근삼 박사는 기독교종합대학에 대한 이상을 가진 학자였다. 고신교회(敎團)에는 교회가 신학교만 운영할 것인가 아니면 기독교 대학이나 병원을 운영할 수 있는가에 대하여 상반된 견해가 있어왔다. 오병세 교수나

---

20 나삼진, "이근삼 박사의 학문적 세계와 공헌", 171.

허순길 교수는 교회(총회)가 대학이나 병원을 경영하는 것은 옳지 않고 학교나 병원 운영에 소명을 가진 개인에게 맡겨서 운영하는 것이 옳다고 보았다. 특히 허순길 교수는 영역주권을 고려할 때 교신 교회가 대학교나 병원을 직영하는 것은 원리에 맞지 않는 일이라고 주장해 왔다.[21] 그러나 부산남교회 담임목사이자 칼빈학원 교장을 역임한 한병동 목사나 이근삼 박사는 기독교 대학의 이상을 가진 분으로 고신대학교를 기독교종합대학으로 육성하려는 이상을 갖고 있었다. 그는 허순길 교수와는 달리 총회가 신학교육 기관 외의 대학교육도 시행할 수 있다고 보았다. 그 일례로 미국 CRC 교단의 칼빈대학 운영을 예시한 바 있다.[22] 이근삼 박사는 북미기독교혁교회(CRC) 총회는 처음부터 대학과 신학교를 동시에 운영해 왔던 사례를 들고 있다. 즉 1878년 칼빈대학과 신학교가 동시에 설립되었고, 첫 4년은 인문교육과정을, 나머지 2년은 신학교육과정으로 운영하였는데, 대학은 1921년 문학사학위를 주는 대학으로 인정을 받았고, 대학과 신학교는 1990년까지 한 이사회 아래 서로 관련된 독립학교로 있었다 (a related but independent institutions under the same board)는 점을 일례로 들고 있다. 즉 칼빈대학교와 칼빈신학교 양자는 둘 다 CRC총회가 경영하는 학교라는 점이다. 그 외에도 처음에는 교단의 신학교로 출발했으나 교회와 교인수가 증가됨에 따라 인재양성의 필요성 때문에 신학교에 예과가 생겼다가 그 예과 과정이 독립하여 대학으로 발전한 미국의 프린스톤, 예일, 화란의 자유대학교, 남아공의 포체프스트룸대학교의 경우를 들어 교단

---

21   허순길,『은혜로만 걸어 온 길』, 258.

22   『하나님의 주권과 은혜』(총회출판국, 2002), 62~63.

이 대학을 운영해서는 안 된다는 주장을 거부했다.[23] 그는 이렇게 말한다. "대학교가 발전함에 따라 이사회를 달리 할 수 있는 것으로 알고 있으나 대학교라고 해서 교회가 운영하는 것이 개혁주의 원리와 정도에서 벗어나고 신학교만 운영하는 것이 최선이라고 할 수 없다. 그런 의미에서 고신대학교도 앞으로는 총회 아래서 이사회도 분리하여 각각 대학과 신학대학원으로 운영할 수 있다고 본다."[24]

개혁주의 원리는 하나님의 절대주권을 믿으며 하나님이 창조한 모든 영역이 하나님의 통치 아래 있고, 따라서 그것은 하나님의 영광을 위해 사용될 수 있다고 믿었다. 이렇게 볼 때 기독교 대학은 모든 영역에서 하나님의 뜻을 따라 교수와 연구를 통해 하나님의 영광을 위해 사회와 교회 전 영역에서 봉사할 인재를 양성하는 기관이라고 보았다. 이런 점에서 이근삼 박사는 기독교 대학에 대한 이상을 가진 학자였다고 할 수 있다.

2 기독교 문화에 대한 이해

이근삼 박사는 기독교 문화와 문화적 사명에 대해 깊은 관심을 표명하였다. 이 점은 그의 기독교문화관의 번역과 글쓰기의 여정에 잘 드러나 있다. 그는 리차드 니버(Richard Niebuhr)가 말한 그리스도와 문화에 대한 다섯 가지 유형 중 마지막 다섯 번째 유형인 '문화의 변혁자인 그리스도'(Christ, the transformer of culture)를 가장 적절한 문화관으로 받아드린다. 이는 어거스틴과 칼빈을 비롯하여 요나단 에드워즈, 요한 웨슬리로 이어온 문화변혁 전통으로서 문화적 사명(cultural mandate)을 강조한다. 그렇다면 그

---

23   이근삼, "여기까지 인도하신 하나님", 63.

24   이근삼, "여기까지 인도하신 하나님", 63.

사명이란 무엇인가?

그는 그리스도인들에게는 3가지 사명이 있다고 말한다. 첫째는 생활의 중심으로서 하나님께 순종하는 예배적 사명이고, 둘째는 인간은 타인과 협력하여 이 세상을 살아가는 사회적인 존재이므로 그리스도 안에서 사랑하고 화목할 사명이고, 셋째는 이 세상을 잘 가꾸고 하나님의 영광을 드러내도록 하는 문화적 사명이라고 말한다.[25]

이 사명 수행에 있어서 그리스도는 '문화의 열쇠'(key)라는 스킬더의 입장을 따르고 있다. 그리스도만이 참된 문화의 근원이고, 그리스도로 말미암아 참된 문화를 가질 수 있기 때문이라고 말한다.[26] 그래서 이근삼 박사는 그리스도는 언약과 창조의 구조를 새롭게 함으로서 문화의 기초를 변혁시킨다고 말하면서 이를 3가지로 설명하고 있다. 첫째, 하나님이 아담과 더불어 에덴동산에서 세운 연약적 사귐은 예수 그리스도로 말미암아 새롭게 되었기 때문이다. 둘째, 그리스도는 창조 구조를 새롭게 함으로서 문화의 구조를 변혁시키기 때문이다. 셋째, 그리스도는 그의 나라에서 문화를 새롭게 하시기 때문이라고 말한다.[27]

문화에 대한 이근삼 박사의 논설 중 가장 중요한 것이 "칼빈주의 문화관"[28]과 "칼빈주의 문화관의 구조"[29]라고 할 수 있는데, 이 글에서 이근삼 박사는 문화의 출발점은 하나님의 일반은총이라고 말하고 있다.

---

25   이근삼, 『이근삼전집7, 개혁주의신앙과 문화』, 172.

26   이근삼, 『이근삼전집7, 개혁주의신앙과 문화』, 173. 이근삼, 『개혁주의 신앙과 문화』, 102.

27   이근삼, 『개혁주의 신앙과 문화』, 108~12.

28   이근삼, 『개혁주의 신앙과 문화』, 220~28.

29   이근삼, 『이근삼전집1, 칼빈과 칼빈주의』, 229~39.

"인간의 진선미의 활동은 타락 이전에 있어서도 창조주 하나님의 호의적인 은사로 피조물 인간에게 주어졌다는 의미로 하나님의 은총에서 시작되었다고 할 수 있다. 특히 타락한 이후 죄인 된 인간은 자신의 죄로 마땅히 영원한 죽음의 형벌을 받아야 할 자임을 전제로 할 때에 그런 인생이, 세상에서의 생존과 생활이 허용될 뿐만 아니라 진선미의 탐구와 함양과 창조가 허용된다는 사실은 참으로 은총이라고 불러야 할 것이다."[30]

그러면서 이근삼 박사는 카이퍼와 스킬더의 의견을 소개하고 있다. 즉 카이퍼는 하나님이 일반은총을 통하여 피조세계를 유지하지 않으면 세계는 공허하게 될 것이라고 보았다. 이는 마치 일반은총이 없다면 세상은 마치 받침대에 놓여있던 꽃병이 떨어지며 산산조각으로 부서지듯이 우주에서 떨어져 나갈 것이라고 했다. 그래서 카이퍼는 하나님의 창조의 뜻은 일반은총을 통하여만 성취된다는 점에서 문화는 일반은총의 산물이라고 보았다는 점을 지적하고 있다. 다시 말하면 인간이 타락했음에도 불구하고 문명이 발전된 것은 일반은총에 의한 것으로 본 것이다. 이근삼 박사는 이런 카이퍼의 입장을 지지하는 것으로 보인다.[31]

반면에 스킬더는 카이퍼의 일반은총론을 비판하면서 그것은 은혜가 아니고 하나님이 창조하신 세계, 즉 자연 그대로일 뿐이라고 말한다.[32] 그리고 '일반은총'이라고 부르기 보다는 '일반사명'(gemene mandaet), '일반명령'(gemene bevel) 혹은 '일반소명'(gemene roeping)이라고 부르는 것이 옳다

30   이근삼, 『이근삼전집1, 칼빈과 칼빈주의』, 230.

31   이근삼, 『이근삼전집1, 칼빈과 칼빈주의』, 230.

32   이근삼, 『이근삼전집1, 칼빈과 칼빈주의』, 222.

고 주장했다. 스킬더는 카이퍼의 문화관은 지나치게 낙관적이라고 보았고, 그리스도인들이 문화적 사명을 감당하기 위해서는 위에서 오는 힘을 얻어야 하는데, 그 힘을 공급하는 곳이 교회라고 보았다. 교회가 신자의 문화적 사명완수의 동력의 역할을 해야 한다고 보았다. 스킬더는, 교회는 하나님의 명령을 따라 문화 명령을 수행하도록 세상에 파송된 것이라고 보아 문화명령 수행과 교회와의 관계를 분가분리의 관계로 이해한 것이다. 그러므로 문화명령을 일반은총이 아니라 특수은총의 관점에서 이해해야 한다는 것이다.

이 두 사람의 토론은 사실상 하나님께서 그리스도인과 교회에 주신 두 가지 사명, 곧 문화명령과 전도명령을 어떻게 수행할 것인가에 대한 논쟁인데, 19세기 화란 개혁교회의 중요한 논쟁점이었다. 아브라함 카이퍼는 자신의 『일반은총』(De Gemeene Gratie)이란 책에서 우리가 구원받고 하나님의 백성이 되는 것만이 아니라 문화, 곧 사회적 책임 완수를 통해서도 하나님께 영광을 돌릴 수 있다고 보았다. 하나님은 인간을 창조하신 후 그들에게 문화적 사명을 주셨는데, 비록 인간이 타락하였지만 문화명령을 무효화 시키지는 않았다고 보았고, 이 문화적 사명은 일반은총을 통해 수행될 수 있다고 본 것이다. 이 일반은총에 의해 발전된 문화를 통해서 하나님께 영광을 돌릴 수 있다고 본 것이다. 인간이 타락한 이후에도 하나님이 베풀어 주시는 일반은총은 그의 문화관의 출발점이었다. 이근삼 박사는 이 카이퍼의 입장을 지지하고 수용하고 있다.[33] 이처럼 삶의 모든 영역에서 개발되고 발전된 문화를 통해 하나님을 영화롭게 할 수 있다

---

33   이근삼, 『이근삼전집1, 칼빈과 칼빈주의』, 220~28.

는 카이퍼의 문화관은 이 세상에서의 그리스도인의 문화 활동을 크게 고무시켰다고 할 수 있다.

따지고 보면 카이퍼와 스킬더의 문화관은 근본적으로 다르지 않다. 카이퍼나 스킬더는 다같이 문화적 사명을 강조하여 이 일을 통해 전도의 사명을 감당할 수 있다는 입장이었다.

우리가 전도의 사명이라 하여 꼭 전도지를 돌리는 등 전도활동을 통해서만이 아니라 문화적 사명을 감당하면 전도의 사명이 저절로 이루어진다는 입장이었다. 즉 문화명령 속에 전도명령이 포함되는 것으로 이해한 것이다.[34] 성경적 가치에 근거하여 기독교 학교를 설립하는 등 문화적 사명을 감당하면 자연스럽게 전도의 사명이 성취된다는 입장이었다. 그래서 문화명령은 전도 명령을 포함한다고 보았다. 바로 이런 견해를 이근삼 박사가 지지하고 있다고 판단된다.[35] 이렇게 볼 때 이근삼 박사가 기독교 대학운동을 지지했던 것은 당연한 일이었음을 알게 된다.

3 칼빈주의 혹은 개혁주의 신학

이근삼 박사의 사상 혹은 신학을 한마디로 말한다면 칼빈주의 혹은

---

[34] 반면에 요켐 다우마(Jochem Douma)는 1966년 12월의 『일반은총론』(Algemene Genade) 이라는 박사논문에서 카이퍼와 스킬더, 그리고 도이예베르트(H. Dooyeweerd) 등의 입장을 반대하면서 그리스도인은 이 세상에서는 '외국인과 나그네'로 살고 있다는 점을 강조하면서(히11:13) 복음전도의 사명이 우선한다고 주장한다. 다우마는 복음이 받아드려지는 곳에는 자연스럽게 정치 경제 사회 문화 모든 영역에서 변혁을 가져오게 되어 문화적 사명을 감당하게 된 다는 것이다. 그래서 그는 문화명령은 전도명령 속에 내포된다고 보았다. 이상규, "개혁교회의 사회적 책임", 『우리는 누구이며 어디로 가는가』 (서울: 대한예수교장로회 총회, 2012), 179~81.

[35] 이근삼, 『이근삼전집1, 칼빈과 칼빈주의』, 228.

개혁주의 신학이라고 할 수 있고, 이 신학을 해명하고 발전시키고 확산하는 것이 그의 일생의 과제였다고 할 수 있다. 서두에서 지적한 바처럼 그는 한국에서 개혁주의 신학을 실질적으로 발전시켰던 인물이라고 할 수 있다. "박윤선 박사가 개혁주의 신학을 한국에 도입한 분이라면 이근삼 박사는 이 신학을 문화영역에까지 확대하는 데 공헌했다"라는 손봉호 교수의 지적은 그릇되지 않다. 이근삼 박사는 칼빈주의 신학을 가르치고 이 신학을 해명하고, 이 신학적 바탕에서 설교했다. 바로 이런 목적에서 신학교안을 작성하고, 고신 교단의 교리표준문서인 웨스트민스터신앙고백서와 대소교리문답서를 번역하고 채택하는 일에 기여하였다. 그의 여러 논설과 논문 중에 가장 주요한 주제가 칼빈주의(개혁주의)의 해명, 해설 그리고 적용이었고 이를 한국교회적 상황에서 재해석하고 재진술하고자 했다. 이런 그의 정신과 의지는 그의 전집 전편에 산재되어 있다.

특히 그는 칼빈주의를 가르치고 해설했을 뿐 아니라 이 신앙의 터 위에서 일생을 살았다. 개혁주의 신학은 하나님의 주권과 선택, 하나님의 영광을 신자의 삶의 목표로 여기기 때문에 개혁주의자들은 삶의 전 영역에서 하나님의 주권을 강조하고 문화적 사명을 중시한다. 이근삼 박사는 이런 삶을 살고자 했다. 그래서 그는 항상 공명 정대 했고, 인간적인 술수나 정치나 정략을 추구하지 않았고 자기중심적이지 않았다. 찰스 하지는, 개혁주의를 말하는 자들은 개혁주의적인 삶을 살아야한다고 말했는데, 이근삼 박사는 그런 삶을 살았다. 이런 점에서 그는 신행일치, 그리고 학행일치를 보여주신 학자라고 할 수 있다.

4 하나님 중심신학, 하나님 주권의 신학

이근삼 박사의 신학은 기본적으로 종교개혁의 유산을 따르는 개혁주의 전통에서 수용해 왔던 세계 3대 칼빈주의 신학자인 아브라함 카이퍼(Abraham Kuyper, 1837~1920), 헤르만 바빙크(Herman Bavinck, 1854~1921), 벤자민 워필드(Benjamin B. Warfield)의 신학을 수용한 신학이라고 할 수 있고, 이런 점에서 그는 유럽과 영미의 '역사적 장로교회의 신학'의 계승자라고 할 수 있다. 그러면서도 그는 16세기 종교개혁으로 발원하여 19세기 화란에서 개진되고 미국으로 전파되어 재 진술된 그 신학 전통을 계승한다고 할 수 있다. 그러면서도 그는 박윤선과 더불어 화란에서 발전된 개혁주의 신학 전통을 직접적으로 수용하고자 했던 학자였다고 할 수 있다. 비록 박윤선은 짧은 기간 화란에 체류했으나 화란어를 강독할 수 있었기 때문에 화란의 개혁주의 유산을 직접적으로 수용하고자 했다.

이 점은 박형룡과 비교될 수 있는데, 박형룡은 그의 생애 말년에 쓴 "한국장로교회의 신학적 전통"에서 스스로 진술한 바처럼 한국장로교회 신학전통은 구주대륙에서 발전된 칼빈의 개혁주의 신학에 영미의 청교도적 특징을 가미하여 웨스트민스트 표준에 나타난 신학이라고 해설했다.[36] 즉 박형룡은 종교개혁 이후 300여년 동안 유럽에서 형성되고 체계화된 칼빈주의와 영국에서 형성된 웨스트민스터신앙고백이 미국으로 전파되고 미국에서 200여년 간 발전된 그 신학 전통을 수용한 것이다. 다시 말하면 박형룡은 화란에서 발전된 칼빈주의 신학을 수용하되 미국(특히 프린스톤신학교)에서 개진되거나 해설된 신학을 수용한 것이다. 그것이 무

---

36 「신학지남」 43권 3집(1976 가을호), 15.

슨 차이가 있는가라고 질문할 수 있지만 판데르 스텔트(John C. Vander Stelt)에 의하면 심지어는 프린스턴 신학자들 가운데서도 상식철학(Common sense Philosophy)의 영향이 남아 있다고 지적한 점[37]을 감안한다면 정교한 차이를 헤아릴 수 있을 것이다.

그런데 이근삼은 자신의 신학의 중심을 '하나님 중심' 사상에서 찾고 있다. 그는 이것이 칼빈주의 혹은 개혁주의 전통에 대해 말할 수 있는 가장 기본적이고 종합적인 특징으로 보고 있다.[38] 그는 칼빈주의를 '하나님 중심 신학'이라고 못 박는다. 따라서 칼빈주의자에게 신론이 교리중의 교리이며 유일한 교리라고 할 수 있다고 다음과 같이 말한다.

> "칼빈주의자는 인간의 책임, 인간의 결정을 부인하고자 하지는 않는다. 그러나 하나님의 주권적 은혜에 강조점을 두는 것이 특징이다. 그러므로 개혁주의자들에게 있어서 하나님의 주권(the sovereignty of God)과 하나님의 섭리(the providence of God), 선택과 예정(election and predestination)에 대하여 자주 듣게 된다."[39]

이런 하나님의 주권을 강조하는 신학적 특성은 알미니안주의와는 다르다. 알미니안주의자들은 "두렵고 떨림으로 너희 구원을 이루라"(빌 2:12)를 강조하지만, 칼빈주의자들은 이 말씀에 대하여 "너희 안에 행하시는 이는 하나님이시니 자기의 기쁘신 뜻을 위하여 너희로 소원을 두고 행하

---

37   John C. Vander Stelt, *Philosophy And Scripture: A Study in Old Princeton and Westminster Theology* (Nutley, NJ: Mack Pub. Company, 1978).

38   이근삼, 『개혁주의 신앙과 문화』 (서울: 영문, 1991), 82.

39   이근삼, 『이근삼전집1, 칼빈과 칼빈주의』, 114.

게 하신다."(빌 2:13)는 말씀으로 대답하신다는 점을 지적한다. 이처럼 이근삼 박사는 하나님 주권, 곧 하나님 중심을 칼빈주의 신학의 요체로 파악하고 또 자신의 신학 중심이라고 말하고 있다. 이런 점에서 이보민 박사는 이근삼의 신학은 하나님 중심 신학이라고 명명한 바 있다. 이보민은 이근삼의 하나님의 주권의 신학은 세 가지 요소로 함축되어 있는데, 그것은 주권의 절대성, 주권의 우주성, 주권의 인격성에 근거하고 있다고 지적한다.[40] 이는 아주 당연한 지적인데 하나님의 주권이 절대성과 우주성을 지니지 못한다면 그것은 진정한 의미의 주권이라고 말할 수 없기 때문이다.

마치면서

이상에서 살펴본 바대로 이근삼 박사는 진정한 의미의 칼빈주의자였고, 함일돈 박윤선 이상근 교수를 이어 고려신학교에 조직신학의 체계를 확립했던 고신의 제2세대 신학자였다. 동시에 그는 믿는 바대로 살고자했던 신행일치, 학행일치의 삶의 모본을 보여주었고, 하나님의 주권과 섭리를 믿고 일생을 살았다. 이런 점에서 그는 사변적이거나 이지적이지 않고 실천적인 칼빈주의자였다고 할 수 있다.

이근삼 교수는 단순하면서도 솔직했고, 정직하게 살았다. 은밀한 세계에 자신을 숨기는 그런 인물이 아니었다. 벌제위명(伐齊爲名)과는 거리가 멀었다. 이제 가까이에서 본 그의 삶의 방식에 대해 정리하면서 이 글을

---

40   이보민, "하나님 주권의 신학", 『하나님의 주권과 은혜』, 151~61.

마감하고자 한다.

그는 진정으로 고신교회와 학교를 사랑했던 학자였다. 고신 총회를 위해서도 봉사했는데, 교단 교회학교 계단공과 집필과 편찬, 교단 문서운동에도 기여하였고, 고신이 승동측과 합동한 이후 환원하여 새롭게 출발할 때 총회기구 운영위원회에서 교단의 바른 행방을 위해 노력하였다. 또 총회표준문서연구위원회에서 일하면서 4년간 교단헌법을 정비하였고, 총회 신학교육부와 고시부, 총회 섭외부 등에서 활동하면서 교단의 교육정책을 수립하고 교단의 신학교육과 대외관계를 관장했다. 후에는 부산노회장으로 봉사하기도 했다.

그가 고신대학에서 여러 행정적인 책임을 감당했지만 특히 1979년 4월 고신대학 학장으로 선임되었을 때 고신대학 후원회를 조직하고 100만원 후원자를 확보하는 운동을 전개하였는데, 당시로는 어느 대학도 기금확보(fund raising)를 위해 노력하지 않던 때였다. 그가 학장 혹은 총장으로 교회나 기관에서 받는 사례를 학교경상비 통장에 입금하였고, 영도 캠퍼스에 도서관을 건축한 이후에 자신이 평생 모은 값진 도서들을 대학에 기증했다. 퇴임을 10년이나 앞두고 있을 때였다. 은퇴 할 때는 장학기금으로 희사하기도 했다. 그는 학교의 장으로 있으면서도 자기를 위해서는 학교재정을 쓰지 않으려고 노력하셨던 자기희생적인 지도자였다.

그는 사심 없고 솔직한 인품의 소유자였다. 소탈한 성격의 소유자이자였고, 허세나 권위의식이 없었다. 그는 모든 일에 솔직하였다. 그는 자기 생각이나 자기 주장을 관철시키려고 하지 않고 모든 일을 민주적으로 처리했다. 자신이 한 일에 실수가 있었으면 솔직히 인정하고 책임질 일이 있으며 책임을 회피하지 않았다. 1982년 3월 미 문화원 사건이 발생했을 당시 대학 육성을 위해 혼신의 열정을 쏟았으나, 사건의 책임을 지고 즉각적으로 사임하였다.

그는 비정치적이었고 정도(正道)와 정행(正行)의 본을 보여주신 칼빈주의 신학자였다. 찰스 하지의 지적처럼 칼빈주의자이자 칼빈주의적인 인격의 소유자였다. 그가 은퇴 2년 후인 1996년 10월 31일 고신대학교 경건회 설교에서, "개혁주의 세계교회 건설을 위해 건강이 허락하시는 한 이 일을 계속할 것이라"고 말했던 그는 쟁기를 잡고 뒤를 돌아보지 않고 일생을 살았던 한국교회의 신학자였다.

2

이근삼 박사의 생애와 칼빈주의*

황대우

I 생애[1]

1 교사

이근삼 박사는 관동대지진 사건이 발생한 1923년 10월 28일 부산 서구 부용동에서 이영식과 한귀련 사이의 3남 1여 중 3남으로 출생했다.

그는 "신사참배 문제로 한국교회가 수난을 당하기 시작"한 1937년 에 "부산의 부민[보]통학교(지금의 초등학교)를 졸업하고 부산 제2상업학교(당 시 5년제 중고등학교로 지금의 부산상고의 전신)에 입학"했으며 대동아전쟁 발발로 인해

---

* 이글은 안명준 외, 『한국교회를 빛낸 칼빈주의자들』(용인: 킹덤북스, 2020), 139~61에 실려 있는 글을 조금 수정한 것이지만 그곳에 없던 각주를 이곳에는 달았다는 점이 다르다.

1 생애 부분은 이근삼 박사 본인이 직접 작성한 글, "여기까지 인도하신 나의 하나님"을 주로 참고했는데, 이 글은 다음 논문집에 수록되어 있다. 이환봉 & 박대근(편), 『하나님의 주권과 은혜: 이근삼 박사 사역 50주년 기념 논문집』(서울: 총회출판국, 2002), 39~69.

예정보다 4개월여 앞당겨진 "1941년 12월 말"에 졸업했다. 졸업 동기 중에 일본 "나가사끼고등상업학교"로 유학 간 단짝 친구가 잠시 귀국하여 일본인 교수로부터 예수 그리스도를 알게 되었다며 자랑스러워하는 모습을 보고 자극을 받아 일본어 신약성경을 구입하여 읽고 부산 항서교회를 다니기 시작했는데, 이것이 장차 그를 그리스도에게 사로잡힌 하나님의 종으로 살게 한 계기였다.

졸업 후 그는 꼼짝없이 일본군으로 징용되어 갈 수 밖에 없는 처지였다. 하지만 징용영장이 발부되기 전, "당시 보통학교 훈도(교사) 자격증시험"에 통과하여 발령을 기다리는 동안 다른 곳에 피신해 있었으므로 징용영장이 나왔을 때에는 전출자로 보고되어 징용을 면했다. 그리고 보통학교 제3종 훈도 채용에 지원 신청한 것이 허락되어 "거제도 옥포 보통학교"에 부임했는데, 그곳에서 1945년 8월 15일 해방을 맞이했다.[2]

2 신학생

해방 직후 부산 대신보통학교로 전근 발령을 받았으나, 1946년 3월 부산에 "남조선대학교"(현 동아대학교의 전신)가 설립되자 교사직을 그만두고 대학교 진학을 선택했다. 하지만 동료 대학생들의 "저질적 언행에 대해서 마음이 불편하여 참을 수"가 없었는데, 그는 "이것이 하나님께서 나를 주의 종으로 부르시는 한 신호였다"고 고백했다. 결국 그는 1946년 9월 20일 부산 좌천동 금성중고등학교(전 일신여학교)에서 개교한 고려신학교의 입학시험에 합격하여 제1회 입학생으로 등록했다. 고려신학교 설립자이신

---

2   이근삼, "여기까지 인도하신 나의 하나님", 39~40.

한상동 목사가 외삼촌이었기 때문에 먼저 그에게 자신의 신학교 입학 결심을 고백했고 입학시험을 치도록 그의 허락을 받은 후에야 신학교 입학 시험에 응시했다.

개교된 고려신학교는 2년의 예과와 3년의 본과 과정이었으므로 5년 동안 신학을 공부했다. 이근삼 박사는 하나님께서 "고려신학교를 한국교회와 한국 민족과 또 나에게 주신 것"이 "제일 큰 선물"이라고 고백하면서 신학교 시절의 배움을 다음과 같이 회고했다.

> 박윤선 교수님을 통해서 칼빈주의를 배우고 성경과 해석학을 배우고 조직신학도 배웠다. 한부선 선교사님을 통해서 교회사와 설교학을 배우고 한상동 목사님의 로마인서 읽기와 분해, 신천신학을 배워서 확신을 갖게 됐다. 개혁주의 신학과 신앙, 교회와 성도, 목회와 설교를 배울 때마다 나에게는 항상 새롭고 감격적이고 새 생명을 주는 감동적 배움이었다.[3]

1950년 6·25동란으로 고려신학교는 피난 목사들의 숙소로 변했고 그 해 가을학기 수업은 중단되었다가 이듬해 첫 학기에 재개되었다. 제1회 입학생들은 1951년 5월 27일 초량교회당에서 거행된 졸업식에서 5년간 공부하는 본과생 10명과 3년만 공부하는 별과생 15명을 합쳐 모두 25명으로 제5회 졸업생이 되었다. 또한 학창시절, 중고등학생들을 대상으로 1948년부터 고려신학교 주최로 시작된 여름과 겨울 방학 수련회에서 행정업무를 담당하게 되었는데, 이 수련회가 6·25사변 이후 조직된 "청

---

3   이근삼, "여기까지 인도하신 나의 하나님", 43.

년신앙운동(YFC)과 학생신앙운동(SFC)"의 모태였다. 당시 그는 오병세, 홍반식과 더불어 부산 시내교회 청소년들의 신앙을 훈련하는 일에 솔선수범하여 봉사했다.[4]

3 목사[5]

신학교 졸업 후 1951년 9월에는 초량교회 주일학교 담당전도사로 청빙을 받아 부임했다. 그런데 9월 총회가 끝난 바로 그 주일 예배시간에 노진현 목사를 비롯한 총회총대들이 한상동 목사의 강단권을 박탈하기 위해 들이닥치는 바람에 교회는 혼란스러웠다. 결국 한상동 목사는 유감을 표하면서 자신이 물러날 것이니 한 달 간 말미를 주면 다른 곳에 예배처소를 마련하겠다고 선언했다. 이렇게 초량교회 문제는 한상동 목사가 모든 것을 양보함으로 해결되었다.

새로운 예배처소는 주영문 장로의 뒤뜰에 지어진 가건물이었는데, "우선 판자집을 짓고 아직 지붕을 올리지도 못한 채 10월 14일 주일에 초량교회당에서 예배 시에 다 모여 주일학교를 마치고 대예배를 드린 다음, 그날 주일 저녁예배는 새 장소에서 드린다고 광고하고 주일학교 학생들은 저녁부터 모일 장소로 안내되었다." 바로 이것이 고신 교단 부산삼일교회의 시작이었다. 초량교회 전도사로 부임했지만 본격적인 전도사 사역은 실제로 삼일교회에서 한 셈이다.

당시 고려신학교 제5회 졸업생들은 전도목사로 9월 노회에서 안수를 받았지만 이박사는 자신에 대해 회고하기를 "나는 마음의 준비가 되

---

4   이근삼, "여기까지 인도하신 나의 하나님", 45.

5   이근삼, "여기까지 인도하신 나의 하나님", 46~47.

지 않아서 9월 노회에 안수를 받지 못하고 다음 노회 시에 받도록 연기를 하였다." 그는 목사안수 대신에 "하나님께서 미리 준비해 두셨던 배필"을 선물로 받았는데, 그녀는 "기도 많이 하고 은혜 충만해서 하나님께 몸 바쳐 일할 각오를 가지고 있는 신앙의 사람"이었다. 배필은 조영진 사모다. 그녀는 당시 삼일교회 주일학교 교사와 찬양대원으로 봉사하고 있었다. 두 사람은 박윤선 교장의 주례로 1952년 1월 22일 삼일교회당에서 결혼식을 올렸다.

목사안수는 그 해 9월 삼일교회당에서 개최된 고려파 총회에서 받았다. 설교실습 시험에서 고시부원들로부터 주일학교 학생들에게 하듯 한 설교라는 호된 평가를 받았지만 결국 통과했다. 목사안수를 받았기 때문에 삼일교회에서 부목사로 담임목사인 한상동 목사의 목회를 조력했다. 총회, 노회 등 출타할 일이 많았던 담임목사의 빈자리를 대신하는 일은 쉽지 않았고 특히 담임목사 부재 시 맞이하는 주일은 감당하기에 너무 벅찰 정도로 분주했다.

그는 목사안수를 받기 전에 이미 고려고등성경학교에서 영어 과목을 강의했고 목사안수 받고 난 이후에는 박윤선 교장의 명령으로 히브리어 기초문법을 맡아 강의하기도 했다. 하지만 유학 진행이 신속하게 이루어져 이 히브리어 강의를 오래하지는 않았다.

4 유학생[6]
고려신학교는 교수를 양성할 계획으로 본과 졸업생 가운데 홍반식,

---

6   이근삼, "여기까지 인도하신 나의 하나님", 48~56.

오병세, 이근삼을 미국에 유학을 보내려고 했다. 홍반식은 구약학을 전공하기 위해 칼빈신학교(Calvin Theological Seminary)로, 오병세도 구약학을 전공하기 위해 훼이스신학교(Faith Theological Seminary)로 유학을 떠났고, 이근삼은 웨스트민스터신학교(Westminster Theological Seminary)를 지망했으나 학점을 보충하기 위해 고든대학교(Gorden College)의 소재지인 보스턴(Boston)으로 갔다.

고려신학교를 제5회로 졸업한 세 명의 동기생 가운데 이근삼 박사가 가장 먼저 해외 유학의 장도에 올랐다. 1953년 12월 16일 그는 미국 상선을 타고 부산항을 출발하여 일본에서 2일 머문 후에 해를 넘긴 1954년 1월 2일에 샌프란시스코에 입항하였으므로 18일만에 도착한 셈이다. 그때부터 미국에서 5년 동안 머물며 유학의 길을 걸어갔다. 먼저 학점을 보충하기 위해 고든대학교에서 3학기를 수업했고, 휘턴대학교에 하기 대학코스 수업을 받은 후에 고든대학교에서 문학사(B.A.) 학위를 마쳤다.

당시 웨스트민스터신학교보다 훼이스신학교가 학적으로나 영적으로 더 낫다는 재정후원자 그래이(Dr. Richard W. Gray) 목사의 조언을 따라 훼이스신학교에 입학했는데, 여기서는 고려신학교 졸업과 학위를 인정해 주되 2년을 수업하고 목회학석사(M.Div.)와 신학석사(Th.M.) 학위를 동시에 받도록 한다는 것이다. 2년째 되던 해에 훼이스신학교는 이사장 매킨타이어(Carl McIntire) 박사와 교수들 사이에 분열이 발생하여 교수들에 의해 카버넌트신학교(Covenant Theological Seminary)가 새롭게 설립되었다.

지도교수를 따라 카버넌트신학교로 옮긴 후 이곳에서 1957년 5월 조직신학 담당교수 킬렌 박사(Dr. Killen)의 지도 아래 "루돌프 불트만의 케리그마 신학"(Rudolf Bultman's Kerygmatic Theology)이라는 제목의 논문으로 신학석사 학위를 받았다. 그리고 1년간 웨스트민스터신학교에서 변증학을 공부한 후에 박사학위 과정에 진학하기 위하여 네덜란드로 갔다. 1958년 8월 23일 뉴욕에서 네덜란드 여객선을 타고 대서양을 건너서 8일 만에 네덜란드 항구 도시 로테르담(Rotterdam)에 도착했다.

암스테르담(Amsterdam)에 있는 자유대학교(Vrije Universiteit)에 1년 전액 장학생으로 왔으나 그의 생각으로는 그 기간이 공부하기엔 충분하지 않아 하나님께 3년만 더 연장할 수 있도록 해달라고 기도했는데, 그 기도는 응답되었다. 미국에서 만난 네덜란드 사람 블라우 박사(Dr. G. A. Blaauw)가 소개해준 바우터스 목사(Rev. Douwe N. Wouters)를 만나게 되었는데, 바우터르스 목사가 자유대학교 총장 비서 뎅가르링크 박사(Dr. Dengarlink)에게 1년으로는 학위과정 공부를 제대로 하기 어렵다는 사정을 전하면서 좋은 대안을 마련해 달라 요청한 덕분에 자유대학교에서 2년 더 장학금을 받을 수 있게 되었다. 그리고 나머지 1년의 유학 비용은 처외삼촌 김사엽 장로가 조달했다.

모니컨담(Monnickendam) 개혁교회의 목사 바우터스 가정에 대한 이근삼 박사의 애정과 감사는 특별했다. 그는 회고하기를 "이 가정은 나의 은신처가 되고 나의 모든 도움이 되었다." 이유는 이 가정이 1959년 1월에 어려운 형편의 한국인 유학생을 기꺼이 자기 집 하숙생으로 받아 선대했다는 사실 외에도 많다. 그 중에서도 예컨대, 바우터스 목사는 결혼한 이박사가 홀로 지내는 것을 기독교적 관점에서 안타까운 일로 여겨 교인들과 의논한 끝에 한국에 있는 부인을 초청하기로 하여 모금을 하고 네덜란드에서 부부가 함께 생활할 수 있도록 모든 비용과 편의를 제공했던 것이다.

조영진 사모는 1953년 12월에 헤어진 이후 한 번도 만나지 못한 남편을 드디어 1961년 2월에 모니컨담에서 재회하는 감격과 기쁨을 누렸다. 1961년 여름에 바우터르스 목사는 임지를 호른(Hoorn)으로 옮겼는데, 이때 한국인 부부도 함께 데려 갔고 호른 교회의 도움으로 생활에 큰 어려움이 없도록 각별히 보살폈다. 이곳에서 1962년 5월 30일에 "사랑하는 딸을 낳게 됐으니 이름을 '선화'(goodness of Holland도 되고, gift of Holland도 된다)라고 지었다.

자유대학교의 교의학 담당 교수인 베르카우어르 박사(Dr. G. C. Berkouwer)를 주임교수로 정했는데, 그의 지도로 신학석사과정(Doctorandus)을 무사히 마치고 학위를 받았다. 그에게 베르카우어르 교수는 서양신학, 특히 독일신학을 박사논문 연구 주제로 권장했지만, 박사학위 논문은 헤르만 바빙크(Herman Bavinck)의 조카 요한 헤르만 바빙크 박사(Johan Herman Bavinck)의 지도하에 엘렝틱스(elenctics) 분야로 작성하게 되었다.

박사논문 방어식과 학위수여식은 당시 자유대학교의 강당이 미완성 상태였기 때문에 1962년 7월 13일 암스테르담의 한 교회당에서 거행되었는데, 그날은 자유대학교를 위해 아주 특별한 의미를 가진 역사적인 날이었다. 왜냐하면 자유대학교가 설립된 이래로 한국인에게 박사학위를 수여한 최초의 날이었기 때문이다. 이근삼 박사는 자유대학교에서 박사학위를 받은 최초의 한국 학자요, 네덜란드에서 박사학위를 받은 최초의 한국인일 것이다. 그의 학위논문은 당시 자유대학교에서 유명한 두 학자 베르카우어르 교수와 뮬러만(Meuleman) 교수의 극찬을 받았다.

일본의 신도주의와 기독교 간의 상호 대립 관계를 다룬 이근삼 박사의 학위논문 제목은 다음과 같다: 「기독교와 신도국가주의의 대결: 메이지 유신부터 제2차 세계대전까지(1868~1945) 일본에서 기독교와 신도의 충돌에 대한 역사적 비평적 연구」[The Christian Confrontation with Shinto Nationalism: A

Historical and Critical Study of the Conflict of Christianity and Shinto in Japan in the Period between the Meiji Restoration and the End of World War II(1868~1945)]. 이 논문은 1962년에 암스테르담(Amsterdam)에서 출간되었고, 1966년에는 미국에서 Presbyterian and Reformed Publisher에 의해 재출판 되기도 했다. 이 논문은 『이근삼 전집』의 제9권에 최재건 박사에 의해 번역되어 한글 번역본으로 수록되어 있다.

4년간의 네덜란드 유학생활을 마친 이근삼 박사는 1962년 7월 31일 네덜란드 로테르담에서 출발한 일본상선을 타고, 대서양, 지중해, 홍해, 인도양, 대만 해협을 건너 32일 만인 9월 1일 부산항에 도착함으로써 약 9년의 유학생활을 마치고 무사히 귀국했다.

5 교수[7]

이근삼 박사의 귀국은 고려신학교 5회 졸업생 동기 홍반식 박사와 오병세 박사 보다 1년 정도 늦었다. 그는 귀국하자마자 곧장 감천에 있는 칼빈학원에서 강의하기 시작했다. 그가 도착하기 전 1960년 12에 13일에 이미 장로교 고신측과 승동측이 공식적으로 통합의 "취지 및 선언문"에서 "총회직영의 신학교로 일원화" 원칙에 합의함으로써 두 교단 간에 합동이 성사되었고,[8] 이것을 근거로 1961년 12월 28일 고려신학교와 총회신학교의 교수들은 서울에서 가진 연합수련회를 통해 몇 가지 중대한 결정을 내렸는데, 그 가운데 하나가 서울 총회신학교를 본교로, 부산의 고

---

7   이근삼, "여기까지 인도하신 나의 하나님", 57~69.

8   "취지 및 선언문"은 다음 책 참조. 허순길, 『한국장로교회사: 장로교회(고신) 50주년 희년 기념』 (서울: 총회출판국, 2002), 449~53.

려신학교를 분교로 운영한다는 것, 그리고 부산 분교는 더 이상 신입생을 모집하지 않는다는 것이었다.[9]

1960년 합동할 때 부산의 고려신학교와 서울의 총회신학교를 "일원화"(一元化) 한다는 원칙은 1961년 총회에서 서울 총회신학교로 "단일화"(單一化) 한다고 결정함으로써 고려신학교의 폐교를 기정사실화했다.[10] 이러한 결정에 따라 고려신학교는 1962년 3월 14일 "총회신학교 부산분교"라는 새로운 간판으로 신입생 없이 개학했다.[11] 또한 안용준, 오병세 교수는 서울 본교인 총회신학교로 올라가 가르치는 반면에, 이상근, 홍반식 교수는 부산 분교인 고려신학교에 남아서 가르치도록 결정되었기 때문에 고려신학교는 교수의 수도 줄었다.[12]

개학을 맞아 이러한 통폐합에 분개한 재학생들이 학우회를 소집하여 고신 존속을 요구하는 성명서를 발표하고 학생의 찬반 서명도 받았는데, 고신존속 찬성 53명, 중립 6명, 반대 6명의 결과가 나왔고 반대자들 중에는 광주신학 출신의 학생도 3명 포함되어 있었다.[13] 또한 재학생들은 당시 이사장 노진현 목사와 부산 분교장 박손혁 목사에게 학교 통폐합의 부당성을 호소하며 이의를 제기했고 "고려신학교 학우회"라는 명칭을 그대로 고수했다.[14]

---

9   허순길,『한국장로교회사』, 460.

10   허순길,『한국장로교회사』, 454~55.

11   허순길,『한국장로교회사』, 461.

12   허순길,『한국장로교회사』, 460.

13   허순길,『고려신학대학원 50년사』(부산: 고려신학대학원출판부, 1996), 162.

14   허순길,『한국장로교회사』, 461.

1962년도 2학기에도 부산의 재학생들은 고려신학교를 지키고자 하는 자신들의 뜻을 꺾지 않았다. 그들은 제47회 총회가 끝난 후 1962년 10월 11일 학생총회로 모여 한 번 더 고려신학교 존속을 위한 진정을 하기로 진정서 작성위원을 선정하여 초안 작성에 들어갔다. 그런데 1962년 10월 17일, 고려신학교 설립자인 한상동 목사가 부산의 고려신학교에서 경건회를 마친 직후 갑자기 "고려신학교 복교 선언"을 해버렸던 것이다.[15] 이것은 돌발적인 폭탄선언이라 불릴만한 사건이었다.

아무도 예상치 못한 이 복교선언의 결정적인 이유는 온갖 추측만 난무할 뿐, 아직까지 명확하게 밝혀지지 않았다. 하지만 최소한 이근삼 박사의 교수채용 문제가 그 폭탄선언의 결정적인 원인이었다거나 가장 중요한 배경이었다는 추측은 근거가 희박한 억측에 불과하다. 왜냐하면 1962년 9월 20일 서울 승동교회당에서 개최된 제47회 총회가 받은 이사회 보고서에는 "이근삼 박사를 신학교 전임 강사로 청빙하기로 교수회에서 제의한 것을 임명하기로 1962년 9월 21일자로 가결"했다는 내용이 명확하게 기록되어 있기 때문이다.[16]

"혁명"으로 불리는 복교 선언의 주요 원인이 승동측의 합동서약 위반과 관련된 것만은 분명해 보인다. 고신측의 주장에 따르면 당시 합동서약 위반은 크게 세 가지 정도로 압축되는데, 총회와 총회신학교의 부패의 심각성과 정화 불가능성, 총회신학교의 교수회 회장 윤번제가 교장제도로 번복될 가능성, 신학교 교장 박형룡 박사의 삼천만환 사건에 대한 미

---

15 복교선언(1962. 10. 17)과 고신교회의 환원(1963. 9. 17) 과정에 대해서는 다음 책 참조. 허순길, 『고려신학대학원 50년사』, 159~70; 허순길, 『한국장로교회사』, 462~72.

16 허순길, 『한국장로교회사』, 458. 각주 57.

해명 등이 그것이다. 부산노회는 1963년 8월에 발표한 환원취지문[17]에서 가장 먼저 합동선서의 위반을 거론하면서 신학교 문제를 꼽았는데, "一元化를 2年이 못 가서 單一化시켰음"이 첫 번째 이유로 제시되었다.[18]

이처럼 이근삼 박사의 교수 생활은 초기부터 순탄치 못했는데, 그것은 교단과 신학교를 둘러싼 논란의 소용돌이 속에서 시작되었기 때문이다. 고려신학교는 복교 선언 후 2달 정도 어수선하였으나, 12월 17일에 박손혁, 오병세, 이근삼 세 교수가 복교에 합류함으로써 빠르게 안정을 찾아갔다. 이 일에 가장 큰 공로자는 이근삼 박사였다. 1963년 2월 25일에는 홍반식 교수가 합류함으로써 고려신학교는 당시 신학교들 가운데 학문적으로 최고의 교수진을 갖추게 되었다. 홍반식, 오병세, 이근삼 교수는 모두 고려신학교 제5회 동기생으로 서로 우애가 깊었고 장차 고신 교단에서 동방 박사에 비유되는 "세 박사"(Doctor trio)라는 별칭으로 불렸다. 이 세 교수는 "3인 공동성명서"를 내고 고려신학교를 함께 봉사하기로 함으로써 1963학년 신입생을 무사히 받을 수 있었다.[19] 이근삼 박사는 1963년 신학기에 "변증학"을 개설하여 강의했다.

1964년 고신총회를 통해 고려신학교는 총회직영신학교가 되었고 칼빈학원을 4년제 대학부 예과로 흡수 통합했다. 1965년에 총회는 직영신학교를 운영하기 위해 총회유지재단을 새롭게 구성했다. 고려신학교는 대학부 예과를 대학으로 승격시키기 위해 총회유지재단의 이름으로 학교법인 인가를 문교부에 신청하여 1967년 5월 1일부로 "학교법인 고려

---

17 허순길, 『한국장로교회사』, 467~70.

18 허순길, 『한국장로교회사』, 468.

19 허순길, 『고려신학대학원 50년사』, 163~64.

학원"인가를 받게 되었다. 그리고 1968년 2월 28일에는 학력인준대학인 각종학교로 인가를 받았고, 1969년 9월 6일에는 대학동등학력 인정학교로 승인을 받았으며, 1970년 12월 22일에는 "고려신학대학"으로 설립인가를 받았다.[20]

하지만 대학인가 과정은 학교 측과 송상석 목사 측의 심각한 갈등으로 인해 결코 순탄하게 진행되지 않았다. 1969년에는 교수들이 총사퇴하는 사건이 발생하여 신학기 개혁이 한 달 이상 지연되기도 했다. 또한 지난한 갈등과 반목의 결과로 1975년에는 경남노회와 경기노회 중심의 반고소파가 교단을 탈퇴하는 초유의 사태가 초래되어 교단 분열의 위기를 맞기도 했다. 대학인가 전후로 한바탕 소용돌이가 휘몰아쳐 학교가 상당한 타격을 받았지만 그렇게 심각하지는 않았다.[21]

이근삼 박사는 교수로서 학교와 관련된 이와 같은 모든 불미스러운 사건들을 온 몸으로 맞을 수밖에 없었다. 하지만 그에게 가장 힘들었던 시절은 대학설립인가가 난 1970년 전후가 아니라, 의예과를 증설하기 위해 "고려신학대학" 교명이 "고신대학"으로 변경된 1980년 10월 2일 이후였다. 이 당시 그는 고려신학대학의 학장이었다. 대학의 세속화를 우려하여 의대 증설과 교명 변경을 반대하는 교단 내 인사들도 있었으나 기독교 세계관에 입각한 기독교 대학 건설이라는 학장의 입장을 바꿀 수는 없었

---

20   고려신학교의 총회직영과 고려신학대학으로 설립인가를 받은 과정에 대해서는 다음 책 참조. 허순길, 『고려신학대학원 50년사』, 171~96; 허순길, 『한국장로교회사』, 473~81.

21   대학인가 문제와 관련한 갈등에 대해서는 다음 책 참조. 허순길, 『고려신학대학원 50년 사』, 181~95; 허순길, 『한국장로교회사』, 488~502.

다. 1981년에는 의예과도 성공적으로 증설할 수 있었다.[22]

본래 계획대로라면 의예과 입학 자격은 원입교인 이상으로 제한되어야 했지만 모두에게 동등한 기회를 주어야 한다는 시민들의 반대에 부딪혀 불신자들에게도 입학을 허용하게 되었고, 1981년 신학기부터 불신 학생들이 대거 고신대학에 입학하기 시작했다. 5·18 민주항쟁운동이 1980년에 일어났기 때문에 당시 대학생들 사이에서는 반미의식이 팽배했다. 1982년 3월 18일, 반미의식에 물든 몇몇 고신대 학생들은 미국이 신군부의 쿠데타를 방조하고 광주학살을 용인한 것을 비판하면서 부산미문화원에 잠입하여 방화하고 미군 철수를 요구하는 유인물을 살포했는데, 이것이 저 유명한 미문화원 방화사건이다. 당시 이 사건은 방화라는 폭력적인 테러 방법을 사용하고, 방화로 무고한 대학생이 희생되었기 때문에 사회적으로 엄청난 충격과 파장을 불러일으켰다.[23]

이근삼 학장은 이 사건에 대한 모든 도의적 책임을 지고 학장에서 물러나 평교수로서 1982년 한 해 강의를 마친 후 1983년에 처음으로 안식년을 받아 미국으로 떠났다. 1984년 한 해를 휴직하고 1985년 1월에 고신대학으로 복귀했다. 1991년 8월 28일부터 고신대학 학장으로 봉사하면서 도서관과 기숙사를 신축공사를 시작하여 1994년 3월 3일 개관식을 거행함으로써 마무리했다. 그가 학장으로 재직하던 시절인 1993년 3월 1일부로 "고신대학"이라는 교명을 "고신대학교"로 변경 승인을 문교부로부터 받았기 때문에 그는 자연스럽게 고신대학교 "초대 총장"이 되었다.[24]

---

22 허순길, 『한국장로교회사』, 514.

23 허순길, 『한국장로교회사』, 515.

24 이근삼, "여기까지 인도하신 나의 하나님", 64~65.

이근삼 박사는 "고려신학대학"이 단과대학인 "고신대학"으로, 그리고 다시 종합대학인 "고신대학교"로 교명이 변경 발전하는 과정의 중심에 서 있었다. 1994년 2월 28일 총장 퇴임 및 명예교수로 추대되기까지 32년 동안 그는 조직신학자로서 교수 사명을 충성스럽게 감당했을 뿐만 아니라, 학교의 발전을 위해 자신의 수고를 다해 전력투구했다. 그는 고신대학교라는 기독교 대학을 세우는 일에 자신의 인생 전부를 쏟아 부었던 것이다. 32년간 자신의 교수 사역 가운데 가장 보람 있는 대표적인 일을 다음 네 가지로 회고했다: 32년간 후학들을 양성한 일, 인재양성, 대학발전에 참여한 것, 고신대학교를 위해 도서관과 기숙사 건축에 기여할 수 있었던 것.

총장 퇴임과 교수 사역 은퇴 직후인 1994년 3월 4일에 교육부 국민훈장모란장을 받고 도미(渡美)하여 재미 동부 고려신학교에서 후학들을 가르치다가 1995년 5월에 창설된 캘리포니아주 로스엔젤레스 지방의 가주 고려신학대학원으로 옮겼다. 이 학교는 7월 17일에 현판식을 달고 9월 25일에 개교식을 거행했으나 학생들에게 학위를 줄 수는 없었다. 하지만 1998년에 캘리포니아 주정부의 인가를 받은 퍼시픽 뱁티스트 대학교(Pacific Baptist University)를 인수하여 1999년 1월 1일자로 새로운 이사회를 구성함으로써 목회학석사(M.Div.), 기독교 교육학석사(M.C.E.)와 문학사(B.A.) 등의 학위를 학생들에게 수여할 수 있게 되었고, 외국 유학생들에게는 I – 20 증명서를 발부할 수 있게 되었다. 이 학교는 1999년 6월 1일자로 "복음대학교"(Evangelia University)로 새롭게 명명되었고 이근삼 박사는 이 학교의 초대 총장으로 부임하여 2007년 1월 15일 향년(享年) 83세로 소천(所天)할 때까지 헌신적으로 봉사했다.

이근삼 박사는 조영진 사모와 결혼하여 슬하에 세 명의 자녀를 두었는데, 이신철 교수, 이선화 권사, 이신열 교수가 그들이다. 장남 이신철 교수는 서울대와 고려신학대학원을 졸업하고 가나에서 선교사로 오랜 기간 봉사하다가 모교의 선교학 담당 교수가 되었고 교수가 된 후 영국 웨일즈대학교에서 박사학위를 받았으며 지금은 은퇴했다. 장녀 이선화 권사는 미국에서 대학을 졸업했고 의사와 결혼하여 지금 아버지가 개척한 송도제일교회에서 권사로 섬기고 있다. 차남 이신열교수는 미국에서 화학 전공으로 학부를 졸업한 후 비브리칼신학교(Biblical Seminary)에 입학하여 목회학과 신학을 공부하기 시작했다. 비브리칼신학교 졸업 후 네덜란드 아플도른(Apeldoorn) 신학교에서 교의학을 전공하여 박사학위를 받았고 고신대학교에서 교의학 교수로 재직 중이며 다년간 개혁주의학술원 원장을 역임했다.

II 사상: 칼빈주의와 개혁주의

이근삼 박사는 한마디로 한국의 대표적인 칼빈주의자다. 그는 한 인터뷰에서 "'나는 외골수 칼빈주의자이다!'라고 말해도 괜찮겠습니까?"라고 자신을 소개한다. 또한 그의 신학교 동기이자 평생 동료 오병세 교수는 그를 "칼빈주의 신학자"로, 그리고 "인재양성의 산파역"을 감당한 사람으로 평가하면서 다음과 같이 소개한다. "이박사님의 칼빈주의는 탁상공론에 머물지 않고 생활에 구체화되도록 강조하였으며 칼빈주의 문화관에 깊은 관심을 보였습니다."[25] 다른 곳에서 이근삼 박사를 "개척자", "신앙으로 양보하는 자", "학자"로 소개한 오병세 교수에 의하면 "그는 칼빈주의를 강의할 뿐만 아니라, 그대로 실천하려고 노력하는 하나님의 사람이다."[26] 박재영 목사에 따르면 그의 슬로건은 "개혁주의 신앙과 생활"이다.[27]

이근삼 박사는 칼빈과 칼빈 사상, 칼빈 이후에 형성된 신앙고백적 칼빈주의, 그리고 19세기 네덜란드에서 형성되기 시작한 신칼빈주의 세계관, 이 세 가지를 동시에 한국에 소개한 최초의 학자라고 단언해도 좋을 것이다. 하지만 순서상 이근삼 박사는 귀국 후 먼저 19~20세기의 칼빈주의 세계관과 철학에 대해 가르쳤고, 그 다음에 칼빈과 개혁주의 신앙고백서를 소개한 것으로 보인다. 이렇게 판단하는 근거는 작성일이 1963년 3월 13일자로 되어 있는 그의 고려신학교 "변증학" 강의 친필 노트이다.

이 노트에는 신관을 다루는 곳에서조차도 칼빈과 칼빈 사상에 대한 언급은 전혀 발견되지 않지만, 세계 3대 칼빈주의자 가운데 한 명인 자유대학교의 설립자 아브라함 카이퍼(Abraham Kuyper), 그리고 자유대학교의 기독교 철학자 디르크 폴렌호픈(Dirk Hendrik Theodoor Vollenhoven. 1892~1978), 자유대학교의 법철학자 헤르만 도이예베르트(Herman Dooyeweerd. 1984~1977), 남아공 포체프스트롬대학의 칼빈주의 철학자 스토꺼르(Hendrik Gerhardhus Stoker. 1899~1993) 등과 같은 학자들이 언급되기 때문이다. 이 "변증학" 강의 노트

---

25   『하나님의 주권과 은혜: 이근삼 박사 사역 50주년 기념 논문』, 16.

26   『하나님 앞에서: 이근삼 총장 은퇴기념 고신대학교 교수설교집』 (부산: 고신대학교출판부, 1994), 25.

27   『하나님 앞에서: 이근삼 총장 은퇴기념 고신대학교 교수설교집』, 38.

의 특이한 점은 칼 바르트(Karl Barth) 사상을 취급하는 내용이 가장 많고 그 다음으로 많은 분량을 차지하는 것은 파스칼(Pascal)의 사상이다. 아마도 이와 같은 구성적 특징은 "변증학"이라는 학과목의 특수성 때문인 것으로 보인다.

부인할 수 없는 분명한 사실은 그가 귀국 후 가장 초기의 강의에서 소개한 학자들로부터 강력한 영향을 받았으며, 그들에게서 공통적으로 배운 것이 바로 "칼빈주의"와 "개혁주의 세계관"이라는 것이다. 이근삼 박사는 그들이 가르친 칼빈주의로부터 칼빈과 칼빈 사상 및 개혁주의 신앙고백을 소개받았던 것으로 보인다. 이것에 관해 그는 다음과 같이 회고한다.

나는 화란에 오기 전 미국에서 웨스트민스터에 있을 때 반틸 박사로부터 세계적 칼빈주의 학자들, 특히 화란계통의 학자들을 소개받았다. 그들은 역시 자유대학교의 기독교 법철학자인 도이어베르트(Dooyeweerd) 교수와 개혁주의 철학자인 폴렌호벤(Vollenhoven) 교수, 남아공화국 포체프스트롬(Potchefstroom) 대학교의 스톡(Dr. Stock) 박사였다.

나는 도이어베르트교수의 강의 시간에 찾아가서 강의를 듣기도 하고 그의 저서 『Transcendental Critique of Theoretical Though』에서 영역의 주권사상을 배우고 기독교사상을 정리하기도 했다. 그리고 폴렌호벤교수는 은퇴하신 후라서 집에 방문하여 교시를 받고 그의 서적 『칼빈주의 철학과 철학사』를 읽으면서 새로운 눈이 뜨이게 되었다. 그리고 후에 1975년에 남아공화국을 방문했을 때 스톡박사님 택에 찾아가서 역시 칼빈주의 기독교철학에 관하여 담화를 나누기로 한 것이다. 위의 학자들은 칼빈주의자들로서 동시대에 각각 연구하는 중에 일치된 기독교 사상을 얻게 된 분들이다. 이런 일들은 나로 하여금 개혁주의 세계관을 확립시키는데 크게 시야를 넓혀 주고 도움을 주어서 더욱 확신을 얻게 해 주었다.[28]

이근삼 박사의 제자이면서 동료 교수였던 이보민 박사는 그의 신학을 "한마디로 표현하면 '하나님의 주권의 신학'이라"고 평가하면서 이것이 이근삼 박사 자신이 자주 표현한 "하나님 중심 신학"과 같은 것으로 간주한다. 여기서 이보민 교수는 자신의 스승 이근삼 박사의 하나님 주권 신학에 대해 다음과 같이 세 가지로 설명한다. 첫째, "스승님의 하나님의 주권 신학은 무엇보다도 그 주권의 '절대성'에 근거하고 있다." 이것은 구원의 원인이 철저하게 "하나님의 절대적 은총"에만 의존한다는 이근삼 박사의 입장에 대한 해석이다. 둘째, "스승님의 하나님의 주권 신학은 또한 그 주권의 '우주성'을 강조하고 있다." 이것은 이근삼 박사가 칼빈과 아브라함 카이퍼를 따라 일반은총을 중시하면서 전 세계 속의 기독교 문화 창달을 강조했던 것과 연관된 설명이다. 셋째, "끝으로 스승님의 하나님 주권 신학은 그 주권의 '인격성'에 근거하고 있다." 이것은 이근삼 박사가 주장하는 것처럼 하나님이 특별계시인 성경을 인류에게 주시면서 그들에게 자신의 주권에 복종하는 도리를 가르치실 뿐만 아니라, 조물주와 구원자인 자신을 찬양하도록 요구하시는 인격적인 창조주라는 점에 대한 해명이다.[29]

이근삼 박사도 자신의 책에서 "칼빈주의 기본 원리"를 "칼빈주의자

---

28 이근삼, "여기까지 인도하신 나의 하나님", 55.
29 『하나님의 주권과 은혜: 이근삼 박사 사역 50주년 기념 논문』, 151~61.

들의 생활 전부를 움직이는 것" 즉 "하나님 중심 사상"으로 정의한다.[30]

칼빈주의 기본원리는 우주관의 기본원리를 말하는데 하나님과 피조물인 우주와의 관계를 잘 표현하는 술어는 "하나님의 절대적 주권"(God's Absolute Sovereignty)이다. 그 뜻은 하나님은 최고의 입법자이시며 자연계와 도덕계와 만물에 대해서 절대적 지배권을 가지고 행사한다는 뜻이다. … 칼빈주의자는 하나님의 창조와 섭리하시는 우주 안에서 법과 질서와 조화의 아름다운 체계를 발견한다. 만물에 대한 하나님의 절대적 주권이란 의미는 칼빈주의자가 생각하는 사상 체계의 기본 원리이다. 칼빈주의자는 모든 현상의 배후에 하나님을 발견하며 하나님의 위엄을 완전히 이해한다. 워필드는 "칼빈주의자는 하나님을 본 자이다. 그 결과 한편으로는 피조물로서, 더욱이 죄인으로서 하나님 앞에 설 수 없다는 느낌과 또 한편으로는 그 하나님이 죄인을 영접하신다는 놀람으로 충만한 자이다"라고 말하였다.[31]

그에게 칼빈주의는 개혁주의와 결코 다르지 않다. 왜냐하면 그가 설명하는 칼빈주의 원리와 개혁주의 원리는 "하나님의 절대 주권", "하나님의 영광", "하나님 중심" 등으로써 동일한 의미이기 때문이다. "개혁주의의 근본 되는 중요한 원리는 전능하신 하나님의 영광이다. 이와 같은 개혁주의 근본 사상은 '하나님 중심'에 있다. 전능하신 창조주 하나님이 만

---

30   이근삼, 『칼빈과 칼빈주의』, 이근삼 전집 1, 이근삼 전집 편찬위원회 엮음(서울: 생명의양식, 2007), 103.

31   이근삼, 『칼빈과 칼빈주의』, 이근삼 전집 1, 104.

물을 자기의 영광을 위하여 창조하시고 모든 것을 스스로 결정하신다."[32] 하지만 이근삼 박사는 다른 곳에서 "하나님의 영광"이라는 개념이 하나님의 활동을 지나치게 목적 지향적인 것으로만 제한하거나 "하나님의 주권"이라는 내용을 충분히 담아내는데 한계가 있다는 점에서 "칼빈주의 기본 원리는 아니다"라고 주장하기도 한다.[33]

개혁주의 신학의 특징을 이근삼 박사는 다음과 같이 다섯 가지로 설명한다. "첫째는 개혁주의 신학은 하나님의 절대 주권을 믿는 하나님 중심의 신학이다. … 둘째로 개혁주의 신학은 말씀 중심의 신학이다. … 셋째로 개혁주의 신학에는 교회 정치제도가 특이하다. 개혁주의 교회의 정치는 교회는 그리스도만이 머리이고 모든 신자는 동등한 몸의 지체이다. … 넷째로 순수한 교리와 순결한 생활을 중시한다. … 다섯째로 개혁주의 신학은 큰 안목의 인생관과 세계관을 가진다. … 그래서 개혁주의 신학을 '하나님의 나라' 신학이라고 한다."[34]

이근삼 박사는 "칼빈주의 체계를 칼빈의 종교 철학으로만 생각하는 것은 큰 잘못"이며 "칼빈주의자"를 "칼빈 한 개인의 추종자"로 간주하지 말아야 한다고 지적한다. 왜냐하면 "칼빈과 칼빈주의자들은 자신들을 성경적 의미에서 참 기독자로 생각"하고 "모든 인간의 철학을 배격하고 성경이 가르치는 위대한 신관과 신과 인간과의 관계를 발견하고 선포하기를 원"하기 때문이다.[35] 이근삼 박사에 따르면 "성경에 가르친 중심 교리

---

32 이근삼, 『개혁주의 교회와 목회』, 이근삼 전집 3, 16.

33 이근삼, 『칼빈과 칼빈주의』, 이근삼 전집 1, 105.

34 이근삼, 『개혁주의 교회와 목회』, 이근삼 전집 3, 29~31.

35 이근삼, 『칼빈과 칼빈주의』, 이근삼 전집 1, 99.

에 합당한 무게와 가치를 두는" 것이 곧 "칼빈주의"이고, "모든 길에 하나님을 인식함으로써 모든 사람 특히 믿음의 사람들의 발걸음을 인도하시는 이는 하나님이심을 인식하는 자가 칼빈주의자다." 이근삼 박사는 칼빈주의와 칼빈주의자에 대해 다음과 같이 정의하고 설명하는데, 이것은 칼빈주의에 대한 벤자만 워필드의 이해로부터 받은 영향이 크다.

칼빈주의는 주로 신관과 하나님과 인간에 대한 관계를 특별히 취급한 포괄적 신학 체계를 말한다. 이 체계의 명칭 "칼빈주의"는 칼빈의 이름에서 따온 것이다. 그 이유는 칼빈이 이 체계를 종합하여 포괄적으로 또한 성경적으로 해석했기 때문이며, 어떤 특수인의 이름을 가지는 것이 그렇게 바람직한 것은 못되지만 칼빈이 성경적 사상 체계를 잘 세웠기 때문이다. 칼빈주의의 강조점은 성경에 "이는 만물이 주에게서 나오고 주로 말미암고 주에게로 돌아감이라 영광이 그에게 세세에 있으리로다"(롬 11:36)고 하였는데 이것은 칼빈주의의 근본 원리를 말해주며 또 칼빈주의가 하나님의 교리를 근본적으로 취급하고 있음을 잘 알 수 있다.

칼빈주의자들은 언제나 그 사상 중심에 하나님으로부터 생각을 시작하고 하나님을 중심에 간직하려는 노력을 기도하면서 계속한다. 워필드 박사는 "이런 것들로부터 칼빈주의의 기본 원리가 우리에게 나타난다. 즉 칼빈주의자는 모든 현상 배후에 하나님의 임재하심을 보며 모든 발생되는 일에서 그의 뜻을 행사하시는 하나님의 손을 인식하는 사람이며 기도로써 하나님께 대한 영적 태도를 가지며 구원의 모든 역사에서 인간 자신을 의존하는 흔적을 제하고

하나님의 은혜에만 자신을 맡기는 사람이다"라고 하였다.[36]

　미국의 칼빈주의가 17세기 도르트레흐트(Dordrecht) 총회의 결정인 돌트 신조 핵심을 다섯 가지로 요약한 칼빈주의 5대 교리를 떠나서는 생각하기 어렵듯이 이근삼 박사의 칼빈주의 역시 칼빈주의 5대 교리와 밀접하게 연결되어 있다. 그의 친필 강의노트 "The Five Points of Calvinism"에는 알미니우스주의 5대 교리와 칼빈주의 5대 교리가 영문으로 나란히 대조되어 있다.

Arminianism	Calvinism
1. Free Will or Human Ability	1. Total Inability or Depravity of Men
2. Conditional Election	2. Unconditional Election
3. Universal Redemption or General Atonement	3. Particular Redemption or Limited Atonement
4. H.S. can be effectually resisted	4. Efficacious Call of the Spirit, [or] Irresistable Grace
5. Falling from Grace	5. Perseverance of the Saints

　이것은 다음과 같이 번역될 수 있는데, 칼빈주의 5대 교리 가운데 "전적 타락" 교리를 "인간의 전적 무능력"으로 이해한 것과 "제한된 속죄" 교리를 "특별구원"으로 정의한 것, 그리고 "불가항력적 은혜" 교리를 "성령의 유효한 부르심"으로 설명한 것이 특징이다.

36　이근삼, 『칼빈과 칼빈주의』, 이근삼 전집 1, 98~99.

알미니우스주의	칼빈주의
1. 자유의지, 또는 인간의 능력	1. 인간의 전적 무능력, 또는 전적 타락
2. 조건적 선택	2. 무조건적 선택
3. 보편 구원, 또는 일반 구속	3. 특별구원, 또는 제한된 구속
4. 성령은 유효하게 거절될 수 있다	4. 성령의 유효한 부르심, 또는 불가항력적 은혜
5. 은혜로부터의 타락	5. 성도의 견인

이근삼 박사는 칼빈주의 5대 교리 가운데 칼빈주의 핵심 교리 즉 칼빈주의 기본 원리를 두 번째의 선택론이 아닌, 네 번째의 은혜론, 즉 불가항력적 은혜로 본다.

위의 5대 교리에서 중심 되는 특징 원리를 하나 택한다고 할 때 그것은 예정, 선택 교리보다는 불가항력적인 은혜일 것이다. 예정 교리를 알미니안주의나 칼빈주의에서 다 같이 말하는 것으로 단지 예정의 이유 개념에 차이가 있을 뿐이며, 개혁주의가 다른 체계에 반대되는 특징은 '유효한 은혜 교리'에 있다. 개혁주의는 특히 '은혜의 신학'이다. … 유효한 은혜는 성령의 창조적 효력으로 새사람 되게 하는 것이다. … 개혁주의 근본 사상을 다음 세 가지에 포함시켜 생각할 수 있다. 첫째는, 객관적으로 말해서 기독교 유신론이다. 둘째는, 주관적으로 말해서 가장 순수하고 고상한 종교이다. 셋째는, 구원론적으로 말해서 복음주의적이다. … 만물이 하나님으로부터 왔으니, 하나님께로 돌아갈 것이고, 하나님은 전부의 전부가 되심을 개혁주의자는 믿는다.

이근삼 박사에게 있어서 칼빈주의는 기독교 철학적 세계관이나 문화관과 같은 이론적 체계일 뿐만 아니라, 동시에 생활원리이기도 하다. 그는 이 칼빈주의적 생활원리를 세 가지 관계의 카테고리, 즉 "사람과 하나님과의 관계(對神關係), 이웃인 사람과의 관계(對人關係), 물질세계와의 관계(對物質關係)"로 구분하여 설명한다.[37] 먼저, "하나님은 창조주로서 피조물과 엄연한 구별을 가지고 초월하여 높은 위엄 중에 계시나, 또한 하나님은 성령과 같이 만물과 직접관계"를 가짐으로써 "우리 인간과 직접 교제하시며 우리의 생활 전체를 그의 주권을 가지고 통치 섭리하신다"는 것이 곧 대신관계의 생활원리다.[38]

두 번째로, 대인관계의 생활원리란 "인간의 전 생활 분야가 다 같이 직접 하나님 앞에 서게" 되는데, "그렇게 되면 남녀, 빈부, 강약, 우열을 막론하고 동일하게 하나님 앞에 서게 되며 선악 간에 하나님의 직접 심판을 받게" 되지만 "인간에게 부여된 달란트의 차이나 의무상 차이와 순서적 차이"는 무시할 수 없기 때문에 "하나님으로부터 받은 권위에 각 개인은 순종함으로 하나님이 주신 사회와 자연의 질서를 유지하게 되며 동시에 그 권위는 개인에게 부여된 자유를 유린할 수 없다"는 것이다. 이런 방법으로 사회 속의 "권위와 자유 사이의 균형" 문제를 해결하려고 했는데, 이것이 바로 "칼빈주의 철학이 주장하는 각 생활 영역의 주권"과 연결된다.[39]

세 번째로, 대물질관계의 생활원리란 "인간은 그의 환경이 되고 있는 물질세계를 무시할 수 없다"는 것인데, 왜냐하면 "그 환경은 하나님께서

---

37   이근삼, 『칼빈과 칼빈주의』, 이근삼 전집 1, 182~88.

38   이근삼, 『칼빈과 칼빈주의』, 이근삼 전집 1, 183.

39   이근삼, 『칼빈과 칼빈주의』, 이근삼 전집 1, 184.

엿새 동안에 선하게 지어 놓으신 우주만물, 자연세계"이기 때문이다. "자연세계를 … 하나님의 창조물로 인식하고 그 속에 창조 시로부터 부여된 모든 가능성(possibilities)을 찾아 개발 발전시켜서 창조주 하나님께 영광을 돌리는 것"이야말로 그리스도인의 "문화적 사명"이다.[40] "이 문화적 사명을 수행함에 있어서 가장 중요한 것은 모든 생활영역을 초월하여 포괄할 수 있고 하나님과 직접 상종할 수 있는 종교적 초점인 중생된 심령이다." 따라서 중생하지 못한 자가 수행하는 문화적 임무와 활동은 "전체적으로 하나님을 배반하는 방향으로 움직이게 되므로 … 하나님의 영광을 가로막는 배반적 문화를 형성하는 결과가 될 것이다."[41]

III 저술

1 저서

The Christian Confrontation with Shinto Nationalism. Amsterdam: Van Soest, 1962.

『조직신학 강의안 기독론』. 부산: 고려신학대학출판부, 1971.

『칼빈, 칼빈주의』. 부산: 고려신학대학출판부, 1972.

『조직신학 강의안 구원론』. 부산: 고려신학대학출판부, 1979.

『개혁주의 신학과 교회』. 서울: 기독교문서선교회, 1985.

『칼빈주의 특성과 강조점』. 서울: 엠마오출판사, 1986.

---

40   이근삼, 『칼빈과 칼빈주의』, 이근삼 전집 1, 185.

41   이근삼, 『칼빈과 칼빈주의』, 이근삼 전집 1, 187.

『기독교의 기본교리』. 부산: 고신출판사, 1990.

『개혁주의 신앙과 문화』. 서울: 도서출판영문, 1991.

2 역서

L. Doekes. Mordern Struggle Against the Truth of Scripture. 『현대
성경관 비판』. 부산: 고려신학대학출판부, 1971.

Henry R. Van Til. The Calvinistic Concept of Culture. 『칼빈주의
문화관』. 서울: 성암사, 1977.

3 기념논문집

이근삼총장은퇴기념. 「하나님 앞에서」. 부산: 고신대학교출판부,
1994.

이근삼 박사 사역 50주년 기념 논집. 「하나님의 주권과 은혜」. 서울:
총회출판국, 2002.

제1회 이근삼 강좌. 「이근삼의 생애와 개혁주의 사상」. 고신대학교,
2008.

4 전집

이근삼 박사의 저술과 논문들은 10권의 전집으로 출판되었는데, "이
근삼 전집 편찬위원회"가 2007년에 "생명의양식" 출판사를 통해 「한국의
개혁주의자 이근삼 전집」이라는 제명으로 편집 출판한 것이다. 각 권은
아래에 주어져 있는데 그 가운데 제9권은 그의 박사학위 논문을 번역한
것이다.

제1권.『칼빈과 칼빈주의』.

제2권.『개혁주의 신학과 한국교회』.

제3권.『개혁주의 교회와 목회』.

제4권.『개혁주의 신학과 현대신학』.

제5권.『개혁주의 조직신학 개요 1』.

제6권.『개혁주의 조직신학 개요 2』.

제7권.『개혁주의 신앙과 문화』.

제8권.『교리문답 해설』.

제9권.『기독교와 신도국가주의의 대결』.

제10권.『오직 하나님의 은혜로』.

3

이근삼의 개혁주의적 문화신학

아브라함 카이퍼의
신칼빈주의적 문화신학 수용

김영한

머리말

고신 교단의 조직신학을 대변하는 신학의 거장 이근삼(1923~2007)의 출생 100주년을 맞이하여 이근삼의 신학을 조명하는 일은 의미있는 일이다. 이 분은 부산의 고신대에서 활동하였기 때문에 그의 신학적 사상은 한국 신학계에 잘 알려져 있지 않았다. 그런데 이 분의 별세를 계기로 이근삼 전집 편찬위원회 구성되어 그분의 쓰신 원고를 정리하여 2007년 12월~2008년 1월 10권의 전집이 출간되어 그 분의 정통 개혁신학 사상이 한국 신학계에 알려지게 되었다.

올해 이근삼 박사 출생 100주년 기념으로 이근삼의 신학을 주제로 한국개혁신학회가 고신대학교에서 학술대회를 열고 초교파적으로 복음주의 학자들이 각자의 관심있는 영역과 관점에서 이근삼의 신학사상을 연구조명하고 토론하게된 것은 고신 교단의 개혁신학사상의 토대를 닦은 이근삼의 정통개혁주의 신학사상을 학문적으로 조명하고 널리 알리는 좋은 계기가 되고 있다.

필자는 숭실대 재직시에 이근삼이 번역한 헨리 반틸(Henry R. Van Til)의 『칼빈주의 문화관』(The Calvinistic Concept of Culture)을 통해서 이 분이 문화신학에 깊은 관심과 연구를 하신 것으로 알게 되었고 필자 자신의 학문적 관심과 일치함을 알게 되어 존경과 아울러 이 분의 개혁신학에 큰 관심을 갖게되었으나 학계에서는 대면할 기회가 없었다. 출생 100주년 기념 학술대회를 계기로 신칼빈주의적 문화신학사상을 중심으로 그의 신학사상을 조명하고자 한다.

1 신학적 배경

이근삼은 고려신학교 설립자 한상동 목사의 외조카로서 설립자의 신앙과 신학의 영향이 지배적이었다. 현재 동아대학교 전신인 남조선대학에 다니다가 1946년 9월 20일 개교한 고려신학교에 입학시험을 쳐서 합격하여 제1회 고려신학교 입학생이 되었다.[1] 제5회로 졸업한 후 미국과 화란의 유학을 거쳐 1962년 고려신학교 교수로 임명되어 32년간 고려신

---

1   이근삼은 32년간 교수생활 은퇴를 앞두고 1994년 교단 언론 「월간고신」 편집인 서창수 목사와의 대담에서 신학하게 된 동기에 대하여 질병을 심하게 앓던 어느날 밤에 고통 중에 하나님을 부르심을 받았다고 피력하였다: "내가 처음 신학을 시작하게된 동기는 어느 날 밤에 심하게 앓게 되었는데 그 고통 중에 하나님의 부르심을 받고, 신학을 하겠다고 결심한 후, 한상동 목사님을 찾아가서 의논하고 고려신학교 개교 때에 입학시험을 치루고 신학을 시작했습니다." "이근삼 총장과 기독교 대학 설립", 이근삼, 『개혁주의 신앙과 문화』, 이근삼 전집 제7권, 이근삼 전집 편찬위원회 편(서울: 생명의양식, 2007), 294~95 (월간고신, 1994년 3월호).

학교, 고려신학대학, 고신대학, 그리고 고신대학교에서 교수로, 학장으로, 총장으로 한국교회와 신학교를 위해서 개혁주의 신학과 사상의 초석을 놓았다.

이근삼은 고려신학교에서 2년 예과와 본과 3년 총 5년동안 칼빈주의 신학을 공부하였다. 당시 신학생들 중에는 신사참배를 반대하여 감옥에 갔다온 신앙의 용장들도 있었고, 신사참배로 더러워진 신앙 양심을 깨끗하게 하고 한국교회를 새롭게 하기위해 사명감에 불탄 자들이 많았다고 한다. 고신에서 5년 동안의 배움 가운데서 학생 이근삼에게는 박윤선, 한부선, 두 분의 외삼촌 한상동, 한명동 목사는 그의 신앙적 모범상이었다: "박윤선 목사님이 신학의 전반적인 과목들을 가르쳤고, 한상동 목사님이 기도와 실천신학을, 한부선 선교사님이 선교적 신학교육과 실제적 생활을, 한명동 목사님이 학생들을 지도했다."[2]

> 그는 박윤선 교수님을 통해서 칼빈주의를 배우고 성경과 해석학을 배우고 조직신학도 배웠다. 한부선 선교사님을 통해서 교회사와 설교학을 배우고 한상동 목사의 로마서 읽기와 분해, 실천신학을 배워서 확신을 갖게 되었던 것이다. 개혁주의 신학과 신앙, 교회와 성도, 목회와 설교를 배울 때마다 그에게는 항상 새롭고 감격적이고 새 생명을 주는 감동적 배움으로 다가왔다.

이근삼은 자신을 "외골수 칼빈주의자"[3]로 자칭한다. 평생 동료 오병

---

2   이근삼, "미국 에반젤리아대학교 총장 이근삼 박사", 『개혁주의 신앙과 문화』, 305 (교회와 교육, 2006년 겨울호).

3   이근삼, "이근삼 총장과 기독교 대학 설립", 『개혁주의 신앙과 문화』, 293 (월간고신,

세도 "그는 칼빈주의를 강의할 뿐 아니라 실천하려고 하는 하나님의 사람"으로 평가하면서. 이근삼의 칼빈신학은 신앙이 탁상 공론에 머물지 않고 생활 속으로 구체화되도록 강조했으며, 칼빈주의 문화관에 깊은 관심을 보였다고 소개하였다. 그는 1948년 학생시절 오늘날 학생신앙운동(SFC)의 모태인 학생신앙 수련회에 오병세와 홍반식과 함께 청년신앙운동(YFC)의 모태인 청소년신앙수련회에 봉사하였다. 미국에서는 미국 보스턴 고든대학(Gorden College)에서 학사를 하고, 카버넌트신학교(Covenant Theological Seminary)에서 목회학 석사(M. Div.)와 신학석사(Th. M.)를 마쳤다. 미국에서 5년 간 공부할 때는 후원하는 교회도 없이 학비를 직접 벌어서 공부하였다.

이근삼은 교단지 월간고신 편집인과의 대담에서 자신의 학문세계를 소개하였다. 미국에서 5년간, 화란에서 4년간 유학하였다. 그는 웨스트민스터 신학교(Westminster Theological Seminary)에서 반틸(Cornelius Vantil) 교수 밑에서 1년(1957.09~1958.05)동안 대학원 과정(graduate studies)에서 변증학(apologectis)을 공부하였다. 존 머레이(John Murray)에게서도 배웠다."[4]

미국에서 웨스트민스터신학교에 있을 때 반틸 박사로부터 세계적 칼빈주의 학자들, 특히 화란(和蘭) 계통의 학자들을 소개받았다. 그들은 화란 자유대학교의 법철학자 헤르만 도이어베르트(Herman Dooyeweerd. 1884~1977), 자유대학교의 기독교 철학자 디르크 폴렌호븐(Dirk Hendrik Theodoor Vollen-hoven. 1892~1978), 남아공 포체스트롬대학의 칼빈주의 철학자 스토커(Hendrik Gerhardhus Stoker. 1899~1993)였다.

1994년 3월호).

4 이근삼, "미국 에반겔리아대학교 총장 이근삼 박사", 『개혁주의 신앙과 문화』, 307 (교회와 교육, 2006년 겨울호).

이근삼은 미국에서 5년간 석사과정을 끝내고 1958년 대서양을 건너 화란으로 유학을 떠났다. 화란 자유대학교에서 4년을 공부하였다. 그는 요한 바빙크, 벨카우어 교수 밑에서 칼빈주의를 배웠다. 그는 도이어베르트의 강의 시간에 찾아가서 강의를 듣기도 하고 그의 대표적 저서『이론 사상에 대한 선험적 비판』(Transcendental Critique of Theoretical Thought)에서 영역의 주권사상을 배우고 개혁사상을 정리하기도 했다. 그리고 당시 볼렌호븐은 은퇴했기 때문에 집을 방문하여 가르침을 받고 그의 서적『칼빈주의 철학과 철학사』를 읽으면서 칼빈주의에 대한 새로운 눈이 뜨이게 되었다. 그리고 후에 이런 일들은 이근삼으로 하여금 개혁주의 세계관을 확립시키는데 크게 시야를 넓혀 주고 도움을 주어서 더욱 확신을 얻게 해 주었다. 이들 미국 및 화란 학자들은 칼빈주의자들로서 동시대에 각각 연구하는 중에 일치된 정통개혁주의 신학사상을 얻게 된 분들이다.

암스테르담 자유대학교(Vrije Universiteit) 유학시절에서는 교의학 담당 교수 베르카우어르(G. C. Berkouwer, 1903~1996)가 신학석사(doctrandus) 과정 지도교수였으며, 교의학의 대가(大家) 헤르만 바빙크 박사(Herman Bavinck, 1854~1921)의 조카, 개혁주의 선교학의 선구자요 조직신학자인 요한 헤르만 바빙크 박사(Johan Herman Bavinck, 1895~1964)가 박사 지도교수였다. 박사과정으로 선교학자와 조직신학자인 요한 바빙크에게서 선교변증인 엘랭틱스(Elenctics)[5]

---

[5]　엘렝틱스(Elenctics)라는 용어는 헬라어 동사 엘렝케인(elengchein)에서 온 것이며, 이는 '부끄럽게 하다'라는 의미로 죄 확신과 죄의 증거를 강조하는 의미로 사용되었다. 이런 의미에서 볼 때, 엘렝틱스는 죄의 깨달음에 대한 것이며, 하나님을 대항하는 모든 이교(異教)의 가면을 벗고 참되신 하나님에 대한 지식을 갖도록 하는 것이다. 화란(和蘭) 교의학자 헤르만 바빙크(Herman Bavinck, 1854~1921)의 조카, 개혁주의 선교신학자 요한 바빙크(Johan Herman Bavinck, 1895~1964)가 성경적 선교 이론을 수립하는 학문적 공헌

를 전공했다.[6]

신학박사학위(Th.D.) 논문은 「신도(神道) 국가주의에 대한 기독교적 대결」(The Christian Confrontation with Shinto Nationalism)이다. 이 논문은 변증학과 문화신학에 관련된 조직신학 분야의 논문이다. 이 논문은 「메이지 유신(維新) 부터 제2차 세계대전까지(1868~1945) 일본에서 기독교와 신도의 충돌에 대한 역사적 비평적 연구」[The Christian Confrontation with Shinto Nationalism: A Historical and Critical Study of the Conflict of Christianity and Shinto in Japan in the Period between the Meiji Restoration and the End of World War II(1868~1945)]이다. 이근삼은 1962년 자유대학교에서 박사학위를 받은 최초의 한국 학자요, 네덜란드에서 박사학위를 받은 최초의 한국인으로 알려져 있다. 그의 학위논문은 당시 자유대학교에서 유명한 두 학자 베르카우어르 교수와 뮐러만(Meuleman) 교수의 극찬을 받았다. 이 논문은 1962년에 암스테르담(Amsterdam)에서 출간되었고, 1966년에는 미국에서 Presbyterian and Reformed Publisher에 의해 재출판 되기도 했다.[7] 이 논문은 『이근삼 전집』의 제9권에 한글 번역본으로

을 끼쳤으며, 특히 그는 이방종교를 기독교신앙으로 대결하려는 선교적 변증학인 엘렝틱스(elenctics)라는 용어를 만들고 이 이론을 확립시켰다 (안재은 목사(GMS 정책위원장), [선교이슈26] 엘렝틱스(elenctics)란? 기독신문 2008.04.28 04:45 업데이트 2008.04.28. 04:45 출처, 주간기독신문https://www.kidok.com/news/articleView.html?idxno=53037). 엘렝틱스는 직접적으로 설득하는 기독교 선교 방법이기보다는 교차시험(cross-examination)을 통한 기독교 명제를 변증하는 간접적 선교방법이다.

6　황대우, "이근삼 박사의 생애와 칼빈주의" https://kirs.kr/index.php?document_srl=3879352018.11.05 10:46:47 (*.214.134.147)76861 황대우 교수 칼럼, 고신대학교 개혁주의 학술원.

7　이근삼, "이근삼 총장과 기독교 대학 설립", 『개혁주의 신앙과 문화』, 293 (월간고신, 1994년 3월호); 이근삼, "미국 에반겔리아대학교 총장 이근삼 박사", 『개혁주의 신앙과 문화』, 307 (교회와 교육, 2006년 겨울호).

수록되어 있다.

　이근삼은 화란에서 유학을 마치고 귀국하여 고려신학교 교수가 된후 1975년에 남아공화국을 방문했을 때 스토커 교수의 자택을 찾아가서 역시 칼빈주의 기독교철학에 관하여 대화를 나누었다. 이근삼은 1983년 3월에서 1985년 1월 기간동안 영국 에딘버러대(Edinburgh University), 에딘버러 자유교회대(Free Church College at Edinburgh), 미국 예일대(Yale University)에서 연구교수로 지내면서 끊임없이 세계교회와 현대 기독교 사상과 교감했다.

2 서양 현대 신학 전공

　필자가 이근삼을 개혁주의적 문화신학자로 특히 평가하고 싶은 것은 그의 연구과정과 그의 글의 성격에 기인한다. 그는 석사학위 논문을 불트만의 비신화론적 케리그마신학에 대하여, 박사학위 논문을 일본 신도주의에 대하여 작성했다. 이것은 넓은 의미에서 변증학(apologetics) 또는 선교변증학(elenctics)으로서 문화신학적 성찰이 동반되기 때문이다.

　이근삼은 미국과 화란에서 조직신학과 변증학을 전공하였다. 그리하여 그는 1950년대 후반 바르트와 불트만 등 독일의 현대신학을 비판적으로 연구하였고, 1960년대 초 박사학위 논문으로는 일본의 신도주의에 대한 비판논문을 작성하여 박형룡(1897~1978)의 뒤를 잇는 26년차 후학(1923~2007)으로서 개혁정통신학의 입장에서 현대신학을 깊이 연구하고 그 문제점을 파악했다. 그가 전공한 조직신학과 변증학, 특히 그의 석사학위 및 박사학위논문은 문화신학적 성찰을 동반한다. 이러한 그의 학문적 연구과정은 칼빈주의를 오늘날 현대신학의 흐름 속에서 살아 있는 교회를 지키고 현실에 해답을 주는 변증신학으로 정립하고 오늘날 당면한 현실에 문화변혁적으로 적용시키는 개혁주의적 문화신학에 많은 지식과 방법을 제공해주고 있다.

I 현대신학 연구와 비판

1 석사학위 논문: 불트만의 케리그마 신학 비판

이근삼이 정통개혁신학을 추구하면서도 미국에서 현대신학을 비판적으로 연구한 것은 주목할만 일이다.

(1) 불트만의 역사적 예수와 케리그마적 그리스도의 분리

독일 루터교 신학자 루돌프 불트만(1884~1976)은 19세기 독일 복음주의 신학자 마르틴 캘러(Martin Kähler, 1835~1912)의 주장은 다음과 같다. 복음서는 부활한 그리스도에 대한 초대교회의 증언이지 결코 역사적 예수에 대한 전기가 아니라는 입장을 양식비평을 통하여 극단화시켰다. 캘러는 1896년 그의 저서 『소위 사실적(史實的) 예수와 역사적 그리스도』(Der sogenannte historische Jesus und der geschichtliche Christus)에서 역사적 예수와 케리그마적 그리스도를 분리시켰다. 하지만 캘러는 19세기 자유주의 신학자와 후대의 양식사 비평가들이 주장하는 것처럼 역사적 예수와 케리그마적 그리스도 사이의 연속성을 부정하지는 않았다.

하지만 불트만은 캘러와는 다르게 역사적 비평을 양식사 비평에 따라 극단적으로 몰고 갔다. 19세기의 요한네스 바이스(Johannes Weiss), 알버트 슈바이처(Albert Schweitzer) 등이 수행한 하나님 나라에 대한 종말론적 해석, 반 브레데(Van Brede), 헤르만 궁켈(Herrman Gunkel), 유리우스 벨하우젠(Ju-lius Wellhausen)의 양식사 비평, 키에르케고르(Sören Kierkegaard), 하이데거(Martin Heidegger)의 실존철학 등을 수용하면서 복음서를 후대 교회의 자기 이해에 기반한 다양한 신앙 양식의 산물, 곧 케리그마 단편의 모자이크로 해석했다.[8]

불트만은 복음서가 현대인들에게 의미있는 참된 케리그마가 되기 위해서는 철저히 비신화론화 되어야 한다고 주장하였다.[9] 불트만은 예수의 역사성을 한 초점으로 모은 후에 예수 그리스도의 십자가의 죽음과 부활이 케리그마의 본질이라고 주장한다. 그것은 비신화론화의 작업을 통하여 수행된다. 그리하여 불트만에 이르러 역사적 예수와 케리그마 그리스도 사이에 모든 연결 다리가 파괴되었다. 역사적 예수는 텅빈 사실이라는 영지주의적 결과를 초래하게 되었다. 이것을 불트만은 "지성적 책임성"(intellektuelle Verantwortlichkeit)이라고 말했다.

(2) 이근삼의 불트만 비판: 역사와 케리그마의 이원론

이근삼은 불트만의 비신화화(Entmythologisierung)이 역사적 예수의 역사성 배제를 초래한다고 지적하였다: "불트만은 … 신앙에서 모든 역사적 요소를 배제하였다. 따라서 불트만 사상 양식에서 케리그마는 거의 역사적 내용을 갖고 있지 않는 것처럼 보여졌다."[10] 불트만은 역사적 연구의

---

8   이근삼, "케리그마와 현대신학",『개혁주의 신학과 현대신학』, 이근삼 전집 제4권, 이근삼
     전집 편찬위원회 엮음 (서울: 생명의양식, 2007), 126.

9   이근삼, "케리그마와 현대신학",『개혁주의 신학과 현대신학』, 126.

10   이근삼, "케리그마와 현대신학",『개혁주의 신학과 현대신학』, 126.

비평에서 기독교 신앙을 지키기 위하여 케리그마에 대한 실존적 결단의 차원으로 도피하고자 했다.[11] 불트만의 실존론적 신학은 기독교신앙을 역사적 사실에서 실존적 결단의 영역으로 도피시키고자 하였다.

그 결과 불트만의 비신화론화는 기독교 신앙의 역사적 사실 근거를 허물어 뜨렸다고 이근삼은 예리하게 지적하였다: "이와 같이 역사적 연구에서 신앙의 독립을 지키고자한 그의 노력은 기독교의 역사적 내용들 – 예를 들면 예수 그리스도의 동정녀 탄생, 기적, 십자가에서의 죽음, 부활, 승천, 재림 등 – 을 모두 부정하거나 또는 일부 긍정하더라도 … 단순히 그 실존적 의미만 추구하는 … 결과를 낳았다."[12] 그리하여 불트만은 역사적 예수의 불가지론에 빠졌다.

이근삼은 불트만의 시도가 역사적 예수와의 연속성을 회복하고자 하는 그의 제자들, 캐제만(Ernst Käsemann), 보른캄(Günter Bornkamm), 푹스(Ernst Fuchs), 에벨링(Gerhard Ebeling), 콘젤만(Hans Konzelmann), 로빈슨(John Robinson), 예레미아스(Joachim Jeremias) 등 후기 불트만 학파 학자들에 의하여 수정되었다고 서술한다.

이근삼은 후기 불트만 학파(the post Bultmann School)의 역사적 예수론이 케리그마의 역사적 예수와의 연속성을 인정했으나 여전히 불연속성에 있다고 비판을 시도한다: "이 모든 새로운 역사적 예수 연구가들의 공통된 치명적인 약점은 그들의 연구방법론에 양식비평을 취함으로 성경적 그리

---

11 김영한, "불트만의 실존적 신학", 『바르트에서 몰트만까지』 (서울: 대한기독교서회, 수정증보판, 2003), 169~227, 특히, 208~14.

12 이근삼, "케리그마와 현대신학", 『개혁주의 신학과 현대신학』, 126.

106
개혁주의 신학과 문화

스도를 만날 수 없다는 것이다."[13] 이근삼은 구속사란 한갓 실존적인 의미적 시간이 아니라 구체적인 역사요, 이 구속사는 성경을 통해서만 바로 알 수 있다고 피력한다: "예수 그리스도를 통하여 나타난 하나님의 구속사는 오직 하나님 자신의 영감된 성문계시인 성경을 통해서만 바로 알 수 있다."[14] 이근삼은 정통개혁신학적 케리그마 이해를 제시한다. 좁은 의미에서 케리그마는 "사도적 설교"요, 넓은 의미의 케리그마는 "전 신약성경을 포괄한다."[15] 이근삼은 신약 복음서가 케리그마이며, 이 케리그마는 역사적 예수의 실재성을 포괄하고 있다고 정통신학의 입장에서 올바르게 제시하고 있다.

2 박사학위 논문, "기독교와 신도주의와 대결"

이근삼의 박사학위 논문은 「신도 국수(國粹) 민족주의에 대한 기독교적 대응」에 대한 연구논문으로서 개혁주의 신학의 삼위일체 하나님 신관에 입각하여 일본 신도주의와 천황주의의 맹목성을 비판하고 있다. 저자는 제1부 '고대신도'에서 고대 신도의 형성, 자연신들인 태고(太古) 신들 가운데 태양여신(sun-godess, 아마테라수-오미카미)[16]이 일본 신화의 중심이 되고 있다고 설명한다. 제2부 '전근대 신도와 신도 국수주의'에서 헤이안 시대에서부터 메이지 시대에 이르기까지 일본 신도가 국수적 민족주의로 발전되

---

13 이근삼, "케리그마와 현대신학", 『개혁주의 신학과 현대신학』, 127.

14 이근삼, "케리그마와 현대신학", 『개혁주의 신학과 현대신학』, 127.

15 이근삼, "케리그마와 현대신학", 『개혁주의 신학과 현대신학』, 128.

16 이근삼, "국가종교화를 행한 고대 신도의 발전", 『기독교와 신도국가주의의 대결』, 이근삼 전집 제9권 (서울: 생명의양식, 2008), 21, 63.

는 과정을 기술하고 있다. 제3부에서 '초기 기독교(로마가톨릭)의 도전과 일본의 대응', 제4부에서 '개신교 선교와 일본 국가교회의 성립', 제5부 '개신교와 신도 국수적 민족주의의 만남(1)'와 제6부의 '개신교와 신도 국수적 민족주의의 만남(2)'에서 개신교의 국수적 민족주의에 대한 타협, 2차 세계대전 기간 동안 굴복 과정을 기술하고 있다. 제7부 '회고와 전망'에서 저자는 일본 기독교 사상에 있어서 창조주와 피조물 사이의 근원적 구별이 점차 사라지게 된 것을 지적하고, 저항력이 약화된 일본교회가 국수적 민족주의 경향으로 나아가, 교회와 국가에게 그리스도 주권을 불성실하게 증언하였다고 지적하고 있다.[17] 그리고 저자는 일본 내에서 기독교 저항과 신앙고백, 한국에 있어서의 기독교 저항과 박해의 역사적 과정을 설명하고 신학적으로 정리하고 있다.

신도(神道, shinto)의 신들은 만물 속에 신성이 존재한다는 범신론적 애미니즘의 종교체계의 신들이다. 창조신 개념이 없고, 죄와 도덕성에 대한 관념이 없다. 창조자와 피조물 사이에 차이가 없다고 생각한 신도주의(shindoism)는 국가를 신성한 조직으로 보고 최고의 신, 태양신이 천황이 정점(頂點)이 되는 국가 조직을 통하여 현신한다고 믿었다.[18]

이근삼은 신사참배와 같은 신도의식이란 전쟁이데올로기에 불과했다는 답변을 내놓고 있다. 저자는 신도주의를 일본신화로부터 일본 막부 역사, 일본의 종교와 학문의 역사, 난학, 일본근세사의 맥락에서 그 허구

---

17 이근삼, "신도 국수적 민족주의와 개신교의 만남에 대한 회고", 『기독교와 신도국가주의의 대결』, 410~25.

18 Rousas John Rushdoony, "머리말: 미국과 국제연합과 유사성을 지닌 신도", 이근삼, 『기독교와 신도국가주의의 대결』, 12~15.

적 진면목을 드러내고 있다. 오늘날도 일본 신도 신자들은 역사를 착각하고 자민족 중심주의에 매몰되어 신도 이데올로기에 편승하여 어리석은 신앙행보를 하고 있음을 저자는 지적하고 있다. 신도주의는 일본 백성에게 최고신인 태양 여신은 천황 가문의 조상신으로 숭배하는데 이것은 신도 이데올로기가 만들어 낸 허구적인 신화다: **"고대 신도 초기의 것이 아니라 보다 후기의 고대신도의 산물**이었다. 그 결과 **천황씨족은 일본 지배적인 권력으로 승화"**[19]된 **신도 이데올로기**에 불과하다는 것을 폭로하고 있다. 저자는 일본교회가 이러한 신도우상숭배를 극복하고 참된 기독교 삼위일체 신학을 수립하는 것이 향후 미래 일본의 구원 길이 될 것으로 논문의 결말을 짓고 있다.[20]

3 바르트 신학의 성경관과 창조론 비판, 몰트만 신학 및 과정신학, 신 죽음신학 등 비판

이근삼은 개혁정통신학의 입장에서 바르트, 몰트만, 과정신학, 신죽음의 신학 등을 비판적으로 소개하고 있다. 바르트는 성경관에서 성경과 하나님 말씀을 분리시킨다. 바르트는 정통주의에 대하여 하나님 말씀의 주권을 거부하고, 그리스도와 성령의 신비를 떠남으로써 성경을 종이교황으로 만들었다고 비난한다.[21] 바르트는 성경무오성을 부정한다. 바르트는 성경에는 인간 말의 과오성, 역사적, 신학적 부정확성, 신학적인 대

---

19   이근삼, "국가종교화를 행한 고대신도의 발전", 『기독교와 신도국가주의의 대결』, 63.

20   이근삼, "국가종교화를 행한 고대신도의 발전", 『기독교와 신도국가주의의 대결』, 63.

21   이근삼, "칼 바르트의 성경관", 『개혁주의 신학과 현대신학』, 이근삼 전집 제4권, 이근삼 전집 편찬위원회 엮음 (서울: 생명의양식, 2007), 33.

립, 계통의 불안정이 있다고 본다. 그래서 바르트는 "성경에서 정확무오성을 찾으려는 하는 것은 인간의 자의요 불순종"이라고 정통주의를 비난한다.[22]

이에 대하여 이근삼은 "바르트는 예수 그리스도 안에 있는 하나님의 주권을 높이지 않는다고 하여, 성경 영감설을 믿는 개혁신앙을 정죄한다.", "바르트는 겸손하게 말하나 사실은 그의 이론은 인본주의적 교만의 교본이다"[23]라고 바르트의 신정통주의 성경관을 비판한다.

이근삼은 바르트의 창조론 이해를 다음과 같이 비판한다. 바르트는 창조기사의 사실성을 부인한다: "성경의 창조 기사는 신화도 아니고 전설도 아니다. … 사람은 이것을 오직 사가(Saga) 형식으로만 알 수 있다." "사람이 신을 만날 수 있다는 것은 인간의 상상으로만 되는 것이고 이것은 오직 신탁과 시적 형식으로만 제시될 수 있다."[24] 그리하여 바르트는 에덴 동산의 역사성을 부인하고 이스라엘 역사의 반영으로 하나님과 인간 사이의 참 교제를 말하는 상상력의 산물로 본다. 그리하여 이근삼은 바르트의 창조론은 원죄와 타락의 사실성을 인정하지 않는다고 비판한다: "바르트는 창조의 교리와 구속의 교리 사이에 타락교리와 원죄교리와 그 결과를 개입시키는 것을 거부한다. 이렇게 바르트는 원인(原人) 아담, 그의 원상태, 죄의 기원과 본질에 대한 성경적 증거를 받아들이지 않는다."[25] 이러한 이근삼의 바르트 이해는 필자가 보는 구체적인 하나님 창조

---

22   이근삼, "칼 바르트의 성경관", 『개혁주의 신학과 현대신학』, 35.

23   이근삼, "칼 바르트의 성경관", 『개혁주의 신학과 현대신학』, 36.

24   이근삼, "칼 바르트의 창조론", 『개혁주의 신학과 현대신학』, 61.

25   이근삼, "칼 바르트의 창조론", 『개혁주의 신학과 현대신학』, 66.

의 역사성과 현실적 실재성 부재에 대한 비판적 견해와 같다.[26]

이근삼은 고린도전서 15:45 "기록된바 첫 사람 아담은 산 영이 되었다 함과 같이, 마지막 아담은 살려주는 영이 되었다."를 인용하면서 바르트의 기독론적 사고방식이 성경의 진리를 부인하는 그의 사상을 정당화하지 못한다고 지적한다.[27]

이근삼은 바르트의 신정통주의 신학 외에 현대신학에서 큰 영향을 준 몰트만의 희망 신학과 정치 신학, 현대과정신학, 신 죽음의 신학, 혁명의 신학, 흑인 신학 등을 정통개혁신학의 입장에서 비판적으로 소개하고 있다.[28]

II 칼빈주의로서의 개혁주의

이근삼은 개혁신학의 성격을 "거룩한 공교회의 신학", "정통주의로서의 개혁사상", "계약신학" 등으로 규정하고 미 프린스턴신학교의 핫지와 워필드의 구학파와 뉴욕 유니온 신학교의 브릭스(Charles Briggs)의 신학파 사이의 1891년 신학논쟁, 오번선언(Auburn Affirmation), 1967년 신앙고백의 바르트주의 노선을 비판적으로 성찰한다.

---

26 김영한, "칼 바르트. 기독론적 보편주의적 계시신학", 『바르트에서 몰트만까지』, 17~103,
    특히 88~92.

27 이근삼, "칼 바르트의 창조론", 『개혁주의 신학과 현대신학』, 67.

28 이근삼, 『개혁주의 신학과 현대신학』, 14~213.

1 개혁신학의 성격 규정

이근삼은 개혁주의 신학은 사변적이거나 이론적 신앙이 아니라 삶과 실천하는 신앙이 되어야 한다고 가르친다. 개혁신학을 하는 가장 합당한 자세는 겸손과 절제다.[29] 교만과 호기심은 가장 큰 장애요소가 된다. 개혁신학은 이성적 사변적 신학이 아니라 마음이 중시되는 겸허한 교회 친화적인 영적 신학이어야 한다고 주장한다.

이근삼은 부정과 긍정의 언어로써 개혁신학을 특징지우고 있다: 개혁신학은 "하나님을 논하는 것이 아니며, 헛된 교만과 부질없는 호기심이 아니라, 귀를 즐겁게 하는" 신학이 아니다. 개혁신학은 "겸손과 절제로 섬기는 신학"이며, "경험이 중요시되는 신학", "영적 유익, 마음의 확신과 평화, 생의 변화를 가져오는 목회적 신학, 교회의 신학"이다.[30] 개혁신학은 대사회적으로는 사회에 하나님의 정의를 가져오고 사회적 선에 이바지하고, 문화적 발전에 이바지하는 문화신학이다.

이렇게 기술함으로써 이근삼은 개혁주의 신학을 교회친화적인 겸손과 절제로 섬기는 경험을 중시하는 신학으로 성격규정하고 있다. 이러한 성격규정은 개혁신학이 사변적 신학에서 벗어나 겸손과 절제의 영적 신학이 되도록 하고 있다.

2 거룩한 공교회의 신학, 정통주의로서의 개혁사상

이근삼은 개혁신학을 거룩한 공교회의 신학으로 규정한다. 개혁신학자들은 자신들의 신학을 초대교회 교부들의 신조 위에 세웠기 때문이다.

---

29   이근삼, "21세기 한국 개혁주의 신학교육의 방향", 『개혁주의 신학과 현대신학』, 327.

30   이근삼, "21세기 한국 개혁주의 신학교육의 방향", 『개혁주의 신학과 현대신학』, 327.

개혁신학은 역사적 관점에서 펠라기우스주의 및 반펠라기우스주의에 반대하는 기독교 사상체계로서 어거스틴주의의 부흥으로 이해되기도 한다. 무엇보다 개혁신학은 칼빈의 "성경 교리 사상 체계"로 시작하여 개혁파 신앙고백들 및 칼빈의 신학을 따르는 개혁파 신학자들에 저술들을 통해 발전되었다. 이근삼은 피력한다: "개혁주의 신학자들은 자신들의 신학을 고대교회의 저작들 위에 세웠다. 이 저작이란 종교개혁자와 신앙고백서와 칼빈의 기독교 강요 등이다. 종교개혁자들은 사도신경, 니케아 신조, 칼세돈 신조 등에 기반하여 자신들의 신앙을 천명하였다." "종교개혁은 고대 공교회의 대신앙고백들, 사도신경, 니케아신조, 칼세돈신조를 별 수정 없이 받아들인 것이다."

　　이근삼은 정통신조의 결정판은 예수의 신성을 인정하고 삼위일체를 천명한 니케아 신조였다고 본다: "니케아 신조는 예수 그리스도 안에서의 하나님 계시의 결정적이고 최종적인 성격을 정의하고 있다."[31] 이근삼이 개혁사상의 원조를 사도신경과 니케아신조에서 찾는 것은 구약 선지자들과 신약 사도들과 초대교회 공의회의 신앙전통을 계승하는 점에서 매우 중요한 관점이라 아니할 수 없다. 그리고 이근삼은 개혁교회의 신앙고백 원리를 수록하고 있는 '웨스트민스터 신앙고백'을 귀중하게 다룬다. 그는 웨스트민스터신앙고백을 "1517년 루터의 95개조 선언문과 종교개혁 이후 125년간 신학적인 노력의 산물"로 평가한다.[32]

31　이근삼, "개혁주의 신학의 특성", 『개혁주의 신학과 한국교회』, 이근삼 전집 제2권, 이근삼 전집 편찬위원회 엮음 (서울: 생명의양식, 2007), 123.

32　이근삼, "웨스트민스터 신앙고백서의 신학", 『개혁주의 신학과 한국교회』, 132.

3 계약신학: 언약은 개혁신학의 핵심

이근삼은 개혁신학을 계약신학으로 이해한다. **17세기에 와서 개혁신학은 계약신학으로 갱신**되었다. 웨스트민스터 신앙고백 제7장은 "사람과 맺은 하나님의 언약"에 관하여 설명한다.[33]

선택하시는 하나님은 그의 백성과 언약을 맺으신다. 그것은 행위언약이다. 행위언약은 하나님의 언약에 대한 복종의 조건으로 복을 얻는 언약이다. 이 행위언약은 인간의 불순종으로 깨어졌다. 그리하여 하나님은 믿음으로 하나님의 의를 얻는 의를 얻는 은혜 언약을 주셨다.

이근삼은 피력한다: "하나님 편에서 자신을 인간의 조건으로 낮추심으로 행위 계약을 세우셔서 완전복종의 조건으로 복을 얻게하셨다. 이 언약의 조건이었던 도덕율은 인간을 의롭게 하시는 하나님의 완전한 법이었다. **그런데 이 언약이 인간의 죄로 깨어졌다.** 그래서 하나님은 둘째 언약 즉 **은혜계약**을 맺기를 기뻐하셨다."[34] 개혁신학은 **은혜언약을 인간 구원의 중심으로 제시**함으로써 율법을 무시하는 반율법주의(anti-nominian-ism)와 인간의 자유의지와 공로 행위를 강조하는 **알미니안주의**(arminianism)**를 배격**한다.[35] 개혁신학의 구원의 길은 칭의와 성화를 균형있게 이루어가는 것이다.

---

33   이근삼, "웨스트민스터 신앙고백서의 신학", 『개혁주의 신학과 한국교회』, 139.

34   이근삼, "웨스트민스터 신앙고백서의 신학", 『개혁주의 신학과 한국교회』, 139.

35   이근삼, "웨스트민스터 신앙고백서의 신학", 『개혁주의 신학과 한국교회』, 140.

4 미 장로교의 구학파와 신학파의 신학논쟁, 오번선언(Auburn Affirmation), 1967년 신앙고백의 바르트주의 로선 비판적 성찰

(1) 미 프린스턴의 핫지와 워필드 등의 구학파와 뉴욕 유니온 신학교 브릭스 등의 신학파 사이의 신학논쟁

이근삼은 정통주의 개혁신학의 로선을 지키면서 웨스트민스터신앙고백에 대한 미국장로교회의 좌경화를 비판적으로 서술한다. 미국 장로교회는 19세기 성경고등비평 이슈로 구학파(old school)와 신학파(new school)로 나누어진다. 구학파는 프린스턴대의 알렉산더(Archibald Alexander), 찰스 핫지(Charles Hodge), 아치볼드 핫지(Archibald A. Hodge), 벤자민 워필드(Benjamin B. Warfield), 패턴(F. L. Patten) 등이 대표했고, 신학파는 뉴욕 유니온신학교의 로빈슨(Edward Robinson), 찰스 브릭스(Charles Briggs), 스미스(Smith), 맥기퍼트(McGiffert) 등이 대표했다.

1891년 찰스 브릭스(Charles Briggs)는 뉴욕 유니온신학교 교수 취임강연에서 "성경의 권위"라는 제목 아래 프린스턴 구학파를 "중세적 보수주의"라고 공개적으로 공격하고 사도적 저작설에 의한 성경의 정경성, 성경의 정확무오설을 부정하고, 이성, 교회, 성경 삼자가 신적 권위의 진리에 대한 동등한 근거라고 주장하였다.

1893년 미장로회 총회는 성경의 정확무오설을 부인한다는 이유로 브릭스를 장로회 목사직에서 정직시켰다. 프린스턴 신학교의 핫지와 워필드는 신학파의 공격에 대하여 포틀랜드 선언(Portland Deliverance)을 발표하여 "우리교회는 하나님으로부터 온 영감된 말씀은 무오하다"고 천명하였다.

(2) 오번 선언 비판: 성경무오교리 및 예수의 동정녀 탄생, 대속적 죽음 교리 부정

1927년대 장로교의 일부 신학파(new school) 목사들은 오번 선언(Auburn Affirmation)을 하여, '성경 무오설은 해로우니 거부되어야 하고, 동정녀 탄생, 이적(異蹟), 그리스도의 대속적 죽음, 육체적 부활은 참일 수도 아닐 수 있으니 목사에게 신앙으로 요구되어서는 안된다'고 주장하였다. 미북장로교 목사 13%가 이에 서명하였다. 그런데 1927년 장로교 총회는 그 보고서를 교회의 공적 보고서로 채택하였다. 이는 미 장로교(PC USA)의 좌경화를 의미하며 오늘날(2015년) 동성애 이슈까지 허용하는 등 예수 그리스도 교회의 정체성을 훼손하는 미 장로교(PCUSA)의 결정(2015년)의 선례를 보여준 것이다.

이때 프린스턴신학교는 오번선언 서명자들로 이사진이 개편되어 좌경화되었다. 메이첸(John Gresham Machen)은 『기독교와 자유주의』(Christianity and Liberalism)라는 저서로 "자유주의는 기독교가 아니다. 자유주의는 전혀 다른 종교다!"(The Christian Religion is certainly not the religion of the modern liberal Church!) 라고 선언하면서 자유주의 신학에 대한 정통신학을 지키기 위해서 신학 논쟁을 하였다. 메이첸은 1929년 프린스턴신학교를 사임하고 필라델피아로 가서 웨스트민스터신학교와 1936년 정통장로교단(OPC)을 세웠다.

(3) 1967년 신앙고백서의 바르트주의 노선: 비판적 성찰

1967년 미연합장로교는 '웨스트민스터신앙고백서는 17세기 문서로 너무 오래되었고 성경무오설과 영감설을 주장하는 잘못을 범했다.'고 했다. 프린스턴대 조직신학교수 조지 헨드레이(George S. Hendry)는 1960년에 『오늘을 위한 웨스트민스터 신조의 신앙』(The Westminster Confession for Today,

1960)을 출판하여 웨스트민스터 신앙고백의 4가지 특징을 비판적으로 지적하였다: 1) 율법적이며 형식주의적이다. 2) 하나의 정답만 주장하고 다른 것들은 다 잘못으로 간주한다. 3) 회색은 없고 흑백 논리로 갈라치기하고 있다. 4) 구속을 개인적인 것으로만 보고 이웃이라는 용어는 사용되지 않았다.[36] 그래서 오늘날 상황에 맞는 새로운 신앙고백서 1967년 신앙고백서를 작성해야 한다고 역설하였다. 그리하여 1967년 신앙고백서가 작성되었다. 프린스턴 신대 조직신학 교수요 바르트주의자 에드워드 다위 (Edward Dowey)가 중심이 되어 성경 중심의 칼빈을 그리스도 중심의 바르트로 대체하자고 제안하였다.[37]

하지만 신정통주의 신학은 정통주의 성경관에서의 이탈을 보여주고 있다. 바르트의 신정통주의는 성경은 그리스도 계시에 대한 증거이지 하나님 말씀이 아니라고 본다: "성경의 기능은 산 교회에서 말씀의 계시의 도구가 되는 것이다"[38]고 한다. 이근삼은 바르트 성경관에서 주관주의가 야기한다고 비판하고 있다. 이근삼은 정통신학에서는 성경과 하나님 말씀은 분리되지 않고 일치된다고 천명한다. 이근삼은 성경은 단지 예수 그리스도 계시에 대한 증언이 아니라 바로 하나님 계시요 하나님 말씀으로 간주되어야 한다고 정통주의 성경관을 확언한다.

36   George S. Hendry, *The Westminster Confession for Today* (Philadelphia: John Knox, 1960), 14~16.

37   Edward A. Dowey, *The Knowledge of God in Calvins's Theology* (New York: Columbia University Press, 1952), 163; 이근삼, "웨스트민스터 신앙고백서의 신학", 『개혁주의 신학과 한국교회』, 150.

38   Jack B. Rogers, *Scripture in the Westminster Confession* (Grand Rapids: W. B. Eerdmans, 1967), 21; 이근삼, "웨스트민스터 신앙고백서의 신학", 『개혁주의 신학과 한국교회』, 151.

III 칼빈주의 원리는 하나님 중심 사상

1 칼빈주의의 특징

(1) 하나님의 절대적 주권 사상

이근삼은 "새 천년의 신학적 전망"이라는 글에서 칼빈주의의 신학적 전망으로 카이퍼가 1899년 프린스턴 스톤강연에서 행한 참 종교의 네 가지 시금석을 제시했다:

첫째, 그 종교가 하나님을 위해 있느냐 아니면 사람을 위해 있느냐?

둘째, 그 종교가 하나님과 직접적으로 교통하는가? 아니면 간접적인가?

셋째, 그 종교가 인생 전체를 말하는가 아니면 부분인가?

넷째, 죄 속의 인간을 구원으로 인도하는가 아닌가?[39]

이 네 가지 기준은 하나님의 절대주권 사상과 관련된 것이다. 이근삼은 이에 대한 카이퍼의 대답을 전적으로 수용하고 있다: "참 종교는 하나님을 영화롭게 하며, 하나님과 직접적으로 교통하는 예배여야 하며, 인생 전체가 종교적으로 하나님 앞에서 살아야 하고, 죄에서 해방, 구속함을 받고, 구원에 이르게 되어야 한다."[40] 그는 참 종교는 유일하신 삼위일체 하나님의 절대주권에 기인한다고 말한다.

---

39 Abraham Kuyper, *Lectures on Calvinism* (1899), 박태현 옮김, 『칼빈주의 강연: 문화변혁의 기독교 세계관 선언서』 (군포: 다함, 2021), 82~135.

40 이근삼, "새 천년의 신학적 전망", 『개혁주의 신앙과 문화』, 241.

칼빈주의는 참 종교의 원리로서 하나님의 절대적 주권 사상을 핵심 축으로 본다. 이근삼은 말하기를 하나님은 "영원자존하신 자", "만물과 만사를 미리 계획 작정하신 자", "작정대로 무에서 유로 만물을 창조하신 자", "그것들을 통치, 지배하시며, 선악 간에 판단하시며 심판하실, 살아 계신 참되신 자"이시다.[41] 칼빈주의 기본 원리는 하나님과 피조물인 우주와의 관계에 대한 '하나님의 절대적 주권'(God's absolute sovereignty)에 대한 고백이다.

이근삼은 절대적 주권 사상의 근거를 사도 바울의 로마서에서 찾는다[42]:

33 깊도다 하나님의 지혜와 지식의 풍성함이여, 그의 판단은 헤아리지 못할 것이며 그의 길은 찾지 못할 것이로다 34 누가 주의 마음을 알았느냐 누가 그의 모사가 되었느냐 35 누가 주께 먼저 드려서 갚으심을 받겠느냐 36 이는 만물이 주에게서 나오고 주로 말미암고 주에게로 돌아감이라 그에게 영광이 세세에 있을지어다 아멘(롬 11:33~36).

그리고 이근삼은 이사야에서도 인용한다:

13 누가 여호와의 영을 지도하였으며 그의 모사가 되어 그를 가르쳤으랴 14 그가 누구와 더불어 의논하셨으며 누가 그를 교훈하였으며 그에게 정의의 길로 가르쳤으며 지식을 가르쳤으며 통달의 도를 보여 주었느냐(사 40:13~14).

---

41   이근삼, 『개혁주의 신앙과 문화』, 242.
42   이근삼, 『개혁주의 신앙과 문화』, 242.

사도 바울과 이사야의 고백에서 이근삼은 칼빈주의 우주관의 기본 원리를 천명한다. 바울과 이사야의 증언은 만물이 하나님으로부터 나오고 하나님으로 말미암고 하나님에게로 돌아간다는 것이다. 하나님이 시작과 끝이라는 것이다. 그러므로 하나님이 홀로 주권적으로 우주를 창조하시고 기획하시고 경영하신다는 것이다. 이것이 우주와 역사를 움직이는 하나님 통달의 도(the path of understanding)요, 그분의 경륜이시다.

(2) 은총 사상

이근삼은 개혁신학은 철저히 은총의 신학이어야 한다고 천명한다. 이는 하나님 중심의 사상체계(the theocratic thought system), 말하자면 하나님의 절대주권 사상에서 인간을 보게 될 때 인간의 전적 부패성과 타락성이 드러나기 때문이다: "하나님 중심의 교리로 본 인간관과 그 구원관은 인간의 죄성, 타락성에 대한 철저한 인식을 가지므로 인간을 향한 하나님의 무조건적 은혜 외에는 구원 받을 길이 없다."[43]

루터, 츠빙글리, 칼빈 등 종교개혁자들은 로마 가톨릭신학이 믿음과 선행, 은혜와 자유의지 등을 인간 구원 수단으로 여기는 데 반대하여 오로지 믿음(sola fide)과 오로지 은총(sola gratia)를 천명하였다. 이근삼은 칼빈 등 종교개혁자들을 따라서 은총의 사상을 강조한다: "주님이 재림시 까지 우리가 믿고 전해야할 교리는 '오직 은혜로만'을 주장하는 은총의 신학이어야 한다."[44]

---

43   이근삼, "21세기 한국 개혁주의 신학교육의 방향", 『개혁주의 신학과 현대신학』, 325.

44   이근삼, "21세기 한국 개혁주의 신학교육의 방향", 『개혁주의 신학과 현대신학』, 325.

(3) 계시의존 사상: 신학은 이성의 이론 아닌 믿음의 교리

이근삼은 개혁주의 원리로 계시의존 사상(啓示依存思索, the revelation-relied thinking)을 말한다. 개혁신학이 말하는 인간의 전적 부패 사상과 구원관은 하나님의 계시말씀인 성경에서 온 것이다. 이러한 계시의존 사상은 화란 (和蘭)의 개혁신학자 바빙크(Herman Bavinck)가 말한 것이다.[45] 바빙크, 카이퍼 를 따라서 이근삼은 계시말씀인 성경을 통한 사색, 계시의존 사상을 천명 한다: "인간의 전적 부패를 성경에서 깨닫게 될 때 부패된 인간의 이성으 로는 구원을 받을 수 없고, 하나님을 전혀 알 수 없음을 경험하게 된다." 계시 의존 사색을 통해서 "오직 그리스도, 오직 믿음, 오직 은혜로만 구원 에 이를 수 있음을 믿을 수 있다."[46]

계시의존 사상이란 성경에 의한 사색을 말한다. 성경은 하나님의 진 리를 아는 유일한 원천이다. "성경은 성령의 감동으로 기록된 성령의 학 교다." "성령의 내적 증거로 영의 문을 열어 하나님의 계시를 알게 된다. 하나님은 안에서는 내적 증거로, 밖에서는 객관적으로 기록된 말씀으로 일하신다. 말씀은 외적 도구, 성령은 내적 일꾼이다. 하나님은 말씀과 성 령으로 인간의 구원을 이루신다."[47]

이근삼은 개혁주의 신학이란 인간 이성보다 믿음의 영역에 속한다고

---

45 박윤선, 『계시의존사색 I』 (서울: 영음사, 2015), 355. 차영배 교수는 한국신학계에 헤르 만 바빙크를 소개했으며 바빙크의 「개혁 교의학」에 근거해 「신학의 원리와 방법」과 「삼 위일체론」을 소개했다. 박윤선과 차영배는 바빙크의 강조점에 따라서 계시의존사색과 계시의존신학을 강조한 개혁파 신학자다.

46 이근삼, "21세기 한국 개혁주의 신학교육의 방향", 『개혁주의 신학과 현대신학』, 326.

47 이근삼, "21세기 한국 개혁주의 신학교육의 방향", 『개혁주의 신학과 현대신학』, 326.

본다: "신학이란 믿음의 교리이며 이성의 이론이 아니다."[48] 믿음의 지식은 단순한 앎이 아니라 확신하는 것이다. 믿음의 지식은 이성 사용의 합리적인 논증보다는 성령의 설득에 의해 가슴 속에서 일어나는 확신이다.

(4) 전인(全人)적 사상

개혁신학은 인간을 하나님 형상으로서 전인적으로 파악한다. 전인성(全人性)이란 인간을 영혼과 신체 두 가지의 구성요소로 파악한다: "성경은 인간관에 있어서 '하나님의 형상'으로 이해한다. 그 본질적 의미는 영혼의 순전성(의, 거룩, 지) 뿐만 아니라 인간의 육체적 순전성도 고려해야 한다. 즉 인간의 모든 구성요소를 망라한 총체적 순전성으로 이해해야 한다."[49]

이근삼은 인간의 어떤 기능이나 활동 영역의 부분적인 것(영혼, 신체 등)이 아니라 인간 총체적인 것(영혼, 신체, 감정, 기술, 일과 시간 등)으로 하나님께 영광을 돌려야한다고 천명한다. 인간은 이러한 삶의 총체적인 영역에서 지식, 감정, 기술, 예술, 미를 통하여 하나님께 영광을 돌려야 한다는 것이다. 그는 피력한다: "인생과 문화는 곧 종교다. 전인적 인생은 곧 하나님 앞에서 하나님을 섬기는 종교이다. 이것이 우리의 신학이다."[50]

2 개혁주의를 칼빈주의와 동일시

이근삼은 화란의 3대 칼빈주의자 카이퍼, 워필드, 바빙크의 칼빈주의 이해에 따라 칼빈주의와 개혁주의를 동일시하였다. 칼빈주의의 원리와

---

48 이근삼, "21세기 한국 개혁주의 신학교육의 방향", 『개혁주의 신학과 현대신학』, 327.

49 이근삼, "21세기 한국 개혁주의 신학교육의 방향", 『개혁주의 신학과 현대신학』, 327.

50 이근삼, "21세기 한국 개혁주의 신학교육의 방향", 『개혁주의 신학과 현대신학』, 327.

개혁주의 원리가 둘 다 "하나님의 절대주권"에 기초하기 때문이다. 하나님 중심과 하나님 영광은 하나님의 절대주권이 드러나는 두 가지 양상이다.

이근삼은 17세기 도르트(Dordt) 총회 신조에 따른 칼빈주의 5대 교리를 수용한다. 5대 교리(TULIP, 전적 부패, 무조건적 선택, 제한 속죄, 불가항력적 은총, 성도의 견인)의 중추는 하나님의 절대주권 교리이다. 이근삼은 바울이 로마서에서 피력한 이스라엘 민족의 메시아 거부에 따른 하나님의 주권적 섭리에 나타난 하나님의 지혜와 지식의 부요함에 대한 송영을 인용한다[51]: "이는 만물이 주에게서 나오고 주로 말미암고 주에게로 돌아감이라 그에게 영광이 세세에 있을지어다 아멘"(롬 11:36)(οτι εξ αυτου και δι αυτου και εις αυτον τα παντα αυτω η δοξα εις τους αιωνας αμην, For from him and through him and to him are all things. To him be the glory forever! Amen). 이 송영은 하나님의 절대주권에 대한 신앙에 기초하고 있다.

이근삼은 워필드(Benjamin B. Warfield, 1851~1921)의 칼빈주의 이해의 영향을 받았다. 칼빈주의는 개혁주의 신학자들이 칼빈과 어거스틴주의로부터 물려받아 발전시킨 교리 체계이며, 따라서 루터파와 구분된다.[52] 개혁주의 유산으로서의 칼빈주의에 대한 워필드의 관점은 네 가지 주요한 관점을 제공한다.[53]

---

51 이근삼, "새 천년의 신학적 전망", 『개혁주의 신앙과 문화』, 241.

52 류길선, "개혁주의 유산으로서의 칼빈주의 개념 고찰: 벤자민 B. 워필드의 칼빈주의 이해를 중심으로", 「역사신학논총」 39 (2021), 137~75.

53 Benjamin B. Warfield, *Calvin and Calvinism* (New York/London: Oxford University Press, 1931); 이경직, 김상엽 (역), 『칼뱅: 하나님 성경 삼위일체 교리 해설』 (서울: 새물결플러스 2015), V장과 부록.

첫째, 칼빈주의 교리 체계는 예정론과 같은 특정교리를 의미하는 것이 아니라, 칼빈의 신학적 사상의 영향 가운데 경건이라는 주제를 중심으로 발전한 경건 체계를 의미한다.

둘째, 칼빈주의는 매사에 하나님의 임재와 간섭을 믿는 사상이다. 칼빈주의가 메마르고 구세대적이라는 사상이라는 것은 그동안 잘못 이해되어 왔던 오해다. 워필드는 "칼빈주의자는 모든 현상의 배후에 하나님의 임재하심을 보며, 모든 발생되는 일에서 그의 뜻을 행사하시는 하나님의 손을 인식하는 사람이며, 기도로서 하나님의 대한 영적 태도를 가지며, 구원의 모든 역사에 인간 자신을 의지하는 태도를 배제하고 하나님의 은혜에만 자신을 맡기는 사람이다"라고 말했다.

셋째, 칼빈주의는 다양한 개신교 교파들과 연관성을 가지는 포괄적인 개념이다. 칼빈주의는 협소한 개념이 아니라 가장 넓은 방법으로 사용된다. 칼빈주의는 신학, 윤리학, 철학, 사회학, 정치학, 그리고 교육학적인 관점들에 연관된다.

넷째, 칼빈주의는 기독교 유신론의 형식적 원리를 제공하여 현대의 만연한 무신론과 기독교 윤리 문제에 대한 올바른 대안을 발견할 수 있도록 돕는다. 그리하여 칼빈주의는 신학과 실천의 관계에 있어서 개혁주의 유산이 남긴 탁월성을 돋보이게 한다.

이러한 워필드의 칼빈주의 이해가 이근삼의 개혁주의 신학 이해에 그대로 녹아 있다. 이근삼은 개혁주의 신학의 특징을 하나님 중심의 신학, 성경의 신학, 거룩한 공교회의 신학, 예정 교리, 창조주와 피조물의 구별, 실제적 학문, 지혜로서의 신학 등 7가지로 규정하고 있으며, 이 가운데 워

필드의 칼빈주의 사상이 녹아 있다.[54]

고신대 교수요, 개혁주의 학술원장인 이근삼 제자 이환봉도 스승 이근삼이 평생 학교와 교회 강단에서 **역사적 개혁주의를 칼빈주의로 가르쳤다**고 피력한다: "이근삼 박사님은 한국의 역사적 개혁주의 신학의 선구자이셨다. 박윤선 박사님은 한국에 개혁주의 신학의 씨앗을 심으신 분이시라면 이근삼 박사님은 한국에 정통 개혁주의 신학의 꽃을 피우신 분이시다. 이 박사님은 일찍이 미국과 화란의 개혁주의 신학을 연구하고 귀국하신 이후부터 평생토록 선지자적 열정으로 학교와 교회의 강단에서 역사적 개혁주의 곧 칼빈주의를 가르치시고 외치셨다. 이 박사님이 남기신 모든 책과 글 속에는 교회와 시대의 필요를 섬기기 위해 **가슴으로 쏟아내신 개혁주의 신학과 신앙의 열정**이 가득 넘쳐나는 것을 본다. 그리하여 개혁주의 신학은 오늘 우리 교회의 신앙으로 뿌리내리고 또한 우리 학교의 교육으로 꽃피우게 되었다."[55]

3 개혁신학의 실천

(1) 성경신앙의 인격화: 신자는 성경적 인격자로 성숙되어야

이근삼은 전집 제7권 제1부 '개혁주의 신앙과 생활'에서 "성경신앙의 인격화"를 강조한다:

---

54 이근삼, "개혁주의 신학의 특징", 『개혁주의 신학과 한국교회』, 119~28.

55 이환봉, "추모사: 한국 역사적 개혁주의 신학의 선구자 이근삼 박사", https://kirs.kr/in-dex.php?document_srl=8812007.02.16 12:44:53 (*.123.180.243)160152 이환봉 교수 칼럼, 우리의 큰 스승 이근삼 박사님을 추모하면서(2007년 1월 29일 고신대에서 고 이근삼 박사님을 추모하며 유가족과 함께 드린 예배시에 낭독한 추모사 전문).

"우리 신자들이 성경을 사랑하고 성경대로 믿고 산다고 할 때 한번 더 강조되고 요구되는 것이 있다면 그것은 성경신앙의 인격화(人格化)이 다."[56] "성경적 인격자는 주위의 강요를 받지 않고, 자연적으로 성경에서 말한 선행이 자연스럽게 나타나는 사람을 말한다."[57]

그는 성경적 인격자(人格者)에 대하여 다음 세 가지를 제시한다.

첫 번째, 자연스럽게 선행이 나타나는 자이다. 그는 누가복음 10:30~36에 있는 선한 사마리아인 이야기를 들면서 강도 만나 죽게된 자 에 대하여 보고도 못본채 지나갔으나 선한 사마리안인은 그를 구해주었 다. 제사장과 레위인은 "이웃 사랑하기를 네 몸과 같이 하라."(레 19:18)는 계 명을 알고 있었으나 실행하지 않았다. 하지만 선한 사마리아인은 자연스 럽게 선을 행했다.

두 번째, 불의에 대한 거룩한 분노를 가진 자이다. 예수님은 외식하 는 바리새인들을 위선자라고 책망하였다. 사도 바울은 아데네에 우상이 가득찬 것을 보고 거룩한 분노를 느꼈다: "아덴에서 … 온 성에 우상이 가득찬 것을 보고 마음이 분하여"(행 17:16). 바울은 유일하시고 살아계신 참 하나님께만 드려야할 예배 대신 우상숭배하는 것을 보고 거룩한 분노를 가졌다.

세 번째, 인간관계에 있어서 예수님이 가르치신 황금율: "무엇이든지 남에게 대접을 받고자하는대로 너희도 남을 대접하라."(마 7:2)을 실천하는 자다.

---

56   이근삼, "성경신앙의 인격화", 『개혁주의 신앙과 문화』, 16.

57   이근삼, "성경신앙의 인격화", 『개혁주의 신앙과 문화』, 17.

네 번째, 이웃에게 즐거이 베푸는 자이다. 예수님이 친히 "주는 것이 받는 것 보다 복이 있다"(행 20:35)고 가르치셨다. 이근삼은 피력한다: "하나님은 항상 주기를 기뻐하시며, 이 기쁨은 또한 신적인 것이다. 그러므로 참으로 구원받은 성경적 신앙에 선 사람은 주고도 기뻐할 수 있고, 항상 행복을 소유할 수 있으며, 죄인에게 복음을 주고, 사랑을 주고, 좋은 것을 나누어주고, 동정을 주고, 눈물을 줄 수 있다."[58]

이근삼은 단지 설교만 하는 자가 아니라 말씀대로 사는 신앙의 인격화를 구현한 학자로 평가된다. 제자 이환봉은 스승 이근삼의 삶에 있어서 나타난 "성경 신앙의 인격화"에 대해 다음같이 증언한다: "하나님의 주권을 믿기에 가능한 선의로 모든 것을 이해하고 쉽게 양보하시며 자신의 뜻과 달리 결정될지라도 기꺼이 받아들이시던 선생님, 부당한 일을 당하시고 상기된 얼굴로 돌아오셔서도 타인에 대해서는 끝내 비난의 말을 입에 담지 않으시고 항상 은인자중(隱忍自重)하시던 선생님이셨다." 이근삼은 제자 신학생들의 어려운 학업생활에 대하여 이야기하면서 교회 청중 앞에서 울음을 터뜨리고, 또한 추석 명절에 고향에 가지 못한 기숙사 제자들에게 사과상자를 보내고, 제자들을 위하여 귀중한 책들을 도서관에 기증하고 제자들의 유학의 길을 열어준 사랑이 많은 스승이었다고 한다.

이환봉은 제자들을 사랑한 스승의 따뜻한 정(情)을 다음과 같이 추억한다: "옛날 가르치던 한 신학생이 기숙사 식권을 살 돈이 없어 집에서 싸온 꽁보리밥 도시락을 숨어 먹으면서 학업을 계속하던 이야기를 교회 앞에 전하시면서 그만 울음을 터뜨리시던 선생님, 추석 명절에 교회봉사로

---

58   이근삼, "성경신앙의 인격화", 『개혁주의 신앙과 문화』, 18.

고향에 가지 못하고 기숙사에 남아있던 학생들을 위로하시기 위해 맛있는 사과상자를 보내어 주시던 선생님, 평생을 두고 강사비 등으로 푼푼이 모아 구입하여 친히 연구하시던 손때 묻은 귀중한 수많은 책들을 제자들을 위해 학교 도서관에 모두 다 기증해주신 선생님, 세계 어느 곳으로 가시든지 후진 양성의 일념으로 남달리 애써 부탁하고 그토록 힘써 호소하여 제자들의 유학의 길을 사방으로 열어주신 선생님이셨다."[59]

(2) 개혁신앙의 제자를 길러냄

이근삼은 제자들이 해외에서 개혁신학을 공부하고 개혁신학의 유산을 체험하도록 대학의 학장으로서 교수와 학생들이 화란의 캄펜신학교, 남아공화국의 포체스트롬대학교, 미국의 리폼드신학교, 보스턴의 고든콘웰신학교 등지에서 유학하여 공부하고 연구하도록 길을 열었다.[60]

그의 직계 제자 이환봉은 이근삼으로부터 받은 신앙과 학문의 영향을 대하여 2007년 1월 29일 고신대에서 고(故) 이근삼 박사님을 추모하며 유가족과 함께 드린 예배 시에 낭독한 추모사 전문에서 다음같이 표명하고 있다: "저가 이 박사님을 개인적으로 만나 뵌 것은 고등학교 1학년 때였습니다. 산골 합천에 도제직사경회 부흥강사로 오셔서 막연히 목사의 꿈을 키어 오던 저에게 말씀으로 분명한 소명감을 불어 넣어주셨고 특별히 강사실로 불러 좋은 목사가 되도록 축복기도까지 해주셨습니다. 그 후 저는 마침내 고신대에 입학하였고 교수님의 각별한 보살핌과 지도를 따

---

59   이환봉, "추모사: 한국 역사적 개혁주의 신학의 선구자 이근삼 박사".

60   이근삼, "이근삼 총장과 기독교 대학 설립", 『개혁주의 신앙과 문화』, 290 (월간고신, 1994년 3월호).

라 교수님의 전공인 조직신학 전공 학생으로, 교수님의 뒤를 이은 조직신학 담당 교수로, 총장으로 수고하시는 교수님의 총장사역을 보좌하는 교무위원 등으로 계속하여 30여 년 동안 늘 가까이서 교수님을 아버지처럼 모시고 따를 수 있는 과분한 사랑을 누렸습니다. 이 세상에서 가장 좋은 선생님을 가진 정말 행복한 제자였습니다."[61]

(3) 기독교 세계관에 입각한 기독교 대학 건설

이근삼에게 가장 힘들었던 시기는 1970년 12월 22일 고려신학대학 인가 전후가 아니라 의예과를 증설하기 위해 고려신학대학 교명이 "고신대학"으로 변경된 1980년 10월 2일 이후였다고 한다.[62] 당시 학교 책임자였던 그는 대학의 세속화를 우려하여 의대 증설 교명 변경 반대 교단 내 인사들의 반대에 직면했다. 그럼에도 불구하고 이근삼은 "기독교 세계관에 입각한 기독교 대학 건설"이라는 그의 문화신학적 입장을 학장의 입장에서 실천에 옮겼다. 그는 기독교 대학 설립의 이념을 학자요 행정가 학장과 총장으로 구현하였다. 고려신학교는 그의 재직 시에 신학대학과 종합대학으로 발전하였다. 그는 고신대의 양적 발전이 아니라 기독교 대학으로서의 학문성과 신앙적 인격성을 갖는 신앙과 학문의 인격 공동체로 내실적 발전하도록 노력했다. 이러한 노력 배후에는 그의 개혁주의적 문화신학의 이념이 있었다.

---

61 이환봉, "추모사: 한국 역사적 개혁주의 신학의 선구자 이근삼 박사".

62 황대우, "이근삼 박사의 생애와 신학", 안명준 외, 『한국교회를 빛낸 칼빈주의자들』 (용인: 킹덤북스, 2020), 137~61, 특히 148.

그는 1994년 2월 은퇴에 즈음하여 「월간고신」과의 대담에서 기독교 대학의 건학이념을 구현하기 위해서는 학문적 연구와 수업과 함께 신앙 인격과 사회적 책임, 자기분야에 대한 연구열정과 확실성을 강조하였다: "기독교 대학은 학문으로만은 안 됩니다. 기독교적인 신앙인격과 성실성 있는 사회적인 책임을 지고 갈 인물이 되어야 합니다." "모든 그리스도인 들은 인간 관계나 자기분야에 대한 철저한 연구심과 정확성이 동반되어 야 빛과 소금의 역할을 할 수 있습니다."[63]

1993년 고신대학 교명을 고신대학교로 변경하여 문교부의 승인을 받아 고신대학교 초대총장이 되었다. 그리고 개혁신학의 학문의 폭을 세 계적으로 넓히고자 남아공화국 포체스트룸대(Potchefstroom University for Christian Higher Education)와 유대관계를 맺었다.[64]

그는 1994년 고신대학교 총장직 은퇴 후에는 미국으로 이주하여 에 반겔리아대학교(Evangelia University)를 설립하여 췌장암으로 투병하기 전까지 12년간 미국에서 개혁주의 교회 건설을 위하여 헌신하였다.[65] 그의 100주 년을 맞이하는 오늘날 이근삼의 한평생은 "개혁주의 신학과 사상의 전수 를 위한 아름다운 생애"[66]로서 평가되고 있다.

---

63 이근삼, "이근삼 총장과 기독교 대학 설립", 『개혁주의 신앙과 문화』, 295 (월간고신, 1994년 3월호).

64 김성수, "간행사: 개혁주의 신학과 사상의 전수를 위한 아름다운 생애와 사역," 『개혁주의 신앙과 문화』, 4.

65 나삼진, "해제: 개혁주의 신앙에 기초한 삶과 신앙과 교육과 선교에 대한 통찰", 『개혁주의 신앙과 문화』, 6~7.

66 김성수, "간행사: 개혁주의 신학과 사상의 전수를 위한 아름다운 생애와 사역," 『개혁주의 신앙과 문화』, 5.

IV 개혁주의 문화신학으로서의 신칼빈주의

1 일반은총 강조: 세계 속의 기독교 문화 창달 강조

이근삼은 이브라함 카이퍼(Abraham Kuyper, 1837~1920)가 제시한 일반은총론을 수용한다. 이근삼은 피력한다: "아브라함 카이퍼는 개혁주의 신학에 일반은총을 도입함으로써 창조의 진행과 문화창조 활동과 시민생활의 가능성을 일반은총에서 보았다."[67] 일반은총이란 "창조의 보존과 구원을 위한 섭리"다.

인류의 역사는 "창조의 보존과 구속을 위한 모든 준비를 하는 일반은총의 역사"다. 이것은 하나님의 섭리가 단지 개인의 영혼 속에서 일어나는 개인주의적 사건이 아니라 인류역사 진행에서 나타나는 것을 보여주고 있다. "전적으로 부패한 인간이 세계에 나타난 부분적 진리와 미의 표현들을 보고 구속의 은혜는 아니지만 창조를 보존시키고, 계발하고 그 안에서 생활하고 있음을 의미한다."[68] 일반은총은 단지 하나님의 자비스러운 은총으로 끝나는 것이 아니라 구속은총을 예비하는 역할을 한다. 여기에는 중요한 두 가지 개혁신학적인 요소가 있다.

(1) 공통성(commonness)으로서 자연법(natural law) 사상

이근삼은 인간에 주어진 일반은총(gratia communis, common grace)인 공통성을 인정한다. 이 공통성은 자연법이다. "하나님은 모든 창조물에다 자연법칙이란 것으로 세밀하고도 정확한 창조와 운영을 하고 있다. 이 법

---

67   이근삼, "21세기 한국 개혁주의 신학교육의 방향",『개혁주의 신학과 현대신학』, 328.

68   이근삼, "21세기 한국 개혁주의 신학교육의 방향",『개혁주의 신학과 현대신학』, 327~28.

칙에 따라서 우리가 순종해야 한다. 하나님이 우리 인간들의 생을 위해서 주신 자연은총의 선물이다. 이 은총에서 우리가 받은 유익은 자연법칙에 따를 때에 누릴 수 있는 은혜와 복이 되는 것이다."[69] 일반은총이 하나님으로부터 주신 선물이므로 "사람의 지혜로 이룩된 문화는 놀랍다."

하나님은 일반은총으로 창조 시 하나님 예배, 타인과 협력하는 사회적 존재, 세상을 관리하는 문화적 위임(cultural mandate)을 복으로 주셨다: "하나님이 그들에게 복을 주시며 하나님이 그들에게 이르시되 생육하고 번성하여 땅에 충만하라, 땅을 정복하라, 바다의 물고기와 하늘의 새와 땅에 움직이는 모든 생물을 다스리라 하시니라"(창 1:28).

교육, 문화, 생활, 사회, 재물 등 우리 신자가 불신자와 함께 공통성으로 누리고 사는 삶의 일반 영역은 자연법이 지배하는 일반은총의 영역이다.

이근삼은 다음같이 신자에게 부여된 세 가지 문화적 사명을 피력한다: "우리 신자는 하나님으로부터 받은 세 가지 사명이 있다. 첫째는 생활의 중심에서 하나님을 순종하는 예배적인 사명이다. 둘째는 타인과 협력해서 살아가는 사회적 존재로서 그리스도 안에서 사랑으로서 화목할 사명이다. 셋째는 하나님이 주신 이 세상을 잘 가꾸고 잘 보호하여 하나님의 영광을 드러내도록 언제나 하나님의 요구를 잘 받아들이는 문화적 사명을 가진 것이다."[70]

---

69   이근삼, "21세기를 바라보는 우리들의 각성", 『오직 하나님의 은혜로』, 이근삼 전집 제10
      권, 이근삼 전집 편찬위원회 엮음 (서울: 생명의양식, 2008), 184.

70   이근삼, "그리스도와 문화", 『개혁주의 신앙과 문화』, 172.

여기서 이근삼은 그리스도인이 단지 교회 안에서만 사는 종교인을 넘어서 일상적인 삶과 직업에서 타인과 협력해서 살며 사랑으로 화목을 도모하며 세상의 질서를 잘 지켜 하나님 영광이 드러나도록 하는 문화적 사명을 성취해야 함을 역설하고 있다.

(2) 반립(antithesis) 사상

하나님의 선한 창조는 인간의 원죄 타락으로 말미암아 파괴되었다. 그리하여 자연법은 인간에게 왜곡되었다. 자연과 환경이 본래상태에서 벗어나 소외되었다. 특히 하나님을 대적하는 영적 세력은 이 세상의 권세를 탈취하여 하나님과 그의 교회에 대적하고 있다. 중생한 하나님의 자녀들은 이 세상의 악한 세력에 대하여 대항해야 한다. 그러므로 칼빈주의자들은 반립 사상(Antithesis thought)[71]이 분명해야 한다. 창조자에게 순종하는 정신과 반역하는 정신 사이에는 갈등과 충돌이 일어날 수밖에 없다. 이것이 '반립'(antithesis)의 원리다.

반립 사상은 아브라함 카이퍼에게서 온 것이다. 카이퍼는 18세기 계몽주의와 프랑스 혁명 사상이 16세기 종교개혁 전통과 정면으로 상충된다고 보고, 자신의 입장을 종교개혁 전통에 충실한 '반혁명적 복음주의'(anti-revolutionaty evangelicalism)라고 천명했다. 카이퍼는 칼빈주의를 하나님 중심에서 세계를 보고 해석하는 기독교 세계관으로 정립하고자 했다.

칼빈주의는 세계관의 체계로서, 현실 모든 영역에 작동하는 하나님의 주권을 인정한다. 하나님의 뜻이 삶의 모든 영역에 미치려면, 정치체제

---

71   Henry R. Van Til, "Chapter XII Calvinistic Culture and Antithesis", *The Calvinistic Concept of Culture* (Grand Rapids: Baker Academie, 1959, 1972), 179~89.

가 중요하다. 정치는 중립적이 아니라, 어떤 세계관에 의하여 정치하느냐에 따라 사회가 달라진다. 여기서는 반립(Antithesis) 사상이 중요하다.[72] 정치가의 세계관이 무신론적이나 인본주의적이며 진화론적 세계관이냐, 또는 하나님 중심적인 세계관이냐에 따라 그 사회는 전혀 달라진다.

이근삼에게 반립사상이란 "근대이후 병적으로 허덕이는 유럽정신의 반영으로서의 예술 현상을 분석.서술"하여, "이런 진단을 통해서 그 처방을 찾는데 목적이 있다." "그 처방이란 상실한 중심을 회복하는 일, 신과의 관계를 되찾는 일이다."[73] "하나님을 아는 것을 대적하여 높아진 모든 세상이론을 파하고 모든 생각을 그리스도에게 복종시켜야 한다"(고후 10:5, 6).

이런 일반은총 사상 때문에 칼빈주의는 하나님 중심의 포괄적 사상 체계요 세계관으로서 단지 예정론을 믿는 협소한 신학체계로 간주되어서는 안된다. 이근삼은 칼빈주의 예정교리를 설명하면서 다음같은 사항을 강조하였다: "선택하시는 하나님은 우리가 예수 그리스도 안에서 아는 하나님이시다. 하나님은 인간을 인격으로 취급하신다. 기독신자는 특권으로 선택된 것이 아니고, 하나님을 섬기도록 선택했다. 예정교리는 위로의 기초이다. 즉 구원은 인간 노력에 의한 것이 아니고, 하나님의 자비와

---

72 김영한, "공공성 강조 카이퍼 신학, 오늘날 포스트모던 사회에 적합" 이대웅 기자 입력 : 2021.05.30. 16:01 한국개혁신학회 제50차 공동 학술대회 기조강연, "하나님 중심 칼빈주의, 기독교 세계관 정립 시도, 일반은총, 문화 청사진 완성 이끄시는 주요 방법, 사적 신앙 되어 버린 복음주의 극복 위해 노력해", https://www.christiantoday.co.kr/news/340281.

73 이근삼, "목표의식이 뚜렷한 면학", 『오직 하나님의 은혜로』, 49.

능력에 의한다."[74] 그리고 이근삼은 예정교리는 신앙생활의 출발이 아니라 결론이라고 천명한다: "칼빈의 『기독교 강요』를 보면 이 예정교리가 시작이 아니라 신앙생활의 결론에서 이해되어야 한다는 것을 의미한다."[75]

2 그리스도는 문화의 열쇠

이근삼은 화란의 문화신학자 클라스 스킬더(Klaas Schilder, 1890~1952)의 문화신학[76]을 수용한다. 스킬더는 "그리스도는 문화의 열쇠"(Christ is the key of culture)라고 말했다. 죄로 타락한 인간은 참된 문화와 종교에서 멀어졌다. 그리스도께서 십자가 대속으로 우리 인간을 구속하였다.

그리스도의 대속을 통하여 우리 인간은 참된 문화를 가질 수 있다. 예수 그리스도를 통하여 새 사람 되는 역사가 이루어지며 하나님과 인간과의 화목이 이루어진다. 성도는 믿음으로 말씀을 통해 하나님의 뜻을 알게 되고, 그 뜻에 순종함으로써 하나님의 계획이 성도를 통하여 이 지상에서 이루어진다. "그리스도만이 참된 문화의 근원이고 신자가 모여서 하나님의 위대한 전체로서의 문화가 형성하게 된다."[77]

이근삼은 다음과 같이 변화된 문화에 대하여 구체적으로 표명한다: "매주 우리가 예배를 드리는 것은 하나님의 순결의 원리를 지키는 것으로 영화의 스크린이나 극장의 무대에 비길 바 아닌 문화의 머릿돌이요, 주춧

---

74   이근삼, "개혁주의 신학의 특징", 『개혁주의 신학과 한국교회』, 124~25.

75   이근삼, "개혁주의 신학의 특징", 『개혁주의 신학과 한국교회』, 125.

76   클라스 스킬더, 『그리스도와 문화』 (서울: 지평서원, 2017); 김재윤, 『개혁주의 문화관』 (서울: SFC, 2015).

77   이근삼, "그리스도와 문화", 『개혁주의 신앙과 문화』, 173.

돌이 되는 것이다. 따라서 우리가 성경, 찬송가를 들고 교회에 나오는 것은 불신자의 삶이 잘못이라고 선포하는 당당한 행군이며, 주일에 신자가 가게의 문을 닫는 것은 천국 문화 건설의 선포라고 하겠다."[78]

여기서 이근삼은 개혁신앙을 단지 성경, 찬송, 교회 나와 예배드리는 종교적 차원을 너머서서 일상적인 삶 속에서 세속적인 문화에 침윤되는 것이 아니라 문화의 열쇠이신 그리스도를 모심으로 변화된 새 삶의 실천으로 적극적으로 천국 문화를 건설하는 동력으로 이해한다.

3 문화는 삶의 총체적 영역

이근삼은 문화 영역을 아브라함 카이퍼와 헨리 반틸 등 신칼빈주의 문화관에 따라서 신앙과 교회에 국한 된 영역이 아니라 우리 삶의 모든 영역에 관한 것이라고 강조한다: "개혁주의 문화론은 문화를 단순히 사회적 사상이나 가치관으로만 보지 말고, 정치, 경제, 사회, 예술, 윤리, 학술, 체육, 군사, 건축, 교육, 사상과 가치체계 등 삶의 총체적 현실로 파악할 것을 요청한다."[79]

아브라함 카이퍼는 그리스도인들이 사회 각 영역을 무신론자에게 넘겨주지 말고 각 영역에서 그리스도가 왕으로 통치하시도록 각 영역의 주권을 확립하라고 가르쳤다. 반틸은 하나님이 창조한 세계를 죄인들이 차지하고 있는데, 이를 방관하지 말고, 중생한 하나님의 백성들은 하나님의 일꾼으로 잃은 하나님의 동산을 다시 찾아서 잘 경작하고 주인되신 하나님께 영광을 돌려야 한다고 말하고 있다.

---

78   이근삼, "그리스도와 문화", 『개혁주의 신앙과 문화』, 173.
79   이근삼, "21세기 한국 개혁주의 신학교육의 방향", 『개혁주의 신학과 현대신학』, 329.

이근삼은 인간 삶의 총체적 영역에서 하나님께 영광을 돌리는 것이 진정한 문화신학이라고 천명한다: "인간의 모든 활동 영역, 삶의 순간이 개혁의 장이요 복음 사역의 장이요, 대상이 되어야 한다. 이것이 칼빈의 문화관이다."[80]

4 그리스도는 문화의 변혁자

이근삼은 스킬더(Klaas Schilder)가 말한 "그리스도는 문화의 열쇠"(Christ is the Key of culutre)라는 개념에서 한걸음 더 나아가 리차드 니버(Richard Niebuhr)가 말한 "그리스도는 문화의 변혁자"(Christ as transformator of the culutre)라는 개념으로 문화 개념을 더욱 발전시켜나가야 한다고 다음같이 피력한다: "니버의 '문화의 변혁자 그리스도'의 개념을 이해하고 실천해야 한다. 그리스도인들은 하나님의 나라는 변혁된 문화의 장이라는 사상을 긍정적으로 수용하고, 자신의 삶의 자리에서 문화변혁의 주체로 나서야 한다. 우리는 기독교 신앙을 문화라는 총체적 현실과 연결시켜 나가야 한다."[81]

이런 그의 표명에서 보는 바같이 이근삼은 단지 신사참배를 반대하여 교회를 지키고, 예정론만을 신봉하는 협소한 교회주의적 칼빈주의자가 아니라 우리 삶의 모든 영역에서 하나님의 주되심과 그의 주권을 증언하고 구현해야한다는 문화적 소명(cultural mandate)을 강조하고 실현하는 문화변혁자로서의 개혁신학자요 칼빈주의자라고 말할 수 있다.

---

80   이근삼, "21세기 한국 개혁주의 신학교육의 방향", 『개혁주의 신학과 현대신학』, 327.

81   이근삼, "21세기 한국 개혁주의 신학교육의 방향", 『개혁주의 신학과 현대신학』, 330.

V 칼빈주의는 기독교 세계관과 문화관으로 성숙해야함

1 헨리 반틸의 『칼빈주의 문화관』 번역

미국 칼빈대 성경 교수였던 헨리 반틸(Henry R. Vantil, 1906~1961)는 그의 저서 『칼빈주의 문화관』(The Calvinistic Concept of Culture)에서 성경적으로 문화를 이해하고 있으며, 정통개혁신학자들, 어거스틴, 칼빈, 카이퍼, 스킬더의 문화관을 소개하고 있으며 종합적으로 자신의 견해를 전개하고 있다. 헨리 반틸은 코넬리우스 반틸(Cornelius VanTil, 1895~1987)의 조카로서 "유년기의 충실한 고문, 후에는 스승"으로서 그가 "신학과 철학의 기본 문제를 알도록" 심촌의 가르침을 받았다고 피력하고 있다.[82]

헨리 반틸은 웨스트민스터신학교에서 신학석사를 했고, 암스테르담 자유대학에서 박사과정을 수학도중 2차세계대전이 발발하여 중단되었다. 하지만 그는 미국에 돌아와 시카고 대학과 가렛 – 성경신학교(Garrett-Biblical Seminary)에서 대학원 연구를 지속했다. 목회와 군목으로 봉사 후, 미국 칼빈신학교(Calvin College) 성경 교수(professor of Bible)로서 15년간 칼빈주의 문화관을 가르친 문화신학자였다. 그는 선천 심장질환으로 1961년에 55세의 나이로 별세했으나 명작 『칼빈주의 문화관』(The Calvinistic Concept of Culture)을 남겼다. 리처드 마우는 1972년도판 서문에서 헨리 반틸의 저서에 대하여 다음같이 평가로 끝내고 있다: "반틸의 저서 『칼빈주의 문화관』은 창조 세계의 모든 영역을 자신의 것이라고 요구하시는 그분에 대한 문

---

82   Henry R. Van Til, *The Calvinistic Concept of Culture*, 이근삼 역, 『칼빈주의 문화관』 (서울: 성암사, 1984), 서언.

화적 순종의 길을 배우기를 원하는 모든 자들에게 탁월한 지침서이다."[83]

칼빈주의를 삶과 연결시키고자 하는 이근삼의 문화신학자로서의 모습은 헨리 반틸의『칼빈주의 문화관』번역에서 나타난다. 이근삼은 헨리 반틸의『칼빈주의 문화관』을 번역하는 역자 서언에서 그 이유를 제시하고 있다: "오늘 보수주의 기독교 신자들이 신앙 위주로 문화면을 등한시하는 잘못된 경향이 있는가 하면, 자유주의 기독 신자들은 문화면에 위주하여 근본적인 신앙이 확립되어 있지 않은 경향이 많다."[84] 이근삼은 신앙에만 치중하고 문화를 등한시하는 보수주의 기독교 신자들. 그리고 문화에 치중하여 신앙을 등한시하는 자유주의 기독교 신자들 양자에 대하여 어느 한쪽을 등한시 하지 않고 양자를 균형있게 이행하도록 칼빈주의적 문화관을 가장 체계적으로 정리한 이 저서를 한국 신학계에 소개하고자 했다.

이근삼은 역자 서언에서 신자들의 문화적 사명에 관하여 피력한다: "성경은 우리에게 첫째, 하나님 사랑, 둘째, 이웃 사랑을 요구하고, 셋째, 땅을 정복하고 다스리며, 개발할 문화적 사명을 말하고 있다."[85]

2 세 가지 영역

이근삼은 그의 글 '그리스도와 문화'에서 기독인의 문화적 사명을 다음 세 가지 말하고 있다: 이 세 가지는 하나님과의 관계, 사람과의 관

---

83   Richard J. Mouw, "Forword" to Henry Van Til, *The Calvinistic Concept of Culture* (Grand Rapids: Baker Academic, 1972), vi.

84   Van Til,『칼빈주의 문화관』, 역자 서언.

85   VanTil,『칼빈주의 문화관』, 역자 서언.

계, 자연과의 관계다.

(1) 하나님과의 관계: 인간 삶의 중추(中樞)

하나님과의 관계는 수직적인 관계로서 예배적 관계이며, 하나님을 사랑하고 사랑받는 관계이다. 이근삼은 하나님과의 관계가 인간 삶의 중추가 되어야 한다고 다음같이 피력한다: "하나님의 사랑은 신학의 핵심이며 출발이다."[86] "개혁주의 신학은 하나님의 존엄과 영광을 강조하는 동시에 하나님의 초월성을 경험하는 경건을 가진다. 개혁주의 신앙의 하나님은 내재와 초월을 겸유하시는 살아계시는 하나님이시다."[87] "일터에서 일할 때 인간 앞에서 하는 자가 되지 말고 하나님 앞에서 일하는 자가 되어 이 세상을 멋있게 살아야 하겠다. 먹든지 마시든지 무엇을 하든지 하나님의 영광을 위해 하는 그리스도인들이 되자."[88]

이근삼은 그리스도인들의 삶은 하나님과의 관계가 일차적이어야 한다고 천명한다. 이처럼 이근삼은 하나님 주권적인 사상을 개혁주의 전통으로부터 이어받고 있다.[89] 우리의 삶과 일터에서 항상 초월과 내재로 살아계시는 하나님 앞에서 그분의 영광과 기쁘하심을 목표로 살아야 한다고 그는 권면한다.

---

86   이근삼, "21세기 한국 개혁주의 신학교육의 방향",『개혁주의 신학과 현대신학』, 324.

87   이근삼, "개혁주의 신학의 특성",『개혁주의 신학과 한국교회』, 120.

88   이근삼, "그리스도와 문화",『개혁주의 신앙과 문화』, 175.

89   Mason W. Pressly, "Calvinism and Science", Article in Ev. Repertoire, 1891, 662. quoted from H. Henry Meeter, *The Basic Ideas of Calvinism*, (Grand Rapids: Baker Book House, 1975), 32, 33.

(2) 사람과의 관계: 인간 삶의 전 분야에서 하나님 면전

사람과의 관계는 하나님의 명령에 따라 생활에서 이웃 사랑을 실천해야 하는 것이다.

이근삼은 사람과의 관계를 다음같이 피력한다: "개혁주의 신학의 열매는 이웃 사랑의 결과로 나타나야 한다."[90] "인간의 최후의 사실은 하나님과의 인격적 만남이라는 것을 칼빈주의는 확신한다."[91] 칼빈주의는 개인의 자유, 사회 속의 권위와 자유의 균형을 추구한다.

사람과의 원만한 관계를 위해서는 영역 주권(sphere sovereignty)이 지켜져야 한다. 이근삼은 사람 사이의 원만한 관계를 위해서는 영적, 신앙적 공동체가 되어야 함을 피력한다: "하나님의 형상인 우리들의 동료 인간, 더욱이 예수 그리스도 안에서 한 피 받아 한 몸 이룬 형제, 자매, 성령으로 새 사람 된 하나님의 자녀 된 형제를 바로 인식하고, 사랑과 이해, 협력과 화목으로 영적, 신앙적 공동체가 되어서 더불어 사는 신앙생활이 활성화되어야 한다."[92]

그리고 이근삼은 한국 보수주의 교인들 사이에 인간 관계가 원만하지 않음을 지적한다: "우리 교회, 교단 안에 감정 대립, 인맥관계, 지방색, 이권 등으로 불화하고 하나되지 못하고 분쟁하는 일들은 주 안에서 일소되어야 한다."[93] 이러한 이근삼의 지적은 보수교회가 독선적인 경향이 있고 교파분열이 있었고, 인간관계가 원만하지 못함을 지적하는 것이므로

90 이근삼, "21세기 한국 개혁주의 신학교육의 방향", 『개혁주의 신학과 현대신학』, 324.

91 이근삼, "개혁주의 신학의 특성", 『개혁주의 신학과 한국교회』, 120.

92 이근삼, "21세기를 바라보는 우리들의 각성", 『오직 하나님의 은혜로』, 182.

93 이근삼, "21세기를 바라보는 우리들의 각성", 『오직 하나님의 은혜로』, 182.

보수주의 신자들은 모두가 겸허하게 듣고 원만한 성품과 인간관계를 갖도록 날마다 자기 십자가를 지고 아집과 교만을 십자가에 못박는 자기 부정의 삶을 살아야 한다.

(3) 세계와의 관계 문화적 사명, 카이퍼주의 수용

세계와의 관계란 "하나님의 영광을 위해 땅 위에서 살아야하고, 일을 사랑하고, 문화적인 건설에 힘써야 한다는 것이다."[94] 세상은 하나님이 신자에게 주신 일터다. 그는 피력한다: "하나님의 뜻을 알리는 선지자의 사명과 온 세상을 위해 기도할 제사장의 사명과 세상을 뚫고 나갈 왕적 사명을 가진 신자에게 하나님은 세상을 일터로 주신 것이다."[95]

이근삼은 신자들은 이 세상에서 문화적 사명을 다해야 한다고 피력한다: "신자는 세상에 접촉해야 한다. 신자는 세상의 빛과 소금이니 소금이 되려면 세상에 접촉하여 부패를 막아야 하는 것이다."[96] 문화적 노력은 하나님 뜻에 대한 순종이다. 신자들은 물질을 우상으로 섬기지 않고 하나님과 이웃을 섬기는데 사용하도록 해야한다: "결코 창조된 물질을 하나님이 미워하는 우상으로 삼아서는 안되며, 그것을 다스리고 주관하여, 거기서 생산되는 모든 것으로 하나님 사랑과 이웃 사랑을 위해 사용하여야 한다."[97]

이근삼은 신자의 하나님 신앙은 문화적 활동으로 나타나야 한다고

---

94   이근삼, "21세기 한국 개혁주의 신학교육의 방향", 『개혁주의 신학과 현대신학』, 324.

95   이근삼, "그리스도와 문화", 『개혁주의 신앙과 문화』, 174~75.

96   이근삼, "그리스도와 문화", 『개혁주의 신앙과 문화』, 174.

97   이근삼, "21세기 한국 개혁주의 신학교육의 방향", 『개혁주의 신학과 현대신학』, 324.

역설한다: "그것(인간 문화)은 어디까지나 단편적인 것이다. 하나님 없는 문화란 성숙할 수 없기 때문이다. 그러므로 신자의 문화적 활동이 모든 문화의 원동력이 되는 것이라 하겠다."[98] "문화적 노력을 포기하는 자는 신자는 그리스도를 포기하는 것과 같으며 자기 포기, 자기 열등으로서 죄를 짓게 된다."[99] 개혁신앙은 자기 구원에만 머물지 않고 세계 속에서 하나님이 주신 사명을 잘 감당하는 데까지 나아가야 한다고 이근삼은 역설하고 있다. 여기서 이근삼은 개혁신앙이란 자기 구원에 그치지 않고 이 세상을 섬기므로 궁극적으로 하나님을 섬기는 것이라고 역설한다. 여기에 개혁신앙의 공공성(公共性, publicity)이 있다.

3 근본주의적 협착성 아닌 폭넓은 개혁신앙

이근삼은 개혁주의적 문화신학을 통해서 하나님과의 관계, 사람과의 관계, 자연과의 관계를 강조함으로써 역사적 개혁교회가 교회 안에서 그리고 신앙과 교리 수호에만 머물러 있는 것이 아니라 더 나아가 개인, 공동체, 사회, 국가, 역사, 자연, 우주에 대하여 올바른 관계를 유지하는 세계관으로서의 개혁신앙을 가져야 할 것을 천명해주고 있다. 그러므로 이근삼의 신학은 자유주의 신학을 극단적 비판으로만 몰아가지 않고 성경적으로 적합한 대안을 제시하며, 교회의 성장과 제도에만 집착하고 세상사에 대하여 무관심하여 부흥주의나 열광주의에 치우치지 않고, 창조 세계에 대한 문화적 위임(cultural mandate)을 인정하는 일반은총(common grace) 사상에 대한 이해를 넉넉히 제공하고 있다.

---

98   이근삼, "그리스도와 문화",『개혁주의 신앙과 문화』, 173.

99   이근삼, "그리스도와 문화",『개혁주의 신앙과 문화』, 174.

스코트랜드 출신 영국 캠브리지 역사학자 데이비드 베빙턴(David W. Bebbington, 1949~)은 "복음주의"(evangelicalsim)를 성경주의, 십자가 중심주의, 회심주의, 활동주의로 요약하였다.[100] 복음주의는 근본주의(fundamentalism) 의 경직된 사고보다 훨씬 유연하다. 개혁주의(reformed faith)는 복음주의의 특징을 지니면서도 역사적 개혁교회의 신앙고백들을 중요시한다. 근본주 의는 성경의 최종권위를 주장하며, 성경무오성을 믿으며, 그리스도의 구속 사역에 근거한 영생을 추구하며, 복음전도와 선교를 강조하며, 영적으로 변화된 삶을 지향한다는 점에서 복음주의와 맥(脈)을 같이 한다.[101]

개혁주의는 근본주의의 긍정적 특징에는 동의하나 부정적 특징과는 함께하지 않는다. 미국의 역사가이며 신학자인 조지 마스덴(George M. Marsden, 1939~)은 "근본주의란 화가 난 복음주의다"라고 정의하였다.[102] 근본주의는 복음주의의 노선을 따르지만, 적을 자의적으로 만들고 비난하고 싸우기를 좋아하는 기질이 있다는 것이다.[103] 근본주의는 몇몇 특정 비본질적인 주제들(춤, 도박과 극장 구경, 주초(酒草), 피임(避妊), 공산주의, 천주교 등 이슈들)에 대해 지나치게 전투적이며, 일반은총교리가 빈약하며, 종말론에 있어서 세

---

100 David W. Bebbington, *Evangelicalism in Modern Britain: A History from the 1730s to the 1980s* (London: Routledge, 2005), 2~3.

101 George M. Marsden, *Understanding Fundamentalism and Evangelicalism* (Grand Rapids: Eerdmans, 1991), 4~5.

102 Marsden, *Understanding Fundamentalism and Evangelicalism*, 1.

103 칼 매킨타이어(Carl McIntire, 1906~2002), 존 R. 라이스(John. R. Rice, 1895~1980), 밥 존스(Bob Jones, 1883~1968) 등은 자신들만이 참된 '근본주의자'라고 주장하였다. 하비 칸은 이들의 분리주의적 근본주의 운동을 '신근본주의'(neo-fundamentalism)라고 불렀다.(Harvie M. Conn, *Contemporary World Theology*, (Nutley, NJ: Presbyterian and Reformed Publishing Co., 1977. 120.

대주의적 전천년설[104]을 강력하게 지지하며, 부흥주의나 감정주의적 경향이 있고, 신학적 자유주의를 배격하며, 지성주의를 경계하는 부정적인 기질이 있다.[105]

이근삼은 신앙고백적으로는 벨기에 신앙고백(1561), 하이델베르크 요리문답(1563), 도르트 신조(1619), 웨스트민스터신앙고백(1647) 등 역사적 개혁교회의 신조를 귀중하게 여기고 계승하면서도 바르트의 신정통주의, 불트만의 비신화론화 및 실존론적 신학, 19세기 자유주의 신학과 미국의 과정신학 등에 대하여는 지성적 대결을 하면서 성경적 정통신앙을 지켜야 한다고 피력한다. 그리고 이 역사적 개혁신앙이 가진 역사적 문화적 사명을 화란의 카이퍼 문화신학을 계승하면서 감당하고자 한다. 이런 의미에서 이근삼의 문화신학은 일반은총 교리가 빈약한 근본주의 신학과는 다른 폭넓은 역사적 개혁신학과 대화의 장에서 교감한다.

----

104 Ernest R. Sandeen, *The Roots of Fundamentalism: British and American Millenarianism 1800~1930* (Chicago: University of Chicago Press, 1970). 미국 미네소타주 생 폴(St. Paul), 맥칼리스터대(Macalester College) 역사학 교수 산딘은 근본주의의 주요한 근원은 다비(J. N. Darby)와 그밖의 사람들의 저작에서 볼 수 있는 천년기전 재림예언운동(千年期前再臨豫言運動)이라고 지적하였다. 이 운동은 영국에서 전통적인 교회를 떠난 폴리머스 형제단(The Plymouth Brethren)을 만들어내기는 하였으나, 19세기 후반 미국의 장로교와 침례교 같은 중요한 교파 안에서도 근본주의의 표현들이 나타났다.

105 신복윤, "복음주의, 근본주의, 개혁주의 무엇이 어떻게 다른가?", February 6, 2014. 월간 개혁신앙; Charles Allyn Russell, *Voices of American Fundamentalism: Seven Biographical Studies* (Philadelphia: Westminster Press, 1976), 135, 142~43; George M. Marsden, *Fundamentalism and American Culture* (New York: Oxford University Press, 2006, 2nd ed.), 137.

VI 카이퍼주의로서의 이근삼 개혁주의 문화신학의 특징

이근삼은 아브라함 카이퍼의 일반은총(common grace) 사상을 수용한
다: "카이퍼는 인간이 죄인임에도 불구하고 하나님이 창조하신 것이 보존
되고, 본래의 과정으로 돌아가는 것은 하나님의 은혜의 역사 때문이라 하
였다. 이것이 카이퍼가 말하는 일반은총이다."[106] 일반은총은 예수 그리스
도를 통한 구속은총을 예비한다: "일반은총은 죄의 과격한 역사를 제재(制
裁)하고 악을 통제하고 창조세계가 진행되게 하고, 시민 생활이 가능하게
한다. 이 일반은총이 예수 그리스도의 구속을 위한 준비가 되어 왔다."[107]

1 은총의 교리를 칼빈주의 5대교리의 핵심 원리로 본다.

이근삼은 칼빈주의 5대(TULIP)교리 가운데 네 번째 교리 "불가항력적
은혜"(irresistible grace) 교리를 칼빈주의 기본원리, 즉 핵심교리로 본다. "5대
교리에서 중심되는 특징 원리를 하나 택한다고 할 때 그것은 예정, 선택
교리보다는 불가항력적 은혜일 것이다. 개혁주의는 특히 은혜의 신학이
다. … 유효한 은혜는 성령의 창조적 효력으로 새 사람되게 하는 것이다."

이근삼은 그 이유를 다음같이 제시한다: "예정 교리는 알미니안주의
나 칼빈주의에서 다같이 말하는 것으로 단지 예정의 이유 개념에 차이가
있을 뿐이며, 개혁주의가 다른 체계에 반대되는 특징은 '유효한 은혜' 교
리에 있다." 여기서 이근삼은 예정교리를 개혁주의의 핵심으로 보지 않고
"유효한 은혜"(efficacious grace)의 교리로 보는 점도 주목할만하다. 예정교리
가 개혁교회 신자들로 하여금 숙명주의에 빠지게 하여 어떤 자는 게으르

---

106 이근삼, "21세기 한국 개혁주의 신학교육의 방향", 『개혁주의 신학과 현대신학』, 328.

107 이근삼, "21세기 한국 개혁주의 신학교육의 방향", 『개혁주의 신학과 현대신학』, 328.

게 하고 어떤 자는 절망에 빠지게 하였다. 이에 대하여 유효한 은혜의 교리는 성도가 하나님의 절대적인 주권을 믿고 하나님의 뜻을 이행하도록 하나님이 은혜로 효력있게 도와주신다는 것이다. 그래서 성도는 게으르지 않고 할 수 있는 최선의 노력을 다하도록 하기 때문이다.

2 문화와 종교의 밀접한 관계: 인간 삶의 외면성과 내면성

이근삼은 문화와 종교와의 관계를 인간 삶의 외면성과 내면성의 관계로 표현한다:

"문화가 결코 종교와 분리되는 것이 아니고, 문화는 하나님을 섬기는 종교의 외적 표현이고 하나님을 영화롭게 하는 활동면"이다.[108] 문화는 종교의 내면성이 드러나는 외면적 형식이다. 하나님 사랑이란 내면에만 머물지 않고 이웃 사랑으로 표출되어야 한다. 그러므로 야고보는 보이는 사람을 사랑하지 않고 보이지 않는 하나님을 사랑할 수 없다고 말했다: "누구든지 하나님을 사랑하노라 하고 그 형제를 미워하면 이는 거짓말하는 자니 보는 바 그 형제를 사랑하지 아니하는 자는 보지 못하는 바 하나님을 사랑할 수 없느니라"(요일 4:20).

신앙의 외면적 표현을 통하여 신자는 복음주의적 협착성에 머물지 않고 전인적으로 하나님을 섬기게 된다: "우리는 전인격적으로 생활 전 영역에서 하나님을 영화롭게 해야 한다."[109]

여기서 이근삼은 개혁신앙이란 자기 내면과 영혼 구원에 머무는 것이 아니고 교회나 교리 고백에만 머무는 것이 아니라 몸과 영혼을 다하여

---

108 Van Til, 『칼빈주의 문화관』, 역자 서언.

109 Van Til, 『칼빈주의 문화관』, 역자 서언.

하나님을 섬기고, 삶의 모든 영역(가정, 직장, 국가, 자연, 우주)에서 하나님을 영화롭게 하는 것이라고 역설하고 있다.

3 카이퍼의 신칼빈주의 문화관 수용: 카이퍼주의자 이근삼

이근삼은 「새천년의 신학적 전망」 글에서 현대의 신정통신학, 양식비평, 비신화론화, 구속사 세속신학, 실존주의, 해방신학, 여성신학 등의 도전에 대하여 개혁신학을 변호한다. 그리고 카이퍼가 1899년 프린스턴신학교 스톤강의(Princeton Stone Lecture)에서 제시한 "칼빈주의"(calvinism)[110]를 수용하면서 칼빈주의야 말로 참 종교라고 정의하고 있다: 참 종교의 네 가지 시금석을 제시하고 있다. 네 가지 시금석은 하나님을 영화롭게함, 하나님과 교통하는 예배, 인생 전체를 하나님 면전에서 살며, 죄에서 구원 받음이다.[111] 그는 칼빈주의야 말로 참 종교의 네 가지 시금석을 갖추고 있는 사상체계라고 말하고 있다.

개혁신학의 새 천년의 새로운 전망이란 절대적 주권 사상의 확립, 성경중심의 신학, 성령을 통한 거듭한 신학, 생의 변화가 있는 신학이라고 본다. 이근삼은 여기서 카이퍼의 신칼빈주의 사상을 새천년을 향한 칼빈주의의 방향성으로 제시하고 있다. 카이퍼의 신칼빈주의의 핵심 사상은 역사적 칼빈주의를 개인과 교회의 영역에서 사회와 역사의 영역으로 확장시키는 것이다.[112] 이렇게 확장된 칼빈주의 신학이 바로 신칼빈주의체계

---

110 Kuyper, 『칼빈주의 강연: 문화변혁의 기독교 세계관 선언서』, 82~135.

111 이근삼, "새천년의 신학적 전망, 『개혁주의 신앙과 문화』, 241.

112 김영한, "제1부 문화신학의 이념 제7장, 카이퍼와 스킬더의 신학적 문화론", 『한국기독교 문화신학』 (서울: 성광문화사, 1992), 17~304. 특히 191~223.

요 신칼빈주의 문화신학이다.

이근삼은 카이퍼의 신칼빈주의 사상을 수용하여 교회 안에서만이 아니라 교회 밖 이 세상을 향한 문화적 사명을 강조한다: "지금까지 우리 교회들은 어떤 의미에 있어서는 '교회 안'만 보고 생각해 왔고, '교회 밖'에는 전혀 관심 없는 폐쇄적 태도를 가져왔다고 생각한다. 그러나 우리는 하나님이 창조하신 세계 속에서 살고 있다. 세상도 인간도 하나님의 창조물이고 하나님의 주권적 통치 아래 있는 것이다. 교회는 이 세상에 있으나 이 세상에 속한 것은 아니다. 그러나 하나님이 창조하신 이 세상에서 하나님의 선택과 구원의 계획을 우리는 알지 못하므로 '땅끝까지', '만민에게' 복음을 전하기 위해서는 가까이서부터 땅 끝까지 그 누구에게나 접촉해야 한다. 또한 그들은 하나님의 형상으로 지음 받은 사람들이기 때문에 우리는 그들을 알아야하고 이 세상에서 같이 살아야 하는 것이다. 따라서 이 세상에서 그리스도인 된 우리가 공의와 사랑을 실천하면서 그들과 이 세상에서 삶을 올바르게 꾸려가야하고, 가르치고, 기도해야 할 것이다."[113] 여기서 이근삼은 개혁주의 신학자로서 카이퍼의 신칼빈주의 사상을 오늘날 개혁교회가 실천해나가야할 것을 역설하고 있는 것이다.

이근삼은 칼빈주의를 개인 구원에만 치우친 복음주의적 협착성, 교회 중심의 신앙생활에서 벗어나 각 개인과 가정이 속한 이 세상 속에서 함께 살고 있는 이 세상 사람들, 곧 우리의 불신 이웃에게 복음 전도를 위하여 하나님의 공의와 사랑을 실천해야할 신앙사상이라고 천명하고 있다.

113　이근삼, "사랑하는 우리교회", 『개혁주의 신앙과 문화』, 200.

4 영역주권 사상은 자유민주사회의 원천

화란의 칼빈주의 신학자 아브라함 카이퍼(Abraham Kuyper, 1837~1920)가 발전시킨 역사적 칼빈주의로서 신칼빈주의의 근본사상은 영역주권론(the doctrine of sphere sovereignty)이라 말할 수 있다. 카이퍼는 1880년 10월 20일 자유대학교 개교 연설에서 그 유명한 영역주권 개념을 선언하였다: "우리 인간 삶의 모든 영역에서 만유의 주재이신 그리스도께서 '나의 것이다!' 라고 외치지 않는 영역은 한 치도 없다."[114]

영역주권론에 의하면 사회의 모든 영역은 독자적으로 하나님으로부터 직접적인 권리를 부여 받았다. 각 영역은 하나님에 대하여 책임져야 한다는 것이다. 그러므로 한 영역이 다른 영역을 침범하거나 훼손해서는 안된다는 것이다.[115] 여기서 사회 각 영역의 고유한 권리에 대한 신학적 근거가 주어지는 것이다. 각 영역이 자신의 고유한 영역으로 인정될 때 전체주의는 무정부주의가 사회를 어지럽힐 수 없다는 것이다. 진정한 시민 자치 정부가 수립될 수 있다.

이근삼은 카이퍼의 신칼빈주의 사상을 자신의 개혁주의 문화신학으로 받아들이고 다음같이 피력한다: "아브라함 카이퍼는 그리스도의 왕권을 당대 사회와 각 영역에 확립하려고 노력하였다. 그리스도가 왕이시므로 사회의 각 영역이 다 그의 통치 아래 있게 하는 일은 그리스도인들의

---

114 Abraham Kuyper, *Souvereiniteit in eigen kring*, 박태현 옮김 『아브라함 카이퍼의 영역주권』 (군포: 다함, 2020), 71; 김영한, 리처드 마우 외, 『영역주권론의 오늘날 의미』, 60.

115 Richard J. Mouw, *Abraham Kuyper: A Short and Personal Introduction*, 『아브라함 카이퍼』, 강성호 역 (서울: SFC출판부, 2015).

활동으로 이루어진다."[116] 이러한 영역주권론은 오늘날 민주사회에서 각 영역이 독자적인 권리를 지니고 서로 협력함으로써 민주정치와 민주사회가 이루어질 수 있는 신학적 근거를 마련해주고 있다.[117]

맺음말: 이근삼 신학적 유산의 계승발전을 위하여

이근삼은 요한 칼빈과 박윤선, 한상동(1901~1976), 주남선(1888~1951), 한명동(1909~2001)을 위시한 모든 믿음의 선진들 반열에 서 있다. 박형룡, 박윤선, 한상동은 한국의 대표적인 1세대 개혁신앙 선조(先祖)로서 개혁주의 정통신학과 신앙을 뿌리내리는데 기여한 인물이다.

한국의 대표적인 개혁주의 신학자 죽산(竹山) 박형룡(1897~1978)은 평북 벽동 출신으로 변증학과 조직신학을 전공하여 1935년『기독교 근대 신학 난제 선평』을 출판하여 현대신학을 비판적으로 소개하고 현대사상에 대하여 정통보수신학을 변호하여 예장 합동측 교단 및 총신대에서 변증학과 개혁신학 교수로서 활동하였다.

박윤선(1905~1988)은 평북 철산 출신으로 신약학을 전공하여 1946년 부산 고려신학교를 한상동 목사와 함께 설립하고 교장을 맡았다. 그는 1960년 8월까지 고려신학교에서 교수와 교장으로 14년 가르쳤다. 1960년 9월 고려신학교를 사임하고 1961년 서울총회신학교 교장으로 부임하여 교수와 교장으로 19년 가르쳤다. 그는 1980년 11월에 예장합동교단

---

116   이근삼, "21세기 한국 개혁주의 신학교육의 방향",『개혁주의 신학과 현대신학』, 328.

117   김영한, "아브라함 카이퍼의 영역주권 사상의 현대적 의미", 김영한, 리처드 마우 외,『영역주권의 오늘날 의미』(서울: 기독교학술원, 2022), 18~53.

과 총신대학교를 떠나 합신 교단과 합동신학교(오늘날, 합동신학대학원대학교)를 설립하였다. 박윤선은 신구약 66권 주석을 완간(1979년)한 거장으로 박형룡과 함께 한국개혁신학의 양대 산맥을 이룬다.

이근삼(1923~2007)은 박형룡 보다 26세 후학(後學)이요, 박윤선의 고신 제자로서 18세 후학이다. 그는 부산 서구 부용동 출신으로 고신 교단의 진영에서 보수 정통신학을 지키는 신학적 거장으로서 부산 고신대학교에서 활동하였다. 그는 석사학위 논문에서 케리그마신학의 원조인 불트만의 비신화론화 신학을 비판하고, 박사학위논문에서 신도종교의 국수적 민족주의 사상 그리고, 바르트의 신정통신학을 비판하였다.

이근삼은 신도주의(shintoism)에 대한 변증학 논문으로 화란 암스테르담 자유대학에서 우수한 성적으로 박사학위(1962년)를 받음으로써 그의 스승 박윤선이 당시 열악한 환경(1953년 10월~1954년 3월, 5개월 유학) 속에서 이루지 못한 학문적 명예를 제자로서 성취하였고 화란에서 박사학위를 받은 최초의 한국인이 되었다. 이러한 그의 신학적 노력은 일제의 신사참배를 거부하여 옥중생활을 하고 박해를 견디어낸 고신 교단의 학문성과 개혁신학적 정통성 정립에 있어서 귀한 업적이라고 평가할 수 있다.

오늘날 첨단과학의 발전으로 제4차 산업혁명시대에 개혁교회는 오늘날 미래세대인 MZ세대를 위하여 개혁주의 문화신학을 가르치며 문화적 사명을 역설해야 한다. 이 세상에 있는 탁월한 인문, 사회, 자연 과학적 진리, 음악, 미술, 건축, 조각 등의 예술적 표현 등이 하나님의 일반은총에 속해 있기 때문이다. 이러한 시대에 개혁신학은 단지 교의학으로서 교회 내의 신앙고백으로 머물지 않고, 문화신학으로서 제4차산업혁명시대에 기독교 신앙과 사상의 시대적 적합성과 규범성을 드러내는데 귀중한 역할을 다하여야 한다.

　이근삼은 개혁신학을 문화신학으로 정립함으로써 고신 교단 신학을 교리 수호에만 집착하여 지성적 성찰과 학문적 교류, 시대적 소명을 소홀히 하는 근본주의 비난에서 벗어나게 했다고 말할 수 있다. 종교개혁 전통의 개혁신학은 성경의 무오성과 영감과 교회의 정체성을 지키고 역사적 개혁교회의 신앙고백을 계승하면서도 국가와 사회에 대한 문화적 사명을 다했기 때문이다. 따라서 이근삼의 신학은 개혁주의적 문화신학의 이념을 카이퍼의 신칼빈주의로서 정립한 오늘날 제4차산업혁명 시대에 가장 적합한 신학으로서 그의 탄생 100주년을 계기로 더욱 연구발표되고 계승발전되어야 할 위대한 신학적 유산이다.

이근삼 박사의 공헌으로서의 개혁신학과 칼빈주의 개념의 심화와 실천

이승구

우리들은 오늘 이근삼 박사님(1923~2007) 출생 100년을 생각하면서 여기 모여 학회를 하고 있다. 1946년 9월 고려신학교 첫 입학생으로 입학하시어 5회로 졸업하신 후 오랫동안 미국에서 제대로 공부하시고[1] 네덜란드로 가셔서 베르까우어(G. C. Berkouwer) 지도하에서 독트란두스(Drs.)를 하시고, 얀 헤르만 바빙크의 지도로 선교학적 변증학 분야에서[2] 박사

---

[1] 고려신학교를 마친 후에 미국에 가서 다시 고든 칼리지에서 공부를 하고(BA), 미주리의 커버넌트 신학교에서 목회학 석사(D. Div.)와 신학 석사(Th. M.)를 하셨다.

[2] 지속적으로 조직신학 혹은 교의학에 관심을 가졌던 분이 왜 선교학의 엘렝틱스를 선택하여 얀 헤르만 바빙크와 박사학위 논문을 썼을까를 묻는 것은 매우 흥미로운 일이다. 생전에 묻지 못한 것이 안타까운 일이다. 자녀되시는 교수님들께서 말씀해 주시기 바란다. 그저 추론하기로는 아마도 베르까우어의 변화한 신학을 보면서 그와 같이 학위 논문을 했을 경우에 나타나 다양한 문제를 고민하면서 그래도 상당히 고전적 개혁신학에 동감적이었고 인도네시아에서 선교사 경험이 있어서 동양 학생들에게 동감적이었을 얀 헤르만 바빙크가 매우 적절한 지도 교수가 될 수 있었다고 판단된다. 얀 헤르만 바빙크와 그의 개혁주의 변증학에 대해서는 폴 얀 뷔셔(Paul Jan Visser)의 우트레흐트 박사 논문(1997)을 영어로 번역한 책을 번역한 『복음을 향한 열정, 세계를 향한 열정: 요한 헤르만 바빙크의 생애와 사상』, 조호영 옮김 (서울: 나눔과 섬김, 2015)을 보라.

학위를 하신[3] 후에 1962년에 귀국하셔서 1994년 은퇴하실 때까지 32년 간 한국교회에서, 그리고 은퇴 후에는 미국에 엘반겔리아 대학교(Evangelia University)를 설립하셔서 12년간 미국 교포들의 바른 신학과 신앙을 위해 일하셨던 한국의 제2세대 신학자 중 한 분이라고 할 수 있는 이근삼 박사 님(1923~2007)의 한국교회에 대한 공헌은 무수하다.

이렇게 상당히 초기에 미국과 화란에서 제대로 공부한 분이셨기에 그에게 주어진 부담도 매우 컸다고 할 수 있다. 그러므로 그는 한국교회 에서 매우 유명하며 많은 사람들의 촉망을 받던 분이셨다.[4] 그런 분으로 바쁜 삶을 사시면서도 특히 한국교회에 개혁신학과 칼빈주의를 아주 구 체적으로 제시하고 논구하며, 칼빈주의에 근거한 운동을 잘 펴신 것을 나 는 이근삼 박사님의 가장 큰 공헌으로 제시하고자 한다. 다른 기여들은 모두 이에서 파생된 것으로 여겨도 좋을 것이다. 이것이 그의 기여였음은 다른 문제들에 대한 논의보다 이에 대한 그의 논의가 가장 탄탄하고 깊이

----

3   "기독교와 신도 국가주의의 대결(*The Christian Confrontation with Shinto Nationalism: A Historical and Critical Study of the Conflict of Christianity and Shinto in Japan in the Period between the Meiji Restoration and the End of World War II (1868~1945)*" [Philadelphia: Presbyterian and Reformed Pub. Co., 1966]). 이는 한국 교회와 고신의 입장으로는 매우 적절한 논문 이었고, 한국인으로 화란에서 또한 자유대학교에서 최초로 박사학위를 한 것이라는 점 에서 의미 있는 작업이었다. 어떤 점에서 그의 선생님이셨던 박윤선 교수님께서 화란에서 박사학위를 했으면 하고 바랐으나 여러 여건상 할 수 없었던 것을 그의 제자 중 한 사람 인 이근삼이 성취한 것이라고 할 수 있다.

4   역사는 만일을 허용하지 않지만, 만일에 고신이 환원하지 않고 합동 측과 계속 함께 갔 더라면, 그래서 이 박사님께서 총신에서 가르치고 활동하셨더라면 이근삼 박사님의 영향 력은 더 컸을 것이라고 할 수 있다. 환원의 결과로, 예를 들어서, 김영한 교수님께서 논의 를 시작하실 때 잘 모르는 분으로 언급하면서 그의 논의를 시작하게 된 것이라고 여겨 진다.

있는 논의였다는 데서도 잘 드러난다.[5] 이 글에서는 이근삼의 박사님의 가장 큰 기여로서 "개혁신학과 칼빈주의 개념의 심화와 실천"을 서로 연관된 다음 네 가지 주제로 나누어 논의해 보고자 한다.

I 칼빈의 신학과 개혁신학에 대한 좀 더 체계적인 소개

이제는 우리나라에서도 칼빈의 생애와 신학을 아주 자세히 논의하는 책들과 논의들이 많이 있다. 그러나 이근삼 박사님께서 귀국하셔서 활동하시는 때에는 칼빈에 대한 소개가 아주 구체적으로는 잘 이루어지지 않은 때였다. 그러므로 칼빈의 생애와 그의 신학을 잘 제시하는 것도 이근삼 박사님께서 초기에 하셨던 큰 과제였다. 그래서 칼빈의 생애와 사상과 실천을 찬찬히 소개하는 일도 하셨고,[6] 칼빈의 신학을 주로 교회론 중심으로 논의하시는 일도 하셨다.[7] 그러나 일반적으로 개혁신학을 소개할

---

5   또 다른 분야로 현대신학을 개혁신학적 입장에서 비판적으로 논의하는 측면을 들 수 있다. 사실 이것이 가장 많은 학문적 논의의 대상이 된 분야였다. 전집 4권으로 나온 『개혁주의 신학과 현대 신학』(서울: 생명의양식, 2007)의 제3부까지의 15편의 논문은 가장 학문적으로 논의된 논문 형식으로 제시되고 있는 것을 보라. 특히 "현대과정신학 신개념 비판"(151~67)과 "현대신학의 종말론 이해"(170~207)을 보라. 또한 216~54에 있는 10편의 서평을 보라. 특히 Klaas Schider, Peter Beyerhaus, David Wells의 책에 대한 서평을 보라. 이는 아마도 제대로 공부하신 개혁신학자인 이근삼 박사님에게 주어진 과제들이 이런 방면에 대한 것이었기 때문이라고 짐작할 수 있다.

6   이근삼, 『칼빈과 칼빈주의』, 한국의 개혁주의자 이근삼 전집 1권 (서울: 생명의양식, 2007), 제2부 (칼빈의 사상과 실천), 36~96.

7   이근삼, 『칼빈과 칼빈주의』, 262~353. 2007년 그의 소천과 함께 그의 전집을 내주신 이근삼 전집 편찬 위원회에 감사하면서도 그 전집에 실린 각각의 글들이 처음에 어떻게 나온 것인지를 일일이 밝히지 않으심에 대해서 안타까운 마음도 든다. 다행히 1권은 아마

때 칼빈이 각 주제에 대해서 어떻게 말하였는지를 잘 소개하여 개혁주의 사상의 좋은 정리자로서의 칼빈의 입장과 견해를 잘 소개하고 있다. 또한 아주 이른 시기부터 「벨직 신앙고백서」(1561)와 「하이델베르크 요리문답」(1563)의 구체적인 조항에서 우리의 믿는 바를 어떻게 정리하여 제시하고 있는지를 잘 제시하면서 논구하여 주셨다.

1 정통파 개혁신학에 충실한 신학 제시의 몇 가지 예들

1970년부터 신대원의 강의를 위한 강의안을 중심으로 1989년에 『기독교의 기본교리』라는 책으로 출판된 것을 토대로 하고, 이에 다른 글들을 포함하여 2007년에 전집을 낼 때 이근삼 전집의 5권과 6권으로 『개혁주의 조직신학 개요 1, 2』가 우리에게 주어져 있다. 우리들은 이로부터 이근삼 박사님의 조직신학 강의가 과연 어떤 것이었는지를 짐작할 수 있다. 정통적 개혁신학에 충실하게 제시된 이 논의 중 현재에도 매우 중요하다고 판단되는 것을 몇 가지만 언급하고자 한다.

성경을 계시에 대한 증언으로 제시하는 부룬너와 바르트를 그들의 글을 인용하여 언급한 후에 "이는 우리가 주장하는 것과 다르다"고 하여,[8] 이른바 신정통주의 신학은 정통파 신학이 아님을 분명히 하였다. 이

도 1972년에 개혁신학 총서의 하나로 내신 『칼빈 · 칼빈주의』임을 알 수 있게 해 주었다. 1974년에 은퇴하기 2년 전에 낸 이 책은 그 동안 비교적 학문적으로 논의한 글들을 이 박사님 자신이 모아 낸 것이고, 그 자신의 관심이 가장 잘 드러난 것이라고 할 수 있다.

8 이근삼, 『개혁주의 조직신학 개요 1』, 한국의 개혁주의자 이근삼 전집 5권 (서울: 생명의 양식, 2007), 28. 바르트 사상에 대한 비판은 곳곳에서 잘 나타나고 있다. 이근삼, 『개혁주의 조직신학 개요 1』, 202, 286, 306; 이근삼, 『개혁주의 조직신학 개요 2』, 한국의 개혁주의자 이근삼 전집 5권 (서울: 생명의양식, 2007), 51 (바르트의 부활론 비판), 71; 139~40 (바르트의 성령론 비판), 209 (바르트의 구원론 비판: "칼 바르트의 구원관은 논

와같이 이근삼 박사님은 항상 "정통적 개혁신학"을 강조하셨다.[9]

성경의 충족성과 관련해서 온전한 계시가 주어졌으므로 "이제 더 이상 어떤 이상을 통하여 하나님의 음성을 들으려고 하거나, 새로운 계시를 받을 필요가 없도록 완전하게 하나님의 뜻이 성경을 통하여 나타나 있다"고 하신다.[10] 심지어 예수님에 대해서도 "지금 예수가 우리에게 말씀하시는 방법은 육적 말씀이 아니라, 복음서와 다른 성경에 그에 관하여 기록하신 그의 말씀을 우리 양심에 적용시킴으로 말씀하시는 것이다"는 패커의 말을 동감하시면서 인용하신다.[11] "하나님의 모든 객관적 계시는 말씀 안에 있다."[12] 이것을 확언하시는 것이 성령의 내적 증거(testimonium Spiritus sancti)이다. 개혁신학의 이런 기본적 가르침에 충실하지 않으려는 분들이 심지어 고신에도 많은 이 상황 속에서 우리들이 유념해야 할 근본적 가르침이다. 성경을 확신하게 하는 "성령의 증거는 우리에게 새로운 계시를 계시하시는 것이 아니고, 성경에 계시된 말씀을 유효하게 확증하는 것이

리적으로 이 만인 구원설을 파할 수 없다."), 255~56. 특히 전집 4권인 『개혁주의 신학과 현대 신학』(서울: 생명의양식, 2007), 1장 중 신정통주의 성경관에 대한 소개와 비판(21~29), 2장인 칼 바르트의 성경관 비판(30~46), 4장 창조론 비판 (59~82), 2부 3장의 바르트의 기독론 비판(129~33), 바르트의 종말론 비판(178~81) 등을 보라.

9   Cf. 이근삼, 『개혁주의 조직신학 개요 1』, 35.

10 이근삼, 『개혁주의 조직신학 개요 1』, 40. 이와 반대로 "로마교나 여호와의 증인들은 성경이 하나님의 완결된 계시임을 부인하고, 성경의 명료성을 부인한다"(이근삼, 『개혁주의 조직신학 개요 1』, 41). 이렇게 성경 이외의 것을 더 하는 것을 모두 이단이라고 정확히 지적하신다.

11 이근삼, 『개혁주의 조직신학 개요 1』, 69. 이는 J. I. Packer, *Knowing God* (London: Hodder & Stoughton, 1973), 33에서 인용한 말이다.

12 이근삼, 『개혁주의 조직신학 개요 1』, 74.

다."[13] 이렇게 "하나님께서 말씀과 성령으로 자신의 지식을 유효하게 주신 자들 외에는 하나님을 알 자가 없다."[14] 그러므로 "개혁주의 교회는 하나님의 정확무오한 말씀 자체 외에는 어떤 것에 의해서도 양심이 속박받는 것을 허락하지 않는다."[15]

또한 지금 우리에게 있는 유일한 계시의 원천인 "성경은 기도하면서 읽어야 하고 성령의 감동으로 기록된 말씀을 읽는 자는 성령의 조명에 의한 인도하심이 있어야 한다(요 6:45; 고전 2:9, 10, 12)"는[16] 이 말씀은 신학은 항상 기도하면서 성경에 근거하여 하는 학문임을 분명히 해 주고 있다. "신학은 하나님의 계시에서[즉, 계시에 근거해서] 신지식을 말하는 학문이다. 성령의 인도 아래 계시를 연구하고 생각하면서 하나님의 영광을 위하여 서술하려고 노력한다."[17]

토마스 아퀴나스의 자연신학과 계시신학 구조를 소개하고, 부룬너의 『자연과 은혜』(1934)에 대한 바르트의 『부정』(Nein!)을 상당히 소개한 후에 정통 개혁파의 입장을 따라서 이근삼 박사님은 "우리는 객관적 일반 계시가 있다고 믿는다. 그러나 그것은 자연신학을 구성할 수는 없다고 하는 것이 이 문제에 대한 성경적 견해이다"라는 바른 결론을 내리신다.[18]

---

13   이근삼, 『개혁주의 조직신학 개요 1』, 74, 강조점은 덧붙인 것임. 이는 Calvin. Institutes, 1.9.3에서 인용한 것이다.

14   B. B. Warfield, Calvin and Augustine (Philadelphia: Presbyterian and Reformed Pub. Co., 1956), 83, 이근삼, 『개혁주의 조직신학 개요 1』, 75에서 재인용.

15   이근삼, 『개혁주의 조직신학 개요 1』, 42.

16   이근삼, 『개혁주의 조직신학 개요 1』, 40~41.

17   이근삼, 『개혁주의 조직신학 개요 1』, 71.

18   이근삼, 『개혁주의 조직신학 개요 1』, 61.

하나님의 칭호를 말하면서 아빠라는 칭호와 관련하여 "아빠는 어린이가 아버지를 부르는 애칭이지만 아이가 자라도 없어지지 않고 아버지를 부르는 가족적 애칭으로 그대로 사용한다. … 예수님은 이 애칭을 사용하며 아바 아버지라고 하셨다"고 하시니,[19] 단순히 진술하시지만 얼마나 깊은 논의를 다 반영하면서 논의하고 계신지를 잘 알 수 있게 된다.

또한 그리스도는 "단순히 우리의 죄를 용서하실 뿐 아니라 창조의 완성을 위하여 성육신하신 것이다"와 같은 말씀에[20] 얼마나 깊은 신학적 사유가 담겨 있는지 잘 알 수 있게 된다.

삼위의 상호 순환(perichoresis)에 대한 이해도 가장 명확하게 제시되고 있어 감사를 드린다. 성부는 성자와 성령 안에, 성자는 성부와 성령 안에, 성령은 성부와 성자 안에 참여하며 그 안에 있다. 영원한 사랑의 힘으로 각 인격은 다른 인격들 안에 살며 일체를 이룬다. 이것을 순환 개념이라고 하며 그것은 삼위일체 일체성을 의미한다. … 여기에 형제들의 공동체의 사랑의 교제를 요구하시는 하나님을 볼 수 있다.[21]

바쁘신 일정 중에서 상세히 설명은 안 하셨으나 정통적 삼위일체를 분명히 하면서 이에 대한 현대의 다양한 논의를 잘 생각하시면서 그것을 성경적이고 정통적 한계를 벗어나지 않을 수 있게 잘 논의하시는 모습이 잘 드러내고 있다. 그 핵심은 "삼위일체 교리는 그 재료를 성경적 계시에서 받았으나 삼위일체 교리의 실제 형성은 교회의 산물이었다"는[22] 진술

---

19 이근삼, 『개혁주의 조직신학 개요 1』, 97.

20 이근삼, 『개혁주의 조직신학 개요 1』, 211.

21 이근삼, 『개혁주의 조직신학 개요 1』, 213~14.

22 이근삼, 『개혁주의 조직신학 개요 2』, 137.

161

이근삼 박사의 공헌로서의 개혁신학과 칼빈주의 개념의 심화와 실천 | 이승구

에 있다고 할 수 있다.

마찬가지로 유신진화론이 유행함을 언급하시면서 이는 "창세기 2:7
의 진술에 모순된다"고 성경에 근거하여 거절하신다.[23] 구속 언약을 말하
시면서 이를 "구속 사역의 삼위 간의 분담"으로 설명하시면서, 이를 성부
와 성자 사이의 언약으로만 보지 아니하시고 "삼위 간의 맺은 영원한 계
약"으로 설명하시는 것도[24] 큰 기여이다.

하나님의 형상에 대한 끌라스 스킬더의 윤리적 해석을 소개하시면서
인간의 "구조나 자질이 하나님을 위해 올바로 사용될 때" 하나님의 형상
이 "비로소 나타나는 것이라고 한다"고 하면서,[25] 후크마와 베르까우어가
이에 동조하나 이렇게 하나님의 형상을 그저 "윤리적으로 해석하려고 하
는 것은 현대 철학적 인간학의 방향과 매우 가깝다고 할 수 있다"고 하신
것은[26] 이를 강하게 비판하는 말씀이다. 오늘날의 철학의 동향과 화란 개
혁파 신학의 방향을 잘 알고 계시면서, 자신의 선생님의 한 분이기도 한
베르까우어에 대해서 비판하는 이 모습 속에서 이근삼 교수님이 얼마나
성경적이고 정통적 입장에 충실한지가 잘 드러난다.

기독론을 시작하시면서 하시는 "그리스도의 관한 성경 연구는 구약
연구의 중요성을 더욱 알게 해 준다"는 진술도[27] 매우 의미 있는 진술이

23   이근삼, 『개혁주의 조직신학 개요 1』, 266.

24   이근삼, 『개혁주의 조직신학 개요 1』, 292.

25   이근삼, 『개혁주의 조직신학 개요 1』, 305.

26   이근삼, 『개혁주의 조직신학 개요 1』, 305f.

27   이근삼, 『개혁주의 조직신학 개요 2』, 한국의 개혁주의자 이근삼 전집 5 (서울: 생명의양
     식, 2007), 14.

아닐 수 없다. 아놀드 판 룰러(Arnold A. van Ruler, 1908~1970)의 다음과 같은 말을 인용하신 것도 의미 있다. "구약은 참으로 성경이다. 신약은 새로운 성경이 첨가된 것이 아니라 구약에 대한 유일한 해설적 주해서이다."[28] 또한 구속 사역을 마치시고 하나님 우편에 앉으신 것에 대해서도 이는 "시편 110:1에서 볼 수 있는데 문자적으로 이해될 것은 아니다"고 하시면서, "경배의 표식도 되겠지만(왕상 2:19) 또한 정치에 관여함과 그로 인한 존귀와 영광을 표시할 수도 있다"고 잘 논의하셨다.[29] 즉, 이는 "그리스도가 교회와 우주의 통치권을 받고 그것에 해당하는 영광에 참여하신다는 사실을 지시한다"고 하신다.[30] 그리스도의 삼직과 관련하여 이근삼 박사님은 "합리주의는 그리스도의 선지자 직만을 신비주의는 그의 제사장직만을 인정하고, 세계주의 천년왕국설은 그의 미래 왕직에만 치중한다. … [그러나] 우리는 그 어느 한 직에만 기초를 가질 수 없다"고 흥미롭게 표현하기도 하셨다.[31]

하나님 나라에 대해서도 보스와 그에 따른 벌코프의 가르침을 잘 소개하면서 "은혜의 왕국은 하나님 나라, 천국과 동일하며", 현재적이고, 미

---

28 Arnold A. van Ruler's Dutch manuscript was translated into German by Herman Keller and published as *Die christliche Kirche und das AT* (1955). The English translation (made from the German, not the Dutch) was by Geoffrey W. Bromiley and published as *The Christian Church and the Old Testament* (1966, and Grand Rapids: Wm. B. Eerdmans, 1971). 이근삼, 『개혁주의 조직신학 개요 2』, 15에서 재인용. 번역을 조금 가다듬었음을 밝힌다.

29 이근삼, 『개혁주의 조직신학 개요 2』, 54.

30 이근삼, 『개혁주의 조직신학 개요 2』, 54. 이 때 같은 의미로 말하는 Calvin, Institutes, 2. 16. 5도 언급하고 있다.

31 이근삼, 『개혁주의 조직신학 개요 2』, 58.

래적이며", "천국과 신국은 동일한 의미의 다른 명칭일 뿐이다"고 하고 있다.[32] 이런 맥락에서 이근삼 박사님은 "천국의 실제적인 내림과 새로운 구원의 역사는 오직 메시아이신 예수 그리스도로부터 시작한다.(마 11:13; 눅 16:16)"고,[33] 예수님께서는 "자신을 통해 천국이 이미 그들 중에 왔음을 선포했다"고,[34] 또한 나귀 타고 예루살렘에 입성하신 것은 "천국의 왕으로 입성하였던 것이다"고[35] 정확히 말씀하신다. 또한 그리스도의 우주적 왕권은 "영적 왕권을 보완한다"고 하신다.[36] 그러므로 "우리는 현대의 교육, 산업, 문화가 다 그리스도의 통치하에 그의 영적 왕국의 진보 발전에 유익하게 사용되며 복음 진리의 전파에 유용하게 되어 의를 이루는 것을 믿는다"고 하시어,[37] 기독교 문화적으로 매우 실천적 적용도 하신다. 하나님 나라를 정확히 제시하시고 하나님 나라 신학을 제안하신 것은 이 박사님의 큰 공헌의 하나이다.

또한 개혁신학의 전통적 가르침에 충실하게 예수님의 세례 받으심과 삶의 성격을 능동적 순종으로 표현하시면서 다음과 같이 잘 말해 주셨다. 예수님께서는 자기 백성들을 대신해서 율법을 이루고자 죄인의 위치에 서서 세례를 받으신 것이다. 예수님의 이 **능동적 순종을 하나님은 받으시**

---

32 이근삼, 『개혁주의 조직신학 개요 2』, 65.

33 이근삼, 『개혁주의 조직신학 개요 2』, 92. 이근삼, 『개혁주의 조직신학 개요 2』, 352~53의 "하나님 나라의 성격"도 보라.

34 이근삼, 『개혁주의 조직신학 개요 2』, 98. 같은 책의 103과 104, 108도 보라.

35 이근삼, 『개혁주의 조직신학 개요 2』, 108.

36 이근삼, 『개혁주의 조직신학 개요 2』, 66.

37 이근삼, 『개혁주의 조직신학 개요 2』, 66.

고 하나님은 그에게 메시아 사역을 완전히 수행할 수 있도록 성령을 부어 주셨을 뿐만 아니라, 또한 그가 자기의 기뻐하시는 아들임을 공적으로 선언하셨다.[38]

이와같이 이근삼 박사님은 대부분의 문제를 정통 개혁주의 사상에 부합하게 진술하셨다. 학자들이 어떤 논의를 하는지를 잘 아시면서도 정통적 입장을 취하여 잘 가르치셨다. 예를 들어서, 최후에 만찬의 성격에 대한 다음 같은 말을 보라. "학자들 간에 … 이 마지막 만찬이 유월절 식사인지 아닌지에 대해서 논란이 많으나 공관복음서의 증거에 의존하여(눅 22:15; 마 26:17 이하; 막 14:22 이하) 우리는 유월절 만찬으로 보는 것이 온당할 것이다."[39] 특히 게할더스 보스의 사상에 충실하게 논의하는 일이 많았으니 하나님 나라 사상에서나[40] 예수님의 수세에 대한 이해에서나[41] 예수님의 시험 받으심에 대한 이해에서[42] 보스를 명시적으로 거론하면서 그의 입장에서 설명하셨다.

---

38   이근삼, 『개혁주의 조직신학 개요 2』, 92~93, 강조점은 덧붙인 것임. 이때 그는 S. Greidanus와 G. Vos를 인용하여 제시하시기도 하신다.

39   이근삼, 『개혁주의 조직신학 개요 2』, 111. 이때 그는 Joachim Jeremias의 Die *Abendmahlworte Jesu* (Göttingen: Vandenhoeck & Ruprecht, 1960), 18ff. Herman N. Ridderbos, *The Coming of the Kingdom* (Grand Rapds: Eerdmans, 1962), 419ff. 그리고 William Hendriksen, New Testament Commentary, *Exposition of the Gospel According to Matthew* (Grand Rapids, MI: Baker, 1973 & Edinburgh: The Banner of Truth Trust. 1974), 223ff. 를 언급한다.

40   너무 많으나 대표적으로 이근삼, 『개혁주의 조직신학 개요 2』, 98, 103, 104, 108 등을 보라.

41   이근삼, 『개혁주의 조직신학 개요 2』, 92.

42   이근삼, 『개혁주의 조직신학 개요 2』, 93~94.

오순절 성령강림이 "종말론적이고", 따라서 "단회적이고 반복되지 않는다"는[43] 가르침, 또한 이때의 방언 현상에 대해서 "세상 언어로 하나님의 위대한 행위를 선언하는 것 외에는 아무 것도 선교를 위한 하나님의 뜻을 잘 표현하는 것은 없다"는 가르침,[44] 그리고 "오순절의 의미가 예수 그리스도에 대한 설교에서 발견되어야 한다. … 성령의 사역은 그리스도 중심적이며, 성령의 수단은 설교를 통해 나타났다"는 가르침,[45] 또한 고린도전서 12:13의 말씀은 "성령 세례가 소수의 사람들의 경험이라는 엘리트주의 해석을 배격한다"는 가르침,[46] 성령의 "내주는 중생과 동시에 발생"한다는 가르침,[47] "성령의 내주는 모든 신자에게 공통적으로 주어진 은사(선물)이다"는 가르침,[48] 성령 충만은 "성령의 역사"의 하나로 "성령께서 개인들을 얼마나 완전하게 소유하실 수 있느냐의 문제"라고 하면서, 성령 충만은 "하나님의 현존 속으로 들어가 그의 내주의 목적에 응하여 그의 주권, 역사하심에 순복하느냐"라는 가르침,[49] 그리고 "완전주의에 빠질 위험성을 조심해야 한다"는 가르침,[50] 칭의에서 믿음은 "도구적

43   이근삼, 『개혁주의 조직신학 개요 2』, 128, 167.

44   이근삼, 『개혁주의 조직신학 개요 2』, 129.

45   이근삼, 『개혁주의 조직신학 개요 2』, 130.

46   이근삼, 『개혁주의 조직신학 개요 2』, 172.

47   이근삼, 『개혁주의 조직신학 개요 2』, 178.

48   이근삼, 『개혁주의 조직신학 개요 2』, 179. 또한 "내주는 모든 그리스도인들에게 구원의 순간부터 있는 것이다."(180).

49   이근삼, 『개혁주의 조직신학 개요 2』, 179.

50   이근삼, 『개혁주의 조직신학 개요 2』, 183, 240~41, 244~46.

혹은 기관(organ)적 원인"이라는 가르침,[51] 또한 오늘의 교회에도 주어진 영구적 영적 은사들과 일시적 특수한 은사들을 잘 구별하여 제시하시면서,[52]

1) "기적의 은사는 중지되었으나 기적은 계속된다"고 하시면서 이런 기적은 … 기도의 응답으로 받는" 것이라고 하시고,[53]

2) "어떤 그리스도인들이 병 고침을 위한 체험을 가지는 것도 가능하나 은사로서의 신유는 사도 시대의 것과 같이 보아서는 안될 것이다"라고 하시며,[54]

3) 오늘날 방언에는 "많은 문제점도 함께 가지고 있으므로 특히 유의하여야 한다"고 하시면서[55] 이전 개혁자들과 박윤선 목사님의 견해를[56] 그대로 취하여 가르치는 점 등에서도 정통 개혁신학에 철저한 가르침을 확인할 수 있다.

그는 또한 스킬더를 잘 아시면서도 성경에 나타난 증거에 근거해서 칼빈과 핫지, 그리고 카이퍼와 바빙크에 동의하면서 일반은총을 잘 드러내 주신 것도[57] 그런 것의 하나이다. 점진적 성화와 함께 위치적 성화(posi-

---

51   이근삼, 『개혁주의 조직신학 개요 2』, 237. 이때 그는 「벨직신앙고백서」 22항과 「하이델베르크 요리문답」 60~61문답을 제시하고 있다.

52   이근삼, 『개혁주의 조직신학 개요 2』, 185~88.

53   이근삼, 『개혁주의 조직신학 개요 2』, 187.

54   이근삼, 『개혁주의 조직신학 개요 2』, 187.

55   이근삼, 『개혁주의 조직신학 개요 2』, 188, 266.

56   이런 문제들에 대한 정암 박윤선 목사님의 견해를 정리하여 제시한 이승구, "기도에 대한 정암의 개혁파적 가르침", 『21세기 개혁신학의 방향』 (서울: CCP, 2018), 155~97, 특히 191~96을 보라.

57   이근삼, 『개혁주의 조직신학 개요 2』, 156~57, 159, 366. Cf. Calvin, Institutes, 2.2.16; Charles Hodge, *Systematic Theology* 2 (New York: Scribner, 1872), 667.

tional sanctification)도 언급하셔서서[58] 머리(John Murray) 등의 성화에 대한 가르침을 잘 반영하는 일도 하셨다.

앞에서도 이근삼 박사님이 얼마나 보스(Geerhardus Vos) 등의 사상에 충실했는지를 말한 바 있다. 교화와 종말에 대한 가르침에서 이것은 더 잘 드러난다. 예를 들어서 신약 교회를 "종말론적 공동체"라고 하고,[59] "일련의 구속사적 점진 계시"를 강조하면서 "이 계시의 중심이 되시는 그리스도의 구속사역이 종말론적"이라고 하시고,[60] "이미 시작된 종말론"을 강조하고,[61] 이전 신학 동향과 달리 이제는 신학 전체를 종말론적으로 보아야 한다고 하신다.[62] 또한 현대에 나타나는 중간 상태에 대한 강한 반대를 잘 아시면서도 그런 생각들을 비판하시고,[63] 의인의 중간 상태와 악인의 중간 상태를 성경을 따라서 정확히 일정하게 제시하신다.[64]

---

58 이근삼, 『개혁주의 조직신학 개요 2』, 182.

59 이근삼, 『개혁주의 조직신학 개요 2』, 263. Cf. 이승구, 『교회란 무엇인가: 하나님 나라 중시를 위한 종말론적 공동체로서의 교회와 그 백성의 자태』 (서울: 여수룬, 1996; 개정판, 서울: 말씀과 언약, 2020).

60 이근삼, 『개혁주의 조직신학 개요 2』, 345. "그리스도의 오심과 그의 사역은 … 그 성격상 종말론적이다."(이근삼, 『개혁주의 조직신학 개요 2』, 351, 강조점은 덧붙인 것임).

61 이근삼, 『개혁주의 조직신학 개요 2』, 364.

62 이근삼, 『개혁주의 조직신학 개요 2』, 345.

63 이근삼, 『개혁주의 조직신학 개요 2』, 373, 375. 여기서 그는 화란의 반 데어 레이유(G. van der Leeuw, 1890~1950)와 오스카 쿨만의 육체의 부활만이 그리스도인의 유일한 소망이라는 견해와 독일의 루터파 학자 Paul Althaus가 중간상태를 말하는 것은 일종의 플라톤주의의 영향이고, 아주 개인주의적이어서 "우주의 구속, 하나님 나라의 내림, 교회의 완성을 무시한다"는 비판을, 그리고 성경이 중간상태를 말하지 않는다는 베르까우어의 주장을 잘 의식하면서 오히려 이런 견해가 비성경적이라고정확히 비판하신다.

64 이근삼, 『개혁주의 조직신학 개요 2』, 374~75.

또한 그리스도의 문자적 신체적 재림을 불신하거나 재림 기대 속에 살지 않는 것은 "현대교회의 심각한 영적인 비극"이라고 지적하시면서,[65] 모든 문제에 있어서 성경을 따르려고 하는 개혁파 정통주의 입장을 잘 드러내신다. 그리스도의 재림을 기다리면서 성도들은 대비하고, 대망하고, 인내하며, 기뻐하고, 거룩한 삶을 살고, 전도하고, 하나님 진리에 충성하고, 은혜 중의 성장하며, 하나님의 일을 하라고 권면하시면서,[66] 성경에 근거하며 과거 신실한 성도들의 입장을 잘 따라 제시하셨다.

2 다시 표현하였더라면 좋았을 부분들

이근삼 박사님께서는 주로 바빙크의 신론을 사용하셔서서 논의하셨기에 본체론적 삼위일체와 경륜적 삼위일체를 잘 설명하시면서도[67] 한 곳에서 경륜적 삼위일체를 내재적 삼위일체라고 말씀하시는 부분이 있어 아쉽다.[68] 본체론적 삼위일체를 초월적 삼위일체라고 하시고, 경륜적 삼위일체를 내재적 삼위일체라고 말씀하시려는 의도는 알겠는데 일반적인 용례의 사용은 본체론적 삼위일체를 내재적 삼위일체라고 표현하기 때문이다.[69] 후에 『개혁주의 조직신학 개요 1』의 207쪽과 208~10쪽에서는 "영

---

65   이근삼, 『개혁주의 조직신학 개요 2』, 377.

66   이근삼, 『개혁주의 조직신학 개요 2』, 405~409.

67   이근삼, 『개혁주의 조직신학 개요 1』, 195; 또한 이근삼, 『개혁주의 조직신학 개요 2』, 120~21.

68   이근삼, 『개혁주의 조직신학 개요 1』, 195.

69   일반적 용어 사용에 대해서는 Seung-Goo Lee, "The Relationship Between the Ontological Trinity and the Economic Trinity", *Journal of Reformed Theology* 3/1 (2009): 90~107. 이 논문의 한역본은 다음에서 발표되었다. "존재론적 삼위일체와 경륜적 삼위일

원한 내재적 삼위일체"라고 일반적 용례를 따라 잘 설명하시고 있으므로, 이와 같은 보편적 용례로 통일하여 말씀하시는 것이 좋았을 것이다. 늘 독특한 용어의 사용은 오해를 불러일으킬 수 있으므로 주의가 필요하다.

그리고 용어 사용에 있어서 "하나님은 한 분 안에 세 분이시고, 동시에 세 분 안에 한분이시다"는[70] 표현보다는 "하나님은 한 분 안에 셋[또는 삼위] 이시고(God is Three in One), 동시에 셋[또는 삼위] 안에 한 분이시다(One in Three)"로 표현하는 것이 오해를 덜 나을 수 있을 것이다. 예수님의 수세에 대해서 말하시면서 "여기에 **삼위가 나타나지만 한 하나님으로 존재하시는 것**은 명백하다"고 말씀하셨던[71] 용례가 다른 곳에서도 일관성 있게 사용되면 좋았을 것이다.

또한 "하나님은 영원자족하시나 그리스도 안에서 모든 피조물의 고통을 함께 당하시며"라고 표현하신 것은[72] 다시 표현하시는 것이 좋았을 것으로 생각된다. 또한 "generation"을 "낳으심"이라고 정확히 표현하시면서도 "발생"이라는 말과 혼용하시고, "procession"을 "나오심"이라고 정확히 표현하시면서도 "발출"과 혼용하신 것은[73] 후대를 위해 피하시는 것이 더 좋았을 것으로 여겨진다.

체의 관계". 한국개혁신학회 정기 논문 발표회 (1998년 11월) 발제 (이승구, 『개혁신학탐구』 [서울: 하나, 1999, 개정판, 수원: 합신대학원출판부, 2020], 3장에 다시 수록되었음) 그에 인용된 문헌들을 보라.

70 이근삼, 『개혁주의 조직신학 개요 1』, 198.

71 이근삼, 『개혁주의 조직신학 개요 2』, 152. 강조점은 덧붙인 것임.

72 이근삼, 『개혁주의 조직신학 개요 1』, 207.

73 이근삼, 『개혁주의 조직신학 개요 1』, 207~10, 215. 217~20, 223, 224~26. 이근삼, 『개혁주의 조직신학 개요 2』, 148에서는 감사하게도 "나오심"이라고 하셨다.

그리고 "삼위일체의 밖으로의 사역은 분리되지 않는다"(opera trinitatis ad extra sunt indivisa)는 어거스틴의 말이 "잘못된 것으로 본다"고 하신 것도[74] 재고하심이 나은 줄로 안다. 후에 분명히, 예를 들어 "창조는 성부의 사역인 동시에 삼위의 공동사역이며"라고 말씀하시고,[75] "구원은 성자의 사역인 동시에 삼위의 공동사역이며"라고[76] 말씀하시며, "성령의 사역 역시 … 삼위일체의 공동사역"이라고 말씀하시기[77] 때문이다. 특히 후에 "삼위의 공동적 임재, 즉 삼위일체적 하나님의 역사"를 분명히 말하고 계시기[78] 때문이다.

또한 물세례가 동시에 성령 세례라고[79] 서철원 교수를 인용하시면서[80] 말씀하신 것은 재고하시는 것이 옳은 줄로 안다. 후에 사도행전 10:34~48을 언급하시면서 "여기서 성령 세례와 물 세례는 구별된다"고 하시기[81] 때문이고, 또 한 곳에서는 "세례 의식이 성령을 받는 도구적 원

---

74 이근삼,『개혁주의 조직신학 개요 1』, 209.

75 이근삼,『개혁주의 조직신학 개요 1』, 210, 또한 243~44도 보라.

76 이근삼,『개혁주의 조직신학 개요 1』, 211.

77 이근삼,『개혁주의 조직신학 개요 1』, 212. 또한 이근삼,『개혁주의 조직신학 개요 2』, 121. 123, 124, 148~49, 211, 216.『개혁주의 조직신학 개요 1』, 213에서는 이것이 다 하나로 잘 정리되어 제시되기도 한다.

78 이근삼,『개혁주의 조직신학 개요 2』, 153.

79 이근삼,『개혁주의 조직신학 개요 2』, 126. 안타깝게도 이런 진술은 167, 173, 175에도 나타난다.

80 서철원,『성령의 사역』(서울: 한국 로고스 연구원, 2001).

81 이근삼,『개혁주의 조직신학 개요 2』, 131~32.

인이 되는 것은 아니다"고[82] 명확히 말씀하시기 때문이다. 그러므로 후에 말씀하신 바와 같이 "물세례는 성령 세례의 나타나는 수단(顯現手段)이다"고 하시는 것이[83] 더 옳은 것이다.

II 칼빈주의 개념의 심화

그중에서 필자는 이근삼 박사님께서는 칼빈주의가 무엇인지를 말하고, 칼빈주의의 기본원리를 "하나님의 주권을 기본 원리로 한 사상 체계",[84] 즉 하나님 중심 사상이라고 제시하고,[85] 그 특성과 강조점을 제시하신 것이 가장 큰 기여를 한 것이라고 생각한다. 이것은 한국에서 칼빈주의의 특성과 강조점을 제시한 초기 시도의 하나이다.[86]

이근삼 박사님은 다음 다섯 가지를 칼빈주의의 특징으로 제시한다. 무엇보다 먼저 "칼빈주의 또는 개혁주의 전통에 대해서 말할 수 있는 가장 기본적이고 종합적인 특징은 하나님 중심(Theocratic)"이라고 하신다.[87]

---

82 이근삼, 『개혁주의 조직신학 개요 2』, 133, 168.

83 이근삼, 『개혁주의 조직신학 개요 2』, 167.

84 이근삼, 『칼빈과 칼빈주의』, 106.

85 이근삼, 『칼빈과 칼빈주의』, 103, 113~16.

86 이를 개혁신학으로 이해하면서 다른 사람들, 즉 프린스턴의 워필드, 웨스트민스터의 코넬리우스 반틸, John H. Leith, 한신의 이장식 교수, 칼빈신학교의 Fred H. Klooster의 개혁신학의 특성 추구와 비교한 오래 전의 논의로 이승구, "개혁신학의 독특성", 『개혁신학에의 한 탐구』(서울: 웨스트민스터 출판부, 1995), 91~135를, 그중에 이근삼 박사님의 논의에 대해서는 127~30을 보라.

87 이근삼, 『칼빈과 칼빈주의』, 113. 또한 103도 보라.

어떤 의미에서는 이것이 모든 기독교에서 진리이지만, "펠라기우스주의나 알미니안주의와 비교할 때, 칼빈주의자는 사람이 구속에서 주도적 역할을 취하지 않는다고 믿는다"고 정확히 말씀하신다.[88]

칼빈주의의 둘째 특성으로 이근삼 박사님은 하나님 말씀 중심을 언급하신다. 그래서 그는 "칼빈주의 신자들은 말씀의 백성"이라고 말씀하신다.[89] '오직 성경만으로'(sola scriptura) 라는 어귀가 종교 개혁 전체의 입장이지만 "성경이 특별한 우위를 차지하는 것은 개혁주의 전통에서이다"라고 하시면서,[90] 개혁파 신앙고백서들과 루터파 신앙고백서들을 비교하면 이것이 잘 나타난다고 하신다. 루터파의 「아우구스부르크 신앙고백서」(1530)에는 성경에 대한 것은 그저 하나님 말씀으로 전제하고 고백 없이 다른 논점들을 고백하고 있으나, 「제네바 신앙고백서」(1536)에서는 "먼저 우리는 우리의 신앙과 종교의 법칙으로서의 성경을 따르기를 원한다는 것을 선포한다"고 하면서 신앙고백을 하고 있고, 그 후의 「프랑스 신앙고백서」(1559), 「벨직신앙고백서」(1561), 「제2스위스 신앙고백서」(1566), 그리고 「웨스트민스터 신앙고백서」(1646) 등은 "모두 성경의 권위와 충족성을 강조하고 있다"고 하셨다.[91] 이 말을 루터파는 성경을 덜 중요시했다고 오해하면 안 되지만, 개혁파가 아주 의식적으로 성경 중심을 강조하고 있다는 것은 사실이고 항상 명확히 해야 한다.

좀 더 구체적으로는 핫지와 워필드 등의 축자적 영감설(verbal inspiration)

---

88   이근삼, 『칼빈과 칼빈주의』, 113~14.

89   이근삼, 『칼빈과 칼빈주의』, 117.

90   이근삼, 『칼빈과 칼빈주의』, 117.

91   이근삼, 『칼빈과 칼빈주의』, 117.

과 완전 영감설(plenary inspiration)을 언급하고,[92] 개혁주의 성경관의 특징으로 1) 말씀과 성령의 관계와 2) 언약 사상을 들고 있다.[93]

특히 언약은 개혁신학이 그토록 강조하는 성경을 바르게 해석하는 원리와 관련되어 있다고 하시면서 언약은 "구약과 신약의 관계와 구원 역사의 발전을 이해하는" 일에 특히 유용하다고 하신다.[94] 개혁신학에 있어서 "언약" 개념은 해석의 열쇠라는 것이다. "쯔빙글리는 언약 사상의 의의를 강조했고, 칼빈은 그것을 좀 더 발전시켰다"는[95] 진술은 매우 간단한 말이지만 언약신학사를 잘 이해한 터에서 나온 말이다. 또한 "구속사의 발전에 있어서 언약은 그 형식을 여러 가지로 달리 하지만 그 언약의 본질은 같은 것이다"라는 말도[96] 이근삼 박사님이 칼빈과 개혁신학의 언약 사상에 충실하셨는지를[97] 잘 드러내는 진술이다. 이렇게 "성경의 초점에 그리스도가 있음"을 말하면서 성경 전체에서 그리스도를 잘 찾아 드러내야

---

92   이근삼, 『칼빈과 칼빈주의』, 117. 그 내용에 대한 좀 더 구체적인 논구로는 박형룡, 『개혁교의학. 서론』(서울: 한국기독교 교육연구원, 1977); 박윤선, 『개혁주의 교리학』(서울: 영음사, 2003). 38~56; 박용규, 『한국장로교사상사』(서울: 총신대학교 출판부, 1992); 이승구, 『교리사』(수원: 합신대학원 출판부, 2023), 21장 등을 보라.

93   이근삼, 『칼빈과 칼빈주의』, 119.

94   이근삼, 『칼빈과 칼빈주의』, 121.

95   이근삼, 『칼빈과 칼빈주의』, 121. 언약 신학사에 대한 좀 더 자세한 논구로 이승구, 『교리사』, 22장과 그에 인용된 책들을 보라.

96   이근삼, 『칼빈과 칼빈주의』, 121.

97   칼빈의 『기독교 강요』 2권 10~11장을 중심으로 한 칼빈의 언약 이해에 대한 논의로 이승구, "John Calvin의 신구약 관계 이해에 대한 비판적 고찰", 『개혁신학에의 한 탐구』, 145~56, 특히 146에 인용된 『기독교 강요』 2권. 10장 2절의 말을 보라: "모든 조상들과 맺으신 언약은 그 실재와 본질에 있어서 우리와 맺으신 언약과 결코 다르지 않다. 그것은 전적으로 하나이고 동일한 것이다. 단지 그 시행에서 차이가 있을 뿐이다."

할 것을[98] 잘 드러내시면서도, "그렇기는 하나 성경의 유일한 의미로 예수 그리스도에게 너무도 좁게 초점을 맞추는 것은 비성경적인 그리스도 중심주의로 나갈 우려가 있다"고 잘못되게 좁은 접근을 하는 것을 경계하시기도 하다.[99] 이와 같이 이근삼 박사님은 칼빈주의는 성경 중심의 사상이라고 하시면서 동시에 그 내용에 있어서 개혁신학은 언약신학이라는 것을 잘 드러내셨다.

셋째로, 칼빈주의는 독특한 교회론을 가지고 있다고 하신다. 이근삼 박사님은 이 문제를 논의하시면서 독일의 시각에서 루터파 등 다른 교회와 비교하면서 논의하는 키엘대학교(Universität Kiel)의 교리사와 교회사 교수였던 페터 마인홀트(Peter Paul Emil Max Meinhold, 1907~1981)의 다음과 같은 말을 인용하여 드러내고 있다. "교회론에 있어서 개혁파 교회의 특이성을 아주 분명하다. 교회론은 루터파 교화보다 개혁파 교회에서 훨씬 더 현저한 역할을 한다. 그것은 개혁파 교회론이 교회의 규칙과 교회의 권징과 말씀과 성례의 교리까지를 포함하고 있다는 사실에서 나타난다."[100] 이 말

---

98 이근삼, 『칼빈과 칼빈주의』, 121. 이런 개혁파적 해석과 적용을 잘 구현한 예들로 다음 같은 책들을 언급할 수 있을 것이다. Edmund P. Clowney, *The Unfolding Mystery: Discovering Christian Old Testament* (Phillipsburg, N.J.: P & R Publishing, 1990, 2nd edition, 2013); 클라우니의 유작인 *Preaching Christ in All of Scripture* (Wheaton, IL: Crossway, 2003), 권명지, 신지현 옮김, 『성경 모든 본문에서 그리스도를 설교하라: 그리스도 중심 설교와 성경 읽기의 원리와 실제』, (서울: 도서출판 다함, 2023).

99 이근삼, 『칼빈과 칼빈주의』, 121. 이때 그는 아마도 ①참으로 모든 곳에서 그리스도를 찾으려는 루터파의 무리한 해석이나 ②지나치게 좁은 의미의 그리스도 중심적 해석이나 ③ 바르트 계통에서 나타나고 있는 그리스도 일원론의 문제점을 의식하시면서 말씀하시는 것이라고 생각된다. 이처럼 그의 논의는 함축적이고 모든 문제를 잘 의식하면서 논의하셨다.

100 Peter Meinhold, *Ökumenische Kirchenkunde: Lebensformen der Christenheit heute* (Stuttgart:

에 나타나 있듯이, 개혁파 교회는 교회법과 교회의 규칙(교회 질서)를 아주 중요시한다. 그런데 한국교회에서는 성도들은 물론이거니와 목사들도 "교회법과 규칙을 경시한다"고 한탄하신다.[101] 그러나 칼빈의 제네바로부터 개혁파 교회는 신앙고백과 교회법을 잘 제정하려 하였고, 그 결과 "교회가 주교의 자리를 대신했고, … 회중이 … 목사와 장로를 선출해서 말씀의 사역자와 함께 당회를 구성"했음을 말한다.[102]

장로직의 중요성을 강조하면서 "장로는 목사와 함께 교회의 영적 복지를 궁극적으로 책임"지는 것임을 말한다.[103] 또한 "집사의 직분은 또 다른 영역, 즉 재정과 복지와 유익, 다른말로는 봉사와 사랑에 있어서 없어서는 안 될 직분이다. … 집사의 직능을 바로 이해한다면 복음의 중심에 관계된 영적인 것이 곧 집사의 직능임을 알 수 있을 것이다"고 하신다.[104] 그러면서 직분에 대한 논의를 다음과 같이 마무리하신다. "예수 그리스도의 주권이 바로 강조된 곳에선 교권이 있을 수 없다. 그래서 그리스도의 지체 안에서 남의 위에 서려고 자리다툼을 하는 일은 없을 것이며, 오히려 종의 봉사가 될 것이다."[105]

또한 교회를 교회로 만드는 교회의 표지를 잘 언급하면서 "대부분의

Kreuz-Verlag, 1962), 354, 이근삼, 『칼빈과 칼빈주의』, 122에서 재인용.

101 이근삼, 『칼빈과 칼빈주의』, 122.

102 이근삼, 『칼빈과 칼빈주의』, 122~23.

103 이근삼, 『칼빈과 칼빈주의』, 123.

104 이근삼, 『칼빈과 칼빈주의』, 123.

105 이근삼, 『칼빈과 칼빈주의』, 123.

개혁주의 교회법에는 권징이 교회의 제3 표지가 되어 있다"고 하면서,[106] 칼빈이 루터와 같이 말씀과 성례만을 표지라고 하였으나[107] "권징이 건전한 교회에는 필수불가결하다는 것"을 강조했음도 밝히면서[108] 다음과 같이 칼빈을 인용하신다. "그리스도의 구원 교리가 교회의 영혼(anima ecclesi-ae)인 것처럼 권징도 교회의 힘줄(nervis)로 작용한다. 힘줄을 통해 몸의 지체들이 연결하고 자기 자리를 지킬 수 있다. 그러므로 권징을 제거하거나 반대하는 사람은 … 교회를 궁극적으로 와해시키는 데 분명히 일조할 것이다."[109]

이와 같이 권징을 필수적으로 생각한 칼빈은(비록 교회의 표지를 둘로 제시했지만) 부셔와 낙스 등과 같이[110] 또한 후대의 개혁신학자들 같이 권징을 교회의 3째 표지로 말하는 것과 같은 의미를 드러내셨다. 그런데 많은 분들이 권징의 진정한 목적을 생각하지 않고 "너무 성급히 냉혹하게 시행하는" 것의 문제점을 잘 지적하신다.[111] 본래 권징은 "그리스도의 존귀와 교회의 성결을 향상시키는 것 외에 다른 목적이 없는, 하나님의 말씀 선포의 절

---

106   이근삼,『칼빈과 칼빈주의』, 124.

107   Calvin, *Institutes*, 4. 1. 9.

108   이근삼,『칼빈과 칼빈주의』, 124.

109   Calvin, *Institutes*, 4. 12. 1. 이근삼,『칼빈과 칼빈주의』, 124에 있는 번역을 조정하였다. 특히 근육을 힘줄로 고쳤다.

110   이근삼,『칼빈과 칼빈주의』, 124에서 이를 지적하신다.

111   이근삼,『칼빈과 칼빈주의』, 124.

대 필요한 부분이었다"는 것을 강조하신다.[112] 말씀 선포와 권징의 관계성을 지적한 것은 매우 중요하고 큰 기여다. 그리고 권징의 실제적 유익을 말하시면서, "권징이 바로 시행되는 곳에서 죄인들이 바로 서게 되고 이단이 발붙이지 못하며 교회의 순결과 연합이 보존되며 하나님께서 영광을 받으신다"고 하신다.[113]

칼빈주의의 넷째 특징으로 이근삼 박사님은 "개혁주의 사상의 능동적이고 윤리적인 추진력"을 들고 있다.[114] 칼빈 자신과 개혁신학이 본래 진리를 잘 밝히는 것이 교회와 삶에 유용하다는 것을 잘 지적하고 있고, 개혁파가 성화를 강조하면서 율법의 제3의 용도를 강조한 것을 대표적인 예로 제시한다.[115] "구속받은 사람에게 율법은 신자의 신앙생활의 자극과 인도의 역할을 하는 것이다."[116] 그러나 이것이 율법주의나 도덕주의를 낳지 않도록 해야 함을 강조하고, 오히려 구속하심에 감사하여 "모든 생활 영역에서 하나님의 뜻에 순종하려는 마음"이 있어야 한다고 말한다.[117]

칼빈주의의 다섯째 특징으로 매우 폭넓은 인생관과 세계관을 말한

---

112 이근삼, 『칼빈과 칼빈주의』, 124. 이 때 벨파스트 바이블 컬리지(Belfast Bible College)의 학장이었던 R. N. Caswell, "Calvin and Church Discipline", in *John Calvin*, eds., Gervase E. Duffield et al. (Grand Rapids: Eerdmans, 1966), 211을 언급하신다. 카스웰은 벨파스트대학교에서 "The Theory and Practice of Calvin's Church Discipline" (Ph.D. Thesis, 1960)이라는 논문으로 박사학위를 취득하였다.

113 이근삼, 『칼빈과 칼빈주의』, 124~25.

114 이근삼, 『칼빈과 칼빈주의』, 125.

115 이근삼, 『칼빈과 칼빈주의』, 127.

116 이근삼, 『칼빈과 칼빈주의』, 127.

117 이근삼, 『칼빈과 칼빈주의』, 127.

다.[118] 루터파의 개인 영혼의 경건주의적 욕망, 웨슬리주의의 개인적 거룩과 비교할 때, 칼빈주의는 교회를 능가해 국가와 문화, 자연과 우주의 넓은 영역에서의 하나니 뜻의 구현을 추구한다고 하면서, 개혁주의 신학은 하나님 나라 신학(Kingdom Theology)이라고 하신다.[119] 개인적으로 나는 이것이 이근삼 박사님의 가장 큰 기여라고 판단한다. 16~17세기 청교도들과 19세기 말에서 20세기 초의 네덜란드 칼빈주의자들이 폭 넓은 개혁파 세계관을 말하는 것은 일반적으로 있던 일이지만,[120] 개혁신학을 하나님 나라 신학으로 제시한 것은 우리 나라에서 이것이 처음 있는 일이기 때문이다.[121] 이근삼 박사님은 "시공계를 초월하는 하나님 나라의 신학 – 이것은 개혁주의 신학의 대설계"라고 지칭하신다.[122]

그러므로 이근삼 박사님은 하나님 주권을 중심으로 하는 하나님 중심 신학, 성경의 중심을 따르는 언약 신학, 성경적 교회를 드러내는 신학, 구체적 삶을 지향하는 실천적인 신학. 그리고 인생과 세계 전체에 대해 조망하는 하나님 나라 신학을 칼빈주의로 제시한 것이다.

---

118 이근삼, 『칼빈과 칼빈주의』, 128.

119 이근삼, 『칼빈과 칼빈주의』, 128~29.

120 이 점을 말하는 이근삼, 『칼빈과 칼빈주의』, 129~31를 보라.

121 후에 하나님 나라 신학에 대한 제언으로 이승구, "종말신학의 프로레고메나: 하나님 나라 신학을 지향하며", 「성경과 신학」 13 (1993): 193~225 (이승구, 『개혁신학탐구』, 제1장에 재수록)을 보라.

122 이근삼, 『칼빈과 칼빈주의』, 131.

III 헨리 반틸의 『칼빈주의 문화관』 번역으로 미친 큰 기여

이근삼 교수님께서 이 책을 번역한 것은 단순히 한 책을 번역한 일로 여길 것이 아니다. 이 책의 번역은 한 작업으로 참으로 다양한 기여를 한 것이라고 할 수 있다. 손봉호 교수님께서 "박윤선 박사가 개혁주의 신학을 처음으로 한국에 도입한 분이라면 이근삼 박사는 그 개혁주의 신학을 문화영역에까지 확대하는데 공헌하셨다"고 하시면서 이 책의 번역은 한국 교회에 "큰 충격"을 준 것이라고 하신 일이 있는데,[123] 그것은 정확한 말이다.

우선 이 책의 저자인 헨리 반틸(Henry Reinder Van Til, 1906~1961)을 잠깐 생각해 보자.[124] 그 이름이 잘 보여 주듯이 그는 우리가 잘 아는 "케이스 (Kees)", 즉 코넬리우스 반틸(Cornelius Van Til, 1895~1978)의 조카다. 그래서 11살 차이나는 코넬리우스를 "엉클 께이스"(Uncle Kees)라고 불렀던 사람이다. 개혁파 가정에서 자란 그는 17세에 예수 그리스도를 인격적으로 참으로 믿는다고 고백을 하고, 당시 화란계 개혁파 교인들이 늘 그리하였고, 그의 삼촌이 그리했던 것처럼[125] 칼빈대학교와 칼빈신학교를 졸업하고, 삼촌과 같이 웨스트민스터 신학교(Th. M.)에서 공부하고, 화란계 미국인들이 그리하기 바란대로 화란에 가서 자유대학교에서 공부하고 다시 미국에 와

---

123 이근삼 전집 1권인 『칼빈과 칼빈주의』, 4권과 5권인 『개혁주의 조직신학 개요 1, 2』의 표지 뒷면에 실린 손봉호 교수님의 추천사 중에서.

124 그의 생애에 대한 정보는 그에 대한 추모의 글에서 나온 것이다. Cf. "Memorial: HENRY R. VAN TIL" (http://www.etsjets.org/files/JETS-PDFs/5/5-1/BETS_5-1_9-10_Memorials.pdf.).

125 코넬리우스 반틸의 생애에 대해서는 이승구, 『코넬리우스 반틸』 (서울: 살림, 2007), 12~41을 보라.

서 시키고 대학교에서 공부하였다. 1940년에 개혁파 목사로 임직한 그는 1940년에서 43년까지 워싱턴 주의 쑤마스(Sumas)에서 열심히 설교하는 목회를 하다가 군목으로 2차 대전에 참여하였고, 전후 1946년부터 칼빈 대학교에서 가르치기 시작했다.

박식하고 깊이 있고 명료한 가르침을 유명했던 그가 1961년 그의 연구실에서 갑자기 쓰러지자 칼빈 대학교와 관련된 모든 사람들은 그를 매우 아쉬워했다고 한다. 그의 삼촌인 코넬리우스 반틸보다 먼저 하늘의 부름을 받았으니 다들 그를 얼마나 아쉬워했겠는지 잘 알 수 있다.

그런데 헨리 반틸은 그저 연구실과 강의실에만 있던 사람이 아니었던 것 같다. 1955년에는 미국칼빈주의문화협회(the Calvinistic Culture Association of America)의 회장도 역임했다고 하니, 그는 지속적으로 문화 문제에 관심을 가지고 논의하며 활동했었고 1959년에 그의 주저가 『칼빈주의 문화관』으로 나온 것은 우연이 아니라고 할 수 있다.

이 책에서 헨리 반틸은 그리스도인은 참으로 이 세상 문화 속에서 참 신앙을 드러내는 문화적 활동을 해야 한다는 것을 명확히 할 뿐 아니라, 미국 상황 속에서 화란 신학자들인 아브라함 카이퍼(Abraham Kuyper, 1837~1920)와 끌라스 스킬더(Klass Schlder, 1890~1952)를 잘 소개하는 역할도 했다. 특히 스킬더의 책이 번역되어 있지 않던 당대에 헨리 반틸의 자세한 논의는 우리들로 하여금 카이퍼와 스킬더를 잘 비교할 수 있는 좋은 자료를 제공한 것이다. 오늘날도 화란어를 자유롭게 하는 사람들이 아니면 잘 하기 어려운 이 두 신학자의 문화 신학을 비교하는 작업을 이 책은 우리에게 잘 제시하는 것이다. 근자에 김재윤 교수님께서 두 분의 접근의 차이를 설명하는 책을 써 주시기도 했다.[126] 그러므로 김재윤 교수님의 책과 헨리 반틸의 책을 통해서 우리는 카이퍼와 스킬더와의 대화에로 들어가면 좋을 것이다.

이근삼 박사님께서 이 책을 번역하여 한 기여를 다음과 같이 말할 수 있을 것이다.

첫째로 칼빈주의는 그저 신학적인 것만이 아니고, 교회 안에서 활동하는 것에 한정되는 것이 아니고, 이 세상 속에서 적극적 문화적 사역을 해야 하는 것임을 아주 분명히 밝혀준 기여가 있다. 물론 칼빈이나 다른 칼빈주의자들을 글에서도 잘 나타나고 다른 책들에서도 칼빈주의는 문화적 활동을 아주 강조한다는 것을 밝히고 있으나, 이 주제만을 한 책에서 다룬 책은 드물기 때문이다. 이 책의 번역으로 이 박사님께서는 한국 개혁주의자들이 문화 영역에서 활발히 활동해야 한다는 것을 아주 분명히 천명하신 것이다.

둘째로 이 논의는 위해 칼빈의 견해를 잘 드러낸 것에 더하여 당대까지 상당수의 논의가 화란어로만 남아 있던 아브라함 카이퍼와 끌라스 스킬더의 논의를 잘 드러내 주신 것을 언급하지 않을 수 없다. 물론 이렇게 글을 쓰신 헨리 반틸에게 감사해야 할 것이지만, 이 책을 번역하여 당대에 대부분의 한국 사람들에게는 말로만 듣던 카이퍼의 스킬더의 구체적 논의의 내용이 어떠한 것을 잘 알게 하여 주셨다.

이 책의 논의에서도 잘 드러나지만 문화 문제에 대한 카이퍼와 스킬더의 논쟁은 기본적으로 "성경을 참으로 믿는 그리스도인들 안에서의 논

---

126 김재윤, 『기독교 문화관』(서울: SFC, 2015).

의"라고 할 수 있다. 이것을 잊어서는 안된다. 두 분 다 문화영역에서 활발하게 활동하는 것을 강조한다. 그 의미에 대해서만 의견의 차이가 있는 것이다.

스킬더도 문화의 근거를 창세기 1, 2장의 일반적 명령에서 찾고, 문화를 하나님의 세계섭리의 목적으로 규정한다.[127] 또한 문화의 의의와 가능성의 근거를 그리스도의 사역에서 찾고 있다. 심지어 그리스도 재림의 목적으로 문화를 총괄하고 완성하는 것이라고 한다.[128] 스킬더는 성경이 말하는 것에 충실할 때만 문화도 제대로 이해하고 관여할 수 있다고 한다.[129] 그런 입장에서 스킬더는 카이퍼가 말하는 영역 주권의 논의가 과연 성경이 말하는 것인지, 신자와 불신자가 같이하는 공동의 영역이 있는가를 의문시하면서, 그가 이 주장으로 유명해진 일반은총 개념을 부인하며 사용하지 않으려고 한다. 그러나 그도 카이퍼도 소위 문화적 활동을 강조하며, 오히려 스킬더는 그리스도인의 문화적 활동은 그리스도에게 순종해서 하는 하나님 나라적 활동이라고 강조한다

화란 교회 안에서는 이후의 논의가 그리 건강하게 진행되었다고 할 수 없다. 너무 철저한 카이퍼주의자들이 너무 지나치게 판단했고, 따라서 그에 대한 강한 반론이 나올 수밖에 없었다. 그리하여 국가 교회가 스킬더를 면직하고 결과적으로 교단이 나뉘어지는(1944년, "자유개혁교회" 또는 "해방파

---

127 Klaas Schilder, *Christus en cultuur* (1948, 2nd edition, 1953)에 근거한 이근삼, "그리스도와 문화" 서평 중에서 (『개혁주의 신학과 현대 신학』, 240).

128 Schilder, *Christus en cultuur*에 근거한 이근삼, "그리스도와 문화" 서평 중에서 (『개혁주의 신학과 현대 신학』, 240~41).

129 Schilder, *Christus en cultuur*에 근거한 이근삼, "그리스도와 문화" 서평 중에서 (『개혁주의 신학과 현대 신학』, 241).

개혁 교회"vrijgemaakt kerk의 형성) 결과도 나타났다. 그러나 사실 이것은 이 두 분의 논쟁 때문이기 보다는 결과적으로 보면 성경을 철저히 믿는가의 여부에 따른 결과였다고 할 수 있다. 카이퍼와 스킬더는 다 성경을 그대로 믿는 사람들이었다. 그러므로 화란 교회에서의 논쟁에 우리가 들어가서 그때 그곳에서 했던 논쟁을 여기서 다시 하려는 것은 무의미한 것이다.

그러므로 이 좋은 논의를 서로 대립하는 논쟁으로만 보지 말아야 한다. 화란에서는 복잡한 상황 가운데서 아주 심각한 논쟁이 되고, 이로 말미암아 교단 분열도 발생했다. 여기에는 사람들의 감정의 문제도 상당히 작용했었다. 그 논쟁을 한국 땅에서 재연하는 것은 지극히 어리석은 일이다. 지금 "하늘"에서 안식하고 있는 카이퍼와 스킬더는 그렇게 논쟁하지 않을 것임을 생각하면서, 카이퍼가 진정 말하려던 바와 스킬더가 진정 말하려던 바를 찾고, 카이퍼의 표현 가운데서 좀 안타까운 표현들을 찾아 버리고, 스킬더의 표현 중에서 좀 안타까운 표현을 찾아서 버리는 방식으로 우리의 공부를 진전시키는 것이 가장 바람직한 논의의 방법이 될 것이다.

이 책을 통해서 다시 한번 카이퍼와 스킬더에게 더 충실해 질 수 있었으면 한다. 그러나 우리들 가운데서 카이퍼주의자들과 스킬더주의자들의 대립적 투쟁이 나타나서는 안 될 것이다. 그것은 카이퍼나 스킬더가 원하는 것도 아니고, 이 책의 저자인 헨리 반틸이 원하는 것도 아니며, 역자이셨던 이근삼 박사님께서 원하는 것도 아니고, 더구나 우리 주님께서 원하시는 것은 더 더욱 아니기 때문이다. 우리는 카이퍼로부터 많은 것을 배워야 한다. 또한 스킬더로부터도 많은 것을 배워야 한다. 지금 하늘에서 두 분은 우리에게 같은 것을 제시하기 원할 것이기 때문이다. 부디 우리가 이 두 선생님에게 잘 배운 바를 활용해서 이 한국 땅에서 진정한 그리스도의 제자들로서 문화의 영역에서도 "그리스도께 순종하여"[130] 하나님 나라를 위해 문화를 진전시켜 가는 일에도 힘써야 한다.[131] 이근삼 박사님 자신도 개혁주의 신학의 문화 신학이 형성되어야 한다는 것을 역설하시면서, 루터의 윤리관과 소명관을 수용하고, 하나님 주권에 근거한 문화적 진취사상을 말하는 칼빈을 언급한 후에 카이퍼의 영역 주권 사상을 수용해야 한다고 하시고, 동시에 스킬더가 말하는 "문화의 열쇠는 그리스도"라는 점을 인정해야 한다고 말한다.[132]

또한 이에 근거해서 이근삼 박사님 자신도 나름대로 칼빈주의 문화관을 잘 제시하여 주셔서,[133] 우리의 기독교 문화 논의의 토대를 제시하셨다.

IV 칼빈주의 문화관 실천을 위해 기독교 대학 운동

칼빈주의 문화관에 철저한 사람, 또한 진정한 기독교 대학으로 시작한 자유 대학교의 졸업생으로서 이근삼 박사가 그런 이상을 우리나라에서도 실현하려고 노력하는 것은 자연스러운 일이었다. 그러므로 참된 기

---

130 스킬더의 강조점! 그러나 카이퍼도 이 점을 강조했던 것임을 잊어서는 안 된다. 그의 책 『왕을 위하여』 (Pro Rege!)를 참조해 보라.

131 책을 읽으시면 알게 되겠지만 이것은 스킬더의 강조점이다. 그러나 카이퍼가 과연 이 표현에 반대할 것인가를 깊이 생각해 보라.

132 이근삼, "21세기 한국 개혁주의 신학교육의 방향", 『개혁주의 신학과 현대 신학』, 322~30, 인용은 329에서 하였음을 밝힌다.

133 이근삼, 『칼빈과 칼빈주의』, 제5부 "칼빈주의와 문화", 22~60.

독교 대학교를 만들이 보려고 노력한 것, 특히 고신대학이 대학교가 될 수 있는 정황 속에 있을 때 적극적으로 대학교(university)를 만들어 참된 대학의 이상을 실현하기 위해 노력하는 일에 이근삼 박사님께서 애쓰신 것은 매우 당연한 일이었다. 그래서 다양한 학과가 설치되는 일에 있어서 적극적이셨고, 이 땅에 진정한 기독교 대학을 만들기 위해 애쓰셨다. 이것도 이근삼 박사님의 큰 기여였다고 할 수 있다.

나가면서

이제 그의 사역을 다 마치신 상황에서 이 큰 기여를 하신 이근삼 박사님의 기여를 개혁신학의 구체적 소개와 상세화, 칼빈주의 특성을 정확한 제시, 칼빈주의 문화관의 제시, 그리고 그 실현 노력으로 소개했다. 그중에서도 칼빈주의 문화관에 대한 강조와 하나님 나라 신학 제시의 비전을 이근삼 박사님의 가장 큰 기여라고 언급해야 할 것이다.

물론 인간에게 주어진 제한된 시간 때문에 개혁파 신학을 좀 더 상세히 제시하여 제시하고 논구하는 일은 후대에 넘겨졌고, 고신과 같은 신학을 공유하고 있는 신학교의 여러 교수님들이 지금 개혁신학을 좀 더 구체화하는 작업을 열심히 하고 있다고 할 수 있다. 이것은 계속해서 우리에게 주어진 과제다. 단지 하나님 중심과 성경 중심의 칼빈주의적 특성을 잃지 않도록 하는 일이 매우 중요한 요구로 주어져 있다고 할 수 있다.

또한 실천과 관련하여 개혁파 신학에 충실한 교회와 교단을 잘 드러내는 작업도 우리에게 남아 있는 큰 숙제이다. 이것은 개혁신학을 가진 모든 교단들과 그 교단들에 속한 교회들이 힘써 노력할 바이다. 그래서 성경이 말하는 교회의 참된 모습을 이 세상이 볼 수 있도록 해야 한다.

　마지막으로 21세기 한국 사회라는 상황 속에서 참된 기독교 대학교을 어떻게 해야 하는지의 과제가 우리에게 주어진 제일 어려운 과제라고 하지 않을 수 없다. 수도권이 아니면 대학교가 제대로 유지 될 수 없는 이런 상황 속에서 과연 부산에서 고신대학교가 대학교를 유지해야 하는가, 또한 어떻게 유지해야 하는가? 또한 고신대학교만이 아니라 한국 상황에서 도대체 진정한 기독교 대학교를 어떻게 해야 하느냐의 문제가 우리에게 주어진 과제다. 칼빈주의와 화란의 자유 대학교의 설립과 그 초창기를 생각하면 우리는 기독교 대학교를 포기해서는 안 된다. 그러나 자유대학교가 그저 형식적으로는 기독교 대학교의 틀을 가지고 있으나 모든 분과에서 철저한 기독교 대학교의 정신을 유지하지 못하고 있는 현실을 직시하면서, 심지어 신학부조차도 초창기 카이퍼나 바빙크의 철저한 개혁신학에 충실하지 않은 현실을 돌아보면서 우리는 어떻게 신학을 할 것인가, 신학부를 어떻게 운영할 것인가, 그리고 기독교 대학교를 어떻게 할 것인가 하는 이근삼 박사님께서 평생 묻고 대답했던 같은 질문을 이 어려워진 상황에서 다시 묻고 답해야 할 것이다.

　이근삼 박사님께서 남겨 놓은 과제는 그대로 우리들이 해야 할 일이다. 이 박사님 탄생 100주년을 기념하는 이 학회에서 우리들은 진지하게 이 질문들을 우리의 과제로 짊어지려고 해야 한다. 우리들은 이어져 가는 구속사 안에서 각자에게 주어진 일정한 기간을 섬기는 종들이기 때문이다.

　인간론을 마무리하시면서 이근삼 박사님께서는 "이제 우리의 할 일은 이 계시를 겸손하게 받아들여 그를[하나님을] 바로 알고 바로 섬기는 것이다. 이것이 인간의 최고선이요 자유이다"고 하셨다.[134] 이 말을 들을 때 예수님과 어거스틴과 칼빈과 코넬리우스 반틸과 박윤선 목사님 등 이근삼 박사님의 모든 스승들이 우리의 머리에 동시에 떠오르지 않는가? 바로 이것이 우리가 나갈 길이다.

---

134   이근삼, 『개혁주의 조직신학 개요 1』, 308.

5

이근삼 박사의 개혁신학 연구

교회의 성장과 세상의 변화라는
이중적 모토를 중심으로*

류길선

들어가는 말

한상동 목사를 이어 고신의 제2세대 지도자 가운데 한 사람이었던 이근삼은 1962~1994년까지 고신대학교와 고려신학대학원에서 교의학 교수를 역임했다.[2] 그의 지도자적 면모와 더불어 가장 주목할 만한 점은 이근삼이 개혁주의 신학에 대해 정통했다는 사실이다. 그의 작품들은 대부분 칼빈 신학과 칼빈주의에 관련되어 있는데, 특별히 『칼빈ㆍ칼빈주

---

* 이 글은 동일한 형태로 다음에 게재되었다. 류길선, "이근삼 박사의 개혁신학연구: 교회의 성장과 세상의 변화라는 이중적 모토를 중심으로", 「한국개혁신학」 81 (2024), 34~69.

1 양낙홍, "1960년대 장로교 '승동측'과 '고신측'의 합동이 재분리에 이른 과정", 「한국기독교와 역사」, 27 (2007), 158.

2 다음의 작품은 이근삼 박사의 교의학에 관해 잘 설명하고 있다. 이신열ㆍ우병훈, "고신의 교의학자들: 박윤선, 이근삼, 이환봉을 중심으로", 「고신신학」 18 (2016), 171~212.

의』,『개혁주의 신학과 교회』,『개혁주의 신앙과 문화』,『기독교의 기본
교리』,『기독교 윤리와 십계명』 등, 개혁주의 혹은 칼빈주의 신학을 한국
교회에 소개하는 작품들이 다수를 이룬다. 1967년에는 "칼빈과 설교"라
는 제목하에, 칼빈의 설교 생활, 설교 문체, 설교의 본질 등에 대한 글을
기고했다.[3] 1975년에 고신대학보에 실린 짧은 서평은 『칼빈의 유산』(The
Heritage of John Calvin)에 관한 글로, 칼빈 신학에 대한 그의 깊은 관심을 드러
낸다.[4] 1989년에는 로마교의 연옥교리를 개혁주의적 관점에서 비판하는
글을 썼다.[5] 1991년에 쓴 "칼빈의 유아세례론"은 유아세례에 대한 칼빈의
관점을 제시하고 성경적 근거를 제공함으로써 전통적인 칼빈주의적 유아
세례의 당위성을 주장했다.[6] 이 외에도 자신의 교의학에서 인용된 자료들
은 이근삼 박사가 대륙 및 영미의 개혁신학자들에 정통했음을 보여주며,[7]
그의 전집에 실린 대다수의 글들은 개혁주의 신학의 정의로부터 시작하
여, 신앙고백서, 교회와 교리교육, 개혁신앙과 현대사회, 한국교회의 개
혁신학적 정체성에 관한 내용들로 이루어져 있다.

　　주목할 만하게도, 개혁신학에 대한 이근삼의 관심은 교회의 성장과
세상의 변화라는 이중적 모토에 직결되어 있다. 그의 글들에는 개혁신학
과 교회의 관계가 유기적으로 연결되어 있음을 시사하는 내용들이 곧잘
발견된다. 그에 따르면, 개혁주의 신학은 "순수한 교리와 순결한 생활을

3　　이근삼, "칼빈과 설교",「개혁주의」 21(1967), 4~8.

4　　이근삼, "칼빈의 유산",「고신대학보」 (1975), 47~49.

5　　이근삼, "로마교의 연옥교리에 대한 개혁주의 비판",「고려신학보」 17 (1989), 11~27.

6　　이근삼, "칼빈의 유아세례론",「고려신학」 1 (1991), 135~148.

7　　이신열 · 우병훈, "고신의 교의학자들: 박윤선, 이근삼, 이환봉을 중심으로", 192, 202.

중시"한다. 개혁주의 신학은 "실제적이고 능동적"이며 "윤리의 참된 조화"를 이룬다.[8] 그는 다음과 같이 쓴다.

> 오늘 우리는 우리가 속하고 섬기는 교회의 부흥과 성장을 원한다. 그 진정한 부흥과 성장이 우리가 받은 신앙의 유산, 즉, 성경을 토대로 한 개혁주의 신앙의 유산을 통하여 일어나는 참된 부흥과 교회 성장이라야 한다. 고려파 교회는 그것으로 시작했고, 그것을 위하여 오늘까지 고군분투했다. 그러므로 주님 오시는 그날까지 그렇게 기도하고 그렇게 살아야 할 것이다.[9]

이근삼은 단순한 교리교육을 넘어서 교회 성장에 지대한 관심을 보였는데, 이는 교회의 본질이 교회의 성장과 결코 분리될 수 없다고 믿기 때문이다. 그는 다음과 같이 진술한다. "오늘날 성장하는 교회는 그 머리되신 그리스도에게 첫 자리를 드리고 그에게 귀를 기울이며 그의 지시에 따라야 한다. 만일 교회가 이렇게 주님의 교훈과 명령에 전적으로 따르기만 하면 질적, 양적 성장은 분명하고 또 그것이 성경적인 것이다."[10] 하나님의 영광을 목적하는 개혁주의 세계관에서 신학과 교회는 분리된 영역이 아니다. 오히려 개혁신학은 교회에 믿음의 교리를 제공하고, 교회는 그 개혁주의 교리가 삶으로 실현될 수 있도록 가르치는 교리 교육의 현장이다.

더 나아가 개혁신학은 세상의 변화를 창출한다. 이근삼은 세상의 소금과 빛의 사명을 다하기 위해서는, "교회 안에서만의 경건과 교육만으로

---

8   이근삼, 『개혁주의 교회와 목회(이근삼 전집3)』 (서울: 생명의양식, 2007), 152.

9   이근삼, 『개혁주의 교회와 목회(이근삼 전집3)』, 153.

10   이근삼, 『개혁주의 교회와 목회(이근삼 전집3)』, 155.

다 하는 것이 아니고 기독교적 원리에 입각한 학문을 연구하여 세상에 진출하여 복음의 빛을 비추어 주는 일을 감당해야 한다"고 강조한다.[11] 잘 알려진 바와 같이, 개혁신학 – 교회 – 세상의 유기적 관점은 칼빈주의 세계관의 전형적인 특징이다.[12] 하지만, 개혁신학이 교회와 세상에 대해 갖는 이근삼의 관점은 고신 교단에 개혁신학의 체계를 뿌리내리려 했던 자신만의 통찰을 드러낸다. 그가 주장하는 개혁주의 신학은 두 가지 모토, 즉 내부적으로는 교회의 성장을 도모하고 외부적으로는 사회의 변혁을 이끄는 데 초점이 맞추어져 있다.

이근삼이 한국교회에 남긴 개혁주의 유산의 중요성에도 불구하고, 지금까지 그의 저술들은 학문적 영역에서 거의 다루어지지 않았다. 이신열과 우병훈이 공동으로 쓴 논문에서 이근삼의 교의학 일부를 다룬 외에, 이근삼의 개혁신학의 주요한 핵심을 다룬 논문은 없다. 본고는 이근삼의 개혁신학이 교회의 성장과 세상의 변화라는 이중적 모토에 초점을 두고 있음을 증명한다. 이 작업을 위해 신학과 교회와 세상의 관계성이 두드러지게 나타나는 이근삼 박사의 전집 제1권, 제2권, 그리고 제3권의 내용을 중심으로 본문을 개진한다. 필자는 먼저, 이근삼이 말하는 개혁주의 신학의 정의를 살펴보며 시작한다. 그런 다음 신학과 교회의 관계를 조명함으

---

11   이근삼, 『개혁주의 신학과 한국교회(이근삼 전집2)』 (서울: 생명의양식, 2007), 392.

12   Abraham Kuyper, *Lectures on Calvinism* (Peabody, MA: Hendrickson Publishers, 2008); Herman Bavinck, 『기독교 세계관』, 김경필 역 (군포: 다함, 2020). 신칼빈주의의 유기적 세계관에 대해 다음의 논문을 참고하라. 류길선, "아브라함 카이퍼의 칼빈주의 세계관: 유기적 관점에서 본 은혜-자연-회복의 관계", 「개혁논총」, 54 (2020), 105~136; idem, "칼빈주의의 통일적 세계관에 대한 카이퍼와 바빙크의 연구 비교", 「한국개혁신학」, 69 (2021), 101~130. idem, "헤르만 바빙크의 일반은혜에 나타난 유기적 관점 이해: 미시적 원리로서의 은혜와 자연", 「한국개혁신학」, 76 (2022), 75~109.

로써, 교회의 교리 교육이 교회 성장과 밀접한 연관을 맺고 있음을 보여줄 것이다. 마지막으로 신학과 세상의 변화가 불가분의 관계에 놓여 있음을 증명하기 위해 기독교 세계관과 기독교의 학문이 세상의 변화에 얼마나 중요한 요소로 작용하고 있는지를 묘사할 것이다. 결론에서 이근삼의 개혁신학이 제공하는 통찰들을 요약하며 마무리한다.

I 개혁주의 신학의 정의: 의미와 특징

1 개혁주의 신학의 의미

이근삼에게 개혁주의 신학은 특정한 시대나 인물에 국한되는 것이 아니라, 초대교회로부터 종교개혁, 그리고 개혁파 정통주의를 거쳐 20세기에 이르기까지 개혁파 교회와 신학자들을 통해 발전한 기독교 사상체계를 의미한다. 그에 따르면 개혁주의 신학은 칼빈주의와 동의어로 쓰이기도 하고, 역사적 관점에서 펠라기우스주의 및 반펠라기우스주의에 반대하는 기독교 사상체계로서 어거스틴주의의 부흥으로 이해되기도 한다. 무엇보다 개혁주의 신학은 칼빈의 "성경 교리 사상 체계"로 시작하여 개혁파 신앙고백서 및 칼빈의 신학을 따르는 개혁파 신학자들에 저술들을 통해 발전되었다.[13] 이근삼은 개혁주의 신학이 어거스틴의 은혜론에 입각하여 방대한 개혁신학적 저술의 양대 산맥, 즉 개혁파 교회의 신앙고백서들과 개혁파 신학자들의 저술을 통해 발전했다고 본다.[14] 이러한 관점은

---

13   이근삼, 『개혁주의 교회와 목회(이근삼 전집3)』, 14.

14   이근삼, 『개혁주의 교회와 목회(이근삼 전집3)』, 14~16.

아브라함 카이퍼와 벤자민 B. 워필드의 견해와 유사하다. 먼저 두 학자 모두에게 개혁주의는 칼빈주의와 동일시된다. 카이퍼는 칼빈주의를 학문적 의미로 이해해야 할 것을 강조하며 역사에 토대를 두고 발생한 이동과 발전을 강조한다.[15] 워필드 역시 칼빈주의를 개혁신학의 교리체계임을 주장한다.[16]

이러한 유사성에도 불구하고 카이퍼, 워필드, 그리고 이근삼의 관점에는 미세한 차이점이 발견된다. 카이퍼는 개혁주의라는 용어보다 칼빈주의라는 단어를 선호하고, 칼빈주의에 대해 정의할 때, 포괄성을 강조하기 위해 유기적 개념을 강조한다. 예컨대, 칼빈주의는 종교개혁의 역사로 시작하여 칼빈의 영향을 받은 교리 체계를 가리키는데, 이러한 교리체계에 가까운 것은 순수한 형태의 칼빈주의가 되며, 반대로 멀리 떨어져 있는 것일수록 덜 순수한 형태의 칼빈주의에 속한다.[17] 칼빈주의 가운데 일어나는 이동과 발전과정에서 나타나는 "이탈은 중심으로부터 주변으로 흘러가는 유기적 활동의 과정"이다.[18] 유사하게 워필드 역시 칼빈주의라는 용어 사용에 대한 선호, 칼빈주의의 순수성에 대한 강조, 타 개신교 사상들과의 관계에 대한 유기적 관점을 주장한다.[19] 하지만 워필드는 카이

---

15   Abraham Kuyper, *Lectures on Calvinism*, 5~6.

16   Benjamin B. Warfield, *Selected shorter writings of Benjamin B. Warfield: Professor of Didactic and Polemic Theology Princeton Theological Seminary 1887~1921*, ed. John Edward Meeter (Nutley, N.J. : Presbyterian and Reformed Pub. Co., 1970), 2:411.

17   Kuyper, *Lectures on Calvinism*, 7

18   류길선, "아브라함 카이퍼의 칼빈주의 세계관: 유기적 관점에서 본 은혜-자연-회복의 관계", 113.

19   Benjamin B. Warfield, *The Works of Benjamin B. Warfield. Volume 5: Calvin and Calvinism*

퍼와는 다르게 칼빈주의의 강조점을 통일적 세계관보다는 개혁파 교회의 교리 체계 자체에 두려는 경향을 보인다.[20] 두 신학자 모두 칼빈주의를 칼빈의 영향 아래에서의 개혁신학의 교리체계를 의미하는 반면, 카이퍼는 세계관적 의미에서의 통일성을 강조하고, 워필드는 교리 체계 자체의 성경적 원리에 초점을 맞춘다.

이근삼이 말하는 개혁주의 신학의 의미는 카이퍼의 관점보다는 워필드가 제시한 칼빈주의의 정의에 가깝다.[21] 위에서 살펴본 것처럼, 이근삼은 개혁주의 신학을 칼빈주의 세계관이라기 보다는 성경 교리 사상 체계와 결부시킨다. 그렇다면 이근삼은 칼빈주의를 어떻게 이해하고 있는가? 그는 다음과 같이 진술한다.

칼빈주의는 주로 신관과 하나님과 인간에 대한 관계를 특별히 취급한 포괄적 신학 체계를 말한다. 이 체계의 명칭 "칼빈주의"는 칼빈의 이름에서 따온 것이다. 그 이유는 칼빈이 이 체계를 종합하여 포괄적으로 또한 성경적으로 해석했기 때문이며, 어떤 특수인의 이름을 가지는 것이 그렇게 바람직한 것은 못되지만 칼빈이 성경적 사상 체계를 잘 세웠기 때문이다. 칼빈주의의 강조점은 성경에 "이는 만물이 주에게서 나오고 주로 말미암아 주에게로 돌아감이라 영

(Grand Rapids: Baker Book House Company, reprinted 1981), 356.

20 다음을 보라. 류길선, "개혁주의 유산으로서의 칼빈주의 개념 고찰: 벤자민 B. 워필드의 칼빈주의 이해를 중심으로", 「역사신학논총」, 39(2021), 137~175.

21 이근삼이 칼빈주의를 정의하면서 카이퍼가 아니라 워필드의 말을 대거 인용하는 것은 결코 우연이 아니다. 그는 칼빈주의자들의 기도의 중요성에 대한 워필드의 말을 대거 인용한 후, 칼빈의 체계화 능력을 치하하는데, 그 내용이 워필드의 주장과 동일하다. 이근삼, 『칼빈과 칼빈주의(이근삼 전집1)』 (서울: 생명의양식, 2007), 98~100.

광이 그에게 세세에 있으리로다"(롬11:36)고 하였는데 이것은 칼빈주의의 근본 원리를 말해 주며 또 칼빈주의가 하나님의 교리를 근본적으로 취급하고 있음을 잘 알 수 있다.[22]

칼빈이 제시한 교리 체계가 중요한 이유는 그것이 다름 아닌 성경 위에 세워져 있기 때문이다. 이를 고려할 때, 이근삼이 칼빈의 위대함을 높이 평가하면서도 칼빈주의의 초석이 칼빈이 아니라 성경에 있음을 강조하는 것은 놀라운 일이 아니다. 그는 다음과 같이 쓴다.

> 그런데 이 칼빈주의 체계를 칼빈의 종교 철학으로만 생각하는 것은 큰 잘못이다. 칼빈주의자들은 자신을 칼빈 한 개인의 추종자로 생각지 않는다. 오히려 칼빈과 칼빈주의자들은 자신들을 성경적 의미에서 참 기독자로 생각하는 것이다. 그들은 모든 인간의 철학을 배격하고 성경이 가르치는 위대한 신관과 신과 인간과의 관계를 발견하고 선포하기를 원한다. 칼빈은 이와 같은 성경의 해석을 체계적으로 하였기 때문에 모든 세대에 하나님의 영광을 위해서 가장 큰 영향을 끼친 것이다.[23]

칼빈의 탁월함은 성경의 교리를 체계화시켰다는 데 있다. 칼빈은 "성경의 기본 교리들을 하나의 통일된 전체로 연합"시킴으로써, 신자들이 "신앙의 중심교리들을 동일시" 할 수 있도록 도왔다. 이 주장 역시 워필드의 표현에서 가져온 것이 분명하다. 워필드는 칼빈의 성경적 방법의 중요

---

22   이근삼, 『칼빈과 칼빈주의(이근삼 전집1)』, 98.
23   이근삼, 『칼빈과 칼빈주의(이근삼 전집1)』, 99.

성을 언급하면서 칼빈의 천재성이 『기독교 강요』의 구성과 체계에 있다고 주장했다. 칼빈이 신학자로서 엄청난 영향을 끼칠 수 있었던 것은 성경의 가르침을 체계화하는 능력에 있었다.[24]

워필드와 이근삼의 유사성은 그들 사이에 전혀 차이점이 없음을 의미하지 않는다. 이근삼은 개혁주의 신학과 칼빈주의의 개념들을 좀 더 분명하게 구분하고자는 모습이 엿보인다. 그는 칼빈주의에 대한 헨리 미터(Henry Meeter)의 견해를 따르며, "칼빈주의는 신학이 아니고, 정치, 사회, 과학, 그리고 예술에 대한 견해를 포함하는 전체포괄적인 사상체계"라는 주장에 동의한다. 그에 따르면 칼빈주의는 개혁주의와 거의 동의어로 사용되었으며, 칼빈주의는 "칼빈의 성경이해에서 오는 세계관" 즉, "성경적 세계관"을 의미한다.[25]

요약하면, 개혁주의 또는 칼빈주의에 대한 카이퍼, 워필드, 이근삼의 관점들로부터 이근삼의 개혁주의 신학의 의미가 성경교리 체계와 깊은 연관성을 가지고 있음이 분명해진다. 더 나아가 이근삼은 개혁주의와 칼빈주의를 유사한 의미로 간주하는 한편, 완전히 동일한 강조점을 두어 표현하지는 않는다. '개혁주의 신학'을 말할 때에는 신학의 내용적인 측면, 즉 개혁주의 신학의 요체가 교회의 신앙고백서들과 개혁신학자들의 저술들에 있음을 강조한다. 다른 한편, 칼빈주의를 말할 때 이근삼은 성경에 기초한 해석학적 원리, 즉 누구든지 성경이 멈추는 곳에서 멈추고, 성경이 말하는 것을 말하며, 침묵하는 곳에서 침묵하는 성경 해석학적 원리에 따

---

24 Warfield, "John Calvin: The Man and His Work", *Calvin and Calvinism*, 5~21.

25 이근삼, 『개혁주의 신학과 한국교회(이근삼 전집2)』, 281.

른 주요 교리에 가치를 두어야 한다고 말한다.[26] 쉽게 말해, 성경에 가치를 둔 세계관 정도로 이해된다. 엄밀한 의미에서 개혁주의 신학은 성경적 교리 체계를, 칼빈주의는 성경적 세계관을 각각 의미한다고 볼 수 있다.

2 개혁주의 신학의 특징: 하나님 중심 신학

이근삼의 개혁주의 신학적 특징은 하나님 중심 신학이다. 그는 이 특징을 크게 세 가지 논의를 통해 설명한다. 개혁주의 신학의 특징은 예정론, 아르미니우스주의와의 비교, 그리고 루터파와의 비교를 통해 드러내는데 그 논증 내용은 매우 간단하다. 예정론은 개혁주의의 근본 요소이기는 하나, 논리적인 결과에 해당할 뿐, "하나님의 중심" 사상을 포괄하는 교리는 아니다. 도르트 총회에서 논의된 아르미니우스주의의 5대조항에 맞선 소위 칼빈주의 5대교리는 하나님의 영광 교리에 대한 "심적 태도의 발로"이다. 이러한 의미에서, 5대 교리의 가장 특징적인 원리는 예정과 선택 교리보다는 불가항력적 은혜 교리에 있다. 왜냐하면 개혁신학은 근본적으로 "은혜의 신학"이기 때문이다. 하나님의 은혜는 "하나님의 절대적 주권"에 기초하고, 이것을 고백하는 자들은 모두 "개혁주의자들"이다.[27] 개혁주의 신학의 특징은 루터파와의 비교를 통해서도 분명히 드러난다. 이근삼에 따르면, 루터파는 이신칭의를 주장하나, 개인의 믿음으로 하나님과의 평화를 찾는데서 시작하고 거기에서 머물고 만다. 하지만 개혁주의는 칭의의 기원에까지 거슬러 올라가, 믿음의 기원을 하나님의 값없는 은혜에서 찾고, 그 믿음의 결과로서 "하나님의 영광을 찬양"하는데로 확

26　이근삼, 『칼빈과 칼빈주의(이근삼 전집1)』, 100.

27　이근삼, 『개혁주의 교회와 목회(이근삼 전집3)』, 16.

장시킨다.[28]

이근삼은 이와 같은 개혁주의의 근본 사상을 세 가지 전제를 통해 설명한다. 첫째, 개혁주의 근본 원리는 '객관적' 의미에서, "기독교 유신론"이다. 유신론은 "모든 사건에 역사하는 하나님의 뜻만이 만물의 궁극적 원인됨을 인식하는 목적론적 관점"을 지향한다. 둘째, '주관적' 관점에서 개혁주의는 가장 순수하고 고상한 종교다. 그 이유는 종교적으로 볼 때, 하나님에 대한 절대적 의존의 태도가 말과 행동과 기도, 더 나아가 생활 및 실천(지적, 감정적 실천)의 모든 활동을 통해 이루어지기 때문이다. 마지막으로, 개혁주의 사상은 '구원론적 의미'에서 복음주의이다. 죄에서 구속받은 영혼이 하나님만을 "의지하고 쉼을" 얻으며, 자신을 의지하지 않고 오직 "하나님의 은혜에만 자신을 맡"긴다. 그러므로, "개혁주의는 순수한 유신론, 순수한 종교, 순수한 복음주의로서 순수하지 못한 유신론, 순수하지 못한 종교, 순수하지 못한 복음주의에 반대한다."[29]

예정론, 아르미니우스주의, 루터파와의 비교, 그리고 칼빈주의에 대한 세 가지 전제에 대한 이근삼의 논의는 워필드의 논증 방식과 거의 유사하다. 워필드 역시, 칼빈주의의 특징들을 논할 때, 이러한 주제들을 다룬다. 워필드에 따르면, 예정론은 칼빈주의의 논리적 귀결들 가운데 하나다.[30] 또한 워필드는 칼빈주의와 아르미니우스주의를 비교하면서, 아르미니우스주의에는 하나님의 선택과 은혜의 개념이 없음을 지적한다. 워필드는 다음과 같이 쓴다.

---

28   이근삼, 『개혁주의 교회와 목회(이근삼 전집3)』, 17.

29   이근삼, 『개혁주의 교회와 목회(이근삼 전집3)』, 17~18.

30   Warfield, *Calvin and Calvinism*, 357.

하나님께서 단지 인간의 신앙과 인내에 대한 예지에만 근거하여 인간 구원에 관한 계획이나 뜻을 세웠다고 말하는 것은 하나님께 서 인간 구원에 관하여 아무런 뜻이나 계획이 없다고 말하는 것과 실제로 다를 바가 없다. 이들이 말하는 선택에서 하나님은 인간에 관하여 어떤 결정도 내리지 못하시며, 인간에게 어떤 은혜도 내려 주지 못하시며, 인간에게 어떤 일도 보장하여 주시지 못한다. 이런 의미에서 선택이라는 말을 사용한다면 문제는 더욱 혼동속으로 빠져들 수밖에 없다.[31]

아르미니우스주의에는 진정한 의미에서의 선택 개념이 없고, 따라서 하나님의 은혜를 설명하는 데 실패한다. 이신칭의에 대한 이근삼의 설명 역시 워필드의 논지와 같다. 워필드에 의하면 루터파는 구원을 얻기 위해 무엇을 해야 하는지에 대해 질문하지만, 하나님이 어떻게 영광을 받으실 수 있느냐는 질문은 칼빈주의의 핵심이라고 주장한다.[32] 더 나아가, 개혁주의 신학의 세 가지 전제에 대한 이근삼의 설명 역시 워필드의 주장을 따른다. 워필드는 "칼빈주의에 대한 오늘날의 태도"라는 작품에서 칼빈주의를 세 가지 명제, 즉 "유신론", "경건", 그리고 "순수한 복음"으로 묘사한다.[33]

위에서 논의한 개혁주의 신학의 의미와 특징으로부터 이근삼의 개혁

31 Benjamin B. Warfield, 『칼빈 · 루터 · 어거스틴』, 한국칼빈주의연구원 편역 (서울: 기독교문화협회, 1986), 72.

32 Warfield, *Calvin and Calvinism*, 358.

33 Benjamin B. Warfield, *Calvin as a Theologian and Calvinism Today by Benjamin B. Warfield* (Ludgate Hill, London: Sovereign Grace Union, 1951), 21~23.

주의 신학은 크게 세 가지 특징을 드러낸다. 첫째, 이근삼은 개혁주의를 카이퍼와 워필드의 칼빈주의 개념과 동일한 의미로 사용한다. 둘째, 이근삼은 카이퍼와 워필드와 비교해 볼 때, 개혁주의 신학과 칼빈주의 라는 용어들을 구분하는 경향이 있다. 개혁주의 신학은 성경적 교리 체계를, 칼빈주의는 성경적 세계관을 각각 의미한다. 마지막으로 개혁주의 신학의 의미와 특징에 대한 이근삼의 설명은 카이퍼 보다는 워필드의 칼빈주의 개념에 의존하고 있다. 이는 이근삼의 개혁주의 신학이 카이퍼의 것보다 더 포괄적인 성격을 띄고 있음을 의미한다. 칼빈주의에 대한 카이퍼와 워필드의 관점이 유사할지라도, 워필드의 설명이 카이퍼의 논의보다 더 포괄적인 입장을 취한다는 사실은 간과하지 말아야 한다. 워필드는 포괄적인 세계관으로서의 칼빈주의를 카이퍼 만큼 상세하게 논의하지 않지만, 그의 개혁교회의 교리체계로서의 칼빈주의 개념은 포괄적인 세계관을 내포하고 있다.[34] 이근삼은 개혁신학 총서의 일환으로『칼빈과 칼빈주의』라는 책을 출간했는데, 이 책의 제목이 워필드가 쓴 Calvin and Calvinism 과 동일한 것은 결코 우연이 아닐 것이다.

II 개혁신학과 교회의 관계

1 신앙고백의 중요성: 하나님 중심의 교회

하나님 중심 신학은 교회의 신앙고백에 대한 이근삼의 관점을 이해

---

34   류길선, "개혁주의 유산으로서의 칼빈주의 개념 고찰", 157.

하는 데 매우 중요한 역할을 한다. 이근삼에 따르면, 개혁주의 교리들은 개혁교회의 전통적 특수성을 갖는데, 그 특수성은 다섯 가지이다. 먼저, 개혁주의 교회는 하나님의 절대적 주권을 추구하는 "하나님 중심의 교회"이다. 개혁주의 교회는 "인간의 신앙과 회개, 구원과 선행"의 근거를 인간이 아닌, 오직 하나님의 기뻐하시는 뜻에 따른 하나님의 "선하심"과 "은혜"에서 찾는다. 이것은 인간의 책임과 행동을 부정하거나 불필요한 것으로 간주한다는 말이 아니라, 삼위일체 하나님의 "주권적 은혜"를 강조하는 데 초점이 맞추어져 있다.

두 번째 개혁주의 교회의 특수성은 "말씀 중심의 교회"으로서 "오직 성경"이라는 원리를 전면에 내세운다. 루터파 교회가 '오직 믿음'을 강조한다면, 개혁주의 교회는 성경의 권위에 더 많은 관심을 기울인다. 예컨대, 루터파의 아우구스부르그 신앙고백서에는 성경에 관한 진술이 초반에 나타나지 않는 반면, 개혁주의 신앙고백서들에는 "성경의 권위와 충족성에 대한 논의가" 가장 먼저 강조된다.[35] 셋째, 개혁주의 교회는 특별한 정치체도를 갖는다. 그리스도는 교회의 머리이고 모든 신자는 그리스도의 몸의 지체이므로, 모든 성도들에게 봉사 사역의 의무가 주어진다. 직분자들은 선출의 방식에 의해 세워지고, 권징의 정당한 시행은 "교회의 근육으로 봉사한다."[36] 중요한 사실은 이러한 개혁주의 교회의 정치제도

---

[35] 이근삼, 『개혁주의 교회와 목회(이근삼 전집3)』, 151. 실제로 아우구스부르그 신앙고백서에는 성경에 과한 진술이 초반에 나타나지 않는 것만이 아니라, 성경본문들을 인용하거나, 복음 또는 복음의 가르침이라는 단어를 즐겨 사용할 뿐, 성경이라는 주제를 별도로 다루지 않는다.

[36] 칼빈은 『기독교 강요』 4권 12장에서 권징을 힘줄(nervus)에 비유하며, 권징을 폐하는 것은 교회를 와해시키는 결과를 가져올 것이라 경고한 바 있다. John Calvin, *Institutes of the*

역시 하나님 중심 교리의 원리를 따른다는 점이다. "교회 권징이 바로 시행되는 곳에서 죄인들이 바로 서게 되고, 이단이 발붙이지 못하여 교회의 순결과 참된 연합이 이루어지고 하나님께 영광이 된다."[37]

넷째, 개혁주의 교회는 "순수한 교리와 순결한 생활을 중시한다." 이 근삼에 따르면, 개혁주의 교회는 "실제적이고 능동적이고 윤리의 참된 조화"에 초점을 맞춘다. 루터 교회는 "칭의"를 강조하는 반면 개혁주의 교회는 "성화와 윤리"를 강조한다. 개혁주의 교회에서 율법은 신앙생활에 자극을 주고 신자를 인도한다.[38] 다시 말해, 개혁주의 교회는 신학과 삶의 조화를 추구한다. 이근삼은 한국장로교회의 신학적 특성을 논하는 곳에서도 개혁주의 신학의 특징들을 "하나님 중심의 신학", "성경의 신학", "거룩한 공교회의 신학", "예정교리", "창조주와 피조물간의 구별", "실제적 학문", "지혜로서의 신학" 등으로 제시한다. 이 가운데 마지막 특징인 "지혜로서의 신학"에서 신학과 개인생활의 연관성을 다음과 같이 묘사한다.

신학은 다른 어떤 과학적 지식보다도 훨씬 더 개인생활에서의 하나님의 임재의 확실한 경험을 가진 마음의 비판적 반응과 순종 생활의 공동 작용에서 성

Christian Religion, ed. John T. McNeill, tr. Ford Lewis Battles (Philadelphia: Westminster Press, 1960), 4.12.1. 이근삼이 사용한 단어 근육은 라틴어 원어상 근육을 잇는 힘줄을 의미한다. 이전의 『기독교 강요』 한국어 번역본들은 대체로 힘줄을 근육으로 번역하였는데, 최근 문병호는 nervus를 힘줄로 올바르게 번역한다. John Calvin, *Institutes of the Christian Religion*, 『기독교 강요』, 문병호 역 (서울: 생명의말씀사, 2020), 4.12.1. 이 단어의 용례를 위해 다음을 참고하라. D. P. Simpson, *Cassell's Latin-English Dictionary* (New York, NY: Macmillan Publishing Company, 1987), 147.

37   이근삼, 『개혁주의 교회와 목회(이근삼 전집3)』, 152.

38   이근삼, 『개혁주의 교회와 목회(이근삼 전집3)』, 152.

장한 것이다. 하나님의 현존을 깊이 의식하고 살며 경험한 사람은 하나님을 연구하고 심지어 성경에서 연구하여 알았지만 하나님의 현존을 경험하지 않은 사람보다 하나님의 실재에 대한 더 훌륭한 판단을 하는 사람이다.[39]

신학은 하나님의 현존을 의식하고 하나님에 대한 확실한 경험을 가지도록 만든다. 그리하여 성도의 신앙생활을 격려하고 선행을 창출한다. 교리에 따른 순결한 "선행은 감사의 윤리"에서 나온다.[40]

마지막으로, 개혁주의 교회의 신자는 "큰 안목의 인생관과 세계관을 가진다."[41] 루터파와 웨슬레파는 각각 개인의 구원과 개인의 거룩을 강조하는 반면, 개혁주의는 하나님의 뜻과 영광을 강조한다. 그로 인하여 개혁주의자들은 하나님의 뜻이 교리뿐 아니라 인간 생활 전체를 지배해야 한다고 주장한다.[42] 이 다섯 번째 특징은 카이퍼가 주장하는 칼빈주의 세계관과 같다. 카이퍼는 루터의 이신칭의를 개인 구원의 주관적인 측면에서만 이해한 것을 간주하고, 칼빈주의 세계관의 출발점을 하나님의 주권에서 찾는다.[43] 알리스터 맥그레스가 잘 지적한 것처럼, 루터파와 개혁파의 근본적인 차이점은 칼빈주의가 하나님의 주권 교리를 통해 포괄적인

39   이근삼, 『개혁주의 신학과 한국교회(이근삼 전집2)』, 128.

40   이근삼, 『개혁주의 교회와 목회(이근삼 전집3)』, 152.

41   이근삼, 『개혁주의 교회와 목회(이근삼 전집3)』, 152.

42   이근삼, 『개혁주의 교회와 목회(이근삼 전집3)』, 152~53.

43   Kuyper, *Lectures on Calvinism*, 13. 헤슬렘(Heslam)에 따르면 카이퍼는 하나님의 주권 교리를 칼빈주의 세계관의 근본 원리로 삼는다. Peter S. Heslam, *Creating A Christian Worldview: Abraham Kuyper's Lectures on Calvinism* (Grand Rapids: The Paternoster Press, 1998), 114.

삶의 체계를 설명하려 했다는 점에 있다.[44]

위에서 언급한 다섯 가지 특수성들은 따로 분리되어 있는 것이 아니라, 첫 번째 특수성인 하나님 중심 교리에 연관된다. 비록 이근삼은 개혁주의 교회의 다섯가지 특수성의 연관성에 대해 언급하지 않지만, 하나님 중심의 교회라는 특수성이 교회 생활의 근본 원리를 제공하고, 그 위에 성경, 교회 정치, 권징, 그리고 성도의 생활이 교회생활의 뼈대를 이루고 있다. 이근삼은 신앙고백에 관한 글에서, '교회적 측면'에 대해 언급하기를, "교회는 모든 시대의 모든 성도들과 함께 삼위일체 하나님을 믿는 신앙을 고백한다"고 강조한다. 그는 에드먼드 쉬링크의 말을 인용하면서, "모든 성경과 모든 교회는 신앙고백으로 다 함께 속한다. 신앙고백의 작성자와 서명자들이 전체 교회로서 고백하기를 원한다. 신앙고백은 전체 교회의 소리인 것"이라고 말한다.[45] 교회적 측면에서 신앙고백은 "만국 만대의 교회의 근본적 통일에 기초하고 있으니 모든 개인주의를 파하는 반석"이다.[46] 여기에서 언급된 신앙고백은 넓은 의미에서 개혁주의 교회가 견지하는 모든 신앙고백을 포함하지만, 문맥상 삼위일체 하나님의 교리에 대한 신앙고백을 전제한다. 이근삼은 개혁주의 신학의 특징을 다루는 또 다른 글에서, 개혁주의 신학의 가장 중요한 주제는 하나님 중심의 신학이라고 천명한다. "개혁주의에서 이해한 신학의 중심적 주제는 인간이 아니라 삼위일체 신, 즉 만물의 창조주시며 예수 그리스도 안에서 자

---

44   Alister E. McGrath, *Reformation Thought: An Introduction* (Oxford, UK; Cambridge, USA: Wiley-Blackwell, 2012, 4th ed.), 6~8.

45   이근삼, 『개혁주의 교회와 목회(이근삼 전집3)』, 94.

46   이근삼, 『개혁주의 교회와 목회(이근삼 전집3)』, 94.

신을 나타내시는 하나님, 성령으로써 주가 되시며 생명을 주시고, 선지자들을 통하여 말씀하시는 하나님이시다."[47] 하나님의 주권교리에서 시작하여 성도의 생활에 이르기까지의 모든 신학 혹은 교리는 교회의 신앙고백 위에 서 있다.[48]

2 교회의 본질에 기초한 교회 성장

이근삼의 개혁주의 신학이 워필드와 카이퍼의 칼빈주의와 유사하다는 사실은 그들 사이에 어떤 차이점도 없다는 것을 의미하지 않는다. 그들 모두에게 개혁주의 신학은 교회의 신앙고백 위에 서 있지만, 이근삼은 한걸음 더 나아가 개혁주의 신학을 교회의 성장과 연결시킨다. 이 점은 개혁주의 신학에 대한 카이퍼와 워필드의 관점으로부터 이근삼의 신학을 차별화한다. 이근삼은 당대에 교회성장에 대한 왜곡된 관점을 지적하고, 교회 성장에 대해 깊은 관심을 가졌다. 중요한 사실은 교회의 부흥과 성장은 외적이며 표면적인 것이 아니라 교회의 본질에 입각해야 한다는 점이다. 그에 따르면 교회의 본질적인 성장의 원리는 여섯 가지 성경적 표현, '그리스도의 몸', '하나님의 집', '그리스도의 신부', '하나님의 양떼',

---

47 이근삼,『개혁주의 신학과 한국교회(이근삼 전집2)』129.

48 이근삼은 성경과 신앙고백의 신적 권위에 대해 다루면서, 신앙고백의 권위가 성경의 신적 권위에 깊이 연관되어 있음을 강조한다. 신앙고백의 형성은, "시기가 성숙되어야 하고, 교회가 청청해야 하고, 성령께서 사람을 준비시켜 성경말씀의 산 반응으로 교회가 받을 수 있는 말로 기록, 작성할 수 있어야" 형성될 수 있다. 비록 성경의 신적 영감과 같은 것은 아닐지라도, 신앙고백은 하나님의 진리를 말한다는 점에서 상당한 권위를 가진다. 이근삼,『개혁주의 교회와 목회(이근삼 전집3)』, 95~96. 성경이 주도적 규범(norma normans, ruling norm)이라면, 신조나 신앙고백은 종속적 규범(norma normata, subordinate norm)이다. idem, 89.

'하나님의 밭' 그리고 '하나님의 권속과 나라'에서 확인할 수 있다.

교회가 '그리스도의 몸'이라는 표현은 두 가지 의미를 내포한다. 먼저 그리스도는 교회의 머리이므로 교회의 중심적 위치에 놓일 때 교회는 참된 성장을 경험한다. 이는 그리스도의 머리되심을 고백하는 교회에는 분열이나 갈등이 일어나지 않을 것이기 때문이다. 이를 위해 그리스도와 교통하는 것이 필요한 데, 그 방법이란 기도와 말씀이다.[49] 또한 교회의 지체들이 연합할 때 교회는 성장한다. 그리스도의 지체로서 성도가 "연합하고 서로 순종"할 때, 교회는 머리이신 그리스도의 목적을 성취한다.[50]

'하나님의 집'으로서의 교회는 세 가지 성장의 의미를 담고 있다. 먼저 교회의 목적은 "그리스도의 임재"를 통한 하나님의 영광에 있으므로, 그리스도의 임재는 교회 성장의 주요 동력이다. 둘째, 잘 숙련된 건축가들, 예컨대 잘 훈련된 목회자들이 교회를 그리스도 위에 세우는 곳에 교회의 성장이 있다. 마지막으로 하나님의 집을 지을 때 좋은 재료 역시 중요하다. 좋은 재료란 성전의 기초인 그리스도 위에 놓여지는 재료를 말하며, 이때에만 비로소 하나님의 집이 든든히 선다. 교회 성장은 '그리스도의 신부'라는 표현에서도 잘 나타난다. 신부가 신랑을 사랑할 때 신부가 성장하듯이, 교회는 신랑이신 그리스도의 사랑을 인식할 때 신앙이 자라며 더 나아가 그리스도의 사랑에 대한 응답으로서 "은혜에 보답하고 순종할 때" 성숙한 교회로 성장한다.[51]

성경은 교회를 '하나님의 양떼'로도 묘사한다. 교회는 그리스도를

---

49 이근삼, 『개혁주의 교회와 목회(이근삼 전집3)』, 155.

50 이근삼, 『개혁주의 교회와 목회(이근삼 전집3)』, 156.

51 이근삼, 『개혁주의 교회와 목회(이근삼 전집3)』, 157~58.

"선한 목자장"으로 섬기고, 교회의 지도자들과 그리스도와의 인격적인 관계가 성립될 때 성장하게 되어 있다. 또한 목회자들이 교회의 양무리를 위해 잘 준비되어야 하는데, 특별히 "영적 양식의 공급"을 위해 풍성한 준비가 되어 있어야 한다. 동시에 양이 목자를 따르는 것 같과 같이, 양떼가 목자를 따를 때 교회는 성장한다. '하나님의 밭'이라는 표현에 나타난 교회 성장의 원리는 사역자들이 주인되신 하나님의 뜻에 합당하게 동역할 때, 예수그리스도 안에 거할 때, 죄의 뿌리를 잘라내는 참된 회개를 내포한다. 마지막으로 '하나님의 권속과 나라'로서의 교회는 다스림에 의한 질서 유지를 통해 성장하고, 성령의 하나되게 하심을 따라 "하나님 안에서 영적 통일성을 경험"할 때 성장한다. "이 시대의 교회가 내부적으로 사분오열된 상태에서 벗어나서 주 안에서 영적 통일을 이루어야 하는 것은 바로 이런 이유 때문"이다.[52]

이근삼이 제시한 교회 성장의 본질적 원리의 기저에는 두 가지 중요한 요소에 대한 인식, 즉 현대신학의 공격과 그에 대한 해결책으로서의 교리 교육의 필요성이 자리한다. 이근삼에 따르면, "현대신학은 객관적 권위를 무시하고 주관적 의식신학을 주장"한다. 그로 인하여, 하나님의 주권과 성경의 교리와 교회의 신앙 고백 및 신조 등이 무시되어 교회는 "신앙적·교리적 무정부 상태에" 이르렀다. 현대신학은 "삼위일체 하나님에 대한 올바른 관념"을 버리고 성경이 말하는 하나님의 교리에 대해 무지하다.[53] 이근삼은 다음과 같이 쓴다.

---

52 이근삼, 『개혁주의 교회와 목회(이근삼 전집3)』, 158~61.
53 이근삼, 『개혁주의 교회와 목회(이근삼 전집3)』, 162~63.

이와 같은 20세기 후반의 풍조가 왜 한국 교회에 문제가 되는가? 대단히 이상한 것은 한국교회의 토착화 문제(土着化 問題)를 운운하는 분들이 이런 사조가 세계적이라 하여 또 다시 한국에 소개하며 한국교회의 사정보다 외국사조가 이렇다고 대대적으로 동하고 따르는 기세를 올리는 것이다. 또한 우려되는 것은 한국교회가 적당주의적(適當主義的)인 사회배경에서 호흡하고 있으니 이런 물결의 선동 앞에 춤출만한 바탕이 충분히 있다고 본다. 단, "성경이야 무엇이라고 했든지 교회의 교리야 어떻든 그것이 오늘날에 문제될 것이 무엇인가? 제 좋을 대로 "적당히" 믿으면 될 것 아닌가?"라고 사실상 생활 속에서 신전의식(神前意識)이나 신의 능력을 믿지 않고 살아오던 무리들에게는 오히려 그것이 "양심적이고 솔직한 고백"이라 하여 좋아하는 것이다. 오늘날 기성교회의 신자들이 신비주의나 흥분주의나 사이비한 종교단체 등을 추종하는 일들이 많이 있었던 것은 또한 우리가 직면한 문제가 될 것으로 알고 우려할 만하다. 오늘날 한국교회의 실정을 볼 때 교회가 교리적 훈련을 등한시하고 교인들도 교리라면 고개를 흔들고 있는 심정이니 말이다.[54]

현대신학은 객관적 진리로서의 성경의 가르침과 권위를 인정하지 않음으로써 교리를 무시한다. 당시 교회는 현대신학의 공격에 고스란히 노출되어 있었는데, 이는 성도들이 교리를 배척하는 현상으로 더 심각한 상황에 직면해 있는 셈이다. 이근삼은 현대신학에 대한 대안이 교리 교육에 있다고 믿는다. 물론 이러한 주장 역시 개혁주의 전통에서 곧 잘 발견된다. 17세기 중반 교리를 멸시하는 풍조에 맞서 로버트 에벗(Robert Abbot)은

---

54   이근삼, 『개혁주의 교회와 목회(이근삼 전집3)』, 163~64.

교리 교육의 필요성을 강조했다.[55] 또한 카이퍼가 현대주의에 맞서서 칼빈주의 세계관을 제시하여 기독교의 진리를 보루하고자 했다. 하지만 이근삼은 교리 교육의 필요성을 역설함으로써 당시 한국교회가 당면한 신앙의 나태를 해결하고 진정한 의미의 교회 성장을 도모하고자 했다는 점에 의의가 있다.

III 개혁신학과 세상의 변화

1 기독교 세계관

세상을 변화시키기 위해 최우선 되어야 할 시급한 주제는 무엇인가? 이 질문은 이근삼에게 매우 중요한 질문 중 하나였다. 개혁신학과 세상의 변화 사이의 관계는 세계를 신학적으로 바라보고 변화를 도출할 수 있다는 이근삼의 신념이 강하게 작용한다. 이근삼은 세상을 변화시키기 위해서 기독교 세계관을 가진 이들을 배출해야 하고, 이러한 세계관을 가진 이들을 배출하는 학문의 필요성은 그 어떤 것보다 중요하다고 믿었다. 교회 교육의 중요성에도 불구하고, 교회에서의 신학 교육만으로는 세상의 변화를 이끄는데 불충분하다. 교회 교육이 기독교 신자를 예배와 교회 봉

---

55 Robert Abbot, "To His much Honoured Patronesse, the Lady Honeria Nortonof Southwick in Hampshire: All Happinesse here and here-after", in *Milk for Babes; or a Mother's catechism for her children ⋯ Whereunto also annexed, three sermons, etc* (J. Legatt for P. Stephens, 1646). 에벗의 교리 교육에 대한 설명을 위해 다음을 참고하라. 류길선, "청교도 성경 교육: 로버트 에벗(Robert Abbot, 1588~1662)의 소요리 문답서에 대한 분석", 「역사신학논총」 40 (2022), 141~76.

사, 가정, 사회, 학교, 직장, 이웃 등과 같은 사회 전반의 활동 영역에서 하나님의 뜻을 아 살아가게 하는데 목적이 있는 반면,[56] 기독교 대학의 학문은 기독교 인재 양성 및 지도자 배출을 통해 세상의 변화를 이끄는 데 집중한다. 이근삼은 "교회에서의 교육만으로는" 세상의 변화를 기대 하기 어렵기에, 고려신학교가 "기독교적 세계관에 입각한 기독교 인재를 양성해"야 한다고 주장한다.[57] 교회에는 목사뿐만 아니라, 의사, 변호사, 상인, 회사원, 교수 등 다양한 직업을 가진 성도들이 있다. 이런 의미에서 "세계의 모든 분야에 있어서 기독교적인 학문을 하고, 자신의 전문분야에 서 기독교적인 해석을 내릴 수 있고, 기독교적인 세계관을 공부한 사람이 자기 직장에 가서도 하나님 앞에서 사는 일꾼들을 양성해 내는 것은" 복 음 전파 이상의 의미를 지닌다.[58]

그는 고신대학교의 향후 방향성에 관한 글에서, 교회와 사회의 요 청에 부응하기 위해 고신대학교가 기독교의 진리에 입각한 학문을 추구 해야 한다고 강조한다. 이근삼이 언급하는 기독교 진리는 기독교 세계관 을 의미한다. 개혁주의 원리에 기초한 학문을 통해 목사, 선교사, 사회지 도자가 배출될 때에야 비로소 기독교가 세상의 소금과 빛의 역할을 할 수 있다.[59] 그는 다음과 같이 말한다. "대학 내의 학문연구와 수업은 하나님 의 창조와 섭리를 성경적으로 믿음으로 행하고 발견된 진리를 세상에 증 거하고 공포할 사명이 있으므로 모든 학문연구는 곧 진리 탐구이며 그 수

56　이근삼, 『개혁주의 신학과 한국교회(이근삼 전집7)』 (서울: 생명의양식, 2007), 79.

57　이근삼, 『개혁주의 교회와 목회(이근삼 전집2)』, 414.

58　이근삼, 『개혁주의 교회와 목회(이근삼 전집2)』, 413~14.

59　이근삼, 『개혁주의 교회와 목회(이근삼 전집2)』, 392.

준에서 표준적으로 향상하도록 노력하며 학적 훈련을 받은 유능한 인재들을 양성하여 사회 각 분야에 배출하므로 그 속에서 내면적, 외면적으로 복음화를 위하여 봉사하게 한다."[60] 학문의 목적은 진리 탐구에 있고, 학문의 적용은 사회 각 분야에 인재와 지도자를 배출하여 세상의 복음화 및 세상의 변화를 일으키는 데 있다.

그렇다면 학문의 원리는 무엇인가? 이근삼은 '기독교 지식론과 성경적 세계관'이라는 글에서 기독교 세계관에 있어서 성경적 지식론 또는 인식론의 필연성과 중요성에 대해 진술한다. 그에 따르면 "성경적 지식론"이야 말로 "모든 인본주의 지식론과 대조적이면서도 참된 해결"을 준다. 사도 바울은 신자들이 불신자들과 생각하는 방식이 달라야 함을 역설한다(고후 10:4~6). 지식의 출발점은 쉽게 증명되지는 않지만 모두 전제를 가진다. 이러한 전제는 유크리드가 도입한 수학의 정리(Axiom)에서 찾아볼 수 있다. 유크리드는 "평면에서 만나지 못하는 평행선은 경험적으로 증명하지 못한다"는 사실을 전제한다.[61] 유사한 예로, 세속주의자들은 우주를

---

60 이근삼, 『개혁주의 교회와 목회(이근삼 전집2)』, 398~99.

61 이근삼, 『개혁주의 교회와 목회(이근삼 전집2)』, 255. 유클리드의 정리, 혹은 공리적 방법에 관해 수학백과에 기초한 네이버 지식백과의 설명은 다음과 같다. "어떤 명제 A가 참이라는 것을 연역적인 추론으로 증명하려면, 이미 참으로 인정된 명제 B로부터 A를 논리적으로 추론할 수 있다는 것을 보이는 증명이 있어야 한다. 그러나 B가 참이라고 곧바로 확신할 수 없다면 다시 다른 명제 C로부터 B를 논리적으로 추론할 수 있다는 것을 보이는 증명이 있어야 하고, 이렇게 하여 결국은 논리적 증명 없이 참이라고 인정할 수 있는 명제가 없다면 결코 증명이 끝나지 않게 된다. 그래서 논리적 증명 없이 참이라고 인정할 수 있는 명제를 도입하여야 하고 이를 공리(axiom)라고 한다. 따라서 이러한 공리가 없다면, 연역적 추론에 의하여 어떠한 명제도 증명할 수 없게 된다. 공리적 방법(axiomatic method)이란 최소한의 공리들을 바탕으로 추론에 의하여 공리들이 함축하고 있는 명제를 증명해 가는 방법이다. 이러한 방법을 통하여 유클리드는 그 전의 경험적 귀납적인

"우연히 움직이는 하나의 폐쇄된 고정제도"라고 믿을 뿐 아니라, 그 생각이 정확하다고 가정하고 그 전제 위에서 세상의 모든 현상들을 해석하고 의미를 부여한다.[62]

불신자가 우연(chance)을 세계의 실재를 해석하는 기초로 삼는 것처럼, 신자는 성경이라는 유신론적 렌즈를 통해 세계를 이해하고 바라본다. 기독교 신자는 참된 지식을 "초월하시고 살아계시는 하나님으로부터" 출발한다. 그는 다음과 같이 주장한다.

하나님 없이는 이성이나 감각적 경험이나, 의도 또는 지식을 위한 어떤 방법들도 우리는 믿을 수가 없다. 우리가 이성으로 어떤 것을 알고, 어떤 것은 감각 경험으로, 또 다른 것은 직감으로, 더욱 다른 것은 권위로 알게 된다. 그러나 이런 방법 자체로는 모든 지식의 충분한 기초가 될 수 없다. 이성으로 그 자체를 정당하다고 입증하지 못한다. 감각적 경험이나, 직감이나 권위도 마찬가지다. 모든 지식의 방편은 자체 밖에 있는 전제에 달려 있다. 예컨대 이성과 직관은 하나의 전체에 의존하는 전적으로 다른 방법으로 사용될 수 있다. 오직 하나님이 계시고 그 자신을 주권적으로 계시하셨다는 것을 확정함으로 우리의 지식에 대해서 확실성을 가질 수 있다.[63]

방법과 다르게, 적절한 공리를 가정하면 기하학적 법칙들을 보편적으로 성립함을 보였다." [네이버 지식백과]유클리드 기하학(수학백과, 2015.5). https://terms.naver.com/entry.naver?docId=3340668&cid=60207&categoryId=60207. 2023.11.16 접속.

62   이근삼, 『개혁주의 교회와 목회(이근삼 전집2)』, 255.

63   이근삼, 『개혁주의 교회와 목회(이근삼 전집2)』, 258.

기독교 학문의 전제론적 출발점은 기독교 지식에 있어서 유리한 입지를 선점한다. 그것은 지식에 대한 신자의 확신을 강화한다. 지식의 권위가 신적 존재인 하나님에게 기초함으로, "하나님의 진리는 모든 지식을 감소하지 않고 모든 방법을 사용할 수 있게 한다."[64] 또 다른 유익은 세상적 학문의 한계를 드러낼 수 있다는 점이다. 이근삼은 세상 학문의 전제인 이성과 경험의 한계를 지적한다. 하나님과 관련되지 않은 세상의 "모든 사고는 허무하고 우상숭배적이고 하나님의 뜻에 순종하도록 사로잡혀야만 한다." 기독교 학문과 세상 학문의 근본적인 차이점은 그 전제가 하나님인가 아니면 인간의 이성적 능력 및 경험적 자료인가에 달려있다.[65]

이근삼이 말하는 기독교 인식론의 존재론적 원리는 반틸의 전제론적 변증학을 많이 닮아 있다. 반틸에 따르면 기독교의 가장 중요한 전제는 "존재론적 삼위일체론에 표현된 하나님의 대한 생각(idea)"이다. 이 외에 창조, 섭리, 하나님의 궁극적 계획 등의 교리들이 전제된다. 학문의 목적과 방법은 이러한 교리들을 "전제 조건"으로 삼는다. 세속 학자들은 기독교의 전제가 학문의 독자성(independence)을 침해한다고 비판한다.[66] 하지만 종교 교리들이 "철학이나 과학의 체계"와 조화를 이루지 않는 것은 아니다. 신학은 권위에 기초하는 반면, 철학이나 과학은 이성에 기초한다. 과학과 철학이 실재(reality)에 대한 어떤 주장을 하면 신학은 그 위에 부가적인 내용을 더한다. 또는 신학은 자신의 주장을 초자연적인 영역에 제한하고, 철학은 자연적인 영역에 맞춘다. 참된 철학은 경험적 사실들의 관

---

64   이근삼, 『개혁주의 교회와 목회(이근삼 전집2)』, 258.

65   이근삼, 『개혁주의 교회와 목회(이근삼 전집2)』, 258.

66   Cornelius Van Til, *Christian Apologetics* (Phillipsburg, NJ: P&R Publishing, 1976), 24.

계를 추구하나, 종교의 정신은 그러한 논리적인 관계들에 의해 얻을 수 없다.[67] 카톨릭 교회는 철학과 과학이 자연계시를 통해 하나님에 대한 지식을 주장할 수 있으며, 신학은 성경과 전통 속에 나타난 하나님의 계시에 기초하여 철학과 과학이 제시한 진리 위에 부가적인 주장들을 더할 수 있다고 가르친다.[68] 반틸은 카톨릭 교회의 절충주의적 입장을 반대하면서 철학이나 과학은 신학과 전혀 다른 영역에 속하는 학문이라고 강조한다.[69] 초대 교회 성도들은 기독교에 대한 조롱에 대하여 기독교 진리를 옹호하기 위해 맞서 성경적 가르침을 주장했다. 그들은 "상대주의자들", "주관주의자들", 그리고 "절충주의자들"에 동의하지 않았다.[70] 반틸은 신학과 세속 학문 사이의 엄격한 구분을 강조함으로써 카톨릭 교회의 절충주의에 대한 반대가 자리하고 있다. 반틸의 변증학을 분석한 반센에 따르면, 반틸은 기독교 신앙을 변호할 때 지속적으로 기독교 세계관을 비기독교 세계관과 상충된 것으로 주장하고 있으며 이것이 변증학의 목적이라고 믿는다.[71]

　　이근삼과 반틸 모두에게 세계관에서 학문의 차지하는 위치는 매우

67　　Van Til, *Christian Apologetics*, 25.

68　　Van Til, *Christian Apologetics*, 27.

69　　반틸은 변증학을 다룬 또다른 저서(*The Defense of the Faith*)를 로마 카톨릭 신학자들의 절충주의적 변증학을 비판하기 위한 일념으로 썼다고 고백한다. 실제로 반틸의 논의에서 주요 대화 상대는 로마카톨릭의 변증학이다. Cornelius Van Til, *The Defense of the Faith*, 『변증학』, 신국원 역 (서울: Christian Literature Crusade, 1997), 17.

70　　Greg L. Bahnsen, *Van Til's Apologetic: Readings and Analysis* (Phillipsburg, NJ: P&R Publishing, 1998), 28.

71　　Bahnsen, *Van Til's Apologetic*, 29.

중요하다. 또한 두 신학자 모두 전제론적 변증학을 추구한다. 이러한 유사성에도 불구하고 반틸의 전제론적 변증학은 이근삼에 비해 세상의 변화에 대해 소극적인 입장을 취한다. 반틸은 객관적 세계와 주관적 세계 사이의 관계에 대한 카이퍼와 바빙크의 관점이 플라톤의 관점과 유사하다고 비판했다.[72] 류길선이 잘 지적하는 바와 같이 카이퍼에 대한 반틸의 비판은 절충주의적 세계관에 대한 반틸의 지나친 강조로 인한 오해에 기인한다.[73] 이근삼은 반틸의 전제론적 변증학에 동의하면서도 기독교 학문의 적극적 활동을 강조한다. 이 점은 기독교 세계관에 대한 이근삼의 관점이 반틸보다 카이퍼에게 더 가깝다는 사실을 보여준다.

2 대학 교육과 세상의 변화

위에서 살펴본 것처럼, 기독교의 학문은 세상의 학문과 비교할 때 그 출발점이 다르다. 하지만, 이 둘 사이의 관계는 반틸이 주장하는 것처럼 단순히 전자는 초자연적인 영역에 속하고 후자는 자연적인 영역에 종속된다는 식의 상호 보완 관계에 머물지 않는다. 더 나아가 이근삼에게 학문은 세상의 변화를 위해 매우 필수적인 요소이다. 이 점은 기독교 세계관 논의에 있어서 카이퍼의 관점으로부터 뚜렷이 구별되는 특징 중 하나이다. 카이퍼는 『칼빈주의 강연』(Lectures on Calvinism)에서 칼빈주의, 종교, 정치, 학문, 예술, 미래의 순서로 기독교 세계관을 다루며, 학문을 네 번째

---

72   Cornelius Van Til, "Common Grace: Second Article", in *The Westminster Theological Journal* 8 no. 2(1946), 177~82.

73   류길선, "아브라함 카이퍼의 칼빈주의 세계관: 유기적 관점에서 본 은혜-자연-회복의 관계", 123, n. 52.

순서에 위치시킨다. 네덜란드의 하원 의원과 총리를 역임한 그에게 정치는 가장 중요한 관심사 중 하나였다.[74] 이에 반해 학문에 대한 그의 입장은 개혁주의 또는 칼빈주의적 학문이 배타적이라는 현대주의의 공격에 맞서 칼빈주의가 학문의 영역을 촉진시키고 발전시켰음을 변호하는 데 목적이 있다. 헤슬렘이 잘 지적하는 바와 같이, 학문에 대한 카이퍼의 관심은 19세기 후반부에 기독교가 직면에 있었던 중요한 질문에 초점이 맞추어져 있는데. 그 질문이란 "어떻게 종교적 믿음이 현대 과학의 발견들과 조화로울 수 있느냐"이다.[75]

　　반면, 이근삼은 학문의 역할을 세상에서의 인재 양성에 연결시킨다. 이근삼에 따르면 고대 로마교육은 수사학과 문학을 강조하여 "국가에 충성"하고 좋은 성격을 지닌 지도자들을 양성하는 데 목적을 두었다. 이를 위해 로마는 교양과목(Liberal Arts)를 강조했다.[76] 터툴리안 같은 초대 교회 지도자들은 교회의 존립과 발전을 위해 교양과목의 교육을 권장했다. 이는 교양과목이 일상생활을 위한 준비를 위해 필요하다고 보았기 때문이다.[77] 클레멘트와 오리겐의 교리 교육은 기독교 신앙과 세속 학문 사이의 융합을 꾀하고, 그 결과 기독교 교육에서 지도자 양성의 목적이 사라지

74　카이퍼는 1897년 「데 슈탄다르트」(De Standaard)의 편집장 역임 25년 기념식에서 자신의 삶을 지배하는 한 가지 열망은, "세상의 모든 반대에도 불구하고 사람들의 유익을 위하여 하나님의 거룩한 규례가 가정과 학교와 국가에 세워져야 한다는 것"이라고 진술한다. Abraham Kuyper, "Biographical Note", in *Lectures on Calvinism* (Grand Rapids, MI: WM. B. Eerdmans Publishing Company, 1968; reprint), iii, 재인용.

75　Heslam, *Creating A Christian Worldview*, 186.

76　이근삼, 『개혁주의 교회와 목회(이근삼 전집2)』, 295.

77　이근삼, 『개혁주의 교회와 목회(이근삼 전집2)』, 295.

게 된다.[78] 중세 대학에서는 로마 교육이 기독교화가 되었으며, 르네상스 시대에는 "교육의 목적이 교양 있는 사람을" 양성하는 것이었다.[79] 종교개혁은 고등교육기관에서 일어났는데, 이는 종교개혁 지도자들이 대체로 대학교육을 받은 사람이었다는 사실에 기인한다. 루터는 고등교육의 필요성을 강조하고, 멜랑히톤은 대학 교육의 교과서를 만들어 고전어와 문학공부를 장려했다.[80] 칼빈은 제네바 대학(Geneva Academy)을 설립하여 당시의 사상과 체제를 바꾸는 데 크게 영향을 주었다. "종교개혁자들은 사람의 궁극적 목적이 명상이 아니고 하나님을 사랑하고 섬기는 것이라는 새로운 생각을 소개하였다. 이것은 모든 직업에서 실행되어야 한다. 사람은 그의 직업을 통해서 하나님을 섬기도록 부름 받았다. 그래서 종교개혁은 중세교회를 악화시켰던 지성적, 영적 귀족사회의 파괴를 의미하였다."[81] 개혁주의 학문은 소명의식을 통해 사회의 부조리를 청산하고 기독교 세계관에 입각한 사회를 회복시켰다.

　이근삼에게 기독교 대학 교육의 목적은 분명하다. 그것은 다름아닌, 학생들에게 그리스도를 왕으로 가르쳐서[82] 세상의 변화를 주도하는 데 있다. 대학 교육에 대한 이근삼의 깊은 관심은 20세기 기독교 대학의 위기에 대한 우려가 작용하고 있다. 이근삼이 지적하는 대학의 위기는 크게 세 가지다. 첫째, 학생들이 대학 교육의 결정권자가 되려 한다. 둘째, 사회의

78　이근삼, 『개혁주의 교회와 목회(이근삼 전집2)』, 296.

79　이근삼, 『개혁주의 교회와 목회(이근삼 전집2)』, 297~99.

80　이근삼, 『개혁주의 교회와 목회(이근삼 전집2)』, 300.

81　이근삼, 『개혁주의 교회와 목회(이근삼 전집2)』, 301~302.

82　이근삼, 『개혁주의 교회와 목회(이근삼 전집2)』, 307.

질서와 위상 보다는 정의와 평화를 요구한다. 셋째, 오늘날 대학은 세상이 필요로 하는 빛의 등대로서의 성격을 상실하고 있다.[83] 그 결과 20세기 대학은 개인과 인간 본성을 발전시켜야 할 교육적 기능을 상실하고 "신앙 신조"를 제거한다.[84]

사회를 변화시키는 인재는 높은 사회적 신분이나 지위를 의미하는 것이 아니다. 오히려 교육을 통해 성경에 부합하는 올바른 인생관을 가지고 하나님의 형상대로 하나님의 자녀답게 살아가는 참된 인성의 변화를 말한다. 이근삼은 이러한 삶을 살기 위해, 기독교 대학의 신학적 기초에 대해 몇 가지 특징들을 제시한다. 먼저, 하나님이 세상을 창조하셨다는 사실로부터 신자들은 피조세계에 대해 적극적인 자세를 취한다. 세상은 죄로 타락하였을지라도, 여전히 하나님의 창조물이기에, 신자들은 문화적 참여, 예술적 감상과 창작, 정치와 사회 활동 등에 적극적으로 참여할 것을 가르쳐야 한다. 둘째, 인간은 타락으로 인해 죄인이 되었을지라도, 하나님의 형상대로 지음받았기에, 하나님의 은혜를 받는 대상이다.[85] 그러므로 기독교 신자는 하나님의 은혜에 응답할 수 있도록 학문을 통해 교육을 받고 성장해야 한다. 또한 "자연을 개발하고 문화적 유산을 전승시키는" 일 역시 매우 중요하다. 이근삼은 다음과 같이 쓴다.

교육자의 임무는 사람으로 하여금 하나님의 형상된 긍지를 가지고 생각하고 활동하도록 용기를 주고 자신감을 갖추게 해 주는 것이다. 여기에서는 세속

---

83   이근삼, 『개혁주의 교회와 목회(이근삼 전집2)』, 308~309.

84   이근삼, 『개혁주의 교회와 목회(이근삼 전집2)』, 309.

85   이근삼, 『개혁주의 교회와 목회(이근삼 전집2)』, 325~26.

과 성의 이원론의 여지는 없다. 모든 것은 하나님께 속한 것이요 그것은 거룩하다. 사람은 마음으로 종교적 존재이다. 생명의 근원이 마음에 있기 때문이다. 종교는 부분적으로 나눌 수 없다. 사람은 종교적 존재이므로 그의 모든 활동은 자기신앙에서 이뤄지고 그것이 지적이든 예능적이든 정치적이고 상업적이든 상관없다.[86]

셋째, 기독교 학문의 세 번째 요소는 진리에 대한 가르침이다. "문학, 철학, 역사, 과학, 예술의 세계가 다 기독신자의 마땅한 관할 영역이다."[87] 이성과 계시는 문화와 교회의 관계만큼이나 상반된 개념이 아니다. 오히려 계시는 학문에 힘을 주고 이성은 하나님에게서 받은 능력으로 "계시된 것을 이해하고 인식하고 사용"한다.[88] 넷째, 기독교 학문은 인간의 문화적 책임을 다루어야 한다. 하나님은 사람을 문화적 존재로 만드셨다. 따라서 신자는 세상을 다스리고 정복해야 할 문화적 사명을 가진다. 구원의 은혜는 문화에 영향을 주어, 하나님의 사람을 "하나님의 진리와 사랑으로 직접 영향을 입은 활동을 하는 문화적 존재"로 완전케 하신다.[89]

결국, 대학 교육은 한 개인을 올바른 기독교 사상으로 교육하여 성숙한 그리스도인을 배출하고, 그렇게 모인 개개인이 그리스도인 공동체를 이루어 사회의 변화를 이루도록 영향을 끼쳐야 한다. "개인적 경건과 세상에서의 빛과 소금, 복음전파와 사회적 책임은 한 동전의 양면과 같"

---

86 이근삼, 『개혁주의 교회와 목회(이근삼 전집2)』, 327.
87 이근삼, 『개혁주의 교회와 목회(이근삼 전집2)』, 327.
88 이근삼, 『개혁주의 교회와 목회(이근삼 전집2)』, 328.
89 이근삼, 『개혁주의 교회와 목회(이근삼 전집2)』, 329~30.

기 때문이다.[90] 그러므로 기독교 대학은 학생들로 하여금 "사회의 기원, 성격, 가치와 이상, 그리고 종교"에 대해 이해할 수 있도록 가르쳐야 한다. "기독교 교육의 사명은 세상에 사는 하나님께 속한 신자를 양육하는 것이다."[91] 학문에 대한 이근삼의 관점은 세상을 어떻게 바라보고 변화시킬 것인가에 대한 진지한 고민으로부터 배태된다.

결론

이근삼이 남긴 개혁주의 신학이 교회의 성장과 세상의 변화에 대해 갖는 통찰은 오늘날 그리스도인들이 당면한 교회의 위기 앞에 중요한 대안과 방향을 제시한다. 2022년 고든콘웰신학교 산하 글로벌기독교연구센터(Center for the Study of Global Christianity)가 공개한 '2022 세계 기독교 현황'에 따르면, 전세계 기독교 인구 가운데, 정식 개신교 소속 교인은 약 6억명에 불과하다.[92] 전 세계 인구 79억 5천만명 가운데, 7.6%에 해당한다. 한국 개신교인의 숫자는 2012년 이후 계속해서 감소하고 있다. '한국리서치 정기조사 여론속의 여론'에서 파악한 2021년 종교인구 현황 결과, 종교인구 비율 가운데 개신교가 약 20%를 차지하여 약 1천 2백만명에 육박한다고 보고 되었지만,[93] 실상 2023년 초에는 한국 전체 인구수 5천

---

90 이근삼, 『개혁주의 교회와 목회(이근삼 전집2)』, 346.

91 이근삼, 『개혁주의 교회와 목회(이근삼 전집2)』, 346~47.

92 https://www.gordonconwell.edu/center-for-global-christianity/publications/world-christian-encyclopedia/ 2023.11.18.접속

93 https://hrcopinion.co.kr/archives/25186. 2023.11.18. 접속

1백만명 가운데 약 15%인 771만명이며, 교회를 출석하지 않는 이들이 약 30%를 차지하고 있어서 교회 출석자는 약 545만명으로 추산된다.[94] 코로나19 사태 이후 한국교회 신뢰도는 21%까지 급락하였으며,[95] 저출산 문제와 고령화 사회로의 진입 문제로 한국교회는 어려운 상황에 직면해 있다.[96]

　한국교회가 직면한 위기 앞에서, 이근삼이 우리에게 던지는 개혁신학과 교회 성장, 그리고 개혁신학과 세상의 변화라는 이중적 모토는 매우 중요하다. 이근삼은 개혁주의 신학을 통해서 교회의 성장과 세상의 변화를 이루기 위해 많은 노력을 기울였다. 그는 현대주의 사상에 맞서서 교회가 교리 교육을 통해 성도들의 신앙을 장려함으로서 교회의 성장을 기대했다. 또한 대학교의 학문은 세상에서 살아가는 그리스도인들에게 기독교 세계관을 고취시켜서 세상에서 빛과 소금의 역할을 감당할 수 있는 중요한 통로라고 믿었다.

　개혁신학 – 교회 – 세상의 관계에 대한 이근삼의 관점으로부터 우리는 이근삼이 남긴 개혁주의 유산의 몇 가지 기여점을 발견한다. 먼저 개혁주의 신학의 의미와 특징에 있어서 이근삼은 개혁주의 신학과 칼빈주의의 개념 사이에 존재하는 미세한 차이를 드러내는 데 성공한다. 그는 카이퍼의 칼빈주의보다 워필드의 칼빈주의를 선호했으며, 이를 통해 칼빈주의

94　http://www.newspower.co.kr/54911. 2023.11.18. 접속

95　백광훈, "코로나19 이후 한국교회의 과제: 「코로나19와 한국교회에 대한 연구」 인식조사를 중심으로", 「선교와 신학」 55 (2021), 95~125.

96　박상진, "저출산, 고령화 시대의 교회교육", 「기독교 교육논총」, 40 (2014), 77~109; 이수인, "인구절벽 시대를 대비하는 교육패러다임의 대전환", 「신학과실천」, 63 (2019), 455~82.

또는 개혁주의의 의미의 정교한 의미가 성경교리 체계에 있음을 드러내었다. 둘째, 이근삼은 신학과 교회 성장의 관계를 긴밀하게 연관시켰다. 하나님 중심이라는 슬로건 아래에서 신앙고백과 교리 교육의 중요성을 강조하고, 이를 통해 교회의 성장을 방해하는 현대주의 및 교회 분열 현상을 차단할 뿐만 아니라 진정한 의미에서의 교회 성장의 대안을 제공했다. 마지막으로 이근삼은 반틸과 카이퍼의 변증학과 기독교 세계관에서 머물지 않고 한 걸음 더 나아가 기독교 세계관에서 학문의 위치를 상승시켜 세상의 변화를 위한 인재 양성을 촉구했다. 이근삼은 세상을 변화시키기 위해서 기독교 세계관을 가진 이들을 배출해야 하고, 이러한 세계관을 가진 이들을 배출하는 학문의 필요성은 그 어떤 것보다 중요하다고 믿었다. 그에게 학문은 그저 세상 학문과 반대되는 것이 아니며, 단순히 세상의 것과 조화되는 것도 아니다. 오히려 세상의 것을 변화시키고 정복하는 데 필수적인 요소로 작용하고 있다. 이근삼은 칼빈주의적 전통 위에서 개혁주의 신학을 교회의 성장과 세상의 변화에 이바지 할 수 있도록 적용 및 발전시켰다고 평가된다.

6

이근삼 박사의 신학서론 연구

이경직

들어가는 말

이 글은 한국개혁신학회가 고신대학교에서 조직신학을 가르치셨던 이근삼 박사님의 출생 100주년을 기념하는 학술대회에서 발표되었고 황대우 교수의 논평을 반영하여 수정된 글이다. 이 글은 특정 주제를 놓고 논박을 펼치고 필자의 입장을 옹호하는 방식의 글이 아니다. 도리어 한국의 대표적인 개혁파 조직신학자 이근삼 박사의 신학서론을 필자의 입장에서 상세하게 해설하면서 필자의 생각을 피력하는 형식의 글이다. 이 글은 이근삼 박사의 신학서론을 이근삼 박사의 다른 저서와 논문들뿐 아니라 다른 신학자들의 글과 비교하면서 그의 신학이 지닌 독특성과 기여를 밝히는 작업을 위한 기초 작업이라 볼 수 있다. 이 글에서는 이근삼 박사의 신학서론 설명 순서를 그대로 따라가면서 그 설명을 해설하고 평가하는 방식을 취하고자 한다.

I 학문으로서의 신학과 그 분과들

이근삼은 신학 서론에서 신학이 학문인지 여부를 살펴본다. 신학과 신학의 분과들을 학문의 관점에서 살펴보는 것이다. 그는 모든 학문의 특징을 체계성에서 찾는다. 그에 따르면 모든 학문은 학문의 각 분야를 유기적으로 조직하는 원리에 의거하여 하나의 체계를 이루도록 되어 있다. 그런데 이근삼은 신학도 조직적 체계를 갖고 있다는 점에서 하나의 학문이라고 여긴다.

이근삼은 학문의 원리를 도입해서 체계화된 신학을 일종의 신학 백과[1]라고 명명한다. 그에 따르면 신학 백과는 일종의 특수 학문인데, 특별한 성격의 학문이다. 신학 백과는 성경에 나타난 초자연적 계시를 다루기 때문이다. 신학 백과란 계시 내용을 발견하고 설명하고 변증하는 기능을 한다. 이근삼에 따르면 신학 백과는 초자연적 계시의 유기적 관계를 성격과 유형에 따라 발견과 설명, 변증의 단계를 거쳐 규명하는 학문이다. 신학은 성격과 유형에 따라 여러 분과를 지닐 수 있다는 뜻이다.[2]

이근삼은 신학도 다른 학문처럼 방법론이 있어야 한다고 생각한다. 각 분과학문이 그 대상과 목표에 적합한 방법을 지니듯이, 신학도 초자연적 계시를 발견하고 설명하고 변증하는 데 적합한 방법을 지닌다. 이근삼이 보기에 신학의 방법론은 세 가지로 이루어져 있다. 1) 일반적 방법이나 특수한 방법을 통해 학문적 체계를 갖추도록 하는 것과 2) 신학의 유형에

---

1   이 용어는 아브라함 카이퍼의 책 제목에서 가져온 것으로 보인다. A. Kuyper, *Encyclopadie der Heiligen Godgeleerdheid 1* (Amsterdam: J. A. Wormser, 1894). 정성구는 이 제목을 "신학백과 사전학"으로 번역했다. 정성구, "카이퍼의 기독교 세계관으로서 칼빈주의",「월드뷰」133 (2011): 5. 4~7. 이근삼은 이를 줄여 신학 백과로 부르고 있는 것 같다.

2   이근삼,『개혁주의 조직신학 개요 1』(서울: 생명의양식, 2007), 12.

따라서 계시 내용을 분석, 정리, 구조화하는 작업, 3) 계시를 해설하고 변증하는 것이다.[3]

이근삼에 따르면 계시 내용을 분석, 정리, 구조화하는 작업방식은 신학의 유형에 따라 달라진다. 따라서 신학의 방법론이 무엇인지 알기 위해서는 신학의 유형들을 구분할 수 있어야 한다. 즉, 신학의 분과들을 정확히 구분해야 그에 맞는 작업방식을 선택할 수 있다. 이근삼에 따르면 신학의 분과들을 어떤 기준으로 나누어야 하는 질문에 대해 다양한 대답이 있었다. 그는 현대 신학의 신학 분류와 개혁파 신학의 신학 분류, 미국 신학의 신학 분류를 차례로 소개한다. 특히 미국 신학의 신학 분류 가운데 찰스 핫지(Charles Hodge)의 신학 분류와 다른 신학자들의 신학 분류를 자세하게 소개하면서 평가하고 있다.[4]

1 현대 신학의 신학 분류

이근삼은 현대 신학의 신학 분류를 먼저 살펴본다. 그에 따르면 일반적으로 현대 신학은 신학을 주경신학과 역사신학, 조직신학, 실천신학으로 나누고 있다. 그는 이러한 분류에 동의한다.[5] 하지만 그는 다른 신학 분류들도 있다는 사실을 밝힌다.

슐라이어마허(Schleiermacher)는 신학을 철학과 역사, 실천으로 분류했다. 슐라이어마허에게 변증학은 철학에, 주경신학은 역사에 속하며, 실천신학은 세 분과 중에 가장 중요한 신학 분과이다. 그에게 실천신학은 신

---

3   이근삼,『개혁주의 조직신학 개요 1』, 12.

4   이근삼,『개혁주의 조직신학 개요 1』, 13.

5   이근삼,『개혁주의 조직신학 개요 1』, 13.

학의 뿌리이자 줄기이자 왕관이다.[6] 주경신학을 역사신학으로 분류하고 변증학과 더불어 조직신학을 철학으로 분류한다는 점이 특이하다. 일반적으로 주경신학은 역사신학과 구분되기 때문이다. 또한 슐라이어마허는 실천신학을 신학의 근본으로 여긴다는 점에서 주경신학이나 조직신학을 신학의 근간으로 여기던 전통적 입장들과 궤를 달리 한다.[7] 이는 "신학은 학문이 아니다"라는 입장을 통해 신학을 대학교 학제에서 퇴출시키려 했던 당대 흐름을 극복하고자 하는 시도로 볼 수 있다.

이근삼은 단츠(Johann Andreas Dantz, 1654~1727)의 신학 분류도 소개한다. 단츠에 따르면 신학은 종교적 학문과 교회적 학문으로 양분된다. 이는 현대 신학의 4분과 분류나 슐라이어마허의 3분과 분류와 대조를 이룬다. 현대 신학이나 슐라이어마허가 서로 구분했던 이론신학과 실천신학이 모두 종교적 학문이라는 범주에 들어가기 때문이다. 그 결과 주경신학이나 조직신학, 교리사까지도 종교적 학문에 포함되었다. 단츠는 교회사나 교회법, 통계학, 고고학뿐 아니라 실천과 관련된 학문도 교회적 학문에 포함시켰다. 역사신학은 교회적 학문이라는 점에서 교회사로 규정된다. 단츠에 따르면 종교적 학문은 기독교 교리나 기독교 이론 자체를 다루는 학문이며, 교회적 학문은 교회의 구체적 실천과 관련된 학문이다.[8] 단츠가 교회를 위한 학문이냐 여부에 따라 신학을 양분하고 있다고 볼 수 있다. 교회적 학문과 달리 종교적 학문은 교리나 이론 자체에 관심을 두기 때문이다. 단츠가 고고학뿐 아니라 통계학도 신학에 포함시켰다는 점이 특

---

6   이근삼, 『개혁주의 조직신학 개요 1』, 13.

7   이근삼, 『개혁주의 조직신학 개요 1』, 13.

8   이근삼, 『개혁주의 조직신학 개요 1』, 13.

이하다.

이근삼에 따르면 단츠의 신학 분류는 예외적이다. 현대 신학자들, 특히 서양 근대신학자들은 신학을 세 분과로 분류한 슐라이어마허의 입장을 따르고 있기 때문이다. 이근삼은 로젠크란츠(Rosenkranz, 1805~1879)[9]와 프랑케(Franke), 베르톨트(Berdtholdt),[10] 킬렌(Kielen)을 대표적 사례로 제시한다. 이근삼은 하나님의 계시인 성경을 신학에 포함시키지 않는 고테쉬크(Gotteschick)와 같은 예외도 있다고 밝힌다.[11]

이근삼에 따르면 신학 분류는 신학자들의 신학적 입장에 따라 다양하게 나타난다. 신학을 무엇으로 정의하느냐에 따라 신학 분류가 달라지고 신학 방법이 달라진다.[12] 이는 방법(method)의 어원에 드러난다. 영어 method는 meta hodos로 '길을 따라'를 뜻하는데, 어떤 길을 선택하는 것이 적합한지는 어떤 목표지점을 향해 가느냐에 따라 결정되기 때문이다.

---

9   칼 로젠크란츠(Johann Karl Friedrich Rosenkranz)는 슐라이어마허의 영향을 받아 신학을 공부하기 시작했지만 헤겔 철학을 받아들여 헤겔에 관한 여러 논문들을 남겼다. Karl Rosenkranz, Hegel's Philosophy of Religion, trans. by G. S. Hall, *The Journal of Speculative Philosophy*, vol.8, no.1 (1874), 1~13; "Hegel ans Publicist", trans. by G. S. Hall, *The Journal of Speculative Philosophy*, vol.6, no.3 (1872): 258~279; "Hegel's Phenomenology of Mind", trans. by G. S. Hall, *The Journal of Speculative Philosophy*, vol.6, no.3 (1872): 53~82.

10   이근삼은 이 신학자들의 이름 전체를 언급하고 있지 않지만, 베르트홀트는 독일 개신교 신학자 베르트홀트(Leonhard Johann Bertholdt, 1774~1822)로 여겨진다.

11   이근삼, 『개혁주의 조직신학 개요 1』, 13. 여기서 이근삼은 여러 신학자들의 성만 제시하는데 정확히 어떤 신학자인지 찾기 어려워 보인다.

12   이근삼, 『개혁주의 조직신학 개요 1』, 13.

2 개혁파 신학의 신학 분류

현대 신학자들의 신학 분류를 소개한 이근삼은 개혁파 신학의 신학 분류를 소개한다. 그가 보기에 개혁파 신학은 카이퍼와 바빙크를 중심으로 하는 네덜란드 신학과 워필드(B. B. Warfield)와 핫지(A. A. Hodge)를 중심으로 하는 프린스턴 신학으로 나누어진다. 이근삼은 네덜란드 신학의 신학 분류를 소개한다.[13] 이근삼은 네덜란드 신학의 신학 분류가 카이퍼와 바빙크를 중심으로 이루어진다고 밝혔지만, 카이퍼의 신학 분류만을 다룬다. 카이퍼와 바빙크 사이에 입장 차이가 없다고 보기 때문이다. 이근삼은 카이퍼가 신학 백과에서 슐라이어마허의 신학 분류를 비판하고 있다는 점에 주목한다. 특히 슐라이어마허가 신학의 세 분과 중 실천신학을 강조한 데 반해 카이퍼가 봉사신학과 성령을 강조하고 있다는 점에 주목한다.[14] 카이퍼가 자신의 신학 분류를 통해 슐라이어마허의 신학 분류의 문제점을 어떻게 극복하고 있는지를 살펴볼 필요가 있다.

이근삼은 현대 신학의 신학 분류를 먼저 언급한다. 그에 따르면 성경신학은 성경을, 역사신학은 교회 역사를, 조직신학은 기독교 교리를, 실천신학은 실천적 분야, 특별히 설교를 다루고 있다. 이근삼이 보기에 카이퍼는 슐라이어마허의 신학 4분과 분류에 성경적 근거가 있다고 여긴다. 카이퍼에 따르면 성경은 1)성경 자체와 2)교회, 3)기독교 교리, 4)직분의 기능을 모두 다루기 때문이다. 이 네 가지는 각기 성경신학과 교회사, 조직신학, 실천신학의 대상이다. 여기서 이근삼은 신학 분류도 성경적 근거를 통해서만 정당화된다고 여기고 있다. 그런 점에서 그는 "오직 성

---

13   이근삼, 『개혁주의 조직신학 개요 1』, 14.

14   이근삼, 『개혁주의 조직신학 개요 1』, 14.

경"(Sola Scriptura)이라고 하는 종교개혁 정신을 신학 분류에도 적용하고 있다. 그가 신학이 성경신학에서 출발해야 한다고 여기는 이유도 여기에 있다.[15]

그에 따르면 신학은 먼저 성경 자체를 다루어야 하는데 이 작업은 성경신학의 몫이다. 교회사는 성경이 교회 안에서 어떻게 역사하는지를 추적해야 한다. 조직신학은 교회 안에서 역사하는 하나님 말씀이 우리의 의식에서 어떻게 조직화되는지를 다루어야 한다. 실천신학은 하나님 말씀이 교회와 성도의 삶에서 어떻게 지속적으로 순종되는지를 다루어야 한다.[16]

하지만 카이퍼에게서 신학이 비록 4분과로 나누어진다고 해도 신학의 단일성 내지 통일성이 훼손되지는 않는다. 4분과 신학 모두 성경에 근거를 두어야 하며 성경의 의미를 밝혀야 하기 때문이다. 교회사의 관심은 교회의 역사 자체보다는 교회 안에서 일하시는 하나님 말씀을 드러내는 데 있어야 한다. 조직신학은 조직신학 내용 자체보다는 우리가 성경의 내용을 어떻게 체계적으로 이해하고 있는지를 드러내어야 한다. 실천신학은 하나님 말씀이 교회와 성도의 삶에서 어떻게 지속적으로 적용되고 실천되는지를 다루어야 한다.[17]

이근삼에 따르면 카이퍼는 신학을 분류할 때 성경신학, 교회사, 조직신학, 실천신학이라는 전통적 표현 대신에 성경론적 신학, 교회론적 신학, 교의론적 신학, 봉사론적 신학이라는 표현을 선택함으로써 신학의 단

---

15 이근삼, 『개혁주의 조직신학 개요 1』, 14.

16 이근삼, 『개혁주의 조직신학 개요 1』, 14.

17 이근삼, 『개혁주의 조직신학 개요 1』, 14.

일성 내지 통일성을 강조한다.[18] 이는 바빙크 신학의 특징인 "일치 가운데 다양성"(diversity in unity)과 일맥상통한다. 신학은 하나님 말씀인 성경 없이는 성립할 수 없다. 하지만 신학 분류는 성경에 접근하는 관점에 따라 이루어진다. 성경론적 신학은 성경 안에 있는 하나님 말씀에 관심을 두며, 교회론적 신학은 교회 안에서 역사하는 하나님 말씀에 관심을 두며, 교의론적 신학은 인간의 거듭난 의식 속에서 체계화되는 하나님 말씀에 관심을 두며, 봉사론적 신학은 우리의 삶 가운데 순종과 섬김으로 나타나는 하나님 말씀에 관심을 둔다.[19]

특히 카이퍼가 교의론적 신학을 설명할 때 사용하는 "거룩함을 받은 인간 의식"이라는 표현에 주목할 필요가 있다. 인간은 의식 또는 지성을 통해 외부 내용을 체계화하려는 욕구와 성향을 보인다. 이때 인간의 의식이나 지성이 외부 내용을 자기중심으로 체계화하려는 유혹에 빠질 수 있다. 그래서 카이퍼는 인간의 의식이나 정신이 거듭나지 않은 인간의 것이 아니라 거듭난 인간의 것이어야 함을 강조한다. 자연인의 지성만으로는 교의론적 신학을 제대로 할 수 없다. 성령으로 거듭나고 거룩함을 받은 사람만 자기중심의 체계화에서 벗어나 성경 중심, 하나님 중심의 체계화를 시도할 수 있다.[20]

이근삼에 따르면 카이퍼는 봉사론적 신학의 역할을 하나님 말씀에

---

18   이근삼, 『개혁주의 조직신학 개요 1』, 14~15.

19   이근삼, 『개혁주의 조직신학 개요 1』, 14~15.

20   이근삼, 『개혁주의 조직신학 개요 1』, 15. 물론 기독교 신자로서 조직신학자들이 주관적 체계화를 완전히 피할 수 있는 것은 아니다. 신학이 개인의 작업일 뿐 아니라 공동체의 작업이어야 하는 이유가 여기에 있다.

순종하여 그 말씀을 성취하는 것에서 찾는다. 카이퍼는 직분신학 또는 봉사신학이라는 용어가 실천신학이라는 용어보다 더 타당한 이유를 길게 제시한다.[21] 이는 카이퍼가 신학을 철저히 교회의 신학으로 이해하고 있음을 보여준다. 실천신학은 교회가 기능하는데 실제로 필요한 내용들을 다루는 경향이 있는데 반해 직분신학 또는 봉사신학은 목사와 장로, 집사라는 교회의 3직분을 위한 신학이라는 의미가 더 강해 보이기 때문이다. 직분을 통한 섬김은 신학의 사변화와 추상화를 극복하게 해주며 하나님 말씀이 순종을 통해 성취되는 모습을 보여준다. 그런데 개혁신학은 순종이 인간 자신의 능력으로 되지 않고, 성령의 도우심으로 가능하다는 사실을 강조한다. 필자가 보기에 카이퍼가 봉사신학을 강조하면서 성령을 동시에 강조하는 이유가 여기에 있다.[22] 성령의 도우심이 없이는 참된 순종과 섬김이 일어날 수 없다.

필자가 보기에 직분신학에 대한 카이퍼의 강조는 칼빈이 하나님 말씀의 선포를 교회의 표지로 제시할 때 그 말씀에 대한 순종도 포함시킨 것과 맥락을 같이 한다. 하나님 말씀이 선포되는데도 그 말씀에 대한 순종이 전혀 없는 교회를 참된 교회로 보기 어렵기 때문이다. 카이퍼는 봉사신학에서 성령의 역할을 강조함으로써 말씀과 기도 모두의 중요성을 잘 부각시킨다. 기도는 성령의 도우심을 구하는 일이기에 직분을 통한 말씀순종에 필수적이다. 그래서 필자가 보기에 개혁주의 신학을 성령의 도우심으로 예수 그리스도의 생명으로 다시 살려내려고 하는 개혁주의생명신학은 카이퍼의 봉사신학과 성령론에 주목할 필요가 있다.

---

21   이근삼,『개혁주의 조직신학 개요 1』, 15.

22   이근삼,『개혁주의 조직신학 개요 1』, 15.

카이퍼는 봉사신학에서뿐 아니라 신학 자체에서도 성령의 역할이 중요함을 강조한다. 성경신학과 교회사, 조직신학, 봉사 신학 모두 다 성령 없이는 성립할 수 없다. 그래서 카이퍼는 성경과 교회, 교의, 봉사 직분이라는 분류가 초월적 특성이 있다고 여긴다. '초월적'은 자연인에게는 내주하지 않는 성령의 역할을 암시한다. 거듭나지 않은 자연인의 이성으로는 신학을 제대로 할 수 없다.[23] 신앙 없는 신학은 불가능하다.

이근삼은 성령의 역사가 각 분과신학에서 어떻게 나타나는지에 대한 카이퍼의 설명을 소개한다. 이근삼에 따르면 카이퍼는 성경신학과 관련해서 성경이 성령의 영감으로 기록된 결과물임을 강조한다. 교회사와 관련해서는 교회가 성령으로 인한 거듭난 중생의 열매라는 점을 강조한다. 중생의 열매는 특정 시점에만 있지 않고, 교회의 역사 가운데 계속 맺어지고 있다. 그 열매들이 어떻게 맺어지는지를 다루는 것이 바로 교회론적 신학이다. 카이퍼는 교리를 다루는 교의학과 관련해서 성령께서 교회 구성원들의 의식 내지 지성을 인도하신 결과 교리가 성립한다고 여긴다.[24] 카이퍼는 봉사신학과 관련해서 직분이 그리스도께서 주신 것이라는 점을 강조한다. 카이퍼에 따르면 천상에 계신 그리스도는 성령을 통해 우리에게 임재하셔서 직분을 맡기시고 우리가 그 직분을 감당하도록 도와주신다.[25]

바로 이 지점에서 한 가지 언급을 할 필요가 있다. 카이퍼가 신학 전체와 분과 신학들에서 성령의 역할을 이렇게 강조했지만 신학의 내재적 성격이 초월적 성격보다 더 강조되어 왔다. 학문은 자연적 이성을 갖

---

23   이근삼, 『개혁주의 조직신학 개요 1』, 15.

24   이근삼, 『개혁주의 조직신학 개요 1』, 15.

25   이근삼, 『개혁주의 조직신학 개요 1』, 15.

고 할 수 있는 활동인데, 신학의 학문적 성격이 더 강조됨으로써 성령으로 거듭나지 않은 사람들도 신학을 연구하고 가르치는 학자로서 활동할 수 있었다. 필자가 보기에 개혁주의생명신학은 신학의 사변화 문제를 다시 부각시킴으로써 카이퍼의 원래 의도를 살리고 있다.[26] 카이퍼나 이근삼 모두 신학의 초월성을 성령과 연결하여 강조했다. 하지만 우리는 신학 현장에서 신학자의 영적 성숙보다는 이론적 체계적 학문활동이 강조되고 있음을 보고 있다. 예를 들어 신학 논문을 기고하거나 발표할 때 그 논문에 대한 논평은 신학의 영적 측면보다 지적이고 학문적 측면에 집중되고 있다. 필자가 보기에 개혁주의생명신학은 신학에서 성령의 주도적 역할을 강조함으로써 카이퍼나 이근삼 박사의 의도를 실현하기 위해 노력한다고 볼 수 있다.

II 조직신학의 성격과 구조

이근삼은 미국신학의 신학 분류를 소개한 후에 조직신학을 분과신학으로서 다룬다. 그는 조직신학의 명칭 문제를 먼저 다룬 후에 조직신학이 무엇인지 정의내린다. 이어서 그는 조직신학이 신학 전체에서 차지하는 위치를 다루며, 조직신학의 목적과 원천을 다루고, 조직신학의 방법과 구조를 다룬다.

---

26   장종현, 『신학은 학문이 아닙니다』 (서울: UCN, 2021).

1 조직신학의 명칭

이근삼은 조직신학을 설명할 때 조직신학의 명칭 문제를 가장 먼저 다룬다. 그는 '교의학'(dogmatics)을 채택해야 하고 '조직신학'은 사용하지 않아야 한다는 주장을 반박했다. 그는 자신이 조직신학이나 교의학 가운데 어떤 표현을 사용해도 좋다는 워필드의 입장을 따르고 있다고 밝힌다.[27] 이를 통해 그는 조직신학이 성경에 바탕하여 교회를 위한 교리를 체계적으로 정리하고 설명하는 일이라고 보고 있음을 보여준다.

2 조직신학의 정의

이근삼은 조직신학이 무엇인지를 정의하는 작업에 착수한다. 장로교단 소속이면서 개혁파 신학을 가르치는 그는 장로교 신학자 워필드의 신학 정의와 개혁파 신학자 바빙크와 카이퍼의 신학 정의를 먼저 다룬다.[28] 신학을 장로교와 개혁파의 입장에서 정의한 후에 그 정의에 근거해서 조직신학을 정의하고자 하기 때문이다.

이근삼에 따르면 워필드는 신학을 "하나님과 하나님의 우주에 대한 관계를 논하는 학문"[29]으로 정의했다. 이 정의에 따르면 신학은 학문이다. "하나님과 하나님의 우주에 대한 관계"는 신학과 다른 학문을 구분해주는 종차(種差)이고, 학문은 신학과 다른 학문의 공통점을 보여주는 유(類)이다. 워필드의 신학 정의에 따르면 신학은 다른 학문처럼 학문이지만, 신학의 특수성 내지 고유성은 신학의 대상에 있다. 신학의 대상은 1) 하나님

---

27   이근삼, 『개혁주의 조직신학 개요 1』, 19.

28   이근삼, 『개혁주의 조직신학 개요 1』, 19.

29   이근삼, 『개혁주의 조직신학 개요 1』, 20.

이며 2) 하나님과 우주의 관계다. 신학은 연구대상만 다를 뿐 다른 학문과 동일한 방법을 지닌다는 뜻이다.[30]

장로교 신학자 워필드에 따르면 신학은 1) 하나님 자신이 어떤 분이신지를 다루며, 2) 하나님께서 그분이 창조하신 우주에 대해 어떤 관계를 맺고 계신지를 다룬다. 여기서 주목할 점이 있다. 신학의 대상은 하나님께서 창조하신 우주 자체가 아니다. 그래서 신학은 우주 자체를 연구대상으로 삼고 있는 일반 학문과 다르다.[31] 워필드의 신학 정의에 따르면 하나님의 본질을 다루는 삼위일체론이 신학의 일차적 대상이 될 것이며, 하나님의 행동을 다루는 작정 교리, 창조 교리, 섭리 교리 등이 신학의 이차적 대상이 될 것이다. 인간은 하나님의 최고 창조물이기에 하나님의 창조세계의 관계를 다루는 영역에 포함된다. 따라서 인간론과 죄론, 기독론과 속죄론, 성령론과 구원론, 교회론과 성령론이 모두 신학에 포함된다.

이근삼은 개혁파 신학자 바빙크의 신학 정의도 인용한다. 바빙크에 따르면 신학은 "하나님에 관한 지식의 학문적 체계"[32]이며, 특히 하나님께서 그분 자신에 관해 그분 자신의 말씀으로 교회에 계시하신 지식이다. 이근삼은 바빙크의 신학 정의를 따르고 있다. 그런데 바빙크의 신학 정의에서도 '학문적 체계'라는 요소가 강조되고 있다. 바빙크에 따르면 신학은 단순히 하나님에 관한 지식이 아니라 하나님에 관한 지식의 학문적 체계이어야 한다.[33] 이는 신학이란 다양하게 해석될 수 있는 성경 자료들을

---

30   이근삼, 『개혁주의 조직신학 개요 1』, 20.

31   이근삼, 『개혁주의 조직신학 개요 1』, 20.

32   이근삼, 『개혁주의 조직신학 개요 1』, 20.

33   이근삼, 『개혁주의 조직신학 개요 1』, 20.

하나의 지식 체계로 구성하는 일을 해야 한다는 뜻이다. 이때 개별 신학자에 따라, 교단에 따라 하나님에 관한 지식의 학문적 체계들이 다양하게 나올 수 있다. 성경 자료들을 하나의 지식 체계로 구성하는 작업을 하는 인간은 유한할 뿐 아니라 여전히 죄의 영향에 노출되어 있기 때문이다.

바빙크는 하나님에 관한 지식의 출처가 특별계시인 성경이라는 사실을 강조함으로써 신학의 상대화와 주관화를 경계하는 것으로 보인다. 동시에 그는 이 지식이 보편적 지식이 아니라 교회에 계시된 지식이라는 점도 강조한다. 신학적 지식은 보편타당성을 추구하는 다른 학문적 지식과는 다르다. 구원받은 사람만이 얻을 수 있는 구원론적 지식이기 때문이다. 바빙크에 따르면 거듭나지 않고서는 하나님을 알 수도 없고 하나님과 창조세계의 관계도 알 수 없다. 그런 점에서 신학은 철저히 교회의 신학이며 교회만이 수용할 수 있는 지식이다.[34]

개혁주의 생명신학은 신학(theologia)을 "하나님께서 말씀하신다"와 "하나님에 관해 말한다"라는 두 가지 의미로 구분한다. 많은 신학자들이 '신학'을 "하나님에 관해 말한다"는 의미로 이해하는 반면 개혁주의 생명신학은 '신학'의 일차적 의미를 "하나님께서 말씀하신다"로 받아들인다. "하나님에 관해 말하는" 일에서 주체는 인간인 반면에 "하나님께서 말씀하시는" 일에서 주체는 하나님이시다. 인간이 주체가 될 때 인간은 체계적이고 무모순적인 지식을 추구하는데 반해 하나님이 주체가 되어 말씀하실 때 인간은 말씀의 종이 되어야 한다. 성경 말씀 가운데 이해되지 않거나 모순되어 보이는 것이 있다 해도 일단 믿음으로 순종해야 한다. 인

---

34   이근삼, 『개혁주의 조직신학 개요 1』, 20.

간이 이해되지 않거나 체계화시킬 수 없다는 이유로 하나님 말씀에 제한을 두어서는 안 된다. 바로 이것이 "신학이 학문이 아니다"라는 개혁주의 생명신학의 명제가 함축하는 바이다.[35] 바빙크는 신학을 인간이 하나님에 관해 아는 지식을 학문적으로 체계화하는 것으로 보면서도 "하나님께서 자기에 관해서 자신의 말씀으로 교회에 계시하신 지식"이라고도 규정한다. 바로 이 규정을 개혁주의 생명신학이 강조함으로써 신학이 단순한 학문으로 환원되는 것을 경계한다.

이근삼은 화란 개혁파 신학자 카이퍼의 신학 정의도 소개한다. 카이퍼에 따르면 신학은 "하나님에 관한 지식을 논하고 그것의 논거들을 활용, 소화, 통일하고 또 그것들을 사람의 의식에 만족하는 형식으로 작성하려는 학문"이다.[36] 카이퍼도 신학을 학문이라고 보는데, 그에게 신학은 신학의 내용을 얻는 방식에서 다른 학문과 다르다. 신학적 지식은 오직 계시를 통해서만 주어지기 때문이다. 하지만 계시를 통해 주어진 내용은 "하나님에 관한 지식", 즉 명제적 지식이다. 이는 하나님을 아는 지식(knowing God)과는 달라 보인다.[37]

카이퍼에 따르면 계시를 통해 주어진 지식의 논거들을 활용하고 소화하고, 일관되게 체계화하며, 그 지식과 논거들을 사람들에게 이해시키

---

35 장종현, 『교회를 살리는 신학』 (서울: UCN, 2019), 124~125; 『생명을 살리는 교리』 (서울: UCN, 2019), 20~22.

36 이근삼, 『개혁주의 조직신학 개요 1』, 20~21.

37 이러한 구분은 버트란드 러셀(Bertrand Russell)의 간접지식(knowledge by description, 기술에 의한 지식)과 직접지식(knowledge by acquaintance, 대면에 의한 지식) 간의 구분과 완전히 일치하지는 않지만, '하나님에 관한 지식'이 제3자적 지식인데 반해 '하나님을 아는 지식'이 인격적 사귐을 통한 지식이라는 점에서 그 구분과 유사성을 보인다.

고, 타당하게 여겨질 수 있는 형식에 따라 작성하는 일도 인간의 몫이 된다. 이러한 체계화는 하나님의 계시에 진리를 더해준다기보다 설득력을 제공한다고 볼 수 있다. 논리나 수사 등은 계시의 진리 여부를 결정하지는 못하지만, 사람이 계시를 진리로 받아들이는 도구로 사용될 수 있다.[38] 따라서 우리는 학문은 하나님의 계시를 진리로 만들어주지는 못하지만 하나님의 계시를 우리에게 설득력 있게 전달하는 도구적 역할을 한다고 생각할 수 있다. 학문은 하나님의 계시를 뒷받침하는 도구이지 그 자체가 진리는 아니다. 카이퍼는 신학이 체계성을 지녀야 한다는 의미에서 학문이라고 말하지 학문이라는 규정이 신학적 진리 내용에 영향을 주도록 하지는 않는다.

신학을 하나님의 관점이 아니라 인간의 관점에서 규정하려 할 때 카이퍼가 그러했듯이 신학은 학문으로 이해된다.[39] 신학을 학문으로 규정하는 입장은 신학을 존재의 차원에서가 아니라 인식의 차원에서 이해하고 있다고 볼 수 있다. 즉 신학을 "하나님께서 말씀하신다"라는 측면에서보다는 "하나님에 관해 말한다"는 측면에서 이해하고 있다고 볼 수 있다. 하나님께서 말씀하시는 계시인 성경을 우리가 소화하고 활용하고 이해할 수 있도록 하지 않는 한 신학이 성립할 수 없다고 보는 것이다. 이처럼 신학을 학문으로 이해하는 경우 신학은 하나님의 계시인 성경과 구분된다. 성경 가운데 논리적이고 체계적으로 설명할 수 있는 부분만 신학이 되고 그렇지 않은 부분은 하나님의 계시이시지만 신학은 아닐 것이다. 그런데 신학의 목적이 하나님 말씀에 대한 순종이라면, 아직 논리적으로 설

---

38   이근삼, 『개혁주의 조직신학 개요 1』, 20~21.

39   이근삼, 『개혁주의 조직신학 개요 1』, 20~21.

명하고 체계화할 수 없는 말씀이 있다 해도 그 말씀에 대한 순종이 거부되어야 하는 것은 아니다. 하나님께서는 때로 설명이나 설득 없이 단순히 선포하고 명령하시기도 하는데 이러한 선포와 명령에 대해 순종하지 않아도 되는 것은 아니다. 개혁주의생명신학은 신학의 본래적 의미를 "하나님이 말씀하신다"에서 찾음으로써 설득 여부와 무관하게 하나님의 모든 말씀에 대한 순종을 강조한다. 하나님의 계시인 성경은 인간이 소화해서 활용할 수 있고 이해할 수 있는 방식으로 제시되어 설득력을 지닐 필요는 있지만 그러한 학문적 요소는 신학의 목적이 아니라 도구이다.[40]

필자가 보기에 카이퍼는 인간 의식이 명석판명하게(clear & distinct) 파악해야 학문적 지식이라는 근대 서양의 학문관을 수용하고 있다. 카이퍼는 신학을 하나님의 계시된 지식을 연구대상으로 삼아 그것을 통찰하는 학문이라고 표현했다. 그에게 신학은 인간이 신학의 주체가 되어 성경을 인간의 통찰에 비추어 연구하고 타당성을 확인하고 설득력을 부여하려는 작업이다. 따라서 신학은 학문적 훈련을 거친 전문신학자들만의 일이 된다.

하지만 "신학은 학문이 아니다"라고 주장하는 개혁주의생명신학은 신학의 본질적 의미를 회복하여 신학을 전문학자들뿐 아니라 모든 신자들의 것으로 회복시키고자 한다. 성경을 소수 신학자들의 전유물로 여겼던 중세 로마교회에 맞서 성경을 모든 신자의 품으로 돌려준 종교개혁의 정신을 따라 하나님께 순종하여 하나님께 영광을 돌려야 하는 신학의 사명을 모든 신자의 사명으로 삼고자 한다.

---

40   장종현, 『교회를 살리는 신학』, 216~17.

물론 이근삼은 하나님이 학문적 연구에 의해 완전히 파악될 수 있다고는 주장하지 않는다. 그는 개혁파 신학에 따라 하나님의 불가해성(incomprehensibility)을 인정하기 때문이다. 영원하시고 무한하시고 완전하시고 전지하신 하나님은 유한하고 시간적이고 불완전한 인간에의해 파악될 수 없다. 이 점에서 그는 인간이 주체가 되는 학문으로서의 신학의 한계를 받아들인다. 하지만 이근삼은 하나님의 가지성(knowability)를 통해 불가지론도 배격한다. 하나님께서 성경 가운데 계시하시는 하나님을 우리는 알 수 있기 때문이다. 그에 따르면 하나님은 신학의 궁극적 대상이다. 하나님께서 계시하신 계시를 통해 최종적으로 하나님을 알고 그분께 순종해야 하기 때문이다.[41]

이근삼은 이러한 입장을 핫지(A. A. Hodge)에게서도 찾는다. 그에 따르면 핫지도 신학이 하나님 자신을 연구하기보다는 성경 속에 나타난 진리와 사실들을 연구한다고 주장한다.[42] 이때 진리는 명제적 계시를 뜻하고 사실들은 역사적 계시 또는 사실적 계시를 뜻할 수 있다. 루이스 벌코프(Louis Berkhof)를 비롯하여 개혁파 신학자들은 계시를 명제적 계시와 사실적 계시로 구분한다. 특히 명제적 계시는 계시를 일종의 사건으로만 보는 입장에 반대하는 데 유용하게 사용된다. 핫지나 이근삼에 따르면 신학의 일차적 작업은 "성경의 진리와 사실들을 상호 내면적인 관계에 의해 수집하고, 인증하고, 배열하고 전시하는"[43] 일이다. 성경의 진리와 사실들의 상호내면적 관계를 밝히는 일은 "성경은 성경으로 해석한다"는 칼빈의 성경

---

41 이근삼, 『개혁주의 조직신학 개요 1』, 21.

42 이근삼, 『개혁주의 조직신학 개요 1』, 21.

43 이근삼, 『개혁주의 조직신학 개요 1』, 21.

해석방법을 전제한다. 성경 내의 자료들의 정합성은 성경과 외부 자료들 사이의 정합성보다 더 중요하다.[44] 물론 성경 내의 자료들의 정합성을 찾을 때뿐 아니라 성경과 외부 자료들 사이의 정합성을 찾을 때에도 논리적 이성을 사용하는 학문은 도구로 사용될 수 있다.

3 신학에서 조직신학의 위치

이근삼은 신학을 이론신학이라 표현하기도 하면서 조직신학을 이론신학으로 규정한다. 그가 보기에 계시 내용 전체를 신앙과 의무의 체계로 구성하는 조직신학이 이론 신학에 포함된다. 교의신학은 계시 내용 전체를 신앙의 체계로 구성하는 것이고, 윤리학은 계시의 내용 전체를 의무의 체계로 구성한다. 그래서 교의신학과 윤리학은 모두 조직신학에 포함된다.[45]

이근삼의 이러한 설명은 그가 앞서 조직신학과 교의신학을 상호교환가능한 용어로 본 입장과 맞지 않아 보인다. 이 설명에서 그는 조직신학과 교의신학을 구분하고 있고, 교의신학을 조직신학의 한 분과로 여기고 있기 때문이다. 필자가 보기에 교의신학을 좁은 의미와 넓은 의미로 나누어 이해하고 윤리학과 구분되는 교의신학을 좁은 의미로 이해할 때에만 그의 설명이 이해될 수 있다.

이근삼은 교의신학과 윤리학이 어떻게 구성되고 발전되었는지를 과거 교회사에서 살펴보는 일을 교리사와 신조학의 과제라고 여긴다. 교리사는 교리의 발전과정을 역사적으로 살피며, 신조학은 그 결과 형성된 내

---

44   이근삼, 『개혁주의 조직신학 개요 1』, 21.

45   이근삼, 『개혁주의 조직신학 개요 1』, 21.

용을 다룬다.

그런데 교의신학은 신조학과 동일한 것인가 다른 것인가라는 질문이 생긴다. 앞서 이근삼은 교의신학과 신조학을 동의어로 사용하기 때문이다. 교의신학은 계시 내용 전체를 신앙의 체계로 구성하는 것인데 교의신학은 교회 역사에서 형성된 결과물이라는 점에서 신조학이라 부를 수 있을 것이다. 이 경우 교의신학은 신조학과 동일한 것이 된다.

이근삼은 변증학도 이론신학에 포함시킨다. 그에 따르면 변증학은 일종의 논쟁 신학이다. 교회 안에 일어난 이단 운동들에 맞서 참된 교리체계를 옹호하는 신학이기 때문이다. 이근삼은 조직신학이 이러한 이론신학들 가운데 중심을 차지한다고 여긴다. 여기서 그가 말하는 조직신학은 교의신학과 윤리학이다. 그에 따르면 교리사와 신조학은 교의신학과 윤리학이 성립되고 발전해 온 과정을 다루며, 변증학은 이단들에게 맞서 교의신학과 윤리학을 옹호한다.[46] 따라서 변증학은 비록 교의신학과 윤리학의 요소를 지니더라도 이단 반박이 목적이라는 점에서 교의신학과 윤리학과 다르다. 교리사나 신조학, 변증학은 교의신학과 윤리학으로 이루어진 조직신학을 이해시키고 옹호하는 도우미 역할을 한다고 볼 수 있다.

4 조직신학의 목적

이근삼은 조직신학이 신학의 여러 분과들, 특히 이론신학에서 중심을 차지한다는 사실을 밝힌 후에 조직신학의 목적을 다룬다. 그는 찰스 핫지(Charles Hodge)의 입장을 따라 개혁주의 조직신학의 임무를 "절대적으

---

46   이근삼, 『개혁주의 조직신학 개요 1』, 22.

로 확실한 진리를 학문적 형식으로 서술하며 기독교 교리의 전부를 포용"[47] 하는 것으로 여긴다. 이근삼은 조직신학의 목적을 다룰 때 '개혁주의 조직신학의 임무'라고 표현함으로써 다른 교파나 교단이 생각하는 조직신학의 임무가 그가 생각하는 것과 다를 수 있다는 사실을 암시한다. 그는 개혁신학자 찰스 핫지의 말을 직접 인용한다. "성경은 분명히 절대적으로 확실한 진리를 담고 있는데, 성경에 담겨 있는 그 진리를 학문적 형식으로 서술해야 된다."[48] 필자가 보기에 이근삼은 조직신학이 신학의 다른 분과와 다른 독특성을 '학문적 형식'과 '기독교 교리 전부의 포용'에서 찾는 것으로 보인다.

이근삼이 소개하는 핫지에 따르면 조직신학은 기독교 교리 전체를 다 담아내야 한다. '전체 성경'(tota Scriptura) 처럼 '전체 교리'(tota doctrinam)가 조직신학 작업의 원칙이 되어야 한다. 핫지에 따르면 기독교 교리들의 상호내면적이고 논리적인 관계를 보여주는 체계를 완성하는 것이 개혁주의 조직신학의 임무다. 앞서 그는 신학의 임무가 성경 자료들의 상호내면적이고 논리적 관계를 보여주는 체계를 구성하는 데 있다고 했다. 기독교 교리는 성경 자료들을 상호내면적이고 논리적으로 연결하는 데서 나오는데, 기독교 교리의 체계화와 성경 자료들의 체계화 사이에 어떤 차이가 있는지가 좀 더 설명되어야 한다. 조직신학은 기독교 교리의 체계화라는 점에서 성경 자료들의 체계화를 시도하는 성경신학보다 성경에서 좀 더 떨어져 있는 것으로 여겨야 하는가라는 물음이 생길 수도 있다. 이근삼에 따르면 찰스 핫지는 조직신학의 일차적 연구대상을 성경 자체가 아니라

---

47   Charles Hodge. 이근삼,『개혁주의 조직신학 개요 1』, 22에서 재인용.

48   Charles Hodge. 이근삼,『개혁주의 조직신학 개요 1』, 22에서 재인용.

교리들로 보고 있기 때문이다.[49] 이 물음은 성경 자료와 기독교 교리가 어떤 공통점과 차이점을 지니고 있는가라는 물음과 연결된다.

여기서 찰스 핫지는 '학문적 형식'을 강조한다. 필자가 보기에 여기서 말하는 학문적 형식은 여러 가지 의미를 지닐 수 있다. 가장 넓은 의미에서 학문적 형식은 논리적이고 체계적인 형식이라 할 수 있다. 좀 더 좁은 의미에서 학문적 형식은 귀납법이나 연역법과 같은 학문 방법이 될 수 있다. 연역법은 가장 자명하고 근본적인 원리에서 구체적 결론을 끌어내는 방식이다. 그 원리(대전제)가 진리이고 그 원리가 적용되어야 하는 사례(소전제)가 진리이며 결론을 도출하는 방식이 논리적으로 타당하다면 원리가 적용된 사례인 결론도 진리일 것이다. 확실한 원리를 공리로 지니는 수학이나 기하학 등에서 사용되는 학문 방법이다. 기독교 교리의 체계화는 기독교 교리가 일반적 명제 형식으로 제시되는 한 연역법을 사용한다고 볼 수 있다. 이에 반해 귀납법은 개별 사례들을 모아 일반적 명제를 도출하는 경험과학의 방법인데, 성경의 자료들을 모아서 공통되고 일반적인 원리를 끌어내는 성경신학의 방법이다. 핫지가 여기서 말하는 '학문적 형식'이 넓은 의미로 사용되는지 좁은 의미로 사용되는지는 언급되고 있지 않다. 하지만 이근삼의 이후 설명을 살펴보면 그가 말하는 학문적 형식은 좁은 의미로 사용되는 것 같다. 그가 말하는 신학 일반의 방법은 귀납법과 같다. 그에 따르면 개혁주의 신학은 성경의 사실들을 일종의 자료(data)로 모아서 그 사실들의 상호 관계를 결정해 주고 그 상호 관계를 통해서 드러난 성경의 진리와 사실들을 보여주어야 하기 때문이다. 동시에

---

49   이근삼, 『개혁주의 조직신학 개요 1』, 22.

그가 말하는 조직신학의 방법은 연역법과 같다. 기독교 교리는 이미 확실한 진리로서 받아들여진 명제 형식을 취하기 때문이다.

그런데 이 대목에서 이근삼은 좀 더 많은 설명을 할 필요가 있어 보인다. 그는 "그것들의 상호 간과 다른 같은 종류의 진리들과의 관계를 결정한다"[50]라는 표현을 사용하는데, 특히 '다른 같은 종류의 진리들'이 무엇을 가리키는지가 확실하지 않다. 핫지의 표현 자체가 불분명한지 이근삼의 소개가 불분명한지는 확실하지 않다. "그것들의 상호 간과 다른 같은 종류의 진리들과의 관계"라고 하지 않고 "성경의 사실들의 상호 간의 관계"라고만 하면 신학은 성경 자료 전체의 종합적 체계를 구성하는 일을 목표로 한다. 그런데 '다른 같은 종류의 진리들'이 성경의 진리들과 다른 종류의 진리들을 가리킨다면, 신학의 과제는 성경 내용 전체가 성경 밖의 진리들과 모순되지 않는 하나의 정합적 체계를 구성하는 것이 된다. 그렇게 이해되는 경우 이근삼이 자신이 앞서 내린 신학의 정의를 좀 더 확대하고 있는 셈이다. 이 경우 신학과 과학의 관계를 다루는 일도 조직신학의 임무에 포함된다. 하지만 이러한 입장을 받아들이는 경우 신학의 유일한 원천이 성경이라고 하는 이전 진술에 대해 좀 더 설명할 필요가 있다. 또한 '다른 같은 종류'가 무엇을 뜻하는지는 여전히 분명하지 않다. 성경 밖의 진리들이 성경 내의 진리들과 같은 종류라고 할 때 그 뜻을 좀 더 설명할 필요가 있다.

이근삼에 따르면 신학의 가장 중요한 과제는 성경의 사실들 사이의 상호 관계를 밝히는 일이다. 성경의 사실들 자체보다 그 사실들이 전체

---

50   이근삼, 『개혁주의 조직신학 개요 1』, 22.

체계 속에서 차지하는 위치를 밝혀내는 것이 조직신학의 임무이기 때문이다. 조직신학자는 성경의 사실들의 상호관계를 찾아 하나의 체계를 만들어야 하는 반면에 일반 신자들은 성경의 사실들을 직접 대하지만 그 사실들의 상호 관계를 보여주는 체계를 스스로 찾기 어렵다. 이 경우 조직신학은 일반 신자들의 몫이 아니라 전문신학자의 몫이 된다. 이 경우 "성경의 명료성"을 어디까지 적용해야 하는가라는 물음에 대해 추가 설명이 필요하다.

5 조직신학의 원천

이근삼은 조직신학의 목적을 다룬 후에 조직신학의 원천, 즉 자료가 무엇인지를 다룬다. 그에 따르면 조직신학의 유일한 원천은 성경이다. 신학은, 특히 조직신학은 하나님의 존재에 관한 지식과, 하나님이 그분이 창조한 우주와 맺는 관계들에 관한 지식이다. 그런데 그 지식의 원천은 성경에 있다. 이근삼에 따르면 성경은 하나님의 영감으로 기록된 계시이다. 우리가 하나님의 존재를 알고 하나님이 그분이 창조하신 우주와 어떤 관계를 맺는지를 알 수 있는 길은 하나님이 계시로 보여주셔야만 가능하다. 우리 인간은 자신의 능력으로 하나님을 찾거나 알 수 없다. 따라서 특별계시 없는 자연신학의 가능성은 자연스럽게 부정된다.[51]

이근삼은 이를 뒷받침하기 위해 칼빈을 인용한다. 칼빈에 따르면 하나님의 일반계시는 실체적이고 명료하고 보편적이지만 죄로 타락한 인간에게는 하나님을 아는 참된 지식을 제공하지 못한다.[52] 하나님의 일반계

---

51 이근삼, 『개혁주의 조직신학 개요 1』, 22.

52 칼빈, 『기독교 강요』 1.1.5. 이근삼, 『개혁주의 조직신학 개요 1』, 22, n.8에서 재인용.

시는 객관적으로 명료하게 드러나 있지만 영적 시력을 잃어버린 인간은 그 계시를 볼 수 없다. 죄인에게 일반계시는 계시로서 작동하지 못하며, 따라서 보편성과 명료성과 실체성이 드러나지 않는다. 이근삼에 따르면 일반계시만으로는 창조주 하나님을 알 수 없다. 하나님의 말씀이 있어야 일반계시가 계시로서의 역할을 할 수 있다. 특별계시는 단순한 학문의 대상이 아니라 우리를 구원으로 인도하는 지식이다. 일반계시는 하나님의 영광을 드러내고 있지만, 영적 시각을 잃어버린 죄인은 하나님의 영광을 보지 못한다. 따라서 특별계시인 성경이 조직신학의 유일한 원천이 될 수밖에 없다. 하지만 이근삼은 일반계시의 역할을 부정하지는 않는다. 일반계시는 죄인에게는 계시의 역할을 하지 못하지만 특별계시를 통해 하나님의 구원에 이르는 지식을 얻게 된 사람에게 계시의 역할을 할 수 있다.

이근삼은 성경이 신학의 원천일 때 성경 전체가 신학의 원천인가 아니면 성경의 일부가 신학의 원천이 되는가라는 질문을 던진다. 그는 사상영감설이나 부분영감설처럼 성경의 일부만이 신학의 원천이 된다고 여기는 입장을 부정한다. 개혁파 조직신학자라면 신학의 원천이 모든 성경이라고 고백해야 한다.[53] 따라서 성경이 신학의 원천이라는 주장을 통해 이근삼은 종교개혁의 "오직 성경"과 "모든 성경"에 충실하고 있다.

6 조직신학의 방법

이근삼은 조직신학의 자료가 교리나 신조가 아니라 오직 성경임을 밝힌 후에 조직신학의 방법을 다루고자 한다. 그는 조직신학의 방법을 유

---

53   이근삼, 『개혁주의 조직신학 개요 1』, 22.

신론적 방법으로 규정한다. 유신론적 방법이란 하나님을 지식의 근원으로 삼는 방법이다. 지식이 인간에게서 나오지 않고 하나님에게서 나온다고 보는 입장이다. 하나님이 지식의 근원이 되시는 이유는 하나님이 스스로 존재하시고 스스로 완전한 의식을 가지고 계시고 자족하신 분이라는데 있다. 하나님의 자기 인식은 완전하다. 하나님에게는 하나님 자신과 모든 창조 세계에 관한 완전한 지식이 있다. 유신론적 방법은 모든 기독교적 학문의 근본적 방법이다.[54]

여기서 그가 조직신학의 방법으로 제시한 유신론적 방법이 모든 기독교적 학문의 근본적 방법이다. 그래서 모든 진리 탐구의 기초는 인간학적 지식이 아니라 신학적 지식이다. 서양 근대 철학자 데카르트가 모든 진리 탐구의 기초를 인식론에 둔 데 반해 이근삼은 모든 진리 탐구의 기초를 존재론에 둔다고 할 수 있다.[55] 일반적으로 기독교 세계관은 하나의 체계적인 학문이기보다는 신학을 포함한 모든 기독교적 학문의 전제로 이해된다.[56] 신학도 기독교 세계관을 전제하는 하나의 기독교적 학문이라고 보는 경우 조직신학의 방법은 유신론적 방법이라는 점에서 모든 다른 기독교적 학문의 방법도 동일하다. 유신론적 방법이 조직신학의 방법일 뿐 아니라 모든 기독교적 학문의 방법이라면, 유신론적 방법은 조직신학의 방법을 묘사하는 것 중 하나가 될 것이다. 그렇다면 조직신학 방법과 다

---

54   이근삼, 『개혁주의 조직신학 개요 1』, 23.

55   이근삼, 『개혁주의 조직신학 개요 1』, 23.

56   알 월터스(Al Wolters)는 신학의 성경해석이 기독교 세계관의 영향을 받고 있음을 보여 주었다. 그에 따르면 개혁파 세계관은 다른 교단이나 교파의 성경해석과 다른 개혁파적 성경해석을 낳는다. 그는 잠언 31장의 현숙한 여인을 해석하면서 그러한 차이를 보여준다.

른 기독교적 학문 방법의 차이는 무엇인가라는 물음이 생긴다.

이근삼은 신학의 방법을 "종합적 방법 또는 신학적 방법 또는 권위의 방법"이라고 부른다. 신학의 방법은 성경 계시의 사실들과 진리들을 일관되게 종합하여 하나의 체계를 구성한다는 점에서 '종합적'이라 불린다. 신학의 방법은 신학적 지식이 인간의 지식이 아니라 하나님의 지식에서 비롯된다는 점에서 '신학적'이라 불린다. 또한 신학의 방법은 신학적 지식 토론과 상호검증을 통해 합의에 이르러야 하는 인간의 상대적이고 주관적인 지식이 아니라 그 자체로 권위 있게 받아들여야 하는 하나님의 절대적이고 객관적인 지식이라는 점에서 권위의 방법이다. 신학의 방법은 인간 공동체 구성원들의 토론과 해석을 통해 일정 결론을 합의해내는 상호주관적 방법이 아니라 절대적 권위가 있는 하나님 말씀을 무조건 수용한다는 점에서 권위의 방법이다[57]

이근삼에 따르면 조직신학자들은 성경의 사실들과 진리들 가운데 일부만 수용해서는 안 된다. 신학의 방법은 종합적 방법이기에 성경의 자료들을 모두 포괄해야 한다. 현실적으로 성경 자료들을 종합하는 작업은 단번에 완성되지 않는다. 교회 역사는 교리 체계가 성경 자료를 완전히 다 교리 체계로 다 담아내지 못하기에 끊임없이 수정되고 발전되어야 왔음을 보여준다. 특정 시대에 종합된 교리 체계는 성경 자료에 비추어 수정될 가능성을 언제나 지니고 있다.[58] 그래서 성경은 수정불가능하지만 교리는 원칙상 수정가능하다.

이근삼은 신학의 방법이 종합적 방법일 수 있는 근거를 하나님의 진

---

57   이근삼,『개혁주의 조직신학 개요 1』, 23.

58   이근삼,『개혁주의 조직신학 개요 1』, 23.

리가 하나라는 데서 찾는다.[59] 이는 신학적 진리와 일반 학문적 진리가 비록 서로 모순되더라도 각기 다른 차원에서 참이라는 이중진리설을[60] 부정한다. 이근삼은 하나님의 진리가 하나의 일관된 종합적 체계를 지닌다고 여긴다. 모순율은 신학에도 적용된다.[61]

이근삼은 신학의 방법을 권위의 방법으로도 묘사한다. 이는 성경 구절들의 상호관계가 논리적이고 정합적으로 설명되지 못하는 경우가 생기더라도 성경의 모든 말씀을 하나님의 권위 있는 말씀으로 받아들여야 한다는 뜻이다. 우리의 교리 체계가 아직 설명하지 못하는 부분들이 있다는 현실을 인정해야 한다. 그렇지 않다면 서로 다른 교단 교파들이 서로 다른 교리 체계를 주장하면서 성경에 비추어 계속 논의하고 있지는 않을 것이다. 특정 교단이나 교파의 교리 체계를 절대화하는 일은 하나님의 권위를 사람이나 특정 공동체의 권위로 이동시키는 일이 될 것이다.[62]

이근삼은 계시 내용이 하나의 유기적이고 완전한 체계를 이룰 수 있다고 주장한다. 그에 따르면 조직신학자에게는 "성경이 우리의 신앙과 행위에 대해 가르치는 모든 교훈을 하나의 체계로 제시해야 하는" 책무가 있다. 여기서 이근삼은 이 체계를 '균형적인 체계'라고 묘사한다.[63] 하지만 '균형'이 무엇을 뜻하는지가 더 이상 설명되지 않는다.

필자는 '균형적인 체계'의 의미를 나름대로 설명해보고자 한다. 우

59   이근삼,『개혁주의 조직신학 개요 1』, 24.
60   서병창, "세계의 영원성과 이중진리설",「가톨릭철학」 20 (2013): 116. 115~48.
61   바로 이 점에서 이근삼은 기독교 세계관과 기독교 학문을 강조할 수 있었다.
62   이근삼,『개혁주의 조직신학 개요 1』, 24.
63   이근삼,『개혁주의 조직신학 개요 1』, 24.

선 '체계'를 뜻하는 system은 헬라어 syn과 histemi의 합성어이며, "함께 놓는다"(put together)는 뜻을 지닌다. 마치 벽돌을 하나의 틀에 따라 빈틈 없이 쌓아 건축물을 이루듯이 성경 자료들을 하나의 체계로 만드는 것이다. 데카르트는 학문 체계를 일종의 나무에 비유한다. 가장 근본적인 뿌리에서 줄기가 올라오고 그 줄기에 다양한 가지들이 나온다. 지식 체계는 가장 근본적인 원리(뿌리)에서 덜 근본적인 원리나 원리들(줄기)을 연역해내고 그것들로부터 구체적인 지식 내용(가지)을 끌어내는 방식으로 구성된다. 이 경우 이 체계는 매우 수직적이고 권위적인 형태를 띤다. 반면에 귀납법은 다양한 자료들 가운데 어떤 자료가 더 근본적이고 덜 근본적인지를 따지지 않는다. 모든 자료는 동등한 가치를 지니기 때문이다. 이 경우 자료들이 서로 모순되거나 충돌할 때 이를 조정할 길이 없다. 귀납법의 한계가 바로 여기서 나온다. "모든 까마귀는 까맣다"는 일반 명제는 하얀 까마귀 한 마리의 출현과 더불어 모순에 빠지기 때문이다. 하얀 까마귀 한 마리 때문에 "모든 까마귀는 희다"는 일반 명제가 정당화되는 것도 아니다. 두 명제 모두 수용될 수 없는 상황에 빠진다.

균형의 방법은 자료들 사이의 경중을 인정하면서도 모든 자료의 가치를 인정한다. 그래서 균형의 방법은 연역법과 귀납법의 단점은 극복하고 장점을 살리는 제3의 방법이라고 평가받기도 한다. 성경에는 근본 원리를 담고 있는 말씀(예: 요 3:16)도 있고, 오병이어 기적을 체험한 남자 성인의 수가 5000명이라는 구체적 말씀도 있다. 조직신학자가 정합적 교리 체계를 세울 때 전자가 더 핵심적인 역할을 하지만, 후자가 아무런 역할을 하지 않는 것은 아니다. 모든 성경은 하나님의 권위 있는 말씀이지만 교리 체계를 구성할 때 그 역할의 비중이 다를 수 있다. 물론 어떤 성경 자료를 더 비중있게 보느냐에 따라 교단 교파별로 의견이 달라질 수 있다. 하지만 균형의 방법에 따르면 말씀 A와 말씀 B의 관계를 정할 때 말씀 A에 말씀 B를 억지로 끼어 맞추려거나 말씀 B에 말씀 A를 억지로 끼워 맞추려고 해서는 안 된다. 신학자들이 자신의 입장에 유리한 성경 구절들에 비중을 두고 자기 입장에 불리해 보이는 성경 구절들을 가볍게 여기거나 곡해하는 경향을 경계한다. 예를 들어 하나님의 주권과 인간 책임의 관계를 설명할 때 하나님의 주권을 강조하기 위해 인간의 책임을 강조하는 성경 구절을 축소해석하거나, 인간의 책임을 강조하기 위해 하나님의 주권을 강조하는 성경 구절을 축소해석하려는 유혹을 피해야 한다. 필자가 보기에 이근삼은 신학 체계가 균형적 체계가 되어야 한다고 함으로써 이러한 잘못을 피한다.

7 조직신학의 구조

이근삼은 조직신학의 방법을 신학적 방법, 권위의 방법, 종합적 방법으로 규정한 후에 조직 신학의 구조를 다룬다. 그에 따르면 조직신학의 주제들(loci은 논리적이고 학문적으로 일관된 순서로 제시될 필요가 있다. 조직신학의 구조는 논리적 구조이어야 한다. 즉, 조직신학은 논리적 순서에 따라 잘 이해될 수 있는 순서로 논의되어야 한다. 여기서 이근삼은 '논리적 순서'와 '잘 이해될 수 있는 순서'가 동일하다고 전제하는 것 같다. 이 순서는 근본원리에서 출발하여 구체적 결론을 끌어내는 연역의 순서와 같다. 이근삼에 따르면 가장 근본적인 원리는 자존하시고 자의식이 완전하신 하나님이다. 조직신학은 그러한 하나님에게서 출발해야 하기에 조직신학의 방법은 신학적 방법이라 불린다. 여기서 이근삼은 논리적 순서와 존재적 순서를 동일시하는 것처럼 보인다. 신학적 설명은 스스로 존재하시는 하나님으로부터 스스로 존재할 수 없는 창조세계로 넘어가는 순서로 넘어가야 한다.[64]

이근삼이 보기에 조직신학이 신론에서 출발하는 이유가 여기에 있다. 조직신학은 하나님 자신을 먼저 다루어야 하며, 하나님에게서 나오는 것을 존재 원리이신 하나님과의 연결해서 살펴야 한다. 하나님에게서 나오는 것은 작정, 예정, 창조, 섭리의 순서로 다루어진다.[65] 하나님의 최고 창조물인 인간을 다루는 인간론, 인간의 죄 문제를 다루는 죄론, 인간의 죄 문제를 해결하시는 기독론, 그리스도의 구원 사역을 다루는 구원론, 구원받은 공동체를 다루는 교회론, 교회가 지향하는 완전한 하나님의 나라를 다루는 종말론이 차례로 다루어진다.

일반적으로 논리적 순서가 '잘 이해될 수 있는 순서'라고 생각하지만, 과연 그러한지 의문이 제기될 수 있다. 아리스토텔레스는 존재 순서와 인식 순서가 서로 반대라고 주장한다. 논리적 순서는 존재의 순서를 따르지만, 배움의 순서는 인식의 순서를 따른다. 그런데 성경은 시간을 넘어서는 논리적 순서보다는 시간을 고려하는 인식의 순서에 따라 기록되어 있다. 그래서 성경은 하나님의 영원한 작정 대신 하나님의 창조에서

---

64   이근삼, 『개혁주의 조직신학 개요 1』, 24.

65   흥미롭게도 그는 기적(이적)을 따로 다루지 않고 특별섭리라는 이름 아래 반 페이지 정도 할애해서 간략하게 다룬다. 그는 성경에 나타난 기적의 목적이 구속적이라는 점을 강조하며, "이적의 최고 출현이 예수 그리스도의 탄생과 부활과 재림이다"라고 밝힘으로써 오순절 성령의 이적(방언, 치유 등)이 오늘날 더 이상 일어나지 않는다는 오순절 성령 사건의 단회성을 전제하며, 기적의 의미를 최소화하고자 하는 것으로 보인다. 이근삼, 『개혁주의 조직신학 개요 1』, 25.

시작된다.

존 프레임(John Frame)과 같은 조직신학자에 따르면 조직신학은 철저히 성경적이어야 하며, 신학적 설명의 순서도 논리적 순서보다 성경적 순서로 제시되어야 한다.[66] 그는 신론에서 시작한다는 점에서 조직신학의 전통적 순서에 따르지만, 하나님의 작정과 창조, 섭리, 기적이라는 전통적인 논리적 순서를 버리고 하나님의 기적과 섭리, 창조, 작정라는 인식의 순서를 택한다. 그는 존재의 순서보다는 인식의 순서를 택한다. 그러할 때 하나님의 작정은 추상적이고 건조하기보다 구체적이고 풍성하게 설명되기 때문이다. 조직신학의 주제들을 인간이 하나님을 만나고 인식하는 순서에 따라 설명하기에 그 주제들은 생생하고 구체적으로 다가온다. 물론 이 방식은 경험적이고 인간중심적인 접근이라고 평가받을 수 있다.

하지만 성경 자체가 이런 방식을 취하고 있다. 따라서 신학의 이러한 설명 방식은 하나님의 적응(accomodation)을 반영한다고 볼 수 있다. 이적을 통해 하나님을 극적으로 만나는 신자들이 있다. 많은 환자들이 예수님을 만나 치유 기적을 먼저 경험하였다. 그 이후 그들은 하나님의 섭리를 고백하게 되고 섭리의 하나님이 곧 창조의 하나님이심을 깨닫게 되고, 창조의 하나님이 영원 전부터 작정하시고 예정하시는 사랑의 하나님이심을 알게 되었다. 조직신학이 논리적 순서에 따라 하나님의 작정을 먼저 설명하면 "하나님께서 인간이 죄지을 것을 미리 아셨는가"라는 질문을 피할 수 없다. 이후 역사 속에서 이루어지는 일들은 작정의 실행이라는 점에서 지루할 수도 있다. 하지만 하나님과의 만남을 먼저 체험한 신자는 하나님의

---

66   John Frame, *Systematic Theology*, 김진운 옮김, 『조직신학』 (서울: 부흥과개혁사, 2017).

작정을 배울 때 추상적 질문을 던지기보다 그 만남이 영원 전부터 작정되었다는 사실 앞에서 감사하고 감격할 것이다. 칼빈이 하나님의 작정을 신론에서 다루지 않고 구원론에서 다룬 것도 같은 맥락일 것이다. 하나님의 작정에 감사하기보다 사변적 질문을 던지는 것은 성경의 설명방식을 따르지 않고 학문의 논리적 순서를 따른 결과가 아닐까 생각해 본다.

III 조직신학의 임무

이근삼은 신학서론 1절에서 신학과 신학 분과 분류를 설명하고, 2절에서는 조직신학의 성격과 구조를 설명한 후에 조직신학의 임무를 본격적으로 다룬다.[67] 이근삼은 신학이 하나님 자신에 관한 진리, 하나님께서 그분의 피조물과 맺으시는 관계에 대한 진리를 논리정연하게 진술한다고 여긴다.[68] 좁은 의미의 신론은 하나님 자신에 관한 진리를 다루는 삼위일체론이지만, 넓은 의미의 신론은 하나님과 피조물의 관계를 포함한다. 피조물에 대한 연구는 피조물 자체에 대한 연구가 아니라 하나님과의 관계에서의 연구라는 점에서 신학이다. 이 점에서 신학은 피조물을 동일한 대상으로 삼더라도 피조물 자체에 대한 연구인 일반 학문과 차이를 보여준다.

이근삼에 따르면 신학적 진리는 하나님이 자신에 대해, 자신과 세계의 관계에 대해 계시해 주신 성경 자료로부터 나온다. "하나님께서 자신

---

67   이근삼, 『개혁주의 조직신학 개요 1』, 25.

68   이근삼, 『개혁주의 조직신학 개요 1』, 25.

을 … 자신의 뜻을 우리에게 알려주신 모든 매체를 다 포함한다."[69] '모든 매체'는 특별계시뿐 아니라 일반계시도 포함한다. 계시의 매체에는 성경뿐 아니라 모든 창조세계가 포함된다.[70]

1 조직신학과 일반계시

이근삼은 조직신학의 임무를 다룰 때 조직신학과 일반계시의 관계를 먼저 다룬다. 하나님은 그분 자신을 그분의 모든 창조물 가운데 계시하셨다. 창조란 하나님의 뜻과 하나님의 능력을 보여주는 결과물이기 때문이다.[71] 창조는 하나님의 뜻이 무엇이고 하나님의 능력이 어느 정도인지를 보여주는 매체다. 물론 하나님의 영광은 하나님의 모든 창조물에 흔적으로만 있다. 흔적만으로는 하나님의 영광을 제대로 볼 수 없지만 하나님의 영광을 본 사람은 흔적에서 그 영광을 짐작할 수 있다. 일반계시는 하나님 영광의 흔적이기에 특별계시 없이는 계시 역할을 제대로 할 수 없다. 인간도 하나님 영광의 흔적을 지니지만, 하나님의 영광은 상대적으로 인간에게서 더 또렷하게 나타난다. 하나님의 형상으로 지어진 인간은 가장 뛰어난 창조물이기 때문이다. 인간도 일반계시의 매체인 한 특별계시 없이는 계시 역할을 하지 못한다. 참된 인간론은 인간학적 인간론이 아니라 신학적 인간론이다. 이근삼에 따르면 일반계시는 조직신학이 다루는 계시 자료에 포함된다. 여기서 이근삼은 "자연계시 또는 일반계시"라고 표

---

69   이근삼, 『개혁주의 조직신학 개요 1』, 25.

70   이근삼, 『개혁주의 조직신학 개요 1』, 25.

71   이근삼, 『개혁주의 조직신학 개요 1』, 25.

현함으로써 자연계시와 일반계시를 동일하게 사용하고 있다.[72] 하지만 루이스 벌코프(Louis Berkhof)가 지적하듯이[73] 자연계시와 일반계시는 동일하지 않다. 자연은 특별계시의 매체일 수 있고, 초자연적 사건이 일반계시의 매체일 수 있기 때문이다.[74] 하지만 자연계시와 초자연계시 사이의 구분과 일반계시와 특별계시 사이의 구분은 서로 다르다.

이근삼은 하나님의 비가시성을 강조한다.[75] 하지만 로마서 1장 20절에서 보듯이 가시적 현상은 비가시적인 것을 가리키는 성례전적 의미를 지닌다. 하나님의 영원하신 능력과 신성 자체를 비가시적이지만 창조물을 매체로 하여 드러난다. 로마서 1장 20절에 대한 이근삼의 설명에서 주목할 점이 있다. 그는 하나님의 창조물이 외적 현상뿐 아니라 내면적 경험도 포함한다는 사실을 지적한다.[76] 자연과학적 지식뿐 아니라 심리학적 지식도 일반계시에 포함된다. 따라서 중생하지 않은 사람에게서도 양심은 작동한다. 그에 따르면 신학에서 일반계시를 다루지 않아야 하는 것은 아니다.

이근삼에 따르면 신학의 주요 원천은 하나님의 특별계시인 성경뿐이

---

72 이근삼,『개혁주의 조직신학 개요 1』, 26.

73 Louis Berkhof, *Systematic Theology*, 이상원, 권수경 옮김,『조직신학』(고양: 크리스찬다이제스트, 2017).

74 "창세로부터 그의 보이지 아니하는 것들 곧 그의 영원하신 능력과 신성이 그가 만드신 만물에 분명히 보여 알려졌나니 그러므로 그들이 핑계하지 못할지니라"(롬 1:20).

75 이근삼,『개혁주의 조직신학 개요 1』, 26.

76 이근삼은 골로새서 2장 15절을 근거로 제시하는데 이 구절이 인간의 내면적 경험이 하나님의 창조물이기도 하다는 주장을 어떻게 뒷받침하는지가 불분명해 보인다. "통치자들과 권세들을 무력화하여 드러내어 구경거리로 삼으시고 십자가로 그들을 이기셨느니라"(골 2:15).

다. 하지만 그는 성경이 추상적이고 무시간적이고 논리적인 공간에서 주어진 것이 아니라 구체적인 시간과 공간 속에서 주어진 것이라는 사실을 강조한다. 성경의 진리와 사실들은 무시간적이고 추상적이고 일반적인 명제들로 주어지지 않고 구체적인 역사적 상황 속에서 주어진 것이라는 점이 강조된다. 이는 성경 계시를 이해하기 위해서는 성경뿐 아니라 특별계시가 주어진 삶의 정황도 알아야 한다는 뜻이다. 역사적 성경해석이 필요하다는 뜻이다. 동시에 그 해석이 시대를 넘어 지금 우리 삶에 적용되기 위해서는 우리 삶의 정황도 알아야 한다는 뜻이다. 이근삼은 계시 자체가 역사적 상황과 밀접한 관계 가운데 해석되어야 한다고 밝힌다. 그에 따르면 구체적 상황은 고려하지 않고 성경만 강조하는 경우 추상적 수준에 머물게 된다.[77]

이러한 지적은 매우 탁월하다. 성경을 성경의 역사적 상황은 무시하고 수용자의 삶의 정황만 고려해서 성경을 왜곡하는 퀴어신학과 같은 잘못된 성경해석을 비판할 수 있다. 하나님의 말씀인 성경은 그리스도의 인성처럼 구체적인 역사 가운데 주어졌으며 그리스도의 신성처럼 시대를 초월하는 하나님 말씀이다. 일반계시가 특별계시를 대체할 수는 없지만, 특별계시를 이해할 수 있는 도구가 된다. 믿고 순종해야 하는 특별계시는 일반적 형태의 명제만이 아니라 구체적 상황에 적용된 말씀이다. 적용이 없는 계시는 계시기능을 하지 못한다.

이근삼에 따르면 일반계시는 특별계시를 통해 의미를 지닌다. 또한 특별계시는 일반계시 없이는 적용되지 못한다. 존 프레임에 따르면 "네

---

77 이근삼, 『개혁주의 조직신학 개요 1』, 26.

부모를 공경하라"는 특별계시를 순종하기 위해서는 "홍길동과 홍길순이 네 부모다"라는 일반계시가 있어야 한다. 그래야 "홍길동과 홍길순을 공경하라"는 구체적 명령에 순종할 수 있기 때문이다.

하지만 이근삼은 일반계시를 다루는 신학이[78] 조직신학의 분야나 기초이어야 한다는 생각을 비판한다. 특히 그는 일반계시를 다루는 신학이 특별계시를 다루는 신학 없이 발전되어야 한다는 생각을 비판한다.[79] 특별계시와 일반계시는 모두 하나님의 계시이기 때문이다. 일반계시와 특별계시의 차이는 하나님께서 사용하신 매체의 차이다. 특별계시와 일반계시는 결국 서로 일치할 것이다. 따라서 특별계시와 일반계시를 서로 다른 분야나 영역을 다루는 것처럼 분리해서 다루는 것은 잘못이다. 그래서 이근삼은 자연신학의 존재를 부정한다. 자연신학은 특별계시 없이 일반계시만을 신학의 자료로 삼기 때문이다. 특별계시와 일반계시를 서로 다른 영역에 대한 계시로 여기는 것은 중세의 이중진리론을 되풀이하는 셈이다. 일반계시는 특별계시를 구체적으로 적용하도록 하며, 특별계시는 일반계시가 작용하도록 한다. "특별계시 없는 일반계시는 무의미하며 일반계시 없는 특별계시는 공허하다."

이근삼은 자연신학의 가능성에 대해 부정적 태도를 보인다. 하지만 자연신학이 조직신학에 포함되는가에 대해 유보적 태도를 취한다. 그에 따르면 "자연신학의 지나친 요구나 독립적 역할을 우리가 취급할 조직신

---

78 여기서 이근삼은 자연신학이라는 표현을 위해 일반계시라는 표현 대신 자연계시라는 표현을 사용한다. 하지만 이후 논의를 보면 일반계시와 자연계시를 혼용하기 때문에 일관성을 위해 이 글에서는 일반계시라는 표현을 사용한다.

79 이근삼, 『개혁주의 조직신학 개요 1』, 26.

학의 영역이 아니라고는 생각할 수 없"[80]기 때문이다. 그는 자연신학이 조직신학의 일부라는 주장이나 자연신학이 특별계시 없이 작용할 수 있다는 주장을 비판했다. 그럼에도 그는 자연신학을 조직신학에 포함시킨다. 이러한 태도에 대해서는 해명이 필요하다.

만일 이근삼이 자연신학을 잘못된 자연신학과 올바른 자연신학으로 구분한다면, 그는 잘못된 자연신학을 비판할 것이다. 그 신학은 자연계시를 특별계시와 무관하게 다룰 수 있다고 보는 신학이다. 그에 따르면 올바른 자연신학은 "창조의 역사 또한 일반적인 섭리, 그리고 우리 인간의 존재 구성에 주어진 계시"[81]를 다루는 신학이다. 이러한 자연신학은 자연과 인간을 특별계시라는 안경을 통해 보는 신학이다. 이러한 자연신학은 조직신학의 일부일 수 있다. 조직신학의 신론과 인간론은 창조 역사, 일반적 섭리, 인간의 존재구성을 다루기 때문이다. 이는 신론과 인간론이 성경뿐 아니라 일반계시도 신학의 자료로 사용해야 한다는 뜻이기도 하다. 예를 들어, 인간을 하나님의 형상으로서 이해할 때 심리학적, 사회학적, 생리학적 인간 설명 을 참조해야 한다. 하지만 창조론과 섭리론, 인간론이 일반적으로 자연신학이라 불리는지는 의문이다. 이근삼은 자연신학을 조직신학의 일부로서 재해석하는 것 같다.

이근삼은 창조역사와 일반 섭리, 인간의 존재 구성에 주어진 계시를 자연신학의 대상으로 꼽았는데,[82] 기적을 통한 계시가 빠져 있다. 그는 앞서 기적을 특별 섭리로 다루었는데, 여기서는 '섭리' 대신에 '일반 섭리'

---

80   이근삼, 『개혁주의 조직신학 개요 1』, 27.

81   이근삼, 『개혁주의 조직신학 개요 1』, 27.

82   이근삼, 『개혁주의 조직신학 개요 1』, 27.

를 사용함으로써 기적의 계시적 역할을 배제하고 있다. 이근삼이 초자연적 기적을 자연에 포함시키지 않기 때문이다. 이는 그가 자연계시와 일반계시를 혼용한 결과다.

하지만 넓은 의미로 본다면 창조나 섭리 모두 기적이다. 서양 근대의 자연주의가 자연과 초자연을 구분했는데 이 구분을 검토할 필요가 있다. 일반섭리와 특별섭리라는 구분은 하나님의 섭리가 모든 사람에게 미치느냐 여부에 따라 일반 섭리와 특별 섭리가 구분된다. 여기서 '특별'은 '초자연적'이 아니라 '특정의 사람들'을 뜻한다. 이는 일반계시와 특별계시 사이의 구분에서 사용된 '특별'의 의미다. 따라서 일반섭리와 특별섭리 사이의 구분은 자연적 섭리와 초자연적 섭리 사이의 구분과 같지 않다.

이근삼은 자신이 규정한 자연신학이 조직신학의 일부가 될 수 있다고 주장한다. 그런 의미의 자연신학이 하나님에 관한 진리나 하나님이 인간과 세계에 대해서 말씀하신 진리를 보여줄 수 있다고 여기며, 우주론적 신존재증명이나 목적론적 신존재증명이 부분적으로는 유효할 수 있다고 여긴다.[83] 하지만 "창조 역사와 일반적 섭리와 우리 인간의 존재 구성에 주어진 계시"는 일반적 의미의 자연신학이 다루지 않고 창조론과 섭리론, 인간론이 다룬다. 창조나 섭리, 계시와 같은 용어는 이미 특별계시를 전제하고 있기 때문이다. 특별계시와 무관한 자연신학은 조직신학의 일부가 될 수 없다.

---

83   이근삼, 『개혁주의 조직신학 개요 1』, 27.

2 조직신학과 특별계시

이근삼은 일반계시와 특별계시를 구분하고, 일반계시를 어떻게 다루어야 하는지 설명한 후에 특별계시인 성경을 어떻게 다루어야 하는지도 살피기 시작한다.

이근삼에 따르면 "계시의 주요 자료는 성경이다."[84] 그는 "조직신학의 유일한 원천으로서의 성경"[85]이라는 표현을 사용했는데, 여기서 그는 성경을 계시의 주요 자료라고 표현한다. "주요"라는 표현은 계시의 유일한 자료가 성경이 아니라는 함축을 지닌다. 이는 일반계시가 특별계시와 연결되어 말씀이 적용되도록 한다는 사실과 연결된다. 조직신학이 "오직 성경"(sola Scriptura)에 따라 성경을 유일한 원천으로 사용하더라도 성경 밖의 자료도 사용해야 한다는 뜻이기도 하다.

이근삼에 따르면 조직신학이 그 임무에 충실하려면 우선 성경을 하나님의 말씀으로 받아들여야 한다. 성경이 하나님의 말씀이라고 하는 성경의 진술을 권위 있게 받아들여야 한다. 이는 일종의 순환논증이라는 비판을 받을 수도 있다. 성경이 하나님의 말씀이라는 주장은 성경에 의해 뒷받침되기 때문이다. 하지만 성경을 하나님의 말씀으로 믿을 수 있는 것은 인간의 경험적 관찰이나 이성적 추론의 결과가 아니라 성령의 내적 증거의 결과다. 성경을 하나님의 말씀으로 믿을 수 있는 근거는 성경에 있지만, 그러한 확신의 출처는 성령의 역사에 있다. 성경이 하나님의 말씀이라는 확신은 논리적 추론의 결과가 아니라 성령 하나님의 내적 설득의 결과다.

---

84   이근삼, 『개혁주의 조직신학 개요 1』, 27.

85   이근삼, 『개혁주의 조직신학 개요 1』, 23.

이근삼은 성경을 하나님의 계시 자체로 보지 않고 계시의 증거로만 봄으로써 성경과 하나님 말씀을 구분하는 에밀 부르너(Emil Brunner)의 입장을 소개한다. 부르너에 따르면 성경 자체에는 하나님 말씀의 권위가 없다. 성경은 하나님께서 예수 그리스도 안에서 드러내시는 계시를 증거하는 일차자료일 뿐이다.[86] 이 경우 이 증거가 성경적 교리를 형성하는데 적합한가라는 물음이 생긴다. 성경 자체가 절대적 권위를 지니지 못하기 때문이다. 도리어 성경이 하나님 말씀을 제대로 증거하는지 여부를 검토할 필요가 있다. 성경도 검증의 대상이 된다. 이 경우 성경이 증거하는 하나님의 말씀이 무엇인지 설명되어야 한다.

하나님의 말씀이 기록만을 매체로 사용하지 않는다는 사실에는 동의해야 한다. 그래서 존 프레임은 하나님의 입에서 나온 말씀, 선지자들과 사도들의 입에서 나온 말씀도 하나님의 말씀에 포함시킨다. 이 경우 공기와 고막 등이 하나님 말씀이 전달되는 매체 역할을 할 것이다. 하지만 성경 자체가 하나님 말씀이 아닌 것은 아니다. 성경은 하나님께서 문자를 매체로 사용하신 말씀이기 때문이다. 그런 점에서 볼 때 이근삼이 성경 자체를 계시에서 배제하고자 하는 부르너를 비판하는 것이 적절하다. 동시에 문자가 하나님께서 말씀하시는 매체라는 사실이 중요하다. 성경을 강조한 나머지 문자를 매체로 말씀하시는 하나님의 인격성을 놓쳐서는 안 되기 때문이다. 우리는 성경을 통해 살아계신 하나님의 음성을 들어야 한다.

이근삼은 칼 바르트(Karl Barth)의 성경론도 비판한다. 그에 따르면 바

---

86   Emil Brunner, *The Christian Doctrine of God*, Vol.I. 이근삼, 『개혁주의 조직신학 개요 1』, 27, n.10에서 재인용.

르트는 하나님 말씀이 교회를 위해 있으며, "교회는 성경 안에서 신적 계시의 증거를 받는다"고 말하고 있기 때문이다.[87] 이근삼이 보기에 바르트와 부르너는 성경을 우리에게 하나님의 계시를 보여주는 증거로 본다는 점에서 차이가 없다. 그들에게 증거로서의 성경은 계시와 구별된다. 바르트는 "증거는 그것이 증거하는 것과 절대로 동일한 것이 아니다"[88]라고 말하기 때문이다.

이근삼도 증거가 성경에 있다는데 동의한다. 하지만 그가 생각하는 증거는 계시적이다. 그에 따르면 하나님은 성경의 증거 안에서 우리에게 말씀하시지만, 성경이 하나님 말씀과 구별되는 증거는 아니다. 성경은 계시적이며 성경의 증거도 계시적이다. 이근삼에 따르면 하나님은 "증거를 통해서"가 아니라 "증거 안에서" 말씀하신다. 성경에서 사람의 증거는 하나님의 증거이다.[89] 사람의 증거는 하나님의 증거를 전달하는 매체 역할을 한다. 하나님의 증거와 사람의 증거는 서로 구분된다. 성경이 사람의 증거가 하나님 자신의 증거라는 유일한 양식이라는 주장은 디모데후서 3장 16절과 베드로후서 1장 21절에 의해 뒷받침된다. 모든 성경은 성령 하나님의 감동하심을 입은 사람들이 하나님께 받아 말한 것이다. 두 성경구절은 성경 기록자들의 증거가 자신의 증거가 아니라 성령의 증거임을 밝히고 있다. 그래서 성경은 사람의 증언이 하나님의 증언이 되는 유일무이

---

87   이근삼, 『개혁주의 조직신학 개요 1』, 27~28.

88   Karl Barth, *Church Dogmatics*, 1/2, 463. 이근삼, 『개혁주의 조직신학 개요 1』, 28, n.11에서 재인용.

89   이근삼, 『개혁주의 조직신학 개요 1』, 28.

한 사례가 된다.[90] 개혁파 신학에 따르면 이러한 일이 정경의 완성 이후에 더 이상 일어나지 않는다. 이 경우 인간의 증언은 하나님의 증언을 전달하는 매체 역할을 한다. 성경은 성령의 감동으로 기록되었지만 성경의 언어는 천상의 언어가 아니라 인간의 언어다.

이근삼에 따르면 성경을 계시로 보느냐 계시를 가리키는 증거로 보느냐에 따라 근본적 차이가 생긴다. 성경과 관련된 성령의 역할에 대한 견해 차이도 신학의 차이를 가져온다. 성령께서 성경에 영감을 주었는지 아니면 성경을 계시의 증거로 받아들이는 신자 자신에게 영향을 주는지에 따라 신학이 객관적인지 아니면 주관적인지가 결정된다. 이근삼에 따르면 성경을 성령의 감동으로 기록된 계시로 본다면, 성경은 하나님이나 그리스도(계시의 초점)와 동일시되지 않는다. "하나님은 계시 안에서 계시와 더불어 우리를 만나시고, 우리를 계시로 말미암아 하나님이 누구신지, 무슨 일을 하시는지를 알게 하신다."[91] 이근삼에 따르면 예수 그리스도는 하나님의 최고 계시인데, 성경은 유일하신 본체이신 그분과 같지 않다. 예수 그리스도가 하나님의 최고 계시인데 성경을 계시 자체와 동일시해서는 안 된다. 그런데 그리스도이신 계시는 성경을 통해서 알 수 있다.[92]

이근삼의 이러한 설명은 성경 증언을 통해 계시를 접할 수 있다는 사실을 부정했던 태도와 조화되기 어려워 보인다. 특별계시인 성경을 하나님의 최고 계시인 그리스도와 동일시하지 않아야 한다면, 성경이 최고 계시인 그리스도를 증거한다는 부르너의 입장이나, 기독론적 관점에서 그

---

90   이근삼,『개혁주의 조직신학 개요 1』, 27.

91   이근삼,『개혁주의 조직신학 개요 1』, 28.

92   이근삼,『개혁주의 조직신학 개요 1』, 28.

리스도가 계시 자체임을 강조하는 바르트의 입장을 받아들이는 것처럼 보이기 때문이다.

이근삼에 따르면 최고의 계시인 예수 그리스도는 성경을 통해 알 수 있다. 앞서 그는 하나님께서 '성경을 통해서'가 아니라 '성경 안에서' 우리에게 계시하신다고 밝혔다. 특별계시는 성경이다. 하나님께서 '성경 안에서' 우리를 만나시고 말씀하시고 그분의 존엄을 우리에게 나타내시고 그분의 뜻을 온전히 알기를 요구하시며, 하나님의 계획의 신비를 우리에게 드러내시고 하나님의 은혜의 목적을 보여주신다. 여기서 이근삼은 성경의 역할이 성경의 중심인 예수 그리스도와 관련되어야 한다는 점을 강조한다.[93]

이근삼은 성경이 하나님의 계시로서 하는 역할을 설명한 후에 조직신학이 "가장 고귀한 학문"이라고 주장한다. 일반 학문이 가치 중립적이고 냉담한 데 반해, 즉 감정이나 가치판단을 배제하고 순전히 이성적이어야 하는 데 반해, 조직신학은 "하나님의 기이함을 노래하고 우리의 능력을 가장 거룩하게 사용하는 학문"이기 때문이다.[94] 모든 학문이 하나님께 영광을 돌려야 하지만 조직신학이 가장 그러해야 한다. 하지만 조직신학에 대한 그의 평가에 학자들이 동의할지는 의문이다. 학문은 가치중립적이어야 한다고 전제하는 학자들은 감정이나 가치판단을 개입시키는 조직신학을 학문으로 여기지 않을 것이기 때문이다.

이근삼은 조직신학이 "하나님의 모든 계획을 다루고 또 하나님의 계시의 부유함을 특유의 방법과 기능으로 논리정연하고 포괄적으로 진술하

---

93   이근삼, 『개혁주의 조직신학 개요 1』, 28.

94   이근삼, 『개혁주의 조직신학 개요 1』, 29.

기에 가장 고상한 학문"이라고 주장한다. 조직신학이 가장 고상하고 귀한 이유 중 하나가 포괄성이다.[95] 다른 학문들은 하나의 분과학문으로서 특정 영역이나 대상을 다루는 데 반해 조직신학은 모든 세계를 창조하신 무한하신 하나님을 다룬다는 점에서 가장 포괄적이다. 이근삼은 조직신학의 특유한 방법과 기능이 있다고 주장한다. 그 방법과 기능이 일반 학문의 방법과 기능과 어떻게 다른지 좀 더 설명될 필요가 있다. 그는 다른 신학분과에서의 연구결과가 조직신학을 풍요롭게 하는 자료가 된다고 여긴다. 조직신학의 목적은 다른 신학분과들의 성과를 모아 포괄적 체계를 구축하는 데 있다. 다른 신학분과 연구는 수정 발전되기에 그 연구결과를 포용해야 하는 조직신학도 수정발전되어야 한다.

이근삼은 조직신학이 발전과정에 있는 학문이라는 점에서 다른 학문과 같다고 밝힌 후에 조직신학의 특수성을 특별계시가 구속적이라는 사실에서 찾는다. 그에 따르면 다른 문서들과 달리 성경은 하나님의 구속이 성취되는 역사를 제시하고 구속 사건의 의미만 해석한다. 여기서 이근삼은 "구속적 사건들의 의미만"이라는 표현을 사용한다.[96] 이는 성경이 자연과학이나 사회과학의 저서처럼 자연적 사건이나 사회적 사건의 의미를 밝히지 않고 하나님의 구속 사건의 의미만 해석한다는 뜻이다. 성경을 자료로 삼는 조직신학은 가장 포괄적이고 고귀한 학문이 되어야 하는데, 이를 위해 구속 사건은 조직신학을 통해 세계의 모든 사건을 해석하는 기초가 되어야 한다.

이근삼에 따르면 성경 없이는 구속적 계시를 만날 수 없고, 구속의

---

95   이근삼, 『개혁주의 조직신학 개요 1』, 29.

96   이근삼, 『개혁주의 조직신학 개요 1』, 29.

경험도 얻을 수 없다. 우리는 구속적 계시를 죄로 인해 보지 못하는데, 성경은 하나님의 빛으로서 하나님을 볼 수 있도록 한다. 특별계시인 성경에서 자연계시를 추상적으로 해석하려는 시도는 잘못이다. 자연계시는 특별계시와 무관하게 자연계시를 해석될 수 없다. 모든 사건은 구속 사건에 비추어서, 즉 구속 사건의 중심이신 예수 그리스도에 비추어서 해석되어야 한다. 이근삼이 보기에 기독론적 해석은 조직신학의 기초일 뿐 아니라 조직신학을 기반으로 하는 모든 학문의 기초이어야 한다.[97] 따라서 자연신학은 조직신학과 무관하게 존재할 수 없다.[98]

3 조직신학과 성령

이근삼은 조직신학과 성경의 관계를 설명한 후에 조직신학과 성령의 관계를 논의한다. 성령으로 거듭나지 못한 신학자는 신학 작업에 부적합하기 때문이다. 성령으로 거듭나지 못한 사람은 성경을 통해 구원 역사를 만나지 못하고 구원의 능력을 체험하지 못한다. 물론 거듭나지 못한 신학자들이 조직신학에 학문적으로 공헌했다는 사실은 부정되지 않는다. 하지만 이근삼에 따르면 성령의 조명이 없는 그들의 성경해석은 올바르지 못하다. 무엇보다 성경해석은 성경이 하나님의 말씀이라는 확신을 가져다주는 성령의 내적 증거를 통해 이루어져야 한다. 이근삼이 성경이 영감된 계시라는 사실을 부정하는 자유 신학자들을 참된 신학자로 여기지 않

---

97 기독교학문을 추구하는 사람들은 기독교학문의 기독론적 토대에 대해 주목할 필요가 있다.

98 이근삼, 『개혁주의 조직신학 개요 1』, 29.

는 이유가 여기에 있다.[99]

물론 이근삼은 조직신학 자체를 계시와 구분한다. 그에 따르면 조직신학은 "성경과 어깨를 나란히 하게 될 계시의 부록"이 아니다. 성경의 완전성은 성경 내용을 보완해 줄 부록을 필요로 하지 않는다. 그렇지만 이근삼에 따르면 조직신학은 하나님께서 교회에게 맡기신 임무이고 때로는 반드시 있어야 하는 것이다. 조직신학이 없이는 성경이 정확하게 해석되고 가르쳐질 수 없기 때문이다. 그에 따르면 조직신학은 기독교가 교회 역사 가운데 성장하면서 얻은 성취라고 할 수 있다. 물론 이 성취는 완전하지 않고, 역사 속에서 큰 성취를 향해 나아가야만 한다. 이근삼은 조직신학이 교회 역사 가운데 발전해 왔다고 밝힌다. 그가 보기에 조직신학 발전의 공은 어거스틴이나 칼빈과 같은 신학자들에게 있지 않고 교리를 역사 가운데 형성하신 성령의 임재에 있다. 그에 따르면 신학은 "성경 계시를 각 시대의 상황 속에서 이해하는 학문"이다. 사도들은 성령의 감동으로 진리의 말씀을 기록하는 특별한 사명을 감당했지만, 정경 완성 이후에도 성령은 교회 역사에 등장한 모든 세대에게도 임재하셔서 그들이 성경을 이해하고 올바로 표현할 수 있도록 하셨다. 성령은 이런 방식으로 기독교 교리의 발전을 이루셨다. 개별 신학자들은 진리의 영이신 성령께서 각 시대의 교회에게 주신 진리에 대한 해석을 대변하는 인물에 불과하다. 조직신학의 발전은 그리스도의 충만한 분량의 지식에 이르게 하시는 성령의 인도에 따라 이루어진다. 이 과정은 유기적이고 포괄적으로 이루어진다. 교회의 역사가 진행됨에 따라 교리의 체계는 더욱 유기적이고 포

---

99   이근삼, 『개혁주의 조직신학 개요 1』, 30.

괄적이 될 것이다.[100]

이근삼에 따르면 조직신학이 비록 때로 신학자들의 불성실로 인해 퇴행을 겪기도 했지만 결국 발전한 것은 "주님께서 교회를 감독하시고 성령께서 교회를 인도하셨기" 때문이다. 그는 조직신학의 발전을 기독론적, 성령론적 관점에서 설명한다.

4 조직신학과 이단

이근삼은 조직신학의 발전에 18세기 이후 자유주의 신학뿐 아니라 이단도 역설적 방식으로 기여했다고 여긴다. 그에 따르면 "해로운 이단이 역설적으로 기독교 신학을 발전시키는 데 큰 영향을 주었다."[101] 이단의 잘못된 가르침에 빠지지 않고 성도들에게 올바른 교리를 가르치기 위해서는 하나님 말씀을 세심하고 깊이 있게 검토해야 했기 때문이다.[102] 이단의 도전에 맞서 신학은 "A는 B이다"라는 적극적 진술의 형태로뿐 아니라 "A는 C가 아니다"라는 소극적 진술의 형태로도 발전되었다.

이근삼은 이단 출현의 원인을 인간의 죄에서 찾는다.[103] 이러한 설명은 이단 출현에뿐 아니라 교리를 둘러싼 분열과 갈등에도 적용될 수 있다. 교리 논쟁이 학문적 문제일 뿐 아니라 죄의 문제이기도 하기 때문이다. 그는 아리우스파의 도전을 교회를 향한 가장 치명적인 도전으로 여긴다. 그런데 역설적으로 그 도전은 최초의 공교회 신조인 니케아 신조를

---

100 이근삼,『개혁주의 조직신학 개요 1』, 30~31.

101 이근삼,『개혁주의 조직신학 개요 1』, 32~33.

102 이근삼,『개혁주의 조직신학 개요 1』, 32~33.

103 이근삼,『개혁주의 조직신학 개요 1』, 33.

작성하는 긍정적 결과를 낳았다. 하지만 아무리 훌륭한 신조나 신학이라 해도 최종 완성에 이른 것은 아니다. 특정 시대에 형성된 신학 체계를 절대화할 때 신학적으로 정체되고 잘못된 전통주의에 빠진다. 반면에 역사를 무시하고 전혀 새로운 신학이론을 내세우는 극단에 빠져서도 안 된다. 모든 신학 전통은 계속 발전되기에 성경에 비추어 검토되어야 한다.[104]

이근삼은 이를 잘 보여주는 사례로 칼빈을 소개한다. 그에 따르면 칼빈은 성자의 자존성과 관련하여 니케아 정통파의 주장을 받아들일 수 없었다. 종교개혁 당시 칼빈은 성자의 신성과 관련해서 성자의 자존성을 강조하는 신학에 철저했기에 "참 하나님의 참 하나님"이라는 니케아 신조에 대한 기존 해석을 받아들이지 않았다. 칼빈은 "참 하나님의 참 하나님"이라는 표현을 성자가 그분의 신성을 성부로부터 얻었다는 뜻으로 해석했고, 그 경우 성자가 자존하시는 하나님이 아니었다는 결론이 나올 수도 있다고 여겼기 때문이다. 그래서 그는 성자가 위격에 있어서 성부로부터 나오지만 신성에 있어서는 자존하신다고 밝혔다. 이근삼에 따르면 칼빈의 이러한 해석은 니케아 신조에 대한 전통적 해석과 반대되었다. 칼빈은 전통주의에 빠지지 않으면서 신조 해석조차 정확무오한 규범인 성경에 비추어 검토 수정했다. 공교회적 신조조차 성경에 비추어 검토되어야 한다. 그래서 그는 "개혁신학도 언제나 개혁되어야 한다"고 여긴다. 이러한 과정을 통해 "시대마다 신학 지식을 비축해 놓아야 한다."[105]

이근삼은 복음을 시대 상황에 적용해야 한다는 점도 강조된다. 이전 판례가 현재 판결에 도움을 주듯이 과거 역사 가운데 세워진 신학은 복

---

104 이근삼, 『개혁주의 조직신학 개요 1』, 33.

105 이근삼, 『개혁주의 조직신학 개요 1』, 33.

음을 오늘날 상황에 적용하는 일을 도울 수 있다. 하지만 과거 판례가 무조건 수용되어야 하는 것은 아니듯이, 과거를 그저 반복하고 과거에만 의존하는 신학은 현재 달라진 상황이 주는 도전에 제대로 반응하지 못한다. 이근삼이 겸손한 마음과 기도하는 마음으로 하나님의 계시를 접해야 한다고 주장하는 이유가 여기에 있다.[106]

나가는 말

이 글에서는 고신대학교 신학의 토대를 놓은 이근삼 박사의 신학 서론을 읽고 나름대로 정리해설하고자 했다. 이근삼 박사의 신학서론에 대한 학문적이고 비평적인 글이라기보다 제자로서 스스로 이해하기 위한 노력으로 보아주면 좋겠다. 개혁주의신학을 대한민국에 소개하고 정착시키는데 공헌하신 이근삼 박사의 탄생 100주년을 기리는 학술대회에서 부족한 글을 나눌 수 있게 되어 크나큰 영광이다. 이근삼 박사의 생애와 신학에 대한 연구가 더욱 활발해지는 계기가 되길 바란다. 오직 하나님께 영광(Soli Deo Gloria)!

---

106   이근삼,『개혁주의 조직신학 개요 1』, 33~34.

7

이근삼 박사와 기독교 신조와 신앙고백

우병훈

"신앙고백이 참으로 성경을 요약하고 존중하고 있는 한, 그리고 교회가 성경대로 살고 있는 한, 신앙고백은 명백하게 이해될 것이고 언제나 무한한 성경에 대한 놀라움과 새로움을 가지고 해석될 것이다."[1]

I 이근삼 박사와 교리교육

이근삼(李根三, 1923~2007) 박사는 교리교육을 매우 강조하였다.[2] 그는 "교육에 있어서 교육내용은 교육방법보다 우선하는 것"이라 주장하면서,

---

* 이 글은 아래와 같이 게재한 논문을 약간 수정한 것이다. 우병훈, "이근삼 박사와 기독교 신조와 신앙고백", 「한국개혁신학」 80 (2024): 70~101. 심사과정에서 유익한 제언을 주신 한국개혁신학회 회원들에게 감사드린다.

1 이근삼, 『개혁주의 교회와 목회』, 한국의 개혁주의자 이근삼 전집 3 (서울: 생명의양식, 2007), 105. 이하 이 시리즈는 『전집』이라 표기한다. 가령, 앞의 서지 사항은 이하에서는 "『전집』 3:105"라고 표기하게 될 것이다. 아울러, 『전집』에 나오는 오기(誤記)는 수정하여 인용한다.

2 이하에서 이근삼 박사와 이 박사를 혼용해서 쓰겠다.

"기독교 교육의 가장 중요한 내용인 교리교육"의 강화를 촉구하였다.[3] 물론 그가 이론적 교리교육만 중시하고 삶의 실천을 무시했던 것은 아니다. 올바른 교리는 올바른 생활의 지침이 되기에 강조했던 것이다.[4] 개혁주의 신조들 가운데 이 박사가 가장 강조했던 신조는 웨스트민스터 신조 즉, 웨스트민스터 신앙고백서, 웨스트민스터 대교리문답, 웨스트민스터 소교리문답이었다.[5] 그는 직접 소교리문답을 가르쳤고, 그에 대한 해설을 쓰기도 했다.[6] 하지만 그는 비단 웨스트민스터 신조뿐 아니라, 신조와 신앙고백 일반에 대해서도 통찰력을 갖고 있었고, 사도신경이나 종교개혁기의 신앙고백에 대해서도 해박한 지식을 갖고 있었다.

이 글은 이근삼 박사가 기독교 신조와 신앙고백에 대해 어떤 이해를 가졌는지 살펴보는 것을 목적으로 한다. 글의 첫째 부분은 이 박사가 신조와 신앙고백에 대한 현대의 입장들을 분석한 내용을 다룬다. 글의 둘째 부분은 이 박사가 신조와 신앙고백의 특성을 어떻게 규정했는지 다룬다. 글의 셋째 부분은 이 박사가 제시한 신앙고백의 해석법들을 다루며, 그가 어떤 해석법을 선호했는지 연구한다. 글의 결론부에서는 신조와 신앙고

---

3   『전집』 3:174.

4   『전집』 3:165.

5   한국 장로교단들의 웨스트민스터 신조의 수용에 대해서는 아래 논문을 보라. 이은선, "한국장로교단들의 웨스트민스터 소요리문답과 신앙고백서의 수용", 「한국개혁신학」 51 (2016): 174~213.

6   『전집』 8:160~192에는 "교리문답 해설"이라 하여 소교리문답 1, 2, 3, 5, 6, 7, 9, 10, 11, 12문답을 해설한다. 또한, 십계명(『전집』 8:50~158)과 성찬(『전집』 8:194~198)과 주기도문(『전집』 8:199~233)을 해설한다. 이 중에 성찬과 주기도문은 소교리문답의 번호가 붙어 있다.

백에 대한 이 박사의 입장이 보여주는 그의 신학적 특색과 경향성을 요약적으로 제시하겠다.

논의를 좀 더 날카롭게 하기 위해서 결론부에서 살펴볼 한 가지 화두를 던지고자 한다. 그것은 "과연 이근삼 박사는 근본주의자였는가?"라는 질문이다. "근본주의"를 여러 가지로 정의할 수 있겠지만, 이 글에서는 미국의 교회사가인 조지 마스덴(George M. Marsden)의 정의를 따른다. 마스덴은 "근본주의란 화가 난 복음주의다"라고 간단하게 정의한다.[7] 즉, 기본적으로 복음주의의 노선을 따르지만, 싸우기를 좋아하는 기질이 있다는 것이다. 좀 더 엄밀하게 말해서, 근본주의는 성경의 최종권위를 주장하며, 성경무오성을 믿으며, 그리스도의 구속 사역에 근거한 영생을 추구하며, 복음전도와 선교를 강조하며, 영적으로 변화된 삶을 지향한다는 점에서 복음주의와 궤를 같이 한다.[8] 하지만 근본주의는 몇몇 특정 주제에 대해 지나치게 전투적이며, 종말론에 있어서 세대주의적 전천년설을 강력하게 지지하며, 부흥주의나 감정주의적 경향이 있고, 신학적 자유주의를 배격하며, 지성주의를 경계하는 특징이 있다.[9] 이런 기준에 따라서 이 글은 이근

---

7   George M. Marsden, *Understanding Fundamentalism and Evangelicalism* (Grand Rapids: Eerdmans, 1991), 1.

8   Marsden, *Understanding Fundamentalism and Evangelicalism*, 4~5. "복음주의"를 성경주의, 십자가 중심주의, 회심주의, 활동주의로 요약한 베빙턴의 정의는 유명하다. 하지만 이 글에서는 일관성을 위해서 마스덴의 정의를 사용한다. David W. Bebbington, *Evangelicalism in Modern Britain: A History from the 1730s to the 1980s* (London: Routledge, 2005 [1989]), 2~3.

9   Charles Allyn Russell, *Voices of American Fundamentalism: Seven Biographical Studies* (Philadelphia: Westminster Press, 1976), 135, 142~3; George M. Marsden, *Fundamentalism and American Culture, 2nd ed.* (New York: Oxford University Press, 2006), 137.

삼 박사가 근본주의자였는지 평가해 볼 것이다. 이러한 질문을 던지는 이유는 보수적 개혁신학자들은 자칫 근본주의로 오해 혹은 비난 받는 경우가 왕왕 있기 때문이며, 실제로 보수적 개혁신학을 지지하는 사람들이 근본주의화 되어서 신학 및 신앙에 있어서 편협성에 갇히는 경우도 있기 때문이다. 따라서, 이 질문은 단지 이 박사의 신학적 성향을 이해하는 데 도움이 될 뿐만 아니라, 고신 교단 및 한국의 개혁신학의 신학적 정체성을 이해하는 데도 도움이 될 것이다. 왜냐하면, 이 박사는 고신신학 및 한국의 개혁신학을 형성하는 데 있어서 큰 영향을 끼쳤기 때문이다.[10] 이 글은 결론부에서 다시금 이 주제로 돌아올 것이다.

II 신조와 신앙고백에 대한 현대의 입장들에 대한 이근삼 박사의 견해

『전집』 3권과 8권, 특히 『전집』 3권에 나오는 "신앙고백의 권위와 해석"[11]에서 이근삼 박사는 신앙고백의 필요성과 그 특징, 그리고 해석방법에 대해서 아주 상세하게 논한다. 그는 에릭 루틀리(Erik R. Routley)를 따라서 신조(creeds)는 "모든 신자들이 믿는 것", 그리고 "신자가 마땅히 믿어야 할 것을 표현한 것"이며, 신앙고백(confessions)은 "타 공동체와 다른 점을 명백히 하기를 원하는 한 공동체의 헌장"이라고 규정한다. 그러면서도 그는 "신조들이나 신앙고백들은 하나님의 말씀에 대한 교회의 호응들"이라

---

10   이 박사의 영향력에 대해서는 아래 두 글이 잘 정리했다. 김영한, "이근삼의 개혁주의적 문화신학: 아브라함 카이퍼의 신칼빈주의적 문화신학 수용", 「제154차 한국개혁신학회 자료집」(2023): 6~37; 이상규, "이근삼 박사의 생애와 사상", 「제154차 한국개혁신학회 자료집」(2023): 38~52.

11   『전집』 3:76~105.

는 사실을 강조한다. 신조가 초기 기독교 즉 "전체교회, 분립되지 않은 공동교회(the catholic, undivided church)"가 하나님의 말씀에 호응한 것이라면, 신앙고백(confession)이란 "종교개혁의 교회들(the churches of reformation)이 호응한 것"이다.[12] 좁은 의미로 보자면, 신조는 초기 기독교의 신앙의 규칙을 모아놓은 것이라면, 신앙고백은 종교개혁기의 신앙의 규칙을 모아놓은 것이다. 하지만 이 박사는 때로 신조와 신앙고백이라는 두 용어를 혼용해서 사용하므로, 이 글에서도 상호교차적으로 사용하기도 할 것이다. 중요한 점은 이 박사가 신조나 신앙고백이 "신어(神語)의 해석" 즉 하나님의 말씀에 대한 해석이라는 점을 강조한다는 사실이다.[13] 이러한 점은 이 박사가 신조와 신앙고백에 대한 현대의 입장들을 분석할 때 두드러진다.

우선, 그는 로마 가톨릭교회의 당시 상황에 대해 "진리의 불변적 긍정과 진리의 가변적 진술의 구별"이라고 묘사하면서, 교리적 상대성을 허용하는 입장을 비판한다.[14] 그가 비판하는 로마 가톨릭의 신학자들은 앙리 부일라르(Henri Bouillard, 1908~1981), 발타자르(Hans Urs von Balthasar, 1905~1988), 쉴러베이크스(Edward Schillebeeckx, 1914~2009), 칼 라너(Karl Rahner, 1904~1984)다.[15]

---

12 『전집』 3:88. 여기에서 이 박사는 전거를 제시하지 않으나, 다음 책에서 인용한 것이 거의 분명하다. Erik Routley, *Creeds and Confessions: The Reformation and Its Modern Ecumenical Implications*, Duckworth Studies in Theology (London: Duckworth, 1962), 1.

13 『전집』 3:88.

14 『전집』 3:77.

15 이 박사는 이 세 학자를 비판하는 데 있어서, 아래 자료의 도움을 얻고 있다. G. C. Berkouwer, *The Second Vatican Council and the New Catholicism* (Grand Rapids: Eerdmans, 1965). 참고로, 이 박사는 벌카우워(G. C. Berkouwer) 지도 하에 석사 논문을 작성하였다. 이하의 내용은 이 박사가 벌카우워의 책에서 요약한 내용뿐만 아니라, 벌카우워가 지적한 다른 내용들도 함께 소개한다.

부일라르는 프랑스의 예수회 신학자였다. 그는 교회가 확증하는 바의 불변성을 인정하면서도 동시에 교회가 확증하는 바는 다양한 형식으로 표현된다고 주장하였다.[16] 그는 "진리의 표현은 언제나 역사적 조건에 좌우되는 성격을 지닌다"고 보았다.[17] 발타자르는 스위스 신학자이며, 가톨릭의 사제였고, 20세기 가톨릭 신학에 큰 영향을 끼쳤다. 그는 교황 요한 바오로 2세(Pope John Paul II, 1920~2005)에 의해 추기경으로 지명되었으나, 실제 서임되기 직전에 세상을 떠났다. 발타자르 역시 "새롭고 놀라운 증언을 준비하면서 교회는 어제의 모든 공식교리들이 효과적인 증거의 목적을 다하지 못할 때에는 그것들이 이전 세대에서 진리에 얼마나 잘 봉사했는지에 관계없이 기꺼이 버릴 수 있어야 한다"고 역설했다.[18] 쉴러베이크스는 벨기에 안트베르프 출신의 로마 가톨릭 신학자였다. 도미니칸 수도회 소속이었던 그는 네덜란드의 네이메헌(Nijmegen) 가톨릭 신학교에서 가르쳤으며, 제2 바티칸 회의에서 큰 영향을 끼쳤다. 그는 "믿음으로 우리에게 알려진 진리는 인간의 특이성, 불완전성과 상대성과 성장 또는 만인이 진리를 가진다는 역사성에 영향을 받는다"라고 주장했다.[19] 라너는 독일의 예수회 사제이자 신학자였다. 그 역시 "계시는 먼저 어떤 사실들의 전달이 아니고 신인간(神人間)에 어떤 일이 실제로 일어났을 때에 있었던 역사적

---

16 Berkouwer, *The Second Vatican Council and the New Catholicism*, 62.

17 『전집』 3:77; Berkouwer, *The Second Vatican Council and the New Catholicism*, 62.

18 『전집』 3:77; Berkouwer, *The Second Vatican Council and the New Catholicism*, 64. 이 박사는 일부만 번역했지만, 전체 문장을 다 번역했다.

19 『전집』 3:77; Berkouwer, *The Second Vatican Council and the New Catholicism*, 66.

대화였고, 하나님의 사건, 행동에 일어난 진리의 전달이다"라고 말했다.[20] 이런 맥락에서 그는 "지난 날의 교리의 선언은 교회의 역사적 조건에 비추어서 해석되어야 한다"라고 주장하였다.[21]

이러한 주장에 대해 이 박사는 성경과 교리를 상대화시킨다며 비판하면서, 가톨릭 보수신학자 슈나켄부르거(R. Schnackenburger)의 말을 의미있게 인용한다. "그것은 아무 결과 없는 하나의 기교적 토론이며, 위험하고 파괴적인 모험일 뿐만 아니라 신앙을 도와 주지 못하고 오히려 해하는 것이며, 성경의 통일성을 파괴하고 계시의 진리를 상대화시키고 교리에 대한 확신을 무너뜨리는 것이다."[22] 이 박사는 슈나켄부르거 역시 "로마교의 전통적 확신을 원하고 있기 때문"에 그의 말을 제한적으로 인정하긴 하지만, 여기에서 이 박사가 왜 교리를 강조하는지 확인할 수 있다. 그것은 교리가 신앙을 도와주고, 성경의 통일성에 대한 믿음을 고취시키기 때문이다.

이어지는 글에서 이 박사는 영국성공회, 루터교회, 미국 장로교, 네덜란드의 개혁교회, 바르트주의, 신자유주의를 차례로 평가한다. 영국성공회의 경우 많은 신앙고백서들이 사문서(死文書)처럼 여겨지고 있으며, 교

---

20 『전집』 3:77~78 (77쪽의 '新人間'이라는 오자를 수정함); Berkouwer, *The Second Vatican Council and the New Catholicism*, 68.

21 『전집』 3:77; Berkouwer, *The Second Vatican Council and the New Catholicism*, 69. 이 박사가 라너의 이 문장을 어디에서 인용했는지 정확하게 알 수는 없지만, 아마도 벌카우워의 앞 책 69쪽인 것 같다.

22 『전집』 3:78; R. Schnackenburger, "Der Weg der Katholischen Exegesis", in *Biblischer Zeitschift* (1958): 161. Berkouwer, *The Second Vatican Council and the New Catholicism*, 130에서 재인용함.

리에 대한 무관심이 팽배하다.[23] 심지어 31개조 신조조차도 무시당하고 있는 형편이다.[24]

루터교회는 전통적으로 신앙고백에 깊은 관심을 가져왔다. 하지만 하르낙(Adolph von Harnck)은 신경을 비판하였다. 이 박사는 하르낙이 신경을 비판한 이유는 하르낙의 잘못된 삼위일체론과 기독론에 연유한다고 주장한다. 이 박사가 보기에 "자유주의"는 "신경은 그대로 있어야 하나 그것이 참 신앙고백이라기보다는 예배모범의 일부로 생각하는 것이 더 좋을 것"이라고 판단한다.[25] 이런 점을 고려할 때, "루터파의 현 상황은 위기(crisis)"라고 할 수 있다. 이 박사는 루터파 학자 로버트 프레우스(Robert D. Preus)를 인용하면서, 성경에 대한 양식비평(樣式批評: Form Criticism)을 주장하는 신학자들과 성경에 대한 신앙고백적 견해를 가진 신학자들을 대조시킨다.[26] 루터교회의 신앙고백에 대한 입장을 소개하는 이 박사의 견해에서는 소위 말하는 "자유주의 신학"에 대한 우려가 깊게 나타나 있다. 이 박사가 이해하는 "자유주의 신학"은 모더니즘에 근거하여 성경에 나오는 기적을 부인하고, 성경에 대한 역사비평을 통하여 성경의 권위를 실추시

---

23 『전집』 3:79; Erick R. Routley, Creeds and Confessions: *From the Reformation to the Modern Church* (Philadelphia: Westminster Press, 1963), 132.

24 『전집』 3:79.

25 『전집』 3:80.

26 『전집』 3:80(Preus의 이름 오식 교정함); Robert H. Preuss, "Biblical Hermeneutics and the Lutheran Church Today", in *Crisis in Lutheran Theology: The Validity and Relevance of Historic Lutheranism vs. Its Contemporary Rivals*, ed. John Warwick Montgomery, 2d ed., rev., vol. 2 (Minneapolis: Bethany Fellowship, 1973), 101~107. 이 박사가 인용한 서지사항을 바탕으로 원문을 찾고, 서지사항을 수정하였다.

키고자 하는 신학이라고 정리할 수 있다. 그는 "고자유주의(古自由主義)는 신앙고백을 이상론적 해석으로 하였고, 신자유주의(新自由主義, Neo-Liberalism)는 역사주의로 성격 지을 수 있다"라고 하였다.[27] 그런 경향의 위험성에 대하여 이 박사는 신앙고백의 중요성을 역설하고 있다.

  미국 장로교(PCUSA)는 1923년 교리표준문서들의 권위와 해석에 대한 큰 분쟁이 있었다. 당시의 총회는 성경의 정확무오성, 그리스도의 동정녀 탄생, 십자가상의 그리스도의 대속, 그리스도의 육체적 부활, 그리스도의 이적을 성경과 웨스트민스터 신앙고백의 근본적 교리로 재확인했다. 하지만 150명의 목사들이 오번선언(Auburn Declaration)을 내고, "총회 발표에 열거한 다섯 교리는 성경과 「웨스트민스터 신앙고백」에서 가르친 교리체계에 근본적인 것이 아니고 교리가 말하는 사실들을 설명하는 이론들에 지나지 않는다"고 하였다.[28] 이에 메이첸(J. Gresham Machen)은 오번선언에 대해 "이것은 교회 목사들뿐만 아니고 평신도들의 사상과 경험에 널리 퍼지고 상당히 지배적인 위치를 차지하고 있는 흔히 현대주의라는 불리는 것으로, 이는 우리 교회 헌법과 기독교에 정반대되는 것이다"라고 비판했다.[29] 이 박사는 이러한 입장에 동의하면서, "성경에서 찾는 신학체계와 진리는 개혁주의 신앙, 즉 보통 칼빈주의라는 신앙인데, 이것은 장로교의

27 『전집』 3:86.

28 『전집』 3:81.

29 『전집』 3:81(이근삼 박사의 번역을 약간 수정함); Ned Bernard Stonehouse, *J. Gresham Machen: A Biographical Memoir*, 2nd ed. (Grand Rapids: Eerdmans, 1955), 382. 이 문서는 미국 장로교회(PCUSA)의 당시 영적 상황을 진단하기 위해 총회(의장: Charles R. Erdman Sr.)가 소집한 "15인 위원회(Commission of Fifteen)"에 메이첸이 1925년 12월 2일 제출한 견해에 나오는 표현이다.

신앙고백과 교리문답(the Confessions and Catechisms of the Presbyterian Church)에 찬란하게 표현되어 있다"라는 메이첸의 말을 인용한다.[30] 여기에서 말하는 "장로교의 신앙고백과 교리문답"은 당연히 웨스트민스터 신조를 뜻한다. 미국 장로교회 상황에 대한 이 박사의 분석을 보면, 그가 신앙고백을 중요하게 생각하는 이유는 성경적 신앙에 충실하고, 교회를 건강하게 지키기 위해서임을 알 수 있다.

네덜란드의 상황을 다룰 때도 이러한 기조가 이어진다. 그는 네덜란드의 양대 개혁파 교회는 자유주의 네덜란드 개혁파 교회(NHK, Nederlandse Hervormde Kerk; Dutch Reformed Church)와 보수주의 네덜란드 개혁파 교회(GKN, Gereformeerde Kerken Nederland; Reformed Churches in the Netherlands)라고 소개한다.[31] 이 박사에 따르면, 1816년에 조직된 자유주의 네덜란드 개혁파 교회는 "그때 벌써 신앙고백이 애매"하였다.[32] 1950년에 자유주의 네덜란드 개혁파 교회는 "근본적으로 신앙 신정통의 승리를 의미하는 새 교회규정을 채택"하였고, "교회 직분자는 교회의 신앙고백서들의 방향으로 움직여야 한다"고 규정했지만, 여전히 "자유주의가 제외되는 것이 아니고 현대 성경비평이 전과 같이 합법적"인 상태가 유지되고 있다.[33] 이 박사는 네덜란드와 독일의 몇몇 신학자들 가령, 헤리트 판 니프트릭(Gerrit Cornelis van Niftrik, 1904~1972), 마르티누스 베이크(Martinus Adrianus Beek, 1909~1987), 에른스트 케제

---

30   『전집』 3:81(괄호 안의 영문은 뒤의 책에서 연구자가 인용함); Stonehouse, *J. Gresham Machen*, 457.

31   NHK를 자유주의 네덜란드 개혁파 교회로, GKN을 보수주의 네덜란드 개혁파 교회로 명명하는 것은 이근삼 박사를 따른 것이다.

32   『전집』 3:82.

33   『전집』 3:82~83.

만(Ernst Käsemann, 1906~1998) 등을 비판한다.[34] 더 문제가 되는 것은 "신앙고백 표준서 비평이 보수주의 네덜란드 개혁파 교회에도 들어오게 됐다"는 사실이다.[35] 폴텐(H. Volten, 1902~1966)은 표준적 신앙고백서들에 대한 광범위한 비평을 했고, 신앙의 "형식과 내용은 불가피적으로 분리되어야 한다"고 결론지었다.[36] 이 박사는 캄펜(Kampen)에서 가르쳤던 폴만(Andries Derk Rietema Polman, 1897~1993) 교수도 그와 같은 분리를 지지했으며, 자신의 석사 지도교수였던 벌카우워(G. C. Berkouwer, 1903~1996) 역시 로마 가톨릭에서 진리에 대한 긍정과 그것에 대한 진술 간의 구별을 인정하며 동의했다고 주장한다.[37] 그는 비록 보수주의 네덜란드 개혁파 교회에서 목회자가 임직 서약을 할 때 도르트 신조를 비롯한 개혁파 신앙고백과 교리문답이 성경과 일치하며 설교와 저서에서 그것에 직간접적으로 반대하지 않고 오히려 그 교리를 충실히 옹호할 것을 약속하긴 하지만, 그럼에도 불구하고 여전히 성경비평이 들어오고 있다고 염려한다. 하지만 "31조파 보수주의 네덜란드 개혁파 교회는 교리표준의 권위와 해석을 고수하는 건전한 교파로 신앙과 신학을 일치시키는 노력을 계속하고 있다"라고 평가한다.[38]

이어서 이 박사는 칼 바르트(Karl Barth, 1886~1968)가 교리표준에 대해 가지는 견해를 소개한다. 그는 바르트가 "변증법적 긴장"을 교리표준에 대한 견해에도 적용하고 있다고 분석한다. 우선, 바르트는 『교회교의학』

---

34 『전집』 3:83.

35 『전집』 3:83.

36 『전집』 3:83; H. Volten, *Rondom het belijden der kerk* (Kampen: J.H. Kok, 1962), 107~141.

37 『전집』 3:84.

38 『전집』 3:84.

(Church Dogmatics)에서 신앙고백의 권위를 인정하고 있다. 바르트는 이렇게 말한다.

> 교회의 신앙고백은 하나의 교회사건이다. 그것은 교회가 성경을 만난 결과이며 그것은 어떤 가장 심각한 신학적 업적으로도 우연히 일어날 수 없는 것이다. … 그것은 주석에 기초하는 것이 분명하나 성경적 연구 이상의 것이다. 그리고 분명히 그것은 교의학적 의식만으로 생겨나는 것이나, 신학 이상으로 전파될 것이다. 이것은 분명히 전파이지만 그 힘은 교회건설의 힘만이 아닐 것이다. 그 속에 신앙고백 진술자들의 신앙을 엿볼 수 있으나 주관적 신앙 때문에 그런 것은 아닐 것이다. 교회에 주어진 통찰 때문에 참된 교회 신앙고백은 권위가 있을 수 있고 또 권위 있게 말해야 한다. 그것은 토론과 자유선택을 위한 주관으로 발표할 수 없는 것이다. 신앙고백이 공식화하고 전하는 것은 교회의 교리가 되는 것이다.[39]

---

[39] 『전집』 3:84~85. 번역은 이 박사가 한 것을 그대로 가져오되, 『전집』에는 들어가 있지 않은 말줄임표를 표시하여 구분을 쉽게 했다. 이 박사는 영역을 따로 제시하지 않으나, 그가 인용한 부분을 보다 최근의 영역본과 독어 원문에서 가져오면 아래와 같다. Karl Barth, *Church Dogmatics*, I/2, trans. Geoffrey Bromiley (London: T&T Clark, 2004), 624~625: "Church confession is a Church event. It is the result of an encounter of the Church with Holy Scripture, which in its contingency cannot be brought about by even the most serious theological work. … It certainly rests on exegesis, but it is more than biblical inquiry. It certainly arises only with a dogmatic consciousness, but it will proclaim more than theologoumena. It is certainly proclamation, but its power will not be only that of edification. The faith of its authors will certainly be heard in it, but it will not be because of this subjective faith that it has a right to be heard. Because and to the extent that it rests on an insight given to the Church, a genuine Church confession can and must speak authoritatively: it cannot simply publish its findings as a subject for discussion and free choice." 이 본문의 독일어판은 아래와 같다. Karl Barth, *Die Kirchli-*

이 부분만 보자면, 바르트는 신앙고백이 교회 안에서 "참으로 구속적 권위"를 가지는 것으로 본 것 같다. 하지만 이 박사는 그런 결론을 내리기 전에 "바르트가 Yes와 No 사이에 왕래하는 방법을 생각해야 할 것"이라고 주장한다.[40] 왜냐하면 바르트는 "신앙고백의 방향에 대해서 말하

---

che Dogmatik, I/2 (Zollikon: Verlag der Evangelischen Buchhandlung, 1948), 698~699: "Kirchliche Konfession ist ein kirchliches Ereignis, sie ist das Ergebnis einer Begegnung der Kirche mit der heiligen Schrift, die in ihrer Kontingenz durch keine noch so ernste theologische Arbeit herbeigeführt werden kann. ⋯ Wird sie gewiß auf Exegese beruhen, so wird sie doch mehr sein als biblische Forschung. Wird sie gewiß nicht ohne dogmatische Besinnung zustande kommen, so wird sie doch mehr als bloße Theologumena vortragen. Wird sie gewiß Verkündigung sein, so wird sie ihre Kraft doch keineswegs in ihrer Erbaulichkeit haben. Und wenn das gläubige Gemüt ihrer Urheber gewiß in ihr hörbar sein wird, so wird es doch nicht etwa diese subjektive Gläubigkeit sein, um derstwillen sie den Anspruch erheben kann, gehört zu werden. Weil und sofern sie auf einer der Kirche gegebenen Einsicht beruht, darf und muß eine echte kirchliche Konfession verbindlich reden, kann sie also ihre Aussagen nicht bloß bekanntgeben, nicht bloß zur Diskussion und freien Auswahl stellen." 이하에서 바르트의 『교회교의학』의 영역판은 CD로, 독어판은 KD로 약하여 표기한다. 한역은 다음을 보라. 칼 바르트, 『교회교의학』, I/2, 신준호 역 (서울: 대한기독교서회, 2010), 765: "교회적 신앙고백은 교회적 사건이며, 그것은 교회와 성서의 만남의 결과이며, 그것은 어떤 진지한 신학적 작업에 의해서도 그것의 우연성 안에서 일으켜질 수가 없다. ⋯ 그 고백은 주석에 근거하며, 그래서 그것은 단순한 성서 연구 이상의 것이다. 물론 그것은 교의학적인 개념 없이 생겨날 수는 없지만, 그러나 그것은 단순한 신학적 내용을 발표하는 것 이상이다. 물론 그것은 선포이지만, 그러나 그것의 능력은 어떠한 경우에도 그것의 교육적 차원에 놓이지 않는다. 그리고 물론 작성자의 신앙적 정서가 그것 안에서 들려지게 되겠지만, 그러나 그것은 주관적인 신앙이 아니며, 그러한 정서 때문에 들려지기를 요구하게 되지는 않는다. 교회적 신앙고백이 교회에 주어진 통찰에 근거하기 때문에, 참된 교회적 신앙고백은 **구속력 있게** 말해야 하며, 그래서 그것은 자신의 진술들을 다만 알려지도록, 다만 토론에 붙여지고 자유롭게 선택하도록 하지 않는다. 신앙고백이 형식화하고 선포하는 그것은 이제 교회적 '**교리**'(Dogma)의 권리를 주장한다." (볼드체는 바르트의 것)

40 『전집』 3:85.

기를 좋아"했기 때문이다.[41] 이 박사는 바르트의 글을 아래와 같이 더 인용한다.

우리가 그 방향에 충실할 수 있다. 그러면서도 상세하게 더욱이 전체적으로 우리의 신앙고백으로써 그것을 다르게 생각할 수 있다. … 신앙고백에 대한 적극적 태도까지도 아주 비평적인 것일 수 있다. 그것이 말하는 방향으로 움직인다는 것은 신앙고백의 내용을 우리 설교의 내용으로 삼아야 한다는 것을 뜻하지 않는다. … 신앙고백의 진술은 그 당시의 교회가 요구하고 발견한 방향을 우리에게 제시하는 것이다. 우리가 신앙고백의 권위를 존중한다는 것은 그 진술에 동의함으로써 보다는 그 진술에서 방향을 배우게 됨으로 하는 것이다. 그러므로 거기서 그 방향을 배움으로써 그 진술의 몇 가지 혹은 많은 것을 비판적으로 반대해야 된다고 할 것이다. 그러므로 이 비판은 신앙고백의 권위를 존중하고 또 그 방향으로 가면서 우리는 그 방향을 따르는 것보다는 차라리 다른 진술을 좋아해야만 한다고 생각하는 것을 의미한다.[42]

41　『전집』3:85.

42　『전집』3:85~86(이근삼 박사의 번역에 밑줄임표를 삽입함). Barth, CD I/2, 650, 655 (KD I/2, 729, 735): "We can be loyal to its direction and still think that in detail and even as a whole, as our confession, we would rather have it put otherwise. … Even a positive attitude to the confession can be a genuinely critical one. And moving in the direction it indicates, and therefore a positive attitude to it, means even less that we have to make the content of the confession the content of our own proclamation. … Its statements give us the direction in which it itself, the Church then and there, has sought and found it. It is not by agreeing with these statements and appropriating them, but by learning the direction from these statements that we respect the authority of the confession. For that reason it may well be that in learning that direction from it we have to oppose critically certain or even many of its statements. This criticism will mean, therefore, that going in the direction indicated and respecting the

신앙고백에 대한 바르트의 변증법적 입장에 대해 이근삼 박사는 "근 authority of the confession we think we ought to prefer other statements as better following that direction." Barth, *KD* I/2, 729, 735: "Man kann ihrer Richtung treu sein und dabei doch denken, daß man sie im Einzelnen und sogar im Ganzen, damit sie auch unser Bekenntnis sei, gerne recht anders gestellt sähe. ⋯ Auch die positive Stellung zur Konfession kann also sehr wohl eine recht kritische sein. Und das Weitergehen in ihrer Richtung und also die positive Stellung zu ihr bedeutet noch weniger, daß wir uns etwa den Inhalt der Konfession zum Inhalt unserer eigenen Verkündigung zu machen hatten. ⋯ Indem die Konfession der Kirche von damals und dort der Kirche von heute und hier mit ihren Sätzen gegenübertritt, fragt sie sie nach ihrem Glauben, nach dem Gehorsamscharakter ihrer Auslegung und Anwendung der Schrift. Wie es einen Zusammenhang, ja eine Einheit alles Irrglaubens gibt, so gibt es ja auch einen Zusammenhang und eine Einheit des Glaubens. Auf diese Einheit des Glaubens redet uns die Konfession an. Was sie von uns will, das ist dies, daß wir uns mit ihr in der Einheit des Glaubens befinden sollen. Ihre Sätze geben uns die Richtung an, in der sie selbst, die Kirche von damals und dort, diese Einheit des Glaubens gesucht und gefunden hat. Nicht indem wir ihren Sätzen zustimmen und sie uns zu eigen machen, sondern indem wir uns durch diese Sätze diese Richtung weisen lassen, respektieren wir die Autorität der Konfession. Eben darum kann es wohl sein, daß wir, indem wir uns von ihr diese Richtung weisen lassen, einzelnen oder auch vielen ihrer Sätze kritisch gegenübertreten müssen. Diese Kritik wird dann den Sinn haben, daß wir, in der gewiesenen Richtung gehend und also die Autorität der Konfession respektierend, andere Sätze als bessere Verwirklichung derselben Richtung den Sätzen der Konfession selbst vorziehen zu müssen meinen." 바르트, 『교회교의학』, I/2, 796, 803: "우리는 그것의 방향을 충실히 따르면서도, 그러면서도 다음과 같이 생각할 수 있다: 그것이 세부 사항들에 있어서는 그리고 더 나아가 전체에 있어서, 그것이 우리의 신앙고백이기는 하지만, 그러나 다르게 표현되었다고 생각할 수 있다. ⋯ 신앙고백에 대한 긍정적 입장이 또한 대단히 올바른 비판적 입장일 수도 있다. 그것의 방향으로 계속 나아가고 그것에 대한 긍정적인 입장을 가지는 것은 우리가 그 신앙고백의 내용을 우리 자신의 고유한 선포의 내용으로 만들어야 함을 뜻하지 않는다. ⋯ 신앙고백의 문장들은 우리에게 방향을 제시하는데, 그 방향 안에서 그 신앙고백 자체가 과거 그곳의 교회가 믿음의 이러한 통일성이 찾아지고 발견되었다. 우리가 그 진술들에 동의하고 그것을 암기함으로써가 아니라, 오히려 우리가 이 진술들을 통하여 이러한 방향으로 인도되기 때문에, 우리는 신앙고백의 권위를 존경하게 된다. 바로 그렇기 때문에 우리는 이 방향으로 인도되는 가운데에 개별적인 혹은 많은 그 진술들을 비판적으로 대면하여야만 한다. 그 비판은 그때 우리가 어떤 제시된 방향으로 나아가면서도 그래서 그 신앙고백의 권위를 존경하면서도

본적으로 그의 일시적 친구 고가르텐(F. Gogarten)의 입장과 다른 것이 별로 없다"라고 판단내린다. 고가르텐은 "신앙고백은 시대적 산물이다. 이 시간은 지적 전제와 함께 벌써 과거이다. 성경이 하나님의 말씀으로 이해되었던 그 당시의 방법을 증거하는 신앙고백은 벌써 신앙고백이 아니다. 그것은 과거에 속한 것이므로 지금은 해석이 필요하고, 또 바로 그 이유 때문에 번역이 요구되는 것이다"라고 주장했다.[43] 이 박사는 바르트가 성경으로 돌아가라는 운동에서 신앙고백문서들을 성경에 대해서 종속적인 위치에 둔 것을 좋게 여긴다.[44] 하지만 여전히 바르트가 "성경 속에 인간성이 있기 때문에 오류 있는 책"으로 여긴다며 비판한다.[45]

이근삼 박사는 신자유주의의 신앙고백에 대한 태도 역시 비판적으로 평가한다. 대표적으로 그는 독일계 미국의 교회역사가인 빌헬름 파욱(Wihelm Pauck)을 예로써 제시하는데, 파욱은 하르낙을 따라서 "기독교의 어떤 역사적 형태도 규범적인 것이나 권위적인 것으로 생각하거나 절대화될 수 없다. … 기독교의 신앙과 생활의 기초가 될 수 있는 것은 이 전통들이 아니고 그것들이 궁극적 역사의 근원인 예수 그리스도의 복음이다"라고

어떤 다른 방향을 현실화하는 것이 그 신앙고백의 진술 자체보다 더 낫다고 생각하게 된다는 뜻이다."

43 『전집』 3:86; Friedrich Gogarten, *Das Bekenntnis der Kirche* (Jena: Eugen Diederichs, 1934), 23.

44 신앙고백문서들에 대한 바르트의 입장을 다룬 논문들은 아래를 보라. 이상은, "바르트와 하이델베르크 요리문답", 「한국개혁신학」 50 (2016): 198~231; 이상은, "개혁자들의 신앙고백과 한국교회: 바르트(K. Barth)의 스코틀랜드 요리문답 해석을 중심으로", 「한국개혁신학」 57 (2018): 8~39; 이상은, "칼 바르트의 제2스위스 신앙고백(1562) 수용", 「한국개혁신학」 64 (2019): 193~226.

45 『전집』 3:86.

주장했다.[46] 이 박사는 파욱의 주장이 신자유주의의 기본적 입장과 궤를 같이 하며, 그것의 문제는 성경과 신앙고백을 역사적으로 상대화시키는 점이라고 주장한다.[47]

이상과 같이 이근삼 박사가 로마 가톨릭, 영국성공회, 루터교회, 미국 장로교, 네덜란드의 개혁교회, 바르트주의, 신자유주의에서 신앙고백을 어떻게 생각하고 있는지 다룬 것을 보면, 그가 신앙고백이 왜 필요하다고 생각하는지를 알 수 있다. 가장 중요한 점은 신앙고백이 성경적 신앙을 수호하기 위해 필요하다는 것이다.[48] 이 박사는 신앙고백이 상대화되면 필시 성경 역시도 상대화 되고 만다고 본다. 역으로 그는 성경의 권위를 보존하기 위해서 신앙고백에 동의하며 그것을 고백하는 것은 필수적인 일이라고 판단한다. 그가 자유주의 신학에 대해 비판할 때를 보면 이 점을 잘 알 수 있다. 또 한 가지 덧붙인다면, 이근삼 박사는 교회를 수호하기 위해 신앙고백의 중요성을 역설한다. 특히 목회자들의 설교 사역과 신자들의 신앙을 돕기 위해서 신앙고백이 필요하다고 주장한다. 이것은 그가 슈나켄부르거의 말을 의미 있게 인용하며, 보수주의 네덜란드 개

---

46 『전집』 3:87. 파욱의 글을 이 박사가 어디에서 인용했는지 『전집』에는 나오지 않는다. 아래 두 책들 중에 하나일 가능성이 있다. Wilhelm Pauck, *The Heritage of the Reformation*, rev. and enl. ed. (Glencoe: Free Press, 1961); Stewart Crysdale, *The Changing Church in Canada: Beliefs and Social Attitudes of United Church People* (Toronto: Evangelism Resource Committee, 1965).

47 『전집』 3:87.

48 웨스트민스터 신앙고백서의 성경관에 대해서는 아래를 보라. 장호광, "개혁주의 신조의 현대적 의의와 적용: 웨스트민스터 신앙고백서의 성경관을 중심으로", 「한국개혁신학」 40 (2013): 91~107. 특히 「한국개혁신학」 제40권은 신조에 대한 다양한 연구들을 담고 있는 논문모음집이다.

혁교회의 상황을 소개할 때 잘 알 수 있다. 따라서, 이근삼 박사가 신앙
고백을 중요하게 여기는 이유는 어떤 특정 신학 사조를 공격하기 위함이
아니라, 오히려 성경적 신앙과 교회를 수호하기 위한 열정에서 나온 것임
을 관찰할 수 있다. 그는 교리교육의 중요성을 강조하는 글에서 개혁교회
들이나 루터파 교회들은 주일저녁 예배에 교리문답을 가지고 강해설교를
하고 있음을 강조하며, 네덜란드 개혁교회에서는 하이델베르크 교리문답
에 대한 해설서가 수다한 것을 소개하고 있는데,[49] 이 또한 그가 신앙고백
을 신앙생활과 교회생활을 돕기 위한 주요방편으로 여기고 있음을 보여
준다.

III 신조와 신앙고백의 특성에 대한 이근삼 박사의 견해

이근삼 박사가 성경적 신앙의 수호와 교회를 돕기 위한 방편으로 신
조와 신앙고백을 강조한다는 사실은 그가 신조와 신앙고백의 특성을 제
시하는 맥락에서도 드러난다. 그는 신앙고백서들이 각기 다른 특징과 목
적을 갖고 있지만, 그 공통된 기본 성격은 『프랑스 신앙고백』(French Confes-
sions of Faith, 1559)[50]의 서문에 있는 다음 말과 같다고 주장한다.

---

49   『전집』 3:165.

50   프랑스 신앙고백은 "French Confession of Faith", "The French Confession", "Confession
de La Rochelle", "Gallic Confession of Faith", "Confessio Gallicana", "Confessio Fidei
Gallicana" 등으로 불린다. 이 신앙고백이 칼빈이 혼자 작성한 것인지, 아니면 베자나 비
레의 도움을 받아서 칼빈이 작성한 것인지, 그리고 샹디우(Antoine de la Roche Chan-
dieu, 1534~1591)가 최종단계의 편집책임을 맡았는지 등에 대해서는 여전히 학계의 의
견이 분분하다. 이 신앙고백의 배경에 대해서는 아래의 글을 보라. James T. Dennison,
Reformed Confessions of the 16th and 17th Centuries in English Translation. 1552~1566, vol. 2

우리 신앙고백에 선포된 신앙의 규칙들을 요약하면 하나님께서 선지자들과 사도들과 심지어는 자기 아들의 입으로 우리에게 자기 뜻을 충분히 선포하셨으므로 우리는 하나님의 말씀(神語)을 존경하여 우리 자신의 것을 조금도 더하지 못하도록 해야 할 것이나 성경이 규정하는 규칙들에게 완전히 우리 자신을 일치시켜야 한다.[51]

이 글에서도 강조되는 것은 신앙고백이 하나님의 말씀에 일치되는 것이어야 한다는 사실이다. 그렇기에 이 박사는 성경은 "주도적 규범"(norma normans, ruling norm)이고, 신조 또는 신앙고백은 "종속적 규범"(norma normata, subordinate norm)이라고 본다. 또한, 신앙고백들은 개정 또는 수정될 수 있으나, 성경은 "첨가나 삭감없이"(Without addition or diminution) 그대로 존립한다.[52]

이어서 이 박사는 신앙고백을 여러 종류로 나눈다. 먼저, "임기적(臨機的) 신앙고백"과 "규정적(規定的) 신앙고백"이 있다. 임기적 신앙고백이란 벧전 3:15에서 말하는 것처럼, "소망에 관한 이유를 묻는 자"에게 대답하는 내용으로, 때로 동적 신앙고백이라 불린다. 규정적 신앙고백은 교회의 표준문서에 나타난 신앙고백으로, 때로 정적 신앙고백이라 불린다. 이 박사는 후자를 싫어하면서 전자만 좋아하는 태도는 정당하지 못하다고 지적한다. 특히 그는 교리문답 설교를 강조하는데, 그래야 신앙고백을 "우

(Grand Rapids: Reformation Heritage Books, 2010), 140~141.

51 『전집』 3:88; Pauck, *The Heritage of the Reformation*, 141.

52 『전집』 3:89("of"를 "or"로 수정함).

리 자신들의 것으로" 만들 수 있기 때문이다.[53] 또 다른 구별은 "근간적(根幹的) 신앙고백"과 "지엽적(枝葉的) 신앙고백"이다. 이것은 "성경의 진리 전체에 대한 신앙고백"과 "성경의 부분적 진리에 대한 신앙고백"의 차이다.[54] 전자에 속하는 신앙고백서가 「프랑스 신앙고백」(1559), 「스코틀랜드 신앙고백」(1560), 「벨직 신앙고백」(1561) 등이며, 후자에 속하는 것이 「도르트 신조」(1618~1619), 「바르멘 신학선언」(1934)이다.[55]

이러한 분류보다 더 중요한 것은 신앙고백의 특성이다. 이 박사는 신앙고백이 신앙적인 면, 이론적인 면, 교회적 또는 사회적인 면, 역사적인 면, 정반(正反)적인 면, 종말론적인 면, 교육적인 면, 법적인 면이 있다고 본다.[56]

먼저, "신앙적인 면"에서 하나님의 말씀은 인간의 응답을 요구하기에 신앙고백이 작성되기 시작했다고 설명한다(롬 10:9~10, 고후 4:13 참조).[57]

"이론적인 면"은 성경을 일관성 있게 이해하는 것과 관련된다. 성경을 비논리적이라 보거나, 성경의 명제적 진리를 제외하기를 바라는 신학자들도 있지만, 이 박사는 칼 헨리(Carl F. H. Henry)를 따라서 "역사적 기독교회는 하나님의 계시가 우주적이든지(자연, 역사, 양심), 특별계시(구속행위와 성경의 선포)이든지 간에 지적으로, 객관적으로 알 수 있게 주어진 것으로 이해하

---

53 『전집』 3:89~90.

54 『전집』 3:90.

55 『전집』 3:90.

56 정반적인 면이란, 바르트 신학을 이 박사가 묘사할 때 사용하는 표현으로, 변증법적인 측면을 뜻한다.

57 『전집』 3:91.

고 있다"는 주장에 동의한다.[58]

신앙고백의 "교회적 또는 사회적인 면"은 모든 시대, 모든 성도들이 함께 삼위일체 하나님을 믿는 신앙을 고백하는 측면과 관련된다. 이 교회에 관하여 이 박사는 웨스트민스터 신앙고백 25장 2절에 명시된 바를 받아들인다. 즉, "유형적 교회는 복음시대에 있어서 공동적이고 우주적인 교회다. 이 교회는 전세계를 통해 참 종교를 믿는 모든 사람들과 그 자손들로 구성된다."[59] 그러면서 이 박사는 루터파 학자 에드문트 쉴링크 (Edmund Schlink, 1903~1984)의 주장을 의미있게 인용한다. 쉴링크는 "모든 성경과 모든 교회는 신앙고백으로 다 함께 속한다. 신앙고백의 작성자와 서명자들이 전체 교회로서 고백하기를 원한다. 신앙고백은 전체 교회의 소리인 것이다"라고 주장하였다.[60] 특히 이 박사는 신앙고백의 교회적 측면이 "만국 만대의 교회의 근본적 통일에 기초"하고 있고, "모든 개인주의를 파하는 반석"이라고 표현한다.

신앙고백의 "역사적인 면"은 신앙고백의 연구 시에 필요한 측면이다. 모든 신앙고백은 역사적 산물이기에 신앙고백의 연구에는 "비교연구"와 "그 배경과 시초의 비판적 연구"가 필요하다.[61] 이 박사는 이 점에서 두 가지 극단을 경계한다. 한 쪽 극단은 역사적 상대주의이며, 다른 쪽 극단은 고백주의이다. 전자는 모든 신앙고백이 시대에 뒤진 것이라 생각하는 경

---

58 Carl F. H. Henry, *Frontiers in Modern Theology: A Critique of Current Theological Trends*, 4th edition (Chicago: Moody Press, 1966), 69.

59 『전집』 3:94.

60 『전집』 3:94; Edmund Schlink, *Theology of the Lutheran Confessions*, trans. Paul F. Koehneke and Herbert J. A. Bouman (Philadelphia: Muhlenberg Press, 1961), 17.

61 『전집』 3:95.

향이며, 후자는 신앙고백을 하나님의 영감으로 되었다고 생각하는 것이다. 여기에서 이 박사는 칼 바르트를 우호적으로 인용하는데, "바르트는 교회의 신앙고백을 교회사건이며, '교회가 성령과 만난 결과'"라고 하였다.[62] 이 박사는 신앙고백이란 마치 "위원회의 규칙을 만들 듯이" 만들 수는 없는 것이라고 하면서, 새 신앙고백이 형성되려면, "시기가 성숙되어야 하고, 교회가 청청해야 하고, 성령께서 사람을 준비시켜 성경 말씀의 산 반응으로 교회가 받을 수 있는 말로 기록, 작성할 수 있어야" 한다고 주장한다.[63]

"정반적인 면"은 신앙고백을 이단의 교설에 대한 반응이라는 측면에서 본 것이다. 이 박사는 성경에 벌써 "신앙고백적 '예'와 신앙고백적 '아니오'"가 동반된다고 주장한다. 그러면서 "하나님의 섭리로써, 이단들도 그 특수 역할을 한다"고 주장한다. 비록 이단들이 성경의 완전한 권위를 부정하고, 그리스도를 부인하지만, "이단들은 … 교회로 하여금 신어를 재검토하며, 말씀의 오묘를 가능한 깊이 파게 하고 … 진리를 분명한 소리로 고백하게" 한다.[64]

신앙고백의 "종말론적인 면"은 두 가지 측면이 있다. 하나는 신자가 신앙고백을 가지고 삼위일체 하나님의 보좌 앞에 나타나기를 원하는 측면이고, 다른 하나는 신자가 그 신앙을 재림의 때까지 후손들에게 손상 없이 전해주려는 측면이다. 기독교 전체 교회는 모든 시대의 신자들을 일치된 신앙고백으로 포용한다. 이 종말론적 측면은 포괄성이 있는데, 이는

---

62   Barth, *CD* I/2, 624.

63   『전집』 3:95.

64   『전집』 3:96.

건전한 여러 신앙고백을 함께 고백하며, 성경과 신앙고백과 교회정치가 함께 어우러져야 한다는 것이다.[65]

신앙고백의 "교육적인 면"은 말 그대로 교회교육을 위해서 교리문답서가 중요한 위치를 차지함을 지적하는 것이다. 이 점에 있어서 이 박사는 칼빈과 초대교회를 좋은 모범으로 제시한다. 칼빈은 초대교회가 교인의 자녀들이 유년기를 지내고 청년 초기가 되었을 때 감독에게 데리고 가서 요리 문답에 따라서 시취(試取)하는 관습을 지적한 바가 있다.[66] 그리고 칼빈은 동프리슬란트(East-Friesland)의 목사들에게 다음과 같이 편지한 적도 있었다.

우리 교회의 교리와 일치된다는 것을 요리문답에서 알아보는 이상 더 명확한 증거는 없습니다. 거기에는 무엇을 가르쳤는가가 나타날 뿐만 아니라 유, 무식자가 공히 소년시절부터 무엇을 기본으로 계속적인 교육을 받았는가를 알 수 있고 또 무엇을 모든 신자들이 기독교 공동체의 신성한 교리로 지키고 있는가를 알 수 있습니다.[67]

---

65   『전집』 3:97~98.

66   『전집』 3:98; 칼빈, 『기독교강요』, IV.19.4.

67   『전집』 3:99(편지글에 맞게 경어체로 수정함); Jean Calvin, *Theological Treatises*, trans. John Kelman Sutherland Reid, vol. 22, The Library of Christian Classics (Philadelphia: Westminster Press, 1954), 90: "There are other kinds of writing to show what are our views in all matters of religion; but what agreement in doctrine our Churches had among themselves cannot be observed with clearer evidence than from the Catechisms. For in them there appears not only what someone or another once taught, but what were the rudiments with which both the learned and the unlearned among us were from youth constantly instructed, all the faithful holding them as the solemn symbol of

이처럼 칼빈은 청소년 교육의 필요성과 교회교육의 공적(公的) 성격을 강조했는데, 이 박사는 이러한 칼빈의 주장이 정당하다고 평가한다.[68] 특히 이 박사는 교회교육은 아무나 해서는 안되고, 교회가 공적으로 책임을 지고 맡아야 한다는 것을 강조하였다. 이러한 측면은 그가 신앙고백을 교회의 문서이자 교회를 위한 문서로 인식하고 있는 것과 궤를 같이 한다.

마지막으로 "법적인 면"은 교회에서 권징과 치리를 위해서 신앙고백이 기준이 되는 측면이다. 이 박사는 독일의 법학자이자 교회사가였던 루돌프 좀(Rudolph Sohm, 1841~1917)의 견해를 비판한다. 좀은 초대교회가 "아무런 법적인 면이 없는 카리스마적 단체"였다고 주장했다. 따라서 좀에 따르면, "교회 법정은 권징을 시행해서는 안 되고, 특별 교파나 교회총회나 어떤 연합체도 저희 신앙고백이나 기본교리를 정통주의 표적으로 해서도 안된다"는 것이다.[69] 하지만 이 박사는 요한서 10절이나 종교개혁기의 전통에 근거하여 좀의 견해를 거부한다. 종교개혁의 대부분의 교회에서는 직분자들이 임직서약을 하며, 직분자의 자격으로 필수조건 중의 하나는 교회의 교리에 동의하는 것이라 보았다.[70] 여기에서도 이 박사는 이 과정의 공적 측면을 강조한다. 그는 "직분자는 개인적으로 신에게 대면하는 것이 아니고 자기 교회가 신조에 대해 서약해야 한다"고 주장하며, 또한, "교회는 저희가 하나님께 속하였으나 그 영들을 시험할 권리와 의무, 그

Christian communion. This indeed was my chief reason for publishing this Catechism." 이 박사는 원문을 인용하지 않았으나 이해를 돕기 위해 인용하며, 앞뒤에 필요한 영어 문장들을 더 인용하였다.

68 『전집』 3:99.

69 『전집』 3:99. 이 박사가 좀의 견해를 인용하지만, 출처를 밝히지는 않는다.

70 『전집』 3:100.

리고 양떼를 이리들로부터 보호할 권리와 의무가 있다"고 주장한다. 그는 "참 자유는 결코 무법이 아니다"라고 역설한다.[71] 이 박사는 『스코틀랜드 신앙고백』(1560)의 서문에 근거하여, 신앙고백이라 할지라도 성경에 위배되는 내용이 있다면 "개혁", 즉 수정 또는 개정되어야 함을 주장한다.[72] 또한, 칼빈이 『교회정치』(Ecclesiastical Ordinances)에서 주장한 바를 받아들여, 교리상 차이는 목사들이 모여서 의논해야 하며, 필요시에는 장로들을 불러 논점을 해결하는데 조력하도록 권면하고 있다.[73] 이어서 이 박사는 아래와 같이 실제적인 권면을 덧붙인다. "교회의 표준서에 대한 결정은 총회에서나 교회 법정에서 취해져야 할 것이다. 만일 성경에 비추어 신앙고백의 시정이 있어야 한다고 확신이 되면 이런 시정은 신앙고백 자체를 수정하거나 아니면 설명서에 그것을 밝힘으로써 한다."[74]

이상과 같이, 신앙고백이 가지는 특성들을 이 박사는 신앙적인 면, 이론적인 면, 교회적 또는 사회적인 면, 역사적인 면, 정반적인 면, 종말론적인 면, 교육적인 면, 법적인 면으로 나눠서 설명하고 있다. 여기서도 신

71　『전집』 3:100.

72　『전집』 3:100~101.

73　『전집』 3:101; Calvin, *Theological Treatises*, 60: "If there appear difference of doctrine, let the ministers come together to discuss the matter. Afterwards, if need be, let them call the elders to assist in composing the contention. Finally, if they are unable to come to friendly agreement because of the obstinacy of one of the parties, let the case be referred to the magistrate to be put in order." 이 박사는 영역서의 원문을 인용하지 않지만, 이해를 돕기 위해서 뒤의 한 문장을 더 첨가하여 원문에서 인용한다.

74　『전집』 3:101.

앙고백의 현 상황에 대해 진단했던 때와 마찬가지로 신앙고백과 성경의 관계, 신앙고백과 교회의 관계가 부각된다. 한편으로 이 박사는 신앙고백을 역사적 산물로 연구해야 한다고 주장하면서도, 다른 한편으로 그것이 가지는 구속력을 강조한다. 특히 신앙고백의 특성을 살피는 부분에서 이 박사는 신앙고백이 교회와 공시적으로 또한 통시적으로 함께 한다는 것을 강조한다. 공시적으로 함께 한다는 것은 신앙고백이 교회의 생활을 신앙적으로, 이론적으로, 개인주의에 반대하며, 이단으로부터, 교육적으로, 법적으로 돕는다는 것이다. 통시적으로 함께 한다는 것은 신앙고백이 교회의 역사 가운데, 종말을 바라보면서 동행한다는 것이다. 이처럼 이 박사는 신앙고백을 교회론적 맥락에서 그 다양한 특징과 면모를 파악하고 있다.

IV 신조와 신앙고백의 해석법에 대한 이근삼 박사의 견해

이근삼 박사는 신앙고백의 해석 방법으로 고고학적 방법, 실존적 방법, 양식비평적 방법, 신앙고백적 방법을 제시한다. 첫째, 고고학적 방법이다. 이는 역사적 접근법이라고 할 수 있다.[75] 이 박사는 이 방법론에서 주의할 것으로, 신앙고백에 실제적으로 "영적 동질감"을 느끼지 않으면서 단순히 학문적인 작업 대상으로만 여기는 태도를 지적한다. 가령, 18세기에 플란크(Gottlieb Jakob Planck, 1751~1833)는 『신교 교리의 기원, 변천, 형성의 역사』를 6권으로 펴냈지만, 정작 자신에게는 교리가 무관심하게 여겨졌

---

75 『전집』 3:101.

다고 한다.[76] 이 박사는 교리가 단지 학문적 차원이나 교회연합적 차원에서만 다뤄질 것이 아니라, 개인과 교회의 신앙고백으로 다뤄져야 한다고 강조한다.

둘째, 실존적 방법이다. 이 방법론은 "바르트와 그의 신학을 따르는 자유주의 네덜란드 개혁파 교회"가 지향하는 방법론이다.[77] 이 방법론은 교리를 교회가 가야 하는 길이라고 정의한다. 이 점은 특히 문제가 될 것이 없다. 그런데 이 박사는 "그 길은 도상에서 신이 정하신 순간에서의 만남이 가능하지만 만일에 이런 만남이 없을 때는 그 길은 무익하게 된다"는 점을 문제로 지적한다.[78] 또한 이 방법론에서 교리의 해석은 "찬의와 반의, 긍정과 부정의 혼합"이다.[79] 그 결과 "역사는 우발사건의 연속이고 신어는 역사계를 초월하는 초역사적 순간에 섬광처럼 번쩍이는 것"이 되기에 문제가 있다.[80]

셋째, 양식비평적 방법이다. 이 방법론의 문제는 "신앙고백의 형식과 내용"이 서로 분리되어 있다는 점이다.[81] 이 박사는 이 방법론의 대표자로

---

76 『전집』 3:102; Bernard ter Haar, *De historiographie der kerkgeschiedenis*, vol. 2 (Utrecht: Van der Post, 1873), 50. 참고로, 플란크의 책은 아래와 같다. Gottlieb Jakob Planck, *Geschichte der Entstehung, der Veränderungen und der Bildung unsers protestantischen Lehrbegriffs: vom Anfang der Reformation bis zu der Einführung der Konkordienformel*, 6 vols. (Leipzig: Bey Siegfried Lebrecht Crusius, 1781).

77 『전집』 3:102.

78 『전집』 3:102.

79 『전집』 3:102.

80 『전집』 3:102.

81 『전집』 3:103.

슐라이어마허(F. Schleiermacher)를 든다. 그에 따르면, 슐라이어머허는 "한 교의의 명제를 교회적 가치와 과학적 가치로 나누어 생각"했다.[82] 이 박사는 계속해서 이렇게 설명한다.

교회적 가치라 할 때에 그것은 언제나 본질상 시적(詩的)인 것으로서 교의적 용어에 결정적 영향을 주는 비유적 언어를 말하고, 과학적 가치라 할 때 그것은 교의적 명제가 대부분이 비유적 표현을 설명하는 것으로서 비교적 정확하고 확정적일 때 쓰는 것이다.[83]

이처럼 신앙고백의 형식과 내용을 분리하여, 교회적 접근과 과학적 접근을 별개로 시도하는 기획은 결국 신앙고백의 본질을 훼손하는 것이다. 이 박사는 유사한 맥락에서 율법과 복음의 구별을 엄격하게 적용하여 모든 신조를 그 틀에 종속시키는 현대 루터파의 태도나, 언어 양식의 시대적 특수성을 지나치게 강조하는 신 로마 가톨릭 신학자들의 태도를 비판한다.[84]

넷째, 신앙고백적 방법이다. 이 해석방법은 이근삼 박사가 가장 선호하는 것으로서, "역사적 – 주해적 방법"이라고도 일컫는다. 이 방법은 신앙고백 작성자의 사상과 주석들의 역사적 문맥에서 그 사용된 말들을 해석하면서도, 동시에 신앙의 조상들이 고백한 신앙을 함께 고백하면서 신

---

82 『전집』 3:103.

83 『전집』 3:103.

84 『전집』 3:104.

조를 해석하는 방법이다.[85] 이 방법론은 정직한 과학적 해석을 따라서 모든 유효한 재료들을 사용하지만, 신앙고백이 과학서가 아니라 "성도들의 공동체가 가지는 책"이라는 사실을 존중한다. 그렇기에 신앙고백은 근본적으로는 교회 내에서 교회가 사용하고 해석한다. 결론적으로 이 박사는 아래와 같이 자신의 입장을 요약한다.

> 신앙고백이 참으로 성경을 요약하고 존중하고 있는 한, 그리고 교회가 성경대로 살고 있는 한, 신앙고백은 명백하게 이해될 것이고 언제나 무한하신 성경에 대한 놀라움과 새로움을 가지고 해석될 것이다. 모든 시대의 성도들은 조상들의 신앙고백을 재음미해야 하고 성경의 목적과 중심 메시지를 알아야 한다. 그러면 성령의 은혜로 깊은 존경심을 가지고 신앙고백을 지키게 될 것이다.[86]

이근삼 박사의 신앙고백 해석방법론을 요약하자면, "신앙고백적 해석법" 혹은 "역사적 – 주해적 해석법"으로서, 신앙고백을 교회의 책으로 존중하면서, 성경적 신앙 가운데 교회가 사용하고 해석하도록 하는 방법이라고 할 수 있다. 이 점에서도 역시 이 박사가 성경과 교회를 얼마나 중요하게 생각하는지를 다시금 알게 된다.

---

85 『전집』 3:104.

86 『전집』 3:105.

결론적 질문: 이근삼 박사는 근본주의자였는가?

이 글을 전체적으로 읽은 이들은 이 글의 제일 핵심 키워드가 신조, 신앙고백, 성경, 신앙, 교회라는 사실을 쉽게 알 수 있을 것이다. 이상에서 다룬 이근삼 박사의 입장을 한 마디로 정리하면, 성경적 신앙을 지키고 교회를 돕는 공식 문서로 신조나 신앙고백을 이해한다는 것이다. 그는 신앙고백을 언제나 성경 아래에 두면서도, 성경의 권위에 대한 태도와 신앙고백에 대한 태도는 함께 가는 것이라고 주장한다. 그가 신앙고백을 중요하게 여기는 이유는 성경을 중요하게 여기기 때문이다. 그와 함께 이 박사는 교회를 건전하게 세우기 위해서 신앙고백의 필요성을 강조한다. 그가 신앙고백 교육에 대해 강조하거나 신앙고백 설교를 강조하는 이유 역시 거기에 있다. 교회가 세대를 넘어 지속적으로 존속하고 그 활력을 잃지 않기 위해서는 신앙고백적 일치가 필수적이라고 본 것이다. 연구자는 이전에 이근삼 박사를 다룬 논문에서 그의 교의학이 성경적이며, 고대와 현대의 많은 자료들을 두루 참조하되 특히 대륙의 개혁신학자와 영미계통의 개혁신학을 두루 살피고, 삼위일체론적이며, 성령론을 깊이 다루며, 기독론과 교회론이 강하다고 평가내린 바 있다.[87] 기독교 신앙고백을 다룬 이 연구도 역시 이 박사의 신학에서 성경 중심성과 교회 중심성이 잘 나타남을 관찰할 수 있었다.

그렇다면, 서론에서 던진 질문으로 돌아가서, 과연 이근삼 박사는 "근본주의자"라고 할 수 있겠는가? 기독교 신조와 신앙고백의 현상황, 특성, 해석법을 다룬 이 박사의 글을 볼 때, 그는 근본주의자라고 할 수 없

---

87 이신열, 우병훈, "고신의 교의학자들: 박윤선, 이근삼, 이환봉을 중심으로", 「고신신학」 18 (2016): 202.

을 것 같다. 한편으로 그가 성경의 최종권위와 성경무오성을 믿을 뿐 아니라 아주 강조한다는 점에서, 또한 신학적 자유주의를 철저하게 배격하려는 태도를 종종 보인다는 점에서 근본주의적 경향성이 일부 나타난다고 주장할 수도 있을 것이다. 하지만 전체적으로 보자면 이 박사의 신학은 근본주의와는 거리가 멀다. 첫째, 그는 신학에 대한 통전적 관점을 견지한다. 기독교 신조와 신앙고백을 전체적으로 강조한다는 사실 자체가 그것을 보여준다. 다시 말해, 이 박사는 일반적인 근본주의자들이 중요하게 여기는 성경론, 전도론, 세대주의적 종말론, 부흥주의, 감정주의 등에만 천착하여 신앙고백을 관찰하지 않는다. 그는 신앙고백 전체 내용을 교회가 잘 배워서 성경의 전체적인 가르침을 고수하기를 바라고 있다. 둘째, 그는 신학에 대한 진지한 지성적 성찰을 보여준다. 일반적으로 근본주의자들은 지성주의를 배격하며 주로 감정주의에 치우치는 특징이 있다. 하지만 이 박사는 근현대 신학자들과 다양하게 대화하면서 그들의 견해를 비판하기도 하고, 수용하기도 하며, 더 확장시키기도 한다. 그가 신학적 자유주의를 비판할 때에도 최대한 그 내용을 1차 자료로부터 파악하여 공정하게 평가하기 위해 노력하는 태도를 엿볼 수 있다. 따라서 기독교 신앙고백에 대한 그의 태도를 전체적으로 고려했을 때, 이근삼 박사는 근본주의자의 반열이 아니라, 성경적 신앙과 교회를 정립하기 위한 지성적이고 실천적인 신학 작업에 매진한 개혁주의 신학자의 반열에 위치한다고 결론 내릴 수 있다. 보수적 개혁신학을 추구하면서도 변두리에 머물지 않고 중심에 서고자 했으며, 솔직하고 정직하게 살면서 벌제위명(伐齊爲名)과는 거리가 먼 이근삼 박사의 모범은,[88] 신학을 그 통전성과 정통성 속에서 교회를 위한 작업으로 다루고자 하는 후학들에게 큰 귀감이 될 것이다.[89]

88 이상규, "이근삼 박사의 생애와 사상", 52.

89 본 논문은 원래 2023년 12월 2일 고신대학교에서 열린 제154차 한국개혁신학회 학술심 포지엄에서 발표한 글에서 시작되었다. 당시에 유익한 논평을 해 주신 이상은 박사님과 귀한 질문들을 해 주신 김형렬 목사님(송도제일교회) 및 박홍기 박사님(오이코스대학교) 께 감사드린다.

8

이근삼 박사의 하나님의 창조 이해

기동연

이근삼 박사는 고신에 개혁주의 신학을 꽃 피운 학자로서 많은 업적을 남겼다. 특히 이근삼 박사는 칼빈과 칼빈주의 신학을 적극적으로 소개하였을 뿐만 아니라, 조직신학과 관련된 대부분의 신학 이론을 고신 교회와 한국교회에 알렸다. 그리고 윤리와 문화에 대한 기독교적 관점을 비롯하여 교회와 성도들이 세상에 사는 동안 해야 할 일들에 대해 많은 가르침을 남겼다. 이근삼 박사는 특별히 자신의 신론과 인간론 그리고 기독교 문화관에서 창세기 1~3장을 많이 다루고 있으며, 한국 교회 성도들이 꼭 알아야 할 신학적 가르침을 가지고 있다. 이 부분을 이 논문에서 살펴보고자 하며, 이근삼 박사가 창세기 1~3장을 통해 하나님의 창조와 인간의 창조와 타락 그리고 그리스도의 구원 역사를 어떻게 해석하는지를 살펴보고 그의 업적을 논하고자 한다.

l 하나님의 피조 세계 창조

이근삼 박사에게 창세기 1~3장은 하나님의 창조 교리의 출발점이며, 그의 신론과 인간론 이해에 매우 중요한 역할을 하고 있다. 그는 개혁주의 조직신학 개요 1에서 성경의 첫 책, 첫 장, 첫 절은 "태초에 하나님이 천지를 창조하시니라"고 했고 이 창조 교리를 근간으로 모든 내용이 진행되고 있다고 한다.[1] 이근삼 박사는 우주는 영원한 것이 아니며 하나님의 창조적 행동에 의해 시작한 것이며 삼위일체 하나님의 자유하신 행동으로서 무에서 유를 만드신 완결된 역사라고 한다. 그리고 그는 창조는 역사적 사실이며 하나님의 권능의 역사라고 한다. 이근삼 박사는 천지 창조는 삼위 하나님에 의해 이루어졌다고 한다. 그는 삼위 하나님에 의한 창조를 말하기 위해 먼저 웨스트민스터 신앙고백 제4장 1절을 인용하고 있다.

> "성부, 성자, 성령이신 하나님은 그의 영원하신 권능과 지혜와 선하심의 영광을 나타내시기 위해 태초에 아무 것도 없는데서 온 세계와 그 가운데 있는 만물, 즉 보이는 것이나 보이지 않는 모든 것을 엿새 동안에 말씀으로 창조하시기를 기뻐하셨는데 그 지으신 모든 것은 다 선하였다."

이근삼 박사는 삼위 하나님에 의한 창조를 구약과 신약 성경을 두루 인용하며 증명하고 있다. 그에 의하면 창조는 하나님의 역사이며 그 하나님은 성부 성자 성령 삼위일체 하나님이시다. 이근삼 박사는 성경은 성부 하나님이 천지를 창조하심을 분명하게 선포하며(창 1:1; 사 44:24; 45:12; 고전 8:6), 이 창조사역은 성자 없이 지은 바 된 것이 하나도 없다고 한다(요 1:3; 고전 8:6;

---

1   이근삼, 『개혁주의 조직신학 개요 1』, 이근삼 전집 편찬위원회 엮음 (서울: 생명의양식, 2007), 244.

골 1:15~17). 이근삼 박사는 요한복음 1:3은 신약에서 이루어진 창조 선포라고 여기며, 이 본문을 하나님이신 말씀이 창조에 함께 계시고 그가 우주의 창조주시라고 하며 성자 예수 그리스도께서 천지 창조에 직접적으로 역사하신 것에 대한 증거라고 말한다.[2] 이근삼 박사는 또한 성령이 함께 하신 역사로 하며, 이에 대한 성경 본문으로 창세기 1:2; 욥기 26:13; 33:4; 시편 104:30을 제시하고 있다. 그리고 이근삼 박사는 창세기 1:27의 우리의 형상을 따라 우리의 모양대로 우리가 사람을 만들고에서 복수형 우리를 하나님의 삼위 일체적 존재로 이해하고 있다.[3] 즉 그는 인간 창조를 삼위 하나님의 엄숙한 논의에 의해 되어졌다고 한다.[4] 하지만 이근삼 박사는 우리를 삼위일체로 보아야만 하는 근거를 언급하지는 않는다. 일반적으로 '우리'의 정체를 두고 세 가지 주장이 제시되어 왔다. 첫째는 창세기 1:27의 우리를 다신교 전통으로 보는 견해이다.[5] 둘째는 천상 회의로 보는 견해이다. 즉, 하나님께서 천상 회의 즉 천사들의 모임에서 말하고 있는 것으로 이해한다.[6] 셋째는 '우리'를 삼위일체 하나님으로 보는

2   이근삼, 『개혁주의 조직신학 개요 1』, 243.

3   이근삼, 『개혁주의 조직신학 개요 1』, 264.

4   이근삼, 『개혁주의 조직신학 개요 1』, 249.

5   Hermann Gunkel, *Genesis* (Macon, GA: Mercer University Press, 1997), 112~13: "God turns here to other אלהים–beings and includes himself with them in the 'we'. The concept originates in polytheism, but is no longer polytheistic perse since it regards the one God (Yahweh) as the Lord, the sole determiner, but the other אלהים as greately inferior, indeed his servants."

6   John Skinner, *Genesis* (New York: Charles Scribner's Sons, 1910), 30~31. Lyle Eslinger 는 창세기 1:26의 하나님의 복수 표현은 창세기 2:22과 창세기 11:7의 복수 표현과 함께 하나님과 인간의 존재론적 경계를 명확하게 하려는 수사학적인 의도를 가지고 사용

것이다.[7] 첫째 주장은 구약 성경이 다른 신들의 존재를 인정하지 않는 것을 고려할 때, 그리고 하나님께서 다른 신들과 함께 무슨 일을 계획하고 실행하는 분으로 전혀 상정하지 않는 것을 고려할 때 가능성이 절대로 없다. 그리고 둘째 주장도 가능성이 전혀 없는 것은 아니지만, 두 가지 이유 때문에 그 가능성이 매우 낮다. 첫째 이유는 이 주장은 하나님 한 분에 의한 창조라는 창세기 1장의 주요 신학과 배치된다. 이 주장대로라면 인간 창조에 하나님 외에 천사들이 참여한 것으로 보아야 한다. 또 다른 이유는 하나님의 형상을 따라 지음 받은 사람의 역할을 고려할 때 가능성이 낮다. 즉 하나님의 형상을 따라 지음 받은 사람은 다른 피조물을 다스리는 역할을 하게 되지만, 반면에 천사들은 다스리는 자로 지음 받은 것이 아니라 섬기는 자로 지음 받았다. 천사들은 하나님을 섬겨야 하고 인간을 섬기는 존재들이다(히 1:14; 계 22:8~9). 반면에 인간은 우리의 형상으로 창조된 결과로 다스리는 존재라고 하기 때문에 천사가 우리의 형상의 당사자가 되는 것은 불가능하다. 창세기 1:27은 우리의 형상과 우리의 모양을 하나님의 형상에 국한됨을 보여주는 표현들이 있다. 창세기 1:26과는 달리 창세기 1:27에서는 인간을 창조한 하나님은 단수로 표현되어 있다.

וַיִּבְרָא אֱלֹהִים אֶת־הָאָדָם בְּצַלְמוֹ

되었을 뿐이라고 주장한다. Lyle Eslinger, "The Enigmatic Plurals Like One of Us (Genesis 1:26, 3:22 and 11:7) in Hyperchronic Perspective", *Vetus Testamentum* 54/2 (2006): 171~84.

7   L. Berkhof, *Christian Doctrine* (Grand Rapids: Eerdmans, 1976), 76.

위에서 볼 수 있는 것처럼 창세기 1:27에서 창조의 주체는 **엘로힘** אֱלֹהִים이다. 그리고 동사 **바라**בָּרָא가 3인칭 남성 단수형이다. 주어 **엘로힘** אֱלֹהִים이 복수형이지만 장엄복수로서 단수 취급되므로 동사 **바라**בָּרָא가 단수형으로 사용되었다. 뿐만 아니라 그의 형상(찰모, צַלְמוֹ)에서 하나님은 3인칭 단수 '그의'로 표시되어 있다. 창세기 1:26에서 하나님의 형상에 따른 인간 창조를 1인칭으로 말할 때는 복수이지만, 창세기 1:27에서 동일한 인간 창조를 3인칭으로 표현할 때는 단수이다. 즉 창세기 1:26의 복수로 등장한 하나님과 창세기 1:27의 단수로 등장한 하나님은 동일한 분으로 봐야 한다. 그러므로 천사들이 포함될 여지가 없고, 이를 삼위일체 하나님으로 보는 것이 더 타당하다. 그리고 창세기 1:29에서 사람에게 식물을 양식으로 주면서 1인칭 단수로 말씀하고 있다. 즉 29절은 **와요메르 엘로힘** וַיֹּאמֶר אֱלֹהִים으로 29절의 화자가 하나님이라고 말한 후에 그 하나님의 첫 번째 말씀인 **힌네 나탙티** הִנֵּה נָתַתִּי에서 동사 **나탙티**נָתַתִּי의 주어는 1인칭 단수이다. 하나님은 26절의 인간 창조에서 '우리'라고 하시고 동일한 인간에게 양식을 제정해 주시면서 '내가'라며 단수로 말씀하심으로 복수인 '우리'로 계시는 하나님께서는 단수인 내가로 말씀하시는 분이시라는 것을 보여준다. 30절에서 다른 피조물들에게 식물을 양식으로 제정하는 주체가 29절의 내가로서 바뀌지 않고 있다는 것을 감안하면, 인간 뿐만 아니라 다른 피조물들의 창조하신 하나님은 우리와 내가로 말씀하시는 삼위 하나님이시다. 창세기 1장에서 확인할 수 있는 '우리'에 해당되는 직접적인 분은 성부 하나님과 1:2의 하나님의 신(루아흐 엘로힘, רוּחַ אֱלֹהִים)이다.[8] 이

---

8   Umberto Cassuto, *Genesis: From Adam to Noah* (Jerusalem: Magnes Press, 1961), 54. 카슈토는 '우리'를 'Let us go!'처럼 일종의 권유형으로 생각한다. E.A. Speiser, *Genesis*, An-

근삼 박사는 하나님의 영원한 목적인 창조와 구원의 기본적 통일이 있다고 하면서, 창조의 하나님은 곧 구원의 하나님이요, 삼위일체의 하나님이라고 한다.[9]

II 무에서 유의 창조(말씀으로 창조)

이근삼 박사는 하나님의 우주 창조의 궁극적 목적은 "그의 영원하신 권능과 지혜와 선하심의 영광을 나타내시기 위하여"라고 한다. 그에 의하면, 웨스트민스트 소요리 문답 1항의 사람의 제일 되는 목적은 하나님을 영화롭게 하는 것과 그를 영원토록 그를 즐거워하는 것은 인간 편에서 하나님께 영광을 돌리는 것이고 하나님 편에서는 하나님이 자기의 영광을 받으시는 것이 최종 목적이며 창조의 목적은 하나님이 사기의 영광을 나타내시기 위한 것이라고 한다(롬 11:36).[10] 그에 의하면, 하나님의 모든 창조는 하나님의 영광스런 완전성을 나타내시며 전달하시는 것이라고 한다. 이근삼 박사는 창세기 1장의 창조는 하나님의 말씀으로 이루어졌다고 하며, 말씀으로 창조한 것에 초점이 있다고 한다. 이근삼 박사는 이 부분을 강조하기 위해 창세기 1장에서 하나님께서 창조를 위해 말씀하시는 행위를 아래와 같이 구분하고 있다.[11]

chor Bible (Garden City: Doubleday, 1982), 7.

9   이근삼, 『개혁주의 조직신학 개요 1』, 244.

10   이근삼, 『개혁주의 조직신학 개요 1』, 244.

11   이근삼, 『개혁주의 조직신학 개요 1』, 245.

첫째, **명령적 공고**: 하나님이 가라사대(창 1:3, 6, 9, 11, 14, 20, 26, 28, 29)

둘째, **명령의 말씀**: 있으라[창 1:3, 6(2회), 14(2회)], 한 곳에 모이(창 1:9), 드러나라(창 1:9), ...을 내라(창 1:11), 번성케하라(창 1:20), 날라(창 1:20), 종류대로 내라(창 1:24), 만들자(창 1:26), 다스리게 하자(창 1:26)

셋째, **성취된 양식의 말씀**: 있었고(창 1:3), 그대로 되니라(창 1:7, 9, 11, 15, 24, 30)

넷째, **실행하시는 말씀**: 만드사(창 1:7, 16, 25), 두어 ... 하게 하시며(창 1:17), 나누사(창 1:4, 7), 창조하시다(창 1:21, 27), 너희에게 주노니(창 1:29)

다섯째, **만족의 형식으로**: 좋았더라(창 1:4, 10, 12, 18, 21, 25), 심히 좋았더라(창 1:31)

여섯째, **결과적인 말씀**: ...이라 칭하니라(창 1:5, 8, 10), 복을 주시며 가라사대(창 1:22, 28)

그리고 이근삼 박사는 하나님이 창조 행위마다 말씀으로 이루어졌고, 하나님의 뜻이 곧 말씀이 되었고, 그가 말씀하시므로 행위가 이루어졌다고 하면서 창조기사에서 하나님의 말씀은 창조적 명령으로서 그의 명령과 서술은 일치한다고 한다. 그리고 이 말씀을 요한복음 1:3의 "태초에 말씀이 계시니라 이 말씀이 하나님과 함께 계셨으니 이 말씀은 곧 하나님이시니라. 그가 태초에 하나님과 함께 계셨고 만물이 그로 말미암아 지은 바 되었으니 지은 것이 하나도 그가 없이는 된 것이 없느니라"에 근거하여 창세기 1장의 말씀은 요한복음 1:3의 로고스라고 한다.[12] 그리고 이

---

12   이근삼, 『개혁주의 조직신학 개요 1』, 245.

근삼 박사는 천지 창조가 무에서 유로 창조되었다고 하며 이 교리 표현 무에서 유의 창조의 출처를 밝히고 있다.[13] 그에 의하면 창세기의 창조기 사에서 직접 무에서의 창조라는 술어는 없고, 이 말은 가경의 마카비 2서 7:28에 사용된 술어라고 한다. 이근삼 박사는 하나님께서 천지를 창조하신 것과 말씀으로 무에서 유를 창조하셨다는 것은 믿음으로 이해할 수 있는 것이라고 한다. 즉 히브리서 11:3에 있는 "믿음으로 모든 세계가 하나님이 말씀으로 지어진 줄을 우리가 아나니 보이는 것은 나타난 것으로 말미암아 된 것이 아니니라"고 한 말씀에 근거하여 창조는 하나님의 말씀으로 되었다는 것을 우리가 신앙으로만 그 사실을 이해할 수 있다고 말한다. 그리고 오직 믿음으로 세계가 하나님의 권능의 말씀과 그의 명령으로 형성되었다는 것과 어떤 선재하는 유형물로부터 지으신 것이 아니라는 것을 알 수 있다고 한다. 하나님께서 십계명의 제1계명과 제2계명에서 우상 숭배를 금지한 것도 하나님 외에 다른 어떤 존재도 인정하지 않기 때문이라고 한다.[14] 그리고 이근삼 박사는 창세기 1:1은 절대적 태초에 창조하신 것을 말하며, 창조 이전에 어떤 자료가 존재했다고 말하지 않는다고 한다. 창세기 1:2과 관련해서 그는 설명하고 있으며, 무에서 창조하신 땅을 혼돈한 채로 버려 두셨다는 것이 창세기 1:2과 1:1과의 관계라야 할 것이라고 한다. 이근삼 박사의 이 말은 창세기 1:1의 내용을 6일 창조의 서론적 선언이 아니라 실제적인 창조 행위로 보고 있는 것이다. 하지만 이근삼 박사가 이 부분을 이 정도 설명으로 멈추어 버린 것은 오해를 불러올 소지를 남긴다. 즉 1:2의 창조된 땅이 혼돈한 채로 있었는 말은 소위

---

13   이근삼,『개혁주의 조직신학 개요 1』, 246.

14   이근삼,『개혁주의 조직신학 개요 1』, 247.

갭 이론 또는 간격 이론과 혼동할 여지를 남기기 때문이다.[15]

간격 이론에 의하면, 창세기 1:1과 창세기 1:3~31의 창조 사이에는 시간적으로 큰 간격이 있으며, 창 1:1에서 하나님은 첫 번째 천지 창조를 완성하였다. 이때 창조된 천사들 중 하나였던 사탄이 스스로를 높여 하나님과 같이 되고자 하는 욕망 때문에 하나님께 반역하였고, 이사야 14:12~15을 근거로 하여 하나님은 이런 사탄을 심판하였다고 한다. 하나님의 심판은 지구에도 영향을 미쳤고, 창세기 1:2은 그로 인한 지구의 혼돈 상태를 묘사하고 있다. 간격 이론에 의하면, 창세기 1:3~31은 하나님이 파괴된 지구를 복원하는 과정이며 재창조이다. 하지만 간격 이론의 주장과는 달리 성경은 두 차례에 걸친 창조를 결코 말하지 않을 뿐만 아니라 무에서 유로 창조했다는 신학으로 일관하고 있다. 창세기 1:1의 **베레쉬트** בְּרֵאשִׁית는 시간을 나타내는 전치사 **베** בְּ와 명사 연계형 **레쉬트** רֵאשִׁית가 결합되어 있다. **레쉬트** בְּרֵאשִׁית는 구약에서 모두 51번 사용되었는데, 이 중에 50번이 명사나 분사와 연결하여 사용된 연계형이다. 창세기 1:1의 베레쉬트도 연계형이지만, 특이하게도 명사가 아닌 동사 완료형 **바라** בָּרָא가 뒤따르고 있다. 이런 경우는 아주 드물지만 레위기 14:46, 이사야 29:1, 그리고 호세아 1:2에서 찾아볼 수 있다.[16] 이 중에서 호세아 1:2은 창세기 1:1과 구문론적으로 유사하다.

---

15 Kenneth A. Mathews, *Genesis 1~11:26* (Nashville: Broadman & Holman Publishers, 1996), 139. 간격이론의 제창자는 G. H. Pember이다. 그는 그의 책 *Earth's Earliest Ages*(1876)에서 소위 '간격 이론'(gap theory)을 제창하였다. 그의 주장은 스코필드 레퍼런스 바이블(Scofield Reference Bible, 1909)에 의해 복원(restitution) 이론으로 발전되어 대중들에게 널리 알려지게 되었다.

16 Nahum M. Sarna, *Genesis* (Jerusalem: The Jewish Publication Society, 1989), 5.

(호세아 1:2)תְּחִלַּת דִּבֶּר־יְהוָה בְּהוֹשֵׁעַ פ וַיֹּאמֶר יְהוָה אֶל־הוֹשֵׁעַ

호세아 1:2은 시작이란 뜻을 가진 **레쉬트**רֵאשִׁית와 동의어인 **테힐라 트**תְּחִלַּת는 전치사 **베**בְּ를 가지고 있지는 않지만 명사 연계형이며 동사 피엘 완료형 **딥베르**דִּבֶּר와 연결 되어 있다. 주어도 창세기 1:1이 엘로힘인데 호세아 1:2은 야웨이다. 이를 NIV 성경은 When the LORD began to speak through Hosea로 번역하고 있다. 이를 고려하면 창세기 1:1을 아래와 같이 번역할 수 있다.

When God began to creat the heaven and the earth.

현대 유대인들을 위한 영어 번역 성경인 타낙(Tanakh 1985)도 이렇게 번역하며 많은 유대인 주석가들도 이 번역을 따르고 있다.[17] 이 표현을 잘못 이해하면 창조 활동이 아직 이루어지지 않은 상태, 이제 막 창조 행위를 하려는 시점으로 생각할 수 있다. 이런 오해를 하지 않으려면 창세기 1:1의 **바라**בָּרָא는 완료형 동사라는 것을 고려해야 하며, 이를 감안하면 완료형 동사 **바라**בָּרָא는 하나님의 창조 행동이 완료되었다는 것으로 이해해야 한다. 이런 점을 감안하면 창세기 1:1은 하나님이 하늘과 땅을 만들었지만 창세기 1:3~31의 창조 활동이 일어나지 않은 시점을 나타낸다. 이런 의미를 충분히 살리려면 창 1:1은 NRS 영어 성경처럼 번역하는 것이 적절하다.

---

17 Sarna, *Genesis*, 5.

In the beginning when God created the heaven and the earth

하나님이 하늘과 땅을 창조한 시초에

그렇다면 창세기 1:1과 창세기 1:2의 관계는 무엇일까? 창세기 1:1
에서 하나님은 우주와 지구를 창조하였고, 창세기 1:2은 막 생성된 지구
의 상황을 묘사하고 있다.[18] 칼빈이 말하는 것처럼 하나님이 태초에 우주
와 지구를 창조하였을 때 지구는 황무하고 아무것도 없었다.[19]

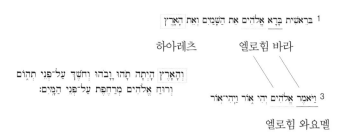

18 Meredith G. Kline, *Kingdom Prologue* (S. Hamilton, MA: Gordon-Conwell Theological
Seminary, 1993), 16. 창 1:1의 하늘은 둘째 날, 넷째 날, 그리고 다섯째과 여섯째 날의 하
늘 또는 궁창과 그 의미가 다르다. 창 1:1의 하늘은 궁창을 포함한 우주를 두고 하는 표
현이며, 둘째, 다섯째 여섯째 날 하늘은 대기권 내의 공간을 의미한다. 반면에 넷째 날 하
늘은 우주를 가리키는 말이다.

19 John Calvin, *Genesis* (Grand Rapids: Eerdmans, 1948), 70. 그는 창 1:1~2을 다음과 같
이 간단하게 묘사한다. When God in the beginning created the heaven and the earth,
the earth was empty and waste. Gunkel, *Genesis*, 103. 군켈은 하늘과 땅을 완전하게 조
직화된 상태라고 주장한다. 그의 주장은 창세기 1:1과 1:2의 어의론적 관계를 충분하게
고려하지 않고 있다.

위에서 볼 수 있는 것처럼, 창세기 1:2에서 묘사된 상황들은 결코 창세기 1:1의 주어인 하나님의 창조 활동의 연속이 아니고 창조된 천지 중에서 땅의 상황을 묘사하며, 천지 중에서 하나님의 창조의 관심사가 땅에 있음을 강조하기 위해 **하아레츠**הָאָרֶץ를 동사 앞에 두어 도치시켰다.[20] 하나님의 창조 활동이 이어지는 구절은 창세기 1:3이며, 이를 나타내기 위해 동사 와우 계속법 표현인 **와요멜 엘로힘**וַיֹּאמֶר אֱלֹהִים(그리고 하나님이 가라사대)을 사용하고 있다.[21] **와요멜 엘로힘**וַיֹּאמֶר אֱלֹהִים은 1~6일간의 창조에서 매일의 창조 활동의 시작을 알리는 표현으로 항상 사용되며, **와여히-에렙 와여히-보켈 욤 에하드**וַיְהִי־עֶרֶב וַיְהִי־בֹקֶר יוֹם אֶחָד(저녁이 되고 아침이 되니 ○○날이니라)는 매일의 창조를 종결하는 표현으로 항상 사용된다. 그러므로 창 1:1~3을 다음과 같이 번역하는 것이 적절하다.[22]

> 1 하나님이 하늘과 땅을 창조한 시초에 2 땅은 혼돈하고 공허하며 흑암이 깊음 위에 있고 하나님의 신은 수면에 운행하시니라 3 하나님이 가라사대

하나님이 만든 우주와 지구, 그 중에서도 지구의 현 상황 위에 3절의 하나님이 가라사대가 이어져 나온다. 창세기 1:1의 '시초'는 1~6일에 앞선 시간으로도 볼 수 있겠지만, 첫째 날의 시발점으로 볼 수도 있을 것이

---

20 Gordon Wenham, *Genesis* (Waco: Word Books, 1987), 15. 웬함은 2절을 3절에 대한 상황절로 이해한다.

21 Bruce K. Waltke and M. O'Connor, *Biblical Hebrew Syntax* (Winona Lake: Eisenbrauns, 1990), 547~50.

22 Derek Kidner, *Genesis* (Downers Grove, IL: IVP, 1967), 43.

다. 비록 이근삼 박사 창세기 1:1~3의 본문 구조와 관계를 조금 더 자세히 말하지 않은 아쉬움은 있지만, 이근삼 박사의 창세기 1:2에 대한 견해는 옳다.

이근삼 박사는 무에서 유의 창조는 창조주이신 하나님과 피조물 간의 엄격한 구별을 가리킨다고 한다.[23] 그러면서 그는 하나님의 무에서 유의 창조를 믿지 않을 경우에 생겨나는 세계의 기원에 관한 세가지 이론의 문제점들을 말한다.

첫째, 이원론은 하나님과 물질이 각각 영원적이라고 하는데 그렇다면 하나님은 창조주가 아니며 물질 영원설을 이정할 수 밖에 없다. 그러나 하나님이 무에서 창조하셨다는 창조 교리는 이원론을 성립시킬 수 없다.

둘째, 유출설은 세계가 하나님으로부터 필연적으로 유출되었다고 하므로 물질이 본질적으로 하나님과 동일한 것이라 하여 범신론으로 이끌어간다. 이 주장은 하나님의 무한성과 초월성과 주권을 무시하며 거룩을 범하게 된다.

셋째, 진화론은 물질이 이미 있다고 보고 그것이 진화한다고 하므로 이것은 물질의 영원성을 믿고 생명의 기원이 자연발생적이라고 한다. 그러나 우주는 영원한 것이 아니며 자연발생의 관념도 증명되지 못한 하나의 가설에 지나지 않는다.

그리고 이근삼 박사는 하나님의 창조를 믿으며 그 창조가 무에서 하

---

23   이근삼, 『개혁주의 조직신학 개요 1』, 247.

나님의 권능의 말씀으로 되었다고 믿으므로 이원론이나 유출설이나 진화론을 극복할 수 있다고 한다.

III 하나님의 인간 창조

이근삼 박사의 하나님의 창조에 대한 글은 주로 사람의 창조와 타락에 집중한다. 즉 이근삼 박사의 글은 창세기 1장의 피조물 창조에 대해서는 조금 언급하고 주로 사람 창조에 집중한다. 특히 이근삼 박사는 창세기 1:26~27과 창세기 2:7을 중심으로 인간론을 전개하고 있다.[24] 이근삼 박사는 먼저 하나님의 인간 창조가 다른 생물들과 구별되는 네가지 특징을 먼저 말한다.

첫째 이근삼 교수는 창세기 1:26에 근거하여 사람의 창조 이전에 신적인 계획이 있었다고 한다. 즉 그는 창세기 1:26에 있는 우리의 형상을 따라 우리의 모양대로 우리가 사람을 만들고는 인간 창조 이전에 있었던 삼위 하나님의 신적 작정을 보여준다고 한다.[25]

둘째, 이근삼 교수는 하나님의 사람 창조는 다른 피조물의 창조와는 달리 하나님의 적접적 행동이 동반되었다고 한다.[26] 그는 다른 피조물의 창조에서는 말씀만 하시고 하나님의 직접적인 행위가 언급되지 않는데 반해, 인간 창조에서는 창조하시다라는 행위가 동반된다는 것이다. 그에 의하면 피조물들의 창조에서는 창세기 1:6과 11, 14절의 예에서 볼 수 있

---

24   이근삼, 『개혁주의 조직신학 개요 1』, 249.

25   이근삼, 『개혁주의 조직신학 개요 1』, 264.

26   이근삼, 『개혁주의 조직신학 개요 1』, 265.

는 것처럼 창조를 명하고 계신다는 것이다.

> 1:6 물 가운데 궁창이 있어 물과 물로 나뉘게 하리라
> 1:11 땅은 풀과 씨맺는 채소와 각기 종류대로 씨가진 열매 맺는 과목을 내라
> 하시매 …
> 1:14 … 그 광명으로 하여 징조와 사시와 일자와 연한이 이루라

이런 표현들과는 창세기 1:26에서 인간 창조에서는 "하나님이 사람을 창조하시되"라고 하는 하나님의 직접적인 창조 행위가 있었다는 것이다. 즉 흙으로 사람을 빚으시고, 코에 생령을 불어넣는 행위가 있었다는 것이다.

이근삼 박사는 하나님의 사람 창조의 세 번째 특징은 사람은 타 피조물과는 구별되게 "신적 형상"을 따라 창조하셨다고 한다. 창세기 1장에서 하나님은 피조물들을 각기 "그 종류대로" 창조 하셨다고 하지만 사람은 하나님이 "우리의 형상을 따라 우리의 모양대로 우리가 사람을 만들고"라고 함으로 인간과 피조물을 구별되게 지었다고 한다.

넷째 특징으로 이근삼 박사는 사람은 다른 피조물들과 다르게 "몸과 영혼" 두 요소가 구별되어 있다고 한다. 그에 의하면 창세기 2:7은 사람의 몸의 기원과 영혼의 기원을 분명히 구별하고 있다고 한다. 몸은 이미 만들어진 흙이라는 기존자료가 사용됐으나 영혼은 하나님의 새로운 소산물이며, "생기를 그 코에 불어넣으셨으며, 그리하여 사람이 생령이 된지라"고 하였다.

이근삼 박사에 의하면 하나님이 사람에게 이런 특권을 주신 이유는

사람의 지배하에 있는 모든 만물이 하나님의 뜻과 목적에 따르도록 하기 위한 것이라고 하며, 또한 인간이 전능하신 우주의 창조자를 영화롭게 하기 위한 목적 때문이라고 한다(창 1:28; 시 8:4~9).

이근삼 박사는 인간에게 이런 특권을 주었지만 그럼에도 불구하고 인간은 피조된 인격체에 지나지 않는다고 한다. 그에 의하면 창세기 1:1, 27에서 "태초에 하나님이 천지를 창조하시니라라고 하고 하나님이 자기 형상 곧 하나님의 형상대로 사람을 창조하시되"라고 한 것은 피조된 인격체인 인간의 세가지 특징을 가지고 있다고 한다.

첫째 특징은 인간은 하나님의 창조물이라는 것이다. 이근삼 박사에 의하면 기독교 신앙에서 가장 기본적 사실은 하나님을 창조주로 믿는 것이며, 이것은 인간이 자율적 또는 독립적 존재가 아니고 하나님의 창조물이라는 사실을 전제하는 것이라고 한다.[27] 그리고 그는 모든 피조물은 전적으로 하나님께 속한 것들이라고 것을 전제한다고 한다. 뿐만 아니라 그는 인간을 포함한 존재하는 모든 피조물들은 전적으로 하나님께 의존하는 의존적 존재라고 한다. 그리고 이렇게 창조주에게 의존하는 인간을 포함한 모든 피조물을 창조주이신 하나님이 보존하며(느 9:6), 만물이 하나님에 의해 지속된다고 한다. 그러면서 이근삼 박사는 사도행전 17:25, 28을 그 근거로 제시한다. 이 본문들에서 바울은 "하나님께서 만민에게 생명과 호흡과 만물을 친히 주시는 자이시며 … 무리가 그를 힘입어 살며 기동하기로 한다"고 하였다.

이근삼 박사는 피조물인 인간의 둘째 특징은 인간은 피조물인 동시

---

27   이근삼, 『개혁주의 조직신학 개요 1』, 268.

에 인격체라고 한다.[28] 이 박사에 의하면 인격체란 독립성을 가진 존재를 의미하며, 이 독립성은 절대적인 것이 아니라 상대적인 것이다. 이근삼 박사는 인격체를 결단력, 목적과 목적을 달성할 능력이 있는 존재로 규정한다. 그리고 그는 인격체인 인간은 자신의 선택에 대한 자유와 책임을 소유하고 있다고 말한다. 즉 그는 인간은 피조물인 동시에 하나의 인격체, 피조된 인격체이라고 한다. 이 박사는 사람의 피조물인 동시에 인격체라는 사실은 인간만이 가진 특별한 신비라고 한다. 그 이유는 의존과 자유는 공존하기 어려우며, 특히 하나님 앞에서 온전한 의존과 동시에 인격자로서 결단의 자유를 동시에 가지는 것은 다른 피조물들에게는 존재하지 않는 신비라는 것이다.

인간의 셋째 특징은 피조된 인격체이기에 구원의 대상이 된다는 것이다. 사람은 하나님이 창조하신 인격체이기 때문에 타락한 후에 구원의 대상이 되었고, 그가 죄로부터 구원받는 것은 하나님의 주권적 간섭을 통해서만 가능하다고 한다. 그리고 이 구원을 위해서 인간은 인격자로서 자기의 책임으로 믿음을 선택할 때 가능하다고 한다.

이근삼 박사가 정의한 인간의 특징들은 충분히 공감된다. 하지만 그의 정의에서 아쉬운 점은 그의 주장을 뒷받침하는 성경적 근거가 제시되지 않았다는 것이다.

28　이근삼, 『개혁주의 조직신학 개요 1』, 269.

IV 하나님의 형상을 가진 인간

이근삼 박사는 인간이 하나님의 형상으로 지음 받았다는 것을 아주 중요하게 취급하고 있다. 먼저 그는 창세기 1:26의 하나님의 형상과 모양은 동의어라고 바르게 정의를 내리고 있다. 이레니우스(Irenaeus, 180 A.D.) 이래로 교부들은 형상과 모양을 구별하여 이해하였다.[29] 형상은 인간이 가지고 있는 질적인 면들, 즉 이성과 인격 같은 것들을 가리키며, 모양은 초자연적인 은총들, 즉 윤리적인 것을 가리키는 것으로 이해한다. 그러나 창세기 뿐만 아니라 구약 성경에서 형상과 모양은 서로 혼용해서 사용할 수 있기 때문에 이를 구별하는 것은 의미가 없다.[30] 이를 이근삼 박사도 바르게 인식하였다. 그에 의하면 창세기 1:26 "우리의 형상을 따라 우리의 모양대로 우리가 사람을 만들고"에서 "형상"과 "모양"은 동의어이고 교체적으로 사용되는 말이다.[31] 이 박사는 형상과 모양을 70인여이 각각 'ημετεραν'과 'ομοιωσιν'으로 번역하였고, 둘은 표현 양식만 다를 뿐 동일한 내용을 말한다고 바르게 지적한다. 그러면서 이 박사는 하나님의 모양이 창세기 5:1에서도 사용되고 있는 것과 창세기 5:3에서는 아담의 모양과 형상으로 순서가 바뀌어 사용되고 있는 것을 지적한다. 그리고 창세기 9:6에서 다시 형상만 사용되고 있는 것을 말하면서 두 단어가 동일 의

---

29 Wenham, Genesis, 29~30. Janell Johnson, "Genesis 1:26~28", *Interpretation* 59/2 (2005) 176~178. Graeme Auld, "*Imago dei* in Genesis: Speaking in the Image of God", *Expository Times* 116/8 (2005): 259~62.

30 Nathan Jastram, "Man as Male and Female: Created in the Image of God", *Concordia Theological Quarterly* 68/1 (2004): 8~58.

31 이근삼, 『개혁주의 조직신학 개요 1』, 249, 271.

미를 가지고 교체적으로 사용되고 있음을 밝히고 있다.[32]

그렇다면 하나님의 형상은 구체적으로 무엇일까? 이근삼 박사는 인간이 가지고 있는 하나님의 형상의 구조적 기능적 측면을 소개한다.[33] 그는 루이스 벌코프가 하나님의 형상을 두 가지 측면으로 나누고 좁은 의미로는 의와 거룩과 지식(엡 4:24; 골 3:10)이고, 그리고 이것은 인간이 죄로 타락함으로서 전적으로 상실되었으나 넓은 의미의 하나님의 형상은 상실된 것이 아니라 부패되어 비틀어져 버렸다고 하는 주장을 소개한다. 그러면서 벌코프의 주장을 인간의 하나님 형상을 두 가지 측면으로 보는 방법으로서 구조적 측면(인간이 무엇인가?)과 기능적 측면(인간은 무엇을 하는가?)으로 구분된다고 한다. 그러면서 이 박사는 후크마(Hoekema)가 "개혁주의 인간론"에서 하나님의 형상은 인간의 전인성을 포함하고 있기 때문에 당연히 인간의 구조성과 인간의 기능성을 함께 포함하여야 한다고 한 것을 지지하고 있다. 그는 후크마가 인간은 자체적 구조없이 기능할 수 없다고 한 것을 지지하고 있다. 즉 하나님의 형상의 두 가지 측면은 결코 분리될 수 없다는 것이다. 대신에 이 박사는 죄로 타락함으로 인간이 하나님의 형상을 나타내는데 치명적 손상을 입었으며, 타락 이후 구조적 또는 광의적 형상은 보존하고 있으나 기능적, 협의적 형상은 상실하였다고 한다. 다시 말하면 타락한 인간은 하나님이 부여한 재능과 능력은 소유하고 있으나 그것들을 죄악의 불순종한 방법으로 사용하고 있는 것이다.

이근삼 박사가 소개한 벌코프와 후크마의 하나님의 형상의 구조적 기능적 측면에 대한 논의와는 별도로 학자들을 하나님의 형상을 다양하

---

32   이근삼, 『개혁주의 조직신학 개요 1』, 271.

33   이근삼, 『개혁주의 조직신학 개요 1』, 272.

게 주장하고 있다. 헤르만 군켈은 하나님의 형상이 인간의 몸과 관련 있다고 주장하기도 한다.[34] 군켈은 창세기 5:3에서 아담이 자기 형상을 따라 셋의 아버지가 되었다고 말한 것에 착안하여, 아버지와 아들이 닮았다는 것은 신체와 관련된 것을 가리킬 가능성이 아주 높다고 주장한다. 하지만 하나님은 영이시라는 것을 감안하면 인간이 가진 하나님의 형상을 하나님의 신체와 결부시키는 것은 적절하지 않다.

필리스 트리블은 남자와 여자의 관계성이 하나님의 형상을 나타낸다고 한다.[35] 그녀가 이렇게 주장한 이유는 창세기 1:27에서 하나님은 자기의 형상을 따라 사람을 만들되 남자와 여자로 만들었다고 말한 것 때문이다. 물론 인간의 창조에서 남성과 여성으로 구분되는 것은 특별하다. 다른 생명체들은 그 종류대로 만들었지만, 암컷과 수컷으로 지었다는 말을 하지 않는다. 그러나 다른 생명체들도 암수 구분이 있었다는 것은 자명한 일이다. 이럴 경우 중요한 문제가 대두된다: 암컷과 수컷으로 존재하는 다른 피조물들도 그들의 암컷과 수컷이라는 관계성을 통해 하나님의 형상을 나타내는가? 그렇지 않다. 창세기 1:27의 하나님의 형상과 성의 구분은 필리스 트리블의 주장처럼 이해하기 보다, 남자와 여자가 모두 하나님의 형상으로 지음 받았다는 말로 이해하는 것이 적절하다.

34　Hermann Gunkel, *Genesis*, 113. W. Sibley Towner, "Clones of God: Genesis 1:26~28 and the Image of God in the Hebrew Bible", *Interpretation* 59/4 (2005): 341~56. Towner는 하나님의 형상을 하나님과 사람의 관계성으로 이해한다.

35　Phyllis Trible, *God and the Rhetoric of Sexuality* (Philadelphia: Fortress, 1978), 21. 트리블의 주장의 문제점에 관해서는 로버트 카와시마의 논문을 참조할 것. Robert S. Kawashima, "A Revisionist Reading Revisited: On the Creation of Adam and Then Eve", *Vetus Testamentum* 56/1 (2006): 46~57. Cf. Nathan Jastram, "Man as Male and Female: Created in the Image of God", *Concordia Theological Quarterly* 68/1 (2004): 63~96.

창세기 1:26에서 직접적으로 밝히는 하나님의 형상은 하나님의 대신하여 피조물들을 다스리는 자로 만들었음을 의미한다. 창세기 1:26과 창세기 1:28은 이를 아주 분명하게 보여 준다.

26 וַיֹּאמֶר אֱלֹהִים נַעֲשֶׂה אָדָם בְּצַלְמֵנוּ כִּדְמוּתֵנוּ וְיִרְדּוּ בִדְגַת הַיָּם
28 וַיְבָרֶךְ אֹתָם אֱלֹהִים וַיֹּאמֶר לָהֶם אֱלֹהִים פְּרוּ וּרְבוּ וּמִלְאוּ אֶת־הָאָרֶץ
וְכִבְשֻׁהָ וּרְדוּ בִּדְגַת הַיָּם וּבְעוֹף הַשָּׁמַיִם וּבְכָל־חַיָּה הָרֹמֶשֶׂת עַל־הָאָרֶץ׃

창세기 1:26에서 하나님은 우리가 사람을 우리의 형상과 우리의 모양대로 만들자고 했을 때 동사는 **아사**עשׂה의 1인칭 공성 복수 청유형이며, 이어서 나오는 동사 **바이레두**וירדו의 접속사 **바**ו는 결과(so that)를 나타내는 의미로 사용되었다. 이를 반영하여 번역하면, 우리가 사람을 우리의 형상과 우리의 모양대로 만들자 그래서 그들이 바다의 물고기들과 다스리게 하자이다. 그렇게 때문에 창세기 1:26에서 직접 밝히는 하나님의 형상은 하나님을 대신하여 피조물들을 다스리는 인간의 왕노릇이라고 할 수 있다(계 22:5 참조). 이것은 창세기 1:28에서 하나님께서 인간에게 준 축복에도 반영되어 있다. 창세기 1장에서 하나님은 다섯째 날 창조된 피조물들에게도 축복하여 생육하고 번성하게 하였다. 창세기 1:28의 인간 축복에서도 이것들은 반복되고 있지만, 인간에게 준 축복과 다른 피조물들에게 준 축복 사이에 있는 유일한 차이점은 인간에게 피조물들을 정복하고 다스리게 한 것이다. 이근삼 박사도 이 점을 인지하고 있다. 그는 인간에게 주어진 온 땅과 모든 동물을 다스리는 일이 하나님의 형상의 한 측면이라

고 한다.[36]

　이근삼 박사는 하나님의 형상과 관련하여 독특한 주장도 하고 있다. 그에 의하면 그리스도의 참된 관계성이 참 하나님의 형상을 보여주었다면 하나님의 형상인 인간도 그런 삼중적 관계성 속에 있다고 한다.[37] 그에 의하면 이 삼중적 관계는 인간과 하나님의 관계, 인간 상호간의 관계, 그리고 인간과 다른 피조물과의 관계이다. 인간과 하나님과의 관계와 관련해서는 이 박사는 참 인간의 의미는 하나님께로 방향이 열려 있다는 것을 의미한다고 하며, 다른 말로 하면 하나님을 향한 예배적 존재로서 하나님과의 수직적 관계를 가지고 "하나님 앞에서"의 삶을 가진다고 한다. 그렇기 때문에 하나님을 떠난 자율적 인간을 꿈꾸는 인간론은 거짓이라고 이 박사는 말한다. 그에 의하면 인간은 하나님과 교재하고 사랑할 수 있으며 스스로 결정할 수 있는 능력을 가지고 하나님께 응답하어 반응을 가질 수 있는 책임있는 존재이다.

　이근삼 박사는 인간 상호간의 관계에 대해서는 창세기 1:27과 창세기 2:18에 근거하여 사람은 홀로 존재할 수 없고 더불어 사는 사회적 존재라고 한다. 그는 인간은 다른 동료 인간을 향하여 교재하며 사랑할 수 있는 인격자라고(인화협동적 인격자) 하며, 인간 창조의 때에 "남자와 여자를 창조하시고"(창 1:27)라고 하셨는데 이것은 남녀의 성적구별만 아니고 인간은 홀로서는 완전치 못하며 더불어 사는 사회적 존재로서 다른 사람을 떠나서는 완전치 못하고 다른 사람과의 교재가 필요하다는 뜻이라고 한다. 그리고 창세기 2:18과 관련하여서도 남녀의 관계에서 인간 상호간의 교

36　이근삼, 『개혁주의 조직신학 개요 1』, 271, 276.

37　이근삼, 『개혁주의 조직신학 개요 1』, 275.

재의 필요성을 암시하고, 다른 사람을 떠나서는 참된 인간일 수 없고, 다른 사람을 만남으로 자신을 알 수 있고 성숙해 갈 수 있다고 한다. 그리고 이 본문에 근거하여 인간은 동시에 서로를 부요하게 해 주며, 상부상조하여 짐을 서로 져주고 기쁨을 함께 하며, 그리고 이와 같이 다른 사람을 받아들이고 사랑한다는 것이 인간됨의 본래적 모습이라고 한다. 이 박사의 이런 주장은 대단히 현실적이고 사실적이라고 할 수 있다. 하지만 이 주장을 하기에 앞서 창세기 1:27과 2:18의 본래 의미를 먼저 말하지 않고 인간 상호 관계로 건너 뛴 것은 아쉬운 부분이다. 창세기 1:27은 다음과 같은 구조로 되어 있다.

위에서 볼 수 있는 것처럼 창세기 1:27은 '창조하다'라는 의미를 지닌 동사 '바라'בָּרָא를 세 번이나 사용하고 있으며 그리고 형상의 의미를 가진 **첼렘**צֶלֶם을 두번 사용하여 하나님께서 사람을 하나님의 형상으로 창조하셨다는 것을 강조한다. 둘째 문장은 **첼렘**צֶלֶם을 문장의 첫 부분에 도치하여 강조한 후 셋째 문장에서는 위에서 볼 수 있는 것처럼 둘째 문장과 구문론적으로 유사하게 만들었다. 즉 두 문장이 구문론적으로 동일한 순서를 유지하도록 바라 **오토** בָּרָא אֹתוֹ와 바라 **오탐** בָּרָא אֹתָם으로 만들었다. 하지만 문법적인 차이와 어의론적 차이점도 존재하게 만들었다. 즉 셋째 문장에서 27절은 하나님께서 '그를' אֹתוֹ(아탐) 창조하였다고 하지 않고 '그

들을 אֹתָם 창조하였다고 함으로 문법적 차이를 만들어 내었고, 어의론적으로는 둘째 문장의 **베첼렘 엘로힘**בְּצֶלֶם אֱלֹהִים(하나님의 형상) 자리에 **자카르 우네케바**זָכָר וּנְקֵבָה(남자와 여자)를 두었다. 이렇게 함으로 셋째 문장은 둘째 문장과 연장선에서 읽게 하여, 하나님께서 남자 뿐만 아니라 여자도 하나님의 형상으로 만들었음을 보여주고 있다. 그리고 셋째 문장은 둘째 문장에서 **베 첼렘 엘로힘**בְּצֶלֶם אֱלֹהִים을 도치하여 강조한 것처럼 **자카르 우 네케바**זָכָר וּנְקֵבָה를 동사 앞으로 도치하여 강조하였다.

이근삼 박사는 창세기 2:18에서도 그 본래의 의미를 설명하지 않고 바로 인간 상호간의 관계 설명으로 넘어갔다. 하지만 창세기 2:18의 메시지의 일차적인 의미는 두 가지이며, 첫째는 사람이 홀로 사는 것은 좋지 못하다는 것이다. 이것은 인간 상호 관계를 말하기 위한 말씀이 아니라, 가정의 필요성을 말하기 위해 한 말이다. 즉 아담이 아내와 함께 가정을 이루고 사는 것이 하나님 앞에서 좋은 일이라는 것이다. 둘째 의도는 아담의 아내는 아담 앞에서 돕는 자로 만들어졌다는 것이다. 한국 사람의 정서에서 돕는 자는 항상 도움을 받는 자에 비해 열등한 존재이고, 도움을 받는 사람에게 단순 도움을 주는 자로 생각한다. 하지만 성경에서 이 돕는 자란 말은 하나님이 자기 백성을 돕는 것을 말할 때도 사용된다.[38] 동일한 개념이 아담과 하와의 관계에서 돕는 자라고 지칭할 때 사용되었다.

---

[38] Phyllis Trible, *God and the Rhetoric of Sexuality* (Philadelphia: Fortress, 1978), 73. Sarna, *Genesis*, 21. John Walton, *Genesis*, 176. Gellman은 트리블의 견해에 반박하여 아담이 하와를 리드하였고, 하와는 아담을 위한 조력자였다고 주장한다. Jerome Gellman, "Gender and Sexuality in the Garden of Eden", *Theology & Sexuality* 12/3 (2006): 319~35.

셋째, 이근삼 박사는 창세기 1:26~28에 근거해서 하나님의 형상으로 지음 받은 인간은 만물을 지배하고 통치한다고 하면서, 이것을 인간의 문화적 사명으로 여겼다.[39] 이 박사에 의하면 하나님은 인간에게 총체적 의미의 자연과 인간 속에서 발견되는 모든 잠재력을 개발하도록 명하셨다. 우리는 이 땅에서 "문화적 사명"(Cultural mandate), 즉 하나님을 영화롭게 하는 문화를 발전시켜야 하는 위임받은 사명을 갖고 있다. 그것이 하나님이 주신 복이라고 한다. 그에 의하면, 인간은 자연에 대한 개발, 발전의 사명과 아울러 가꾸고 돌보는 보호와 보존의 책임을 또한 부여 받았다. 하나님을 모신 인간은 동시에 자연의 신비와 아름다움을 찬양하며 그 자연 위에 서 있다는 것을 알아야 한다.

그리고 이근삼 박사는 결론적으로 덧붙이기를 과학기술 시대에 여기에 집중되어 현대인은 컴퓨터와 기계의 노예가 되고 있지만, 인간의 삼중적 관계 중에 어느 하나를 떠나서는 존재할 수 없다고 한다. 그리고 이 삼중적 관계는 사람에게만 있어서 하나님의 형상됨을 더욱 깨닫게 하는데 그 올바른 기능은 이 세 가지 관계를 통해서 전달되어야 한다고 말한다.

V 아담 언약과 범죄

아담이 선악과를 따 먹은 것은 창세기 1~3장의 창조 기사에서 매우 중요한 사건이다. 먼저 이근삼 박사는 창세기 2:15~17에서 선악과를 따 먹지 못하게 한 것을 하나님께서 아담과 세운 행위 언약이라고 한다. 이근

---

39   이근삼, 『개혁주의 조직신학 개요 1』, 276; 이근삼, 『칼빈 칼빈주의』 (부산: 고신대출판부, 1972), 191~201.

삼 박사는 창세기 2:15~17의 내용을 언약으로 보아야 하는 근거를 제시하고 있지는 않지만, 그는 호세아 6:7의 그들은 아담처럼 언약을 어기고 거기에서 나를 반역하였느니라에서 아담 언약을 창세기 2:15~17과 관련 있는 것으로 생각하는 신학 전통을 따르고 있다.[40] 이근삼 박사는 창세기 2:15~17의 약속에는 조건이 있으며, 그 조건은 절대적이고 완전한 순종이라고 한다.[41] 즉 "먹지 말라"는 명령과 "먹으면 정녕 죽으리라"(먹지 않고 순종하면 살리라)는 약속의 조건이 주어졌다고 한다. 이근삼 박사에 의하면 창세기 2:15~17의 언약에서 중요한 것은 하나님께 순종이냐? 인간 자신의 소욕에 따른 불순종이냐? 하나님이냐 사람 자신이냐? 하나님의 권위냐 인간 자신의 통찰이냐? 믿음이냐 불신이냐? 하는 문제가 자리 잡고 있다고 한다. 불순종하면 사망이란 형벌이 따르고 순종하면 영생이라는 은혜의 복이 따른다는 것이다. 이 언약을 체결할 때에 아담과 하와의 존재 단계는 아직 죄의 가능성이 있는 단계였으며, 더 높은 영광의 단계로 나아가든지 아니면 죄와 사망으로 떨어질 수 밖에 없는 상태였다고 말한다.[42] 이근삼 박사는 행위 언약의 결과에 대해서 추가적으로 언급하고 있지 않지만, 박윤선 박사는 행위 계약의 제도 아래서는 회개를 통해 회복되는 법

---

40 호세아 6:7의 아담을 지명으로 이해하는 학자들도 있다. 그러나 호세아 6:7을 지명으로 이해할 경우 아담 지역에 사는 사람들이 어떻게 언약을 깨뜨렸는지 추가적인 진술이 없기 때문에 본문의 의사전달에 치명적인 결함을 가지게 된다. 그러나 아담을 지명이 아니라 창세기 1~3장의 아담으로 이해한다면, 호세아 6장을 이해하는데 아무런 장애를 주지 않고 의미도 분명하게 된다. Thomas McComiskey, *Hosea*, Minor Prphets vol. 1 (Grand Rapids: Baker, 1992), 95. Gale A. Yee, *The Book of Hosea*, NIB (Nashville: Abingdon, 1996), 252.

41 이근삼, 『개혁주의 조직신학 개요 1』, 280.

42 이근삼, 『개혁주의 조직신학 개요 1』, 272.

이 없고, 회개는 은혜 계약에만 속한다고 한다. 그렇기 때문에 아담이 하나님의 명령을 어기고 선악과를 먹었을 때 하나님께서는 그의 회개를 기다리시지 않고 사망의 벌을 내리셨다고 한다.[43] 하지만 행위언약을 이렇게 정의할 경우에, 하나님께서 아담과 하와에게 창세기 3:15에서 주신 원시 복음의 내용이나, 이들에게 가죽옷을 입혀 준 것, 그리고 아담이 하와를 모든 산 자의 어머니라고 한 것을 하나님의 은혜 이외에 무엇으로 정의할 수 있을지 난감하게 만든다.

아담과 하와가 선악과를 따 먹은 것은 이 두 사람 뿐만 아니라 이들의 후손인 모든 인류를 죄와 사망이 굴레에서 벗어나지 못하게 하는 대사건이 되어 버린다. 선악과 사건을 읽는 독자들은 종종 아담과 하와의 범죄와 관련하여 죄의 기원을 하나님과 사단에게 돌리고 싶어 하는 생각을 가질 때가 있다. 이 점을 간파한 이근삼 박사는 아담과 하와의 범죄를 다루면서 먼저 죄의 기원 문제에 대해 언급한다.[44] 이근삼 박사는 사람들이 가질 수 있는 범죄의 기원에 대한 질문을 나열한다. 즉 하나님이 에덴 동산에 선악을 알게 하는 나무를 왜 두셨는가? 그리고 사단이 하와에게 와서 하나님을 의심하게 하여 범죄하게 했지 않느냐? 등의 의문을 나열한다. 그리고 이근삼 박사는 이런 의문은 죄의 결과가 너무나 엄청나기 때문에 그 책임을 인간 외에 하나님이나 사단에게 전가하려는 시도이며, 죄로 타락한 인간들이 고안해 내는 생각에 지나지 않는다고 한다. 그러면서 이근삼 박사는 하나님이 죄의 기원이 될 수 없는 이유를 성경을 인용하여 말한다.

---

43 박윤선, 『창세기-출애굽기』 (서울: 영음사, 1981), 549~50.

44 이근삼, 『개혁주의 조직신학 개요 1』, 281.

이근삼 박사는 하나님의 영원한 작정은 죄를 허용하셨지만 하나님이 죄의 책임자가 아닌 이유로 성경에 하나님은 죄와 불의를 행치 아니하시며(욥 34:10), 거룩하셔서 불의가 없으시며(사 6:3; 시 32:4; 92:16), 시험을 받지도 않고 시험하시지도 아니하신다(약 1:13)는 말씀을 인용한다. 그리고 이 박사는 하나님께서는 적극적으로 죄를 미워하시며 사람을 죄로부터 구원하시기 위해 그리스도를 보내시고 죽게까지 하셨다는 것을 이유로 제시한다(신 25:16; 시 5:4; 11:5; 슥 8:17; 눅 8:15).

이근삼 박사는 죄의 기원에 대해 사단의 책임과 관련해서는 유다서 1:6에 근거하여 사단에게 책임이 있다고 말한다. 즉 유다서 1:6의 "자기 지위를 지키지 아니하고 자기 처소를 떠난 천사들"이라는 말을 고려하면 사단에게 책임이 있다고 말할 수 있다. 그리고 이근삼 박사는 디모데전서 3:6의 "이는 교만하여 져서 마귀를 정죄하는 그 정죄에 빠질까 함이라"(딤전 3:6)에 근거하여 마귀가 먼저 범한 죄로 하와를 범죄하게 했다고 생각할 수 있다고 한다. 하지만 죄의 기원에 대한 사단의 책임 문제와 관련하여 이근삼 박사가 창세기 3:1~15에서 뱀의 유혹과 하나님께서 뱀을 징벌하면서 하신 말씀을 인용하지 않는 것은 좀 아쉽다.

죄의 기원과 관련하여 이근삼 박사는 그 책임이 전적으로 인간에게 있다고 말한다. 그 이유는 하나님과의 언약관계는 하나님과 인간 아담 사이의 계약이기 때문이다. 그렇기 때문에 언약의 규정을 어긴 인간이 그 첫 번째 죄의 책임을 질 수 밖에 없다고 한다. 이근삼 박사는 고린도전서 15:21~22의 "사망이 한 사람으로 말미암았으니, 죽은 자의 부활도 한 사람으로 말미암는도다. 아담 아래서 모든 사람이 죽은 것 같이 그리스도 안에서 모든 사람이 삶을 얻으리라"를 인용하면서, 이 말씀은 아담과 그리스도를 대비하여 죽음과 부활을 각각 대표함을 말하고 그리스도가 역사적 인물이었음과 같이 아담도 역사적 인물이었다고 말하며, 아담과 하와가 역사적으로 첫 번째 인간 범죄자로서 책임을 가진다고 증거하는 것이라고 한다.

이근삼 박사는 선악과 사건 그 자체를 비교적 자세하게 설명한다.[45] 그는 창세기 3장에 기록된 선악과 사건을 6단계로 설명한다. 그에 의하면 첫 단계는 사단이 의심을 야기시킨 것이다. "하나님이 참으로 너희더러 동산 모든 나무의 실과를 먹지 말라 하시더냐"(3:1) 함으로써 사단이 하와의 마음에 의심이 싹트게 했다.

둘째 단계는 하와의 마음에 분노가 생겨난 것이라고 한다. 이근삼 박사는 창세기 3:2~3에서 하와가 뱀에게 "여자가 뱀에게 말하되 동산 나무의 실과를 우리가 먹을 수 있으나 동산 중앙에 있는 나무의 실과는 하나님 말씀에 너희는 먹지도 말고 만지지도 말라 너희가 죽을까 하노라"라고 말한 것을 두고 하나님이 "만지지도 말라"는 말씀하지 아니하였으나 이미 하와의 마음 속에는 하나님이 부당한 간섭을 하고 계신다는 분노가 보인다고 한다. 하지만 하와의 말에서 그녀의 분노의 감정을 확인할 수 있는지 분명하지 않다.

셋째 단계로 의심과 분노 다음에는 불신으로 나간다. 뱀이 "너희는 결코 죽지 아니하리라"(3:4)는 말에 뱀을 믿기 시작했고 하나님을 불신하기 시작했다.

넷째 단계는 교만을 품게 했다. "너희가 그것을 먹는 날에는 너희 눈

---

45   이근삼, 『개혁주의 조직신학 개요 1』, 283.

이 밝아 하나님과 같이 되어 선악을 알 줄을 하나님이 아심이니라"(3:5)고 마귀는 여인을 자극한다. 여기서 여인은 인간이 하나님과 같이 되기를 원하는 교만한 마음 때문에 선악과 앞으로 더 나아가게 되었다고 한다.

다섯째 단계로 마음에 유혹을 받아 악한 욕망을 품게 됐다. "여자가 그 나무를 본즉 먹음직도 하고 보암직도 하고 지혜롭게 할 만큼 탐스럽기도 한 나무인지라"(3:6) 이렇게 식욕적, 시각적 매력과 소유목적 탐심이 마음에 일어났다.

마지막 단계로 불순종의 행동을 감행했다. "여자가 그 실과를 따먹고 자기와 함께 한 남자에게도 주매 그도 먹은지라"(3:6 하). 이렇게 금단의 열매는 우리 조상의 마음과 행함이 하나님으로부터 마귀의 음성, 그리고 자기의 소욕으로 옮겨갔다.

이근삼 박사의 6단계 구분은 선악과 사선을 이해하는데 큰 도움을 주지만, 히브리어 본문을 충분히 반영하지 않고 있다는 약점을 가지고 있다. 하와와 뱀은 대화의 당사자가 '너희'와 '우리'라고 표현하며, '우리'와 너희에는 하와뿐만 아니라 아담도 당연히 포함되어 있다. 1절에서 뱀은 하와에게 복수로 '너희'라고 했다. 하나님이 참으로 너희가 먹지 못하도록(לא תאכלו)에서 너희는 2인칭 남성 복수이다. 뱀은 하와에게 말하면서 여성 복수가 아니라 남성 복수를 사용했다. 히브리어에서 주어와 동사는 성과 수가 일치해야 하며, 주어가 남성과 여성을 함께 포함하고 있으면 동사의 성은 히브리 문화의 남성 우월적 전통 때문에 남성으로 표시된다.[46] 이것은 뱀이 하와에게 말하는 그 자리에 아담이 있었고, 하와에게만

---

46 Christo H. J. van der Merwe, Jackie A. Naude and Jan H. Kroeze, *A Biblical Hebrew Reference Grammar* (Sheffield: Sheffield Academic Press, 2000), 250. Bruce K. Waltke

질문하지 않고 아담을 염두에 두었음을 보여준다. 뿐만 아니라 뱀은 창세기 3:1~5에서 하와에게 말할 때마다 아래의 밑줄 친 부분에서 볼 수 있듯이 남성 복수형을 사용하고 있다.

1 וְהַנָּחָשׁ הָיָה עָרוּם מִכֹּל חַיַּת הַשָּׂדֶה אֲשֶׁר עָשָׂה יְהוָה אֱלֹהִים וַיֹּאמֶר אֶל־הָאִשָּׁה אַף כִּי־אָמַר אֱלֹהִים לֹא תֹאכְלוּ מִכֹּל עֵץ הַגָּן: 2 וַתֹּאמֶר הָאִשָּׁה אֶל־הַנָּחָשׁ מִפְּרִי עֵץ־הַגָּן נֹאכֵל: 3 וּמִפְּרִי הָעֵץ אֲשֶׁר בְּתוֹךְ־הַגָּן אָמַר אֱלֹהִים לֹא תֹאכְלוּ מִמֶּנּוּ וְלֹא תִגְּעוּ בּוֹ פֶּן־תְּמֻתוּן: 4 וַיֹּאמֶר הַנָּחָשׁ אֶל־הָאִשָּׁה לֹא־מוֹת תְּמֻתוּן: 5 כִּי יֹדֵעַ אֱלֹהִים כִּי בְּיוֹם אֲכָלְכֶם מִמֶּנּוּ וְנִפְקְחוּ עֵינֵיכֶם וִהְיִיתֶם כֵּאלֹהִים יֹדְעֵי טוֹב וָרָע:

위의 뱀과 하와의 대화 속에 사용된 2인칭 남성 복수는 뱀이 유혹하는 대상 속에 아담이 포함되어 있음을 보여준다. 뱀의 거듭된 2인칭 남성 복수 사용에도 불구하고 아담은 침묵만 지키고 있고 하와만 '우리'라고 표현하며 적극적으로 나서서 뱀에게 대답한다.[47]

뱀이 하와에게 하나님처럼 선과 악을 알게 된다고 한 것과 하와가 하나님 처럼 되려는 교만함 때문에 선악과를 따 먹은 것으로 이근삼 박사가 말하고 있지만, 이 부분은 창세기 3:5을 다시 살펴볼 필요가 있다. 개역개정 성경이 하나님으로 번역한 히브리어는 엘로힘이며, 창세기 3:5에서는 아래의 이탤릭체에서 볼 수 있는 것처럼 엘로힘이 두 번 사용되었다.

---

and M. O'Connor, *An Introduction to Biblical Hebrew Syntax* (Winona Lake: Eisenbrauns, 1990), 108.

47 Terencce E. Fretheim, *Genesis*, 360. John H. Walton, *Genesis*, 206. Victor P. Hamilton, *Genesis 1~17*, 188.

337
이근삼 박사의 하나님의 창조 이해 | 기동연

כִּי יֹדֵעַ אֱלֹהִים כִּי בְּיוֹם אֲכָלְכֶם מִמֶּנּוּ וְנִפְקְחוּ עֵינֵיכֶם וִהְיִיתֶם כֵּאלֹהִים יֹדְעֵי טוֹב וָרָע

뱀은 무슨 의미로 '엘로힘처럼'이란 말을 사용했을까? 일반적으로 엘로힘은 여러 가지 의미를 가지고 있다. 기본적으로 **엘로힘**אֱלֹהִים은 **엘로하**אֱלֹהַ의 복수로서 신들이란 뜻을 가지고 있다. 뿐만 아니라, 엘로힘은 지도자들이나 재판관들(출 21:6, 22:7, 8, 27~30), 천사들(시 8:6)의 의미를 가지고 있다. 구약 성경에서 복수형 엘로힘은 하나님의 호칭으로 매우 자주 사용되며, 이와 같은 복수형은 장엄 복수라고 하며 하나님을 높여 부르는 표현이다. 이 경우에는 엘로힘은 항상 단수 취급되며, 관련된 동사 혹은 형용사는 반드시 단수이어야 한다. 위에서 볼 수 있는 것처럼 첫 번째 엘로힘은 첫 번째 문장에서 주어로 사용되었고, 술어부는 동사 **야다**עֵדַה의 분사 남성 단수 **요데아**יֹדֵעַ이다. 둘째 엘로힘도 첫째 엘로힘처럼 동사 **야다**עֵדַה의 분사형으로 수식되었다. 하지만 둘째 엘로힘을 수식하는 동사 **야다**עֵדַה의 분사형은 첫째 하고는 달리 남성 복수 **요데에**יֹדְעֵי이다. 이럴 경우에 엘로힘은 장엄 복수가 아니며 일반 명사 **엘로하**אֱלֹהַ의 복수이다. 이를 감안하면 둘째 엘로힘의 뜻은 신들 또는 신적인 존재들 또는 천사들로 번역되어야 한다. 이런 해석과 이해는 70인역에서도 확인할 수 있다.

ἤδει γὰρ ὁ θεὸς ὅτι ἐν ᾗ ἂν ἡμέρᾳ φάγητε ἀπ᾽ αὐτοῦ διανοιχθήσονται ὑμῶν οἱ ὀφθαλμοὶ καὶ ἔσεσθε ὡς θεοὶ γινώσκοντες καλὸν καὶ πονηρόν

70인역은 첫 번째 엘로힘을 단수 **데오스**θεὸς로 번역했지만, 두 번째 엘로힘을 복수 **데오이**θεοὶ, 신들 또는 천사들로 번역하고 있다. 바벨로

니아 탈무드 소페림(Tractate Soferim) 4:5은 다음과 같이 기록하고 있다:[48]

"The first Elohim is sacred, the second non-sacred."

첫 번째 엘로힘은 여호와 하나님이지만, 두 번째 엘로힘은 거룩하신 하나님이 아니라고 하고 있다. 킹 제임스 역과 유대인들의 구약 성경인 타낙(Tanak)도 이를 분명하게 인식하고 있다.

KJV For God doth know that in the day ye eat thereof, then your eyes shall be opened, and ye shall be as *gods*, knowing good and evil.

TNK but God knows that as soon as you eat of it your eyes will be opened and you will be like *divine beings* who know good and bad.

이런 점을 이근삼 박사는 전혀 살펴 보지 않고, 한글 성경의 번역에 따라 '하나님처럼'으로 이해하고 있다.

이근삼 박사의 인간 타락에 관한 글에서 가장 아쉬운 부분은 선악과를 따 먹은 결과를 기록하고 있는 창세기 3:7~13을 언급하지 않는다는 것이다. 7절은 선악과를 따 먹고 나서 아담과 하와 사이에 일어난 결과를 기록하고 있다. 아담과 하와는 뱀의 말처럼 눈이 밝아졌고, 창세기 3:22에서 하나님이 말씀하시는 것처럼 '우리 중의 하나'처럼 되었다. 즉 뱀을 포함한 일부 엘로힘의 속성에 속하는 것을 가지게 되었다. 그런데 그 결

---

48   Sarna, *Genesis*, 25; Cassuto, *Genesis*, 146~147.

과로 그들이 알게 된 것은 자신들이 벌거벗었다는 것이다. 벗었음을 깨달은 아담과 하와에게 관계성 왜곡 현상이 나타난다. 아담과 하와가 벗은 것을 깨닫고 난 후 무화과 나뭇잎으로 치마를 만들어 입었다. 선악과를 따먹음으로 실제로 일어난 결과는 창조 때에 하나님이 세운 관계성과 관련된 진실의 왜곡이다. '하나님은 선악과를 따먹으면 엘로힘처럼 된다는 것을 알고 사람에게 따먹지 못하게 하였다'고 하면서 뱀이 하나님을 인간에게 진실을 감추고 그 능력과 역할을 제한하려 하는 분으로 묘사하여 하나님과 인간 사이의 관계성과 관련된 진리를 왜곡했었다. 선악과를 따먹은 아담과 하와에게도 사탄처럼 그 관계성을 왜곡시키는 현상이 나타났다. 창세기 2:25는 아담과 하와가 벌거벗었지만 부끄러워하지 않았다고 한다. 벌거벗은 상태를 부끄러워하지 않는 어린 아이 같은 순박함도 있겠지만, 부부로서 서로에 대한 친밀감과 하나님 때문에 부끄러움을 느끼지 않았다. 선악과를 따 먹은 이들은 벗은 것 때문에 부끄러움을 느꼈고, 무화과 나뭇잎 치마로 벗은 몸을 가려 그 수치심을 없애려 할 정도로 관계가 심각하게 왜곡되었다.[49]

창세기 3:8은 아담과 하와가 하나님께 대하여 느낀 괴리감과 관계성 파괴를 기록하고 있다. 하나님과 사람 사이에 생겨난 괴리감은 아담과 하와 두 부부가 느꼈던 괴리감보다 더 심각했다. 창세기 3:8은 하나님을 동산에 거니시는 것으로 묘사하였는데,[50] 히브리어 표현 **미트할렉**מִתְהַלֵּךְ은

---

49   John H. Hewett, "Genesis 2:4b~3:31; 4:2~16; 9:20~27; 19:30~38", *Review and Expositor* 86 (1989): 237~41.

50   제프리 니하우스는 루아흐 하욤רוּחַ הַיּוֹם을 stormy wind로 '욤'을 '날'이 아니라 '폭풍'으로 해석한다. 그러나 그의 주장은 고대의 사본들과 역본들의 지지를 전혀 받지 못하고 있다. J. J. Niehaus, "In the wind of the storm: Another look at Genesis III 8", *VT* 44

동사 **하락** חָרַךְ의 히스파엘 분사형이이며 반복적이고 습관적인 행동을 나타낸다.[51] 앞서 이 표현은 하나님께서 어쩌다가 에덴 동산을 방문하게 된 것이 아니라, 하나님께서 동산을 거니시는 것이 늘 있던 일이라는 뜻임을 밝혔다.[52] 동산을 거니시는 하나님의 행동에 익숙해 있었을 아담과 하와는 선악과를 따 먹은 결과로 황급히 나무 속으로 숨어 들어 간다. 아담과 하와가 하나님께 대해 느끼는 괴리감은 서로에 대해 느끼는 괴리감보다 훨씬 더 컸기 때문에 두 사람은 무화과 나뭇잎으로 자신을 가리는 것으로는 턱없이 부족하여 깊은 죄책감과 두려움 속에 나무 밑으로 숨어야 했다. 그들이 이렇게 깊은 괴리감을 느낀 이유는 자신들이 벌거벗었기 때문이라고 한다.

선악과 사건으로 인한 아담과 하와 그리고 하나님 사이의 괴리감과 관계 파괴 현상은 12절의 아담의 말에서 다시 한번 확인된다. 하나님께서 아담에게 왜 선악과를 따먹었느냐고 물었을 때, 아담은 그 선악과 사건이 사탄/ 뱀 때문이었고 그 자리에 자신도 있었음에도 불구하고 책임을 하와

(1994): 263~67. Cf. Christopher L. K. Grundke, "A Tempest in a Teapot? Genesis III 8 Again", *VT* 51/4 (2001): 548~51.

51 Victor Hamilton, *Genesis* 1~17, 192.

52 유대인들의 외경인 제2 에녹서에 따르면 에덴 동산 생명나무는 하나님께서 동산을 거니시고 난 후 쉬기 위해 찾던 장소였다. 에녹서는 책의 권위를 높이기 위해 창세기 5:18~24에 있는 에녹의 이름을 빌려 붙인 유대인들의 위경이다. 에녹 1서는 B.C. 2~A.D. 1세기 사이에 기록되었지만, 에녹 2서는 A.D. 1세기 말에 기록되었다. 에녹 2서 8:3에는 이런 글이 있다. 그리고 생명나무가 그 곳에 있었고, 여호와가 파라다이스를 거닌 후 그 나무 아래에서 안식을 취하곤 하였다. 에녹 3서는 아담이 에덴 동산에서 쫓겨난 후 생명나무 아래에 그룹 위에 좌정하였다고 말한다. "From the day that the Holy One, blessed be he, banished the first man from the garden of Eden, the Sekinah resided on a cherub beneath the tree of life" (3 Enoch 5:1).

에게 전가한다. 이 책임 전가에는 하나님께 대한 책임 전가도 함께 포함되어 있다. 아담은 주어 **하이사**אשׁ֣ה에 하나님이 주셔서 나와 함께하게 하신 이라는 접속사 **아쉐르**אשׁ֣ר로 이어지는 내용을 첨가하였다. 하나님이 돕는 자로 준 이 아내 때문에 선악과를 따먹게 되었음을 강조하여 밝힘으로 아담은 선악과를 따먹게 된 책임이 하와뿐만 아니라 하나님께도 있다고 말하고 있다. 선악과 사건이 뱀 또는 사단 때문에 생겨난 일임에도 불구하고 아담은 '뱀에게 유혹받았다'는 사실을 언급조차 하지 않고 대신에 '하나님이 주셔서 나와 함께하게 하신 여자'라고 하며 책임을 하와와 하나님께 돌렸다. 아담과 하나님 사이에 생겨난 관계 파괴 현상이라고 할 수 있다. 반면에 하와는 선악과를 따 먹게 된 이유가 뱀이 자신을 속였기 때문이라고 말한다. 개역 성경이 뱀이 나를 꾀므로라고 번역한 히브리어 **나사**אשׁ֣ב는 '꾀다'보다 부정적인 의미가 훨씬 강한 '속이다'이다. 하와는 뱀이 자신을 속였고, 자신은 그 속임수에 넘어가 선악과를 먹었다고 하나님께 말한다. 뱀은 속인 자이고 자신은 속은 자라는 것이다. 아담과는 달리 하와는 회개의 단계는 아닐지라도 책임이 사탄과 자신에게 있음을 인식하고 있다. '속았다'는 말 자체가 죄를 고백하는 것은 아닐지라도 잘못을 깨닫고 있음을 보여 준다.[53] 하와와 하나님과의 관계가 회복되었다고 할 수는 없지만 하와와 뱀 사이의 관계가 파괴되었음을 보여주는 말이다.

---

53   Beverly J. Stratton, *Out of Eden: Reading, Rhetoric, and Ideology in Genesis* 2~3 (Sheffield: Sheffield Academic Press, 1995), 161~62.

결론

위에서 살펴본 것처럼 이근삼 박사는 창세기 1~3장의 하나님의 창조를 개혁주의 신학에 근거해서 설명하고 있음을 알 수 있다. 성삼위 하나님께서 천지를 창조하셨고, 말씀으로 무에서 유를 창조했다는 것을 잘 설명하고 있다. 이근삼 박사의 인간 창조 설명은 주로 창세기 1:26~28에 기반을 두고 있다. 이근삼 박사가 인간 창조에서 말씀으로 창조하신 것에 더하여 흙으로 사람을 빚으시고 생기를 불어넣는 행위가 더해진 것은 다른 피조물 창조에서는 볼 수 없는 현저한 차이점이라고 한 것은 매우 인상적이다. 그리고 이근삼 박사는 하나님의 형상과 모양을 동의어로 인식하고 있으며, 선악과 사건에서도 전통적인 신학적 입장을 잘 유지하고 있다. 이근삼 박사의 창조 이해에서 아쉬운 부분은 성경 주석을 통해 본문을 충분히 살피지 않고 있다는 점이다. 이근삼 박사의 책들이 주석 책이 아니라는 점을 고려하더라도 창세기 1:1~2의 관계에 대해 본문을 좀 더 살피면서 설명했더라면 훨씬 더 좋았을 것으로 생각된다. 그리고 하나님의 형상과 관련된 창세기 1:26~28을 좀 더 살펴보지 않는 것과 인간 타락과 관련하여 창세기 3:1~13을 좀 더 살펴보지 않은 것은 아쉽게 생각된다. 그럼에도 불구하고 이근삼 박사의 천지 창조 신학은 개혁주의 신학 전통 위에 서 있을 뿐만 아니라, 개혁주의 교회들이 읽고 가르치고 설교하며, 계승해 나가야 할 가치가 충분히 있다.

9

이근삼과 우상숭배 반대 투쟁

최승락

들어가는 말

은사이신 이근삼 교수님과의 만남은 필자의 신학교 시절 이전으로 거슬러 올라간다. 대학생 시절 출석하던 서문교회 대학부 수련회 때 이근삼 교수님께서 강사로 오셨던 적이 있고, 그때 열변을 토하셨던 하나님의 창조주 되심과 우리의 피조물 됨에 대한 강조가 필자의 신앙 체계를 새롭게 정립하는 중요한 계기가 되었다. 이후 신학교에 들어가서 여러 학기에 걸쳐 그의 잔잔하면서도 무게 있는 강의를 들으며 많은 유익을 얻었다.

이 글에서는 그의 박사학위 논문이기도 한 『기독교와 신도국가주의의 대결』을 필두로 그의 저서들 전반에 나타나는 우상숭배에 대한 그의 이해가 어떤 것인지를 포괄적으로 살펴보고자 한다. 또한 그의 저서들 속에 명시적으로 제시되지는 않지만 늘 전제되어 있는 우상숭배에 관한 성경신학적 입장을 정리해보고자 한다. 이근삼 교수님의 우상숭배 반대 투쟁은 오늘의 교회에도 많은 빛을 던져 준다. 오늘의 교회에 다가오는 도전의 양상은 다를지라도 오직 하나님만을 섬기고자 하는 예배자 및 신앙고백자의 정신은 변함없이 지켜져야 한다. 하나님의 이름을 전면에 내세우면서도 배후에서 교묘하게 우리의 정신을 사로잡고 조종하는 각종 우상들의 실체를 바르게 알고 이와 맞서 싸우면서 오직 하나님께만 영광을 돌리는 우리의 신앙 원리를 잘 세워가야 한다. 이런 원리를 몸소 실천하며 가르쳐주신 이근삼 교수님의 귀한 뜻을 이 부족한 글을 통해서나마 되새겨 보고자 한다.

ㅣ 우상숭배 반대 투쟁으로서의 신사참배 반대 운동

이근삼은 화란 자유대학에서 「기독교와 신도국가주의의 대결」(The Christian Confrontation with Shinto Nationalism)이라는 제목의 연구논문으로 박사학위를 받았다. 처음에 그는 알미니안주의를 연구의 주제로 삼고자 하였으나, 그의 지도교수인 요한 바빙크(Johan Herman Bavinck) 교수는 그가 잘 알고 있고 또한 그만이 할 수 있는 주제를 다루는 것이 좋겠다고 제안하여 이 주제를 택하였다고 밝힌다.[1] 이 논문에서 다룬 그의 주요 연구 주제는 일본의 원시 종교인 신도 사상이 어떻게 국가적 이데올로기로 발전하였는지, 여기에 대한 일본과 한국에서의 기독교적 대응이 어떤 양상으로 전개되었는지, 그리고 신도국가주의의 강압이 일본과 주변 국가들에게 어떤 영향을 미치게 되었는지에 관한 것이다.

---

1   이근삼, 『개혁주의 신앙과 문화』 (이근삼 전집 7권; 서울: 생명의양식, 2008), 307.

일본은 고래로 수많은 카미(신들)를 숭배하는 다신교 뿌리를 가진다. 자연물이나 동식물, 인간 등이 다 카미가 될 수 있다. 수많은 카미들 가운데서도 일본의 국체적 근간에 놓여 있는 카미는 태양여신 아마테라수 - 오미카미(Amaterasu-omikami)이다. 이 태양여신은 일본의 여덟 개의 섬들(oyashima)을 만든 창조신들인 이자나기와 이자나미에 의해 산출되었다. 일본인들은 이 아마테라수 오미카미를 천황 가문의 조상신으로 받든다. 이근삼에 따르면 원래는 자연신의 하나였던 아마테라수 오미카미가 역사적 과정 속에서 "두 개의 본성" 곧 "위대한 자연여신과 천황제국의 조상여신"으로서의 지위를 얻게 되었다.[2] 이근삼은 이 신화구조가 일본 땅과 그 지배자의 생성에 대해서는 이야기하지만, 백성들에 대해서는 아무것도 이야기하지 않는다는 점을 지적하면서 "일본신화의 원래의 기본적인 목적이, 천황가문의 권위를 강화시키고 백성들을 완전히 천황의 자손으로 여기게 만들려는 데 있었"다고 비판한다.[3]

신도 사상과 천황 중심의 국수적 민족주의의 결합은 메이지 유신 시대(1868~1910)에 그 절정을 맞이했다. 이근삼에 따르면 메이지 유신기를 대변하는 국수적 민족주의는 3개의 축 곧 "신도와 천황 숭배와 부시도(Bushi-do; 무사도)의 합성물"이었다.[4] 이 시기에 와서 신도는 국교의 지위를 얻게 되었고 일본이 추구하던 "천황 절대주의와 우주적 세계 팽창주의"를 위

---

2   이근삼, 『기독교와 신도국가주의의 대결』, 최재건, 원성현 역(이근삼 전집 9권; 서울: 생명의양식, 2008), 53.

3   이근삼, 『기독교와 신도국가주의의 대결』, 54.

4   이근삼, 『기독교와 신도국가주의의 대결』, 87~88.

한 종교적 이데올로기의 원천을 제공하게 되었다.[5] 메이지 정부는 천황의 지위를 강화하고 신도를 국가종교로 만들기 위해 1870년 1월에 이와 같은 포고령을 발표했다. "우리는 엄숙하게 선포한다: 하늘의 신이신 위대한 조상(아마테라수-오미카미; Amaterasu-Omikami)께서는 옥좌를 수립하시고 그 승계권을 확실하게 보장하셨다. 선대로부터 차례대로 계승된 천황의 계보는 동일한 방식으로 천황의 영지 속으로 전승되었다. 종교예식과 정부는 하나였고 동일했다."[6] 이제 천황은 아마테라수 오미카미의 직계손으로 숭배받는 자리에 오르게 되었고, 이를 위한 각종 상징조작적 정책이 도입되었다. 이런 사상은 이토 히로부미가 주도하여 1889년 2월 11일에 반포한 일본 헌법에도 명시되어 있다. 그 제1조는 "일본제국은 영원토록 단절되지 않을 천황 가계에 의해 통치되고 지배받을 것이다"라고 명시하며, 제3조는 "천황은 신성불가침적 존재이다"라고 밝힌다.[7] 이와 함께 1890년 10월 30일에 반포된 천황교육칙어는 어린아이로부터 어른에 이르기까지 모든 교육 활동의 원천으로 신격화된 천황에 대한 공경과 충효를 요구하고 있다. 이 천황교육칙어가 매일 학교 기관들 속에서 낭독될 때에는 천황의 초상화에 절을 하는 예식이 수반되었다. 이런 방식으로 신도 사상과 천황숭배 사상이 초등학교 아이들로부터 전 국민의 의식 속에 깊이 각인되기 시작했고, 이를 거부하거나 역행하는 행위는 탄압과 배척의 대상이 되었다. 이런 정책의 가장 첫 번째 희생자는 선교사들에 의해 설립되고 운영되던 일본 내의 개신교 학교들이었다.

---

5   이근삼, 『기독교와 신도국가주의의 대결』, 88.

6   이근삼, 『기독교와 신도국가주의의 대결』, 96에서 재인용.

7   이근삼, 『기독교와 신도국가주의의 대결』, 108에서 재인용.

메이지 헌법과 천황교육칙어가 제시한 것처럼 천황이 신성불가침적 존재로서 무오와 불후의 숭배의 대상이 될 때 그 귀착점은 "천황이 신적인 권위에 의해 우주의 통치자가 된다고 하는 통속적인 믿음"이며, "궁극적으로는 일본이 전 세계를 지배하는 운명을 피할 수가 없다는 확신"이다.[8] 당시 천황이 신적 숭배의 대상이 되고 있었다는 구체적인 증거 가운데 하나는 초등학생들을 위한 독본에 나오는 이와 같은 글이다. "위대한 일본이여! 위대한 일본이여! 우리 7천만 신민은 천황을 하나님으로 존숭할지어다. … 그리고 천황을 부모처럼 사랑하고 섬길지어다."[9] 러일전쟁(1904년)과 청일전쟁(1937년)의 배후에도 일본을 신국(神國)으로 보고 그들이 일으킨 전쟁을 신의 뜻을 수행하는 성전(聖戰)으로 보는 신도 이데올로기가 놓여 있다. 이와 관련하여 이근삼은 이렇게 주장한다. "신도주의자들은 고대신도를 [온 세계를 아우르는] '보편적 원리'로 해석했고, 일본의 침략전쟁을 학코 – 이치우(Hakko-ichiu; 일본이라는 한 지붕 아래 세계를 여덟 개의 기둥과 모통이로 건설하려는 의도)를 세우기 위한 '성전'(聖戰)으로 정당화하고 또한 미화(美化)시켰던 것이다."[10]

이런 움직임 아래에서 일본의 소수 기독교인들이 국수적 민족주의와 천황숭배 사상에 반대하긴 하였지만, 일본 정부의 치밀한 전략과 일본인 특유의 집단정신을 거슬러 가면서 창조와 구원의 하나님만을 믿는 신앙고백적 자세를 견지하는 데는 한계가 있었다. 무교회주의를 표방했던 우치무라 간조(Uchimura Kanzo)나 도쿄 대학 교수요 후에 총장을 지낸 남바라

---

8   이근삼, 『기독교와 신도국가주의의 대결』, 118.

9   이근삼, 『기독교와 신도국가주의의 대결』, 122에서 재인용.

10   이근삼, 『기독교와 신도국가주의의 대결』, 134.

(Nambara Shigeru) 등이 일본 내에서 반대의 깃발을 들었던 대표적인 인물들이지만, 그들의 목소리도 이내 억압되고 말았다. 일본의 교회들은 차례로 신도국가주의 앞에 무릎을 꿇고 생존을 위해 타협의 길을 택하였다. 일본 감리교회는 "우리는 성경의 가르침을 따라, 모든 권세가 하나님으로부터 나왔으며, 우리는 아마테라수-오미카미의 직계 자손인 천황을 수인하고, 또한 존경을 다해 헌법과 국법을 준수할 것"을 표방하였다.[11] 일본 그리스도교 복음교단은 일본 정부의 종교 통합정책에 굴복하여 1912년 2월 25일, 71명의 종교 대표자들(불교 51명, 신도 13명, 기독교 7명)이 모인 자리에서 "우리는 천황의 번영과 우리나라의 도덕적 발전을 위해 각자의 교리와 가르침을 하나로 조화시켜 사역해나가기를 열망"한다는 성명을 발표하였다.[12] 이는 교회가 자신의 신앙고백적 정체성을 버리겠다는 선언이며, 신도 이념을 기반으로 하는 국가의 요구에 무조건적으로 순응하겠다는 항복 선언이다.

이런 기류 속에서 일본 정부는 교회를 자기 마음대로 주무를 수 있게 되었고, 1941년에 들어서는 전시 상황의 강압적 분위기 아래 일본의 모든 교회들을 인위적으로 통합하여 일본 그리스도 교단을 발족시켰다. 이런 조치의 배후에 놓인 법이 종교단체법인데, 이 법의 제3조는 정부 관료(교육상)에게 교회의 활동과 교리 등을 통제할 수 있는 무제한의 권리를 부여하고 있으며, 제16조는 "평화와 질서를 저해하고 국민의 의무에 역행하는 행위로 입증되는" 가르침을 금지하고 있다.[13] 여기서 말하는 "국민의 의

---

11   이근삼, 『기독교와 신도국가주의의 대결』, 288에서 재인용.

12   이근삼, 『기독교와 신도국가주의의 대결』, 293에서 재인용.

13   이근삼, 『기독교와 신도국가주의의 대결』, 322.

무"에는 궁성요배와 신사참배가 포함된다. 결국 전시의 일본 그리스도 교회는 하나님의 법보다 정부의 법을 우선하는 배도의 길에 들어서게 되었으며, 신도주의를 바탕으로 하는 국가 이데올로기가 기독교를 지배하는 자리에 놓이게 되었다. 교리에 대한 통제권을 가진 교육상은 천황의 지위에 도전이 될만한 요소들을 제거하거나 금지시켰다. 사도신경 중에서도 창조주 하나님에 대한 고백과 심판주 예수 그리스도에 대한 고백이 대표적이다. 예수 그리스도를 위대한 왕으로 고백하는 찬양도 천황의 왕권을 침해한다는 이유로 금지시켰고, "내 주는 강한 성이요"와 "믿는 사람들은 군병 같으니" 같은 노래도 찬송가에서 삭제시켰다.[14] 나아가 하나님께 예배드리기 전에 천황의 초상화나 천황의 궁성을 향해 먼저 5분 동안 절을 하게 만들었다.

이근삼의 평가에 따르면 일본 교회는 예수 그리스도의 주 되심에 대한 증언의 사명을 수행하는 데 실패했으며, "통치자와 국가와 일본 민족을 신격화하는 그릇된 국수적 민족주의"에 맞서 싸우는 데도 실패했고, 전방위적인 신도국가주의의 강압에 못 이겨 "하나님 나라 운동보다는 Hakko Ichiu 운동(천황에 의해 지배되는 세계의 여덟 모퉁이)의 대변인" 노릇을 하는 자리로 무참히 전락하고 말았다.[15] 이에 비해 일제 강점기의 한국 교회 속에서는 강력한 신사참배 반대 운동이 일어났고, 비록 1938년에 제27회 장로교 총회가 불법적으로 신사참배를 가결하는 사태가 벌어지긴 했지만, 많은 교회와 지도자들이 목숨을 걸고 우상 앞에 절하기를 거부하였고, 두려움 없이 그리스도의 주 되심을 증거하였다.

---

14   이근삼, 『개혁주의 신학과 한국교회』 (이근삼 전집 2권; 서울: 생명의양식, 2007), 173.

15   이근삼, 『기독교와 신도국가주의의 대결』, 420.

이근삼은 자연이나 인간의 신격화를 통한 우상숭배의 본질이 무엇인지와 관련하여 이와 같은 중요한 진술을 남기고 있다. "하나님과의 올바른 관계를 완전히 상실해 버린 인간이, 그 자신보다 열등한 다른 피조물에게서 도피처를 찾게 되었던 한 예가 바로 신도였던 것이다. 따라서 신도 신자들은 자신들을 위한 이기적인 목적 하에서 그들 스스로가 만든 신들을 예배 및 숭배하였고, 또한 그런 식으로 해서 그 자신들을 해방시켰던 것이다. 그리하여 그들 스스로가 자신을 해방시킨 그 일은, 오히려 그들 자신을 얽어매어 꼼짝하지 못하게 만드는 결과를 초래하여 그 자신들이 신격화시킨 피조물들의 노예가 되었던 것이다."[16] 우상숭배의 가장 근본적인 해악이 바로 이것이다. 개인이나 국가가 자신의 욕망을 위해 피조물을 신격화하여 섬기게 될 때 결국은 자기 자신이 비인간적인 존재로 변질되고 망가지는 결과를 맞게 된다. 자신을 더 부요하고 행복하게 만들어 줄 것으로 여겨 스스로를 예속시킨 그것이 오히려 자신을 더 파괴시키고 불행하게 만드는 결과를 초래한다. 이것이 과거의 일본의 불행이고, 오늘도 여전히 우리가 경계해야 할 우상숭배의 폐해다.

이근삼의 우상숭배 반대 투쟁은 과거의 현상에 대한 역사적 고찰에 머무르지 않는다. 그는 신사참배 반대 운동과 같은 맥락에서 한때 국내에서 일어났던 단군신전 건립 움직임에 대한 반대 논리를 이와 같이 제시한다. "단군신전이 건립되고 나면 국조 국신에 대한 기원, 참배, 성금 등을 통해서 애국한다고 하면서 모든 국민을 강제로 참배케 하여 이를 거부하는 자들을 비애국자, 반역자로 몰아세워서 핍박하고 괴롭히는 일들"이 일

---

16   이근삼, 『기독교와 신도국가주의의 대결』, 431.

어나게 되리라고 보고 있다.[17] 이는 이미 일본이 걸어왔던 전례를 통해 잘 드러났던 일이다. 강압적인 조치에 대한 항의가 일어날 경우 좀 더 교묘한 방식으로 과거 일제가 했던 방식대로 "일본신도를 신사신도와 교파신도로 나누어서 신사신도는 종교가 아니고 국민의례의식에 속한 것이므로 어떤 종교를 믿든지 간에 모든 국민은 신사참배를 해야 한다고 강요했던 것처럼 단군을 섬기는 대종교는 종교이고 단군신전은 종교가 아니고, 국조국신을 섬기는 국민의 의례의식이니 전 국민은 참여해야 한다"고 나올 공산이 크리라고 이근삼은 예측한다.[18] 하지만 이렇게 나눈다고 해서 신격화된 단군 자신이 달라지는 것은 아니기 때문에 명목상의 비종교화의 허울 뒤에 결국은 단군종교를 한국의 국교의 자리에 올려놓는 결과가 일어날 수 있다고 보는 것이다. 이근삼은 과거 역사의 사례를 바탕으로 우상숭배의 길이 늘 유사한 방식으로 되풀이될 수 있다는 것을 누구보다 예리하게 잘 간파하고 있다. 이것이 우리가 역사를 알고 또 역사를 통해 오늘의 상황을 읽을 줄 알아야 하는 이유이다.

II 이근삼이 보는 우상숭배의 본질과 해악, 그리고 그 대안

이근삼은 우상숭배의 본질과 해악을 역사의 예를 통해 잘 보여줄 뿐만 아니라, 보다 근원적으로 성경과 신학의 가르침을 통해서도 잘 보여준다. 특히 그의 십계명 강해 속에 이 주제가 잘 드러나고 있다. 우리는 이를 바탕으로 그의 관심이 어떻게 보다 넓은 신학적 성찰로 이어지고 있는지

---

17   이근삼, 『개혁주의 신학과 현대신학』 (이근삼 전집 4권: 서울! 생명의양식, 2007), 267.

18   이근삼, 『개혁주의 신학과 현대신학』, 267.

를 살펴보고자 한다. 우리가 볼 때 칼빈주의 문화관에 대한 그의 관심도 반(反) 우상숭배의 성격을 가진다. 문화와 삶의 전 영역 속에서 창조주 하나님을 바르게 섬기며 사는 것은 인간의 욕망을 우상화하는 제반 시도들에 대한 대응이요 대안으로서의 성격을 가지기 때문이다. 우리는 이 단락에서 이 주제를 집중적으로 살펴보고자 한다.

이근삼은 그의 십계명 강해에서 제1계명과 제2계명이 긴밀하게 연관되어 있다는 것을 잘 지적한다. 그는 제1계명의 요구를 이렇게 설명한다. "너는 참되신 하나님께만 돌려야 할 신뢰와 존경을 어떤 사람이나 하늘이나 땅 위에 있는 사물에게 주지 말라, 하나님께 속한 것을 다른 데로 옮기지 말라는 뜻이다. … 이 계명이 금하는 중대한 죄는 첫째로, 하나님을 알만한 방편을 다 무시하는 하나님과 그 뜻에 대한 고의적인 무지의 죄, 둘째로는 무신론 또는 반신론의 죄, 셋째로는 우상숭배와 거짓되고 허구적인 신을 조작하는 죄, 넷째로는 불순종과 자기 의지로 노골적으로 하나님을 반항하는 죄, 다섯째, 물질에 마음을 빼앗기며, 과도하고 지나치게 물질에 애착하는 죄 등이다."[19] 하나님께 합당한 그것을 그분께 드리지 않고 다른 대상에게로 전이, 전향시키는 것이 우상숭배다. 이근삼은 "탐심은 우상숭배"(골 3:5)라는 바울의 말을 인용하면서 "치우친 생각에서 생긴 지나친 욕심은 모두 옳지 못하다. 오직 하나님을 향한 소원과 예배가 되어야 한다. 그렇지 않을 때 자기 자신, 돈, 명예, 쾌락, 친구 등이 '그의 하나님'이 되고 마는 것"이라고 잘 지적한다.[20]

우상의 형상을 만드는 것도 하나님에 대한 무지와 인간의 타락한 욕

---

19   이근삼, 『교리문답 해설』 (이근삼 전집 8권; 서울: 생명의양식, 2008), 64.

20   이근삼, 『교리문답 해설』, 65.

망에 그 뿌리를 둔다. 이근삼은 제2계명과 관련하여 이 계명이 금하는 것은 "하나님을 예배하는 데 있어서, 그가 지정하신 것 이상의 어떤 보조 수단을 도입하려는 뿌리 깊은 병적 욕구"라고 해설한다.[21] 그는 조각물이나 그림 등을 무조건 금기시하는 것은 옳지 않다고 말한다. 하나님 자신이 정금으로 속죄소의 두 그룹을 만들게 하셨고, 또한 뱀에 물린 자의 치유를 위하여 놋뱀을 만들게 하신 분이기 때문이다. 문제는 우리의 눈이 하나님을 향하지 않고 형상으로부터 하나님을 분리시켜 형상 자체를 섬김의 대상으로 삼을 때 그것이 우상숭배가 되고 만다는 점이다. 이근삼의 표현대로 "하나님이 미워하시는 바는 창작행위가 아니라, 그것에게 미련하게 절하는 숭배행위"이며, "신령한 하나님, 보이지 않는 하나님, 전능하신 하나님을 물질로 된 한정적인 모양으로 바꾸는 행위"라는 것이다.[22]

이처럼 이근삼은 예술적 창작행위와 "미신적인 짓거리"를 잘 구분할 것을 강조한다.[23] 전자는 우상숭배가 아닌 문화적 행위이며 상상력을 통해 하나님께 영광을 돌리는 창조적 행위의 한 분야에 속한다. 그러나 후자는 하나님을 인간의 상상물에 제한시키고 이를 통해 인간적 만족을 추구하는 미신적 행위다. 어느 시대에나 우상숭배 속에는 하나의 치환 행위가 발생한다. 이근삼의 표현을 따르면 "우상은 처음에는 신을 상기시키는, 섬기기 쉽게 하는 수단이던 것이 결국 우상 자체가 숭배의 대상" 곧 목적으로 치환된다.[24] "물질을 인격대용물로" 치환시키기도 하는데, 구체

---

21 이근삼, 『교리문답 해설』, 66~67.

22 이근삼, 『교리문답 해설』, 67.

23 이근삼, 『교리문답 해설』, 67, 68.

24 이근삼, 『교리문답 해설』, 121~22.

적으로는 "값비싼 가구가 가정이나 가족보다 중시되는" 현상이 일어나며, "거대한 조직이 우상화"되어 "인간조직이 개개인의 인격을 노예화"하는 결과를 빚기도 한다.[25] 이런 지적은 오늘 우리 시대에 물신화의 양상으로 일어나는 우상숭배 현상을 이해함에 있어서 대단히 큰 함의를 가진다.

이 지점에서 우리는 이근삼의 우상숭배 반대 투쟁이 단지 역사적 차원의 신사참배 반대 운동에만 머물지 않는다는 것을 잘 볼 수 있다. 모양은 다르지만 현대의 다양한 문화와 사상의 배후에도 우상숭배적 요소들이 놓여 있다는 것을 잘 보아야 한다. 이근삼의 기여는 이런 부분에서 매우 두드러진다. 아쉬운 것은 그가 좀 더 체계적인 방식으로 이 주제를 발전시키지는 않는다는 점이다. 그러나 간간이 그가 이 주제를 다루려고 시도하고 있다는 것을 발견할 수 있다. 예를 들어 '현대인의 방황'이란 글에서 이근삼은 인간의 자율성에 대한 과도한 집착이 오히려 인간의 비인간화와 비유기화, 혼돈화를 낳는다고 지적한다.[26] 인간이 하나님을 떠나 스스로를 우상으로 삼을 때 인간의 전체성이 해체되어 파편화되고, 자신이 만든 기계에 오히려 종속되고 말며, 각종 신경장애나 정신병에 빠지게 된다는 것이다. 이근삼의 표현대로 "하나님을 떠난 인간이 인간적인 것에 상처를 입지 않고 하나님을 떠날 수는 없"으며, 이는 "자율적 인간을 꿈꾼 것이 무섭게 파괴적이었음을 분명히 증명"한다.[27]

이근삼은 한스 제들마이어(Hans Sedlmayer)의 『중심의 상실』[28]이란 책을

---

25 이근삼, 『교리문답 해설』, 122.

26 이근삼, 『오직 하나님의 은혜로』 (이근삼 전집 10권; 서울: 생명의양식, 2008), 14~22.

27 이근삼, 『오직 하나님의 은혜로』, 16, 21.

28 한스 제들마이어, 『중심의 상실』, 박래경 역 (서울: 문예출판사, 2002).

소개하면서 현대예술이 18세기 이후 정신적으로 깊이 병든 유럽의 단면을 반증한다고 지적한다. 제들마이어의 '중심의 상실'이란 개념은 다르게 말하면 "데미우르고스(자유적 인간)로서의 근대인이 신을 왕좌에서 끌어내린 다음 스스로가 그 자리에 오르긴 했지만 지적 오만과 지적 절망을 동시에 몰고와 마침내는 회의하고 절망하여 인간이하로 추락하는 것"을 가리킨다고 보는 것이다.[29] 하나님을 부정하는 인간의 자유와 자율성의 추구가 오히려 "우상과 괴물을 만들어내어 세계를 황홀하게 했으며 그 우상이 심미주의, 과학주의, 기술주의, 고의적 광란" 등의 옷을 입고 활개를 치고 있다.[30] 이근삼이 볼 때 하나님을 중심으로 하지 않는 과학주의나 기술주의는 궁극적 측면에서는 "배교적 종교행위"이며, "그리스도 안에서 안식을 구하려고 하지 않는 마음은 피조된 이성에서 안식을 구하려는 것이며 끝내는 거짓 속에서 끝나고 만다."[31]

이와 같은 현대 문화의 광범위한 중심 상실의 현상에 대한 치유의 길로 이근삼은 잃어버린 중심의 회복을 주장한다. 그리스도인은 이 중심 회복의 살아 있는 표본이다. 이 시대의 그리스도인의 지위와 사명에 관하여 이근삼은 이렇게 말한다. "현대의 사상적, 도덕적으로 방황하는 군중들 속에서 우리는 예수 그리스도를 믿음으로, 그리스도 안에 있는 믿음을 통하여 상실한 중심을, 하나님을 다시 발견하게 된 자들이다. … 만유의 주가 되시며 중심이 되시는 하나님과의 관계를 죄로 인해 두절된 상태에서 정상적으로 다시 회복하여 하나님과 떳떳한 교제를 가지는 하나님의 아

29   이근삼, 『오직 하나님의 은혜로』, 48.

30   이근삼, 『오직 하나님의 은혜로』, 48.

31   이근삼, 『개혁주의 교회와 목회』 (이근삼 전집 3권; 서울: 생명의양식, 2007), 52~53.

들들이 됐으니, 이제 우리는 살고, 움직이고, 공부하고, 일하는 생의 목표 의식이 누구보다도 뚜렷해야 할 것이다."[32]

이근삼은 삶의 전 영역 속에 산포된 현대의 우상숭배 현상에 대한 대안을 칼빈주의 문화 운동 속에서 찾고 있다. 이근삼이 볼 때 칼빈주의 문화 운동은 단순히 문화적 활동으로 좁게 정의되지 않고, 삶의 전 영역 속에서의 고백적 그리스도인의 삶의 방식을 가리킬 뿐 아니라, 중심을 잃고 비인간화 되어 가는 인간의 회복을 위한 반(反) 우상숭배 운동의 성격을 가지기도 한다. 이근삼은 파편화된 인간의 욕망에 따라서가 아니라 창조와 구속의 하나님을 중심으로 역사와 인간의 모든 삶의 영역을 조망하고 정립하고자 하는 관점을 칼빈주의에서 찾고 있다. 그는 칼빈주의를 이렇게 이해한다.

"칼빈주의는 유신론적 해석이라기보다는 역사를 유신론적으로 형성시키는 하나의 동력이다. 칼빈주의는 정치, 경제, 사회, 교육, 문화 등 인간 생활의 전 분야에 원동력이 된다. 칼빈주의가 외면하거나 무시하는 분야는 없었다. 칼빈주의는 주권자이시며 통치자이신 하나님의 빛 안에서 만사를 바르게 해석한다. … 창조와 섭리의 교리는 인류가 하나님으로부터 문화적 사명을 받은 것을 알게 해 준다. … 칼빈주의 세계관과 인생관은 진화론적 철학의 사유와 낙관주의에 날카롭게 대결하며 실존주의의 죽어가는 소리를 깨트려 버린다. … 재림 교리에서 하나님은 궁극적으로 승리할 것을 확신하므로 이 세계에 기독교적 사회의 실현을 위해 진력해야 한다고 생각했다. 칼빈주의는 성숙한 신학

---

32   이근삼, 『오직 하나님의 은혜로』, 49.

으로서 인류 생활 각 분야가 개혁신앙으로 점유될 수 있는 세계관을 제공해 주었다."[33]

특히 이근삼은 아브라함 카이퍼(Abraham Kuyper)의 종교 이해에 기초하여 종교가 인간 생활의 부분적인 것이나 사적인 것으로 격하될 때 일어날 수 있는 위험성을 경고한다. 카이퍼는 프린스턴 신학교에서의 칼빈주의 강연 제2강(칼빈주의와 종교)에서 진정한 종교가 어떤 성격을 가지는지와 관련하여 다음 네 가지 본질적인 질문을 던진다.[34] 첫째, 하나님을 위한 종교인지 아니면 사람을 위한 종교인지? 둘째, 직접적인지 아니면 매개자 의존적인지? 셋째, 부분적인지 아니면 삶 전체를 아우르는지? 넷째, 정상적 인간을 상정하는지 아니면 비정상적, 구원론적 출발점을 가지는지? 이와 관련하여 카이퍼는 칼빈주의 종교관의 기본 원리를 이렇게 제시한다. "1) 종교는 이기적으로 사람을 위한 것이 아니라 이상적으로 하나님의 뜻을 위한 것이다. 2) 종교는 교회나 사제를 통해 매개적으로 작용하는 것이 아니라 마음으로부터 직접적으로 작용한다. 3) 종교는 삶 옆에 있는 부분적인 것이 아니라 삶 전체를 요구한다. 4) 종교는 또한 구원론적이어야 한다."[35]

이근삼은 카이퍼의 제시를 따라 이 네 가지 원리가 종합적으로 잘 작용할 때 종교가 인간 중심의 우상숭배로 전락하지 않고 삶의 모든 영역에서 하나님의 영광을 드높이는 참된 신앙이 될 수 있다고 강조한다. 특히 종교가 인간의 욕망을 위한 도구의 하나로 전락할 때 그 종교는 죄의 면

---

33 이근삼, 『칼빈과 칼빈주의』 (이근삼 전집 1권; 서울: 생명의양식, 2007), 109~10.

34 아브라함 카이퍼, 『칼빈주의 강연』, 박태현 역 (군포: 다함, 2021), 82~135.

35 카이퍼, 『칼빈주의 강연』, 85.

허증처럼 작용할 수 있다. 이근삼의 표현대로 "타인의 사적 권리를 침범하지 않는 한 정욕에 만족을 찾고자 하는 자는 '악을 물 마시듯 할'(욥 15:16 [개역개정에는 '악을 저지르기를 물 마심 같이 하는']) 자유"를 종교를 통해 획득한다.[36] 이렇게 되면 종교의 타락이 일어나고, 결국은 종교가 우상숭배와 진배없는 것이 되고 만다.

이와 같은 종교의 타락 현상에 맞서서 이근삼은 이렇게 외친다. "칼빈주의는 종교를 인간을 위한 공리주의적, 행복론적인 것으로 보지 않고 종교는 하나님의 주권에 의한 하나님 자신을 위한 것임을 강력히 주장한다."[37] 하나님을 중심으로 하는 종교는 인간이 서야 할 자리를 바르게 지정하고 그 자리에 우리를 정치시킴으로 말미암아 우상숭배의 길로 나아가지 않게 하지만, 인간을 중심으로 하는 종교는 자기만족과 행복을 위해 무엇이든 행할 자유를 구가하게 되고, 이것이 결국 우상숭배로 이어지게 된다. 이에 반해 칼빈주의는 하나님 중심의 원리 위에 서서 종교가 인생의 한 부분에만 국한되지 않고 "인생 전부가 종교"라는 것을 강조하며, "삶에 이원론의 쐐기를 박"는 "부분적 종교"의 도모를 저지하고 일원론의 원리를 견지함으로써 우상숭배의 길을 원천적으로 봉쇄한다.[38]

더 나아가서 참 종교는 개인의 변화를 넘어 문화의 변혁을 일으킨다. 이근삼은 아우구스티누스와 칼빈의 가르침을 바탕으로 "세상나라의 생활원리는 육체적 욕구를 만족시키려는 이기주의적 사랑, 소유욕, 탐욕적

---

36   이근삼, 『칼빈과 칼빈주의』, 160~61.

37   이근삼, 『칼빈과 칼빈주의』, 163.

38   이근삼, 『칼빈과 칼빈주의』, 163; 카이퍼, 『칼빈주의 강연』, 101.

인 것으로 결국은 개인과 가정과 국가를 패망으로 이끈다"고 강조한다.[39] 이와 달리 하나님 나라에 속한 성도는 거룩한 삶을 통하여 악한 사회를 변혁시키는 능력을 가진다. 우선 성도는 문화적 사명을 가지고 이 세상에 존재한다. 이에 대해 이근삼은 이렇게 말한다. "문화는 인간의 생(生)의 과제이다. 이 문화적 임무라는 것은 인간은 하나님의 창조의 원재료를 가지고 과학과 기술적 방법으로 자연 속에 잠겨있는 모든 가능성을 찾아내어 하나님을 찬양하는 사명이다."[40] 이 문화적 사명의 수행이 하나님을 영화롭게 할 뿐만 아니라 동료 인간들을 이롭게 하고 또한 사람들이 거짓 신과 우상숭배에 빠지지 않게 하는 역할을 가진다. 이근삼은 이처럼 성도의 문화적 사명 수행이 종교적, 반(反) 우상숭배적 성격을 가진다는 점을 일관되게 강조한다.

나아가 이근삼은 성도의 문화 변혁적 사명에 대해 이와 같은 비전을 제시한다. "하나님께 대한 인간관계의 회복은 여타의 모든 관계를 회복시키고 문화를 새롭게 한다. 즉 그리스도 안에서 그리스도인의 삶의 구조가 하나님의 창조적인 구조와 언약적인 구조로 변혁되고 문화는 하나님을 영화롭게 하는 문화가 되는 것이다."[41] 이를 볼 때 우리는 이근삼의 우상숭배 반대 투쟁이 우상숭배 행위에 대한 대항적, 소극적 측면에만 머물지 않는다는 것을 잘 볼 수 있다. 오히려 보다 적극적인 차원에서 하나님 중심의 회복된 관계가 삶의 전반과 문화의 전반 속에 새로운 국면을 도입하는 통로가 되며, 새로운 인류와 새로운 사회 질서에 대한 대안적 비전 제

---

39 이근삼,『칼빈과 칼빈주의』, 256.

40 이근삼,『개혁주의 신앙과 문화』, 136.

41 이근삼,『칼빈과 칼빈주의』, 257.

시가 된다는 것을 볼 수 있다.

III 우상숭배 반대 투쟁의 성경신학적 기반

앞에서 우리는 신도국가주의에 대한 이근삼의 맹렬한 비판이 "하나님과의 올바른 관계를 완전히 상실해 버린 인간이, 그 자신보다 열등한 다른 피조물에게서 도피처를 찾게 되었던 한 예"를 역사적, 실제적 차원에서 보여주고자 하는 시도였음을 살펴본 바 있다.[42] 이근삼의 분석대로 "신도 신자들은 자신들을 위한 이기적인 목적 하에서 그들 스스로가 만든 신들을 예배 및 숭배하였고, 또한 그런 식으로 해서 그 자신들을 해방시켰"지만, 그런 조직적, 인위적 방식으로 "그들 스스로가 자신을 해방시킨 그 일은, 오히려 그들 자신을 얽어매어 꼼짝하지 못하게 만드는 결과를 초래하여 그 자신들이 신격화시킨 피조물들의 노예가 되"게 하는 결과를 낳고 말았다.[43] 우상숭배에 대한 이와 같은 분석은 특히 로마서에 나타나는 바울의 지적을 얼른 떠올리게 만든다. 이근삼은 신도국가주의에 대한 그의 역사적 연구 속에 성경신학적 기반을 충분히 제시하지는 않지만, 이것이 전제되어 있다는 것을 부인하기는 어렵다. 우리는 이 단락에서 그가 명시적으로 제시하지는 않지만 암묵적으로 전제하고 있는 우상숭배에 대한 성경신학적 기반을 제한된 범주 안에서나마 잠시 살펴보고자 한다.

사도 바울은 우상숭배자들이 자기 스스로는 자신을 지혜롭다고 생각하지만, "썩어지지 아니하는 하나님의 영광을 썩어질 사람과 새와 짐승

---

42   이근삼, 『기독교와 신도국가주의의 대결』, 431.

43   이근삼, 『기독교와 신도국가주의의 대결』, 431.

과 기어다니는 동물 모양의 우상으로 바꾸었"다고 말한다(롬 1:22~23). 마틴 루터(Martin Luther)는 여기서 바울이 우상의 항목들을 몇 가지 언급하는 중에 태양과 같은 천체의 피조물들을 언급하지 않는 이유에 관해 "인간에 의해 만들어진 것들을 예배하는 자들이라면 하나님에 의해 만들어진 것들을 예배하는 것도 당연히 할 것이기 때문"이라고 말한다.[44] 작은 것에 해당되는 진리는 보다 큰 것에는 더욱 더 잘 해당된다는 원리(qal wahomer, 논증)를 적용하고 있다.[45] 썩어질 부류의 대상들을 우상화하는 사람이라면 영구적이라 인식되는 천체의 대상들은 더욱 더 숭배의 대상으로 여기지 않겠느냐는 것이다. 이런 점을 생각하면 신도국가주의가 예배의 대상으로 삼았던 태양신(아마테라수 오미카미) 역시 이 우상들의 목록 속에 당연히 포함된다고 볼 수 있다. 이런 우상숭배의 결과 인간은 자기 손의 피조물에 지나지 않는 우상의 노예가 되어 그 자유를 잃고 자기파괴적 불행에 빠지게 된다.

리처드 롱네커(Richard N. Longenecker)는 "썩어지지 아니하는 하나님의 영광을 썩어질 사람 … 모양의 우상으로 바꾸었느니라"(ἤλλαξαν τὴν δόξαν τοῦ ἀφθάρτου θεοῦ ἐν ὁμοιώματι εἰκόνος φθαρτοῦ ἀνθρώπου)고 말하는 로마서 1:23 의 표현 배후에 시편 106:20이 놓여 있다고 잘 지적한다.[46] 칠십인경(LXX)을 따라 시편 106:20을 읽으면 그 유사성은 보다 선명하게 드러난다. "자

---

44   Martin Luther, *Commentary on Romans*, trans. J. T. Mueller (Grand Rapids: Zondervan, 1954; Kregel, 1976), 45.

45   이런 논증법에 대해서는 참조, 최승락, 『하물며 진리』 (용인: 킹덤북스, 2013).

46   Richard N. Longenecker, *The Epistle to the Romans* (NIGTC; Grand Rapids: Eerdmans, 2016), 213.

기 영광을 풀 먹는 소의 형상으로 만들었도다"(ἠλλάξαντο τὴν δόξαν αὐτῶν ἐν ὁμοιώματι μόσχου ἔσθοντος χόρτον). 부분적이긴 하지만 자구적 유사성은 예레미야 2:11과 신명기 32:17, 호세아 4:7에도 나타난다.[47]

시편 106:19~23은 이스라엘의 우상숭배의 구체적 예, 곧 호렙에서의 금송아지 사건을 언급한다. 금송아지 숭배(출 32:1~6)는 영광을 영광 아닌 것으로 바꾼 대표적인 사건이다. 이런 우상숭배를 통하여 이스라엘은 애굽과 홍해에서 구원의 큰 일을 행하신 구원자 하나님을 망각하는 죄를 범했고, 나아가 자신들의 존재 가치를 스스로 저버리는 악행을 저질렀다. 이때문에 "여호와께서 [존재 가치를 잃어버린] 그들을 멸하리라 하셨"고 (시 106:23), 만일 모세가 목숨을 걸고 그들과 하나님 사이를 중재하지 않았다면(신 9:25~29) 그들은 땅에서 그 존재가 사라지는 결과를 맞고 말았을 것이다. 이처럼 우상숭배는 하나님의 영광을 영광 아닌 것으로 뒤바꿈으로 인해 인간 자신의 영광과 존재 가치를 부정하는 결과를 초래한다.

사도 바울은 인간의 우상숭배가 예배의 측면에만 그 영향이 국한되지 않는다는 것을 잘 보여준다. 하나님의 영광을 영광 아닌 것으로 뒤바꿈으로 인해 사람들의 관계 속에서도 창조적 질서를 역리(παρά φύσιν, 문자적으로 '자연에 반하여')로 뒤바꾸는 결과들이 일어나며(롬 1:26~27),[48] 온갖 "합당하지 못한 일"(τὰ μὴ καθήκοντα)을 스스럼없이 행하는 결과가 일어나게 된다 (롬 1:28~32). 바울이 말하는 '합당하지 못한 일들'은 '자연'(φύσιν) 개념과 마

---

47 참조, Gary E. Schnittjer, *Old Testament Use of Old Testament* (Grand Rapids: Zondervan Academic, 2021), 268.

48 이와 관련해서는 참조, 최승락, "바울의 순리와 역리 개념과 동성애 문제", 『동성애, 21세기 문화충돌』 (용인: 킹덤북스, 2016), 211~33을 참고할 것.

찬가지로 하나님을 기준으로 한다. 바울이 말하는 '자연'은 스토아 철학자들이 말하는 준 독립적 영역으로서의 자연이 아니라 하나님의 창조 질서를 가리킨다.[49] 마찬가지로 하나님의 법과 뜻에 부합하는 것이 '합당한 일'이며, '합당하지 못한 일들'은 하나님의 법과 뜻에 역행하는 죄악들을 가리킨다. 롱네커가 잘 지적하는 것처럼 "인간의 우상숭배와 그 부도덕 및 부정의는 불가분리적으로 연결되어 있으며 … 하나님에 대한 인간의 반역 및 분리, 또한 하나님께 찬양과 감사를 돌리는 일에 실패함의 결과는 사람들의 생활 속에서 도덕적 도착과 윤리적 재앙의 방식으로 나타나게 된다."[50]

앤터니 티슬턴(Anthony C. Thiselton)은 고린도 교회의 우상숭배 현상에 대해서도 동일한 것을 이야기한다. 고린도 교회의 소위 '강자'들은 우상은 실제로는 아무것도 아니라는 "지식"과 형식 논리를 앞세우지만, 바울은 지식으로만 충분하지 않고 덕을 세우는 "사랑"이 우선되어야 함을 강조한다(고전 8:1~4). 이와 관련하여 티슬턴은 바울이 "우상은 실제로 아무것도 아님을 알았을 뿐만 아니라, 동시에 우상은 사악하고 마귀적인 악의 존재를 반영한다는 것을 믿었다"고 강조하는데, 그 이유는 "인간을 본떠 만든 신들은 모든 종류의 고삐 풀린 방종을 종교적 차원에서 용인하는 기제가 되기 때문이다."[51] 이런 이유로 우상숭배는 사악한 윤리적 행위로 귀착되고 결국은 인간의 비인간화를 낳게 된다.

---

49   참조, Joseph A. Fitzmyer, *Romans* (Anchor Bible; New York: Doubleday, 1993), 286.

50   Longenecker, *The Epistle to the Romans*, 215.

51   Anthony C. Thiselton, *The First Epistle to the Corinthians* (NIGTC; Grand Rapids: Eerdmans, 2000), 737(강조는 원문 그대로).

우상숭배와 윤리적 타락의 상관관계는 미신이 성행했던 옛 시대의 현상으로 머물지 않는다. 더글라스 무(Douglas Moo)가 잘 보여주는 것처럼 "비극적인 신 만들기(god-making) 작업은 오늘 현대에도 계속되고 있다. 나무나 돌을 깎아 우상을 만들던 시대의 사람들에게만큼이나 돈이나 섹스나 인기를 자기들의 신으로 삼는 이 시대의 사람들에게도 바울의 지적은 여전히 적실성을 가진다."[52] 섬기는 우상의 형태는 시대나 문화에 따라 얼마든지 달라질 수 있겠지만, 우상숭배가 가지고 오는 결과는 항상 동일하다. 하나님의 영광을 영광 아닌 것으로 바꾸는 사람들은 사람들과의 관계도 도착적으로 뒤바꾼다. 이는 하나님의 영광 또는 진리와 관련하여 사용된 동사(23절의 ἤλλαξαν, 25절의 μετήλλαξαν)와 인간 상호간의 관계에 사용된 동사(26절의 μετήλλαξαν) 사이의 연관성 속에서 잘 드러난다. "하나님의 진리" 곧 참 하나님을 "거짓 것" 곧 거짓 신(우상)으로 뒤비꾸는 행위는 하나님의 창조 질서에 순연하는 관계를 도착적인 관계로 뒤바꾸는 행위와 직결된다. 이처럼 인간 상호간의 각종 윤리적 도착행위 및 죄악은 더글라스 무의 지적처럼 "우상숭배의 토양 속에 그 뿌리를 두고 있다."[53]

우상숭배의 결과 하나님의 형상대로 창조된 인간은 그 존귀를 잃어버리게 된다. 칼빈이 말하는 것처럼 "그 적대감으로 인해 하나님의 영광을 보지 못하게 된 사람들은 하나님께서 그들에게 주신 빛을 보지 못함으로 인해 결국 무엇이 자기들에게 유익한지를 보지 못하게 된다."[54] 자기를

---

52 Douglas Moo, *The Epistle to the Romans* (NICNT; Grand Rapids: Eerdmans, 1996), 110.

53 Moo, *The Epistle to the Romans*, 110.

54 John Calvin, *The Epistles of Paul the Apostle to the Romans and to the Thessalonians*

이롭게 할 것이라 생각하며 추구하는 것들이 결국 자신을 파멸시키는 결과를 가져올 뿐이다. 제임스 에드워즈(James R. Edwards)의 표현처럼 "우상 숭배는 창조자가 아니라 피조물에 대한 헌신"이며, 이를 통해 인간이 '지혜로운 바보'(sophomoric)가 되며, 결국 "우상 숭배는 사람들이 자기 자신과 사회를 파괴하는 길을 열"고 만다.[55] 이근삼의 연구가 잘 보여주는 것처럼 신도국가주의 이데올로기를 추구했던 사람들이 자국의 이익이라고 생각하며 도모했던 것들이 결국은 그 나라의 어둠과 고립을 자초했다.

이근삼은 우상숭배자들이 스스로가 고안하여 "신격화시킨 피조물들의 노예가 되"고 마는 아이러니한 현상에 관해 잘 지적한 바 있다.[56] 우상숭배자들은 우상의 속성을 닮게 된다. 이런 현상은 시편 115편의 주제이기도 하다. 특히 그레고리 비일(Gregory K. Beale)은 이 주제를 성경신학의 중심축의 하나로 삼아 폭넓은 논증을 제시하고 있다.[57] 시편 115:4~8은 이렇게 말한다. "그들의 우상들은 은과 금이요 사람이 손으로 만든 것이라 입이 있어도 말하지 못하며 눈이 있어도 보지 못하며 귀가 있어도 듣지 못하며 코가 있어도 냄새 맡지 못하며 손이 있어도 만지지 못하며 발이 있어도 걷지 못하며 목구멍이 있어도 작은 소리조차 내지 못하느니라 우상들을 만드는 자들과 그것을 의지하는 자들이 다 그와 같으리로다." 비일은 이 동일한 주제가 정경과 외경 문헌 속에 폭넓게 나타난다는 것을 보여준

(Grand Rapids: Eerdmans, 1960), 36~37.

55 제임스 에드워즈, 『로마서』, 이철민 역(서울: 성서유니온, 2023), 96, 99.

56 이근삼, 『기독교와 신도국가주의의 대결』, 431.

57 Gregory K. Beale, *We Become What We Worship: A Biblical Theology of Idolatry* (Downers Grove: IVP Academic, 2008).

다. 특히 솔로몬의 지혜서 15:5~15에는 이와 유사한 표현이 나온다. "이들[우상들]은 보는 눈을 사용할 줄도 모르고 숨쉬는 코를 쓰지도 못하며 듣는 귀를 쓰지도 못하고 만지는 손가락을 쓰지도 못하며 그들의 발은 걷지도 못한다[15절]. 이런 것들을 만들든지 탐하든지 예배하는 자들은 악한 것들을 사랑하는 자들이요 이것들에 소망을 두는 자들이다[6절]."

비일의 논지는 이런 것이다. "우리는 우리가 예배하는 그것이 된다는 것은 하나의 은유이다. 이 은유는 우리는 우리가 예배하는 그것처럼 된다는 직유에서 '처럼'을 뺀 형태이다. 이 책의 논지는 사람이 자기가 예배하는 우상으로나 또는 하나님으로 변한다는 것이 아니라, 그 우상처럼 또는 하나님처럼 된다는 것이다. '처럼'의 생략을 통해 강조하고자 하는 것은 예배자는 그 예배 대상의 주요한 자질이나 속성을 반영하게 된다는 것이다."[58] 비일은 이사야 6:9~10에서 이스라엘 백성이 보지 못하고 듣지 못하게 되는 것을 우상숭배의 결과로 보고 있다. 그가 볼 때 "눈멀고 귀먼 것이 우상숭배자들에 대한 특유의 묘사이다"(사 42:17~20, 44:8~19 등).[59] 우상들이 물리적으로는 눈이 있고 귀가 있지만 보지도 듣지도 못하는 것처럼, 이스라엘이 우상숭배에 빠짐으로 인해 보고도 보지 못하며 듣고도 듣지 못하게 되는 것은 그들이 우상처럼 된 것을 말하며, 이것이 곧 하나님의 심판이라는 것이다.

비일은 우리가 앞서 살펴본 시편 106:20("자기 영광을 풀 먹는 소의 형상으로 바꾸었느니라")과 예레미야 2:11("그러나 나의 백성은 그의 영광을 무익한 것으로 바꾸었도다")에서 하나님의 영광 대신 "자기 영광" 또는 "그의 영광"을 말하는 것은 하

---

58   Beale, *We Become What We Worship*, 12.

59   Beale, *We Become What We Worship*, 41.

나님 예배자들이 하나님의 영광을 반영한다는 사상을 나타내는 것이라고 보고 있다. 이에 근거해서 그는 이렇게 주장한다. "시편 106:19~20은 이스라엘이 참 하나님을 거짓 송아지 신으로 바꾸었다는 것을 말할 뿐만 아니라, 이스라엘이 자기들에게 현시되었고 또한 자기들이 반영했어야만 하는 그 하나님의 영광을 우상의 형상 곧 자기들이 지금 반영하고 있는 그 형상으로 바꾸었다는 것을 말한다."[60]

이런 원리는 시편 106:20과 예레미야 2:11에 기반을 두는 로마서 1:23("썩어지지 아니하는 하나님의 영광을 썩어질 사람 ⋯ 모양의 우상으로 바꾸었느니라")에도 그대로 적용된다. 비일에 따르면 여기서 바울이 강조하고자 하는 것은 "이스라엘이 그 예배의 대상을 바꾸었다는 것뿐만 아니라, 참 하나님에 대한 예배에 참여함으로써 그들이 얻게 된 자신의 정체성과 영광의 반영[그들에게 반영된 영광]까지도 바꾸었다"는 것이다.[61] 이는 우상숭배자들이 하나님의 영광을 반영하는 존귀한 존재로서의 영광을 잃어버리고 대신 우매하고 가증스러운 우상과 같은 존재로 변하여 그 스스로가 우상과 같이 가장 추하고 혐오스러운 존재가 되고 만다는 것을 이야기한다.

우상숭배와 거기에 따르는 윤리적 전도 현상은 개인적 차원을 넘어 집단적 압력과 사회적 억압체계를 수반한다. 이를 바울은 로마서 1:32에서 "자기들만 행할 뿐 아니라 또한 그런 일을 행하는 자들을 옳다 하느니라"는 말로 표현한다. '옳다 한다'(συνευδοκοῦσιν)고 할 때 사용하는 쉬뉴도케오(συνευδοκέω) 동사는 "승인에 동참하다"의 의미를 가진다.[62] 특히 권

---

60 Beale, *We Become What We Worship*, 91.

61 Beale, *We Become What We Worship*, 207.

62 BDAG, 970.

력 집단이 승인권을 가질 때는 승인된 체제나 행사 또는 행위에 참여하지 않는 사람들에 대해서는 각종 불이익과 핍박을 공적으로 행사하는 것이 가능하게 된다. 나라의 안녕과 평화를 앞세운 황제숭배의 강요는 1세기 로마 세계의 실제적 현실이었고, 그 속에서 그리스도인들은 순교의 자세로 그리스도의 왕권과 주권에 대한 신앙을 견지해야 했다. 요한계시록이 잘 보여주는 것처럼 "짐승의 우상에게 경배하지 아니하는 자는 몇이든지 다 죽이게 하"였고(계 13:15), 이런 상황 속에서 "성도들의 인내와 믿음이" 요구되었던 것이다(계 13:10).

브루스 윈터(Bruce W. Winter)가 잘 보여주는 것처럼 1세기의 성도들이 직면했던 황제숭배의 강압은 "강력하고도 전방위적이며 메시아 숭배 성격의 이데올로기 형태를 가졌고, 이런 대안 메시아적 이데올로기가 아우구스투스 황제 이래로 기독교 메시지가 뿌리 내린 전체 도시들 속에 공적으로 승인되고 선전되었다."[63] 더군다나 황제숭배의 제의적 행위는 종교행위로 독립되어 있었던 것이 아니라, 상업활동 및 정치활동과 긴밀히 연결되어 있었다. 브루스 윈터가 보여주는 것처럼 정치와 상업과 종교행위는 동일한 광장의 한 공간 안에서 수행되었고, 이 셋이 "이데올로기적으로 또한 법적으로 서로 맞물려 있었다."[64] 예를 들어 광장 또는 시장의 관리 책임을 맡은 아고라노모이(agoranomoi)라는 관리는 황제 관련 행사에 주도적 역할을 수행하였고, 동시에 시장에 들어오는 물품을 허가 및 감독하

---

63 Bruce W. Winter, *Divine Honours for the Caesars: The First Christians' Responses* (Grand Rapids: Eerdmans, 2015), 5.

64 Winter, *Divine Honours for the Caesars*, 7.

고 가격을 책정하며 거래세를 징수한다.[65] 이런 관리들의 허락을 얻지 못하거나 눈 밖에 나는 행위를 하면 여러 가지 방식으로 불이익과 제재를 당하는 것은 당연한 결과였다.

황제숭배가 아니어도 한 도시의 승인된 신이나 우상을 중심으로 하는 사회적 질서와 체계의 유지는 유사한 방식으로 작동된다. 소아시아 지역 마그네시아(Magnesia)에서 발굴된 한 비문이 이를 잘 보여준다. "가옥의 소유자나 작업장을 가진 사람들은 그들에게 가용한 수단으로 신전 입구의 제단 장식을 위해서와 아르테미스 류코프리에네 니케포로스 여신의 비문 제작자들을 위해 헌물을 내는 것이 좋다. 여기에 응하지 않는 사람은 결코 좋지 않을 것이다."[66] 이런 사회적 압박이 일어나는 곳에서 그리스도에 대한 신앙고백 때문에 우상숭배에 응하지 않는 사람들에게는 당연히 따돌림과 불이익과 핍박이 돌아갈 수밖에 없었다.

이런 현상은 우리가 앞에서 본 것처럼 일제의 황제숭배 강요 속에서도 유사한 방식으로 일어났고, 이근삼은 이것이 어떻게 교묘하고도 철저히 계획된 방식으로 이루어졌는지를 잘 보여준 바 있다. 이런 상황 속에서 한부선 선교사 같은 분은 신사참배 반대 운동을 하다가 안동 감옥에 수감되었을 때 요한계시록 12:11("또 우리 형제들이 어린 양의 피와 자기들이 증언하는 말씀으로써 그를 이겼으니 그들은 죽기까지 자기들의 생명을 아끼지 아니하였도다")을 벽에 새겨놓고 투

---

65 Winter, *Divine Honours for the Caesars*, 288.

66 Jason A. Whitlark, "Reading Hebrews in a Roman Vicus with Voluntary Associations", in Bruce W. Longenecker ed., *Greco-Roman Associations, Deities, and Early Christianity* (Waco, TX: Baylor University Press, 2022), 361에서 재인용.

쟁의 정신을 한시도 흐트리지 않았다고 한다.[67] 박윤선은 국가 주도의 신도 이데올로기가 광풍처럼 몰아칠 때 일본 기독교가 보여준 나약한 순응의 자세를 이근삼과 동일하게 지적하면서, 이와 반대되는 한국교회의 저항적 인물로 이기선 목사를 소개하고 있다. 그는 일본 검사가 황제를 모독하는 자는 벌을 받아야 한다고 위협하자 "차라리 줄 바에는 사형을 주시오"라고 맞섰다고 한다.[68] 아무리 우상숭배의 요구와 사회적 압력 및 핍박이 강해도 창조주 하나님과 구원의 주 어린 양 예수 그리스도만을 예배하고자 하는 우리의 신앙적 중심이 흔들리지 않으면 그 어떤 것도 우리를 이기지 못한다.

하나님을 역행하는 행위로서의 우상숭배를 다시 되돌려 놓을 수 있는 분은 오직 예수 그리스도뿐이다. 제러미 벡비(Jeremy Begbie)는 이런 점을 잘 지적한다. "오직 그[예수 그리스도]를 통해서만 로마서 1장의 자기–파괴적이며 하향 하강적(downward-spiraling) 우상숭배가 로마서 12장의 진정한 예배를 일으키는 방향으로 반전될 수 있다."[69] 비일은 이런 반전의 예고가 이사야서 속에서는 보지 못하고 듣지 못하는 백성(사 6:9~10)이 보게 되고 듣게 되리라는 방식으로 여러 차례 제시된다고 지적한다(사 32:3~4, 42:6~7, 52:15 등).[70] 벡비와 마찬가지로 비일 역시 바울이 로마서 1:24~28의 우상숭배에 대한 반전 모티프를 로마서 12:1~2에서 유사 문구의 반대적

---

67   박윤선, 『요한계시록 강해: 참 교회의 승리와 구원의 완성』 (수원: 영음사, 2019), 175.

68   박윤선, 『요한계시록 강해』, 169.

69   Jeremy Begbie, "Worship", in K.J. Vanhoozer ed. *Dictionary for Theological Interpretation of the Bible* (Grand Rapids: Baker Academic, 2005), 857.

70   Beale, *We Become What We Worship*, 269~70.

사용을 통해 제시한다는 점을 잘 보여준다.[71]

    이와 같은 성경신학적 기반 위에서 우상숭배의 현상을 살펴볼 때, 우상숭배는 역사 속에서 다양한 양상으로 나타나지만, 그 본질적 원리는 항상 변치 않는다는 것을 볼 수 있다. 이근삼의 지적처럼 우상숭배는 하나님의 영광을 가릴 뿐만 아니라, 숭배자 자신의 가치나 영광을 잃어버리게 만든다. 이런 현상은 현대에도 유사한 방식으로 일어나고 있다. 인간이 창조주 하나님을 떠나 인간 제일주의로 나아가게 될 때 오히려 인간성 상실의 결과를 맞게 된다는 것이 이근삼의 지론이다. 현대 과학의 발전과 관련하여 그는 이렇게 지적한다. "인간은 극소의 세계와 극대의 세계를 발견한 것을 매우 자랑스럽게 여긴 나머지 인간 제일주의를 부르짖고 있다. 그러나 그와 동시에 인간은 자기가 만든 컴퓨터나 인공두뇌 앞에 가서 굴복하며 그것에게 모든 것을 묻고자 하며 숭배하고 경배하는 자가당착(自家撞着)한 일을 하고 있다. 생각해 보라! 인간 없이 인공두뇌가 나오지 않는다. … 인공두뇌에서 정신, 인격, 영혼은 나오지 않는다. 하나님의 형상대로의 창조에서 비로소 인격의 존중, 인간의 존엄성을 우리는 찾을 수 있는 것이다."[72]

    인간의 업적을 우상으로 삼을 때, 보다 구체적으로 최첨단 과학의 산물인 인공지능을 우상으로 삼을 때 그 결과는 아이러니하게도 인간성을 상실한 인간, 곧 인간의 기계화가 일어나게 된다는 지적이다. 이는 매우 시대를 앞서가는 지적이다. 우리는 이런 선각자의 경고를 늘 눈앞에 두고 우리가 행하는 모든 일 속에서 창조와 구속의 주 삼위일체 하나님께만 영

---

71   Beale, *We Become What We Worship*, 217.

72   이근삼, 『개혁주의 신앙과 문화』, 153.

광과 감사를 돌리는 삶을 살아야 한다.

나가는 말

청교도 신학자 존 오웬(John Owen)은 계시의 역사를 탐구한 그의 책 『성경신학』에서 상당히 많은 분량을 할애하여 "우상숭배의 기원과 발전"이라는 주제를 다룬다. 그는 최초의 우상숭배 현상이 바벨탑 사건 이후 이곳저곳을 떠돌던 바벨탑 건축자들에게서 시작되었을 것으로 추측한다.[73] 하나님의 계시와의 단절이 우상숭배 현상을 촉진하고 가속시켰을 것으로 보기 때문이다. 하지만 이는 추측일 뿐 우상숭배의 정확한 시작점을 찾는 것은 불가능하다. 보다 중요한 것은 근원적으로 우상숭배 배후에는 창조주 하나님에 대한 무지와 인간의 욕망이 놓여 있다는 사실이다. 오웬은 이렇게 말한다. "창조주에 대한 의식이 사라지자 낮과 밤을 주관하는 이 두 피조물[해와 달] 외에 달리 무엇을 숭배할 수 있었겠는가? … 이렇듯 이방인들은 사악한 우상 숭배를 삶에 필요한 것들을 얻기 위한 희망으로 삼았다. 그들의 그런 욕망은 이 치명적인 오류를 저지르게 만드는 가장 강력한 원인 가운데 하나였다."[74]

이런 이해는 우리가 위에서 살펴본 이근삼의 우상숭배 이해 및 분석과 정확히 일치하는 것을 볼 수 있다. 창조주 하나님을 바로 알지 못할 때 태양과 같은 피조물을 신격화하여 섬기고, 이것이 개인이나 집단의 욕망과 결합될 때 가공할만한 비인간화와 자기파괴의 불행을 낳게 된다. 문제

---

73   존 오웬,『성경신학』, 조계광 역 (고양: 도서출판 언약, 2024), 347.

74   오웬,『성경신학』, 365~67.

는 이런 우상숭배 현상이 과거의 역사적 현상으로만 그치지 않는다는 점이다. 오늘날에도 여전히 돈과 명예와 쾌락 등을 하나님의 대체물로 삼는 우상화 현상이 그치지 않고 있다. 팀 켈러(Timothy Keller)는 『내가 만든 신』이라는 책에서 이런 현상을 예리하게 잘 보여준다. 그의 지적처럼 "우상은 모든 사람 속에 숨어 있"지만, 그것이 얼굴을 내밀 때는 "평소 씀씀이를 보면 우상이 드러난다."[75] 팀 켈러는 돈, 사랑, 성공, 권력 등과 같은 가짜 신들이 근원적으로 예수 그리스도로 대체되지 않으면 항상 되살아난다고 경고한다. 소극적 차원의 반대나 금지를 넘어 보다 적극적 차원의 대안이 제시되고 정립되어야 한다는 지적이다. 켈러의 표현을 빌리면, "우상보다 예수님이 당신의 머릿속에 더 아름다워지시고 당신의 마음 속에 더 매력 있어지셔야 한다."[76] 이는 개인적, 목회적 차원의 해결책이지만, 우리는 유사한 기조의 해결책이 이근삼의 칼빈주의 문화관의 비전 속에서 제시된 바 있음을 살펴보았다.

이근삼의 우상숭배 반대 투쟁은 오늘 우리 시대에도 큰 함의를 가진다. 창조와 구속의 하나님, 삼위일체 하나님을 중심으로 삼아 살고 섬기지 않을 때 우리는 다양한 종류의 우상들이 활개 치는 문화를 피하지 못할 것이다. 이를 일찍부터 직시하고 우상숭배 반대 투쟁의 선봉에 섰던 이근삼 교수님의 유지를 오늘 이 시대에 잘 살려서 하나님의 교회가 그 정체성이 분명한 교회가 되고, 나아가 세상의 문화를 하나님의 진리에 기반한 문화로 변혁해가는 데 힘을 쏟는 교회가 되도록 힘써야 하겠다.

---

75 팀 켈러, 『내가 만든 신』, 윤종석 역(서울: 두란노서원, 2017), 246~47.

76 켈러, 『내가 만든 신』, 252.

10

이근삼과 기타모리 가조의 기독론 비교 연구

그리스도의 고난을 중심으로*

이신열

시작하면서

본 논문은 고신의 신학자 이근삼과 일본의 신학자 기타모리 가조의 기독론에 나타난 그리스도의 고난에 대한 이해를 중심으로 이 두 신학자의 기독론을 비교 고찰하는 글이다. '그리스도의 고난'이라는 주제는 전통적으로 개혁주의 신학에서 그리스도의 낮아지심이라는 광의적 차주제 가운데 하나로 고찰되어왔다.[1] 그런데 바빙크(Herman Bavinck, 1854~1921)는 이를 그리스도의 사역 가운데 주로 속죄론과 관련하여 논의했으며 벌코프 (Louis Berkhof, 1873~1957)는 그리스도의 신분과 그의 속죄론 모두에서 이 주제

---

* 이 글은 한국복음주의조직신학회 정기학술지(KCI)「조직신학연구」47(2024)에 실린 글이다. 이 책에 발간을 위해서 협조해 주신 한국복음주의조직신학회 박태수 회장님과 권문상 편집위원장님께 감사드린다.

[1] Heinrich Heppe, *Reformierte Dogmatik*, 이정석 역,『개혁파 정통교의학 2』(고양: 크리스찬다이제스트, 2004), 696~704.

에 대해서 간략하게 고찰한다.[2] 이근삼의 스승인 박윤선(1905~1988)은 이를 그리스도의 낮아지심의 신분이라는 주제에서 설명하는데 그는 고난의 육체적 차원보다 정신적 차원에 집중하는 경향을 드러낸다.[3]

이렇게 주요 신학자들의 그리스도의 고난이 고찰되는 영역이 그의 신분과 사역의 두 곳으로 나누어져서 나타나는데 이는 어떤 원칙에 기인한 것으로 보이지 않는다. 이근삼은 그리스도의 죽음에 대해서 고찰하면서 기타모리의 『하나님의 고통의 신학』[4]에 나타난 이 주제에 대해서 다루고 있다.[5] 그리스도의 죽음을 육체적 죽음과 대속적 죽음으로 구분하여 고찰하면서 전자의 차원에서 기타모리가 제시한 하나님의 고통에 대한 기독론적 차원을 상술하고 이에 대한 비판을 시도한다. 기타모리의 신학이 지닌 영향력이 상당히 컸던 만큼 이에 대한 개혁주의적 비판 및 고찰을 이근삼이 시도했던 것이다.

이 글에서는 다음과 같이 세 단락으로서 나누어서 두 신학자의 '그리스도의 고난' 이해에 대해서 살펴보고자 한다: 1) 이근삼의 기독론에 나타난 특징 2) 기타모리 간조의 기독론에 나타난 특징 3) 두 신학자의 기독론 비교.

2　Herman Bavinck, *Gereformeerde dogmatiek III*, 박태현 역, 『개혁교의학 3』 (서울: 부흥과개혁사, 2011), 412~27; Louis Berkhof, *Systematic Theology*, 권수경·이상원 역, 『벌코프 조직신학』 (서울: 크리스챤다이제스트, 2000), 571~72, 622.

3　박윤선, 『개혁주의 교리학: 정암 박윤선 목사 유작』 (서울: 영음사, 2004), 275~77.

4　Kazoh Kitamori, *Theology of the Pain of God* (Eugene, OR: Wipf & Stock, 2005). 본 논문은 이 영역본을 활용했다.

5　이근삼, 『개혁주의 조직신학 개요 2』 (서울: 생명의양식, 2007), 43~46.

I 이근삼의 기독론에 나타난 특징

1 간략한 인물 소개

이근삼은 1951년에 고려신학교를 졸업하고(제5회) 2년 후 유학길에 올라 미국과 네덜란드에서 각각 문학사(BA, Gordon College), 신학석사(Th. M., Covenant Theological Seminary), 신학박사(Th. D., Free University Amsterdam) 학위를 취득하고 귀국하여 1962년부터 모교인 고려신학교, 고려신학대학, 고신대학 및 고신대학교에서 교수, 학장 및 총장 등으로 사역했다. 주요 저서로는 『한국의 개혁주의자 이근삼 전집(전 10권)』이 발간되었는데 여기에 『칼빈과 칼빈주의』, 『개혁주의 신학과 한국교회』, 『개혁주의 교회와 목회』, 『개혁주의 신학과 현대신학』, 『개혁주의 조직신학 개요 1, 2』, 『개혁주의 신앙과 문화』, 『교리문답 해설』, 『기독교와 신도국가주의의 대결』, 『설교집』이 포함된다.[6]

2 개혁주의 신학

이근삼은 고려신학교 출신으로서 한상동과 박윤선 등으로부터 개혁주의 신학을 전수받았다.[7] 그는 위에 언급된 저서 목록에 나타난 것처럼 개혁주의 신학을 추구했는데 그 성격은 다음 세가지로 간략하게 제시될 수 있다.

----

6   이근삼 전집 편찬위원회(편), 『한국의 개혁주의자 이근삼 전집(전 10권)』 (서울: 생명의양식, 2007).

7   황대우, "이근삼 박사의 생애와 신학", 안명준 외, 『한국교회를 빛낸 칼빈주의자들』 (용인: 킹덤북스, 2020), 137~61.

첫째, 1972년에 『칼빈·칼빈주의』라는 제목으로 처음 출판되었던 『칼빈과 칼빈주의』는 이종성(1922~2011)의 『칼빈』(1968) 이후에 보수 진영에서 처음으로 발간된 칼빈 신학연구서로서 그의 칼빈주의적 사고를 잘 보여준다.[8] 전 6부로 구성된 이 단행본은 종교개혁자 칼빈과 칼빈주의에 대한 본격적인 연구를 시도한 것으로 보인다. 칼빈주의의 원리, 실제, 문화, 그리고 신학에 이르기까지 칼빈주의의 다양한 국면들에 대한 평가를 시도한다.

둘째, 그의 개혁주의 신학은 20세기 다양한 현대신학과의 대화를 통해서 그 모습을 더욱 분명하게 드러내었다고 평가할 수 있는데 칼 바르트(Karl Barth, 1886~1968)를 위시한 다양한 현대신학자들에 대한 비판적 관점의 글들이 작성되었다.[9] 특히 일제 치하에서 젊은 시절을 보내었던 그가 신도국가주의를 비판하는 박사학위논문을 암스테르담 자유대학교에 제출했던 것과 관련이 있는 것으로 보인다.[10]

셋째, 그는 개혁주의 문화관에 대한 많은 관심을 지녔는데 국내에서

---

8   이근삼, 『칼빈·칼빈주의』 (부산: 고려신학대학출판부, 1972).

9   이근삼, 『개혁주의 신학과 현대신학』 (서울: 생명의양식, 2007), 104~67. 여기에 20세기
     대표적 신학자로서 바르트, 불트만과 몰트만을 위시하여 정치신학, 해방신학, 우리나라
     의 해방신학, 신의 죽음의 신학, 그리고 과정신학에 대한 간략한 평가 및 비판이 시도된
     다.

10   Kun Sam Lee, *The Christian Confrontation with Shinto Nationalism: A Historical and Critical
     Study of the Conflict of Christianity and Shinto in Japan in the Period Between the Meiji Res-
     toration and the End of World War II(1868~1945)* (Cherry Hill, NJ: Presbyterian and Re-
     formed, 1966). 이 단행본은 그의 박사학위 논문을 수정하여 4년 후에 출판되었는데 서
     문은 루쉬두니(R. J. Rushdoony)가 작성했다(이근삼 전집 9권에 우리말 번역본으로 출
     판되었음).

최초로 헨리 반틸(Henry R. Van Til, 1906~1961)의 개혁주의 문화관을 소개했을 뿐 아니라[11] 그의 대표적 저작 『칼빈과 칼빈주의』 제5부에서 네 개의 장을 할애하여 칼빈주의 문화관의 정의, 구조, 문화변혁 등의 주제로 나누어서 집중적으로 다루기도 했다.[12] 특히 칼빈주의가 추구하는 세속적 문화에 대한 변혁을 언약적 사귐을 통한 변혁, 창조구조 갱신을 통한 변혁, 그리고 그리스도의 나라를 통한 변혁의 세 가지로 나누어서 상세하게 고찰하기도 했다.[13]

3 조직신학과 기독론의 구성

(1) 조직신학

이근삼은 1962년부터 고려신학교, 고려신학대학, 고신대학, 고신대학교에서 1994년에 은퇴하기까지 조직신학을 강의했다. 은퇴 후에는 도미하여 복음대학교(Evangelia University)에서 계속해서 조직신학을 가르쳤다.

그의 조직신학은 『개혁주의 조직신학개요 1, 2』를 통해서 파악될 수 있는데 먼저 조직신학은 "하나님의 계시인 성경의 진리와 사실들에서 하나님과 하나님의 우주에 대한 관계, 인간 창조, 섭리, 구속, 구원의 과정,

---

11   Henry R. Van Til, *The Calvinistic Concept of Culture*, 이근삼 역, 『개혁주의 문화관』 (서울: 성암사, 1973).

12   이근삼, 『칼빈과 칼빈주의』 (서울: 생명의양식, 2007). 그 외에도 다음을 들 수 있다. 이근삼, 『개혁주의 신앙과 문화』 (서울: 생명의양식, 2007). 이 단행본은 원래 1991년에 출판되었다.

13   이근삼, 『칼빈과 칼빈주의』, 240~48.

교회, 종말에 관한 일들을 논하는 학문"으로 정의된다.[14] 그는 칼빈을 다음과 같이 인용하면서 이 학문의 원천을 하나님의 말씀인 성경으로 수용한다: "그러므로 우리를 창조주 하나님 앞으로 올바로 인도할 수 있다는 다른 더 훌륭한 조력자가 필요하기 때문이다. 그러므로 하나님께서는 자신을 알려서 우리를 구원으로 인도하시기 위하여 친히 그의 말씀의 빛을 더하여 주셨다."[15]

또한 조직신학의 분류는 크게 다음 7가지로 나타난다: 서론, 신론, 인죄론, 기독론, 구원론, 교회론, 종말론.[16] 이 분류는 대부분의 역사적 개혁주의 신학자들의 그것과 크게 다르지 않으며 이 점에 있어서 이근삼의 조직신학이 지닌 정통성이 드러난다고 볼 수 있다.

각론에서 특이한 점을 몇 가지 소개하면 다음과 같다. 첫째, 신론에 '신지식'이라는 단락을 설정하여 여기에서 일반계시와 특별계시를 다루고 있는데 이 부분이 서론에 포함되지 않은 것이 독특한 것으로 보인다. 네덜란드 아플도른(Apeldoorn)의 판 헨드런(J. van Genderen, 1923~2004)과 펠레마(W. H. Velema, 1929~2019)도 유사한 경향을 보이는데 그 이유는 서론의 최소화에 놓여 있는 것으로 보인다.[17] 이 단락에서 또한 특별계시를 다루고 있는데

---

14   이근삼, 『개혁주의 조직신학 개요 1』 (서울: 생명의양식, 2007), 21.

15   존 칼빈, 『기독교 강요』, 1.6.1; 이근삼, 『개혁주의 조직신학 개요 1』, 23.

16   이근삼, 『개혁주의 조직신학 개요 1』, 24.

17   이근삼의 조직신학 서론은 '신학과 구분', '조직신학의 성격과 구조', '조직신학의 임무', 그리고 '성경'의 네 단락으로 구성되었으며 판 헨드런 & 펠레마의 교의학 서론은 '교의'와 '교의학의 정의와 성격', '방법론', 그리고 '역사적 개요'를 다룬다. J. van Genderen & W. H. Velema, *Beknopte gereformeerde dogmatiek*, 신지철 역, 『개혁교회 교의학』 (서울: 새물결플러스, 2018), 24~51.

여기에 성경과 더불어 예수 그리스도를 특별계시 가운데 하나로 간주하는 것도 독특한 것으로 볼 수 있다.[18] 둘째, 신론과 기독론의 비중이 상대적으로 높다는 점을 언급할 수 있다. 신론은 213쪽, 기독론은 103쪽으로 각각 구성되었는데 다른 각론들보다 월등히 높은 비율에 해당한다.[19] 신론에서 특히 삼위일체론은 무려 98쪽으로 작성되어 전체의 약 46%를 점유한다. 기독론에는 '예수의 생애'라는 마지막 단락에 50쪽이 할애되어 전체의 약 절반을 차지한다.[20] 여기에서 주목할 만한 부분은 '예수의 생애'라는 용어의 선택인데 내용적으로 이 단락이 '역사적 예수'(historical Jesus)를 다루고 있음을 고려해 본다면 이 선택은 의도적인 것으로 보인다.

(2) 기독론

기독론은 전체적으로 서론을 제외하면 10개의 소주제로 나누어서 논의된다(명칭, 신성, 인성, 무죄성, 인격의 통일성, 그리스도에 대한 찬양과 경배, 은익, 신분, 세 가지 직분, 그리고 생애). 이 주제들 가운데 조직신학에서 일반적으로 잘 고찰되지 않는 주제로 '그리스도에 대한 찬양과 예배'를 들 수 있다. 비록 짤막하게 고찰되었다는 아쉬움이 있지만 최근에 래리 후타도(Larry Hurtado, 1943~2019)를 위시한 여러 신약학자가 이 주제를 본격적으로 논의하기 시작한 것은 홍

---

18   이근삼, 『개혁주의 조직신학 개요 1』, 67~69.

19   『개혁주의 조직신학 개요 1, 2』의 분량은 1권은 296쪽, 2권은 395쪽으로 도합 681쪽인데 그 가운데 신론과 기독론이 316쪽으로 전체의 약 46.3%를 차지한다.

20   이근삼, 『개혁주의 조직신학 개요 2』, 67~117. 이근삼은 미국의 커버넌트 신학교(Covenant Theological Seminary)에서 Dr. R. Killen의 지도로 Th. M. 학위를 받았는데 학위논문 제목은 '루돌프 불트만의 케리그마 신학'(Rudolf Bultmann's Kerygmatic Theology) 이었다. 황대우, "이근삼 박사의 생애와 신학", 142.

미룹다고 볼 수 있다.[21] 이 단락에서 루터파와 달리 개혁파의 예수 그리스도 이해에 나타난 인간으로서 예수에 대한 경배를 꺼리는 문제를 지적하면서 이 문제에 대한 역사적 고찰을 간략하게 제시한다. 박형룡(1897~1978)도 이 주제를 간략하게 고찰하는데 그리스도라는 하나의 위격에 신성과 인성의 양성(bipersonalities)이 연합한 경우로서 그가 기도와 예배의 대상인 이유는 그의 인성이 아니라 신성에 놓여 있다고 보았다.[22] 여기에서 이근삼과 박형룡의 이 주제에 대해서 다음과 같은 비교가 가능할 것이다. 전자가 기독론에서 그리스도가 예배의 대상이라는 개념이 그리스도가 지닌 인격의 통일에 놓여 있다고 보았다면, 이와 달리 후자는 우리 예배의 근거가 그리스도의 인성이 아니라 신성에 놓여 있다는 사실을 강조하면서 찰스 핫지(Charles Hodge, 1797~1878)의 주장을 인용하기도 한다.[23]

또 다른 주제는 '그리스도의 은익'으로 표현된 그리스도의 신비에 해당된다.[24] 그가 말하는 그리스도의 신비는 신인양성론 가운데 그가 자신의 신성을 육체에 숨기신 것을 가리키는데 이는 하나님의 말씀으로 계시된 불가해성을 의미한다. 이에 대해서 에밀 브루너(Emil Brunner, 1889~1966)를

---

21 이근삼, 『개혁주의 조직신학 개요 2』, 37~38; Larry Hurtado, *Honoring the Son: Jesus in Earliest Devotional Practice*, Michael Bird(ed.), 송동민 역, 『아들을 경배함: 초창기 기독교 예배 의식 속의 예수』 (서울: 이레서원, 2019).

22 박형룡, 『교의신학 제4권: 기독론』 (서울: 보수신학서적간행회, 1970), 81~82. 박형룡의 그리스도의 신인양성론에 대해서는 다음을 참고할 것. 문병호, "죽산 박형룡 기독론의 요체: 중보자 그리스도의 신인양성의 위격적 연합과 그의 의의 전가", 「신학지남」 89/3(2022), 57~82.

23 Charles Hodge, *Systematic Theology, II*(Grand Rapids: Eerdmans, 1949), 396.

24 이근삼, 『개혁주의 조직신학 개요 2』, 39~40.

다음과 같이 인용한다:

> 이 신인양성은 하나님 자신의 낮아지심으로서 지적 실재, 즉 인간으로서 완전히 오신 것이다. 말씀이 육신이 되고 또 육신에 거하신 것이다. 그리스도의 이 계시 속에 절대적 불가지와 하나님의 영광과 완전한 은익을 보게 된다. 하나님은 그리스도 안에서 자신을 계시하시지만 육신이라는 전적 은익(신분을 숨김) 속에서 계시하신 것이다. 이렇게 계시는 신비의 형태로 우리에게 오신 것이다. 그래서 그리스도의 생애를 통한 계시적 범주는 은익 속에 계시는 것이다.[25]

마지막으로, 이근삼이 다루는 기독론의 전통적인 주제로서 중요한 것 가운데 하나는 그리스도의 무죄성이다.[26] 우리 나라의 대표적 신학자인 이종성과 김균진(1926~2024)은 이 주제에 대해서 침묵한다. 전자는 칼빈이 그리스도가 인성을 지니고 있었지만 죄는 가지고 있지 않았다고 주장한 것을 인정하고 바울 또한 그러하다고 보았지만 정작 본인은 칼빈의 이 주장을 따르지 않는 것으로 보인다.[27] 후자는 그리스도의 양성론을 그리스도의 본성을 신성과 인성으로 나누는 것으로 이해되는 정통적 기독교

25　이근삼, 『개혁주의 조직신학 개요 2』, 40. 이종성도 부루너의 교의학(*Dogmatik II*, 357~64)에 나타난 그의 견해를 다음과 같이 요약적으로 설명한다. "이렇게 말함으로써 브루너는 칼케돈 신조와 그리스도론이 그때나 지금이나 우리의 이해의 능력의 한계를 넘어 있는 신비적인 문제이기 때문에 지나치게 논리적으로나 추상적으로 설명할 수 없다고 한다"(이종성, 『그리스도론』 (서울: 대한기독교출판사, 1984), 447~48).

26　이근삼, 『개혁주의 조직신학 개요 2』, 30~33.

27　이종성, 『그리스도론』, 405.

의 가르침에 반대한다.[28] 그는 본성이라는 개념이 신과 인간에게 동등하게 적용되는 관점 대신에 그리스도가 참 신이요 참 인간이라는 관점에서 그의 본성을 이해하는 것이 더 중요하다고 보았다. 이런 이유에서 인성에 대한 고찰 자체가 불가능한 상황이 설정되었고 그리스도의 무죄성에 대한 논의는 제외된 것이 당연한 것으로 보인다.

이와 달리 박형룡은 그리스도의 '완전한 인성'이라는 관점에서 그의 무죄성에 대해서 논의한다.[29] 여기에서 완전한 인성은 자연적 인성과 도덕적 인성으로 구분되는데 전자는 그가 여자의 후손으로 태어난 점에 있어서 완전했음을 뜻하고, 후자는 그가 무죄성을 가리킨다. 박형룡은 그리스도의 무죄성의 핵심이 범죄 불가능성에 놓여 있다고 보았는데 이 점에 있어서 그는 이근삼과 같은 생각을 공유한다.[30]

그렇다면 이 주제에 대한 이근삼의 공헌은 무엇인가? 그리스도의 '죄에 대한 관여'라는 독특한 표현을 들 수 있다. "다만 죄에 무지하신 분이 백성의 죄와 세상의 죄에 자신을 관여시킨 것이다."[31] 이 표현은 다른 저자들이 일반적으로 그리스도께서 인류의 사죄를 목적으로 고난 또는 수난에 자발적으로 참여하셨지만, 죄와는 무관하다는 사실을 말하는 것과 달리, 이근삼은 스스로는 죄에서 완전히 자유로우신 그리스도께서 타인의 죄에 자발적으로 참여하셔서 죄의 결과로 주어지는 고난과 죽임을 당하는 가운데 죄 문제를 해결하셨음을 의미한다. 여기에서 고신 신학자의

---

28 김균진, 『기독교조직신학 II』 (서울: 연세대학교출판부, 1987), 254, 257.

29 박형룡, 『교의신학 제4권: 기독론』, 58~66.

30 이근삼, 『개혁주의 조직신학 개요 2』, 32; 박형룡, 『교의신학 제4권: 기독론』, 59~62.

31 이근삼, 『개혁주의 조직신학 개요 2』, 32.

강조점은 그리스도의 죄 문제 해결을 위한 투쟁에 직접 참여하였다는 사실에 놓여 있다고 볼 수 있다. 이근삼과 달리 박형룡은 그리스도께서 시험받으셔서 인간적 연약함에 동참하셨던 이유를 자신은 죄에 대하여 완전하기 때문에 죄인을 구속할 수 있었던 것이라고 상술한다.[32] 결론적으로, 이근삼은 대브니(R. L. Dabney, 1820~1898)의 견해를 활용하여 죄에 대한 그리스도의 관여를 말하는데 이는 그의 구속 사역과 다음과 같은 차원에서 관련을 맺는다: "만일 그리스도가 가지신 성품이 범죄를 단순히 피하였다고만 하면 하나님의 구속 경륜은 실패의 가능성을 포함하였다고 해야 할 것이다."[33]

4 기독론에 나타난 그리스도의 고난

이근삼은 그리스도의 고난이라는 주제를 따로 설정하지는 않았지만, 주로 '그리스도의 신분'과 '예수 그리스도의 생애'라는 두 주제에서 그의 고난에 대한 성찰을 시도한다. 여기에서는 이 구분을 따라 그리스도의 고난에 대한 이근삼의 견해를 살펴보고자 한다.

첫째, 그리스도의 고난은 그리스도의 신분이 관련되는데 이 신분은 먼저 삼위일체론적 고찰에 근거한 것이다.[34] 이근삼은 기독론의 고난에 대한 고찰에 앞서 삼위일체론에서 이를 간략하지만 다루었다. 그리스도

---

32 박형룡, 『교의신학 제4권: 기독론』, 61: "그는 '모든 일에 우리와 한결 같이 시험을 받은 자로되 죄는 없으시니'(히 4:15) 그것은 모든 일에 인적(人的) 연약에 동참하심은 구속사업에 유조(有助)하나(히 2:18) 죄에 대하여 연약하면 죄인을 구속할 자격이 없어지기 때문이리라."

33 이근삼, 『개혁주의 조직신학 개요 2』, 33.

34 이근삼, 『개혁주의 조직신학 개요 1』, 211.

의 고난에 대한 고찰의 배경은 성자가 곧 하나님이라는 삼위일체론적 고백에 기초한 것이다. 하나님 자신이신 성자가 고난을 겪으시고 십자가에서 죽임당하신 것인데 여기에 인류 구원의 삼위일체론적 토대가 발견되는데 이는 구체적으로 성자의 사역에 해당된다. "만일 예수 그리스도의 삶과 고난과 십자가의 죽으심이 하나님 자신의 사건이 아니라면 예수 그리스도는 메시야가 아니며 구원의 주가 아닐 것이다."[35] 올리버 버즈웰(J. Oliver Buswell, 1895~1977)은 "그는 근본 하나님의 본체시나(빌 2:6)"라는 표현에 관해서 설명하는 가운데 성자의 신성에 대한 삼위일체적 개념을 다음과 같이 표현한다. "그리스도께서는 성육신에서 그것이 아니라 지상 생활의 전 과정에 그의 영원한 삼위일체의 2위됨에 근본적인 속성들이 합일된 신성을 충만히 또는 완전히 보유하셨다."[36]

둘째, 그리스도의 고난은 더 큰 틀에서 죄악에 빠진 인간의 구원이라는 목적을 위해서 자신을 낮추신 자기 비하(self-humiliation)의 '사역' 가운데 하나로 발생했다. 이근삼은 그리스도의 자기 비하를 그리스도의 인격이 아니라 그의 사역 가운데 하나로 이해하는데 낮아지심은 크게 다음 두 가지로 구분된다: 성육신과 율법에 대한 순종.[37] 여기에서 성육신은 수난의 일부가 아니라 그 전제조건이며 이를 통하여 하나님의 아들은 인간의 몸을 덧입고 인간의 상황 속으로 들어오신 것인데 이는 전적으로 인간의 사

---

35 이근삼, 『개혁주의 조직신학 개요 1』, 204.

36 J. Oliver Buswell, *A Systematic Theology of Christian Religion, vol. II*(Grand Rapids: Zondervan, 1962), 213.

37 이근삼, 『개혁주의 조직신학 개요 2』, 41~42. 그리스도의 낮아지심과 높아지심은 그리스도의 사역에 포함되는데 이근삼은 이 부분에서 벌코프보다 그의 스승인 베르카우어(G. C. Berkouwer, 1903~1996)의 견해를 선호한다.

죄와 구원의 완성이라는 목적과 합치한다. "그는 단순히 우리 죄를 용서하실 뿐만 아니라 창조의 완성을 위하여 성육신하신 것이다. 이 일은 성자가 자기를 비하시키고 낮추신 것이다. 이 낮춤은 예수의 성육, 수난, 죽음으로써 하나님이 인간 상황 속에 들어오시고…"[38]

그러나 이근삼은 율법에 대한 순종이라는 개념에 대해서 그리스도의 자기 비하를 다루면서 언급은 하지만 이를 따로 고찰하지 않고 그의 죽음이라는 논의로 나아간다. 왜 율법에 대한 순종 대신에 그의 죽음이 등장하는가? 바빙크는 이에 대해서 그리스도의 죽음이 순종의 완성이기 때문이라고 답한다.[39] 인간론에 나타난 '죄의 본질'과 '죄의 형벌'이라는 대목에서 그 해답을 찾을 수 있다. 죄는 기본적으로 하나님과 그의 율법과 관련된 것으로 "하나님께 대한 능동적 반대나 하나님의 율법에 대하여 적극적으로 어기는 특별한 종류의 악"으로 정의된다.[40] 율법을 어기는 죄는 이에 대한 불순종을 뜻하는데 이 불순종은 죄에 대한 하나님의 형벌을 초래한다. 이 형벌은 죽음의 형벌을 의미하는데, 여기에 인생의 고난도 포함된다.[41]

그렇다면 그리스도의 율법에 대한 순종은 무엇을 뜻하는가? 17세기 제네바의 개혁신학자 프란시스 튜레틴(Francis Turretin, 1623~1687)은 율법에 대한 그리스도의 순종이 지닌 의미를 세 가지(자연적, 연합적, 형벌적)로 구분한다. 그러나 실제로 그리스도께서 형벌적 순종의 상태에는 많이 놓이지 않았

---

38   이근삼, 『개혁주의 조직신학 개요 1』, 211.

39   Bavinck, 『개혁교의학 3』, 463, 473.

40   이근삼, 『개혁주의 조직신학 개요 1』, 284~85.

41   이근삼, 『개혁주의 조직신학 개요 1』, 289~90.

다고 주장하면서 첫 두 가지 의미에 집중한다.[42] 첫째, 이 순종은 "자연적인 순종에 의해서 거룩의 규범인 율법에 자기를 위해 순종" 했던 것을 가리키며, 둘째, 이 순종은 연합적인 순종으로서 이를 통해 그의 중보자 직을 수행하고 자발적으로 모든 형벌을, 우리를 위해 감당하셔서 우리에게 천상적 축복이 획득되게 하셨다.[43]

셋째, 그리스도의 고난은 육체적 고통보다는 영적 고통에 대한 집중과 관련된다.[44] 이근삼은 그리스도의 고난이 지닌 육체적 차원보다 영혼의 고통과 중보적 죄의식에 더 무게를 두는 것처럼 보이는 방식으로 묘사하기도 한다.[45] 그러나 육체적 죽음을 해설하면서 육체적 고통이 영적 고통보다 상대적으로 덜 또는 더 중요하다는 방식의 이분법적 도식을 초월히어 그의 죽음이 지닌 현실성과 역사성을 강조한다.[46]

---

42 Francis Turretin, *Institutes of Elenctic Theology*, vol. 2, trans. George Musgrave Giger(Philipsburg, NJ: P & R, 1994), 449~50(14.13.115~16). 최근에 발간된 그에 대한 연구서로는 다음을 참고할 것. 이신열 외,『한 권으로 읽는 튜레틴 신학』(안산: 크리스천 르네상스, 2023). 이 단행본은 튜레틴출생 400주년 기념으로 국내 신학자들 7명의 글들을 선정하여 편집 출판한 것이다.

43 Turretin, *Institutes of Elenctic Theology*, vol. 2, 450(14.13.16); "만일 그가 규정을 준수하고 제재를 당함으로써 생명을 얻기 위하여 자기가 율법을 준수해야 하는 이중적 부담을 취했다면, 그의 중보자직과 그와 성부와 맺은 협약의 효력에 따른 자발적 이행으로서 그 모든 것을 우리를 위해 감당해야 되었다."

44 대부분의 정통파 개혁주의 신학자들은 그의 고난을 육체와 영혼이 함께 체험하는 것으로 논의한다. Heppe,『개혁파 정통교의학 2』, 700.

45 이근삼,『개혁주의 조직신학 개요 2』, 42~43.

46 이근삼,『개혁주의 조직신학 개요 2』, 43~46. 루이스 벌코프(Louis Berkhof)와 박형룡은 육체적 고난과 영적 고난 사이의 균형을 강조한다. Berkhof,『벌코프 조직신학』, 571; 박형룡,『교의신학 제4권: 기독론』, 162.

여기에서 주목할 만한 부분은 그리스도의 육체적 죽음이 이근삼이 하나님의 고통이라는 신론적 가르침과 예수의 역사성이라는 주제 사이의 상호연관성을 강조한다는 점이다.

> 예수의 역사성 없이는 하나님의 고통이라는 개념이 성립될 수 없다. 하나님의 고통이라는 것은 현 역사세계가 당한 하나님의 노를 하나님의 사랑으로서 이 역사적 세계에서 극복하였다는 것이다. … 하나님의 고통을 가지신 인격자이신 예수는 이 역사적 세계에 육신을 취하신 것이다. … 그러므로 하나님의 고통이라는 개념은 역사적 예수의 고유한 의의를 확증하는 것이다.[47]

II 기타모리 가조의 기독론에 나타난 특징

1 간략한 인물 소개

일본의 신학자 가운데 기타모리 만큼 국제적 명성을 획득한 인물을 찾아 보기 힘들다.[48] 그의 주저(magnum opus)『하나님의 고통의 신학』은 1946년에 일본어로 처음 출판되었으며 그 이후 영어(1965), 독일어(1972), 스페인 및 이탈리아어(1975), 그리고 우리말(1987)로 각각 번역되었다. 그는 『십자가에 달리신 하나님(1972)』[49]으로 널리 알려진 몰트만(Jürgen Moltmann,

---

47   이근삼,『개혁주의 조직신학 개요 2』, 45.

48   Anri Morimoto, "Forward", in Kitamori, *Theology of the Pain of God*, 4.

49   Jürgen Moltmann, *Der grekreuzigte Gott: Das Kreuze Christi als Grund und Kritik christlicher*

1926~2024) 보다 약 26년 앞서 하나님의 고통에 관한 신학을 정립했는데 성부수난설에 대해서는 부정적인 입장을 취한 것으로 보인다.[50] 또한 그의 '하나님의 고통'이란 개념은 신학 외에 일본 문학에도 상당한 영향력을 행사했는데 엔도 슈사쿠(Endo Shusaku)의 널리 알려진 소설『침묵』은 그 대표적인 예로 간주된다.[51]

기타모리는 18세 때 루터란 신학자 쉬게히코 사토(Shigehiko Sato, 1887~1935)가 집필한『루터의「로마서 주석」에 나타난 그의 근본적 사고(1934)』란 책을 읽고 루터파에 귀의했다.[52] 그는 일본의 소수 그룹인 루터파 소속 신학자로서 1984년에 은퇴하기까지 도쿄 유니온 신학교(Tokyo

---

Theologie(München: Kaiser Verlag, 1972).

50 그의 주저『하나님의 고통의 신학』에서 자신의 '고통의 신학'이 사벨리우스나 이그나티우스가 주장했던 성부수난설과 다르다고 주장한다. Kitamori, *Theology of the Pain of God*, 115. 특히 이 신적 고통의 '필수적인 구성 요건'(a necessary constituent factor)으로 역사적 예수를 포함하는 점을 볼 때 그러하다(34).

51 John Douglas Hall, "Rethinking Christ: Theological Reflection on Shusaku Endo's Silence," *Interpretation* 33/3(1979), 254~67; idem, *God & Human Suffering: An Exercise in the Theology of the Cross*(Minneapolis: Augsburg Publishing House, 1986), 114.

52 Shigehiko Sato, *Luther's Fundamental Ideas as Found in His Lectures on Romans*(Tokyo: Seibunsha, 1965). Akio Hashimoto, "Theology of the Pain of God: An Analysis and Evaluation of Kazo Kitamori's(1916~) Work in Japanese Protestantism," Diss. Th.D. Concordia Seminary, St, Louis, 1992, 110. 사토는 원래 개혁파 교회 목사였으나 루터에 대한 관심으로 미국의 루터파 선교사와 접촉하게 되었고 독일로 유학을 떠나 루터 연구가 오토 스헤일(Otto Scheel)과 종교개혁 연구가 칼 홀(Karl Holl)로부터 사사받기도 했다. 유학을 마치고 귀국한 그는 일본에서 처음으로 신학 박사학위를 취득했는데 그의 학위논문은 루터에 관한 것이었으며 학위 수여 대학은 교토왕립대학교(Kyoto Imperial University)였다. 기타모리는 사토가 가르쳤던 루터파 신학교에 입학하여 그의 가르침을 기대했지만, 불행하게도 같은 해 사토는 암으로 투병하다가 사망했고 그는 사토의 가르침을 받을 수 없었다.

Union Theological Seminary)에서 약 40년간 가르쳤고, 1996년까지 약 46년에 걸쳐 도쿄에서 교회를 개척하고 목회자로서 활동하기도 했다.[53] 그의 신학은 정통파 루터란 신학으로 간주할 수 있는데[54] 특히 그는 바르트의 신학을 날카롭게 비판하기도 했다.[55] 이런 신학적 사고 때문에 그가 누리게 된 국제적 유명세에도 불구하고 2차 대전 이후로는 안타깝게도 일본 주류 신학계로부터 소외된 채 외골수로서 신학을 추구하는 삶을 살았다.

그렇다면 기타모리의 신학은 어떻게 평가되는가? 루터란 신학자 지원용의 지도를 받아 기타모리 연구로 박사학위를 취득한 아키오 하시모토(Akio Hashimoto)는 기타모리의 루터파 신학은 상당한 독창성을 지닌 신학임이 분명하지만, 그의 신학이 일종의 자연신학으로 기우는 경향을 지니고 있기 때문에 루터의 신학과는 다른 것으로 간주한다. 기타모리의 신학은 부분적으로 루터에 의해서 영향을 받은 것으로 볼 수 있지만, 실제로는 모든 개신교 신학의 합성체이며 일본의 문학작품에 주로 등장하는 '쯔

53　Hashimoto, "Theology of the Pain of God," 145~64.

54　Hashimoto, "Theology of the Pain of God," 522~78.

55　Hashimoto, "Theology of the Pain of God," 467~521. 기타모리가 신학교 재학 시절에 발간한 『십자가의 주님』(Lord of the Cross)은 70쪽 분량의 작은 단행본이지만 '하나님의 고통'의 신학과 바르트 신학 비판이라는 두 가지 중요한 내용을 지니고 있다. Kazoh Kitamori, *Lord of the Cross*(Tokyo: Shinseido, 1940). 여기에 나타난 그의 바르트 비판의 주된 골자는 『교회교의학』I/2에 나타난 *articulus stantis et cadentis ecclesiae*로서 성경에 대해서 화해 개념이 우위성을 지닌다는 관점인데 그는 바르트의 이 주장이 종교개혁의 원리를 벗어났다고 강력하게 비판한다. Karl Barth, *Kirchliche Dogmatik* I/2(Zürich: Evangelischer Verlag, 1932), 966~68, 974~76.

라사'(쓰라림)[56] 개념과 도쿄의 철학[57]에 의해서 형성된 것으로 이해되어야 한다는 주장이 제기된다.[58]

2 기독론과 신론의 만남: 하나님의 고통과 역사적 예수

기타모리는 『하나님의 고통의 신학』에서 하나님의 고통과 역사적 예수와의 관계에 대해서 고찰한다. 그는 윌리엄 브레데(G. F. E. William Wrede, 1859~1906)의 저작 『바울(Paulus)』(1904)을 인용하면서 그의 논의가 역사적 예수에서 하나님의 고통 또는 사랑으로 움직인다고 보았다.[59] 그러나 브레데의 이 묘사는 하나님의 고통에서 역사적 예수로의 움직임을 통해서 보완되어야 할 필요성이 제기된다. 달리 말하면, 기타모리에게 두 개념을 모두 포괄하는 맥락에서 기독론과 신론이 교차하는데 이는 구체적으로 하나님의 고통이 역사적 예수의 무한히 깊은 배경임을 밀하며, 또한 모든 기독론에 대한 논의는 이 고통이라는 배경 없이 올바로 정립될 수 없음을

---

56 Kitamori, *Theology of the Pain of God*, 134~36. 이동영, "기타모리 가조의 신 고난 담론에 대한 비판적 고찰: 그의 저서 『하나님의 아픔의 신학』을 중심으로", 「한국개혁신학」 62(2019): 255~61. 그의 인간론에 대한 비판적 고찰로는 다음을 참고할 것. 김영원, "기타모리 가조의 『하나님의 아픔의 신학』에 나타난 신학적 인간론에 대한 비판적 고찰", 「장신논단」 55/2(2023): 87~115.

57 Kitamori, *Theology of the Pain of God*, 26.

58 Hashimoto, "Theology of the Pain of God", 577.

59 Kitamori, *Theology of the Pain of God*, 32~33. 브레데의 신약신학에 대한 기여를 다룬 글로는 다음을 참고할 것. Robert Morgan, *The Nature of New Testament Theology: The Contribution of William Wrede and Adolf Schlatter*(Eugene, OR: Wipf & Stock, 2009); 이강택, "윌리엄 브레데의 신약해석학 평가", 「개혁논총」 18(2011): 181~213.

뜻한다.[60] 그렇다면 기타모리에게 하나님의 고통이란 무엇인가? 이는 하나님의 사랑이 그의 진노를 현실 세계에서 극복하고 이긴 것을 가리키는데 이런 이유에서 이 고통은 현실 세계 속으로 들어와야 한다고 보았는데 여기에서 이 들어옴의 주체는 반드시 인격이어야 한다.[61] 기타모리는 사랑과 고통의 관계는 대립이 아니라 동등의 관계에 놓인다고 다음과 같이 주장한다: "하나님의 고통과 하나님의 사랑은 용해될 수 없는 방식으로 고통에 뿌리를 내린 사랑 속에서 연합된다; 하나님의 고통과 하나님의 사랑은 대립으로 구분되지 아니한다."[62]

기타모리는 하나님의 사랑과 고통이 어떻게 사도 바울과 예수에 의해서 표현되었는가에 주목하면서 특히 양자 사이의 차이점을 강조하는 방식에 집중한다. 바울은 그의 서신들에서 하나님의 사랑이 기독론적으로 그리스도의 십자가와 그 고통을 통해서 이루어지는 대속을 통해서 나타났다고 주장하지만, 공관복음서에서 예수의 가르침에 나타난 하나님의 사랑은 그 자체로서 우월적이므로 고통과는 관계없는 사랑으로 등장한다.[63] 그러나 하나님의 사랑의 현상적 차원에 집중하는 공관복음서와 달리 요한복음은 이 사랑의 신학적 배경에 더욱 집중한다는 점에서 양자의 차이가 표출된다. 그렇다면 요한복음은 어떻게 하나님의 사랑과 고통을 기독론적으로 묘사하는가? 요한복음에서 사랑은 고통의 원인으로 기

---

60 Kitamori, *Theology of the Pain of God*, 35. 역사적 예수라는 주제는 최근의 기독론 연구 동향에서도 중요한 위치를 차지하는데 이에 대한 요약적 해설로는 다음을 참고할 것. 한상화, "현대 기독론 논쟁의 최근 조류들",「조직신학연구」22(2015): 65~72.

61 Kitamori, *Theology of the Pain of God*, 34.

62 Kitamori, *Theology of the Pain of God*, 39.

63 Kitamori, *Theology of the Pain of God*, 36.

독론에서 자리매김한다. 기타모리는 그 예로서 요 1:14과 요 3:16을 언급한다. 전자는 하나님의 사랑을 통해서 성육신이 고통 없이 발생한 것으로 표현하여 사랑과 고통이 아무런 관련이 없는 것처럼 보인다고 한다면, 후자는 사랑이 곧 고통 또는 그리스도의 죽음으로 나타난다고 보았다.[64] 후자에서 사랑은 비극적 말씀(tragica verba)을 통해서 비극적 사랑으로 승화된다. 기타모리는 이 주장을 뒷받침하기 위해서 후자를 비극적 말씀으로 해석하는 마틴 루터(Martin Luther, 1483~1546)의 주장에 주목한다.[65]

3 기타모리와 루터: 긍정적 & 부정적 활용 및 평가

기타모리는 루터의 '고통'에 대한 주장을 자신의 견해를 확립하는 데 빈번히게 활용하는 데 이 활용은 긍정적임과 동시에 부정적이다. 먼저 긍정적인 차원을 살펴보면, 그는 특히 16세기 독일 종교개혁자의 기독론에 큰 빚을 지고 있는 것으로 보인다. 그는 먼저 포사이스(P. T. Forsyth, 1848~1921)의 다음과 같은 주장을 인용하면서 루터의 십자가의 고통에 접근한다. "십자가는 하나님의 신격 내의 행위에 대한 성찰이다."[66] 그는 "아들의 희생에 대한 절대적 필요성은 하나님 자신 안에 근거해 있다."[67]라는 루터의

---

64   Kitamori, *Theology of the Pain of God*, 43.

65   WA 36, 180.

66   P. T. Forsyth, *The Person and Place of Jesus Christ*(London: Independent Press, 1909), 270. Kitamori, *Theology of the Pain of God*, 45에서 재인용. 포사이스의 십자가 이해에 대해서는 다음을 참고할 것. Marvin W. Anderson, "P. T. Forsyth: Prophet of the Cross", *Evangelical Quarterly* 47/3(1975): 146~61.

67   Kitamori, *Theology of the Pain of God*, 45; "… eine absolute, innergöttlich begründete Notwendingkeit der Dahingabe des Sohnes."

주장을 그대로 수용한 것으로 보인다. 따라서 루터에게 하나님 자신에 관해서는 십자가의 복음은 세상의 정초 이전에 이미 선포된 것이었다.[68]

기타모리가 하나님의 고통을 기독론적으로 이해하는데 상당한 모티브를 제공했던 것은 루터의 숨어계신 하나님(Deus absconditus) 이었다. 먼저 기타모리는 루터의 숨어계신 하나님 개념이 독일 신비주의자 요한네스 타울러(Johannes Tauler, 1300~1361)에서 비롯된 것으로 간주하면서도 양자 사이에 분명한 차이점이 존재한다고 밝힌다.[69] 이 차이점은 주로 계시에 관한 것인데 루터는 계시를 위해서 하나님이 자신을 숨기신다고 주장하지만, 타울러는 하나님은 숨어계시는 존재로서 인간에게 자신의 모습과 사역을 계시하지 않는 알려지지 않은(unknown) 하나님으로 나타난다는 사실에서 찾을 수 있다. 기타모리는 루터의 숨어계신 하나님 개념이 그의 신학과 윤리의 핵심적인 개념일 뿐 아니라 하나님의 고통과 결부되는 것으로 간주한다.[70] 이 두 개념 사이의 연결고리는 기독론적인데 이는 구체적으로 하나님의 진노를 그리스도께서 그의 고통과 십자가의 죽음을 통해 드러난 하나님의 사랑으로 극복하셨고 우리는 이를 믿음으로 수용하되 이 믿음은 우리가 그의 진노마저도 그리스도 안에서 그의 사랑으로 깨달을 수 있도록 작용한다. 다른 곳에서 기타모리는 이 사고를 다음과 같이 표현하기도 한다. "하나님의 진노가 하나님의 고통에 의해서 중재될 때, 이는 하

---

68   WA 45, 415.

69   Kitamori, *Theology of the Pain of God*, 106. 기타모리는 제이베르크(Eric Seeberg)의 견해를 따라 루터와 타울러의 견해 차이를 설명한다. Erich Seeberg, *Luthers Theologie*: Motive und Ideen, vol. 1, *Die Gottesanschauung*(Göttingen: Vandenhoeck & Ruprecht, 1929), 60~61.

70   Kitamori, *Theology of the Pain of God*, 109.

나님의 고통에 뿌리를 둔 사랑으로 흡수된다."[71]

기타모리는 여기에서 루터가 사용한 '고통 속에 숨어계신 하나님(Deus absconditus in passionibus)에 강력하게 호소한다.[72] 여기에서 하나님의 사랑이 그의 진노를 극복하는 이유는 이 사랑이 하나님의 고통에 뿌리를 두고 있기 때문이며 이 고통을 지닌 사랑이 곧 그의 은혜와 자비이기 때문인 것으로 보인다. 하나님의 숨어계심과 그의 고통과의 관계에 대해서 기타모리는 다음과 같은 설명을 제공한다.

> 숨어계신 하나님 개념과 하나님의 고통을 비교해 보자. 전자의 경우에 하나님의 진노는 그의 사랑을 위한 수단, 즉 호혜의 진노(ira benignitatis) 이지만, 후자의 경우에 하나님의 진노는 실제적이며 엄중한의 진노(ira severitatis)이다. 숨어계신 하나님의 경우에, 그는 그의 진노를 통해서 그의 사랑을 행사하시지만, 하나님의 고통에서 그는 이를 극복함으로 그의 사랑을 행사하신다.[73]

그러나 가타모리의 루터 활용은 긍정적인 차원에만 국한되지 않는다. 하나님의 고통을 하나님의 본질로 간주하면서 기타모리는 루터의 정통적 삼위일체론에 나타난 출생과 발출의 개념에 대해서 부정적 평가를 시도한다. 삼위일체론에 대한 그의 과격한 비판의 시작은 하나님의 본질이라는 개념이 '본질이 결여된 본질'(essence without essence)에 지나지 않는다

---

71   Kitamori, *Theology of the Pain of God*, 84.

72   Kitamori, *Theology of the Pain of God*, 114.

73   Kitamori, *Theology of the Pain of God*, 110.

고 서슴없이 비판한다.[74] 왜냐하면 성부는 단순히 성자를 낳는 하나님이 아니라 그의 사랑하는 아들로 하여금 고통을 감내하고 죽임을 당하게 하는 복음의 하나님이시기 때문이라고 주장한다. 달리 말하면, 정통적 삼위 일체론에서 말하는 하나님의 본질은 결정적인 것이 결여되었는데 여기에서 결정적이란 다름 아닌 하나님의 고통을 가리킨다. 아들의 출생에 대한 기타모리의 강조는 그의 '고통의 신학' 확립에 결정적 역할을 담당했지만, 루터의 삼위일체론적 사고에 나타난 성자의 출생과 성령의 발출에 관한 정통적 사고에 대한 의구심을 불러 일으킨다. 먼저 이에 대한 루터의 사고는 다음과 같이 인용된 것을 발견할 수 있다.

그러므로 이 출생은 인간의 출생과 완전히 다른 것이며, 발출(procession)도 인간의 그것과 완전히 다르다. 왜냐하면 다른 사람으로부터 태어난 사람은 그의 아버지와는 다른 인격 뿐 아니라 다른 본질을 지니기 때문이다. 그는 그의 아버지의 본질에 머무르지 않으며 그의 아버지도 아들과 같은 본질을 지니지 않는다. 그러나 비록 다른 인격을 지니고 태어났음에도 불구하고, 성자는 성부의 본질에 머무르고 성부 또한 성자의 본질에 머무른다. 이들은 인격에 관하여 서로 구별되지만, 이들은 나누어지지 않고 구분될 수 없는 하나의 본질로 머무른다. 사람이 다른 사람에게서 출발하고 다른 사람으로부터 보내질 때, 인격 뿐 아니라 본질도 서로 분리되며 서로 멀리 떨어지게 된다. 그러나 여기에서 성령은 성부와 성자로부터 발출한다. ... 그리고 비록 인격에 있어서 서로 구별되지만 성부와 성자의 본질에게 머무른다. 그러므로 모든 세 인격은

---

74   Kitamori, *Theology of the Pain of God*, 47.

하나의 신격 내에 존재한다.[75]

기타모리는 이 인용문에 나타난 루터의 삼위일체론에서 '출생(beget-ting)'과 '발출(proceeding)'의 차이를 인정하지 않는다.[76] 그는 이 두 개념을 부정확하고 문제를 지닌 개념으로 간주하는데 여기에서 기타모리의 신학이 지닌 비정통성이 두드러지게 드러나며 이는 루터에 대한 부정적 평가에서 비롯된 것으로 보인다. 기타모리는 하나님의 복음의 관점에서 '출생'이란 용어는 결코 우선적 중요성을 차지하지 않으며 단지 십자가라는 우선적 용어를 섬길 따름이라고 보았다.

4 하나님의 고통과 하나님의 사랑

기타모리는 하나님의 사랑에 세 가지 질서가 있다고 보았는데 이 질서는 고통이라는 하나의 질서에 포괄된다.[77]

첫째 질서는 하나님의 즉각적 사랑으로 나타난다. 하나님의 사랑은 크게 그의 아들과 인간을 향한 사랑으로 구분되는데 원래 이 즉각적 사랑은 죄인인 인간에게는 적용되지 않고 그의 아들에게만 적용된다. 왜냐하면 죄악의 상태에 놓인 인간은 하나님의 사랑을 배신했기 때문인데 여기에서 하나님의 이 사랑은 그의 진노가 되는데 이 진노에는 고통이 수반되지만, 이 고통은 진노를 극복한다. 이 첫째 질서에 나타난 기타모리의 핵

---

75   WA 50, 274.

76   Kitamori, *Theology of the Pain of God*, 48~49.

77   Kitamori, *Theology of the Pain of God*, 122~23.

심 개념은 인간의 배신으로 초래된 진노를 극복하는 하나님의 즉각적 사랑에 해당한다.

둘째는 하나님의 사랑이 인간 속에 존재할 수 있음에도 불구하고 지속적으로 파선한다는 사실로 나타난다. 인간의 죄악은 비록 죽은 것이지만 그 속에 거부와 반항의 씨앗을 지니고 있으며 하나님의 사랑을 파선을 초래할 수도 있다. 그러나 하나님은 파선의 고통 속에서도 그의 공의를 유지하신다. 그러므로 그의 사랑 속에 포함된 고통은 공의롭고 영원한 것이다. 이 둘째 질서에 나타난 기타모리의 핵심 개념은 비록 하나님의 사랑은 고통 속에 놓인다고 하더라도 공의를 유지하는 사랑으로 묘사되며 그 결과는 우리를 보호하심으로 파악된다는 사실에 놓여있다.[78]

셋째는 하나님의 사랑이 우리에게 소망을 제공한다는 사실에서 찾을 수 있다. 하나님의 사랑 속에 내재한 고통은 모든 것을 포괄하고 영원한 것이다. 이 사랑은 모든 것을 견디고 소망하게 만드는데 인간의 잃어버린 사랑,[79] 또는 실패한 사랑을 소망의 사랑으로 변화시키는 능력을 지닌 사랑이다. 이 셋째 질서에 나타난 기타모리의 핵심 개념은 하나님의 사랑이 인간의 잃어버린 사랑을 승화시켜 소망의 사랑으로 변화시키는 사랑에 해당한다.

5 기타모리의 기독론에 대한 비판적 고찰: 그리스도의 고난을 중심으로

기타모리는 하나님의 고통에 뿌리를 둔 하나님의 사랑을 고찰한 신학자였다. 기타모리의 신학이 어떤 기독론을 추구했는지, 그리고 그가 기

---

78 Kitamori, *Theology of the Pain of God*, 124.

79 WA 36, 435.

독론과 신론과의 관계 속에서 어떤 기독론을 추구했는지에 대해서, 그리고 그의 기독론이 어떻게 그의 신학 전체에 공헌했는가에 대해서 다음 세 가지로 나누어서 고찰하고자 한다. 첫째, 그는 하나님의 고통이라는 신론적 주제를 기독론적으로 해석하여 두 교리의 교차를 시도했는데 이 해석과 시도는 단편적 성격을 지닌 것으로 보인다.[80] 루터는 그리스도의 죽음을 '죽음에 맞서는 죽음'(mors contra mortem)[81]으로 정의하여 부활을 죽음과 직결시키고 이를 죽음의 언어로 전환하는 기독론을 추구했다면, 일본의 신학자는 하나님의 고통을 '고통에 맞서는 고통'(dolor contra dolorem)으로 정의하여 고통을 사랑과 결부시켜서 사랑으로 고통을 물리치고 하나님의 진노를 사랑으로 승화시키는 역할을 찾는 가운데 신론과 기독론의 교차를 추구하는 신학을 지향했다.[82] 그런데 여기에서 기타모리에게 두 교리의 교차는 사실상 신론과 기독론의 균형 잡힌 발전을 담보하지 못한 것으로 보인다. 왜냐하면 그의 신론, 특히 삼위일체론에 대한 평가에 나타난 비정통성과 과격성(예, 출생과 발출의 개념 차이를 인정하지 않고 이를 부인하려는 경향)은 신론의 토대를 허무는 방식을 통해서 하나님의 고통을 기독론적으로 해석하는 경향을 드러낸 것으로 보이기 때문이다. 정통적 삼위일체론을 이탈하려는 신론적 사고로부터 성경적이고 체계적인 기독론적 사고를 기대함에 어려움이 있기 마련이다.

둘째, 그의 신학은 신론을 기독론적으로 전환시키려는 경향이 두드

---

80   Hashimoto, "Theology of the Pain of God", 222ff. 하시모토는 더 큰 틀에서 기타모리가 신론과 구원론의 병합을 시도했다고 평가한다.

81   WA 40, 273.

82   Kitamori, *Theology of the Pain of God*, 21.

러진데 특히 역사적 예수라는 주제를 통해서 신론의 기독론화를 추구했다고 볼 수 있다. 달리 말하면, 기타모리는 신학의 논의를 하나님의 고통에서 역사적 예수로 전환하는 방식을 추구했다고 볼 수 있다.[83] 여기에서 역사적 예수에 대한 논의에는 그의 인생 전체, 즉 그의 죽음뿐 아니라 그의 출생도 고통으로 점철되었다는 고통의 삶이라는 주제가 중요한 역할을 차지한다.[84] 그는 요한복음 3:16을 해석하면서 예수를 '하나님의 말씀'으로 간주하는 정통적 신론 또는 삼위일체론의 흔적을 삭제하기 위해서 그를 역사 속에서 고난과 고통을 겪으신 비극적 운명에 처한 역사적 존재로 간주하고 이 구절을 비극적 말씀(tragica verba)으로 표현하기를 선호한다.[85] 역사적 예수의 고난과 죽음을 가리키는 구체적 사건들에 대한 그의 묘사는 예수 그리스도 안에서 하나님의 고통과 하나님의 사랑을 고통에 뿌리를 둔 사랑(love rooted in pain)이라는 연합된 주제를 선호하는 방식에 의해 지배되었다고 볼 수 있다.[86]

셋째, 앞서 언급된 신론의 기독론화를 추구하는 경향에도 불구하고 여전히 그의 기독론은 신론에서 차별화되는 하나의 주제(locus)를 형성하지 못했다고 볼 수 있다. 그의 루터파 신학 배경과 루터의 신학에 대한 높은 의존도를 고려해 본다면, 루터와 마찬가지로 그에게도 기독론은 상당히 중요한 주제였을 것으로 추론할 수 있다. 그러나 그의 기독론 경향은 '하나님'의 고통이라는 전 포괄적인 주제에 함몰되어 이를 벗어나지 못하는

---

83   Kitamori, *Theology of the Pain of God*, 33~34.

84   Kitamori, *Theology of the Pain of God*, 42~43.

85   Kitamori, *Theology of the Pain of God*, 42~43.

86   Kitamori, *Theology of the Pain of God*, 39.

아쉬움을 드러냈다. 앞서 언급한 바와 같이 그가 하나님의 고통에서 역사적 예수로 전환하는 프로젝트를 진행했지만, 역사적 예수를 하나님의 고통이라는 하나의 주제로만 해석하려는 경향은 기독론 전체 맥락에서 예수 그리스도의 고난과 죽음이 차지하는 역할이 무엇인가에 대한 고찰까지 나아가지 못했다는 분석이 가능한 것으로 보인다. 기독론을 다루는 성경 본문들을 지나치게 그의 고통이라는 주제로 해석한 결과 그가 하나님의 아들이시며 말씀이라는 기독론적 주제를 의도적으로 간과하려는 경향 또한 기독론이라는 전체적이고 거시적인 시야 확보를 방해하는 장애물로 작용했으며 이는 그의 신학이 지닌 비정통적인 성격에도 기여했다는 비판이 가능한 것으로 볼 수 있다.

III 두 신학자의 기독론 비교

여기에서는 그리스도의 고난과 고통이라는 주제를 통해 나타난 두 신학자의 기독론에 나타난 유사점과 차이점에 주목하면서 이들의 기독론에 대한 비교를 시도하고자 한다. 비록 동시대 인물이었지만 대한민국과 일본에서 신학자로서 사역했던 이들 사이에 서신교환이나 방문 등의 실제적 교류가 없었다는 사실을 염두에 두고 이들의 기독론이 지닌 장점과 단점을 아울러 고찰하고자 한다.

1 기독론과 신론의 관계

먼저 기독론과 신론은 조직신학에서 상당히 중요한 주제들(loci)일 뿐 아니라 이 두 교리의 연결고리가 삼위일체론이라는 사실을 고려한다면,[87] 이근삼은 정통 개혁주의 신학을 추구했던 신학자로서 삼위일체론에 근거를 둔 기독론을 추구했다고 볼 수 있다. 경륜적 삼위일체론에 나타난 성자의 지위에 근거하여 그는 성육신, 수난, 죽음을 통하여 성부의 구속계획을 실행하셨다.[88] 이 성자의 사역이 그의 생애에 걸쳐 발생했다는 사실을 강조하기 위해서 기독론에서도 '예수 그리스도의 생애'에 무려 50쪽을 할애하여 이를 기독론의 다른 주제들보다 특별히 상세하게 고찰한 것을 발견할 수 있다.[89]

기타모리는 신론과 기독론의 연결고리를 삼위일체론이 아닌 하나님의 고통이라는 특정한 주제에서 찾았다. 성부가 성자를 세상에 보내어서 고통과 죽음을 겪도록 한 것은 이 하나님이 곧 숨어계신 하나님이라는 사실을 보여줄 따름이지 거기에서 유의미한 경륜적 삼위일체론의 차원을 찾아보기 어렵다.[90] 이근삼은 기타모리에게 하나님의 고통은 역사적 예수의 고유한 의미를 확증하는 가운데 죽음에 대한 고통의 승리를 통해서 가능한 것이라는 평가를 한다.[91] 이것이 이 주제와 관련된 그와 이근삼과의 차이가 가장 분명하게 드러나는 대목으로 볼 수 있다.

---

87 유해무, 『개혁교의학: 송영으로서의 신학』 (고양: 크리스챤다이제스트, 2000), 317. 이근삼의 제자인 유해무는 원래 삼위일체론이 신론에서 형성되었다고 이해한다.

88 이근삼, 『개혁주의 조직신학 개요 1』, 222.

89 이근삼, 『개혁주의 조직신학 개요 2』, 67~117.

90 Kitamori, *Theology of the Pain of God*, 115.

91 이근삼, 『개혁주의 조직신학 개요 2』, 45.

2 그리스도의 고난과 죽음

그리스도의 고난과 죽음이라는 주제에 대한 이근삼과 기타모리의 해석은 다음 두 영역에서 나타나는데 여기에서 이 두 신학자의 견해를 비교 분석하는 가운데 이에 대한 비판적 고찰을 시도하고자 한다.

첫째, 그리스도의 낮아지심의 신분이라는 영역에서 그의 고난과 죽음에 대한 논의가 제공되는데 이근삼은 그리스도의 육체적 고난보다 정신적인 고난이 더 중요한 부분을 차지한다고 보았으며 그가 받으신 시험도 여기에 포함된다고 보았다. 이근삼은 기타모리의 『하나님의 고통의 신학』에 드러난 그리스도의 고난 이해는 복음의 핵심이 하나님의 고통에 놓여 있다는 독창적인 사고 전개를 통해서 복음의 주체이신 그리스도를 역사적 예수로 국한한다는 비판을 전개한다. 기타모리가 주장하는 십자가의 고통은 경륜적 삼위일체론이 아니라 하나님의 내적 행동이라는 차원에서 이해되어야 한다고 이근삼은 주장한다.[92] 그러나 기타모리는 그가 말하는 하나님의 고통은 사벨리우스(Sabellius)나 이그나티우스(Ignatius)의 성부수난설(patripassianism)이나 존 베일리(John Baillie, 1886~1960)의 '하나님의 고난 당하는 사랑한다고 보았는데 여기에 두 신학자의 견해 차이가 분명하게 드러난다고 볼 수 있다.

둘째, 이근삼은 그리스도의 고난을 그의 생애라는 맥락 속에서 고찰하는데 그의 이 관점은 기타모리가 주장하는 그의 고난과 죽음에 대한 승

---

92   이근삼, 『개혁주의 조직신학 개요 2』, 44~46. 이동영은 기타모리가 이위일체론적 맥락에서 성부수난설을 수용했는데 이 수용의 근본 원인은 삼위의 상호관계에 근거한 삼위일체론적으로 하나님의 고통을 이해하지 않는데 놓여 있다고 보았다. 이동영, "기타모리 가조의 신 고난 담론에 대한 비판적 고찰," 239~40.

리가 그가 역사적 예수임을 입증한다는 관점과는 다른 것이다. 이근삼은 그리스도의 고난과 죽음이 어떻게 그의 생애에서 단순히 암시되기만 하는 소극적 차원에 머무르지 않고 이제 공개적이고 자발적인 차원으로 나아가게 되었는가를 보여준다.[93] 기타모리는 그가 주장하는 하나님의 고통의 신학이 예수 그리스도의 고난과 죽음을 떠나서는 논의될 수 없다는 사실을 인정한다. 이 두 주제의 실제성을 부인하는 19세기 독일의 자유주의 신학을 언급하면서 교회사에서 이 신학만큼 그리스도의 죽음을 통해 증거된 하나님의 고통을 적극적으로 부인하는 신학도 없었다는 신랄한 비판을 가한다.[94] 그는 "예수가 선포한 복음은 오직 성부와 관계되며, 성자와 아무런 관련이 없다"[95]고 주장한 아돌프 폰 하르낙(Adolph von Harnack, 1851~1930)을 이에 대한 구체적인 예로 든다. 예수의 고난과 죽음을 인정하는 한도 내에서 기타모리는 이근삼과 마찬가지로 복음주의적 성격을 지닌 것으로 보인다.

　　이들의 견해에 나타난 차이점은 무엇인가? 고신의 신학자는 역사적으로 실존했던 신인이신 예수의 생애에 대한 집중적 고찰을 통해서 그가 역사적 예수라는 고등비평(higher criticism)에 근거한 예수에 대한 재해석

93　이근삼, 『개혁주의 조직신학 개요 2』, 99~102. 예수의 갈릴리(특히 가이사랴 빌립보 지방, 마 16장) 사역에 나타난 베드로의 신앙고백(마 16:16)을 계기로 그리스도는 그의 고난과 죽음을 암시하는 소극적 태도를 벗어나서 이를 공개적으로 알리게 되었고(마 16:21) 여기서부터 고난에 대한 그의 자발적 참여라는 중요한 모티브가 등장하기 시작한다. 이 사건은 예수의 '공적 사역에 커다란 전환을 가져온 매우 중요한 사건'으로 강조된다(101).

94　Kitamori, *Theology of the Pain of God*, 24~25.

95　Adolph von Harnack, *What is Christianity?* trans. *Thomas Bailey Saunders*(New York: G. P. Putnam's Sons, 1901), 154.

에 대해서 부정적 입장을 취하고 이를 수용하지 않는다는 사실을 적극적으로 해명했다. 그러나 기타모리는 역사적 예수를 인정하지만, 이를 하나님의 고통으로 재해석하는 독특한 측면을 드러낸다. 달리 말하면, 그에게 역사적 예수란 다름 아닌 하나님의 고통에 대한 실현 또는 현실화(realization)임과 동시에 역사 속으로 실존했던 실제적 인간으로 표현된다.[96] 이 이중적 해석에 비추어 볼 때, 기타모리가 인정한 역사적 예수는 관념화된 예수임과 동시에 역사상에 실존했던 인간으로 나타나는데 그가 예수를 역사 속에 실존했던 신인이신 그리스도로 이해했는가에 대한 평가를 내리기에 어려움이 있는 것으로 보인다.

마치면서

지금까지 이근삼과 기타모리의 기독론을 그리스도의 고난이라는 주제를 중심으로 고찰해보았다. 이근삼의 기독론에 나타난 고난은 다음 세 가지 주제로 나누어서 고찰되었다: 그의 신분과의 관련성, 비하의 목적은 인간 구원과 관련됨, 그리고 육체적 고통보다 영적 고통에 더 많은 비중을 둠. 기타모리는 그리스도의 고난에 대한 이해는 다음의 몇 가지 소단락으로 나누어서 고찰되었다: 기독론과 신론의 만남의 관점에서, 루터에 대한 이중적(긍정적 & 부정적) 평가, 하나님의 고통과 사랑.

이근삼과 기타모리의 기독론 비교는 기독론과 신론의 관계, 그리고

---

96 Kitamori, *Theology of the Pain of God*, 34~35. 여기에서 기타모리의 의도는 역사적 예수에 대한 고찰을 통해서 예수에 대한 가현설(docetism)적 견해를 비판하는 가운데 그가 겪은 고통의 실제성을 강조하는데 놓인 것으로 보인다.

그리스도의 고난과 죽음이라는 관점을 통해서 이루어졌다. 먼저 이근삼은 기독론과 신론의 관계를 경륜적 삼위일체론이라는 고리를 통해서 이해했다면, 기타모리는 하나님의 고통을 중심으로 이 관계를 파악함으로써 이 고통이 역사적 예수의 고유한 의미를 확립한다는 시각으로 두 각론의 관계를 바라본다. 이근삼은 그리스도의 고난은 그의 낮아지심의 사역의 차원에서, 그리고 그의 생애라는 두 가지 차원에서 접근하는 방식을 취한다. 이와 달리 기타모리는 정통적 삼위일체론을 부정하는 입장에서 신론과 기독론의 연결고리를 하나님의 고통이라는 독특한 주제로 설정했는데 이 부분에서 그의 신학이 지닌 비정통성이 확인된다고 볼 수 있다.

그리스도의 고난과 죽음에 대한 논의에서 이근삼은 기타모리가 하나님의 고통을 복음의 핵심으로 간주한 결과 그리스도를 역사적 예수로만 국한한다는 비판을 제기하는데 이 비판은 기타모리의 삼위일체론에 대한 부정적 평가에 대한 논리적 귀결이라는 측면에서 정당성을 지닌 것으로 보인다. 기타모리는 하르낙을 위시한 19세기 자유주의 신학자들이 하나님의 고통을 예수와 관계없는 사건으로 보는 시각을 올바르게 그리고 예리하게 비판했지만, 그 또한 예수를 역사 속의 실제 인간으로만 간주하는 관점에서 벗어나지 못했다는 비판을 피할 수 없는 것으로 판단된다.

11

이근삼 박사의 성령론에 관한 연구

『개혁주의 조직신학 개요』 제1권과 2권을 중심으로[1]

최윤배

Ⅰ 이근삼 박사의 생애[2]

이근삼(李根三) 박사(Dr. Lee Kun Sam, 1923.10.28.~2007.1.14.)는 1923년 10월 28일 부산시 동구 좌천동 179번지에서[3] 불신가정인 이영식과 한귀연(한귀련)

---

1   이근삼, 『개혁주의 조직신학 개요 1』, 『개혁주의 조직신학 개요 2』, 이근삼 전집 편찬위원회 엮음 (서울: 생명의양식, 2007).

2   이근삼 박사의 생애를 위해 다음을 참고하였음: 황대우, "이근삼 박사의 생애와 사상", 안명준 외 공저, 『한국교회를 빛낸 칼빈주의자들』 (서울: 킹덤북스, 2020), 137~61.

3   황대우는 이근삼 박사의 출생지를 서구 부용동으로 주장하나 이상규 교수는 그가 동구 좌천동 179번지에서 태어나 부용동으로 이사한 것으로 주장한다. 이상규 교수는 2024년 2월 27일 필자와의 핸드폰 전화통화에서 이근삼 박사께서 직접 적어주신 주소를 아래 출판물에 그대로 실었다고 전했다. 李根三 博士 華甲記念論文集 編纂委員會, 『李根三 博士 華甲記念論文集』 (부산: 고신대학출판부, 1984), 이근삼 박사 약력: "李根三博士 略曆, 1923.10.28 釜山市 東區 佐川洞 179番地에서 이영식先生과 한귀연女史의 3男 2女 中 3男으로 태어남, 1952.1.22 조영진氏와 結婚하여 2男(신철, 신열) 1女(선화)의 子女를 둠."

여사의 3남 2녀 중에 3남으로 태어나서, 2007년 1월 15일에 향년 83세로 하나님의 품어 안겼다. 그의 어머니 한귀연 여사는 한상동 목사의 누나였다. 그 후 곧 부산 서구 부용동으로 이사하여 부산 부민보통학교를 거쳐 1937년 당시 5년제 중등학교였던 부산제2상업학교(현 부산상고)에 입학하여 1941년 12월 말에 졸업했다. 이 시기는 1931년의 만주사변 이후 15년 전쟁기였고, 1937년의 중일전쟁으로 일본의 군국주의가 극에 달한 전시체제여서, 국민정신 총동원이라는 이름으로 군사훈련이 강조되었을 것이다. 이 학교에 재학 중 일본 나가사키고등상업학교에 진학한 친구로부터 전도를 받고 김길창 목사가 담임으로 목회하던 항서교회에 출석하기 시작했다. 항서교회는 1905년 2월 미국 북장로교의 리차드 사이드보텀(Richard H. Sidebotham, 1874~1908)에 의해 설립된 교회인데, 이전에는 "자갈치교회"로 불렸던 교회였다. 항서교회의 김길창 목사는 이근삼 박사에게 세례를 베풀었다.

보통학교 제3종 훈도 채용에 지원 신청한 것이 허락되어 거제도 옥포보통학교에 부임하여 1945년 8.15 해방을 맞이하였다. 해방 직후 부산 대신보통학교로 전근 발령을 받았으나 1946년 3월 부산에 남조선대학교(현 동아대학교의 전신)가 설립되자 교사직을 그만두고 대학교에 입학했다. 그러나 동료 대학생들의 "저질적 언행에 대해서 마음이 불편하여" 참을 수가 없었는데, 그의 고백에 따르면 이것은 "하나님께서 나를 주의 종으로 부르시는 한 신호였다." 그는 1946년 9월 20일 부산 좌천동 금성고등학교(전 일신여학교)에서 개교한 고려신학교의 입학시험을 쳐서 합격하여 제1회 입학생으로 등록했다. 고려신학교 설립자 한상동 목사가 그의 외삼촌이었기 때문에 먼저 그에게 자신의 신학교 입학 결심을 고백했으며 입학시험을 치도록 허락을 받은 후에야 신학교에 입학했다. 개교한 고려신학교는 2년의 예과와 3년의 본과 과정이었으므로 5년 동안 신학수업을 하였다. 이근삼 박사는 하나님께서 "고려신학교를 한국교회와 한국 민족과 또 나에게 주신 것"이며, "제일 큰 선물"이라고 고백한다. 1950년 6·25전쟁으로 중단되었던 신학교 수업은 이듬해 첫 학기에 재개되었다. 제1회 입학생들의 졸업식이 1951년 5월 27일 초량교회당에서 거행되었다.

이근삼 박사는 신학교 졸업 후에 1951년 9월에는 초량교회 주일학교 담당 전도사로 부임하였다. 초량교회에서 예배드릴 수 없는 상황이 발생하여 예배 장소가 새 성전인 부산 삼일교회로 변경되어, 이근삼 박사는 삼일교회에서 전도사 사역을 계속했다. 당시 고려신학교 제5회 졸업생들은 9월 노회에서 목사안수를 받았지만, 이근삼 박사는 "나는 마음의 준비가 되지 않아서 9월 노회에 안수를 받지 못하고 다음 노회 시에 받도록 연기를 하였다"고 회고한다. 박윤선 교장의 주례로 그는 조영진(趙英珍) 사모와 1952년 1월 22일에 삼일교회당에서 결혼식을 하였고, 1952년 9월에 삼일교회당에서 개회된 고려파 총회에서 목사안수를 받고, 담임목사인 한상동 목사가 목회하던 삼일교회에서 부목사로 사역을 시작했다. 그는 목사 안수받기 전에도 고려고등성경학교에서 영어 과목을 강의했고, 목사안수 후에도 박윤선 교장의 부탁으로 히브리어기초문법을 강의했다.

이근삼 박사는 웨스트민스터신학교(Westminster Theological Seminary)를 지망했으나 학점을 보충하기 위해 고든대학교(Gordon College)의 소재지 보스턴(Boston)으로 갔다. 제5회 졸업생들 중에 가장 먼저 해외유학의 길을 떠난 이근삼 박사는 1953년 12월 16일 미국 상선을 타고 부산항을 출발하여, 일본을 거쳐 2일을 머문 후에 1954년 1월 2일에 샌프란시스코에 도착한 바, 18일 만에 도착한 셈이다. 미국에서 5년 유학 동안 고든대학교에서 3학기 수강하고, 휘턴대학교 하기 대학수업을 받은 후에 고든대학교에서 문학사학위(B.A.)를 받았다. 훼이스 신학교에 입학하여 2년 수업 후에, 신학교 분열로 새로 생긴 커버넌트신학교(Covenant Theological Seminary)에 옮겨서 교역학석사(M.Div.)를 받고, 킬렌 박사(Dr. R. Allan Killen)의 지도로 「루돌프 불트만의 케리그마신학」(Rudolf Bultmann's Kerygmatic Theology)의 논문으로 1957년 5월에 신학석사학위(Th.M.)를 받았다. 웨스트민스터신학교에서 1년간 변증학을 공부한 후에 박사학위 공부를 위해 1958년 8월 23일 뉴욕에서 네덜란드 여객선을 타고 대서양을 건너 8일 만에 네덜란드 로테르담(Rotterdam) 항구에 도착했다. 이근삼 박사는 암스테르담 자유대학교(De vrije Universittelt te Amsteram)에서 바빙크 교수(Dr. Johan H. Bavinck)의 지도하에 「기독교와 신도국가주의의 대결」(The Christian Confrontation with Shinto Nationalism)이란 논문으로[4] 약 5년 만에 1962년 7월 13일에 신학박사학위(Dr. Theol.)를 받았다. 이근삼 박사는 1962년 7월 31일 네덜란드 로테르담 항구에서 일본 상선을 타고 출발하여 대서양, 지중해, 홍해, 인도양, 대만 해협을 건너 32일 만인 9월 1일에 부산항에 도착함으로써 약 9년의 유학 생활(미국과 네덜란드)을 마치고 무사히 귀국했다.

이근삼 박사는 1962년 9월에 부산 고려신학교에 교수로 취임하였다. 1966년 고려신학교 학장에 취임한 이근삼 박사는 고려신학교 의예과 개설 후, 세례를 받지 않은 불신자들의 입학허락 문제로 도의적 책임을

---

4   Kun Sam Lee, *The Christian Confrontation with Shinto Nationalism* (Amsterdam: Van Soest, 1962); (Philadelphia: Philadelphia Presbyterian and Reformed Publishing Co., 1966).

지고, 1982년에 학장에서 물러나 평교수로 가르치다가 1983년에 안식년을 받아서 미국으로 떠났다가 1년 휴직 후 1985년 1월에 고신대학교에 복귀했다. 1991년 8월 28일부터 다시 학장을 맡은 이근삼 박사는 1993년 3월 1일부로 고신대학을 고신대학교로 개명하고, 고신대학교의 초대 총장이 되었다. 그는 1994년 2월 28일에 총장퇴임 및 명예교수로 추대되었는데, 32년 동안 교수직과 학장과 총장직을 수행하였다.

이근삼 박사는 1994년 3월 4일에 교육부 국민훈장모란장을 받고, 도미(渡美)하여 LA지방의 가주고려신학대학원에서 가르치고, 1995년에 원장에 취임했고, 이 학교를 1999년 6월 1일부로 복음대학교(Evangelia University)로 개명했고, 이 학교의 초대총장에 취임하여 재직하다가 2007년 1월 14일에 만 83세로 하나님의 품에 안겼다. 그는 조영진 사모 사이에서 세 자녀를 두었는데, 곧, 이신철 교수(고려신학대학원 선교학, 은퇴), 이선화 권사, 이신열 교수(고신대학교 교의학)이다. 작년 2023년은 이근삼 박사 탄생 100주년이 되는 역사적인 해였다.

II 이근삼 박사의 성령론

우리는 이근삼 박사의 성령론을 연구하기 위해, 그가 『개혁주의 조직신학 개요』 제1권과 제2권에서 제시한 "조직신학의 구조"를 따르고자 한다. 그는 조직신학의 분류 또는 내용구성을 다음과 같이 제시한 바, 곧 신론(하나님의 존재, 속성, 삼위일체, 작정, 창조, 섭리), 인죄론(사람의 기원, 원인原人의 상태, 타락과 죄악, 행위언약과 은혜언약), 기독론(그리스도의 인격, 신분, 직무, 구속사역), 구원론(성령의 역사, 구원의 순서), 교회론(교회의 성질, 은혜의 방편, 권세, 정치), 종말론(개인의 종말, 그리스도의 재림,

전체 종말)이다.[5] "그래서 조직신학은 하나님의 계시인 성경의 진리와 사실들에서 하나님과 하나님의 우주에 대한 관계, 인간 창조, 섭리, 구속, 구원의 과정, 교회, 종말에 관한 일들을 논하는 학문이다."[6]

비록 이근삼 박사는 성령론을 그의 『개혁주의 조직신학 개요 2』의 "제2부 성령론"과 "제3부 구원론" 속에서 집중적으로 다룰지라도,[7] 우리는 그가 제시한 조직신학의 분류 또는 내용구성에 따라 모든 각론들(各論, loci; 계시론, 신론, 인간론, 성령론, 구원론, 교회론, 종말론 등)과 관련지어 차례대로 논의하고자 한다.

우리는 성령론을 크게 두 가지 관점, 곧 성령이 누구(who)인가라는 성령의 인격(위격, person) 문제와, 성령은 무엇(what)을 하는가라는 성령의 사역(事役, work) 문제를 구별히여 논의할 수 있다.

1 성령과 조직신학과 계시

이근삼 박사는 조직신학의 임무를 하지(C. Hodge)의 말을 인용하여 "절대적으로 확실한 진리를 학문적인 형식으로 서술하며 기독교 교리의 전부를 포용하는 것"으로 정의하고, 비록 교리 신조들이 유익할지라도, 조직신학 연구에서 유일한 원천 또는 차원을 성경으로 이해한다.[8][?] 우리의 신지식(神知識)의 원천은 계시에 대한 이해가 필요한데, 이근삼은 계시를 기본적으로 두 가지, 곧 일반계시와 특별계시로 분류한다. "계시는 기본적

---

5   이근삼, 『개혁주의 조직신학 개요 1』, 24.

6   이근삼, 『개혁주의 조직신학 개요 1』, 21.

7   이근삼, 『개혁주의 조직신학 개요 2』, 120~259.

8   이근삼, 『개혁주의 조직신학 개요 1』, 22~23.

으로 두 가지로 분류할 수 있는데 곧 일반계시와 특별계시이다. 일반계시는 하나님 자신을 창조주로서의 창조와 우주 통치자로서의 섭리를 통하여 모든 사람에게 전달하신 것이고 특별계시는 하나님 자신의 계시와 현현(顯現)을 특수한 사람에게 특별한 때에 하는 것으로 성경과 그리스도를 통해서 구원의 지식을 전달하는 것이다."[9]

이근삼 박사는 특별계시로서 그리스도와 성경을 제시한다. "예수 그리스도는 하나님의 최고의 그리고 최종적인 계시이다(히 1:1, 2)."[10] "66권의 신구약 성경은 하나님의 절대적인 섭리로서 우리에게 전하여진 영감으로 기록된 우리의 신앙과 생활에 대하여 하나님이 주신 문서로서 곧 하나님의 말씀이다."[11] 이근삼은 일반계시는 인정하나 자연신학은 거부한다. "일반계시(一般啓示)는 있으나 자연신학(自然神學)은 없다."[12]

"조직신학과 성령"이라는 제목으로 이근삼 박사는 조직신학과 신학자와 특별계시인 성경이 성령과의 밀접한 관계 속에 있음을 강력하게 주장한다. "특별계시가 구속적이기 때문에 조직신학에 또 하나의 추론이 있는데 그것은 신학자가 성경이 계시이며 구속적 능력임을 알지 않고는 신학작업에 부적당하다는 것이다. … 성경은 성령의 조명(照明) 없이 정당하게 해석될 수 없고 성경이 하나님의 말씀임을 확신하게 하는 성령의 내적증거(內的證據) 없이는 성경이 하나님의 말씀으로 바르게 연구될 수도 없는 것

---

9   이근삼, 『개혁주의 조직신학 개요 1』, 47.

10   이근삼, 『개혁주의 조직신학 개요 1』, 67.

11   이근삼, 『개혁주의 조직신학 개요 1』, 70.

12   이근삼, 『개혁주의 조직신학 개요 1』, 60.

이다."[13] "개혁혁주의 조직신학자는 모든 성경의 계시와 영감을 믿으며 본문에 대하여 정확무오한 하나님의 말씀이라고 믿는다."[14] "성경의 권위는 어떤 사람이나 교회의 인증 또는 증거에 근거하고 있는 것이 아니다. 성경은 하나님의 말씀이다. 그것은 성령의 감동으로 기록된 말씀이므로 하나님이 성경의 저자이신 것이다. 그러므로 성경말씀은 그 자체가 권위를 가진다. 성경은 그 내용이 그 원리를 스스로 증거하고 있다. … 성경은 거룩하신 하나님이 직접 성경의 저자들을 감동하여 기록하신 말씀이기 때문에 그 내용 자체가 거룩하다."[15] "성령의 내적 조명을 통해서 성경의 말씀을 더욱 이해하고 구원에 이르는 진리를 잘 깨닫게 된다. 그러므로 성경은 기도하면서 읽어야 하고 성령의 감동으로 기록된 말씀과 읽는 자는 성령의 조명에 의힌 인도하심이 있어야 한다(요 6:45, 고전 2:9, 10, 12) … 성경은 성경으로 해석한다는 것이 개혁주의 성경해석 원리이다. … 신앙과 생활에 있어서 최고의 재판관은 성경을 통하여 말씀하시는 성령이시다."[16]

조직신학은 계시의 사실이 하나님의 교회에 주신 하나의 임무이며, 하나의 필수요건이고, 기독교역사 속에서 자라온 성취이며, 하나님의 교회 안에서 발전해온 것이기 때문에, 우리가 가장 고려해야할 것은 "성령의 임재와 역사의 교리"이다.[17] 이근삼에 의하면, 성령께서 사도들에게 역사하셨듯이, 교회사(教會史)의 모든 세대 속에서도 역사하시기 때문에 모든

---

13 이근삼, 『개혁주의 조직신학 개요 1』, 30.

14 이근삼, 『개혁주의 조직신학 개요 1』, 23.

15 이근삼, 『개혁주의 조직신학 개요 1』, 37~38.

16 이근삼, 『개혁주의 조직신학 개요 1』, 40~41

17 이근삼, 『개혁주의 조직신학 개요 1』, 31.

조직신학자들은 각각 "진리의 영이 교회에 주신 진리의 이해를 대변한 것에 불과하다."[18] 교회사속에서 조직신학적 작업이 발전하기도하고 퇴보할지라도, "교회에 대한 주님의 감독과 성령의 인도로 조직신학이 일치하는 부단한 발전을 무효화시키지는 못했다."[19] 이근삼 박사는 16~17세기의 종교개혁 신학을 "기독교 신학의 대업적"(Opus Magnum)으로 평가하면서, 종교개혁 신학을 후퇴시키고, 성령의 역사를 거부하는 조직신학을 다음과 같이 비판한다. "이런 기초(16~17세기 종교개혁 신학, 필자주) 위에 세워지지 않거나 그것을 무시하는 신학은 후퇴를 장려하며 성령과 성령의 은사를 거부하므로 신학적 이해와 제시에 획기적인 노력이 이뤄지지 못하도록 한다."[20]

"개혁교회는 항상 개혁한다"(ecclesia reformata reformanda est)가 참이듯이, "개혁신학도 항상 개혁한다"가 참이라고 주장한 이근삼은 하나님의 말씀과 겸손과 기도와 성령의 인도하에 "전통적 개혁주의 신학전통"을 발전시킬 것을 우리에게 간절하게 요청한다. "우리의 전통적 개혁주의 신학전통에는 할 일이 아직 많이 있다. 하나님의 놀라운 역사와 기록된 말씀을 연구하는 신학도들에게 무한한 계시의 보고(寶庫)를 깊이 이해하여 하나님의 영광을 더욱 충만하게 나타내고, 찬양이 온 땅에 선포되기를 기다리고 있다. 신학도들은 겸손한 마음과 기도하는 마음으로 하나님의 계시를 접하며 성령의 조명으로 말씀을 깊이 깨달아 교회와 세계에 선포하는 사명을 감당해야할 것이다."[21]

---

18   이근삼, 『개혁주의 조직신학 개요 1』, 31.

19   이근삼, 『개혁주의 조직신학 개요 1』, 31.

20   이근삼, 『개혁주의 조직신학 개요 1』, 32.

21   이근삼, 『개혁주의 조직신학 개요 1』, 35.

이근삼 박사는 신지식(神知識)과 신지식의 확정(確定)을 위해 성령의 역사의 절대필요성을 강조한다. 그에 의하면, 성령으로 말미암아 영혼에 일어난 믿음이 아니고서는 참된 신앙은 없다. "'성령의 증거' 교리는 일반적 신앙 교리의 적용 또는 신앙의 산출에 성령이 작용하는 교리이다."[22] 우리는 성령의 역사를 통해 성경을 이해할 수 있는데, 이것을 "성령의 내적 교훈"(An Inward Teaching of the Holy Spirit) 또는 "성령의 비의적(秘義的) 증거"(A Secret Testimony of the Holy Spirit)로 부를 수 있다.[23] 이근삼 박사에 의하면, 칼빈은 신지식의 공급을 말씀 속의 객관적 계시와 성령의 주관적 증거에 있다고 한다. "말씀과 성령은 자기 백성들의 영혼에 영생이 되는 신지식을 낳게 하는 하나님의 역사의 두 요인이다."[24] 이근삼 박사는 신지식에서 성령의 중요성을 강조한 패키(J. I. Packer)의 주장에 전적으로 동의한다. "첫째는 성령이 없이는 복음도 없고 성경도 없었을 것이다. … 둘째는 성령이 없이는 믿음도 중생도 없었을 것이다. … 셋째는 성령께서 교회에 머물러 그리스도를 증거하게 하셨다."[25] "영감된 성경과 신자 속에서 역사하시는 성령의 내재하심은 곧 성령의 내적증거이다."[26]

2 성령과 신론(삼위일체론)

우리는 성령과 신론의 관계를 기술하기 위해 먼저 이근삼 박사의 삼

---

22   이근삼, 『개혁주의 조직신학 개요 1』, 72.

23   이근삼, 『개혁주의 조직신학 개요 1』, 73.

24   이근삼, 『개혁주의 조직신학 개요 1』, 74~75.

25   이근삼, 『개혁주의 조직신학 개요 1』, 75~76.

26   이근삼, 『개혁주의 조직신학 개요 2』, 150.

위일체론을 간단하게 언급하고 그가 이해한 "성령은 누구인가"라는 질문, 곧 성령의 위(인)격과 관련하여, 성령의 인격성, 성령의 신성, 성령의 고유성에 대해 차례대로 논하고자 한다. "이제 결론으로 성령은 인격이시다. 그리고 성령은 하나님이시다. 동시에 성령은 삼위 내의 성부, 성자와 구별된 한 위이시다. 성령은 삼위 내의 성부, 성자로부터 나오신다."[27]

(1) 삼위일체론

이근삼 박사는 삼위일체론은 기독교에서만 볼 수 있는 독특한 신관이며 기독교의 심장이라고 주장한다. 삼위일체론은 기독교 신앙의 총체(Sum)이고, 실질(Substance)이고, 모든 교리의 근본(Root)이고, 새 언약의 본질이며, 기독교의 핵심(Core)이라고 주장한 바빙크(H. Bavinck)의 주장에 전적으로 동의한다.[28] "삼위일체 신(三位一體神, The Trinity of God)은 삼위를 가진 한 분 하나님을 일컫는 말이다. '삼위일체 신(三位一體神)'은 성경에서 사용된 용어는 아닐지라도(테르툴리아누스가 tri+unity = trinity라는 신학용어를 최초로 사용했다고 전해짐, 필자주) 이것은 아버지, 아들, 성령으로서 성경에 계시된 한 하나님을 표현하는데 편의한 칭호로 알려지고 있다. 삼위일체 신은 신의 한 본체(本體) 속에 삼위(三位)가 구별되어 존재하시기는 하나 삼신(三神)이나, 신의 세 양태(三樣態)도 아니고 동등하시고 영원하신 한 분 하나님이다."[29] "하나님의 삼위는 하나님의 세 속성도 아니고 하나님의 본체의 3면도 아니다. 하나님은 삼위의 통일에 있어서 그것이 기계적으로 하는 것이 아니고, 성부, 성자,

---

27   이근삼, 『개혁주의 조직신학 개요 2』, 141.

28   이근삼, 『개혁주의 조직신학 개요 1』, 227~28.

29   이근삼, 『개혁주의 조직신학 개요 1』, 131~32.

성령 각 위가 완전한 인격으로 우리에게 임하는 것이다."[30]

이근삼 박사는 신구약성경과 고대교회의 교리논쟁을 자세히 소개하면서 삼위일체론의 대표적인 이단(反삼위일체론)인 양태론(樣態論)과 종속론(從屬論)과 삼신론(三神論)을 비판한다. 그에 의하면, 양태론은 한 하나님의 위(位)의 동등성을 믿으나 삼위를 부인하고, 종속론은 한 하나님과 삼위(三位)를 믿으나 삼위의 동등성을 부인하고, 삼신론은 삼위를 믿고 삼위의 동등성을 믿으나 한 하나님임을 부인한다.[31]

이근삼 박사는 삼위일체론의 구약성경적 기초를 논증하기 위해 하나님의 유일성의 뜻과 신명(神名)의 어법 사용을 제시한다. "삼위일체론자들은 성경에 창조주가 단수로나 복수로 기록된 것에 문제가 없다. 이유는 성부, 성자, 성령이 창조시역에 같이 동사했기 때문이다. 그러나 일신론자는 성경에 창조주를 복수로 기록된 것을 설명할 수가 없다. 삼위일체론자들은 하나님이 한 분이신 동시에 삼위로 믿기 때문에 하나님은 창조주 단수이건 창조주 복수이건 이해가 되는 것이다."[32] 특히 구약에서 삼위일체 사상은 하나님의 창조의 일(The Work of Creation)과 구속의 역사(The Work of Redemption) 속에서 나타난다.[33] 이근삼 박사에 의하면, 이스라엘이 믿는 하나님의 삼위일체의 본질은 사실 신약 속에 실체로 분명히 계시되고, 이미 구약에서 말하는 하나님의 다수 인격성이 더 확대되고, 심화되고 있으며, 구약의 성부, 성자, 성령의 인격성과 신성은 신약 삼위일체론의 근원이며,

---

30 이근삼, 『개혁주의 조직신학 개요 2』, 137.

31 이근삼, 『개혁주의 조직신학 개요 1』, 150~51.

32 이근삼, 『개혁주의 조직신학 개요 1』, 159, 15~162.

33 이근삼, 『개혁주의 조직신학 개요 1』, 159, 15~162.

신약성경은 구약의 계시를 성취시킨다.[34] 이근삼 박사는 본체론적 삼위일체(The Ontological Trinity) 또는 초월적 삼위일체(Transcendental Trinity) 또는 내재적 삼위일체(Immanent Trinity)와, 경륜적 삼위일체(The Economical Trinity) 또는 구원론적 삼위일체(Soteriological Trinity)를 성경을 통해 논증하는데, 특히 고린도후서 13장 13절과 마태복음 28장 19절을 증거 본문으로 제시한다.[35]

(2) 성령의 인(위)격

이근삼 박사가 이해하는 "성령은 누구인가?" 우리는 그가 이해한 성령의 인격과 관련하여, 세 가지, 곧 성령의 신성(神性), 성령의 인격성(人格性), 성령의 고유성(固有性)에 대해서 논의하고자 한다.

A 성령의 신성

우리가 이미 살펴본 이근삼 박사의 삼위일체론에 대한 진술에서 성령은 성부와 성자와 함께 하나님 자신임을 살펴보았다. 그러므로 성령은 신성(神性)을 가지는 제3위 하나님이시다. "성령은 하나님이시다. 삼위일체 하나님의 제3위 하나님이시다. 성부는 영원 자존하시고 성자는 영원히 성부에게서 나시고 성령은 영원히 성부와 성자의 보내심으로 오셨다."[36]

이근삼 박사는 성령의 신성(神性)을 성령에게 붙여진 명칭들을 통해서 논증한다. 삼위일체의 제1위, 제2위와의 관계를 보여주는 명칭으로서 성령의 신성을 드러내는 명칭들 중에서 성부와의 관계를 드러내는 명칭들은

---

34   이근삼,『개혁주의 조직신학 개요 1』, 175.

35   이근삼,『개혁주의 조직신학 개요 1』, 198, 193~98.

36   이근삼,『개혁주의 조직신학 개요 2』, 120~21.

하나님의 신, 주의 성령, 우리 하나님의 성령, 여호와의 신, 주의 신, 주 여호와의 신, 너희 아버지의 성령, 살아계신 하나님의 영, 나의 신, 그의 영 등이며, 성자와의 관계 속에서 나타나는 성령의 명칭들은 그리스도의 영, 예수 그리스도의 성령, 예수의 영, 그 아들의 영, 주의 영 등이 있다.[37] 이 근삼 박사는 성령에게 부여하는 속성들(유일성, 완전성, 통일성, 영원성 등)을 통해서 그리고 구원사역에서 성령의 명칭들(양자의 영, 평등, 물, 기름, 기름부음, 불, 샘, 하나님의 손 등)을 통해서 성령의 신성을 강조한다.[38] 성령을 구약의 야훼와 일치시키고(사 6:1~13), 성령훼방은 하나님을 모독하는 것(마 12:31~32), 세례식에서 성령이 성부와 성자와의 연합(마 28:19, 고후 13:13), 성령의 이중출원 등을 통해서 이 근삼 박사는 성령의 신성을 주장한다.[39]

이근삼 박사에 의하면, 구약성경에서 "영"은 일반적으로 형용사 없이 사용하여 "하나님의 영", "주의 영"으로만 기록되어 있지만, 신약성경에서 "성령"은 "제3위의 일반적인 호칭"으로 되어 있다.[40] 여기에 대한 증거를 이근삼은 세 가지를 제시한다. 첫째, 영은 "하나님의 영", "아들의 영", "아버지로부터 나오시는 영"이라는 명칭들은 제3위의 제1위와 제2위에 대한 관계를 나타내기 위하여 사용되며, 그의 외향적 사역의 특수한 양식을 지시한다. 둘째, 성령은 "거룩은 신거(神居) 본체의 속성"에 이어서 삼위에게 균등한 영광으로서 이것이 위적 특성으로 특이한 의미에서 사용되었을 수 없다. 그러므로 이것은 그의 사역의 특수한 성질을 가리킨다.

---

37   이근삼, 『개혁주의 조직신학 개요 2』, 144~45.

38   이근삼, 『개혁주의 조직신학 개요 2』, 145~46.

39   이근삼, 『개혁주의 조직신학 개요 2』, 147~48.

40   이근삼, 『개혁주의 조직신학 개요 1』, 222.

셋째, 하나님의 영이라는 어구는 그의 신성, 그 자신이 하나님이시라는 것(고전 2:11), 성부로부터 발출된 그와 동체적인 영이시라는 친밀한 위적 관계(요 15:26)를 표현한다. 넷째, 그리스도의 영(갈 4:6; 롬 8:9; 빌 1:19; 벧전 1:11)이다.[41]

또 이근삼 박사는 성령의 신성을 성령에게 적용되는 신적(神的) 이름을 통해서 그리고 성령의 신적 사역(事役)을 통해서 논증한다. 여호와의 이름이 성령에게 적용되며, 하나님이라는 이름이 분명한 뜻으로 성령께 적용되며, 성령 하나님은 영원하고, 전능한 신적인 속성을 가지고 있다. 성령의 신적 사역은 창조, 섭리적 혁신, 중생(重生), 죽은 자의 부활이다. 또한 성령 하나님은 신자들의 예배의 대상이며, 신자들은 하나님의 성전이요, 하나님의 성령이 그 안에 거하시므로 예배의 대상이라는 말씀이다.[42]

신적 경륜에 있어서의 성령의 사역과 관련하여, 첫째, 창조세계와 관련하여 성령 하나님은 생명을 발생하게 한다. 둘째, 구속세계와 관련되는 예언, 성령의 영감, 그리스도의 신체와 능력, 구속의 적용과 구원의 모든 과정이 성령의 사역이다. 교회의 설립과 유지 – 오순절의 성령강림은 교회의 새출발을 가능하게 하였다. 성령의 이적 활동과 영적 은사는 초대교회의 설립과 유지의 동력인이 되었다. 그 후 교회의 형성과 지도도 성령의 사역에 의존하여 왔다. 성령은 구속의 적용으로써 그리스도의 신비적 신체인 교회를 형성하시며 증진시키고, 그 중에 새 생명의 원소로서 내주하신다. 또 성령은 그리스도의 영광을 나타내시며, 구주에 관한 지식을 증진시키고, 교회를 오류로부터 수호하시며, 그것의 영원한 장례를 위한 준

---

41   이근삼,『개혁주의 조직신학 개요 1』, 222~23.

42   이근삼,『개혁주의 조직신학 개요 1』, 226.

비를 하신다.[43]

B 성령의 인격성

이근삼 박사는 성령의 인격성을 부정하거나 확보하지 못한 범례들을
교회사적으로 나열한다. 그 중에 초대교회의 단일신론파(Monarchians), 성령
파(Pneumatochians), 종교개혁시대의 소시너스파(Socinians), 현대의 슐라이어마
허, 리츨, 일위일신론파(Unitarians), 오늘날의 일부 현대주의자들이다. 그러
나 이근삼 박사에 의하면, "성령의 인격성은 성경이 분명히 증거하고 있
다."[44] 인격에 맞는 칭호인 "프뉴마"(πνεῦμα)는 비록 중성어일지라도 이근
삼은 오히려 남성대명사, "에케이노스"(ἐκεῖνος)가 성령에 사용된 것을 발
견한다.(요 16:14) 에베소서 1:14에는 남성관계 대명사 "호스"(ὅς)를 발견한
다. "파라클레토스"(παράκλητος)는 보혜사로 기록되었고, 요한일서 2:1에
는 같은 명사가 그리스도에게 적용되었으니, 이 명사가 인격을 의미한다
는 것은 확실하다. 성령은 그 자신을 일인칭으로 말씀하셨고, 그를 가리
켜 인칭대명사들이 사용되었다(행 10:19~20; 요 16:26).[45]

이근삼 박사는 인격의 특징들을 성령에게 돌린다는 사실을 성경을
통해서 논증한다. 성령은 지성(요 14:26), 의지(행 16:7), 감정(엡 4:20)을 가진다.
성령의 사역은 창조, 그리스도의 성탄, 계시와 영감과 증거, 대도(代禱), 중
생과 성화, 비상(非常) 은사, 죽은 자의 부활과 관계된다.[46] "지금 성령께서

---

43 이근삼, 『개혁주의 조직신학 개요 1』, 227~28.

44 이근삼, 『개혁주의 조직신학 개요 1』, 223.

45 이근삼, 『개혁주의 조직신학 개요 1』, 223~24

46 이근삼, 『개혁주의 조직신학 개요 1』, 224.

무한한 탄식으로 일하고 계신다. 성령은 무인격적 은사를 주시는 것도 아니고 그의 피조물을 무인격적 능력으로 힘주는 것도 아니다. 성령은 곧 자신을 주신다. 인격자만이 자신을 주시면서 침해를 받지 않고 지배도 받지 않는다."[47]

C 성령의 고유성

우리는 요한복음 1장 14절을 성자께서 아버지로부터의 "영원 출생"(eternal generation)을 가리키는 것으로 주석한다. 『콘스탄티노플 신조』(381)는 "주이시며, 생명을 주시는 성령을 믿으니 그는 성부로부터 나오시고 성부와 성자와 함께 예배와 영광을 받으시며, 예언자들을 통하여 말씀하셨으며"라고 고백한다. 이 신조 속에 있는 "아버지로부터"(qui ex Patre procedit)라는 구절 대신에 서방교회가 독자적으로 "아버지와 아들로부터"(qui ex Patre Filioque procedit)를 삽입했다. 소위 "필리오케"(filioque) 삽입을 동방교회가 반대하게 되었고, 주로 이 문제로 인하여 1054년에 동·서방교회가 분열되었다.[48]

이근삼 박사에 의하면, 『웨스트민스터 신앙고백서』는 다음과 같이 삼위일체 하나님을 고백한다. "하나님의 본체는 삼위가 계시는데 성부 하나님, 성자 하나님, 성령 하나님으로 그 실체와 권능과 영원성은 하나이시다. 성부는 누구에게 속하지도 않으시고 어디에서 나시거나 나오시지도 않으시고 성자는 영원히 성부에게서 나시고 성령은 성부와 성자에게

---

47   이근삼, 『개혁주의 조직신학 개요 2』, 134.

48   최윤배, 『성령론 입문』(서울: 장로회신학대학교출판부, 2010), 31~35.

서 나오신다(요 14:26, 15:26, 16:7, 갈 4:6)."[49]

이근삼 박사는 성령의 출원 또는 "발출(procession)은 성령이 성부와 성자로부터 발출한다는 의미"라고 주장한다. 이근삼 박사는 신약성경 구절들(요 14:16, 요 15:26, 요 16:7, 롬 8:9, 갈 4:6)을 통해 "이중발출"(double procession)을 주장하는 서방교회 입장에 동의한다.[50] 성령의 인격적 고유성은 성부와 성자에게서 나오심이다. "내가 아버지께로서 너희에게로 보낼 보혜사 곧 아버지께로서 나오시는 진리의 성령이 오실 때 …"(요 15:26; 갈 4:6) 이 고유성들은 인격적(personal)인 것으로 신성의 본질적(essential) 완전성과는 다르다. 본질적 완전성은 성부, 성자, 성령에게 공통적이고 인격적 고유성은 각위(各位)에 특유하여 한 위의 고유성은 다른 삼위의 것과는 같지 않는 것이다. 부성(父性, Paternity)은 제1위에 특유하고, 자성(子姓, Filiation)은 제2위에게, 나오심(Procession; 발출, 필자주)은 제3위에게 각각 특유한 것이다."[51]

(3) 성령의 사역

성령의 사역(事役, work)은 "성령은 무엇을 하시는가"에 대한 대답이다. 우리는 성령의 사역을 두 가지, 곧 일반사역(= 창조, 섭리와 보존: 우주, 역사, 인간)과 특별사역(= 재창조, 구속, 선택: 그리스도인과 교회와 하나님 나라)으로 구분할 수 있을 것이다.[52] 이근삼 박사도 성령의 일반사역(창조와 섭리)과 특별사역(구속)을 동시에 강조한다. 그는 성령을 창조와 섭리의 하나님이실 뿐만 아니라, 구원

---

49   이근삼, 『개혁주의 조직신학 개요 2』, 120.

50   이근삼, 『개혁주의 조직신학 개요 1』, 224~26.

51   이근삼, 『개혁주의 조직신학 개요 1』, 153.

52   최윤배, 『성령론 입문』, 93.

의 하나님이신 것을 강하게 주장한다. 이근삼 박사는 성령의 사역에 대해 다음과 같이 진술한다. "그(성령, 필자주)는 창조와 재창조에 역사하시고 일반은총에 있어서도 죄의 억제와 선을 권장하시며 특별 은총에 있어서 그리스도의 구속의 적용에 적극 역사하신다."[53]

이근삼 박사는 성령의 "일반은혜" 또는 "일반은총"이라는 용어를 통해 성령의 일반사역을 기술한다. "성령의 일반은혜는 불신자에게도 역사하시는 성령의 영향력을 말한다. 이 역사로 성령은 어떤 상황에서든지 혼란, 무질서, 죄악 속에서 역사하시고 인간에게 하나님의 진리를 계시하시는 일을 하고 있다. … 불신자에 대한 성령의 사역은 요한복음 16:8에서 잘 나타나고 있다. … 성령은 불신자들을 위하여 의로운 하나님과의 관계에서 우리의 삶이 하나님의 거룩하신 인격에 의해 판단되어야 한다고 계시한다. … 일반은총은 죄를 억제한다. … 죄를 억제시키는 성령의 사역은 하나님의 섭리를 위한 필수적 수단이며 일반은혜 속에 역사하시는 하나님의 사역의 일부이다."[54] 그러나 죄를 억제하는 성령의 일반은혜는 제한성을 가지고 있는데, 복음을 듣고 깨닫는다 해도 의지적 결단을 가지고 구원에 이르게 하지 못하며, 성령의 조명에 대한 내적 체험을 할 수 없으며, 도덕적, 지적 확신을 가질 수 있으나 결신(決信)의 열매를 맺지 못하며, 성령의 내주(內住)에 의한 정상적인 그리스도인의 체험에 이르지 못한다.[55]

이근삼 박사는 "성령과 창조"라는 제목 하에 성령은 삼위일체론적으

---

53 이근삼, 『개혁주의 조직신학 개요 2』, 141.

54 이근삼, 『개혁주의 조직신학 개요 2』, 156~59..

55 이근삼, 『개혁주의 조직신학 개요 2』, 159.

429

이근삼 박사의 성령론에 관한 연구 | 최윤배

로 창조에 참여하시고, 창조에 내재하신다고 주장한다.[56] "창조는 하나
님의 역사이며 그 하나님은 성부, 성자, 성령 삼위일체 하나님이시다. 성
경은 성부 하나님이 천지를 창조하심을 분명하게 선포한다(창 1:1; 사 44:24; 사
45:12; 고전 8:6). 그러나 이 창조사역은 성자 없이 지은 바 된 것이 하나도 없
다고 한다(요 1:3; 고전 8:6; 골 1:15~17). 그리고 성령이 함께 하신 역사이다(창 1:2; 욥
26:13; 욥 33:4; 시 104:30). 여기서 하나님의 영원한 목적인 창조와 구원의 기본
적 통일이 있다. 즉, 창조의 하나님은 곧 구원의 하나님이요, 삼위일체의
하나님이시다."[57] "성부는 그의 기쁘신 뜻대로 모든 것을 작정하시고 그
것에 따라 창조하시고 섭리하신다. 성자는 성부의 예정하신 죄인을 구속
하시고, 성령은 성부의 예정과 성자의 구속하신 자들을 믿어 구원받게 하
시고 그 완성을 위하여 역사하신다. 기독교 신학에 있어서 성령은 생의 근
원, 생의 후원자, 계시된 진리의 전달자, 사랑과 위로자로 생각한다. 성령
은 창조에 있어서 말씀과 동사동역하였고 구속에 있어서도 참예하신다.
사람이 인격자됨을 알게 되는 것은 하나님의 형상 안에서 성령을 통하여
자신을 봄으로만 알게 된다. 성경이 말한 성령은 급진적, 보존적, 자진적,
위로적, 신비적, 계시적인 신격을 가지시고 역사하신다."[58]

　　이근삼 박사는 「웨스트민스터 신앙고백」을 직접 인용하여, 성령께
서 성부와 성자와 함께 천지를 선하게 무에서부터(creatio ex nihilo) 창조하셨
다고 고백한다. "성부, 성자, 성령이신 하나님은 그의 영원하신 권능과 지
혜와 선하심의 영광을 나타내시기 위해 태초에 아무 것도 없는데서 온 세

56　이근삼, 『개혁주의 조직신학 개요 2』, 148~49.

57　이근삼, 『개혁주의 조직신학 개요 1』, 243~44.

58　이근삼, 『개혁주의 조직신학 개요 2』, 121.

계와 그 가운데 있는 만물, 즉 보이는 것이나 보이지 않는 모든 것을 엿새 동안에 말씀으로 창조하시기를 기뻐하셨는데 그 지으신 모든 것은 다 선하였다."[59] 성령의 사역은 창조(창 1:2, 시 104:30), 그리스도의 성탄(마 1:18, 눅 1:35), 계시와 영감과 증거(눅 3:3, 요 14:26, 15:26, 16:8, 행 5:32, 28:25, 롬 8:16, 고전 2:10, 13장, 갈 4:16, 히 3:7, 벧전 15:16), 대도(代禱, 롬 8:26~27), 중생과 성화(요 3:5~6, 고후 3:6, 엡 2:22), 비상 은사(고전 12:11), 죽은 자의 부활(롬 8:11)과 관계된다.[60]

이근삼 박사는 성령의 특별사역 또는 구원사역을 "특별구원의 은혜 또는 불가항력적 은혜"라는 제목으로 취급한다. 그는 성령의 특별은혜를 성령의 구원사역, 곧 특별사역으로 이해한다. "특별은혜는 사람이 그리스도를 구주와 주님으로 영접할 수 있는 믿음을 갖도록 역사하시는 성령의 사역 곧, 구원의 은혜를 의미한다. 이 은혜는 인간을 구원하시는 가장 중대한 하나님의 사역이며 성령의 사역에 대한 교리에 가장 필수적이고 중요한 부분이다. 구원에 대한 성령의 사역을 분명히 이해하고 확신하게 되면 구원의 수많은 혼란이 없어진다."[61]

이근삼 박사는 "구속언약"(Covenant of Redemption)과 관련하여 성부, 성자, 성령이 다함께 구속사역을 수행하신다고 주장한다. "이것(구속언약, 필자 주)은 삼위일체 하나님의 삼위간에 맺은 영원한 계약으로서 죄인을 영생으로 옮기는 것으로 은혜언약의 영원한 원형이다. 여기에 삼위의 관계는 삼위일체 하나님의 대표이신 성부 하나님과 하나님의 백성을 저들의 지은 죄에서 대속하신 구속주이신 성자 하나님과 구속사역의 적용과 완성을

---

59   이근삼, 『개혁주의 조직신학 개요 1』, 243.

60   이근삼, 『개혁주의 조직신학 개요 1』, 224.

61   이근삼, 『개혁주의 조직신학 개요 2』, 159~60.

담당하신 성령 하나님과의 관계이다. 구속사역의 삼위간의 분담은 성부
는 구속에 관한 예정과 계획과 목표를 설정하셨고, 성자는 구속주로서 이
를 집행하셨으며, 성령은 구속역사를 적용하고, 완성하신다(엡 1:4; 살후 2:13;
딤후 1:9; 벧전 1:2). 위에서 말한 구속사역의 삼위일체 하나님 안에서의 관계는
곧 계약당사자 조건, 약속들을 그대로 설명해 준다."[62]

　　이근삼 박사는 동일한 성령의 역사를 통해 구약과 신약을 연결시킨
다. 이스라엘 역사 속에서 여러 모양으로 나타나신 동일한 성령이 나사
렛 예수가 그리스도와 주님이라는 사실을 신앙고백하게 하신다. 또한 신
약에 나타난 그리스도의 계시는 성령을 인격으로 말한다.[63] 이근삼 박사
는 구약에서 성령은 일반사역과 특별사역을 동시에 수행하신 하나님이
라는 사실을 논증한다. "성령은 창조에 역사하신 신적 기관이다(창 1:2) …
성령은 생의 근원(根源)이시며 창조성과 인격적 능력을 가진다."[64] "구약
의 영은 하나님의 영이 우주적으로 임재하심을 알게 한다. 뿐만 아니라
개개인에게 놀라운 방법으로 역사하심을 알게 한다. 출애굽기 31:1~6,
35:20~36:7에 기술공에게 하나님의 영이 임하고 그 기술을 선물로 주셨
고 성령이 떠난 백성을 책망하는 선지자의 말씀도 있다. 이것은 성령의 신
격에 신비성과 권위가 있다는 표시이다."[65] 구약에서 성령은 사람들을 감
동시키고, 택한 사람들 안에 임재하시고, 구원역사를 통해 사람에게 위로
와 힘을 주어 사람에게 생명을 주어 회복시키신다. "성령은 하나님의 택

62　이근삼,『개혁주의 조직신학 개요 1』, 292.

63　이근삼,『개혁주의 조직신학 개요 2』, 122.

64　이근삼,『개혁주의 조직신학 개요 2』, 122~23.

65　이근삼,『개혁주의 조직신학 개요 2』, 123~24.

한 사람 속에 내재하신다. 성령 하나님은 구약성경에 나타나는 여러 사람들의 마음속에 존재하고 계셨다"(창 41:38, 민 27:8, 삼상 10:5~13, 19:23~24).[66]

"구원역사는 성령의 위로와 힘을 통하여 거룩을 회복하신다. 처음에 성령은 생명 창조에 역사하셨다. 그런데 이스라엘이 하나님을 거역하여 생명이 타락하였다. 그러나 성령은 생을 회복시키는 역사를 하신다. 이사야 40~66장에 이스라엘에게 성령이 돌아오심을 말하고 있다. 이사야 42:1, 61:1에 보면 하나님은 자기 백성을 그의 영으로 위로하신다고 했다."[67] 이근삼 박사가 이해한 신약성경에서 성령의 역사는 구약성경에서보다 더욱 강력하게 역사하신다.[68]

사실상 앞으로 논할 성령과 기독론, 성령과 구원론, 성령과 교회론, 성령과 종말론의 관계는 성령의 구원사역, 곧 성령의 특별사역과 관련되어 있다고 볼 수 있다.

3 성령과 기독론

이근삼 박사는 예수 그리스도의 인격과 관련하여 칼케돈 공의회(The Council of Chalcedon, 451년 10월 22일)의 결정, 곧 "예수 그리스도는 참 하나님이며 참 사람이다."(vere Deus et vere homo)라는 결정을 기독론 논쟁의 종결로 받아들이면서, 특이점은 양성(兩性)사이의 불혼합(no mixture), 불변(no change), 불분할(no division), 불분리(no separation)임을 지적한다.[69] 그는 그리스도의 신분을

---

66 이근삼, 『개혁주의 조직신학 개요 2』, 123.

67 이근삼, 『개혁주의 조직신학 개요 2』, 123.

68 이근삼, 『개혁주의 조직신학 개요 2』, 124~43.

69 이근삼, 『개혁주의 조직신학 개요 2』, 34.

"그리스도의 낮아지심과 높이지심", 곧 겸비상태(謙卑狀態성육신과 탄생, 수난, 대속적 죽음, 지옥강하)와 고양상태(高揚狀態) 또는 승귀상태(承貴狀態부활, 승천, 보좌우편 좌정, 귀환)로 구분하여 기술한다.[70]그리고 이근삼 박사는 "그리스도의 세 가지 직분"이라는 제목으로 예수 그리스도의 전(全) 생애와 전(全) 사역을 다시 한 번 더 상세하게 기술한다.[71] 우리에게 잘 알려졌다시피, 그리스도의 삼중직(munus triplex)을 조직신학적으로 체계화시킨 최초의 사람은 칼빈이다.[72]

이근삼 박사는 네덜란드 현대개혁신학자 헨드리꾸스 베르꼬프(Hen-drikus Berkhof, 1914~1995)가[73] 주장한 성령과 예수 그리스도의 이중적(二重的) 관계를 다음과 같이 소개한다. "예수 그리스도는 영을 받은 분이고 영을 지니고 있는 분으로서 부활과 더불어 영을 보내는 분이 되었다."[74] 특별히 신약성경에서 대부분의 경우, 성령은 그리스도와의 관련 속에서 이해되며, 예수와 성령의 관계는 이중적 관계로 나타나는데, 첫째, 성령과 성령의 담지자(擔持者, the bearer of the Holy Spirit)로서의 역사적(歷史的) 예수 그리스도와의 관계, 둘째, 성령과 성령의 파송자(派送者, the sender of the Holy Spirit)로서의 승귀(고양)된 예수 그리스도와의 관계이다.[75] 공관복음에는 주로 전자

---

70 이근삼,『개혁주의 조직신학 개요 2』, 41~56.

71 이근삼,『개혁주의 조직신학 개요 2』, 57~117.

72 이근삼,『개혁주의 조직신학 개요 2』, 57; 최윤배,『잊혀진 종교개혁자 마르틴 부처』(서울: 대한기독교서회, 2012), 199; 최윤배,『칼뱅신학 입문』(서울: 장로회신학대학교출판부, 2012), 157.

73 최윤배, "제1장 헨드리꾸스 베르꼬프의 개혁신학", 최윤배,『개혁신학 입문』(서울: 장로회신학대학교출판부, 2015), 683~717.

74 이근삼,『개혁주의 조직신학 개요 2』, 141.

75 최윤배,『성령론 입문』, 88.

의 관점이 강조되고, 요한복음과 바울서신에는 주로 후자의 관점이 강조되고 있다. 공관복음과 요한복음과 바울서신에서 이 두 관점이 동시에 나타난다. 그러나 이 두 관점은 서로 상반된 것이 결코 아니고, 오히려 상호 보완적이다. 예수는 자신이 처음 성령을 받은 자이며, 성령을 지닌 분이라는 사실 때문만으로도 성령을 보내는 자가 될 수 있다.[76] "성령이 내려서 누구 위에든지 머무는 것을 보거든 그가 곧 성령으로 세례를 베푸는 이인 줄 알라 하셨기에"(요 1:33 하) 부활· 승천하신 그리스도는 생명을 주는 영이 되었다. 그는 보혜사를 보내신다. 예수 그리스도는 부활· 승천하신 이후 줄곧 하나님의 보좌우편에 앉아계시지만, 지금도 오순절 성령강림사건 때, 마가의 다락방에 보내주신 보혜사 성령을 통해서 역사하신다.[77]

예수는 그의 성육신 이전이나 이후나 삼위일체의 제2위 하나님으로서 성령을 받을 필요가 없지만, 구속사적인 관점에서 육신을 입으셨기 때문에 성령의 도움을 필요로 한다. 성령으로 잉태하셨던 예수의 전(全) 생애는 성령론적으로 정초되고, 정향되어 있다. 그는 성령으로 잉태하시고, 성령으로 세례를 받으시고, 성령으로 기적을 행하시고, 성령으로 말씀을 전하시고, 성령으로 십자가를 지시고, 성령으로 부활하셨다. 예수의 모든 행위와 모든 말씀은 성령을 통한 것이었다.[78]

사실상 이근삼 박사는 그의 기독론 논의에서 오늘날 신약성서신학에서 깊이 논의되는 성령과 예수 그리스도의 관계를 심도 있게 논의하는 것은 아니지만, 성령과 예수 그리스도의 관계에 대한 내용이 그의 성령론

---

76   최윤배, 『성령론 입문』, 88.

77   최윤배, 『성령론 입문』, 89.

78   최윤배, 『성령론 입문』, 89.

에 대한 논의에서 상당히 발견된다. 이근삼 박사는 성령과 그리스도의 불가분리의 관계를 다음과 같이 역설한다. "교회의 머리이신 그리스도는 성령을 떠나서 생각되어서는 안 되며 성령은 그리스도를 떠나서 생각될 수 없다."[79] "그리스도의 온 생애는 성령으로 충만한 삶이었다. 이 진리가 너무 높고, 깊고, 넓어서 우리의 지식과 이해의 한계를 초월한다."[80]

우리는 이미 성령과 예수 그리스도의 관계를 삼위일체론에서 논의했다. 동방교회는 필리오케(filioque)를 부정했지만, 서방교회는 인정했다. 이근삼 박사도 서방교회 입장에서 "필리오케"를 인정한다. 이근삼 박사의 경우, 성령은 이미 내재적(본체적) 삼위일체 속에서 아버지와 아들로부터 영원히 출원(발출, procession)하신다.

이근삼 박사는 성령과 그리스도 사이의 구별과 일치를 삼위일체론적 운동으로 이해한다. "성령과 그리스도는 구별된다. … 성령과 그리스도는 일치한다. … 성령의 사역에는 외향적 사역과 내향적 사역이 있다. 외향적 사역은 성령은 하나님의 영이며 그리스도의 영으로서 인간에게 부으심이 된다. 성부로부터 성자를 통하여 성령이 파송되는 삼위일체론적 운동이라고 할 수 있다. 성령의 내향적 사역은 찬미와 통일성이 성령으로부터 성자를 통하여 성부에게 이르고 영광을 받으신다. 성령은 새로운 창조 성령이 성자를 통하여 성부에게로 모이는 삼위일체론적 운동으로 성령의 사역을 생각할 때 삼위일체적 운동의 성령의 내향적 사역을 말하게 된다. 이것이 우리를 구원하시는 성령의 사역인데 그리스도의 구속의 은혜를 신자들에게 적용시키는 일로써 우리에게 '구원의 서정'(ordo salutis, Order

79   이근삼, 『개혁주의 조직신학 개요 1』, 32.
80   이근삼, 『개혁주의 조직신학 개요 2』, 153~54.

of Salvation)인데 근래에는 '영성신학'이라고 하는 말이 나왔다."[81]

이근삼 박사는 헬라어 "그리스도"(χριστός)의 어의(語義)와 그리스도의 삼중직(munus triplex)을 중심으로 그리스도와 성령의 불가분리의 관계를 주장한다. 이근삼 박사에 의하면, "그리스도"(χριστός)라는 말은 헬라어이고 히브리어로 메시아인데, 이 말은 "마솨"(משח, 기름 붓는다)란 동사에서 온 말로서 "기름부음을 받은 자"라는 뜻이다. 구약시대에 왕(삼상 9:16, 10:1, 삼하 19:10), 제사장(출 29:7, fp4:3) 및 선지자(예언자, 왕상 19:16, 시 105:15, 사 61:1)를 임명할 때 기름을 그 머리에 부었다. "기름"은 성령을 상징하고(사 61:1, 슥 4:1~6), 하나님께 봉헌된 자에게 성령을 주심을 나타낼 때에 기름을 붓는다고 했다.(삼상 10:1,6, 10, 16:13) 그러므로 "기름 붓는다"는 말의 삼중의미는 직위에 임명받는다는 것(시 2편)과 하나님께 봉헌된 관계를 세우므로 그 결과 기름부음받은 자가 거룩하다는 것(삼상 24:6, 26:9, 삼하 1:14), 그리고 기름부음받은 자에게 서열을 주시는 것을 선포하는 의미가 있다(삼상 16:13, 삼하 1:21, 22).[82] "예수 그리스도는 영원부터 그 직위에 장립, 임명되었고 그것의 역사에 성령으로 잉태될 때에(눅 1:35), 특히 세례 받을 때에(마 3:16, 막 1:10, 눅 3:22, 요 1:32, 3:34) 삼직(왕, 제사장, 선지자)의 '기름부음 받은 자'라는 사실로써 구체화되었다. 그리스도 또 메시아라는 명칭은 구약에서부터 '주님'에게 주어진 이름이다(시 2:2, 45:7). 그를 우리의 대선지자, 대제사장, 영원한 왕으로, 기름부음 받은 자로 제시하였다. 신약에서는 제자들과 예수를 믿게 된 때로부터 그를 '그리스도'라고 불렀다(요 1:41, 마 16:16). 그리고 그리스도 자신이 '그리스도'라고 불렀다(마 16:17, 20, 막 9:41, 눅 24:26, 46). 그러므로 예수에 대한 통칭이 '그리

---

81   이근삼, 『개혁주의 조직신학 개요 2』, 141~43.

82   이근삼, 『개혁주의 조직신학 개요 2』, 18, 참고, 75~76.

스도'가 된 것이다(눅 4:41, 마 27:17, 22 눅 23:2, 35). 처음에는 그리스도의 명칭에 대한 관사 호(ố)를 붙였으나 점차 고유명사화되어 관사 없이 그리스도로 사용되었는데 사도행전 이후도 그러하다."[83]

이근삼 박사는 "성령과 그리스도"라는 제목으로 예수 그리스도의 생애, 곧 그리스도의 탄생에서부터 부활에 이르기까지 나타난 성령의 다양한 역사를 소개한다. 이근삼 박사는 성령의 사역을 "창조, 그리스도의 성탄, 계시와 영감과 증거, 대도(代禱), 중생과 성화, 비상(非常) 은사, 죽은 자의 부활"과 관계시킬 때, 성령의 "그리스도의 성탄"과의 밀접한 관계를 주장한다.[84] "그리스도의 생애에서 성령은 다양하게 나타나고 있다. 그리스도의 생애는 곧 동정녀 탄생, 기적적인 사역, 고난과 죽음, 부활 등에서 살필 수 있다."[85]

예수 그리스도는 성령으로 잉태하심으로부터 부활하시기 까지 항상 성령의 사역과 밀접하게 사셨다. 이근삼 박사는 예수 그리스도의 성령의 잉태사건을 성령의 무로부터의 첫 창조와 재창조 사역과 결부시킨다. "구약과 신약의 중간사 시대에 침묵하신 성령이 풍성한 능력과 은사로 그리스도의 탄생기록에 나타난다. … 동정녀 탄생의 신약적 선포는 성령과 말씀의 동시사역(同時使役)인 '무에서 유'의 창조를 선포한 구약의 창조와 관련된다. 성령에 세계 창조에 관여하셨던 것과 같이 세계의 신생(재창조)에 역사하심을 선포한 것이다. 구속주 그리스도의 탄생은 새 창조에 있어서 성령의 창조적 활동으로 이어진다. 성령을 잉태하여 탄생하신 일은 창조

---

83   이근삼, 『개혁주의 조직신학 개요 2』, 18~19.

84   이근삼, 『개혁주의 조직신학 개요 1』, 224.

85   이근삼, 『개혁주의 조직신학 개요 2』, 150.

의 새 역사를 의미한다. 또한 요한복음 3:5에 '사람이 물과 성령으로 거
듭나지 아니하면 천국에 들어가지 못한다.'고 중생의 사역을 선포하고 있
다."[86]

　"동정녀 탄생 – 그리스도의 잉태는 명백하게 성령에 기인한 것이다.
성령의 사역이 그리스도의 잉태를 가져왔음을 분명하게 증언하고 있다.
… 그리스도의 생애 – 성령 하나님은 그리스도의 탄생에서 다양하게 나
타나고 있다. 성령으로 잉태되었고, 세례를 받으실 때 나타나셨다. 그리
스도는 잉태순간부터 성령으로 충만하심 – 이것은 구약에서 예언되었고
(사 11:2~3, 42:1~4, 61:1~2) 예수님은 세례받은 직후 성령 충만하였다(눅 4:1). 삼
위일체교리에서 각 위는 분리될 수 없으므로 항상 함께 충만히 계셨다."[87]
"육신이 말씀과 연합함으로 성령의 충만한 감화를 받았다(골 2:9, 1:19, 요 1:32,
3:34)."[88] "첫째, 성령은 마리아의 복중에 그리스도의 인성을 잉태시켰다.
둘째, 성령은 그리스도의 인성을 처음부터 성별하여 죄와 무관하게 하셨
다. 하나님의 아들이 인성을 취한 것은 위대한 겸허의 행동이다. 꼭 낮아
지셔야 될 분은 아니면서도 육신을 취하사 인간과 같은 인성을 취하시고
고난과 죽음을 당하신 것은 하나님의 낮아지신 행위이다."[89]

　이근삼 박사는 예수 그리스도께서 그의 공적 사역을 성령세례받으심
으로부터 시작했다고 주장한다. "성령과 그리스도의 세례 – 요단강 세례
사건에서 성령이 비둘기 모양으로 예수 위에 임하셨다고 하는데 성령의

86　이근삼,『개혁주의 조직신학 개요 2』, 124.

87　이근삼,『개혁주의 조직신학 개요 2』, 151.

88　이근삼,『개혁주의 조직신학 개요 2』, 33.

89　이근삼,『개혁주의 조직신학 개요 2』, 42.

이 독특한 사역은 무엇을 의미하는가? … 이는 성령사역의 새로운 단계가 시작됨을 의미한다. 이때부터 성령은 메시아직의 외적 표적과 이적, 그리스도의 선지자적 사역 등의 결과를 가져온다. 비둘기 모양으로 성령이 가견적, 외적 형태로 강림하신 것은 성령의 사역이 가견적, 외적으로 나타날 것을 시사할 것이다. … 여기서 삼위 하나님이 나타나지만 한 하나님으로 존재하는 것은 명백하다."[90] "그리스도의 세례받으심에 나타나신 성령: 그리스도께서 공적 사역 초두에 성령이 강림하시고 거기에 새 왕국이 시작되어서 그리스도의 탄생에 성령의 역사가 있었다는 것을 확인한다."[91]

예수 그리스도는 광야 시험에서 성령의 역사를 통해 사탄을 물리치셨다. "그리스도가 악령과의 싸움에 나타난 성령: 예수는 광야와 시험에서 성령의 인도을 받았고 성령이 세력은 악령의 세력을 격파하였다."[92] "성령의 능력으로 기적적 사역을 행함 – 마태복음 12:28(눅 11:20)에 … 성령이 능력으로 귀신을 쫓아내신다고 했다. 누가복음 4:14, 15, 18에 예수님의 기적이 성령과 연관된 것은 이사야 61:1, 2의 인용인데 … 이렇게 그리스도의 선지자적 사역은 성령의 능력으로 수행됨을 보여주되 그리스도의 선지자적 사역에 동반된 기적들에 대한 언급이 이 구절의 강조점이다. … 그리스도는 성령의 능력으로 기적을 행하셨으며, 그가 원하실 때는 자신의 능력으로 역사하실 수 있었다."[93]

"성령과 그리스도의 고난 – 이사야 예언의 성취를 보면 그리스도는

---

90   이근삼, 『개혁주의 조직신학 개요 2』, 152.

91   이근삼, 『개혁주의 조직신학 개요 2』, 125.

92   이근삼, 『개혁주의 조직신학 개요 2』, 125.

93   이근삼, 『개혁주의 조직신학 개요 2』, 152~53.

지상에서 '질고와 슬픔의 사람'(사 53:3)이었고 그를 강하게 하신 이는 성령이다. … 이렇게 성령은 그리스도의 시험과 고난 중에 놀라운 사역을 한 것을 알 수 있다. … 성령의 역사는 그리스도의 십자가의 고난과 관계되어 있을 뿐만 아니라 하나님의 사랑으로 그리스도의 인성을 도우며 하나님의 뜻에 순종하게끔 성령은 그를 돕고 섬겼다. 그리스도의 온 생애는 성령으로 충만한 삶이었다. 이 진리가 너무 높고, 깊고, 넓어서 우리의 지식과 이해의 한계를 초월한다."[94] 예수 그리스도는 성령을 통한 구약 선지자들의 예언의 말씀을 성령을 통해서 성취하셨고, 성령만이 그리스도의 고난과 죽음의 영광을 나타낼 수 있었다. "예수 그리스도는 선지자들의 예언을 성취하셨다. 그는 성육신하신 말씀이며 선지자들을 통하여 성령으로 하신 그 말씀이다. 그의 말씀을 듣고 그의 행동을 본 자들에게 능력을 나타내셨는데 그의 권세는 오직 성령의 임재하심으로 알게 하셨다. 예수 그리스도는 권세를 가지셨으나 언제나 그것을 감추셨다. 고난과 죽음에 있어서 성령만이 그를 하나님의 영광으로 나타낼 수 있었다."[95]

"그리스도의 부활은 성령의 증거였으며 이적은 은사뿐만 아니라 성화, 격려, 위로서 사도들의 교리와 그들의 성역을 승인하신 것이다."[96] "성령과 그리스도의 부활 – 그리스도의 부활과 성령의 역사를 언급하는 구절들이 다양하게 나타난다. 로마서 8:11에 … 이 구절은 성도의 부활에 성령의 사역을 관련시키는 것이다. 그러나 본문은 성령이 그리스도의 부활에도 관계되어 있음을 시사한다. 그리고 베드로전서 3:18에 … 이는

---

94 이근삼, 『개혁주의 조직신학 개요 2』, 153~54.

95 이근삼, 『개혁주의 조직신학 개요 2』, 126.

96 이근삼, 『개혁주의 조직신학 개요 2』, 50.

예수는 '육체로 죽음'을 당하신 것과 절대적으로 '육체의 부활'이 필요했기 때문에 by the Spirit은 성령의 사역을 가장 명백하게 설명해 주고 있다. 또한 로마서 1:4에는 … 그리스도의 부활은 그의 육체적 면과 함께 그의 비물질성과 영성의 특성을 구체화하는 신령한 몸을 의미하고 있다. 성령의 독특한 사역은 창조와 부활이며, 그리스도의 영혼과 육체의 재결합은 성령의 사역에 속한다. 그리스도의 부활은 하나님의 영광과 권능을 나타내고 있다."[97]

"그리스도께서 하나님 우편에서 능동적으로 하시는 일은 그의 중보적 사역을 계속하시는 일이다. 이는 곧 선지자, 제사장, 왕의 삼직인데, 그 성격은 다음과 같다. 첫째, 선지자직이다. 그리스도는 성령을 통하여 그의 선시사직 사역을 땅 위에서 계속하신다(요 4:26, 16:7~15). 둘째, 제사장직이다. 십자가 상에서 '다 이루었다'는 부르짖음과 함께 그의 제상직이 끝난 것이 아니고 지금도 그의 제상직 사역을 하나님 우편에서 계속하시는 것이다(슥 6:13, 히 4:14, 7:14, 25, 8:1~6, 9:11~15, 24~25, 10:19~22, 요일 2:2). 셋째, 왕직이다. 성령과 천사들을 통한 왕적 통치는 최종 원수를 굴복하게 하실 때까지 계속하실 것이다."[98] 선지자로서의 그리스도는 지상에서 뿐만 아니라, "승천 후에도 사도들과 교역자들과 전도와 성령의 감화를 통해서 계속 일하신다."[99] "부활한 예수는 40일간 제자들과 함께 있으면서 그 자신의 죽음이 필요성을 교훈하시고 그들에게 오순절의 성령을 약속하시고 제자들에게 선교의 사명을 맡기시고 하나님 나라를 전파하시다가 저들이 보는 가

---

97   이근삼,『개혁주의 조직신학 개요 2』, 154~55.

98   이근삼,『개혁주의 조직신학 개요 2』, 54~55.

99   이근삼,『개혁주의 조직신학 개요 2』, 60.

운데서 승천하셨다. 참으로 하나님은 십자가에 못 박힘을 당한 예수를 죽음에서 일으켜서 주와 그리스도가 되게 하신 것(행 2:36)이다. 부활한 예수는 지금 교회의 머리로서, 우주의 왕으로서 하나님 우편에 앉아 계셔서 중보의 사명을 감당하고 있으며 마침내 때가 되면 승천하신 그대로 영광과 존귀 가운데 세상을 심판하고 하나님 나라를 완성하기 위해 다시 재림하실 것이다."[100]

이상근 박사는 예수 그리스도의 승천과 오순절의 성령강림을 구속사적으로 배턴터치(baton passing)로 이해한다. "성령오심은 예수의 십자가 구속 사건에 근거한다. 성령 보내시기 전에 그리스도의 승천이 필수적 단계이며 승천한 주님은 자기 상한 몸을 보이시며 아버지의 만족과 승인을 얻어 성령을 보내도록 청구할 수 있게 되었다. … 이렇게 성령을 보내실 수 있기 때문에 성령 보내실 것을 약속하셨다."[101]

성령강림(행 2:1~13)은 구속에 근거하여 성령을 아버지가 허락하여 보내신 구속사적인 사건이며, 유월절부터 50일째 오순절에 성령이 오신 사건이다. 성령강림은 그리스도의 구속사건의 완결인데, 그 표로 하나님의 임재하심이 사람들 중에 있게 됨이 성령강림이다. 성령강림은 그리스도의 속죄사역으로만 가능하다. 이같은 성령강림은 종말적이고 이후에 또 반복적으로 오시는 것이 아니고, 영구적, 궁극적인 강림이다.[102]

---

100 이근삼, 『개혁주의 조직신학 개요 2』, 116~17.

101 이근삼, 『개혁주의 조직신학 개요 2』, 126~27.

102 이근삼, 『개혁주의 조직신학 개요 2』, 128~29.

4 성령과 구원론

한국장로교회의 조직신학 역사(歷史)에서 중국의 조직신학자 가옥명
(賈玉明, 치아유밍, Rev. dr. prof. Chia yu Ming; Ka Ok Myeng on Korean, 1879. 1. 19~1964. 6. 12)의 조
직신학 저서 3권이 6권으로 나누어 1931년(소화 6년)에 한글로 번역되었는
데, 『조직신학 제4책: 구원론』은 내용상으로 기독론이고, 『조직신학 제5
책: 성령론』은 내용상으로 구원론이다.[103] 전통적으로 교의학(조직신학)에서
성령론은 독립된 각론으로 기술되지 않고, 성령론은 구원론 속에서 주로
기술되어, 마치 구원론이 성령론인 것처럼 오해되기도 한다.

이근삼 박사는 구원을 삼위일체론과 성령론과 구원 서정적(序程的) 관
점에서 다음과 같이 일목요연하게 기술한다. "성령의 중요한 사역 가운데
구원의 서정(ordo salutis, 필지주, the order of Salvation)에 깊은 영향을 미친다. 구원
의 서정은 성부 아버지의 선택(選擇)과 성자 예수 그리스도의 택자들에게
미치는 구속의 은혜(恩惠)와 성령이 구원에 이르도록 적용하시는 것이다.
구원의 서정은 대개 다음과 같은 과정을 따른다. 첫째, 소명(召命): 소명에
는 외적 소명과 내적 소명으로 나누는데, 특히 내적 소명은 불가항력적인
은혜가 따른다. 둘째, 중생(重生): 성령의 세례로 된다. 셋째, 회개와 신앙(悔
改, 信仰): 회개하고 믿어라. 넷째, 칭의(稱義): 모든 그리스도인들은 믿음으로
구원을 받으며 의롭게 된다(以信得義, 以信得救). 다섯째, 양자(養子): 그리스도
안에서 하나님의 자녀가 된다. 여섯째, 성화: 계속적 성장과정, 선행은 중
생, 믿음의 결과이다. 일곱째, 견인(堅忍) 여덟째, 영화(榮化)."[104]

구원론과 관련하여 이근삼 박사의 삼위일체론적, 성령론적, 구원 서

---

103 최윤배, 『개혁신학 입문』, 839~40, 837~66.
104 이근삼, 『개혁주의 조직신학 개요 2』, 188.

정적 관점이 다음 문장 속에 아주 분명하게 나타난다. "구원 경륜에 있어서 우리는 크게 삼위 하나님의 사역, 즉 성부 하나님께서 구원할 자를 먼저 택하시고 성자 하나님께서 그 택한 자를 구원하기 위한 속죄 사역을 완수하시고 성령 하나님께서 마지막으로 그리스도의 속죄 사역을 택한 자들에게 적용시켜 그들로 하여금 실제적으로 구원에 참여하게 하시는 일 등 세 가지로 말할 수 있다. … 벌코프(L. Berkhof)와 머리(John Murry)는 구원의 적용 과정 순서를 부르심, 중생, 신앙과 회개, 칭의, 양자됨, 성화, 인내, 영화 등으로 분류하였다. 우리의 구원의 시초도 하나님이시요, 그 과정도 하나님이시요, 그 근거도 하나님이시요, 그 목적도 하나님이시다. 삼위 하나님만이 우리 구원의 알파와 오메가이시다."[105] 이근삼 박사가 이해한 구원과 구속의 적용 순서는 벌코프와 머리의 견해와 동일하다. "부르심 → 중생 → 믿음과 회개 → 칭의 → 영자 삼으심 → 성화 → 인내 → 영화."[106]

이근삼 박사가 이해한 "외적 소명"은 복음전도와 관련되지만, "내적 소명"과 영적 소명의 증거는 성령론적이다. "내적, 영적 소명인 증거는 성령의 감화(살전 1:5, 6, 요 6:45, 64, 65), 진리를 받는 데는 성령의 감화가 필요(엡 1:17), 사람이 하나님께 선을 행하는 데는 신앙과 회개(빌 2:13, 엡 2:8, 딤후 2:25)가 전제됨, 성경이 내적, 외적 소명을 나누어 말한다(잠 1:24, 요 6:45). 그리고 소경, 죽은 인간에게 내적, 영적 소명이 절대 필요하다(고전 2:14, 고후 4:4, 딤후 2:1)."[107]

이근삼 박사는 "중생"(重生, regeneration; to be born again)을 전적으로 성령론

---

105   이근삼, 『개혁주의 조직신학 개요 2』, 211~12.

106   이근삼, 『개혁주의 조직신학 개요 2』, 215.

107   이근삼, 『개혁주의 조직신학 개요 2』, 219~20.

적으로 이해한다. "중생은 성령의 역사이다."[108] "중생의 양식은 신비적이며 그리스도의 말씀같이 바람이 부는 것과 같다(요 3:8). … 이것은 중생의 청결한 방면을 말하는 바 새로운 지음을 받아야 한다는 것이다. 영으로 난다는 것은 '성령으로 남을 의미한다'(요 3:8, 1:13, 요일 2:29, 3:9, 4:7, 5:1, 4, 18). 그러므로 이것은 신적 초자연성을 가지는 것을 의미한다. 성령은 중생의 근원이며 또한 기관이다. 신국에 들어가는 것은 전적으로 성령의 역사에 의존한다. 이것은 마치 사람이 세상에 출생할 때에 자신의 역할보다 부모의 역할에만 의존한 것과 같이 중생은 성령의 역사에만 의존하는 것을 가르친다. 다시 말하면 우리 자신이 신국(神國)에 들어가는 것은 원하거나 결정하는 것이 아니고 성령이 원하는 대로 주권적으로 중생 시켰다는 것이다. 바람이 부는 것같이 시켰다는 것이다. '바람이 임의로 분다'는 것은 성령의 역사의 주권성을 강조한 것이다. '바람이 어디로 와서 어디로 가는지 알지 못한다'는 것은 성령의 역사의 신비성을 말한다. 이와 같이 요한복음 3장에서 중생에 있어서 성령의 역사하는 내용을 밝혀주고 있다. 그러므로 중생에 있어 성령의 주도적 역할을 하기 때문에 사람은 중생에 있어서 피동적이다."[109] "중생한 모든 사람 안에 성령이 내주(內住)하는 것은 새 사람의 특징 중의 하나이다. 성령의 내주교리는 구원받은 사람에 대한 성령의 많은 사역들의 기초로서 아주 중요하다. … 성령의 내주(內住)는 중생(重生)의 동의어는 아니다. 신자의 새 생명은 신적인 것이며 그 성품은 하나님의 생명과 동일하지만 그 신적 생명의 소유와 성령의 임재는 다르다. … 성령의 내주, 임재는 앞으로 오는 축복에 대한 우리의 보증이다(고후 1:22, 5:5,

---

108   이근삼, 『개혁주의 조직신학 개요 2』, 161~64.

109   이근삼, 『개혁주의 조직신학 개요 2』, 221~22.

엡 1:14).”[110]

이근삼 박사는 "신앙"의 세 요소는 지식(knowledge), 확신(conviction), 신뢰(trust)라고 주장하면서, 종교개혁자들은 확신을 더 강조했으며, "신앙의 특징은 그리스도에게 전적인 목적을 두는 데 있다. 성령의 증거로 신자는 구원의 확실성을 가진다. 그는 영생의 축복을 소유하는 자 속에 있는 것을 알게 된다"라고 주장함으로써, 신앙을 성령론적으로 이해한다.[111]

이근삼 박사는 "회개"(repentance)와 신앙의 순서 문제는 불필요하며, 구원에 이르는 신앙은 회개하는 신앙인바, "회개의 본질은 성령의 역사와 의지의 갱신으로 된다. … 상하고 회개하는 심령은 은혜를 믿는 신앙 아래서 죄의식이 있어야 하고 또한 그것이 자책과 고백과 사죄의 호소와 성령의 도움을 구한다"고 주장함으로써, 회개를 성령의 사역과 긴밀하게 연결시킨다.[112]

이근삼 박사에 의하면, "칭의"(稱義, justification)는 하나님의 의와 그리스도의 의, 곧 전가(轉嫁)된(imputed) 의로 인하여 "죄인에게 요구된 법이 완전히 성취된 것을 선포되는 하나님의 법적 행위"이며, "믿음으로 의롭다함을 받는다."[113] 칭의는 단순한 사죄이상인 것이며, 하나님의 아들이 되게 하는 양자(養子)의 명분을 받게 되고, 양자가 되는 것은 법적 행위이고, 죄인을 아들의 위치에 두는 것이고, 그러나 내적 변화까지는 미치지 않고, 내적 변화는 성령을 통한 중생과 성화를 통해서 이루어지며, 믿음으로 칭

---

110 이근삼, 『개혁주의 조직신학 개요 2』, 177~78.

111 이근삼, 『개혁주의 조직신학 개요 2』, 225~26.

112 이근삼, 『개혁주의 조직신학 개요 2』, 226~27.

113 이근삼, 『개혁주의 조직신학 개요 2』, 231~32.

의받은 신자는 영생의 후사들이다.[114] 이근삼 박사는 사실상 칭의와 관련하여 성령을 거의 언급하지 않지만, 믿음을 통한 칭의이고, 믿음은 성령의 은사이기 때문에 "믿음을 통한 칭의"는 성령의 역사와 관계된다.

이근삼 박사는 "양자삼음"과 성령의 역사를 밀접하게 관계시킨다. "양자삼는 일은 중생자를 전능하신 하나님의 자녀로 입적하는 것이다(요 1:12). 이것은 결코 중생과 칭의에서 따로 분리할 수 없다. … 하나님의 가족으로 입양된 자는 그 심령에 '아바 아버지'라 부른 아들의 영을 받는다 (갈 4:6, 롬 8:15, 16). 또한 양자로 입양하는 것은 다른 가족에서 하나님 자신의 가족으로 인정하는 행위이다. … 삼위 내의 성부 하나님의 부성을 말할 때 이것은 삼위일체론적 신론적이며 제2위 성자에게만 관계되는 필연석인 것이나. 이 싱부와 성자간의 관계는 성령과 성자와의 관계와 다르며 또 천사와 사람에 찾아볼 수 없는 관계이다."[115]

비록 이근삼 박사는 구원의 각 서정을 성령과 결부시키지만, 특히 "성화"를 성령의 사역과 더욱더 밀접하게 연결시킨다. "성화는 하나님의 주권적인 은혜로 특히 성령의 내재와 인도로 되는 일이다. 동시에 죄에 대한 성도의 결단적 저항이 동반하는 일이다. 성화의 원리는 중생한 자가 거룩하다는 것이다."[116] "성화는 우리 자신이 하는 것이 아니다. 하나님 특히 성령이 성화의 기관이시다. 첫째, 성령이 성화하게 하는 형식은 신비에 속한다. 성령은 우리 마음에 역사하는 것을 의식한다고 할 수 없고 그 반면에 무의식 중에 된다고 할 수도 없다. 성령은 사람의 심령을 좌우하

---

114   이근삼, 『개혁주의 조직신학 개요 2』, 233~34.

115   이근삼, 『개혁주의 조직신학 개요 2』, 238~39.

116   이근삼, 『개혁주의 조직신학 개요 2』, 240.

며 동시에 전인에게 영향을 준다(창 4:23). 둘째, 우리는 성령에게 완전히 의지함을 의식해야 한다. 사람이 자신의 무능을 의식하지 않으면 성령의 역사를 자의와 교만의 도구로 삼고 결국은 성화를 이루지 못한다. 셋째, 거룩하게 하시는 성령은 그리스도의 영이시며 또한 그리스도를 죽은 자 가운데서 일으키시는 영이시다. 성령은 살아계신 영화로운신 그리스도를 떠나서는 역사하시지 않는다. 성화의 과정은 그리스도의 죽음과 부활에 의존한다(고후 3:17, 18)."[117]

이근삼 박사는 신자의 성화를 위하여 신자 자신은 기도와 말씀 묵상과 공적 예배를 통한 설교와 성례전 참여를 성령의 도구로 사용해야 하고, 신자 자신이 죄에 대한 저항과 의에 대한 결단을 해야 한다고 주장한다.

"첫째, 신자는 생애를 통해서 성령과 그리스도의 전적 임재를 위하여 기도할 것이다. 성령께서 우리를 믿음으로 기도하도록 하시는 것은 사실이다. 믿음으로 성령과 그리스도의 임재를 구하면 구할수록 더욱 우리 생활 속에 임재하신다는 것을 우리에게 말한다. 믿음은 성령과 그리스도를 우리 마음에 임재하게 하는 방편이므로 예수 그리스도도 요한복음 7:38, 39에 … 하셨는데 이는 믿는 자의 받을 성령을 가리킨 것이다. … 둘째, 승리생활에 중요한 것은 하나님의 말씀묵상이다. 성령은 하나님의 말씀 없이 사역하지 않는다. 하나님의 은혜의 방편인 성경의 말씀을 통하지 않고는 무엇이 거룩인지 알지 못한다. … 셋째, 승리생활을 원하는 신자는 공적 예배에 진실해야 한다. 참된 하나님의 말씀의 공적 전파를 통하여 성

---

117   이근삼, 『개혁주의 조직신학 개요 2』, 242.

령은 말씀하시고 그 죄를 깨닫게 하며 거룩으로 인도하신다. 동시에 성례를 통하여 믿음이 강화된다. 성화에는 이중 사역이 있는데 그 하나는 100% 하나님의 일이시다. 이것은 하나님의 주권적인 은혜이며, 성령이 친히 내재하시는 일이다. 다른 하나는 사람의 죄에 대한 저항과 의에 대한 결단이 동반되어야 한다. 이 이중 사역이 연합하여 죄를 이기게 한다."[118]

이근삼 박사는 신자의 성화의 과정에서 완전주의를 비판하고, 선행은 성화의 열매이며, 선행에는 공로적인 성격이 없고, 하나님이 인정하시고 주시는 상급으로 이해한다. "성화의 이 땅에서의 불완전성은 어떤 부분이 불완전하다는 것이 아니라 영적인 발전이 정도에 있어서 불완전하다. 이 땅에서 사는 날 동안 죄와의 관계가 완전 단절되는 것은 아니다(왕상 8:46, 잠 20:9, 선 /:20, 약 3:2, 요일 1·8)."[119] 그에 의하면, 성화와 선행의 관계는 가장 긴밀하며, 선행은 성화의 열매이다. "옛 사람의 생은 악행으로 나타났듯이 신생은 중생에서 시작하여 성화로 강화되고 선행으로 나타난다. 선행은 성화의 열매이다."[120] "신자의 선행이 공로가 되지 못한다. 엄격한 의미로는 결코 공로가 될 수 없다(눅 17:9, 롬 5:15, 18, 6:23, 엡 2:8~10, 딤후 1:9, 딛 3:5). 선행으로 구원을 받지 못하고 구원은 값없이 주시는 하나님의 선물이다. … 성령을 받은 자는 순종의 영을 받았다. 기쁨으로 하나님의 법을 순종한다."[121]

이근삼 박사는 "성도의 인내"를 성령과 밀접하게 결부시킨다. "성도

---

118 이근삼, 『개혁주의 조직신학 개요 2』, 243~44.

119 이근삼, 『개혁주의 조직신학 개요 2』, 244, 244~46.

120 이근삼, 『개혁주의 조직신학 개요 2』, 246.

121 이근삼, 『개혁주의 조직신학 개요 2』, 247~48.

의 인내(perseverance of saints)는 인간의 능력을 부인하지 않지만 하나님이 궁극적으로 구원하시는 것을 말한다. 하나님은 성도로 하여금 끝까지 인내하게 하신다. 이것은 신자 속에 성령이 계속 역사하셔서 하나님이 신자의 마음에 시작하신 하나님의 은혜의 역사가 완성에 이르게 하신다는 사실을 말하는 것이다."[122] 이근삼 박사는 성도의 인내의 교리를 예정, 구속계약, 예수 그리스도의 구속사역, 그리스도와의 연합, 영생의 약속, 구원의 확신에 근거하여 제시하는데, 여기에서 성령의 사역이 중요하다. "성령으로 믿게 하시고 그리스도를 영접하고 끝까지 견디어 궁극적으로 구원에 이르도록 하셨다. … 그리스도와의 신비한 연합에서의 증거이다(성령으로 그리스도와 일체가 됨)."[123]

구원의 서정의 최종 단계는 "영화"(榮化, glorification)인데, 이근삼 박사는 영화를 개인적 종말뿐만 아니라, 우주적(일반적) 종말과도 연결시킨다. 이런 논의에서 성령과 직접 관계된 문자적 기록은 발견되지 않으나, 내용적으로 성령론과 결부되고 있다고 볼 수 있다. "영화(glorification)는 구속의 전 과정의 완성이다. 영화는 택자들이 성부의 영원한 목적으로 예정된 최종점에 들어가는 것이며 그리스도의 대속사업을 통하여 확보된 구원의 완성을 의미한다. … 부활과 승천과 영화된 구속주의 형상으로 하나님의 백성들이 몸과 영이 하나되어 그리스도의 영광의 몸과 같이 될 때 완전한 최종적인 구속이 이루어진다(빌 3:21)."[124] "성경이 말하는 영원불멸의 교리는 영화의 교리이다. 영화에는 부활이 있다. … 이와같이 기독교의 소망은 우

---

122 이근삼, 『개혁주의 조직신학 개요 2』, 248.

123 이근삼, 『개혁주의 조직신학 개요 2』, 250~51.

124 이근삼, 『개혁주의 조직신학 개요 2』, 251.

리 주변에 있는 하나님이 창조하신 물질세계와 무관한 것이 아니다. …
물질세계도 이 부패에서 해방되기를 원하고 있는 것이다. 이 물질세계의
해방은 하나님의 백성의 구원이 완성됨과 동시에 이루어질 것이다. 이 두
사건이 소망 중에 관련되어 있다. 이와 같이 영화는 우주적 대 사건이다(벧
전 3:13, 고전 15:24, 28)."[125]

　　이근삼 박사는 바르트(K. Barth)가 만인구원설(Universalism)을 주장하지
는 않지만 그의 보편화해론은 결국 만인구원설로 귀결되는 것으로 판단
하고, 제한속죄설과 종말의 이중 결과(천국과 지옥; 영생과 영벌)를 주장한다. 이
근삼 박사는 칼빈의 하나님의 절대주권에 기초하여 어떤 사람은 구원으
로, 어떤 사람은 멸망으로 예정된 것이 성경적이라고 주장하면서 그의 구
원론을 삼위일체론적, 기독론적, 성령론적 구원론으로 마친다. "우리는
성경에 의하여 하나님께서 그가 기뻐하시는 대로 혹자를 예정하시고 그
리스도를 그들을 위하여 죽으시고 성령은 그들을 중생시켜 구원하신다는
특정 구원론을 말하게 한다."[126]

5 성령과 교회론

　　이근삼 박사는 "교회의 삼중적 관계"라는 제목으로 삼위일체론적 교
회론을 주장한다. "교회의 참된 관계는 하나님과의 관계의 실재성에서 시
작한다. … 이 관계는 성부, 성자, 성령 삼위일체 하나님과의 관계를 말한
다. 교회의 순수한 기독론적 기초 또는 성령론적 기초는 성경계시에 배치
된다. 교회의 영원한 기원과 그 생명의 영원 분출은 삼위일체 하나님의 신

125　이근삼, 『개혁주의 조직신학 개요 2』, 252~53.

126　이근삼, 『개혁주의 조직신학 개요 2』, 258~59.

비 속에 있다. 예수님은 기도에서 자기 할 일을 아버지께서 주셨다고 했다 (요 17:4). 그것은 신자들로 하여금 아버지께서 보내신 예수님 자신을 믿게 하는 것이라고 한다(요 17:6, 8). 자기가 말하는 것은 자기의 말이 아니라 아버지의 하시는 일이라고 말한다(요 14:10). 신자들은 세상에 버려두지 아니하고 아버지께 구하여 성령, 진리의 영을 보내어 인도하실 것이라고 한다 (요 14:16, 17, 요 16:7, 13). 이렇게 요한은 교회를 삼위일체 하나님 아버지와 아들과 성령과의 깊은 관계 속에서 둔다."[127]

"성령께서 교회에 머물러 그리스도를 증거하게 하셨다."[128] 이근삼에 의하면, 교회의 설립과 유지 – 오순절의 성령강림은 교회의 새출발을 가능하게 하였다. 성령의 이적 활등과 영적 은사는 초대교회의 설립과 유지의 동력인이 되었다. 그 후 교회의 형성과 지도도 성령의 사역에 의존하여 왔다. 성령은 구속의 적용으로써 그리스도의 신비적 신체인 교회를 형성하시며 증진시키고, 그 중에 새 생명의 원소로서 내주하신다. 또 성령은 그리스도의 영광을 나타내시며, 구주에 관한 지식을 증진시키고, 교회를 오류로부터 수호하시며, 그것의 영원한 장례를 위한 준비를 하신다.[129]

성령의 사역은 그리스도 중심적이며, 성령의 수단은 말씀과 설교를 통해서 나타난다.[130] "성령은 언제나 말씀과 동행 동재하신다. 이것은 하나님의 통일에 근거한 것이며 성령이 역사 내에서 활동하시는 것은 계시의 말씀이 오시는 것과 성령의 위로 사이에 우리가 다 이해할 수 없는 간

---

127 이근삼,『개혁주의 조직신학 개요 2』, 309~10.

128 이근삼,『개혁주의 조직신학 개요 1』, 75~76.

129 이근삼,『개혁주의 조직신학 개요 1』, 227~28.

130 이근삼,『개혁주의 조직신학 개요 2』, 130.

격이 있다. 성령은 말씀을 도구로 사용하신다. 정확한 성령의 역사는 정확한 말씀 안에 기준한다."[131]

이근삼은 "성례전(sacraments)은 신비이며 비밀(mystery)"라고 주장한다.[132] 그는 주님께서 교회에 명령하신 성례전을 세례와 성찬으로 규정하면서 성례전을 성령론적으로 이해한다. "성례는 물질적인 표와 그 의미를 표시하는 말씀, 그리고 그 말씀이 내포하고 있는 은혜가 하나가 되어 성령으로 연합되어야 성례가 된다고 한다. 그러면 교회에서 규정된 성례의 수는 몇 개인가? 주께서 교회에게 명령한 성례전은 세례와 성찬 두 가지이다."[133]

이근삼 박사는 로마천주교, 루터, 츠빙글리가 이해한 성찬론이 아니라, 칼빈이 이해한 성령론적 성찬론에 동의한다. "칼빈은 '이 성례전에 그리스도께서 친히 우리 눈 앞에 계시며 우리 손으로 만지는 것 같이 생각하여야 한다. 이것은 그리스도가 약속하신 것을 성령이 효과적인 역사로 성취시킨다는 것을 성찬에서 보여주심으로 되는 것이라'라고 했다. 칼빈은 물질적 실재론(화체설)도 아니고 츠빙글리의 영적상징설도 아니고 루터의 공재설도 아닌 그리스도 자신이 친히 임재하시는 것을 강조하고 있다. … 칼빈의 입장은 화체도 아니고 공재도 아니고 상징만도 아닌 말씀과 성령으로 그리스도와 연합함으로 속성의 교류를 인정한다. … 성만찬의 중심사는 십자가를 지셨고 부활하신 예수 그리스도와 그의 임재하심이다. 이 성만찬의 효과는 구속, 칭의, 성화, 영생, 그리고 그리스도께 우리에게 주

---

131 이근삼,『개혁주의 조직신학 개요 2』, 138.

132 이근삼,『개혁주의 조직신학 개요 2』, 284.

133 이근삼,『개혁주의 조직신학 개요 2』, 285.

시는 모든 복들을 누리는 것이다."[134] "칼빈은 떡과 포도주는 성찬의 영적 현실성을 말해준다고 했다. 그것은 말씀으로 우리에게 전달해 준 내용을 표시하는 것이나 성만찬에 사용되는 물체는 그리스도의 영이 아니다. 우리는 성찬 받을 때 성령에 의해서 그리스도의 몸과 피에 참여한다. … 즉, 성찬에서 물체와 그리스도와 우리 사이에 영적 삼각관계를 형성하므로 영적 성찬론이 되는 것이다."[135] 이근삼 박사는 칼빈의 성찬 이해를 "그리스도의 영적임재(설. 필자주)"로 기술했는데, 우리는 그것을 "성령론적 임재설"로도 명명할 수 있을 것이다.[136]

이근삼 박사는 세례도 철저하게 성령론적으로 이해한다. "사실, 이 세례를 물과 성령으로 받은 사람은 그리스도의 구속으로 오는 모든 은혜를 받아 누릴 수 있고 효과를 볼 수 있는 것이다."[137] 이근삼 박사는 요한복음 3장 5절에 근거하여 물과 성령으로 거듭나는 것은 동일한 사건이며, 위로부터 거듭나는 한 사건이 일어나는 두 가지 원리(물과 성령)이다. 이 본문에서 물세례와 성령세례는 밀접한 관계에 있다. 예수와 교회가 물세례를 베풀 때 예수는 믿는 사람을 위로부터 나게 한다는 것(요 3:15)이며, 기독교 세례는 물세례가 동시에 성령세례이다.[138] 개신교에서 물세례는 성령세례와 관련하여 성령을 받기 위한 후속적 성례전은 필요로 하지 않는다. 실제적으로 성경적으로 물세례와 성령세례의 관계가 일정하지 않다. 어떤

---

134 이근삼, 『개혁주의 조직신학 개요 2』, 291~92.

135 이근삼, 『개혁주의 조직신학 개요 2』, 327.

136 최윤배, 『성령론 입문』, 110~11.

137 이근삼, 『개혁주의 조직신학 개요 2』, 290.

138 이근삼, 『개혁주의 조직신학 개요 2』, 126.

경우에는 물세례를 받아도 성령세례를 받지 못했고(행 8장), 성령세례는 물세례 이전에 받을 수도 있었으며(행 19장), 어떤 경우는 성령세례와 물세례가 동시에 이루어지기도 한다(행 19장).[139] 베드로가 준 세례는 예수 그리스도의 이름으로 주며, 삼위일체 이름도 단수, 한 이름이다.[140] 물세례는 그리스도의 죽음과 부활에 비유되며, 예수의 이름을 믿고 물과 성령의 세례를 받는 것은 그리스인이 되는 중요한 과정이다. 이것은 인간편에서는 신앙이고, 하나님 편에서는 성령의 은사이다. 바울에게 있어서 물세례와 성령 받는 것은 하나의 사건으로 통합되지만, 세례예식이 성령을 받는 도구적인 원인이 되는 것은 아니다.[141] "물세례는 성령세례의 나타난 수단(顯視手段)이다(행 2:1~13)."[142]

이근삼은 칼빈은 교회의 두 가지 표지만(notae ecclesiae)을 주장했지만, 마르틴 부써(부처, Bucer, 1491~1551)와 『제1 스코틀랜드 신앙고백』 18장과 『벨직 신앙고백』 29조는 교회의 표지에 권징을 첨가한다고 소개한다.[143]

이근삼 박사는 성령을 교회의 직분과 직분자의 사역과 결부시킨다. 디모데전서 4:4에 디모데가 목사 안수를 받을 때 그 은사는 성령의 인격적 임재로서 그에게 수행할 임무를 명한 것이다. 바울은 또한 교회의 능력을 말한다. 성령은 우리를 예배하게 하며 교회를 하나되게 하고(고전 12:4), 우리의 신앙고백을 지도하며, 감동있게 하며(고전 12:3), 우리의 마음의 결정

---

139 이근삼, 『개혁주의 조직신학 개요 2』, 132.

140 이근삼, 『개혁주의 조직신학 개요 2』, 131.

141 이근삼, 『개혁주의 조직신학 개요 2』, 131~32.

142 이근삼, 『개혁주의 조직신학 개요 1』, 167, 166~77(성령세례).

143 이근삼, 『개혁주의 조직신학 개요 2』, 274, 280~81.

을 인도하며(고전 7:40), 우리를 위해서 간구하신다.(롬 8:26)[144]

6 성령과 종말론

이근삼 박사는 개인적 종말론(이미 시작된 종말론)과 우주적 종말론(일반적 종말론)을 구별하면서, 일반적 종말론 개념에 신자의 현상태와 하나님의 나라를 포함시키는 포괄적 종말론을 주장한다. "종말론(Eschatology)은 하나님의 영원한 작정과 섭리에 따라서 일어날 개인적, 세계적 미래사에 관한 성경적 교리를 일컬어 하는 말이다. 종말론에는 개인 종말은 사망, 영혼불멸, 중간상태(사망과 전체 부활의 중간) 등을 취급하며, 세계 종말(일반 종말)은 예수 그리스도의 재림, 천년왕국설, 전체 부활, 최후심판, 최후상태(신천신지) 등을 취급한다."[145]

이근삼 박사는 일반적으로 조직신학에서 경시된 종말론을 신학의 중심 주제로 취급해야한다고 주장한다. "교회와 신학의 원천이 되는 성경이 하나님의 창조로부터 시작하여 인간의 타락, 메시아에 대한 약속, 예수 그리스도의 오심과 그의 구속 사역, 성령의 강림과 교회 확장, 그리스도의 재림과 최후의 심판 및 하나님 나라의 종국적 완성까지 일련의 구속 사적 점진 계시로 이루어져 있을 뿐만 아니라 이 계시의 중심이 되는 그리스도의 구속 사역이 하나님의 종말론적 사건임을 밝히고 있으므로(롬 1:2~4, 9:5, 16:25, 갈 4:4, 엡 3:4, 5, 골 1:26, 딤후 1:9, 10, 히 1:1~2) 종말론은 마땅히 신학의 중심적 주제 중의 하나로 다루어져야할 것이다."[146]

---

144 이근삼, 『개혁주의 조직신학 개요 2』, 133~34.

145 이근삼, 『개혁주의 조직신학 개요 2』, 344.

146 이근삼, 『개혁주의 조직신학 개요 2』, 345.

그에 의하면, 의인의 중간상태(Intermediate state)는 육체적 활동은 중단되고 부패되어 가는데, 영혼은 존재의 의식 상태에 들어간다. 그 상태의 본질은 하나님과 함께 하며, 낙원에 있고, 살아 있고 의식이 있으며, 쉬는 상태에 있다.[147] 이근삼 박사는 전천년설, 후천년설, 무천년설 중에 무천년설은 "가장 광범위하게 인정을 받아 왔고 역사적으로 이름 있는 교회의 고백들에 나타났으며 개혁주의 교회의 가장 우세한 종말론적 사상이 되어 온 것이다"라고 주장한다.[148] 이근삼 박사에 의하면, 최후심판의 결과는 이중적(二重的)이다. "의인에게 있어 심판의 결과는 하나님의 축복이다. … 또한 불신자들에게는 영원한 심판으로서 … 백성 중에서 멸망당하여 (행10:27) 안식에 들어가지 못할 것이다(히 4:3)."[149]

비록 이근삼 박사는 성령론과 종말론 사이의 밀접한 관계에 대해 문자적으로 언급하지 않을지라도 내용적으로 성령론의 관점에서 종말론을 이해하는데, 곧 성령론의 관점에서 메시아이신 그리스도의 부활과 성도의 부활과 하나님의 나라를 이해한다고 볼 수 있다. "예수 그리스도의 수난, 죽음, 부활은 하나님 나라의 핵심을 이루고 있다."[150] "공관복음에 나타난 예수님의 설교의 중심 주제는 예수님의 인격과 사역을 통해 역사 안으로 침투한 하나님의 종말론적 나라이지만 요한복음의 중심주제는 영생이다. 이 영생은 하나님의 나라와 같은 성격을 가지고 있으며 후자보다 현재적 사역이 더 강하다. … 영생의 이 미래적 차원은 마지막 날 몸의 부활을 포

---

147 이근삼, 『개혁주의 조직신학 개요 2』, 374.
148 이근삼, 『개혁주의 조직신학 개요 2』, 398.
149 이근삼, 『개혁주의 조직신학 개요 2』, 404.
150 이근삼, 『개혁주의 조직신학 개요 2』, 353.

함한다(요 6:40, 54)."[151] "바울서신에 나타난 종말론의 주된 테마는 그리스도를 통해 이루어지고 있는 구속 사역의 종말론적 완성인데 이것은 역사 안에서의 그리스도의 재림을 통해 비로소 이루어질 것이다."[152] 예수 그리스도의 재림을 통해 산 자와 죽은 자를 심판하고, 양과 염소로, 의로운 자와 불의한 자로 각각 구분하여 그리스도 안에 있는 자들은 영원한 생명의 나라로, 그리스도 밖에 있는 자들은 영원한 저주의 나라에 들어가게 하신다. 이 마지막 구속사적 방문의 날은 "주의 날", "주 예수의 날", "예수 그리스도의 날", "그리스도의 날" 등으로 표현되어 있다.[153] "이 성령이 구원의 완성, 하나님 나라의 완성에 또한 역사하신다."[154] "선교적 목회적 성령세례의 의미"와 관련하여, 이근삼 박사가 사용하는 인치시고 보증으로 주신 성령, 양자의 영은 종말론적 영으로 이해된다고 볼 수 있다.[155]

7 성령론에서 다양한 질문들: 성령충만, 성령세례, 성령훼방죄(모독죄), 성령의 은사와 열매

이근삼 박사는 사도행전에서 나타나는 성령세례(행 1:5), 성령충만(행 2:4), 성령을 선물로 받음(행 2:38), 성령을 받음(행 8:17, 10:47, 19:2), 성령이 내리심(행 10:44), 성령이 일하심(행 19:6), 영을 부어주심(행 2:18, 33) 등의 용어를 나

---

151 이근삼, 『개혁주의 조직신학 개요 2』, 356~57.

152 이근삼, 『개혁주의 조직신학 개요 2』, 359.

153 이근삼, 『개혁주의 조직신학 개요 2』, 360~61.

154 이근삼, 『개혁주의 조직신학 개요 2』, 134.

155 이근삼, 『개혁주의 조직신학 개요 2』, 168~69.

열하고,[156] "선교적 목회적 성령세례의 의미"와 관련하여, 이미 주신 성령, 인치시고 보증으로 주신 성령, 양자의 영, 믿음으로 받는 성령 등의 용어를 사용한다.[157]

"성령충만"(聖靈充滿)에서 "충만"이라는 말은 물리적으로 물이 용기를 가득 채워서 철철 넘치는 역동적이고도 유동적인 상태를 말한다. "성령충만"은 우선적으로 우리 안에 내주하시는 성령의 강력하고도 전적인 영향과 지배 상태를 말한다.[158] 이근삼 박사에 의하면, "성령충만은 성령의 역사"이며, 복음서에 14회 언급되고 있다(πιπλήμι 8회, πλερόω 2회, πλήρης 4회).[159] 성령은 어떤 장애 때문에 구애됨이 없이 완전히 자유로이 개인들에게 역사하고, 성령께서 개인들을 얼마나 완전하게 소유할 수 있느냐의 문제이다. 히나님이 현존 속으로 들어가 그의 내주의 목적에 응하여 그의 주권, 역사하심에 순복하느냐에 있다.[160] 성령세례, 중생, 성령내주, 인지심에는 명령이 없지만, 성령충만에 대한 명령은 있다. 성령충만은 성령내주와 구별되며, 소수의 그리스도인에게서 볼 수 있다.[161] 이근삼 박사는 성령충만의 조건으로서 성령을 소멸치 않을 것과 성령으로 행하는 것이다.[162]

이근삼 박사의 "성령세례"에 대한 이해는 성령과 교회론 사이의 관계

---

156 이근삼, 『개혁주의 조직신학 개요 2』, 127~28.

157 이근삼, 『개혁주의 조직신학 개요 2』, 168~69.

158 최윤배, 『성령론 입문』, 126.

159 이근삼, 『개혁주의 조직신학 개요 2』, 179.

160 이근삼, 『개혁주의 조직신학 개요 2』, 179.

161 이근삼, 『개혁주의 조직신학 개요 2』, 180.

162 이근삼, 『개혁주의 조직신학 개요 2』, 181~82.

에 대한 우리의 논의에서 이미 살펴보았다. 그는 물세례와 성령세례를 상호 밀접하게 결부시키면서도, 상호 구별하고, 물세례와 성령세례를 성례 전적으로 자동주의적으로 일치시키는 로마천주교회의 주장(ex opere operato)을 비판한다. 그가 이해한 성령세례는 성령을 통한 세례이지만, 물세례와 상호 밀접하게 결부되면서도, 구별된다.

"그리스도를 우리에게 모시어 들이도록 믿음을 주시는 분이 양자의 영이신 보혜사 성령이신데, 성령 훼방죄란 보혜사 성령을 받지 못하고 삶을 마친 사람의 경우에 해당된다고 볼 수 있다."[163] 이근삼 박사에 의하면, "성령모독, 곧 훼방은 하나님을 모독하는 말이다. 마태복음 12:31, 32에 ' … 성령을 훼방하면 … 성령을 거역하면 … 사함을 받지 못한다.' 사도행전 5:1~4에서 아나니아의 범죄는 성령과 하나님께 대한 죄로 선언했다"(마 12:31~32, 행 5:1~4, 고전 3:16, 6:19, 엡 2:22).[164]

"보혜사"(保惠師)로서의 성령은 예수님이 이 땅을 떠나시면서 보내시기로 약속하신 성령, 곧 위로자이시며, 진리의 영이시고, 그리스도의 구속의 은혜를 신자들에게 적용시키시는 영이시고, 세상을 심판하시고, 정죄하시는 영이시다.[165]

성령의 9가지 열매(갈 5:22~23)에 대해서는 우리 모두가 동의하지만, 성령의 은사의 종류에 대한 견해는 매우 다양한 것은 사실이다. 그러나 일반적으로 성령의 은사는 약 27가지로 알려져 있다.[166] 이근삼 박사는 성

---

163 최윤배,『성령론 입문』, 123.

164 이근삼,『개혁주의 조직신학 개요 2』, 147.

165 이근삼,『개혁주의 조직신학 개요 2』, 126~27.

166 최윤배,『성령론 입문』, 118~19.

령의 은사 문제와 관련하여, 신중한 접근을 우리에게 주문하면서 첫째, 성령의 은사의 본질은 성경이 결정해야 하며, 둘째, 지금 나타나는 성령의 은사들은 잘 검토 분석해야 하며, 셋째, 사도 시대의 영적은사들이 지금 그대로 사역하는 지를 잘 연구해야 하다.[167] 영적은사들의 특수한 성격들과 관련하여, 첫째, 영적인 은사는 하나님의 주권으로 수여되며, 둘째, 모든 신자는 어떤 은사이든지 영적인 은사를 소유하고 있으며, 셋째, 우리가 가진 영적 은사는 가치가 다르며, 넷째, 영적인 은사는 사랑으로 활용해야 하며, 다섯째, 어떤 영적 은사는 수여(授與)와 사용에 있어서 일시적이다.[168]

이근삼 박사는 오늘의 교회에도 주어진 영구적 은사들로서 가르치는 은사(롬 12:7, 고전 12:28, 엡 4:18), 섬기는 은사(롬 12:7, 고전 12:28), 다스리는 은사(롬 12:8, 고전 12:28), 전도의 은사(엡 4:11), 목사의 은사(엡 4:11), 권위의 은사(롬 12:8), 구제의 은사(롬 12:8), 긍휼의 은사(롬 12:8), 믿음의 은사(롬 12:8~10), 곧 9가지를 열거한다.[169]

그리고 이근삼 박사는 "일시적 특수한 영적은사(기적과 영적은사)"라는 제목으로 사도(apostolos), 예언, 기적(능력), 신유, 방언, 곧 5 가지 은사를 언급한다.[170] "사도"는 대리자, 사자, 명령을 받아 보냄을 받은 자의 의미를 가지며, 신약에 79회 나타나고, 사도는 일차적으로 예수 그리스도의 부활을 목격하고, 성령에 의하여 부활의 사실을 증거하도록 공식적으로 부

---

167 이근삼, 『개혁주의 조직신학 개요 2』, 183~84.

168 이근삼, 『개혁주의 조직신학 개요 2』, 184~85.

169 이근삼, 『개혁주의 조직신학 개요 2』, 185~86.

170 이근삼, 『개혁주의 조직신학 개요 2』, 186~88.

름을 받은 자이다.

"예언"의 은사들의 요소들로서 먼저 메시지는 하나님으로부터 받아야 하고, 기록된 말씀에 대한 영감과 마찬가지로 계시선언에 있어서 하나님의 인도를 받아야 하며, 메시지에 하나님의 권위가 입증되어야 한다. "기적의 은사는 중지됐으나 기적은 계속된다. 그것은 하나님 권능과 자비하심으로 기도의 응답을 받는 경우가 현재에 일어나고 있는 기적들이다."[171] "병고치는 은사(ἰαμάτων)는 하나님의 능력의 특별한 작용인 기적의 은사의 한 방면이다. 건강회복에 대한 특별한 언급이다. 사도시대를 지나 현대는 믿음으로 고침받을 수 있다(약 5:14~16). 어떤 그리스도인들이 병고침을 위한 체험을 가지는 것도 가능하나 은사로서의 신유는 사도 시대의 것 같이 보아서는 안될 것이다."[172] "모든 은사 중에 방언(方言)의 은사는 계속적으로 교회의 대상이 되어왔다. 이 은사에는 많은 문제점도 함께 가지고 있으므로(고전 14장) 특히 유의하여야 한다."[173]

결론

이근삼(李根三) 박사(Dr. Lee Kun Sam, 1923. 10. 28~2007. 1. 15)는 1923년 10월 28일 부산시 동구 좌천동 179번지에서 불신가정인 이영식과 한귀연(한귀련) 여사의 3남 2녀 중에 3남으로 태어나서, 2007년 1월 15일에 향년 83세로 하나님의 품어 안겼다. 그는 청소년기에 세례를 받고, 교직생활을 하다가

---

171 이근삼, 『개혁주의 조직신학 개요 2』, 187.

172 이근삼, 『개혁주의 조직신학 개요 2』, 187.

173 이근삼, 『개혁주의 조직신학 개요 2』, 188.

미국과 네덜란드에서 9년간 유학을 마치고, 고신대학교에서 교수, 학장, 총장을 역임하고, 정년은퇴 후 도미하여 복음대학교(Evangelica University)를 설립하고, 교수사역을 계속하였다.

우리는 본고에서 이근삼 박사의 생애를 간략히 언급한 뒤에 그의 성령론을 연구하였다. 우리는 그의 성령론을 성령의 인격(위격, who)과 사역(work)을 중심으로 논의했다. 성령의 인격과 관련하여 세 가지, 곧 성령의 신성(神性), 인격성(人格性), 고유성(固有性)을 다루고, 성령의 사역과 관련하여 크게 두 가지, 곧 성령의 일반사역(창조와 섭리)과 특별사역(구원과 구속)이다. 결론적으로 말하면, 이근삼 박사의 성령론은 균형 잡히고, 탁월한, 개혁신학적인 성령론으로 판단된다.

첫째, 이근삼 박사의 계시론과 인식론은 성령론적이다. 그는 성경해석과 신학 작업에서 성령을 통한 계시와 인식, 성령의 영감, 성령의 내적 조명을 매우 강조한다. 그는 신학자들과 교회가 성경의 정경성과 성령의 절대적 역사를 믿고, 신학작업을 진행하고, 신앙생활을 할 것을 매우 강조한다.

둘째, 이근삼 박사는 성령론적 삼위일체론을 주장한다. 그에 의하면, 성령은 삼위일체 하나님의 제3위의 하나님으로서, "아버지와 아들로부터 발출(procession, 출원)"하신다. 그는 성령의 신성과 인격성과 고유성을 주장한다.

셋째, 이근삼은 성령의 사역을 두 가지, 곧 성령의 일반사역(창조와 섭리: 일반은총)과 특별사역(구원과 구속: 특별은총)으로 구별하여 강조한다. 성령은 창조주와 섭리주이신 동시에 성령은 구원과 구속을 적용시키고, 완성하시는 하나님이시다.

넷째, 이근삼 박사는 성령론적 기독론을 주장한다. 성령과 예수 그리스도는 절대적으로 불가분리의 관계 속에 있다. 성령은 내재적으로 그리고 경륜적으로 예수 그리스도로부터 발출(출원)하신다.(filioque) 역사적(歷史的) 예수 그리스도는 성령의 담지자(擔持者, the bearer of the Holy Spirit)이시며, 승귀하신(고양되신) 예수 그리스도는 성령의 파송자(派送者, the sender of the Holy Spirit)이시다. 예수 그리스도의 일생은 성령론적으로 정향되어 있다. 그는 성령으로 잉태하시고, 성령으로 세례를 받으시고, 성령으로 사역하시고, 성령으로 고난과 고통을 당하시고, 성령으로 부활하셨다. 부활이후 승귀하신 예수 그리스도는 성령을 보내신다. 성령과 예수 그리스도의 관계는 이중적(二重的)이다(요 1:33 하).

다섯째, 이근삼 박사는 성령론적 구원론을 주장한다. 이근삼 박사는 구원의 서정(序程, ordo salutis; the order of salvation)으로서 부르심, 중생, 신앙과 회개, 칭의, 양자됨, 성화, 인내, 영화를 열거한다. 성령은 구원의 서정의 각 서정에서 개입하시고, 역사하신다.

여섯째, 이근삼 박사는 성령론적 교회론을 주장한다. 교회는 성령에 의해서 탄생된 성령의 피조물이다. 참 교회의 세 가지 표지(말씀선포, 성례전, 권징)는 성령의 중요한 도구이며, 교회의 직분도 성령의 도구이다.

일곱째, 이근삼 박사는 성령론적 종말론을 주장한다. 그는 개인적 종말과 일반적 종말론을 포괄적으로 결부시키고, 영생과 영벌(천국과 지옥)의 이중결말의 관점에서 하나님 나라를 이해한다. 종말론에서 핵심을 이루는 하나님의 나라는 신령한 몸의 부활과 새 하늘과 새 땅으로 질적이고, 절대적인 변화의 과정은 성령론적이다.

여덟째, 이근삼 박사는 성령론에서 파생되는 제 문제들을 검토한다.

그는 성령을 통한 성령세례를 물세례와 결부시키면서도 상호 일치시키지 않고, 상호 구별한다. 성령훼방(모독)죄는 하나님이신 성령을 모독하는 죄이다.

이근삼 박사는 성령의 은사와 관련하여, 오늘날 교회에 주어진 영구적 은사 9가지(가르침, 섬김, 다스림, 전도, 목사, 권위, 구제, 긍휼, 믿음)와 일시적 특수한 영적 은사 5가지(사도, 예언, 기적/능력, 신유, 방언)을 열거한다. 그에 의하면, "예언"의 은사의 요소들로서 먼저 메시지는 하나님으로부터 받아야 하고, 기록된 말씀에 대한 영감과 마찬가지로 계시선언에 있어서 하나님의 인도를 받아야 하며, 메시지에 하나님의 권위가 입증되어야 한다. "기적"의 은사는 중지됐으나 기적은 계속된다. 그것은 하나님 권능과 자비하심으로 기도의 응답을 빈는 경우가 현재에 일어나고 있는 기적들이다. "병고치는 은사", 곧 신유(神癒) 은사는 하나님의 능력의 특별한 작용인 기적의 은사의 한 방면이며, 건강회복에 대한 특별한 언급이다. 사도시대를 지나 현대는 믿음으로 고침 받을 수 있다. 어떤 그리스도인들이 병고침을 위한 체험을 가지는 것도 가능하나 은사로서의 신유는 사도시대의 것같이 보아서는 안 될 것이다. 모든 은사 중에 방언(方言)의 은사는 계속적으로 교회의 대상이 되어왔다. 이 은사에는 많은 문제점도 함께 가지고 있으므로(고전 14장) 특히 유의하여야 한다.

이근삼 박사는 기적(능력)과 신유의 은사를 인정하나 사도시대의 것과 구별하고, 방언에 대해서는 큰 조심성을 요구한다. 최근에 상당한 신학자들은 성령의 은사를 약 27가지로 주장하는데, 이근삼 박사는 왜 12가지만을 주장하는지 궁금하다. 물론 그는 성경에 근거하여 은사론을 신중하게 취급해야 한다고 주장하지만 말이다.

필자는 대체로 보수적인 신앙과 신학을 가지고 있는 것으로 평가되는 대한예수장로회총회 고신 교단에서 크게 존경받는 이근삼 박사의 성령론을 연구한 결과 두 가지 점에서 큰 충격을 받았다. 하나는 필자 자신 때문이고, 다른 하나는 은사중지론 등을 추구하는 일부 보수적인 장로교회의 신앙과 목회와 신학의 현장과 현주소 때문이다. 본 연구 이전에 필자는 이근삼 박사의 성령론이 매우 약하고, 심지어 성령의 은사들에 대해 매우 부정적인 것으로 큰 선입관을 가지고 이제까지 살아왔다는 것이 큰 충격이다. 두 번째 충격은 은사중지론 등을 추구하는 보수적인 일부 장로교회는 이근삼 박사의 균형 있고, 탁월하며, 개혁신학적인 성령론을 왜 자신의 신앙과 신학유산으로 전해 받아 신학화하고, 현장화하고, 답습하지 못했는가이다.

객관적 자료에 근거한 객관적 연구는 우리의 기존 오해들과 편견들을 제거해 준다는 것은 확실하다. 본 연구의 한계는 이근삼 박사의 두 권의 『개혁주의 조직신학 개요 1, 2』을 중심으로 연구했기 때문에, 한계를 가지며, 다른 수많은 그의 저서들을 통한 더욱 완전한 연구를 앞으로의 성령론 연구과제로 남긴다.

12

이근삼 박사의 개혁주의 교회론

이환봉

들어가는 글

이근삼 박사는 고려신학교를 졸업한 후 미국으로 유학하여 카버넌트 신학교(Covenant Theological Seminary)를 졸업(M.Div. Th.M.)하였고, 웨스트민스터 신학교(Westminster Theological Seminary)에서 수학하였으며, 그리고 네덜란드로 건너가 자유대학교(Free University)에서 신학박사(Th.D.) 학위를 받고 귀국하였다.

그는 고려신학교에서 박윤선 박사와 한상동 목사의 신학과 경건의 영향 속에서 성장하였다. 특히 한상동 목사로 부터 신학교에서는 실천신학을 배우고 삼일교회에서는 전도사와 부목사로서 교회를 이해하고 섬기는 실제적인 훈련을 받았다. 유학하여 당대의 대표적 개혁주의 신학자들인 반틸(Cornelius van Til), 베르까우워(G. C. Berkouwer), 얀 헤르만 바빙크(J. H. Bavinck)로부터 신학적 훈련과 학위를 받았으며, 개혁주의 사상과 세계관 분야에서는 도예베르트(Herman Dooyweerd), 볼렌호벤(D. H. Th. Vollenhoven), 스토

커(H. G. Stoker)로부터 직접 지도를 받았다.[1]

이근삼 박사는 박윤선 박사의 뒤를 이어 미국과 화란의 개혁주의 신학 양자를 모두 소화하고 통합함으로써 보다 폭넓고 성숙한 정통 개혁주의 신학을 한국교회에 전수할 수 있었다. 1962년 모교인 고려신학교의 교의학(조직신학) 교수로 부름을 받은 후 32년 동안 고려신학교, 고려신학대학, 고신대학, 그리고 고신대학교의 교수로서 고신교회의 개혁주의 신학과 신앙의 굳건한 초석을 놓았다.[2] 또한 그는 평생 동안 조직신학 연구와 교육 그리고 봉사를 통하여 한국교회의 역사적 정통 개혁주의 신학의 대표적 신학자로서 모든 충성과 헌신을 다하였다.

이근삼 박사는 신학대학원에서 조직신학 과목들을 1970년대부터 「기독론」(1971), 「구원론」(1979) 등의 단편 강의안 형식으로 만들어 강의하였고, 1990년에 그 강의안들을 새롭게 정리하여 서론에서부터 시삭하여 종말론에 이르기까지 조직신학의 모든 각론 주제들을 포함하는 『기독교

---

* 이 논문은 「제1회 이근삼 강좌」(2008년 3월)에 발표한 글을 다시 수정 보완한 것이다. 이환봉, "이근삼 박사의 개혁주의 교회론", 『이근삼의 생애와 개혁주의사상』(제1회 이근삼 강좌: 고신대학교-미국 복음대학교, 2008), 79~90. 또한 이 글은 동일한 제목으로 아래 학술지에 게재되기도 했다. 이환봉, "이근삼 박사의 개혁주의 교회론", 「고신신학」 10 (2008): 203~23.

1 이근삼, "여기까지 인도하신 하나님", 『하나님의 주권과 은혜』(이근삼 박사 사역 50주년 기념 논집 발행위원회) (서울: 총회출판국, 2002), 39~69.

2 이상규, "이근삼 박사의 생애와 사상" 「한국개혁신학회 이근삼 박사 100주년 기념학술대회」(제154차 학술대회, 2023), 42: "1994년 2월 28일 퇴임하기까지 32년간 교수로 활동했다. 이 기간 동안 조직신학, 기독교윤리, 칼빈주의 등의 과목을 교수했는데, 1967학년도 1학기 신학부(지금의 신학대학원)의 경우, 조직신학(1학년), 조직신학(2), 조직신학(3), 기독교윤리(2,3)를 교수했고, 1975학년도 1학기(대학부와 본과)의 경우, 칼빈주의(신2), 칼빈연구(신3), 조직신학서론(신4), 조직신학1(본1), 교리사(본2), 조직신학3(본2), 교리사(본3)를 교수했다."

의 기본교리』를 단행본으로 출판하였다.[3] 은퇴하신 후 미국에 설립하신 복음대학(Evangelia University)에서 계속 조직신학 과목들을 가르치면서 평생의 조직신학 강의와 연구를 집대성하기 위한 목적으로 새롭게 강의안을 저술하기 시작하였다.[4]

논문 형식의 집필을 최종적으로 완료한 것은 '신론'까지인 것으로 보인다. 한국에서 뿐만 아니라 미국에서도 대학교의 총장으로서 학교운영의 책임을 다하기 위해 충분한 집필의 시간을 갖지 못한 것은 못내 아쉬운 일이다. 그러나 미국에서 정리하여 간행한 조직신학 강의안들은 본격적인 연구서로서 각 주제들에 대한 충분한 신학적 논의와 구명(究明)이 이루어져 있다. 이러한 교의학 강의안과 관련 주제에 관한 대부분의 글들을 편집하여 총10권으로 엮어진 『이근삼 전집』(2007)의 『개혁주의 조직신학 개요 1』(제5권)과 『개혁주의 조직신학 개요 2』(제6권)로 출판하게 되었다.[5]

'교회론'은 『개혁주의 조직신학 개요 2』의 제4부(262~341p)에 수록되어 있다. 이근삼 박사의 교회에 대한 신학적 이해는 이 '교회론' 저술뿐만 아니라 평소 교회를 섬기는 신학을 실천하기 위한 노력으로써 투고한 여러 글들에서도 잘 나타나 있다. 그의 교회에 대한 실천적 논의들에 대한

---

3   이근삼, 『기독교의 기본교리』(서울: 고신출판사, 1990). 필자는 이근삼 교수의 문하에서 조직신학의 모든 강의를 듣고 배웠으며 또한 그 강좌들을 이어받아 조직신학(교의학) 교수로서 학부와 대학원에서 칼빈주의(개혁주의 사상), 칼빈신학연구, 기독교 교리와 윤리, 조직신학 서론, 개혁주의 성경관, 신론, 교회론, 종말론 등을 강의하였다.

4   이 강의안의 대부분은 비디오 테이프의 형태로 남아 있으며 차남 이신열 교수에 의해서 반영구적으로 보존 가능하도록 전환 작업 중에 있다.

5   이근삼, 『한국의 개혁주의자 이근삼 전집』(제1권~제10권), 이근삼 전집 편찬위원회 엮음 (서울: 생명의양식, 2007~2008).

분석은 다음 기회에 하기로 하고 본 글에서는 그의 '교회론'을 중심으로 살피고자 한다. 그의 교회론의 주요한 내용적 구성은 교회의 본질(교회의 모습과 명칭), 교회의 표지, 교회의 속성, 교회의 직분, 역사적 교회의 유형들로 되어 있다.[6]

이 글에서는 이 구성에 나타난 순서를 따라 고찰하되, '교회의 삼중적 관계'는 따로 단락을 설정하여 다루지 않고(교회의 본질에서 간략하게 언급함) 교회에 관한 나머지 5개 주제들(본질, 표지, 속성, 직분과 유형)에 대해서 고찰하고자 한다.

I 교회의 본질

제1장 "교회란 무엇인가"에서 교회의 네 가지 형상(모습)을 중심으로 즉 "하나님의 백성," "새로운 피조물," "신앙의 공동체," "그리스도의 몸"에 나타난 교회의 본질을 논하고 있다. 그리고 연이어 제2장 "교회의 명칭"에서도 칼빈의 『기독교 강요』에 나타난 교회의 명칭들 즉 "성도의 어머니로서의 교회," "그리스도의 몸으로서의 교회," "선택받은 자들의 공동체인 교회"를 통해서도 교회의 본질을 계속 논구하고 있다. 또한 제7장 "교회의 삼중적 관계"는 본래의 교회론 강의안에 없는 글을 부록 형식으로 교회론에 첨부한 것이지만 역시 삼위일체 하나님과의 관계에서의 교회의

---

6 '교회론'의 목차는 다음과 같다. (1) 교회란 무엇인가? (2) 교회의 명칭 (3) 참된 교회 (4) 참된 교회의 표지 (5) 교회의 속성 (6) 교회의 직분 (7) 교회의 삼중적 관계 (8) 역사적 교회의 유형들.

본질을 논하고 있다.[7]

　이근삼 박사는 우선 교회론에 대한 논의의 분량만을 볼지라도 모두 3장에 걸쳐 "교회의 본질"을 규명하고 확립하기 위한 특별한 관심과 노력을 기울이고 있음을 알 수 있다. 이것은 현대의 교회론이 교회의 본질과 정체성(identity) 보다는 교회의 사명과 기능(praxis)에 집착하는 경향을 경계하고 삼위일체 하나님과의 "삼중적 관계" 속에서 "교회의 전형적인 성격" 즉 '교회의 본질'을 올바르게 규명하기 위함이었다.[8]

　사실상 오늘날 대부분의 현대 교회론이 교회의 'be' 보다는 'do'에 역점을 두는 "아래로부터의"(from the bottom) 기능적 교회론을 추구하고 있다. 특히 자유주의자들은 교회론에서 교회가 교회되는 것에 실패한 이유를 교회가 영혼구원을 위한 구속적 기능만을 강조하고 사회구원을 위한 사회적 기능을 등한시했기 때문이라고 한다. 따라서 그들은 오늘의 교회는 높은 영적 차원에서 겸손히 내려와 사회적 정치적 차원에서 세상과 대중 속에 깊이 파고들어 세상과 하나 되어야 한다고 주장한다. 사실상 이러한 교회론적 경향은 보이지 않는 저 세상의 영역에 골몰하기 보다는 관찰과 경험이 가능한 이 세상의 영역에 몰두하도록 움직여 가는 경험적 기능적 세계관에 의한 현상이라고 할 수 있다. 위르겐 몰트만(Jürgen Moltmann)은 교회가 이 현상을 교회의 세속화라는 관점에서 설명하면서 교회가 영

7　이근삼 박사의 교회론에서 제7장 "교회의 삼중적 관계"는 제1장 또는 제2장에 위치하도록 편집해야 교회를 삼위일체 하나님과의 관계 속에서 파악해야한다고 주장했던 이근삼 박사의 본질적 교회론에 부합한다.

8　이근삼, 『개혁주의 조직신학 개요 2 (전집 6권)』, 이근삼 전집 편찬위원회 엮음 (서울: 생명의양식, 2007), 309.

적 세계보다는 세상에 더 집중하는 현상이 다음의 세 가지 측면에서 나타 난다고 보았다: 경제적, 정치적, 그리고 문화적 측면.[9]

　이러한 신학적 변화 속에서 이근삼 박사는 요한복음에 나타난 바대 로 예수님께서 교회를 삼위일체 하나님과의 깊은 관계 속에 두신 것에 주 목한다(요 17:4, 6, 8; 14:10, 16; 16:7, 13).[10] 사도 요한의 그러한 증거들에 기초하여 "아래로부터의 교회의 가능성을 제거하고 교회의 역사적 형태의 수평적 실험관찰에서 떠나서" 사도 요한처럼 교회를 삼위일체 하나님과의 관계 속에서 파악하는 "위로부터의 수직적 형태"를 추구하는 "위로부터의"(from the above) 본질적 교회론을 수립해야할 것을 강조한다.[11]

　'교회의 모습'을 말할 때 일반적으로 사도 바울이 교회를 삼위일체 본석 근거에서 묘사한 바대로 세 가지 즉 "하나님의 백성"(고후 6:16), "그리 스도의 몸"(엡 1:22~23, 고전 12:27), "성령의 전"(고전 3:16~17, 6:19)으로 제시한다. 그

9　Jürgen Moltmann, *Kirche in der Kraft des Geistes* (München: Chr. Kaiser, 1975), 191~204.

10　이근삼, 『개혁주의 조직신학 개요 2 (전집 6권)』, 309~10.

11　이근삼, 『개혁주의 조직신학 개요 2 (전집 6권)』, 311. 교회의 삼위일체론적 근거을 논하 면서 "교회의 성부와의 관계"와 "교회의 성자와의 관계"만을 논하고 "교회의 성령과의 관 계"가 생략되어 있는 것은 미완의 저술 때문인 것으로 보인다. 이런 본질적 교회론의 전형 을 보여준 단행본으로는 이근삼 박사의 스승 베르까우어 (G. C. Berkouwer)의 다음 글 을 들 수 있다. G. C. 베르까우어, 『개혁주의 교회론』, 나용화, 이승구 옮김 (서울: 기독교 문서선교회, 2006). 그는 교회의 본질이 교회의 통일성, 보편성, 사도성, 거룩성이라는 교 회의 4가지 속성을 통해 올바르게 구현된다는 신념하에 이 단행본을 이 속성들의 순서를 따라 구성한다. 베르까우어가 다른 저자들로 부터 차별화되는 부분은 교회의 정의와 본 질을 하나의 섹션을 따로 만들어서 다루지 않고 이 4가지 속성의 빛에 비추어 고찰한다 는 점에 놓여 있는 것으로 보인다.

러나 이와는 달리 이근삼 박사는 제1장에서 교회의 본질을 규명하기 위해 성경에 나타난 교회의 모습을 네 가지 곧 "하나님의 백성", "새로운 피조물", "신앙의 공동체", "그리스도의 몸"으로 소개하고 있다. 일반적으로 제시되어 왔던 "성령의 전"을 생략하는 대신에 독특하게 "새로운 피조물"과 "신앙의 공동체"를 추가하여 제시하고 있다.

먼저 이근삼 박사는 교회의 모습을 "새로운 피조물"로 제시한다. 그는 신약교회를 "그리스도 안에 있는 하나님의 백성"(마 1:21, 고전 1:2)으로 설명하면서 신약 전체가 그 "하나님의 백성을 새로운 피조물"(고후 5:17)로 선언한다는 것을 지적한다. 특히 이 새로운 피조물은 세상에 있는 하나님의 백성으로 묘사되는데 이는 땅에서 하나님의 뜻을 이루어지도록 하기 위해서 세상에 존재한다.[12] 또한 "그리스도가 사단에게 승리한 결과로 이루어진 교회는 새로운 피조물이고 새로운 왕국이다"라고 정의를 내린다.[13] 그리고 역사 속에 존재하는 실체적(가견적) 교회를 "현재의 세상 안에서 새로운 피조물이 눈에 보이게 현존하는 것"으로 이해하고 있다. 그가 이처럼 교회의 모습을 "새로운 피조물"과 "새로운 왕국"으로 제시한 것은 교회를 하나님께서 아브라함과 모세에게 주신 옛 언약(창 17:4~8, 출 6:6~7)에 기초하여 특별히 선택하신 '하나님의 백성'으로서의 '옛 이스라엘'과 연결시키는 것에 멈추지 않고 새 언약에 기초하여 예수 그리스도 안에서 구속 받은 "새로운 피조물"(고후 5:17)로서의 새로운 왕국백성 즉 '새 이스라엘'과 연결시켜 설명하려한 것으로 볼 수 있다.[14]

---

12   이근삼, 『개혁주의 조직신학 개요 2 (전집 6권)』, 264~65.

13   이근삼, 『개혁주의 조직신학 개요 2 (전집 6권)』, 262, 264.

14   이근삼, 『개혁주의 조직신학 개요 2 (전집 6권)』, 264: "그리스도가 사단에게 승리한 결과

이것은 어떠한 신학적 의미를 가지는가? 구약의 '옛 이스라엘'에 대한 하나님의 언약(구원)이 신약의 '새 이스라엘' 즉 그리스도의 교회 안에서 성취되었고, 그 언약의 성취는 오직 예수 그리스도의 피가 우리를 "새로운 피조물"로 만들어 줄 때 가능한 것이다. 따라서 하나님의 백성으로 구원받는 길은 오직 예수 그리스도를 통해서만 가능한 것이다. 이러한 변증적 배경 속에서 볼 때 이근삼 박사가 '교회의 모습'으로 "새로운 피조물"을 강조한 것은 예수가 그리스도이심을 부인하는 자들은 결코 구원 받은 하나님의 백성으로서 교회의 회원일 수 없다는 것을 분명히 할 수 있는 중요한 신학적 의미를 가진다.[15]

이근삼 박사는 교회의 또 다른 모습을 "신앙의 공동체"로 제시한다. 하나님의 백성과 새로운 피조물로서의 교회 안에 있는 인간관계 구조를 그리스도에 대한 사랑과 충성과 헌신을 서로 공유하는 "공동체"로 이해한 것이다.[16] 사실상 교회에 대한 성경의 진술에 공동체의 의미를 가진 용어들이 가득하다. 예를 들면, 교회를 '하나님의 나라'와 '그리스도의 몸'으로 부르는 것에도 교회의 공동체적 본질과 개념이 내포되어 있다. 이근삼 박사는 신앙의 공동체는 "권위와 자유의 균형"이 이루어진 공동체로서 먼저 오직 그리스도에게 속하여 항상 그의 권위와 법칙에 순종해야할

로 이루어진 교회는 새로운 피조물이고 새로운 왕국이다."

15   만약 세대주의자들처럼 이스라엘과 교회를 완전 별개의 모임으로 보고 상호 연속성을 부정한다면, 그것은 결국 하나님의 백성에게 주어진 구원을 위한 두 갈래의 길 즉 그리스도와 교회 밖에 있는 구원의 길도 인정해야 한다는 다원주의적 구원관을 수용하는 것을 의미할 수 있다. 이러한 점에서 이근삼 박사의 교회의 모습으로 "새로운 피조물"을 제시한 것은 중요한 변증적 가치를 가진다.

16   이근삼, 『개혁주의 조직신학 개요 2 (전집 6권)』, 265.

뿐만 아니라, 동시에 수평적 상호관계가 보장되는 공동체로서 결코 그 누구도 다른 사람을 수직적 관계에서 지배하려 하거나 개인의 하나님께로 나아가는 자유를 침해할 수 없다고 단언한다.

이를 통해 이근삼 박사는 지난날 교회를 하나의 제도와 기구로만 이해하여 위계질서적인 조직을 강조하는 제도주의(institutionalism)의 잘못된 교회관을 교정하려고 한다.[17] 그리고 성도의 공동체인 교회는 그리스도를 머리로 하는 한 몸의 지체들로서 상호 유기적 관계 속에 놓여 있기 때문에 모든 "기독교 개인주의의 형태"를 반대해야 하며, 또한 개인적 은혜로 남을 판단하거나 주관적 경험만을 강조하여 "교회의 공동체적 삶의 가치를 잊어서는 안 된다"는 것을 역설하고 있다.[18]

그러나 성경에 나타난 교회의 전형적 모습 중의 하나인 "성령의 전"으로서의 교회의 본질을 논하지 않고 또한 교회론 제7장 "교회의 삼중적 (삼위일체 하나님과의) 관계"에서도 공교롭게 '성령 하나님과의 관계'를 생략한 것은 어떠한 신학적 의도가 있었는지는 알 수 없으나 매우 아쉬운 일이다.[19] 물론 미완의 저술로 인한 생략으로 짐작은 하지만 교회에 그리스도와의 연합을 통하여 생명과 성장을 제공하시며, 왕국 백성으로서 순종과 헌신의 삶을 가능하게 하시며, 은사와 직분을 나누어 주심으로 서로 교제하고 봉사하게 하시며, 권능을 가진 복음의 증인이 되게 하시는 '성령 하

---

17 Emil Brunner, *Das Missverstandnis der Kirche* (Zurich: Theologischer Verlag Zurich, 1951), Vorwort, 8. 브룬너는 이를 "교회의 1800년 동안의 오해"라고 하였다.

18 이근삼, 『개혁주의 조직신학 개요 2 (전집 6권)』, 266.

19 이근삼, 『개혁주의 교회와 목회 (전집 3권)』, 이근삼 전집 편찬위원회 엮음 (서울: 생명의 양식, 2007)에서 "삼위일체 목회론"에서 "성령의 능력을 통한 목회"를 다루고 있다. 그러나 이것은 '교회의 본질'이 아닌 '교회의 사역'과 관련된 논의이다.

나님과의 관계'도 성경적인 교회의 본질을 파악하기 위해 중요하게 논구
되어야할 것이다.

II 교회의 표지

이근삼 박사는 제4장에서 "참된 교회의 표지"를 논하기 전에 먼저 제
3장에서 "참된 교회"에 대한 개혁자들의 입장을 비교 평가하고 있다.[20] 특
히 루터와 칼빈이 참 교회의 표지로서 말씀과 성례만을 말하고 권징을 포
함시키지 않은 것을 지적하여 설명하고 있다. 그런데 여기서 그는 칼빈이
권징을 교회의 본질과 표지에서 제외시키는 것에는 모순과 문제가 있을
수 있나는 것을 지적하고 있다. 종교개혁 당시에 분리주의자들이 교회의
표지로서 말씀과 성례만을 주장함으로써 교회의 권징과 순결을 포기한
것처럼 보이는 개혁자들을 비난하면서 "말씀이 있고 성례전이 있으니 로
마교회도 교회인가?"라는 질문을 제기한 바 있다. 이근삼 박사는 그 질문
을 다시 상기시키면서 참된 교회의 표지로서의 권징을 간과한 개혁자들
은 당시의 개신교회와 로마교회의 구별을 약화시켰을 뿐 아니라 로마교
회를 어떤 때는 교회로 인정하고 또 어떤 때는 교회로 인정하지 않는 모
순을 가지게 되었다고 지적하고 있다.[21]

이근삼 박사는 칼빈의 이러한 모순적인 것처럼 보이는 입장에 대한
자신의 이해를 조심스럽게 설명하면서 권징에 대한 칼빈의 긍정적인 입장
들을 애써 밝히고 있다. 물론 이근삼 박사는 칼빈이 권징을 교회의 본질

---

20   이근삼, 『개혁주의 조직신학 개요 2 (전집 6권)』, 274~78.

21   이근삼, 『개혁주의 조직신학 개요 2 (전집 6권)』, 278.

적 특징에 포함시키지는 않았지만 말씀과 성례의 필연적 결실로서 교회
는 덕을 세워야할 의무가 있다는 것을 강조한 사실과 징계를 폐지하려는
자는 결국 교회를 해체시키는 자가 될 것임을 경고한 사실에도 유의하고
있다.[22] 그리고 칼빈이 과격한 분리주의자들을 경계하여 로마교회가 그
래도 어느 정도 말씀과 성례를 보존하고 있기에 거기에 교회가 존재할 수
있다고 말하기도 했지만 당시 로마교회의 교황제도를 "종교에 대한 최대
의 원수"와 "괴물"로 언급하면서 로마교회가 하나님의 교회가 아니라고
도 말하였다는 사실을 지적하기도 한다.[23] 칼빈이 로마교회를 교회로 인
정할 수 있다고 한 것도 당시의 부패한 로마교회 자체를 인정한다기보다
는 다만 로마교회 안에 남아있을 수 있는 하나님의 백성을 전체적으로 거
부하지는 않는다는 것을 지적한 것으로만 이해하였다.[24]

　　이근삼 박사는 계속해서 칼빈의 동시대 개혁자들의 주장과 신앙고백
서들 속에도 권징이 교회의 표지로 인정되고 있다는 사실을 밝히고 있다.

22　이근삼, 『개혁주의 조직신학 개요 2 (전집 6권)』, 277.

23　이근삼, 『개혁주의 조직신학 개요 2 (전집 6권)』, 279~80, cf. John Calvin, "The Author's
　　Prefaces, xl-xli," in Commentary on the Book of Psalms, vol. I, trans. James Anderson
　　(Grand Rapids : Baker Book House, 1979): "Reply by Calvin to Cardinal Sadolet's Let-
　　ter"(1539), in Calvin's Tracts and Treatises, vol. 1, trans. Henry Beveridge (Grand Rapids :
　　Baker Book House, 1983), 61. 그 외에도 칼빈은 로마교회를 "미신"과 "우상 종교" 또는
　　"거짓 신앙"으로 분명히 정죄한 바 있다.

24　이근삼, 『개혁주의 조직신학 개요 2 (전집 6권)』, 280 : "칼빈은 로마교회는 하나님의 교
　　회가 아니라고 말할 수는 있었지만 그는 결코 하나님의 백성을 전체적으로는 거부할 생
　　각은 없었다." Cf. 칼빈, 『기독교 강요』, 4.2.12: "내가 그 교회들을 교회라고 부르는 것은
　　다만 하나님께서 그 안에 그의 백성의 남은 자들을 -비록 비참하게 분산되어 있지만- 기
　　적적으로 보존하셨기 때문이며 … 그러나 나는 그 교회들에게는 개별적으로나 전체적으
　　로 합법적인 교회 형태가 없다고 말한다."

루터의 추종자인 멜랑히톤(Philip Melanchthon)과 칼빈에게 치리 장로의 필요성을 깨우쳐 준 부써(Martin Bucer)는 이 권징을 교회의 본질적인 특성으로서 참된 교회의 표지에 포함시켰으며, 칼빈을 추종하는 「스코틀랜드 신앙고백서」 제18장과 「벨직 신앙고백서」 제29장에서도 교회의 권징을 교회의 표지에 포함하고 있다는 것에 유의하고 있다.[25] 물론 이근삼 박사는 칼빈이 권징을 참 교회의 표지로 내세우지 않는 이유를 분명하게 이해하고 소개하고 있다.[26] 그러나 그는 아마 칼빈이 권징을 말씀과 성례 속에 이미 내포된 것으로 간주하였기 때문에 우리가 권징을 참 교회의 제3의 표지로 독립시켜 다루는 것도 문제가 없다고 생각한 것으로 보인다. 따라서 이근삼 박사는 권징을 제4장 "참된 교회의 표지"에서 제3의 표지로 제시하여 설명하고 있다.[27]

　　이근삼 박사의 권징에 대한 이러한 강조는 한국교회가 일제 강점기에 교회의 순수성을 저버리고 변절하였던 뼈아픈 현실을 직접 목격한 신학자의 당연한 주장으로 이해할 수 있다. 그러나 여기서 우리가 유의해야 할 것은 권징이 참된 교회의 타당하고도 매우 중요한 기준임에는 틀림없으며 또한 교회의 순결과 안녕(well-being)을 유지하기 위해서 꼭 필요하지만 그렇다고 해서 권징이 교회의 존재(being)를 위해 절대적으로 필요하거

25　이근삼, 『개혁주의 조직신학 개요 2 (전집 6권)』, 281.

26　이근삼 박사는 부써와 칼빈의 입장을 이처럼 정확하게 소개하고 있다. 이근삼, 『개혁주의 조직신학 개요 2 (전집 6권)』, 274에서 먼저 전자의 견해를 다음과 같이 요약적으로 소개한다. "권징은 참된 교회의 표지라고 하기 보다는 참된 교회의 책임성으로 생각한다." 이근삼, 『개혁주의 조직신학 개요 2 (전집 6권)』, 277에서 칼빈의 견해를 다음과 같이 말한다. "권징은 교회의 본질(esse)이 아니고 교회의 안녕(bene esse)에 속한다."

27　이근삼, 『개혁주의 조직신학 개요 2 (전집 6권)』, 293~96.

나 교회 안에서만 독점적으로 발견되는 것은 아니라는 사실이다. 또한 세 가지 표지가 다 대등한 위치에 있는 것도 아니다. 이러한 점에 대해 루이스 벌코프(Louis Berkhof)는 잘 지적하고 있다. "엄격히 말한다면, 말씀을 참되게 선포하고 그것을 교리와 삶의 표준으로 인식하는 것이 교회의 유일한 표지이다. 이 표지가 없으면 교회가 존재하지 않는다. 이 표지는 성례의 바른 시행과 권징의 신실한 집행을 결정한다."[28]

이근삼 박사는 교회의 권징을 위한 '교회법'과 '재판권'의 필요성을 "평화의 촉진과 화합의 유지" 그리고 "질서를 도모하는 것"에 있다고 보았다. 또한 교회 재판권은 "영적 권한"으로 "칼의 권세에서 완전 분리"되어야 하고, 권징은 "하나님의 사랑의 한 수단"으로 시행되어야 하며, 그리고 "교회의 자녀들"은 "합법적 회의 결정"에 의한 권징에 복종해야 한다고 강조하고 있다.[29] 이근삼 박사의 권징에 대한 이러한 주장은 오늘날 교회가 시행하는 권징의 변질을 되돌아보게 한다. 오늘날 교회의 권징이 오히려 교회의 평화를 파괴하고 화합을 물 건너가게 할 뿐 아니라 교회의 질서마저 위협하고 있는 현실은 실로 개탄스러운 일이 아닐 수 없다. 이러한 견지에서 참된 교회의 영적 질서를 보존하고자 하는 이근삼 박사의 권징에 대한 관심은 한국교회에 교회의 순수성을 파수하기 위한 균형 있는 신학적 근거를 제공했다고 볼 수 있다.

교의학에서 교회론을 저술할 때 일반적으로는 교회에 주신 '은혜의 방편'으로서의 말씀과 성례를 별도의 제목으로 중요하게 취급한다. 그

---

28 루이스 벌코프, 『조직신학 하권』, 권수경, 이상원 공역 (서울: 크리스챤 다이제스트, 1991), 835.

29 이근삼, 『개혁주의 조직신학 개요 2 (전집 6권)』, 294~96.

러나 이근삼 박사는 교회론에서 말씀과 성례를 참된 교회의 표지 안에서만 다루고 있다.[30] 이것은 한정된 시간의 강의를 위해 경제적으로 분류하고 논한 것으로 보인다. 그러나 성령 하나님께서 교회에 구속의 특별은혜를 전달하는 합당하고도 실제적인 방편으로써 말씀과 성례(세례와 성찬)를 어떻게 사용하시는가에 대한 충분한 논의를 할 수 있는 별도의 장을 할애할 수 있었으면 하는 아쉬움이 있다. 또한 은혜의 방편을 교회의 표지 안에서만 다루게 될 때 웨스트민스터 대교리문답(154, 178~196 문답)이 "그리스도께서 자기 교회에게 그의 구속의 유익들을 전달하는 외적 통상적 방편" 가운데 하나로 선언하고 있는 "기도"를 역시 적절히 다룰 수 없는 한계를 지니고 있다.

III 교회의 속성

교회론을 저술하는 대 부분의 학자들은 교리의 역사적 발전 과정을 따라 먼저 '교회의 속성'을 다룬 다음에 '교회의 표지'를 다루고 있다. 종교개혁 당시에 로마교회는 자신들이야 말로 교회의 네 가지 속성 즉 단일성, 거룩성, 보편성, 사도성을 독점하고 있기 때문에 유일한 참 교회라고 주장하였다. 그러나 개혁자들은 참 교회의 표지인 말씀과 성례에 의해 그 속성들이 교회생활의 생명력으로 나타나 있는지 그리고 어느 정도로 나타나는지를 결정하는 비평적인 자기검증을 해야만 한다고 주장하였다.

---

30 이근삼, 『개혁주의 조직신학 개요 2 (전집 6권)』, 283~93. 성찬론에 대한 교리적 설명은 다음에도 간략하게 제공된다. 이근삼, 『교리문답해설 (전집 8권)』, 이근삼 전집 편찬위원회 엮음 (서울: 생명의양식, 2008), 194~98.

이처럼 네 가지 속성들이 두 가지 표지들에 의하여 검증될 때 비로소 교회는 그 진정성을 인정받을 수 있다고 생각하였기 때문에 참 교회를 논함에 있어 항상 순서적으로 먼저 교회의 속성을 논한 후에 교회의 표지를 다루어야 한다고 생각하였다.

그러나 이근삼 박사는 먼저 참된 '교회의 표지'를 논한 후에 '교회의 속성'을 논하고 있다. 이러한 저술의 순서는 다음과 같은 이유에서 정당화될 수 있다. 개혁자들이 표지에 의해 속성이 검증되어야 한다고 주장했다면 먼저 검증의 기준인 표지가 제시된 후에야 올바른 속성을 검증하는 것이 타당하다고 할 수 있기 때문이다. 그리고 로마교회는 표지와 속성의 구별을 반대하였고 그 표지들은 속성들 속에 완전히 흡수되는 것으로서 속성을 판정할 수 있는 표준이 될 수 없다고 주장하였다. 다시 말하면, 개혁자들의 표지를 반대하여 그 표지를 속성으로 대치시키려 하였던 것이다. 또한 역사적으로도 속성의 교리가 니케아 신조에서 오래 전에 고백되었지만 그 교리가 변증적으로 구체화된 것은 개신교의 표지 주장에 따른 로마교의 반발에 의해서였다. 이러한 사실들에 유의할 때 오히려 개혁주의 교회론에서는 표지를 먼저 논한 후에 올바른 속성을 규명하는 것이 더 적절하다고 할 수 있다. 그러나 표지와 속성은 참 교회의 본질을 설명함에 있어 상호보완적인 성격을 지니기에 그 순서에 굳이 집착할 필요는 없다고 본다.

니케아 신조(A.D. 325)가 "우리는 한 거룩한 보편적인 사도적 교회를 믿는다"고 고백한 것에 기초하여 참 교회의 속성을 단일성, 거룩성, 보편성, 사도성으로 정리하여 설명하고 있다. 이근삼 박사는 베르까우워의 『개혁주의 교회론』(The Church)을 참고하여 네 가지 속성들을 차례로 설명하고

있다.[31]

교회의 단일성(통일성)에서 교회의 분열을 정죄하지만 그리스도 안에서 하나 되는 교회의 일치를 이단 집단에도 적용할 수 없다는 것을 말하고 있다. 그리고 교회의 통일성이 교회의 다양성을 무시하는 것이 아니지만 그 다양성을 빙자하여 교회의 분열을 정당화할 수도 없다는 것을 강조한다. 따라서 우리는 "다양성 속의 통일"(unity in multiplicity)을 추구하는 교회론을 발전 시켜야하고 그리스도 안에서 공동적 사명과 사역을 수행함으로서 교회의 하나된 것을 나타내어야한다고 주장하고 있다.

교회의 거룩성에서 "교회의 본질은 거룩하고 또 거룩을 지향하고 있다"는 것을 강조하지만 도나티우스주의자(Donatian)들처럼 극단적 분리주의 입장에서 교회회원의 연약한 죄성을 전혀 용납하려하지 않는 자세를 비판하고 있다. 지상교회 성도들의 거룩성은 완전히 실현된 거룩성이 아니라 완전한 거룩성의 최종적 실현을 대망하는 것이기 때문에 서로가 하나님의 은혜와 사랑의 말씀을 믿고 순종하면서 사랑을 행동으로 나누워 주며 바로 세워가는 교회가 바로 거룩한 교회라고 역설하고 있다.

교회의 보편성은 주로 교회의 통일성과 일치를 의미하는 것으로 이해하고 있다. 진리와 성령으로 그리스도 안에서 하나 되는 영적 일치를 주장하면서 먼저 "개혁주의와 복음주의 교회들이 보편성과 일치를 이룩해

---

31 이근삼, 『개혁주의 조직신학 개요 2 (전집 6권)』, 297~304; 베르까우어, 『개혁주의 교회론』. 이근삼 박사는 교회의 속성을 고찰하는 순서에 있어서 베르까우어보다 전통적이다. 베르까우어는 이 순서를 자유롭게 해석하여 전통적 순서 (통일성, 거룩성, 보편성, 사도성) 대신에 본인 만의 독특한 순서 (통일성, 보편성, 사도성, 거룩성)를 취한다. 거룩성이 마지막에 위치한 이유를 베르까우어가 설명하지 않았는데 아마도 "거룩성과 선교" (483~518)라는 단락에 나타난 교회의 원심력 문제와 관련된 것으로 볼 수 있다.

야 한다"는 것을 역설한다. 그리고 "진리를 떠난 보편성 또는 일치는 있을 수 없는 것"이지만 에큐메니칼 운동에 속한 교회들과 심지어 로마 카톨릭 교회, 그리고 희랍정교회와도 일치를 위한 신학적 대화가 필요하다고 주장한다.[32] 그러나 이근삼 박사는 현실적으로 이 대화가 답보상태에 놓인 사실을 인정하면서 그 이유를 교리적 가치 인식의 차이라는 차원에서 다음과 같이 설명한다. "로마 가톨릭 교회나 희랍 정교회들은 근본적인 삼위일체론, 신론, 기독론, 구원론 보다 교회론, 성례전, 교회의 권위 문제를 더 본질적인 문제로 생각하기 때문에 … 신학적 대화가 잘 이루어지지 않고 있는 상태에 있다."[33]

이처럼 교회의 본질적 속성(단일성과 보편성)을 교회연합과 일치라고 하는 현대교회의 시대적 사명을 설명하는 근거로 삼고 있다. 사실상 교회의 속성은 교회의 사명이다. 그러나 한 가지 아쉬운 점은 이근삼 박사는 하나님의 구원 행위의 충만이 교회에 집중되어 나타나고 오늘도 하나님은 교회를 통하여 이 충만이 온 세상으로 전달되기를 바라신다는 교회의 보편성이 지닌 우주적 의미는 언급하지 않고 있다. 그러므로 한스 마리스(Hans Maris)가 지적한 바와 같이 교회의 보편성은 교회가 국경을 넘어 자기의 존재를 확인하려는 시도인데 이는 당연한 것으로 볼 수 있다.[34]

교회의 사도성에서 "사도성이 어떻게 교회 안에 전수되었는가?" 그리

---

32 이근삼,『개혁주의 조직신학 개요 2 (전집 6권)』, 302. 이근삼 박사는 그의 교회론 강의안 노트의 이 부분에서 앞으로 "세계교회의 재편성"을 예견하면서 진리와 성령과 사랑으로 하나됨을 추구해야 한다고 메모해 두었다.

33 이근삼,『개혁주의 조직신학 개요 2 (전집 6권)』, 302.

34 한스 마리스,『우리의 어머니 교회: 교회의 정체성과 사명』(서울: 성약, 2013), 83~84.

고 "사도성이 어떻게 그 기능을 나타내고 있는가?"를 다루고 있다. 사도성은 "사도들의 증거와 권위가 오늘날 교회의 삶에 있어서 현재적 사실로 나타나는 것을 의미"하며, 그러한 사도성이 목사의 직무와 사역에 특수한 권위를 인정하는 것에서 구체화된다고 보았다. 그러나 이 권위는 세상적 권위의 형태인 지배적 권위에 빠져서는 안된다는 사실이 첨언된다. 그리고 교회 안에 주어진 직무의 권위는 순종과 봉사에 있음을 강조하고 사도적 교훈과 규범을 따를 뿐 아니라 예수님이 사도들을 세상에 파송하신 것처럼 선교의 사명에 대한 순종과 봉사가 있는 교회가 사도성을 지닌다고 볼 수 있다고 하였다.

이러한 이근삼 박사의 교회의 속성에 대한 설명에서 유의해 보아야 할 점은 교회의 본질적 속성들을 설명하면서 계속 그 속성들을 교회의 사명과 사역에 연결시키고 있다는 점이다. 특히 교회의 단일성, 거룩성, 보편성을 각기 교회의 하나 됨의 사명과 계속 연결시키면서 교회연합과 일치에 대한 열정을 보여주고 있다. 물론 교회의 속성은 교회가 지향해야할 사명임이 분명하다. 그러나 우리가 여기서 확인할 수 있는 더 중요한 교훈은 이근삼 박사는 오늘날 현대 교회론 연구자들과는 달리 교회의 본질과 관계없이 '교회 연합'의 주제를 독립적으로 다루지 않고 교회의 본질적 속성들에 대한 논의 안에서 진정한 교회 연합의 사명과 과제를 제시하려고한 것이다. 그는 이러한 노력을 통해 교회의 본질에 뿌리를 내린 교회의 사명과 기능을 강조하려고 하였다. 이것이 아마 이근삼 박사의 교회론에 "교회의 사명과 기능"을 별도의 장으로 취급하지 아니한 이유로 볼 수

있을 것이다.[35]

IV 교회의 직분과 유형

이근삼 박사는 교회론 제6장에서 교회의 직분을 다른 분야에 비해 비교적 간결하게 다루고 있다.[36] 하나님께서 말씀의 권위와 성령의 인도하심으로 인간의 목회사역을 통해 교회를 다스리신다고 보았다. 칼빈의 분류를 따라 교회의 직분을 사중직 즉 목사, 교사, 장로, 집사로 나누어 설명은 하였지만 교사는 말씀의 봉사자로서 결국 오늘날 목사의 조수로 이해하고[37] 목사, 장로, 집사로 구성되는 삼중직제를 따른다고 하였다.

원래의 교회론 강의안에는 없었지만 제8장에서 상당한 지면을 할애하여 "역사적 교회의 유형들"을 다루고 있다. 먼저 로마 카톨릭 교회 (Roman Catholic Church)에 관해서 이근삼 박사는 이 교회가 위계 제도적 법치 국가, 그리고 전체 기독교와 인류의 중심인 교회로 언급한다.[38] 동방교회

---

35   교회의 사명에 대해서 이근삼 박사는 『개혁주의 신앙과 문화 (전집 7권)』, 이근삼 전집 편찬위원회 엮음 (서울: 생명의양식, 2008)에서 "현대사회에 대한 교회의 사명"(3부), "교회의 시대적 사명"(5부)과 "21세기 교회의 사명"(5부)을 별도로 다루고 있다. 그의 개혁주의 문화관은 교회의 사명을 구체화한 것이다. 특히 『개혁주의 교회와 목회 (전집 3권)』에서 "교회의 본질과 교회 성장"(154~61)과 "삼위일체 목회론"(276~362)을 논의한 것은 교회의 본질에 충실한 교회론 연구의 전형을 잘 보여 준다.

36   이근삼, 『개혁주의 조직신학 개요 2 (전집 6권)』, 325~28.

37   이근삼, 『개혁주의 조직신학 개요 2 (전집 6권)』, 307.

38   이근삼, 『개혁주의 조직신학 개요 2 (전집 6권)』, 317~18. 로마 교회에 대한 종교개혁자들의 비판적 시각에 대해서는 같은 책 다른 곳을 참고하라 (278~82). 여기에는 루터, 칼빈, 부써, 그리고 낙스의 견해가 간략하게 기술되어 있다. 특히 부써와 낙스의 견해가 신

(Greek Orthodox Church)는 로마 가톨릭 교회와 마찬가지로 위계제도적 교회이지만 더 예전적 공동체로 이해된다.[39] 이근삼 박사는 루터교회(Lutheran Church)가 말하는 참된 교회는 세상 속에 존재하는 교회라는 사실에 주목했다.[40] 개혁교회(Reformed Church)는 츠빙글리에서 출발하여 칼빈의 신학적 특색을 취하는 교회로 이해된다. 이 교회의 교회론적 특색은 교회를 성도들의 어머니, 유기체로서의 교회, 하나님의 선택받은 백성으로 간주한다는 사실에서 찾았다는 사실에 놓여 있다.[41] 이근삼 박사는 성공회(England Episcopal Church)를 세 가지 서로 다른 의견을 지닌 그룹이 하나의 교회를 구성하는 일종의 복합적 교회로 보았다. 첫째, 앵글로 카톨릭 노선으로서 전통적 그룹이며, 둘째, 에반젤리칼 복음주의 노선으로 평민을 상대로 복음 전파에 집중히는 그룹이고, 세째, 성경과 전통에 대하여 그 권위를 인정하지 않는 자유주의 노선에 해당된다.[42] 침례교회(Baptist Church)는 성경의 권위를 절대시하는 교회인 반면에,[43] 감리교회(Methodist Church)는 반예정론적 사고와 아르미니안주의로 구성된 교회이다.[44] 퀘이커 교회 또는 프렌드 교회(The Quakers or The Friends)는 무언으로 예배드리는 특유한 예배 형식을 지닌 교회로서 성직자 제도를 부인하고 모든 사람이 봉사의 동등권을

앙고백서에 기초하여 기술된 것이 흥미롭다.

39   이근삼, 『개혁주의 조직신학 개요 2 (전집 6권)』, 319~21.

40   이근삼, 『개혁주의 조직신학 개요 2 (전집 6권)』, 322. 루터의 이 견해에 대한 더 자세한 설명은 같은 책 다른 곳을 참고하라 (274~76).

41   이근삼, 『개혁주의 조직신학 개요 2 (전집 6권)』, 324~26.

42   이근삼, 『개혁주의 조직신학 개요 2 (전집 6권)』, 329.

43   이근삼, 『개혁주의 조직신학 개요 2 (전집 6권)』, 331.

44   이근삼, 『개혁주의 조직신학 개요 2 (전집 6권)』, 332~33.

지닌다는 소위 평신도주의를 추구하는 교회이다.[45] 오순절 교회(Pentecostal Church)는 '성령 세례'라는 새로운 교리를 내세우고 20세기에 가장 빠른 속도로 성장하는 교회이지만, 신학적으로 교회론과 관련하여 아무런 공헌을 하지 못한다는 부정적 평가 또한 언급된다.[46] 이러한 분석을 통해서 이근삼 박사는 다양한 교회들의 교회론에 나타난 특성, 정치, 그리고 제도 등을 종합적으로 비교하고 평가하는 작업을 수행하였다.

맺는 글

이근삼 박사는 자신의 교회론에서 교회의 사명과 기능(praxis)에만 집착하는 '기능적 교회론'을 경계하고 교회의 본질과 정체성(identity)을 중요시하는 '본질적 교회론'을 추구하였다. 그는 자신의 교회론 저술의 대부분을 차지하고 있는 '교회의 모습'과 '교회의 명칭' 그리고 '교회의 표지'와 '교회의 속성'에 대한 논의를 통하여 지속적으로 성경적인 참 교회의 본질을 규명하였다. 그리고 교회의 사명과 기능도 그러한 교회의 본질에 근거하여 설명하려고 노력하였다. 이러한 이근삼 박사의 '본질적 교회론'은 현대 교회의 고질병인 교회답지 못함이 오늘날 교회가 그리스도와 신비적으로 연합하여 그분과 하나되지 못하였기 때문이라는 깊은 반성을 갖게 해준다.[47] 그는 자신의 교회론을 통해 오늘날 교회의 진정한 개혁은 먼저 교회의 본질을 회복하는 길이라는 것을 우리에게 역설하고 있다.

---

45   이근삼, 『개혁주의 조직신학 개요 2 (전집 6권)』, 334~36.

46   이근삼, 『개혁주의 조직신학 개요 2 (전집 6권)』, 339~41.

47   이근삼, 『개혁주의 조직신학 개요 2 (전집 6권)』, 298.

이근삼 박사의 교회론에 나타난 칼빈에 대한 많은 인용과 언급은 그의 신학이 칼빈신학에 기초한 개혁주의 신학임을 잘 증명해 보여주고 있다. 그리고 미완의 집필로 상세한 출처를 밝히고 있지는 못하였지만 칼빈의 신학에 뿌리를 둔 「웨스트민스터 신앙고백서」와 「웨스트민스터 대소요리문답」에 근거하여 자신의 논지를 이끌어 가며 결론을 내리고 있다. 학교와 교회를 위한 개척자로서의 헌신을 다하심으로 정작 자신의 저술을 위한 충분한 시간을 가지지 못하셨기 때문에 오늘 우리가 완결된 저술을 전수받지 못한 아쉬움이 있다. 그러나 이근삼 박사의 강의안과 많은 글들 속에는 각 주제들에 대한 신학적 논의와 규명이 이루어져 있고 하나님의 교회를 향한 깊은 뜻과 성경적 개혁주의 교회관을 확립하기 위한 열정과 애정이 담겨있다. 사실상 이근삼 박사의 신학적 유산을 떠나서 고신의 신앙의 내용과 신앙의 실천 즉 고신교회의 교리와 생활을 말할 수 없다는 것은 자명한 사실이다.

물론 선진들의 시대적 또는 학문적 한계와 아쉬운 문제를 파악하고 발전적으로 평가하는 일을 간과해서도 안 되지만 먼저 하나님이 허락하신 한 시대의 교회를 충성스럽게 섬기고 이끌었던 선진들의 글 속에 담긴 신학적 이해와 노력, 교회를 향한 신학적 예지와 신앙적 의지를 찾아 소중한 유산으로 발전시켜가는 것이 오늘 우리의 중요한 책임이라 생각한다. 스승의 어깨 위에 서서 보다 멀리 그리고 넓게 바라보며 나아가기 위해서 우리는 먼저 겸손히 선진들의 신학과 신앙을 살피고 배우는 자세가 필요하다.

13

설교학의 명료성과 연관성 관점에서의 이근삼 박사의 설교 분석

권 호

글을 시작하며

신학의 거장이요, 삶으로 신앙의 길을 보여주신 분의 설교를 평가하는 것은 쉽지 않을 뿐만 아니라 부담스러운 일이다. 우리가 이미 잘 아는 대로 이근삼 박사의 뜨거운 말씀 사랑은 그의 깊은 신학과 순수한 신앙을 통해 설교로 만들어졌고, 지금도 시대에 빛이 되는 메시지로 남아있다. 이 박사가 우리에게 전한 설교에 진심으로 '아멘'하며, 그 메시지대로 살아가면 신학교와 한국교회와 성도가 회복을 넘어 부흥을 경험할 것이다. 본 논문은 이 박사가 우리에게 남긴 설교에 감사하며 현대 설교학의 관점에서 그것을 분석하고 평가하는 것을 목적으로 한다. 분석과 평가는 비평을 위한 것이 아니고, 무엇이 이 박사의 놀라운 메시지를 가능하게 했는지를 설교학의 객관적 관점으로 분석하고, 후배 설교자들이 계승 및 발전시켜야 할 점을 발견하기 위함이다. 설교의 분석과 평가에는 그것을 위한 설교학적 기준이 필요하다. 필자는 현대 설교학의 핵심 주제 중 하나인 명료성과 연관성을 기준으로 이 박사의 설교를 분석 및 평가할 것이다. 정확하고 효과적인 논의를 위해 먼저 현대 설교학에서 말하는 명료성과 연관성이 무엇이며, 이 둘을 확보하기 위해 어떤 기법들이 현대 설교학에서 사용되고 있는지 설명할 것이다. 그 후 명료성과 연관성의 기준으로 이 박사의 설교를 분석할 것이다. 이때 이 박사의 설교문을 통해 다양한 실례를 구체적으로 살펴보고, 이후 전체적인 평가를 할 것이다. 분석하고 평가할 이 박사의 설교는 이근삼 전집 10권, 『오직 하나님의 은혜로』에 수록된 설교문이다. 참고로 10권은 1~7부로 구성되어 있고, 아래와 같은 시기에 따라 이 박사의 설교의 내용을 정리 및 제시하고 있다.[1]

1부 종과 횡: 1972년 고려신학대학교 교수 재직 중의 설교

2부 엠마오 도상의 대화: 1965년 성경공부 형식의 설교

3부 복있는 사람들: 1989년 부민교회 설교목사 사역 중의 설교

4부 하나님 앞에서: 1994년 고신대학교 총장 은퇴 기념 설교

5부 하나님의 주권과 은혜: 2002년 사역 50주년 기념 및 교단 행사 설교

6부 에반겔리아에서

7부 오직 하나님의 은혜로: 에반겔리아 대학 설립 및 사역 중의 설교

1   이근삼, 『오직 하나님의 은혜로』, 한국의 개혁주의자 이근삼 전집 10, 이근삼 전집 편찬위원회 엮음 (서울: 생명의양식, 2007), 5-6 (해제).

『오직 하나님의 은혜로』에 등장하는 이 설교들은 설교문 형태이기 때문에 이 박사의 음성, 제스처 등의 설교 전달방식에 대해서는 정보를 주고 있지 않다. 그러나 명료성과 연관성을 파악하기에는 최적의 자료로 여겨진다. 이제 명료성의 관점에서 이 박사의 설교를 분석하고 평가하기 위해 이와 관련된 현대 설교학의 이론을 먼저 살펴보자.

▎현대 설교학의 명료성 이론과 기법

1 명료성의 길, 중심 메시지(CMT)이란 무엇인가?

모든 본문에는 그것이 말하고자 하는 중심 메시지(CMT: central message of the text)가 있다. 본문의 중심 메시지는 지금까지 설교학에서 여러 용어로 불려왔다. 미국 초기 설교학의 중요 인물인 브로더스(John A. Broadus)는 중심 메시지를 '중심 아이디어'(central idea)라고 불렀다.[2] 신설교학과 현대 설교학에 중요한 영향을 남긴 데이비스(H. Grady Davis)는 본문의 여러 부분을 전체적으로 잡아주고 하나로 만든다는 의미로 이것을 '통일성'(unity)으로 명칭 했다.[3] 한편 20세기 말 영국의 대표적 강해설교자 스토트(John Stott)는 '본문의 주도적 사상'(text's dominant thought)이라는 용어를 썼다.[4] 중심 메시

---

2   John A. Broadus, *On the Preparation and Delivery of sermons*, 4th ed., rev. Vernon L. Stanfield (New York: Harper & Row, 1979), 38.

3   H. Grady Davis, *Design for Preaching* (Philadelphia: Fortress, 1958), 35~39.

4   John Stott, *Between Two Worlds: The Art of Preaching in the Twentieth Century* (Grand Rapids: Eerdmans, 1982), 224~27.

지에 대한 강조와 그것을 찾는 실제적 방법을 제시한 인물로 잘 알려진 로빈슨(Haddon W. Robinson)은 이것을 본문의 여러 요소를 아우르는 의미에서 '빅 아이디어'(big idea)라고 부르고 주해 아이디어(exegetical idea)와 연결하게 했다.[5]

어떤 용어를 사용하든 중심 메시지는 본문이 말하고자 하는 핵심 메시지로써, 본문의 모든 부분을 연결시키고, 통일시켜주는 기능을 한다. 브로더스가 사용한 '중심 아이디어'나 로빈슨의 '빅 아이디어'는 영어권의 사람들이 사용하기에 의미와 어감에 아무 문제가 없다. 그러나 한국에서 '아이디어'라는 말은 사람에 의해 만들어진 창의적 생각이라는 함의가 강하기 때문에 말씀의 의미를 찾는 용어로 사용되기 적합지 않은 측면이 있다. 이런 잠재적 오해를 피하고, 본문의 핵심적 내용을 찾는다는 의미를 강조하기 위해 '중심 메시지'(CMT)라는 용어가 적합해 보인다.

설교자가 본문의 중심 메시지를 찾는 것은 설교의 실제적인 첫 방향을 설정하는 것이므로 매우 중요하다. 루터(Martin Luther)는 설교자가 본문의 중심(the heart of the text)을 반드시 발견해야 한다고 강조했다. 그 이유는 설교자가 발견한 중심 메시지가 본문의 온갖 세부 사항에 빠져 길을 잃어버리는 것을 막아주고, 후에 핵심적으로 설교에서 무엇을 말해야 할지 중심을 잡아주기 때문이다.[6]

---

5   Haddon W. Robinson, *Biblical Preaching: The Development and Delivery of Expository Message*, 2nd ed. (Grand Rapids: Backer, 2001), 35~42, 66~70.

6   Edward F. Marquart, *Quest for Better Preaching: Resources for Renewal in the Pulpit* (Minneapolis: Augsburg Pub. House, 1985), 101.

2 CMT 발견을 위한 이론들

(1) 한 문장의 중요성

그렇다면 본문의 중심 메시지를 어떻게 발견할 수 있는가? 가장 핵심적인 방법은 본문을 충실하게 연구한 후 본문이 무엇을 말하고 있는지를 짧은 한 문장으로 쓰는 것이다. 짧으면서도 명확하게 한 문장으로 쓰는 것이 중요하다. 이때 단어(word)나 어구(phrase)만 쓰지 않고, 주어와 동사가 명확하게 나타나게 쓰는 것이 중요하다. 이와 관련해서 맥아더(John MacArthur)의 이야기를 들어보자.

> [중심 메시지는] … 본문이 가리키는 '중심 아이디어'(main idea)를 말한다. 늘 그런 것은 아니지만 중심 진리는 비유나 이야기 본문에서 보듯 종종 본문의 주동사(main verb)와 연관되어 있다. 나는 본문을 읽으면서 '이 본문의 주된 메시지는 무엇인가? 중심 진리는 무엇인가, 중심 강해 주제는 무엇인가?'라고 묻는다. 일단 그것을 발견하면, 나는 그것을 완전한 문장(complete sentence)으로 적는다. 왜냐하면 본문의 중심사상이 내 생각 속에서 명확해지는 것이 매우 중요하기 때문이다. 세심하게 잘 생각해서 명확하게 기술하는 것이 매우 중요하다.[7]

한편 조웨트(Henry Jowett)는 설교자가 본문의 중심 메시지를 발견하고 짧은 문장으로 그것을 표현하지 못하면 계속 설교 준비나 글을 쓸 수 없

---

7   John MacArthur, 'A Study Method for Expository Preaching' in *Preaching: How to Preach Biblically*, ed. John MacArthur (Nashville: Thomas Nelson, 2005), 180.

설교학의 명료성과 연관성 관점에서의 이근삼 박사의 설교 분석 | 권 호

다고까지 말한다. 그에 따르면 "설교의 주제를 짧고 함축적이면서도 수정같이 명료한 문장으로 표현할 수 있을 때까지 나는 결코 설교를 하거나, 글을 쓸 준비가 되어 있지 않다고 생각한다. 구름 한 점 없는 달과 같이 깨끗하고 선명한 문장이 떠오르지 않는 한 나는 어떤 메시지를 설교하거나 글로 쓸 생각은 절대로 하지 않는다.[8] 조웨트의 말이 좀 강하게 들리기는 하지만 본문의 중심 메시지가 담긴 짧은 문장을 만드는 것이 설교준비에서 얼마나 중요한지 잘 보여주고 있다. 문제는 이렇게 중심 메시지를 한 문장으로 만드는 것이 생각보다 쉽지 않다는 것이다. 그렇다면 어떻게 중심 메시지를 발견하고 그것을 짧고 명쾌한 한 문장으로 만들 수 있을까.

(2) 질문과 답의 중요성

로빈슨은 '주제'(subject)와 '주제 보충'(complement)라는 방법을 활용해 빅아이디어, 즉 중심 메시지를 찾을 것을 제안했다.[9] 그가 사용하는 용어와 방법론이 영어권에서는 효율적인데, 어감과 개념 전달의 어려움 때문에 한국의 설교자들이 사용하기에는 쉽지 않다. 그가 사용하는 '주제'라는 용어는 '본문이 무엇을 말하고 있는가?'에 대한 질문이다. 주제 보충은 그 질문에 대한 대답 혹은 대답들이다. 로빈슨에 따르면 이 두 개를 합쳐 문장을 만들면 중심 메시지를 얻을 수 있다. 그가 제시하는 예를 살펴보자.

여호와께서 이르시되 너희는 여러 나라를 보고 또 보고 놀라고 또 놀랄지어다. 너희의 생전에 내가 한 가지 일을 행할 것이라. 누가 너희에게 말할지라

---

8   J. H. Jowett, *The Preacher, His Life and Work* (New York: Doran, 1912), 133.

9   Robinson, *Biblical Preaching*, 41~49, 66~72.

도 너희가 믿지 아니하리라. 보라 내가 사납고 성급한 백성 곧 땅이 넓은 곳으로 다니며 자기의 소유가 아닌 거처들을 점령하는 갈대아 사람을 일으켰나니 그들은 두렵고 무서우며 당당함과 위엄이 자기들에게서 나오며 그들의 군마는 표범보다 빠르고 저녁 이리보다 사나우며 그들의 마병은 먼 곳에서부터 빨리 달려오는 마병이라 마치 먹이를 움키려 하는 독수리의 날음과 같으니라(합 1:5~8).

주어진 본문의 주제, 즉 본문이 말하고 있는 것을 질문으로 만들면 '어떻게 하나님께서 유다 백성을 심판 하실 것인가?'이다. 이 질문에 대한 답, 주제 보충은 '하나님께서 악한 갈대아 사람들을 통해 그의 백성을 벌할 것이다'이다. 이 주제와 주제 보충을 합치면 '하나님은 악한 바벨론 사람들을 통해 그의 백성을 심판할 것이다'라는 중심 메시지가 나온다.

(3) CMT 발견을 위한 4단계

로빈슨의 방법론이 핵심 질문과 답이라는 핵심 과정을 보여주지만, 너무 단계가 간략하므로 중심 메시지 발견에 익숙하지 않은 사람에게는 어려움을 준다. 이런 점을 극복하기 위해 좀 더 발전된 네 단계를 사용하면 쉽고 효과적으로 중심 메시지를 발견할 수 있다.[10] 1) 먼저 본문이 무엇을 말하고 있는지 한 문장으로 주제문을 쓰라. 완전한 문장으로 쓰면 좋다. 그러나 몇 가지 단어를 사용한 구(phrase)로 작성해도 된다. 2) 그 후 그것을 질문으로 만들라. 이때 "네 – 아니오" 질문(yes or no question)이 아닌 주

---

10   권호, 『본문이 살아있는 설교: Text-Driven Preaching』 (서울: 아가페, 2018), 86~87.

로 "왜, 무엇을, 어떻게"의 질문(why, what, how question)으로 만들라. 3) 그 후 질문에 대한 답을 찾으라. 4) 마지막으로 그것을 합쳐서 한 문장으로 만들면 중심 메시지가 된다. 정리해보면 다음과 같다.

1) **본문의 주제문 작성하기**: 본문이 무엇을 말하고 있는지 주제문(문장 혹은 구)을 쓰기.
2) **주제 질문 만들기**: 그 주제문을 질문(why, what, how)으로 만들기.
3) **주제 질문에 대해 답하기**: 위의 주제 질문에 대한 답을 쓰기.
4) **중심 메시지 문장 만들기**: 주제 질문과 그에 대한 답을 합쳐서 한 문장으로 만들기.

이제 에베소서 1장 17~19절을 본문으로 앞에서 살펴본 네 과정을 통해 어떻게 CMT를 찾을 수 있는지 실례를 살펴보자.[11]

17 우리 주 예수 그리스도의 하나님, 영광의 아버지께서 지혜와 계시의 영을 너희에게 주사 하나님을 알게 하시고 18 너희 마음의 눈을 밝히사 그의 부르심의 소망이 무엇이며 성도 안에서 그 기업의 영광의 풍성함이 무엇이며 19 그의 힘의 위력으로 역사하심을 따라 믿는 우리에게 베푸신 능력의 지극히 크심이 어떠한 것을 너희로 알게 하시기를 구하노라

---

11   아래 내용은 다음의 글을 간단히 정리하고 발전시킨 것이다. 권호, 『본문이 살아있는 설교 작성법』 (서울: 아가페, 2021), 36~38.

1) **본문의 주제문 작성하기**: 바울은 에베소 교인들을 위해 하나님께 기도하고 있다.

2) **주제 질문 만들기**: 바울은 에베소 교인들을 위해 하나님께 무엇을 기도하고 있는가?

3) **주제 질문에 대해 답하기**: ① 지혜와 계시의 영을 주시길 ② 마음의 눈을 밝혀주시길

4) **중심 메시지 문장 만들기**: 바울은 하나님께서 에베소 교인들에게 지혜와 계시의 영을 주시고, 마음의 눈을 밝혀주시도록 기도한다.

CMT의 활용과 결과: 명쾌함과 관심 유발

설교자가 위의 네 과정을 통해 CMT를 발견했다면, 그것을 설교 작성과 전달에서 두 가지로 활용할 수 있다.[12] 첫째, 본문의 분명한 내용 파악을 위해 CMT를 기초로 '주해 개요'(exegetical outline)를 작성할 수 있다. 이렇게 작성된 주해 개요는 본문의 전체 내용을 CMT를 중심으로 한눈에 파악할 수 있게 해주기 때문에 설교자가 명쾌한 메시지를 만들 수 있게 한다. 둘째, 설교자는 CMT 발견을 위한 두 번째 단계에서 사용한 '주제 질문'을 본문의 해석에 주의를 기울이게 하는 '해석 질문'이나 연관을 위한 '연관 질문'으로 사용할 수 있다. 이렇게 할 때 청중이 흥미를 느끼면서 메시지에 집중하게 된다. 아래의 실례를 살펴보자.

---

12   권호 · 임도균『최상의 설교』(서울: 아가페, 2023), 60~63.

[CMT 발견을 위한 주제 질문]

바울은 에베소 교인들을 위해 무엇을 기도하고 있는가?

[설교 질문으로 전환]

바울은 지금 무엇을 위해 기도하고 있습니까?(해석 질문)

그 기도는 우리의 기도와 어떻게 다릅니까?(연관 질문)

[설교문]

성도 여러분 오늘 본문을 보니 바울이 기도하고 있습니다. 우리 교회도 지금 특별새벽기도회를 통해 많은 분이 열심히 기도하고 계십니다. 어떤 분은 자녀의 입시 혹은 취업과 결혼을 위해, 어떤 분은 사업의 안정과 번창을 위해, 어떤 분은 건강을 위해 기도하고 계실 겁니다. 모두 꼭 필요한 기도제목입니다. 그런데 본문을 자세히 보면 사도 바울의 기도제목이 좀 독특해 보입니다. 지금 사도 바울은 무엇을 기도하고 있습니까? 그리고 그 기도는 우리의 기도와 어떻게 다를까요? 이제 본문을 통해 살펴보겠습니다. … 〈후략〉

위에서 살펴본 것처럼 설교 전반부에서 CMT의 주제 질문을 활용해 해석 혹은 연관 질문을 던지면 청중의 흥미와 집중도가 높아진다. 또한, 앞에서 언급한 것처럼 설교 질문을 던지고 그에 대해 주해 개요를 바탕으로 답을 제시하면 균형 있고 체계적인 메시지를 전할 수 있다. 아래의 실례를 살펴보자. 명확한 이해를 위해 주해 개요가 바탕이 된 질문에 대한 답을 밑줄로 표시했다.

[설교문]

본문을 자세히 보십시오, 바울이 무엇을 기도하고 있습니까? 첫째, 바울은 하나님께서 에베소 성도들에게 지혜와 계시의 영을 주시길 기도하고 있습니다. 그는 우리가 종종 기도하는 입시, 취업, 결혼, 사업, 건강과는 다른 내용으로 기도하고 있습니다. 바울은 성도에게 지혜와 계시의 영을 주시길 기도하고 있습니다. 그 이유가 뒤에 나오는데, 지혜와 계시의 영이 있어야만 하나님을 알 수 있기 때문입니다. 세상 지식과 능력으로는 절대 하나님을 알 수 없습니다. 우리가 열심히 기도해서 응답받고자 원하는 기도제목들은 분명 삶에서 중요한 것들입니다. 그러나 가장 중요한 것은 나 자신과 우리 가족이 하나님을 아는 것입니다. 그렇지 않습니까? 그런데 이것은 바울이 말한 것처럼 우리의 힘으로 할 수 있는 것이 아닙니다. 지혜와 계시의 영으로만 가능합니다. 다메섹 도상에서 예수님을 만난 바울은 이것을 너무도 잘 압니다. 그래서 절실하게 가슴을 치며 기도하는 것입니다. "하나님, 에베소 성도들에게 지혜와 계시의 영을 주소서!" 바울의 기도는 우리의 기도 우선순위를 바꿀 것을 요청합니다. 우리가 지금 기도하는 모든 것이 필요하고 중요하지만, 무엇보다 중요한 것은 하나님을 알게 하는 지혜와 계시의 영을 받는 것입니다. … 〈중략〉 … 이제 18, 19절을 봅시다. 바울은 두 번째로 무엇을 위해 기도하고 있습니까. 바울은 하나님께서 에베소 성도들의 마음의 눈을 밝혀주시길 기도합니다. 흥미롭습니다. 본문에 따르면 눈은 얼굴에만 있는 것이 아닙니다. 우리의 마음에도 눈이 있습니다. 이 마음의 눈이 열리면 볼 수 있는 것은 … 〈후략〉

중심 메시지는 설교의 척추 역할을 설교 준비 단계에서 반드시 발견해야 한다. 바인(Jerry Vines)은 본문의 중심 메시지가 중요한 이유를 다음과 같이 네 가지로 요약했다.[13] 첫째, 중심 메시지는 설교의 핵심과 방향을 안내하는 좋은 구조적 기반(structural foundation)이 된다. 이것을 바탕으로 설교의 기초적 틀이 마련되고, 후에 발전되어 완성된 설교의 형태가 나온다. 둘째, 본문을 잘 이해하고 조리 있게 전달할 수 있는 지적 조직력(mental organizing power)을 갖게 한다. 중심 메시지는 본문을 이해할 수 있는 관점이 되기 때문에 그것을 통해 본문을 깊이 있게 볼 수 있다. 또한 체계적인 이해가 가능하므로 명료하게 전달할 수 있는 길도 열어준다. 셋째, 설교에 불필요한 자료들은 빼고, 필요한 것들은 포함할 수 있는 기준을 제시해서 계획된 설교작업(intentional sermonization)이 가능하게 해준다. 즉 분명한 기준이 섰기 때문에 그에 따른 자료선택이 쉽다. 필요한 자료는 더 확보하고, 불필요한 것은 과감히 던져버릴 수 있는 자료선택의 결단력을 주는 것이다. 넷째, 중심 메시지에서 시작되고 체계적으로 발전된 설교는 청중들이 숙성된 메시지를 듣고 적용까지 자연스럽게 받아들이게 한다. 중심 메시지가 분명해야 분명한 적용이 가능한 것이다. 중심 메시지는 본문의 이해가 적용에 이를 때까지 한 흐름으로 가게 만들어 준다.

II 이근삼 박사의 설교에 나타난 명료성과 평가

1 명료성 확보를 위한 연역적 설교틀

이근삼 박사는 명료한 메시지 구성과 전달을 위해 다양한 방식을 사

---

13 Jerry Vines and Jim Shaddix, *Power in the Pulpit: How to Prepare and Deliver Expository Sermons* (Chicago: Moody Press, 1996), 132~33.

용한다. 현대 설교학에서 사용하는 CMT 발견과정을 통해 이 박사의 메시지를 본격적으로 분석하기 전에, 그가 주로 사용한 방식을 먼저 살펴보자. 이 박사는 메시지의 명료성 확보를 위해 다음과 같은 네 과정을 거치는 설교틀을 자주 사용한다. 바로 1) 주제 제시, 2) 요약적 진술, 3) 구체적 분석, 4) 영적 대안 제시로 이루어진 틀이다. 이는 설교 형식(sermonic form)으로 볼 때 전형적인 '연역적 방식'인데 명확한 메시지 전달을 위해 가장 대표적으로 사용되는 형식이다. 이 박사는 초기설교 때부터 이 틀을 사용했는데 고려신학대학 교수로 재직하며 전했던 "현대인의 방황"(눅 15:17)이라는 설교에서 실례를 확인해보자.[14]

(1) 주제 제시: 방황과 그것을 끝내는 길

방황은 이것인가 저것인가, 횡설수설, 우왕좌왕하는 등의 행동 상황을 말하는 것이다. … 특히 학문하는 젊은이들은 방황하는 요소를 근본적으로 해소 배제하기 위하여 예리한 시대적 관찰과 자신의 확립이 있어야 할 것이다.

(2) 요약적 진술: 방황의 근본 원인

현대 인간은 자율성을 찾는다. 이것은 순수한 인간과 순수한 하나님을 찾는다는 것인데, 인간으로부터 초자연적 또는 초 세계적인 것을, 그리고 하나님으로부터 인격적인 것을 배제한다는 것이다. 하나님을 인간 또는 인격적인 것 없이 생각한다는 것은 인간이 하나님의 형상이라는 것

---

14   이근삼, 『오직 하나님의 은혜로』, 14~22.

을 부정하는 것이며 그 결국은 인간을 인간 이하로 인하하는 것이 된다. 현대 인간은 이와같이 하나님과의 관계가 단절되었다. … 〈후략〉.

(3) 구체적 분석: 방황의 다양한 양상

현대인의 사상, 문화, 생활, 경제, 정치 등에서 우리는 다음과 같은 방화 상황을 찾을 수 있다. 첫째, 먼저 인간은 하나님과의 관계에서 인격신을 떠나서 새로운 신들을 자연, 예술, 기계, 우주, 혼돈, 허무 등에서 찾고 있다. … 둘째, 인간의 방황상은 인간의 자기 자신에 대한 관계에서도 볼 수 있다. … 셋째, 인간과 인간의 관계가 비정상적이다. … 넷째, 인간의 자연에 대한 관계에 있어서 인간이 자기가 만물의 영장이며 피조물의 영화이며, 자연의 지배사이며 중심됨을 아예 알지 못하고 있다. … 다섯째, 인간의 시계에 대한 관계에 있어서도 방황하고 있다. '영원'에 대해서 그것이 시간 밖에 있는 초월한 것임을 생각할 수 없고 끝없는 시간으로만 생각한다. … 여섯째, 인간의 정신계에 대한 관계에서도 방황하고 있다. … 〈후략〉.

(4) 영적 대안 제시: 방황 종결의 길

정신적으로 영혼의 깊은 곳에서 나오는 기쁨으로써 불안, 우울, 공포를 바꾸어 명랑해져야 한다. 이런 옥토는 하나님이 우리를 창조하셨다는 창조신 신앙의 의식에서 가질 수 있는 것이다. 우리는 재산을 탕진하고 외국 땅에서 굶주리며 방황하던 탕자가 자기 아버지의 집의 풍성함을 깨닫고 돌아와 영접받은 것을 누가복음 15장에서 읽는다. … 〈중략〉 … 인간은 신의 형상으로 지음받았으니 하나님께 의존해야 하는 종교적 존재임을 믿는 신앙과 죄로 타락하여 그 위치와 사명을 상실했던 것을 알고 그리스도를 믿음으로 죄의 사유함을 받고 신과의 관계를 재확립함으로 중심을 회복하여 본연의 위치에 정착해야 할 것이다. 방황을 그치고 신과의 관계에 정립하고 정착 안주할 때에 인간의 정상적인 능력을 발휘하고 생산과 전진이 있을 것이다. 거기에 기쁨과 평화가 있다.

2 질문과 답을 통한 명쾌한 메시지 전달

이근삼 박사는 메시지의 명료성을 위해 CMT 발견의 핵심 요소인 질문과 답을 활용한다. "하나님께 부요한 자"(눅 12:15)라는 설교에 나타난 질문 - 답 형태를 통한 CMT 발견의 실례를 살펴보자.[15] 이근삼 박사는 먼저 서론에서 설교 본문의 배경을 간단히 설명한다.

> 여기 한 부자가 있었다. 그는 자기 일에 전심전력하고 지혜를 짜서 노력하여 재물을 모았다. 근면, 노력하는 것이 그에게는 인생의 목적이었다. 유대인들에게 부자는 신의 축복의 표로 생각되었기 때문에 이웃이 부러워할 정도로 그는 평판이 좋았다. 그의 근면 노력하는 것은 다른 사람의 모범이 되었는지도 모른다. … 그러나 예수님은 말씀하시기를 '하나님은 이르시되 어리석은 자여!' 라고 하신다고 한다. 이것은 의외의 말씀이다.

이후 이 박사는 CMT 발견의 토대가 되는 주제 질문을 다음과 같이 던지고, 이어서 그에 대한 답을 제시한다.

---

15 이근삼, 『오직 하나님의 은혜로』, 32~35.

[CMT 발견을 위한 주제 질문] 부자는 왜 어리석은 자인가?

어찌하여 그가 어리석은 자인가? 그와 같은 현명하고 근면한 인생의 성공자가 어찌하여 어리석은 자가 된다고 주님은 말씀하시는가?

[주제 질문에 대한 답] 자위와 자기 지배 때문이다.

어리석다고 하시는 점은 '영혼아 평안히 쉬고 먹고 마시고 즐거워하자'라고 자위한 것이다. 그는 하나님의 선하심, 자기 땅에 풍작을 주심을 악용했다. '내가 이렇게 하리라' 하며 하나님의 뜻을 취하지 않았다. 그는 자기 생활을 자기가 지배(self-ruled)하려고 한 것이다.

이 박사는 주제 질문과 그에 대한 답을 기반으로 이후 설교를 세부적으로 풀어간다. 앞 장에서 살펴본 것처럼 CMT가 주해 개요로 이어지면서 자연스러운 설교의 진행이 이루어진 것이다. 이런 과정을 거치면서 이 박사의 설교는 매우 논리적이고 잘 조직된 메시지로 명쾌하게 청중에게 흘러간다.

3 CMT 관련 해석 질문, 연관 질문을 통한 관심 유발

(1) CMT 관련 해석 질문 사용

수동적 자세로 설교를 듣는 청중의 집중력은 곧 떨어진다. 이런 이유로 현대 설교학은 다양한 방법을 통해 청중이 능동적으로 설교를 듣게 한다. 대표적인 방법의 하나가 중심 메시지에서 발견한 해석 질문을 던지고 청중이 그 답을 스스로 찾도록 하는 것이다. 이렇게 하면 청중의 집중도가 높아진다. 이근삼 박사의 설교에도 이런 해석 질문이 등장한다. "천국에 들어가는 고난"(마 5:10~12)이라는 설교에서 그 실례를 찾아보자.[16] 이 박사는 의를 위해 핍박 받는 자들에게 주어지는 천국의 축복을 CMT로 설교하면서 이와 관련된 해석 질문을 아래와 같이 던짐으로 청중이 스스로 생각하게 하고, 이후 자신의 답을 제시한다.

[해석 질문]

요한복음 17:14의 예수님의 중보기도에 '내가 아버지의 말씀을 저희에게 주었사오며 세상이 저희를 미워하였사오니 이는 내가 세상에 속하지 아니함 같이 저희로 세상에 속하지 아니함을 인함이라'고 되어 있다. 그러면 이 세상은 어떤 것인가?

[해석 질문에 대한 답]

이 세상은 '하나님 없이 스스로 살아가려는 죄성 있는 인간의 본질"을 말한다.

잠시 살펴본 것처럼 이 박사는 CMT와 긴밀히 연결된 해석 질문을 던져 청중이 함께 해석에 참여하게 함으로써 설교의 집중도를 높인다.

(2) CMT 관련 연관 질문 사용

이번에는 이근삼 박사가 어떻게 CMT와 관련된 연관 질문을 사용하고 있는지를 살펴보자. 다음 장에서 살펴보겠지만 연관 질문은 본문의

---

16   이근삼, 『오직 하나님의 은혜로』, 142~43.

내용이 어떻게 우리 삶과 연결되는지를 묻는 질문이다. 연관 질문은 청중에게 본문의 의미가 어떻게 자신의 삶과 연결되는지를 생각하고 답하게 함으로써 메시지에 관한 관심을 유발한다. 이 박사의 "애통하는 자의 위로"(마 5:4)라는 설교를 통해 실례를 살펴보자.[17]

[연관 질문]

'애통하는 자는 복이 있나니' 이 말씀은 정상적인 우리 신자들에게 무엇을 가르치고 있는가?

[연관 질문에 대한 답]

첫째, 우리는 애통한 일이 많다. 자신의 죄, 자신의 마음에 있는 죄, 온갖 종류의 질병 때문에 그렇다....둘째, 경건의 모양은 있으나 능력을 부인하는 겉모양만의 경건(딤후 3:5), 외식하는 죄(마 23), 그릇된 교리로 하나님의 진리를 막는 이단, 사이비 신앙의 팽창, 성도 간의 사랑의 결핍으로 분열, 싸움 등 이런 것들은 경건한 신자들의 끊임없는 애통꺼리가 되고, 마음에 슬픔을 준다. ...〈후략〉

위의 예를 통해 확인할 수 있는 것처럼 이 박사는 본문에 나타난 애통의 상황이 우리 시대에 여전히 일어날 수밖에 없음을 강조한다. 이 박사의 설교 실례를 통해서 다시 확인한 것처럼 해석 질문과 더불어 연관 질문은 청중의 관심과 집중력을 높이는 데 매우 중요한 역할을 한다.

---

17   이근삼, 『오직 하나님의 은혜로』, 112~14.

4 이근삼 박사의 설교 명료성 평가

이근삼 박사의 설교는 전체적으로 볼 때 높은 명료성을 보인다. 거의 모든 설교가 연역적 형식으로 구성되어 있어 메시지의 주제와 대략적인 전계 방식이 미리 서론에 나타난다. 그 후 순차적으로 서론에서 제시된 내용을 상술하며 설교를 진행한다. 주로 주제 제시, 요약적 진술, 구체적 분석, 영적 대안 제시라는 네 단계를 통해 메시지의 핵심을 전달하고 있음이 확인된다. 네 단계의 진행은 CMT 발견을 위한 주제 질문에 대한 답을 찾아가는 방식으로도 정리될 수 있다. 현대 설교학의 CMT 발견 기법이 소개되지 않은 시기에 이 박사가 이미 이런 방법을 사용하고 있다는 것이 놀랍다.

CMT를 발견하고 이를 효과적으로 활용하는 점도 인상적이다. 먼저 설교 중에 청중의 참여도를 높이기 위해 CMT 관련 해석 질문의 사용이 확인된다. 연관 질문의 빈도수에 비해 해석 질문이 다소 적게 사용되고 있는데, 주로 설교자가 본문의 의미를 직접 설명하는 방식을 대부분 사용했기 때문이다. 설교자가 학자요 교수라는 점을 고려하면, 청중이 자신의 해석을 시도하기보다는 권위자의 해석을 수용하는 쪽으로 분위기가 형성되었기 때문에 나타나는 현상으로 보인다. 해석 질문이 적고 직접적 해설 전달이 더 많지만, 그 내용이 매우 깊고, 전달 방식이 명쾌해서 청중의 메시지 집중도가 매우 높았을 것으로 생각된다.

한편 CMT와 관련된 연관 질문이 거의 모든 설교에 등장하며 본문과 청중의 삶을 효과적으로 연결하고 있다는 점도 놀랍다. 이 박사는 본문의 의미를 발견하면 그것이 우리 삶과 어떻게 연결하는 지를 질문함으로써 청중의 관심과 집중도를 높인다. 수십 년이 지난 과거의 설교이지만 메시지에 등장하는 이 박사의 연관 질문은 아직도 좋은 연관 기법의 좋은 실례로 소개될만하다. 지금까지 이근삼 박사의 설교 명료성에 대해 분석해보고 간단하게 평가해보았다. 이제 이 박사의 설교를 연관성의 관점에서 분석하고 평가하기 위해 이와 관련된 현대 설교학의 이론을 살펴보자.

III 현대 설교학의 연관성 이론과 기법

1 연관성의 정의와 중요성

(1) 연관성이란 무엇인가?

설교학에서 연관성은 본문과 청중 사이에서 의미를 연결하는 통로를 말한다.[18] 연관성은 영어 'relevance' 혹은 'relevancy'를 번역한 것으로서, 이 단어들은 '관련성', '타당성', '적실성'으로도 번역된다.[19] 연관성은 현대를 사는 우리가 왜 몇천 년 전에 써진 본문의 말씀을 들어야 하고, 그것이 우리의 삶과 어떻게 관련되는지를 보여준다. 스토트는 성경시대와 현대시대의 두 세계를 다리로 연결하는 작업(bridge-building of between two worlds)이라는 탁월한 비유를 통해 연관성을 설명했다.[20] 그의 이론에 따르면 설

---

18 이어지는 연관성의 정의, 이론, 기법은 다음의 글을 수정 및 보완한 것이다. 권호, "효과적인 연관 작업을 위한 이론적 토대와 주요 기법", 「신학정론」 37/1 (2018): 435~67.

19 relevance 혹은 relevancy를 "적실성"이라고 번역하는 것이 좋음에도 불구하고, 곧 살펴보겠지만 기존 설교학에서 이것을 적용으로만 한정해서 생각하는 경향이 있다. 이런 이유로 필자는 "연관성"이라는 번역을 선택했다.

20 Stott, *Between Two Worlds*, 137.

교자는 성경의 세계와 오늘날의 세계 중간에서 연관성이라는 다리를 놓음으로써 의미와 진리가 소통되도록 해야 한다.

비어맨(David Veerman)은 연관성을 과거 성경의 것이 어떻게 지금 동일하게 일어나는지에 대한 설명이라고 정리한다. 그에 따르면 "연관성은 어떻게 성경 시대에 발생한 것들이 동일하게 오늘날에 발생될 수 있는지에 대해 설명한다. 예를 들어, 우리는 고린도를 오늘날의 많은 도시들과 유사한 것으로 묘사할 수 있다. 많은 우상과, 폭력, 성적 타락을 가진 면에서 말이다."[21] 한편 윌하이트(Keith Willhite)는 연관성을 설교자가 선택한 본문의 내용과 청중의 삶 사이를 이어주는 커뮤니케이션 연결고리(communicative link)로 정의했다.[22] 지금까지 살펴본 세 명의 설교학자들의 연관성에 대한 정의에 따르면, 연관성은 성경 시대와 현 시대를 이어주는 것인데(스토트), 본문의 사건이 오늘날 어떻게 동일하게 일어나는지를 설명해주고(비어맨), 과거의 의미를 현재의 의미로 연결하는 기능을 한다(윌하이트).

(2) 연관성의 중요성 및 적용과의 관계

설교는 본문의 의미를 넘어 현시대를 살아가는 사람들에게 말씀의 의미를 전달하는 것이다. 말씀의 의미가 오늘의 의미가 되는 데 필요한 것이 바로 연관성이다. 연관성은 성경이라는 오랜 시간을 거쳐 온 텍스트가 오늘날의 상황과 어떻게 연결되는지를 보여준다. 정확한 연관 작업이 이

---

21 David Veerman, 'Apply Within' in *The Art and Craft Biblical Preaching*, eds. Haddon W. Robinson and Craig B. Larson (Grand Rapids: Zondervan, 2005), 285.

22 Keith Willhite, *Preaching with Relevance: Without Dumbing Down* (Grand Rapids: Kregel, 2001), 17.

루어지면 청중은 본문을 단지 "그때"(then)의 이야기가 아니라 자신들을 향한 "지금"(now)의 이야기로 듣는다. 그 결과 청중들은 메시지에 관심을 갖게 되고 집중해서 듣게 된다. 그래서 하나님의 말씀을 과거 그때의 문자와 소리가 아닌 바로 지금 나를 향한 진리로 받아들인다. 이런 이유에서 설교자는 본문과 관련된 적절한 연관성을 발견하고 그것을 청중의 삶과 연결해야 할 사명이 있다.[23]

연관성을 이해하고 설교 준비에 반영해야 할 또 다른 이유는 그것이 청중들의 관심과 집중력을 사로잡을 뿐만 아니라, 효과적인 적용을 위해서도 중요하기 때문이다. 비어맨(David Veerman)이 강조한 것처럼 연관 작업은 더 자연스럽고 다양한 적용을 가능하게 한다.[24] 설교자가 적절하게 연관 작업을 하면 청중들은 자연스럽게 자신들이 받아들인 의미와 연결된 적용을 받아들일 준비를 한다. 반대로 설교자가 적절한 연관 작업을 하지 않고 바로 적용을 할 경우 본문의 의미와도 다르고, 현시대에도 맞지 않는 적용을 할 가능성이 크다. 설령 바른 적용을 했을지라도 청중들이 그것이 자신의 삶과는 동떨어진 것이라 생각하기 때문에 쉽게 받아들일 수 없다. 이렇게 연관성은 청중의 관심과 집중을 끌어올릴 때나, 메시지가 전달하려는 자연스럽고 효과적인 적용을 줄 때도 반드시 필요하다.[25]

---

23 Akin, Allen, and Mathews, *Text-Driven Preaching*, 272.

24 Veerman, 'Apply Within,' 285.

25 과거 성경 해석학에서나 설교학에서도 연관성을 종종 적용과 동일한 것으로 생각하는 경향이 있었다. 연관성은 적용과 중첩되는 부분이 있기는 하지만 동일한 것은 아니다. 하이트에 따르면 "연관성은 적용보다 더 많은 것을 포함하고 있다"(Relevance includes more than application). Willhite, *Preaching with Relevance*, 17. 스누키안(Donald Sunukjian)도 "연관성이 적용보다 더 넓은 것이다"(Relevancy is broader than applica-

2 연관성과 관련된 해석학적 이론들

지금까지 연관성의 개념과 중요성에 대해 간단하게 알아보았다. 이제 연관성을 찾기 위한 성경 해석학적인 선행연구를 살펴보자. 사실 설교학에서 연관성에 대해 관심을 갖기 전에 성경 해석학에서 이미 그것에 대한 여러 논의와 방법론이 제시되었다. 이렇게 볼 때 설교학의 연관성은 성경 해석학의 토양에 뿌리내리고 있다고 해도 과언은 아닐 것이다. 이제 설교학의 연관성에 중요한 영향을 미친 성경 해석학의 대표적인 학자들의 이론을 간략하게 살펴보자.

(1) 두 지평의 융합

1980년대 티슬턴(Anthony Thiselton)은 그의 심도 있는 저서 "두 지평"의 서문에서 성경 해석학의 목표를 "해석자 자신의 지평을 재형성하고 확장시키는 방식으로, 해석자와 본문 사이에 적극적이고 의미 있는 연결이 일어나게 하는 것"이라고 말했다.[26] 이러한 입장은 성경이 현시대와의 연관성이 없이 오직 기록될 당시의 문화와 의미에만 머문다는 비관적 성경 해

---

tion)라는 점을 분명히 했다. Donald R. SunukJian, *Invitation to Biblical Preaching: Preaching Truth with Clarity and Relevance* (Grand Rapids: Kregel Publications, 2007), 106. 비어맨도 역시 연관성을 적용의 기초가 되는 더 넓은 개념으로 본다. Veerman, 'Apply Within,' 285. 간단히 말해보면 연관성은 본문의 사건과 의미가 어떻게 현 시대에 동일하게 일어나고, 같은 의미를 가질 수 있는지에 관련된 것이다. 반면 적용은 본문의 사건과 의미가 현 시대에 동일하게 나타난다면 청중은 무엇을 해야 하는지에 대한 지침이다. 연관성이 기반이 된 적용에 대해서는 다음의 글을 참고하라. 권호, "효과적 적용을 위한 이론적 토대와 주요 기법", 「신학정론」 37/2 (2019): 403~25.

26 Anthony C. Thiselton, *The Two Horizons: New Testament Hermeneutics and Philosophical Description With Special Reference to Heidegger, Bultmann, Gadamer, and Wittgenstein* (Grands Rapids: Eerdmans, 1980), xix.

석학에 대한 반기로 볼 수 있다. 그는 모든 시대를 초월해 "성경은 해석자 자신의 지평을 바로잡고 재형성하며 확장시키는 방식으로 오늘날에도 여전히 말할 수 있으며 실제로 그렇게 말하고 있다"고 주장했다.[27]

티슬턴은 우리가 성경을 바르게 해석하기 위해서는 두 개의 지평이 있음을 먼저 이해해야 한다고 말했다.[28] 첫 번째 지평은 본문의 저자가 서 있는 과거의 문화적 상황이고, 두 번째 지평은 독자가 서 있는 현재의 문화적 상황이다. 그는 본문이 가지고 있는 역사적 특이성 및 제약성(historical particularities and conditionedness)과 해석자가 가지고 있는 관점 및 관습 때문에 현시대로의 연속성을 찾는 것이 쉽지 않음을 인정한다.[29] 그러나 티슬턴은 이런 어려움에도 불구하고 고대 본문의 지평과 현대 독자의 지평을 연결할 수 있다고 말하며, 이리한 해석학적 행동을 "지평 융합"(fusion of horizons)이라고 불렀다.

티슬턴이 말하는 지평 융합은 가다머(Hans-Georg Gadamer)에게서 빌려온 용어이며, 그의 해석학적 전제에 영향을 받은 것이다.[30] 지평 융합의 방법론에서는 해석자가 자신의 선이해와 언어의 보편적 토대를 바탕으로 본문의 세계로 들어간다.[31] 그러면 본문이 가진 개방성으로 과거의 세계가

---

27   Thiselton, *The Two Horizons*, xix.

28   Thiselton, *The Two Horizons*, 10~17.

29   Thiselton, *The Two Horizons*, 15.

30   티슬턴은 자신의 용어와 내용을 가다머와 연결해 언급 및 설명한다. Thiselton, *The Two Horizons*, xix, 15~16, 304~10, 314~19.

31   지평 융합의 요약적 서술과 평가에 대해서 다음의 글을 참고하라. Grant R. Osborne, *The Hermeneutical Spiral: A Comprehensive Introduction to Biblical Interpretation* (Downers Grove: IVP, 1991), 369~371.

해석자에게 열리는데, 이때 그는 대화를 통해 자신의 질문을 구체화한다. 바로 이런 과정을 통해 과거(본문)와 현재(해석자)가 융합된다. 비록 티슬턴의 지평 융합이 다소 복잡하고 구체적 방법론이 제시되지 않은 아쉬움을 남기고 있지만, 본문이 현재의 세계로 연결되어야 한다는 확고한 방향성을 준 것은 분명하다. 그러나 티슬턴의 방법론에는 설교적 연관성의 토대를 제공하기 위해 꼭 필요한 "의미와 의의"의 개념이 빠져있는 것은 아쉬운 점이다.

(2) 의미와 의의

설교학에서 말하는 연관성의 이론적 토대는 성경 해석학에서 심도 있게 논의된 "의미와 의의"에 기초를 두고 있다. 밴후저(Kevin J. Vanhoozer)는 그의 흥미로운 책 "이 텍스트에 의미가 있는가?"에서 성경 본문은 "단 하나의 규정적 의미"(a single, simplistic, determinate meaning)를 갖지만, 시대를 초월하고 여전히 유효한 "여러 의의"(plurality significances)를 가진다고 말했다.[32] 그러므로 그는 해석자가 단순히 본문의 의미를 찾는 것에 그치지 말고, 현대 사회를 향한 의의가 무엇인지를 찾아야 함을 다음과 같이 강조했다.

성경의 의미는 계시적이고, 정경적인 컨텍스트에 고정되어 있다. 반면 성경의 의의는 상대적이며 현대적 컨텍스트들에 열려져 있다. 성경의 내용은 계시적이다. 그것은 우리가 바꿀 수 없이 그렇게 알아야 할 것을 알려준다. … 반면 의의는 특정 컨텍스트들과 독자들에 상대적이다. 똑같은 의미가 여러 상황들

----

32 Kevin J. Vanhoozer, *Is There a Meaning in This Text?: The Bible, the Reader, and the Morality of Literary Knowledge* (Grand Rapids: Zondervan, 1998), 421.

에서, 여러 방식으로 전해질 수 있다. … 텍스트의 의의를 찾아내는 것은 해석에서 필수적 측면이다.[33]

밴후저는 본문의 계시적 의미(revelatory meaning)가 다양한 상대적 의의(relative significance)로 나타나기 때문에 성경이 영원한 연관성을 가질 수 있다고 보았다.[34] 즉, 본문의 원래 의미가 오늘날의 새롭고 다양한 컨텍스트들에 연결되면서 풍성한 의의를 만들어냄으로써 연관성을 유지하는 것이다.[35] 성경이 이런 연관성을 가지고 있으므로 설교자는 본문의 '과거에 의미했던 바'(what it meant)를 '현재의 의미하는 바'(what it means)로 바꾸어 메시지를 전달할 수 있다.[36]

한 가지 주목할 점은 본문의 의의가 청중 혹은 독자에게 어떤 행동을 요구한다는 것이다. 밴후저가 제시하는 한 예를 살펴보자.[37] 어느 날 한 사람이 요한복음을 읽고 그 핵심 내용이 '그리스도를 믿으라는 복음으로의 초대'라는 것을 알았다. 본문의 의미를 파악한 것이다. 그러나 요한복음은 이 독자에게 의미를 넘어 의의로 다가와 그 초청에 반응하도록 영향을 미친다. 본문의 의의가 자연스럽게 청중의 반응, 즉 적용으로 이어지고 있다. 우리는 이러한 현상을 다음 단락에서 좀 더 자세히 살펴볼 것이다.

33　Vanhoozer, *Is There a Meaning in This Text?*, 423.

34　Vanhoozer, *Is There a Meaning in This Text?*, 423.

35　Vanhoozer, *Is There a Meaning in This Text?*, 421.

36　Vanhoozer, *Is There a Meaning in This Text?*, 421.

37　Vanhoozer, *Is There a Meaning in This Text?*, 422.

(3) 상황화 모델

성경을 해석할 때 본문의 의미뿐만 아니라 다양한 시대를 향한 의의를 찾아야 한다는 사실은 이제 성경 해석학에서 보편적으로 받아들여지고 있다. 오즈번(Grant R. Osborne)의 이론을 한 예로 살펴보자. 오즈번은 성경 해석학의 클래식으로 꼽히는 그의 저서 "해석학적 스파이럴"에서 의미와 의의는 결코 분리될 수 없는 해석학적 요소임을 강조했다.[38] 이런 전제를 가지고 오즈번은 설교가 본문의 의미를 발견해 그것을 현대 청중에게 의의로 전달하는 것이라고 말했다.[39] 그런데도 많은 설교자들이 본문의 의의를 찾고 전달하는 것에 실패한다는 것을 다음과 같이 지적했다. "설교자의 임무는 하나님의 말씀이 과거 시대에 명확하게 전해진 것처럼 오늘날에도 그것이 분명하게 전해지도록 해야 한다.…심지어 본문의 원래 의미를 밝히는 것에 능숙한 사람들도 이 점에서 종종 실패한다."[40]

오즈번의 이론에서 눈에 띄는 점은 본문의 의의를 설교의 적용으로 연결한다는 것이다. 그는 의의를 본문에서 발견된 "신학적 원리(theological principle)를 바탕으로 다양한 컨텍스트에서 제안될 수 있고 적용될 수 있는 많은 다른 방식들"이라고 본다.[41] 오즈번은 본문의 의의를 적용으로 바꾸기 위해 선교학자들의 '상황화'(contextualization)를 그의 이론적 틀로 삼았다.[42]

----

38 Osborne, *The Hermeneutical Spiral*, 318.

39 Osborne, *The Hermeneutical Spiral*, 318.

40 Osborne, *The Hermeneutical Spiral*, 318.

41 Osborne, *The Hermeneutical Spiral*, 332.

42 Osborne, *The Hermeneutical Spiral*, 318. 오즈번이 말하는 상황화는 해방신학자들의 잘못된 시도처럼 모든 성경의 내용을 사회, 경제적 해방의 틀로 바꾸는 것이 아니다. 그가 제시하는 것은 현재 말씀의 수용자의 변형적 특성(transformational character)을 인식

오즈번에 따르면 상황화의 목표는 성경 저자가 원래의 청중에게 요구한 것을 어떻게 현대 청중들에게 동일하게 요구할 수 있는지를 결정하고 적용하는 것이다.[43] 이 목표를 이루기 위해 상황화에서 시행해야 할 핵심 과정은 본문에 나타난 표면적 행동에 근거가 되는 신학적 원리를 발견하는 것이다. 예를 들어 신약성경에는 '거룩한 입맞춤'(살전5:26, 벧전5:14)이라는 1세기 문화와 연결된 문화적 관습이 나타난다. 현대 대부분의 교회가 이것을 그대로 가지고 와서 시행할 수 없다. 그렇기 때문에 이 행동이 근거하고 있는 신학적 원리를 생각해야 하는데, 바로 '상호 사랑의 원리'이다.[44] 그렇다면 설교자는 청중에게 문자적 입맞춤이 아닌 상호 사랑의 원리가 담긴 여러 방법으로 성도들 간에 인사를 나눌 것을 적용으로 제시할 수 있다.

오즈번이 본문의 의의를 상황화를 통한 적용으로 설명한 것은 연관성이 청중의 반응 및 실천과 관련이 있다는 것을 알려주는 면에서는 문제가 없다. 그러나 본문의 의의가 곧 적용이라는 단순 도식은 연관성의 본래적 의미를 축소하는 결과를 낳을 수 있다. 연관성이 자연스러운 적용으로 이끄는 것은 사실이지만, 연관성의 가장 중요한 기능이 본문의 의미를 오늘날로 연결하는 것임이 간과될 수 있기 때문이다. 다행스럽게도 오즈번은 설교 작성 과정을 제안할 때 설교자들이 혼란스럽지 않도록 본문의 의의를 '연관성'과 '적용'으로 나누었다. 그가 제시한 네 가지 과정(네 가지

하는 상황화이다. 즉, 성경의 계시의 내용(content)은 변하지 않게 하면서, 계시가 전달되는 형태(form)를 바꾸는 것이다

43 Osborne, *The Hermeneutical Spiral*, 333.

44 Osborne, *The Hermeneutical Spiral*, 330~31.

레벨)은 다음과 같다.[45]

레벨 1. 해석 / 의미 발견(Meaning/Interpretation)

레벨 2. 해석 / 연관성 발견(Interpretation/Relevance)

레벨 3. 상황화 / 적용(Contextualization/Application)

레벨 4. 설교준비(Preparing the Sermon)

위에서 확인한 것처럼 오즈번은 본문의 의의를 연관성과 적용으로 분리해서 설교 준비과정으로 제시했다. 첫째 해석은 본문에 대한 것으로 의미 발견을 위한 것이라면, 둘째 해석은 현대 상황에 대한 것으로 신학적 원리(theological principle)가 바탕이 된 연관성 발견을 위한 것이다. 본문과 오늘날 시대를 잇는 연관 작업을 마치면 상황화를 통해 적용점을 찾으라는 것이다.

지금까지 설교학의 연관성의 기초가 되는 성경 해석학의 이론들을 살펴보았다. 이 이론들을 연관성과 관련해서 요약해보면 다음과 같다. 티슬턴의 말처럼 설교자는 본문의 지평과 청중의 지평을 융합함으로써 성경의 연관성이 분명하게 드러나도록 해야 한다. 밴후저의 설명처럼 성경은 불변하는 본문의 의미와 다양하고 가변하는 의의를 가지고 있다. 이 의의가 설교의 연관성에 해당된다. 오즈번이 제안한 것처럼 설교자는 본문의 의미를 찾고, 연관성을 놓은 후에, 적용을 제시하는 과정을 통해 설교를 작성해야 한다.

---

45   Osborne, *The Hermeneutical Spiral*, 353~58.

3 연관성 확보를 위한 설교학적 노력

앞에서 살펴본 성경 해석학의 다양한 논의들은 설교학자들에게 연관성에 관한 관심을 불러일으켰다. 1980년대 초부터 설교학자들은 연관성 확보를 위한 틀과 구체적인 방법론들을 본격적으로 제안하기 시작했다.[46] 이와 관련된 두 명의 대표적인 설교학자의 이론을 살펴보자.

(1) 연관성을 위한 신학적 과정

워렌(Timothy Warren)은 그의 대표적인 소논문 "설교의 패러다임"에서 현대 강해설교의 주요 주제가 어떻게 성경이 이 시대의 청중에게 연관되는지를 보여주는 것이라고 말했다.[47] 그는 설교에서 본문의 의미를 희생시키지 않으면서, 그것을 지금의 현시대로 연관시키기 위한 틀을(네 가지 과정) 다음과 같이 제시했다.[48]

1. **주석적 과정**(Exegetical Process)
   본문의 의미를 발견하는 과정
2. **신학적 과정**(Theoglogical Process)
   시간을 초월한 보편적 원칙을 발견하는 과정

---

46 스토트의 "Between Two Worlds"가 1982년 출판되었는데 그 이후 많은 설교학자들이 연관성에 대한 논의를 시작하기 시작했다. 아직도 스토트의 책은 연관성에 대해 기술하고 있는 모든 책에 중요 서적으로 언급되고 있다.

47 Timothy S. Warren, "A Paradigm for Preaching", Bibliotheca Sacra 148 (October-December 1991): 467.

48 Warren, "A Paradigm for Preaching", 472~81.

3. 설교적 과정(Homiletical Process)

앞의 두 과정을 기초로 현재 청중에 적합한 설교를 만드는 과정

4. 변혁적 과정(Transformational Process)

설교자와 청중이 선포된 말씀을 듣고 변화된 삶을 보이는 과정

첫 출발점이 되는 주석적 과정은 주해를 통해서 본문의 의미를 발견하는 과정이다. 다음은 신학적 과정인데 연관성의 토대가 되기 때문에 중요한 과정이다. 이 과정은 본문의 원래 상황뿐만 아니라 현시대에도 적용 가능한 '신학적 명제'(theological proposition) 혹은 '시대를 초월할 신학적 진리'(timeless theological truth)를 찾는 것이다.[49] 신학적 명제는 특정 시간에 한정되는 역사적 문장이 아니라, 시간을 초월한 신학적인 문장이어야 한다. 이렇게 발견된 신학적 명제는 하나님에 대해서, 창조물에 대해서, 그리고 그 둘의 관계에 대해서 무엇을 말하고 있는지에 대한 답을 주는 '불변의 진리'(universal truth)여야 한다.[50] 세 번째 설교적 과정은 이렇게 발견된 신학적 명제를 바탕으로 현대 청중에 적합한 설교를 만드는 과정을 말한다. 변혁적 과정은 설교의 결과를 확인하고 측정하는 단계인데 설교 작성 과정으로는 불필요해 보인다.

워렌의 신학적 과정에는 아직 명확하게 정리되지는 않았지만 연관성의 개념이 분명히 나타나 있다. 이 과정이 본문에서 연관성의 핵심이 되는 불변의 신학적 명제 혹은 진리를 찾기 때문이다. 그러나 이 신학적 과정에는 신학적 명제를 가지고 어떻게 현재 상황과 청중에 구체적으로 연관

---

49   Warren, "A Paradigm for Preaching", 477.

50   Warren, "A Paradigm for Preaching", 478.

성을 놓아야 하는지에 대한 실제적 방법이 나타나있지 않다.[51] 이러한 모호성을 인식하고 신학적 단계를 세분화해서 연관성을 확보하려는 시도가 스누키언에 의해 이루어졌다.

(2) 연관성을 위한 구체적 연결 작업

스누키언은 워렌의 방법론을 기본적으로 수용하되 큰 틀은 단순화시키고 방법론은 구체화시켰다. 그는 본문의 의미를 현시대로 연결하기 위해서는 '성경 본문'(biblical passage), '불변의 진리'(timeless truth), '최종 설교'(final sermon)라는 세 가지 요소가 담긴 특정 과정을 거쳐야 한다고 말했다.[52] 스누키언에 따르면 각각의 과정은 개요(outline) 형태로 표현되어야 하고, 그 후 더 구체적으로 발전되어야 한다.[53] 그가 말하는 각 단계의 개요가 무엇이고 어떻게 작성되어야 하는지, 그가 제시한 실례를 통해 알아보자.

---

51 이런 문제점을 인식한 워렌은 후에 자신의 신학적 과정에 대한 이론을 세부적으로 발전시켰다. 그는 신학적 과정이 양식화(stylizing: 주석적 언어를 일반적, 신학적 언어로 바꾸는 것), 신학화(theologizing: 특정 시대에 묶인 진술을 시대를 초월한 진리로 바꾸는 것), 조직화(organizing: 본문의 구조를 논리적이고 심리적 흐름으로 바꾸는 것)를 통해 설교적 과정으로 이어져야 한다고 주장했다. Timothy S. Warren, "The Theological Process in Sermon Preparation", Bibliotheca Sacra 156 (July–September 1999): 336~56. 그러나 워렌이 후에 발전시킨 이론은 세밀함을 넘어 복잡함을 주기 때문에 과연 실효적 설교 과정이 될 수 있는지에 대한 의문을 일으킨다.

52 Donald R. SunukJian, *Invitation to Biblical Preaching: Preaching Truth with Clarity and Relevance* (Grand Rapids: Kregel Publications, 2007), 27~41.

53 SunukJian, *Invitation to Biblical Preaching*, 27~31.

[본문] 출애굽기 13장 17절

바로가 백성을 보낸 후에 블레셋 사람의 땅의 길은 가까울지라도 하나님이 그들을 그 길로 인도하지 아니하셨으니 이는 하나님이 말씀하시기를 이 백성이 전쟁을 하게 되면 마음을 돌이켜 애굽으로 돌아갈까 하셨음이라

1. 본문 개요(Passage Outline)

– 본문에서 '일어난 것'(what happened)에 대한 개요

– 하나님이 이스라엘 백성을 이집트에서 가나안으로 이어지는 빠른 길로 인도하지 않은 이유는 그들이 그 길로 가는 중에 전쟁에 직면해 두려워 돌아갈 것을 아셨기 때문이다.

2. 진리 개요(Truth Outline)

– 불변의 진리(timeless truth)에 대한 개요. 지금 '일어나는 것'(what happens)에 대한 개요로 하나님 자신이 누구이시며, 우리를 어떻게 인도하시는지에 대한 개요.

– 하나님께서 종종 우리를 위한 선한 계획을 빠른 길로 인도하지 않는 것은, 그 길에 우리가 목표에 이르는 것을 막는 장애물이 있는 것을 아시기 때문이다.

3. 설교 개요(Sermon Outline)

– 본문에서 일어난 것과 동일한 것이 오늘 우리 삶에 '일어나고 있는 것'(what is happening)에 대한 개요. 설교 개요는 앞의 두 단계(본문 개요와 진리 개요)에서 얻어진 내용을 현재 청중의 구체적인 삶의 상황에 연결시켜야 한다.

– 본문 개요와 진리 개요를 바탕으로 한 설교개요의 예는 아래와 같다.

하나님께서 종종 우리를 위한 선한 계획을 빠른 길로 인도하지 않는 것은, 그 길에 우리가 목표에 이르는 것을 막는 장애물이 있는 것을 아시기 때문이다. 「진리 개요에서 얻어진 것」

1. 하나님께서 이스라엘을 돌아가는 길로 인도하신 이유는 그들이 직선길로 가면 전쟁을 만나 목표에 이르지 못할 것이기 때문이었다. 「본문 개요에서 얻어진 것」

2. 하나님께서 종종 우리를 지그재그 길로 인도하시는 이유는 때론 빠른 길에 우리가 목표에 이른 것을 막는 장애물이 있기 때문이다. 「진리 개요를 다시 제시한 후, 이것을 현재 청중의 구체적인 삶에 아래와 같이 연결」

   1) 우리를 힘들게 하는 사람이 사라지거나 우리가 필요한 기술을 배울 때까지 우리의 경력 이 쌓이는 것이 지연될 수 있다.

   2) 우리가 일중독이나 물질 우선에 빠지는 위험을 통과할 때까지 우리의 회사는 성장하지 않을 수 있다.

   3) 안정적이고 지속되는 관계를 위협하는 문제들이 사라질 때까지 결혼이 미루어질 수 있 다.

   4) 우쭐댈 수 있는 위험이 줄어들 때까지 사역의 기회가 미루어질 수 있다.

위의 예로 제시된 설교 개요의 구성을 살펴보면 첫째, 진리 개요에서 작성한 불변의 진리를 먼저 말한다. 둘째, 본문 개요를 말한다. 셋째, 진리 개요에서 얻어진 불변의 진리를 다시 언급하고 그것을 다양하게 청중의 삶에 연결한다. 스누키언이 제시한 틀을 보면 진리 개요 작성의 작업이 워렌의 신학적 과정과 동일하다는 것을 알 수 있다. 그러나 워렌의 방법론과 다른 점은 진리 개요에서 얻어진 불변의 원리를 바탕으로 다양한 청중의 삶과 연결하는 단계(relating step)를 추가해서 연관성의 구체성을 증대시킨 것이다. 스누키언의 방법론은 워렌의 방법론을 단순화시키면서도 연관의 기법은 더욱 구체화시킨 발전적인 시도로 볼 수 있다.

4 효과적인 연관 작업을 위한 두 과정

지금까지 우리는 연관성의 이론적 토대가 되는 성경 해석학의 이론을 살펴보았다. 또한 그것을 수용해 연관 작업을 위한 틀과 구체적인 방법을 발전시킨 설교학적 시도도 살펴보았다. 이제 이 선행연구를 바탕으로 이론의 핵심을 정리하고 실제적 기법을 제시할 필요가 있다. 너무 많은 이론들이 혼란을 줄 수 있고, 너무 추상적인 방법들은 설교 현장에서 사용할 수 없기 때문이다. 필자의 분석에 따르면 지금까지 살펴본 연관 작업과 방법들이 다양한 용어와 방식으로 제시되어 복잡해 보이지만 그 핵심은 결국 "원리화 과정"과 "대상화 과정"으로 요약할 수 있다. 이제 필자가 말하는 두 가지가 무엇인지 알아보고, 어떻게 실제 기법으로 발전 및 활용할 수 있는지 살펴보자.

(1) 원리화 과정(Principlizing Process)

원리화 과정이란 주해 단계를 통해 본문에서 발견한 중심 메시지를 오늘날의 청중이 동일하게 받아들일 수 있는 '영적인 원리로 바꾸는 것'을 말한다. 밴후저의 표현을 빌리자면 '과거에 의미했던 바'(본문의 중심 메시지)를 '현재 의미하는 바'(영적인 원리)로 바꾸는 작업이다.[54] 오즈번은 이 과정을 과거와 현재에 동일하게 적용될 수 있는 '신학적 원리'(theological princi-ple)를 찾아 본문과 현재를 연결하는 과정이라고 했다.[55]

워렌은 오즈번의 이론을 수용하며 설교를 준비하면서 보편적이고 초시대적인 신학적 원리를 찾는 이 과정을 '신학적 과정'이라고 명명했다. 그러나 '신학적 원리' 혹은 '신학적 과정'이라는 용어가 너무 광범위한 것처럼 보인다. 용어가 광범위하니 의미하는 바가 모호해질 수 있다.[56] 성경 신학적 입장에서 엄밀하게 생각해보면 스투어트(Douglas Stuart)의 말처럼 주해의 과정에서 본문에 나타난 신학적 메시지, 혹은 신학적 원리를 찾는 것이 일반적이다. 그렇다면 신학적 원리, 신학적 과정은 주해 단계에 속하게 되는 것이다.[57] 반대로 넓게 생각해보면 본문을 해석하고 적용을 제시하는 전체 과정이 신학적 원리를 추구하는 신학적 과정이라고 볼 수 있다. 필자는 본문에서 발견된 중심 메시지를 오늘날을 위한 변함없는 영적

---

54 Vanhoozer, *Is There a Meaning in This Text?*, 421.

55 Osborne, *The Hermeneutical Spiral*, 332.

56 예를 들어 이런 문제점을 인식한 워렌은 후에 자신의 신학적 과정에 대한 이론을 세부적으로 발전시켰다. 그는 신학적 과정이 양식화(stylizing: 주석적 언어를 일반적, 신학적 언어로 바꾸는 것), 신학화(theologizing: 특정 시대에 묶인 진술을 시대를 초월한 진리로 바꾸는 것), 조직화(organizing: 본문의 구조를 논리적이고 심리적 흐름으로 바꾸는 것)를 통해 설교적 과정으로 이어져야 한다고 주장했다. Timothy S. Warren, "The Theo-logical Process in Sermon Preparation", Bibliotheca Sacra 156 (July-September 1999): 336~56. 그러나 워렌이 후에 발전시킨 이론은 세밀함을 넘어 복잡함을 주기 때문에 과연 실효적 설교 과정이 될 수 있는지에 대한 의문을 더욱 일으킨다.

57 Douglas Stuart, *Old Testament Exegesis* (Louisville: Westminster John Knox Press, 2001), 24~25.

원리로 바꾼다는 의미를 쉽고 명료하게 담기 위해 이 과정을 '원리화 과정'으로 부르고자 한다.

영적 원리화 과정에서 가장 중요한 것은 본문과 오늘날을 연결해줄 '영적 원리'(spiritual principle)를 발견하는 것이다. 원리화 과정의 결과물은 "영적 원리를 담은 문장"이다. 즉 본문에서 영적 원리를 발견하고, 그것을 한 문장으로 만들면 영적 원리화 과정을 마친 것이다. 영적 원리화 과정이 무엇이고 그 결과가 어떻게 한 문장으로 만들어졌는지 실제로 한 예를 통해 살펴보자.

[본문] 여호수아 1장 1~9절

여호와의 종 모세가 죽은 후에 여호와께서 모세의 수종자 눈의 아들 여호수아에게 말씀하여 이르시되 … 이 율법책을 네 입에서 떠나지 말게 하며 주야로 그것을 묵상하여 그 안에 기록된 대로 다 지켜 행하라 그리하면 네 길이 평탄하게 될 것이며 네가 형통하리라 내가 네게 명령한 것이 아니냐 강하고 담대하라 두려워하지 말며 놀라지 말라 네가 어디로 가든지 네 하나님 여호와가 너와 함께 하느니라 하시니라

[본문의 중심 메시지]

"하나님은 새로운 지도자 여호수아에게 하나님의 약속과 말씀을 붙잡고 강하고 담대하게 이스라엘을 가나안으로 인도하라고 말씀하신다."

[영적 원리의 문장]

"하나님은 우리를 새로운 지도자로 세우시고 하나님의 약속과 말씀을 붙잡고

맡겨진 사람들을 하나님이 원하시는 방향으로 이끌라고 하신다."

본문의 중심 내용은 하나님께서 여호수아에게 말씀하시는 것이다. 즉 과거의 사건이며, 여호수아에게 중요한 의미가 있는 말씀이다. 그러나 영적 원리를 담은 문장을 보면 본문의 내용이 오늘 우리에게 주어진 내용으로 바뀐 것을 볼 수 있다. 여호수아에게뿐만 아니라 우리에게 중요한 영적 원칙으로 연결한 것이다. 이렇게 영적 원리화 과정을 수행하면 본문의 의미가 과거 시간을 넘어 오늘날의 의미로 청중에게 다가온다.

원리화 단계가 가능한 것은 본문의 시대와 지금의 시대를 관통하는 불변의 공통점이 있기 때문이다.[58] 성경 해석학도 연관성을 발견하기 위해 "원래의 상황과 현대 수용자의 상황 사이에 지속적이고 중요하게 겹쳐지는 부분(overlap)을 찾아야 한다"는 점을 강조한다.[59] 그렇다면 원리화를 가능하게 하는 본문과 현시대의 공통부분은 구체적으로 무엇인가? 설교학자들은 크게 두 가지를 제시한다.[60] 첫째는 인간의 죄이다. 성경 시대를

---

[58] 이 점과 관련된 다양한 학자들의 견해를 살펴보기 원한다면 다음의 자료를 참고하라. 권호, 『본문이 살아있는 설교: Text-Driven Preaching』 (서울: 아가페, 2018), 107~26.

[59] Osborne, *The Hermeneutical Spiral*, 333.

[60] 예를 들어 브라이언 채플(Bryan Chapell)은 본문과 청중 사이에 연관성을 강화하기 위해 "죄에 빠진 인간의 상태"(FCF: The Fallen Condition Focus)와 "구원자 하나님"이라는 연관의 틀을 사용한다. Bryan Chapell, *Christ-Centered Preaching: Redeeming the Expository Sermon*, 2nd ed. (Grand Rapids: Baker, 2005), 48~51, 105~106, 304. 한편 폴 스캇 윌슨(Paul Scott Wilson)은 "죄의 문제"와 그것을 해결하시기 위해 "행동하시는 하나님"이라는 네 단계(page)의 연관의 틀을 만들었다. Paul Scott Wilson, *The Four Pages of the Sermon: A Guide to Biblical Preaching* (Nashville: Abingdon Press, 1999), 107, 158~200. 해돈 로빈슨(Haddon Robinson)의 경우 "부패의 요소"(depravity factor)와 부패한 인간을 구원하시는 "하나님의 모습"이라는 연관의 틀을 제시한다.

살았던 사람들이나 오늘날을 살아가는 사람들이나 동일하게 죄의 문제에 직면해 있다. 둘째는 죄에 빠진 인간을 구원하시고 은혜를 베푸시는 하나님이시다. 아담의 타락 이후 하나님은 인간이 죄의 결과로 죽어가도록 그냥 두시지 않으셨다. 구원을 계획하시고, 예수 그리스도의 십자가를 통해 구원하셨으며, 성령님의 사역을 통해 구원과 은혜의 길을 전 세대에 걸쳐 이어가신다. 이 두 가지 공통점이 있기에 원리화 작업을 통해 시대를 관통하는 불변의 진리를 찾을 수 있다.

원리화 과정을 통해 발견된 불변의 영적 원리로 본문과 현시대를 연결하면 넓은 범위의 '일반적 연관'(general relevance)이 이루어진다. 즉 특정 대상이 아니라 모든 사람이 받아들일 수 있는 의미 연결이 이루어지는 것이다. 그러므로 영적 원리를 담은 문장에서 '우리'라는 일반 대명사를 사용한다. 특정 사람이 아닌 우리 모두에게 적용되는 영적 원리로 연결한 것이다. 어떻게 이런 보편적 적용이 가능한가? 우리가 설교하게 될 본문에서 일어난 죄의 문제가 한 개인의 문제를 넘어 '우리' 인류 전체의 문제이기 때문이다. 동시에 창세로부터 지금까지 죄로 죽어가는 '우리'에게 하나님께서 시대를 초월해 구원을 베푸셨기 때문이다. 원리화 과정이 이렇게 넓은 범위의 연관성을 확보해주기 때문에 설교를 듣는 모든 사람을 본문으로 연결할 수 있다. 반면 너무 연관의 범위가 너무 넓음으로 다른 사람의 이야기처럼 들릴 수 있다. 그렇기 때문에 아래에서 살펴볼 좁은 범위의 연관인 '구체적 연관'(specific relevance)이 필요하다.

Haddon Robinson, 'The Heresy of Application' in *The Art and Craft Biblical Preaching*, eds. Haddon W. Robinson and Craig B. Larson (Grand Rapids: Zondervan, 2005), 308.

(2) 대상화 과정(Targeting Process)

원리화 과정을 통해서 모든 사람에게 적용될 수 있는 영적인 원칙을 발견했다면 이제 그것이 현 시대의 어떤 사람, 어떤 상황에 구체적으로 해당되는지 보여주어야 한다. 이런 구체적인 연관을 할 때 필요한 것이 '대상화 과정'이다.[61] 이 과정은 원리화 과정을 통해 발견된 영적 원리가 어떻게 현대의 동일한 사람과 상황에 일어나고 있는지를 보여주는 과정이다.[62] 구체적인 방법으로는 본문에 나타난 사람과 상황이 오늘날의 어떤 사람과 상황에 공통점을 가지고 있는지를 살피고 양쪽을 연결하는 작업이다.

앞의 본문, 여호수아 1장 1~9절을 통해 구체적인 대상화 과정의 실례를 살펴보자.[63] 앞에서 살펴본 섯처럼 본문과 오늘을 이어주는 영적인 원칙은 다음과 같다.

> "하나님은 우리를 새로운 지도자로 세우시고 하나님의 약속과 말씀을 붙잡고 맡겨진 사람들을 하나님이 원하시는 방향으로 이끌라고 하신다."

본문은 하나님이 여호수아에게 말씀하신 내용인데 영적 원리화 과정

---

61 Osborne, *The Hermeneutical Spiral*, 334.

62 Osborne, *The Hermeneutical Spiral*, 334. 이 성경 해석학적 방법을 설교학적으로 발전시킨 사람은 스누키언이다. 그는 설교 개요에서 이와 같은 작업을 할 것을 제안했다. 필자의 대상화 작업은 스누키언의 방법론과 같은 맥락을 가지고 있으나 더 세부적이고 실제적인 대상화 과정을 거치기 위해 "사람"과 "상황"이라는 두 요소로 나누어 이 작업을 수행하도록 했다.

63 권호, 『본문이 살아있는 설교』, 129~34.

으로 대상을 "우리"라고 바꾸었다. 그렇다면 우리는 구체적으로 누가 될 수 있는가? 영적 원리를 담은 문장의 우리에 해당되는 사람을 구체적으로 생각해보자는 것이다. 가능한 몇 가지 대상을 제시해보면 다음과 같다.

[본문] 여호수아에게

[원리화 과정] 우리에게

[대상화 과정] 사람

1. 신임 당회장에게

   전임 지도자가 없다는 공통점을 지닌다. 담임목사 위임예배 메시지로 가능할 것이다.

2. 새로 임명받은 지도자들에게

   여호수아처럼 새롭게 지도자로 세워졌다는 공통점을 지닌다.

   연관대상이 특정 그룹으로 정해진다. 특정 그룹 임명예배나 헌신예배 메시지에 적합한 설정이다.

3. 중대한 책임을 맡은 자에게

   여호수아처럼 하나님께 어떤 사명을 받았다는 공통점을 지닌다.

   연관대상이 앞보다 확대되었다. 자신이 무엇인가 중요한 일을 맡아 이끌어 갈 책임이 있다고 생각하는 사람들이 모두 들을 수 있는 메시지가 된다.

본문의 사람을 오늘날의 사람으로 연결할 때 기본적으로 각 개인을 대상으로 하는 것이 첫 출발점이다. 그러나 개인뿐 아니라 가정, 교회, 사회와 같은 큰 대상까지 염두에 두어야 한다. 이때 본문 자체가 허락하는 범위에서 오늘날의 대상으로 연결하는 것이 중요하다. 너무 엄격한 기준으로 연관 대상을 잡을 때 메시지를 받는 대상이 좁아질 수 있다. 반대로 본문과 상관없이 연관 대상을 확대하면 메지지가 부자연스럽게 될 수 있다.

본문에 등장하는 인물을 오늘날의 연관대상으로 바꿨다면, 이제 본문의 상황을 오늘날로 연결할 차례다. 본문의 나타난 상황은 무엇인가? 하나님께서 여호수아에게 나타나 강하고 담대하게 약속의 땅을 차지하라는 것이다. 더 구체적으로 말하면 이스라엘 백성을 가나안으로 인도하라는 것이다. 앞에서 살펴본 것처럼 영적인 원리화 과정을 통해 본문의 상황을 아래와 같이 바꾸었다.

"하나님은 우리를 새로운 지도자로 세우시고 하나님의 약속과 말씀을 붙잡고 맡겨진 사람들을 하나님이 원하시는 방향으로 이끌라고 하신다."

이제 원리화 과정의 상황이 오늘날 어떤 구체적인 상황으로 연결될 수 있을지 생각해보자. 앞에서 설정한 사람과 연결해 가능한 몇 가지 상황을 제시해보면 다음과 같다.

[본문] 이스라엘을 가나안으로 인도하라

[원리화 과정] 맡겨진 사람들을 하나님이 원하시는 방향으로 이끌라

[대상화 과정] 상황

1. 신임 당회장: 자신의 교회를 하나님의 축복이 있는 곳으로 만들라.

2. 새로 임명받은 지도자: 자신이 맡은 교회의 소그룹원들을 하나님이 약속하신 모습으로 성장시키라.

3. 중대한 책임을 맡은 자: 가정, 교회, 직장을 하나님이 계획하고 원하시는 모습에 이르게하라.

대상화 과정에서 본문의 사람과 상황을 오늘날의 사람과 상황으로 연결할 때 범위를 잘 조절해야 한다. 지금 영화를 상영하기 위해 영상 프로젝터를 다루고 있다고 생각하라. 프로젝터의 초점을 너무 좁게 맞추면 화면은 선명한데 너무 작은 영상이 나온다. 반대로 초점을 너무 넓게 맞추면 화면은 큰데 선명도가 떨어진다. 본문에 관련된 인물과 상황을 설정하는 것은 영상 프로젝터의 초점을 맞추는 것과 유사하다. 너무 엄격한 기준으로 사람과 상황을 잡을 때 메시지를 받는 대상이 좁아질 수 있다. 반대로 본문과 상관없이 사람과 상황을 확대하면 메시지가 모호해지거나 부자연스럽게 될 수 있다. 대상화 작업을 할 때 너무 좁지도, 너무 넓지도 않게 적절한 범위에서 사람과 상황을 연결해야 한다. 적절한 대상화 과정은 현대 청중의 삶을 바탕으로 아주 구체적인 연관을 하기 때문에 청중들이 본문의 상황을 자신의 것으로 받아들일 수 있게 한다.

연관성을 확보하기 위한 기법으로 원리화 과정과 대상화 과정을 살펴보았다. 이제 두 과정을 통해 얻어진 것들을 어떻게 배치해서 연관성을 높일 수 있는지 살펴보자. 크게 세 가지 배열이 가능하다. 첫째, 본문의 내용을 설명하고 원리화 작업에서 발견된 영적인 원리를 제시하라. 둘째, 본문의 내용을 설명하고 대상화 작업에서 발견된 구체적 사람과 상황들이 나타나는 예들을 제시하라. 셋째, 본문을 설명한 후 먼저 원리화에서 발견된 영적 원리를 제시하고 대상화를 통해 찾은 구체적인 예를 제시하라. 설교자는 어떤 배열이 연관성 확보를 위해 가장 효과적일지 판단해서 결정하면 된다.

5 효과적 연관 작업을 위한 도구: SSQ

어떤 작업을 할 때 적절한 도구를 가지고 있는 것은 매우 중요하다. 숲속에 작은 나무 집을 만든다고 생각해보자. 만약 가진 도구가 아무 것도 없으면 맨손으로 돌과 나무 등의 재료를 구하고 진흙으로 그것을 연결해 집을 지어야 한다. 불가능한 것은 아니지만 매우 힘든 작업이다. 그러나 만약 적절한 도구가 있으면 상황은 달라진다. 전기톱으로 나무를 베고, 캐리어로 재료를 운반해서 망치로 못을 박으면 된다. 이처럼 어떤 작업을 할 때 도구는 중요하다. 설교자에게도 연관을 위한 적절한 도구를 갖는 것은 매우 중요하다.

설교자가 연관 작업을 할 때 쓸 수 있는 세 가지 중요한 도구, SSQ가 있다. 바로 연관 문장(sentence), 연관 예화(story), 연관 질문(question)이다.[64] 연관 문장은 본문에 등장하는 인물, 상황, 하나님을 오늘날로 연결해주는 문장이다. 요한복음 8장 1~11절에 등장하는 간음한 여인의 예를 살펴보자. 연관 문장은 꺾임괄호로 표시해두었다.[65]

한 여자가 끌려옵니다. 사람들 중앙에 그 여인을 세웁니다. 예수님은 아침 시간 성전에서 많은 사람을 가르치고 계시던 중이었습니다. 끌려 온 여자는 음행, 즉 외간 남자와 옳지 못한 정사를 버리던 중에 잡힌 여자였습니다. 아마 반쯤 옷이 벗겨진 상태로 끌려왔을지도 모릅니다. "아침에 다시 성전으로 들어오

---

64   권호, 『본문이 살아있는 설교』, 134~37.
65   권호, 『보이는 내러티브 설교법』 (서울: 생명의말씀사, 2021), 89~90.

시니 백성이 다 나아오는지라 앉으사 그들을 가르치시더니 서기관들과 바리새인들이 음행 중에 잡힌 여자를 끌고 와서 가운데 세우고"(2, 3절) 이 여인의 수치스러운 죄가 모든 사람 앞에서, 예수님 앞에서 적나라하게 드러났습니다.

「저는 모든 사람과 예수님 앞에서 자신의 죄가 드러난 이 여인을 보면서 우리가 맞이할 마지막 심판을 생각하게 됩니다. 여인의 가장 수치스러운 죄가 온 천하에, 또 예수님 앞에서 드러나듯이 우리의 죄가 최후 심판 때 드러날 것입니다. 심판대 앞에서 우리 모든 무릎을 꿇고 우리의 혀로 자신이 한 일을 자백할 것입니다(롬 14:11,12). 정직하게 돌아보면 벌거벗긴 채 조롱과 멸시의 눈빛으로 돌멩이를 던지려는 사람들 가운데 세워져 있는 이 여인의 모습이 우리의 모습입니다. 그녀와 우리의 차이는 들켰느냐 아니냐 뿐입니다.」

연관 문장은 본문과 우리 시대의 공통된 특징을 바탕으로 양쪽을 연결해주는 중요한 도구다. 다음과 같은 대표적인 연관문장을 사용하면 본문과 청중의 삶을 효과적으로 연결할 수 있다.

1) 본문에 등장하는 인물처럼 우리 또한 …
2) 우리가 현대의 ○○(성경의 등장인물)가 되어 …
3) 본문에 등장하는 상황처럼 오늘 우리의 상황도 …
4) 본문의 문제가 이 시대에도 다음과 같이 재현됩니다.
5) 본문에 등장하는 하나님이 이 시대에도 동일하게 …
6) 본문에서 역사하셨던 하나님은 이 시대에도 우리를 위해 여전히 이렇게 역사하십니다.
7) 예수님이 십자가에서 이루신 역사는 우리에게도 여전히 유효합니다.

8) 성령이 지금도 변함없이 우리의 삶에 …

두 번째 연관 작업의 도구인 연관 예화는 본문에 등장하는 인물, 상황, 하나님을 오늘날로 연결해주는 예화이다. 사도행전 16장 1~10절에서 하나님의 거절에 직면한 바울의 선교팀을 통해 연관 예화의 예(꺾임괄호)를 살펴보자.[66]

바울 일행이 계획했던 소아시아 지역의 사역이 막힙니다. 자신들의 계획이 막히자 바울 일행은 브루기아와 갈라디아로, 다시 무시아 앞에서 비두니아로 이동하며 선교의 길을 찾습니다. 그러나 그 시도마저 예수의 영이 허락하지 않으셨습니다. 이렇게 재차 선교의 길이 막히자 바울 일행은 다시 무시아를 지나 드로아까지 내려갔습니다. 최선을 다했지만 한계에 부딪힌 것입니다.
「우리가 어떤 계획을 세우고 그것을 이루고자 최선을 다했지만 번번이 무엇엔가 막히면 좌절할 수밖에 없습니다. 몇 년 전에 제가 아는 한 집사님께서 사업체를 통해 하나님께 영광을 돌리려는 계획을 세우고 열심히 일하셨습니다. 그런데 얼마 안 가서 사업체에 부도가 났습니다. 몸까지 아프셨습니다. 그 와중에 가족과의 관계까지 어려워졌습니다. 어느 날 그분이 제 앞에서 "이렇게 최선을 다하며 사는데 하나님이 숨은 좀 쉬게 해주셔야죠"하시며 우셨습니다. 계속 막히는 것이 얼마나 힘들었으면 목사 앞에서 그렇게 울며 말씀하셨을까요.」바울 일행에게도 우리에게도 하나님의 막으심과 거절은 분명 영적인 진통을 줍니다.

---

66 권호, 『본문이 살아있는 설교 작성법: Text-Driven Preaching Workbook』(서울: 아가페, 2019), 70.

연관 질문은 연관 문장, 연관 예화와 더불어 본문을 오늘날로 연결해주는 좋은 도구다. 연관 질문은 질문을 통해 본문에 등장하는 인물, 상황, 하나님을 오늘날로 연결하는 것이다. 연관 질문은 짧은 순간 청중이 본문 속에서 '나는 지금 어떤 상태인가' 혹은 '나라면 어떻게 할 것인가'라고 생각하게 만든다. 마태복음 5장 9절을 통해 연관 질문의 예(꺾임괄호)를 살펴보자.

오늘 살펴볼 일곱 번째 영적인 복에 대해 본문은 다음과 같이 말하고 있습니다. "화평하게 하는 자는 복이 있나니 그들이 하나님의 아들이라 일컬음을 받을 것임이요." 화평하게 하는 자의 원어적 뜻은 '평화를 만드는 자'라는 뜻입니다. 그래서 대부분의 영어성경은 이 단어를 'peacemaker'라고 번역합니다. 평화를 만드는 사람 … , 참 멋집니다. 우리는 말씀 앞에서 정직하게 자신을 돌아보며 물어야 합니다. 나는 피스메이커인가, 아니면 트러블메이커(trouble-maker)인가? 내가 가는 곳마다 평화가 흐르나요, 아니면 싸움이 터지고 맙니까? 조용히 생각해보십시오. 여러분은 주위 분들에게 지금 어떤 모습으로 비치고 있으신가요?

연관 질문은 짧으면서도 빠르게 본문과 청중을 연결해준다. 그러나 너무 많은 연관 질문을 던지면 청중이 지적 피곤함을 느낄 수 있다. 그러므로 꼭 필요한 질문을 간결하게 던지도록 하는 것이 중요하다.

효과적인 연관 작업을 위해 연관 문장(S), 연관 예화(S), 연관 질문(Q)을 균형 있게 사용해야 한다. 본문에 적합한 연관 도구를 사용하면 청중이 이야기에 몰입하는 것을 볼 것이다.

6 연관 작업의 두 방식

본문을 연구하고 오늘날 청중의 삶과 연결하는 작업을 할 때 두 가지 스타일이 가능하다. 먼저 본문을 연구한 한 후 일정 분량의 설교의 움직임을 완전히 마쳤을 때 연관 작업을 하는 '직선적 연관 방식'(straight relevant style)이 있다. 이 방식은 설교의 움직임이 '본문 – 연관'의 단순 형태로 나타난다. 직선적 연관 방식은 본문을 충분히 설명해서 청중이 본문의 이야기를 자세하게 들을 수 있는 장점이 있다. 그러나 본문의 주해가 탄탄하고 생동감 있게 내용이 전달되지 않으면 청중이 지루함에 빠지기 쉽다. 특별히 이미 청중에게 익숙한 본문을 설교할 때 연관성을 뒤로 미루어두고 너무 과도하게 주해에 시간을 할애하면 청중의 집중력이 급격하게 떨어진다. 이런 경우 짧게 본문을 설명하고 연관을 시도한 후 다시 본문으로 돌아오고 다시 연관으로 돌아가는 방식의 '교차적 연관 방식'(in and out relevant style)을 사용하는 것이 좋다. 이 방식은 설교의 움직임이 '본문 – 연관성 – 본문 – 연관…' 혹은 '연관성 – 본문 – 연관성 본문…'으로 나타난다. 교차적 연관 방식을 사용하면 청중에게 익숙한 본문을 설교할 때도 집중도를 유지하면서 설교를 진행할 수 있다. 본문의 의미와 오늘날의 의미가 빠르게 연결되어 전달되기 때문이다.

지금까지 연관성과 관련된 여러 이론과 기법을 알아보았다. 설교자는 무엇보다 본문의 본래 의미를 발견해서 청중에게 전해야 할 책임이 있다. 그러나 설교자의 노력이 본문성의 강화에만 그친다면 청중에게 설교는 딱딱하고 어려운 메시지로 남는다. 연관성을 통해 본문의 의미가 현재의 의미가 될 때 청중은 비로소 설교에 몰입한다. 본문성이 연관성을 만난 결과가 몰입으로 나타난 것이다. 본문성에 기초한 연관성은 최근 설교학에서 집중적으로 논의되고 있는 핵심 주제다. 설교자가 연관성이 무엇인지 이해하고 실제적인 연관 작업을 수행하면 청중들의 집중도를 높이고 그 후 자연스러운 적용도 제시할 수 있다.

IV 이근삼 박사의 설교에 나타난 연관성과 평가

지금까지 살펴본 현대 설교학의 연관성 관점에서 볼 때 이근삼 박사의 설교에는 다양하고 적절한 연관성이 나타난다. 본문에 충실하면서도 본문과 청중을 연결하는 연관 작업이 효과적으로 이루어짐으로 청중의 마음에 메시지가 깊게 남는다. 이제 이 박사의 설교에 어떤 연관 기법이 사용되고 있는지 구체적으로 살펴보자.

1 지속적이고 견고한 연관의 두 토대

이근삼 박사의 거의 모든 설교에는 연관성의 두 토대, '죄에 빠진 인간'과 '구원하시는 삼위 하나님'이 선명하게 나타난다. 이것을 통해 이 박사의 설교가 얼마나 성경적이고, 복음 중심적인지를 알 수 있다. 연관성의 두 토대가 어떻게 지속적으로 나타나고 있는지 그의 시대별 설교들을 통해 살펴보자.

(1) 1965년 성경공부 형식의 설교

"엠마오 도상의 대화"(눅 24:32)[67]

연관 토대 1: 주님은 부활하셨다. 그러나 제자들은 깨닫지 못하고 흩어진다.
엠마오 도상의 두 제자도 그들의 눈이 가리워져 주님을 알아보
지 못한다. 우리 또한 주님이 곁에 계시나 깨닫지 못할 때가 많
다.

연관 토대 2: 깨닫지 못하는 그들에게 주님은 책망과 가르침과 확실한 증거
로 친히 자신이 예수이심을 알게 하신다. 제자들을 찾아오시는
주님이 우리에게도 찾아오셔서 자신을 알려주신다.

(2) 1972년 고려신학대학교 교수 재직 중 설교

"목표의식이 뚜렷한 면학"(딤후 3:14,15)[68]

연관 토대 1: 성경에 나타난 문제는 인간이 중심을 상실한 것이다. 오늘날에
도 계속되는 이 상실은 신적인 것과 인간적인 것이 무리하게 분
리된 것, 즉 하나님과 인간 사이가 깨져 있는 관계 두절이다.

연관 토대 2: 현대의 사상적, 도덕적으로 방황하는 군중들 속에서 우리는 예
수 그리스도를 믿음으로, 그리스도 안에 있는 믿음을 통하여 상
실한 중심과 하나님을 다시 발견한 자들이 된다.

---

67   이근삼, 『오직 하나님의 은혜로』, 52~56.

68   이근삼, 『오직 하나님의 은혜로』, 47~50.

(3) 1989년 부민교회 설교목사 사역 중 설교

"의의 기갈과 만복"(마 5:6)[69]

연관 토대 1: 의는 바울이 말한 대로 믿음에 의하여 의롭게 된다는 층의, 이신
칭의를 말한다. 당시나 지금이나 우리에게는 의가 없다. 우리는
모두 하나님 앞에 모두 죄인이다. 의는 정의이기도 하다. 그때도
지금도 이 땅에서 정의를 찾기는 힘들다.

연관 토대 2: 예수님은 이 시대를 사는 우리에게도 의에 주리고 목마른 자는
배부름의 복을 받을 것이라 약속하신다. 어떤 복인가? 예수님이
주시는 의의 양식을 먹는 것이다. 또한 의, 감사, 기쁨의 충만을
경험하는 것이다.

(4) 1994년 고신대학교 총장 은퇴기념 설교

"의인은 믿음으로 살리라"(롬 1:16,17)[70]

연관 토대 1: 로마서에 나타난 것처럼 현대인은 죄에 빠져 하나님을 상실하
고, 하나님의 영광을 썩어질 우상과 바꾸며 그 결과 더러운 욕심
에 사로잡힌 가운데 살아간다.

연관 토대 2: 바울이 전하는 '오직 의인은 믿음으로 말미암아 살리라'는 진리
의 말씀처럼 우리도 예수 그리스도를 믿음으로 죄로 인한 영멸
에서 영원한 생명에 이른다.

---

69 이근삼, 『오직 하나님의 은혜로』, 121~25.
70 이근삼, 『오직 하나님의 은혜로』, 174~79.

(5) 2002년 사역 50주년 기념 설교

"신앙고백과 교회 건설"(마 16:16)[71]

연관 토대 1: 예수를 시험하고 대결하는 온 바리새인과 사두개인들을 본다. 오늘날도 그러한 자들이 있다. 예수 믿는 것을 세상의 물질적 축복과 연결하는 자요, 진리를 흔드는 자유주의 신학자들이다.

연관 토대 2: 예수님은 이 시대에도 자신의 교회를 세우시되 베드로의 확고한 신앙고백, 즉 '예수는 그리스도요, 하나님의 아들'이라는 진리 위에 세우신다.

(6) 에반겔리아대학교 설립 및 사역 중 설교

"기독 신자의 인생관"(롬 14:8)[72]

연관 토대 1: 바울 시대나 지금이나 세상에는 자기만 알고 자신의 욕심만 채우고 자기만 위해서 사는 자들이 있다. 그들은 하나님 없이 하나님께 의존하지 않고 독립적으로 살 수 있고, 자기의 생은 자기가 책임진다고 장담하는 사람들이다.

연관 토대 2: 바울처럼 우리도 기독교 인생관이 분명해야 한다. '나는 주님의 것이다'는 소속감과 사명감은 그리스도인이 기본적으로 가지고 있어야만 하는 확신이다.

---

71   이근삼, 『오직 하나님의 은혜로』, 200~10.
72   이근삼, 『오직 하나님의 은혜로』, 283~85.

2 적절한 연관 과정과 직선적 연관 방식

이근삼 박사는 본문의 내용을 오늘날의 청중이 동일하게 받아들일 수 있는 영적 원리로 바꾸는 '원리화 과정'과 그것을 구체적인 대상으로 연결하는 '대상화 과정'을 적절하게 설교에 사용한다. 예를 들어 그의 설교 "해방의 노래: 대한민국 광복 55주년을 맞이하여"(출 15:1)에서 이 박사는 이스라엘에게 해방을 주신 하나님께서 우리 민족에게도 동일한 해방의 은혜를 베풀어 주시는 분임을 원리화하며 청중에게 함께 찬양할 것을 제안한다.

> 하나님을 소리 높여 찬양하자. 어느덧 대한민국은 광복 55주년을 맞이한다. 일제의 식민 정책 36년 수모와 환난과 약탈과 망국 속에 지내다가 하나님의 고마우신 놀라우신 은혜로 그 쇠사슬을 벗고 해방한 지도 벌써 55년이라는 세월을 보내고, 그동안도 남북 분단으로 시달리고 고생하면서도 하나님의 자비하심과 긍휼로 살아오면서 꿈에도 소망하는 민족통일의 기틀이 보이는 2000년을 맞게 되었다. 55년 전에 부르던 해방의 새 노래를 이스라엘 백성들이 430년의 노예 생활에서 출애굽 하던 감격의 새 노래를 우리도 같이 한번 불러보고자 한다.[73]

이후 해방을 경험한 이스라엘을 교회와 성도로 대상화면서 구체적인 연관과 그를 통한 적용을 시도한다.

---

73   이근삼, 『오직 하나님의 은혜로』, 216.

하나님은 430년 동안 고난받은 이스라엘을 그 압박과 고통에서 구원하시고 은혜로 인도하여 주의 성결한 처소에 들어가게 하셔서 자유롭게 하나님을 경배하며 섬기게 하셨다. 이 소식을 들은 열방이 듣고 블레셋 거민이 두려움에 잡히고 에돔 방백이 놀라고 모압 영웅이 떨며 가나안의 거민이 낙담했다.⋯하나님이 함께하시고 승리케 하는 자를 만민이 두려워한다. 하나님이 함께하시는 교회를 세상이 어찌할 수가 없다. 하나님이 함께하시는 나라와 백성을 세상은 사실상 무서워하고 있다. 우리는 끝까지 하나님의 이름을 거룩히 하고 하나님의 영광이 임하게 하고 하나님의 뜻이 우리의 삶의 현장에서 이루지게 기도하고 또 그렇게 살아야 한다.[74]

위의 설교 실례에서 살펴본 것처럼 원리회를 통해 이 박사는 여전히 말씀이 우리 삶의 불변의 진리요, 영원히 지켜야 할 원칙임을 보여준다. 또한 구체적인 대상화를 통해 본문이 어떻게 이 시대의 사람들에게 연결되고 적용될 수 있는지 세밀하게 보여준다. 대상화 작업을 위한 대상은 다양하게 설정되는데 한국교회, 신학교, 목회자와 신학생, 성도 등이 대표적으로 등장한다. 성도의 경우 다양한 삶의 정황 속에 있는 사람들을 분류해 그에 맞는 연관 작업을 시도한다. 예를 들어 "요셉의 성공적인 이민생활"(창 39:2,3)이라는 설교를 통해 이 박사는 요셉과 이민자들을 연결하면서, 어떻게 이민자들이 세상과 하나님 앞에서 성공적인 삶을 살 수 있는지를 설교한다.

---

74   이근삼, 『오직 하나님의 은혜로』, 218~19.

요셉의 이야기를 가지고 요셉의 이민생활의 성공적인 모습을 같이 생각하고
자 한다. … 좁게 말하면 이민은 여기 계신 우리들과 같이 고국을 떠나서 남
의 나라에 와서 살고 있는 것을 말한다. 이런 의미에서 요셉이 애굽에 가서 이
민생활을 했는데, 그는 성공적인 이민생활을 했다고 볼 수 있다.…힘든 이민
생활에서도 성공한 요셉의 그 비밀을 오늘 우리가 같이 생각해보려고 한다.…
요셉은 애굽에 정착하는 데 성공했다. … 유혹과 시험에 이겨내는 성공을 했
다. … 요셉은 의인의 생활을 하다가 핍박과 환란을 당했지만, 하나님이 요셉
과 함께 하시므로 그 환란과 핍박을 견디며 이기는 데 성공했다.[75]

몇 가지 실례를 통해서 알 수 있듯이 이 박사는 원리화를 통해서 성
경의 본문성을 충분히 살리면서, 어떤 순간 세밀한 대상화를 통해서 청중
과의 친화성을 극대화한다.

한편 이 박사는 직선적 연관 방식과 교차적 연관 방식 중에 거의 전
자를 사용했다. 앞에서 살펴본 것처럼 이 박사가 사용한 설교 구성 형태
가 연역식 방식이었기 때문에 논리의 흐름이 이어지는 직선적 연관 방식
을 사용한 것은 적절한 선택으로 생각된다. 또한 이 박사가 활동하던 당
시 한국 강단에 내러티브 본문에 대한 귀납식 접근이 아직 소개되지 않았
기 때문에 교차적 연관 방식보다는 이미 여러 학자들과 설교자들에 의해
사용되고 있었던 연역식 설교 구성과 그것에 적합한 직선적 연관 방식이
사용된 것은 당연한 현상으로 볼 수 있다.

---

75   이근삼, 『오직 하나님의 은혜로』, 314~26.

3 연관 도구의 균형적인 사용

이근삼 박사의 설교는 충실한 연관성의 두 토대 위에 확고히 서있다. 동시에 연관 도구를 적절하게 사용함으로써 연관 작업의 효율성과 적중성을 높이고 있다. 이제 이 박사가 어떤 연관 도구를 설교에서 사용하고 있는지 구체적으로 살펴보자.

(1) 연관 문장

연관 문장은 본문에 등장하는 인물, 상황, 하나님을 오늘날로 연결해주는 문장인데 이 박사가 가장 많이 사용한 연관 도구다. 거의 모든 설교에 연관 문장이 사용되고 있다. 비율로 따져보면 이 박사의 연관 작업에서 연관 문장이 60% 이상을 차지하고 있다. 한 예로 이 박사는 "이 시점에서 우리 신앙을 확증하자"(고후 13:5)라는 설교에서 그리스도의 고난을 회피하고 도망친 베드로의 모습을 다음과 같은 연관 문장을 통해 현대 신자의 모습으로 연결한다.

> 십자가 지시는 주님을 부인하고 멀리하고 도망친 수제자 베드로의 길은 결코 남의 이야기가 아니고 가볍게 넘길 일도 아니다. 현대 신자는 그리스도의 이름으로 영광 받고, 대접받고, 인정받고, 칭찬받고, 덕 입고, 유익만 취하려고 하는 경향이 있다."[76]

잠시 살펴본 예를 통해 알 수 있듯이 이 박사의 연관 문장은 청중에

---

[76] 이근삼, 『오직 하나님의 은혜로』, 168.

게 맞게 연관의 조리개가 잘 맞추어져 있어서 본문의 이야기가 청중을 향한 이야기로 느껴지게 한다. 또한 이 박사가 사용하는 연관 문장은 의미의 깊음과 표현의 아름다움을 함께 가진 특징을 보이고 있다.

(2) 연관 예화

연관 예화는 본문에 등장하는 인물, 상황, 하나님을 오늘날로 연결해주는 예화인데 이 박사의 설교에 종종 등장한다. 이 박사가 사용하는 연관 예화의 종류는 다양한데 "인생의 제2막"(눅 16:19~31)이라는 설교에서는 부자와 거지 나사로의 죽음을 청중의 삶과 연결하기 위해 다음과 같이 '생활 경험' 예화를 사용한다.

> 어떤 목사님이 노령하고 병약한 몸으로 강단에 서서 주일마다 언제나 우리는 곧 죽습니다. 죽음이 발소리를 내며 가까이 오고 있습니다'라고 하였다. 이것은 깨어 신앙에 굳게 서라는 호소였던 것이다. … 나사로의 죽음은 물론, 부자도 죽었다. 죽음은 공평했다. 누구에게나 틀림없이 찾아오는 것이다. 그러나 준비가 된 신자와 준비 없는 불신자와는 죽음의 의의가 완전히 달라진다.[77]

생활의 경험이 바탕이 된 연관 예화와 더불어 이 박사가 즐겨 썼던 예화는 '신학, 문학, 역사와 관련된 예화'였다. 그의 설교 "의인은 믿음으로 살리라"(롬 1:16,17)에는 율법의 묶임에서 풀려나 이신칭의를 깨닫는 과정을 설명하기 위해 루터의 예를 사용한다.

---

77   이근삼, 『오직 하나님의 은혜로』, 36~37

성 요한 성당 옆에 '거룩한 계단'이 있다. 흔히들 이 계단이 빌라도의 심판을 받은 예수님이 십자가를 지고 갈보리 언덕으로 올라갈 때 밟은 계단이라고 말한다. 25개의 대리석 계단인데, 순례자들이 무릎으로 기어 올라갈 때 고통을 덜기 위해 나무로 덧입혀 놓았다.…한 번 오르게 되면 25년간의 죄를 사함 받고, 두 번 순례고생을 하면 평생 50년의 죄를 사함 받고 천국행 표를 따 놓은 것으로 생각한다. 마틴 루터도 그 당시에는 이러한 생각으로 어느 날 무릎으로 그 대리석 계단을 기어오르다가 '의인은 믿음으로 말미암아 살리라'는 하나님의 음성을 그의 영혼의 귀로 듣게 되었다.[78]

지금까지 살펴본 생활 경험과 신학, 문학, 역사와 관련된 예화보다 이 박사가 훨씬 더 많이 사용한 것은 바로 '성경 예화'(biblical illustration)였다. 이 박사는 자신이 설교하는 주제와 관련된 내용이 등장하는 성경의 인물이나 상황을 통해 본문의 상황의 의미를 설명하고, 본문의 내용이 시대와 관계없이 계속되는 현상임을 보여준다. 예를 들어 그의 팔복 설교 중 하나인 "의의 기갈과 만복"(마 5:6)에서 이 박사는 의에 대해서 진지하게 생각하지 않고, 오히려 의를 따르지 않고 떠나는 사람의 전형을 예수님을 찾아왔으나 결국 그냥 돌아간 부자 관원의 예화로 설명한다.[79] 곧 이어질 평가에서 언급하겠지만 효과적인 연관 방식과 결과의 측면에서 보면 성경 예화를 통한 연관 시도는 장단점을 함께 가지고 있다. 분명한 것은 이 박사의 성경 예화를 통한 연관 작업은 가능한 많은 성경의 내용을 다루고, 성경을 성경으로 풀려는 귀한 노력으로 보인다.

---

78   이근삼, 『오직 하나님의 은혜로』, 176.

79   이근삼, 『오직 하나님의 은혜로』, 122.

(3) 연관 질문

연관 질문은 연관 문장, 연관 예화와 더불어 본문을 오늘날로 연결해주는 질문인데 이 박사의 설교에는 드물지만, 청중의 집중을 높이기 위해 중요한 순간에 등장한다. "신앙고백과 교회 건설"(마 16:16)이라는 제목의 설교에 등장하는 연관 질문의 실례를 살펴보자.

> 주님께서는 '너는 베드로라 이 반석 위에 교회를 세우리라'고 하셨다. 그런데 이 반석에 대한 여러 해석들이 있다. 로마 천주교에서 이 반석을 베드로 자신으로 보고 로마 교황이 베드로의 권위를 계승하고 있다고 주장한다. 그러나 우리는 그렇게 볼 수 없다.…그러면 반석은 무엇일까? 이것은 베드로가 반석처럼 확고하게 고백한 진리, 즉 '예수님은 그리스도시요 살아계신 하나님의 아들이십니다'라는 진리가 곧 반석인것이다.[80]

이 박사가 연관 질문을 통해 청중이 해석에 참여하고, 청중 자신의 삶을 본문과 연결하도록 하는 경우는 그리 많지 않다. 그러나 이 박사가 연관 질문을 사용할 때는 메시지의 의미와 오늘날로의 적용이 강조되는 효과가 분명히 나타나는 것이 확인된다.

4 이근삼 박사의 설교 연관성 평가

현대 설교학의 관점에서 볼 때 이근삼 박사의 설교에 나타난 연관성은 매우 인상적이다. 연관성의 정의와 기법이 체계화된 것이 2천 년 초반

---

80   이근삼, 『오직 하나님의 은혜로』, 208~209.

인데 이미 이 박사의 설교에는 연관 개념과 다양한 연관 기법이 사용되고 있다. 이 박사의 설교에는 연관 작업의 두 토대인 죄에 빠진 인간과 구원하시는 하나님에 관한 내용이 거의 모두 등장한다. 물론 2001년 새해 감사 설교인 "영원히 동일하신 예수님"(히 13:8)과 같이 죄의 문제보다는 삼위 하나님의 은혜와 역사에만 초점을 맞추는 설교도 있다.[81] 그러나 이런 설교에서도 인간의 죄와 그로 인한 결과가 명백하게 드러나지는 않지만, 인간이 하나님의 은혜 없이 존재할 수 없다는 전제가 깔려있어 연관성의 두 토대를 충실하게 사용한 설교로 평가할 수 있다.

한편 이 박사는 연관 작업의 두 과정인 원리화와 대상화를 정확하고 효율적으로 수행했기 때문에, 본문성을 충실하게 지키면서 동시에 청중과의 친화성도 높인 탁월한 선교자로 평가되어야 한다. 이 박사가 원리화를 통해 본문의 내용을 현시대를 향한 변치 않는 원칙으로 제시할 때 학자로서의 신학적 깊이가 느껴진다. 한편 대상화를 통해 청중과의 친화성을 높일 때는 이 박사의 청중에 대한 사랑의 마음이 느껴진다. 이 박사는 신학교 교수와 총장으로 신학생들과 목회자에게 설교할 때는 좋은 스승의 모습으로 어떻게 신학을 공부하고, 목회 현장에서 무엇을 해야 하는지에 관해 설교했다. 한편 설교목사로서 섬길 때는 성도들이 어떻게 말씀을 이해하고 교회와 사회에서 거룩한 삶을 살아야 하는지를 아버지의 마음으로 쉽고 따듯하게 설교했다. 의대생, 이민자 등의 특수성이 있는 청중에게 설교할 때는 그들의 삶이 어떤 정황에 있는지를 정확하게 파악해 격려자의 마음으로 그들의 사명을 깨닫게 했다. 이 박사의 이런 본문성에 기

---

81 이근삼, 『오직 하나님의 은혜로』, 232~35.

반한 원리화와 청중 친화적 대상화는 성경과 청중을 사랑하는 그의 삶에서 나온 자연스러운 열매임이 틀림없다.

연관 방식에 있어서는 이 박사는 대부분 직선적 연관 방식을 사용한다. 그가 사용한 방식이 연역식 대지 설교이기 때문에 이 방식이 사용된 것은 당연하다. 그는 각 대지에서 먼저 성경의 의미를 해설하고 그 후 그 의미가 어떻게 연결되는지를 보여주는 직선적 연관 방식을 사용한다. 연관이 끝나면 다음 대지로 넘어가서 다시 본문의 의미, 연관, 적용을 시도하며 연역적으로 설교의 내용을 전달한다. 귀납적 설교 방식이 북미설교학에 1980년대에 소개되었고, 이것이 보편화된 것이 1990년대이다. 한국 강단에 소개된 것은 2천 년대 초반임을 고려할 때 이 박사가 연역적 설교를 추구하고, 직선적 연관을 주로 사용한 것은 시대의 경향을 반영한 것으로 보인다. 또한 그가 조직신학자로서 성경의 내용을 명쾌하게 전달하기 원했기 때문에 명료성을 극대화할 수 있는 연역 방식과 직선적 연관의 대지식 설교를 의도적으로 사용한 것으로도 볼 수 있다.

마지막으로 이 박사가 연관 도구를 적절히 사용하는 것을 보면 놀랍다. 그는 연관 문장, 연관 예화, 연관 질문을 균형적으로 사용하면서 성경의 시대와 현재 시대가 어떻게 연결될 수 있는지를 정확하게 보여준다. 특별히 깊은 통찰과 아름다운 표현으로 이루어진 연관 문장이 주목할만하다. 이 박사의 연관 도구 중 연관 문장은 가장 많은 부분을 차지하고 있고, 그의 연관 문장은 아직도 현재 목회자들이 사용할 만한 모범적인 것으로 평가할 수 있다. 연관 질문은 드물게 나타나고 있지만, 본문에서 특별히 강조해야 할 내용, 혹은 청중이 본문의 상황을 분명하게 인식해야 할 경우에 적절히 사용되고 있다. 한편 다양한 연관 예화가 이 박사의 설교에서 등장하는데, 생활 체험 연관 예화와 신학, 문학, 역사 관련 연관 예화 및 성경 예화 등이 사용된다. 가장 많은 비율을 차지하는 것은 성경 예화다. 현대 설교학에서는 성경 예화가 본문의 의미를 다양한 시대로 확장하는 것에 어느 정도 도움이 될 때도 있지만, 현시대로의 연결 효율성은 충족시키지 못한다고 본다. 성경 예화도 과거 시점의 예화이기 때문이다. 연관 작업은 현재의 예화를 통해 과거를 오늘의 의미로 살려내는 것이기에 성경 예화가 연관 예화로 적합한지 의문을 제기하는 것이다. 이 박사의 경우 성경 예화가 많은 부분을 차지하고 있고 가끔 동일한 현상을 보일 때도 있지만, 다행히 성경을 성경으로 해석하고 연결하려는 그의 노력 때문에 연관 작업의 효과가 적절하게 나타난다. 사실 현대 설교학의 핵심이라고 할 수 있는 연관성의 개념과 기법이 본격적으로 소개되지 않은 시점에서 이 박사가 보여준 다양하고 정밀한 연관 작업은 우리를 놀라게 한다.

글을 마치며

지금까지 현대 설교학의 명료성과 연관성의 관점으로 이근삼 박사의 설교를 평가해보았다. 실력 있는 신학자요, 좋은 목회자요, 영향력 있는 설교자였던 이 박사의 메시지를 현대적인 기준으로 평가하며 내린 최종 결론은 예상과는 다른 것이었다. 바로 '본질은 변하지 않는다'는 것이다. 이 결론은 설교 방법론적 귀결이기보다 설교 철학적 귀결이다. 사실 이 박사의 설교를 분석하면 할수록 명료성과 연관성보다 더 분명한 본질이 보이는데, 그것이 바로 '사랑'이다. '말씀 사랑'과 '청중 사랑'이라는 설교

철학의 본질이 보인다. 분석의 끝에 만난 이 두 사랑은 이 박사의 설교가 왜 그토록 우리의 영혼을 흔들고, 아직도 다시 듣고 싶은 메시지로 기억되는지에 대한 답이 된다. 메시지가 아무리 명료해도 그것이 말씀에 벗어나 있다면 더 이상 그것은 설교가 아니다. 메시지가 아무리 여러 사람의 관심을 사로잡는다고 해도 그 동기가 청중을 믿음으로 성장시키고자 하는 열망이 아니라면 속이는 것이 된다. 그러므로 명료성의 진정한 뿌리는 말씀 사랑이 되어야 하며, 연관성의 진짜 동기는 청중 사랑이 되어야 한다. 그리고 이 두 사랑을 메시지로 실천한 설교자를 찾고자 한다면 우리는 다시 이 박사에게로 돌아와야 할 것이다.

　마지막으로 이 박사의 설교 연구를 위해 더 발전시켜야 할 부분을 제시하고자 한다. 먼저 이 박사의 기존 설교문과 더불어 더 많은 음성 혹은 영상 설교를 찾아 자료화해야 한다. 이 박사가 설교한 본문의 설교문과 함께 실제 설교했던 음성이나 영상을 볼 수 있도록 디지털 자료화를 한다면 더 많은 설교영역을 연구할 수 있게 된다. 한 예로 이런 자료가 준비될 때 이 박사의 설교전달 형태에 관한 연구의 길이 열리게 된다. 또한 종합적인 설교역사적 관점에서 이 박사의 설교가 연구되어야 한다. 즉, 이 박사의 설교 세계에 영향을 미친 학문적 배경뿐만 아니라, 개인의 인생 경험과 시대적 배경 등이 어떻게 그의 메시지의 방향을 결정했는지를 심도 있게 연구해야 한다. 북미설교학의 경우 한 설교자를 연구할 때 그 설교자가 속한 시대적 배경, 민족적 배경, 개인적 경험, 학문적 배경, 사역적 경험 등을 종합적으로 분석하며 그의 설교가 어떻게 형성되었는지를 연구한다. 이 박사의 삶과 설교는 분명 그런 종합적 연구의 가치가 있다. 글을 마치며 고신 교단과 한국교회에 중요한 신학자요 설교자인 이근삼 박사에 대한 연구가 앞으로도 다양하고 심도 있게 진행되기를 기대해본다.

14

이근삼과 기독교 고등교육*

김성수

서론

이근삼 박사는 고신 교단과 한국교회가 배출한 위대한 신앙의 인물이며, 개혁주의 신앙과 삶의 모범을 실천적으로 보여주신 분으로서, 모든 후학들이 존경하고 본받아야 할 스승이시다. 이근삼 박사의 생애를 한 마디로 특징짓는다면 개혁주의 신앙과 신학에 투철한 분이었으며, 개혁주의 신앙과 신학을 파수하고 전수하기 위해 평생을 헌신하신 분이었다고 말할 수 있을 것이다.[1] 이근삼 박사의 다음 말은 개혁주의 사상에 대한 그

---

* 이 글은 2008년 3월 31일 고신대학교 (영도캠퍼스)에서 개최된 「제1회 이근삼 강좌」에서 발표한 내용을 수정 · 보완한 것임을 밝혀 둔다.

1 이근삼 박사는 개혁주의 신앙과 신학을 파수하고 전수하는 일에 평생을 헌신하셨다. 병상에서도 개혁주의 신학을 잘 전수해 달라는 부탁을 하셨다. 이근삼 박사는 하나님의 부르심을 받기 며칠 전 안 민 교수 (당시 고신대학교 부총장) 부부가 병상을 찾았을 때도 "개혁주의를 찬양으로 잘 보급해 주어서 감사합니다. 앞으로도 개혁주의를 잘 보급해 주십시요"라는 부탁을 하셨을 정도로 생의 마지막 순간까지 개혁주의 사상의 보급에 지대한 관심을 가지신 분이었다.

의 관심이 얼마나 지대했는지를 잘 보여주고 있다.

"그동안 우리는 여러 가지 말할 수 없는 일들을 많이 겪었다. 그러나 우리는
우리가 받은 개혁주의 신학을 견지하고 이것을 신장시키기 위해서 참으로 기
도하고 노력했다고 생각한다. 앞으로도 우리 고신인이 나갈 길은 우리가 받
은 전통적인 이 개혁주의 신학이 변질되지 않도록 하는 것이다."[2]

이근삼 박사는 개혁주의 기독교 대학인 고신대학교의 이론적 기초를
놓고 공고히 다진 분이시며, 고신대학교가 개혁주의 세계관과 신학에 기
초한 기독교 대학으로 성장하고 발전하는데 지대한 공헌을 하셨다.[3] 이근
삼 박사는 또한 인새 양성에 特別한 관심을 가지고 실천하신 분이었다.[4]

---

2   이근삼, 『개혁주의 신학과 한국교회』, 한국의 개혁주의자 이근삼 전집(2) (서울; 생명의양
     식, 2007), 407.

3   고신대학교는 처음부터 개혁주의 세계관을 기초로 설립되고 운영되어 왔다. 고신대학교
     의 전신이라고 할 수 있는 칼빈학원(4년제 대학과정)이 1955년 9월 1일 부산시 서구 감
     천 1동 523번지에 설립될 때부터 고신대학교는 이미 믿음의 선각자들에 의해서 칼빈주
     의 세계관을 바탕으로 하고 있었다. 그 이후 계속해서 고신대학교의 구성원 모두는 교내
     외적으로 어려운 여건 가운데서도 고신대학교를 개혁주의 세계관에 기초한 독특한 기독
     교 대학으로 성장 발전시켜가기 위해 혼신의 노력을 경주해 왔다. 이런 과정에서 이근삼
     박사는 고신대학교의 이념적 초석을 놓는데 지대한 공헌을 하셨다(김성수, "기독교 대학
     이란 무엇인가?"고신대학교 설립 50주년 및 한석 오병세 박사 은퇴 기념 논문집 편찬위
     원회, 『기독교 대학과 학문에 대한 성경적 조망』 (부산: 고신대학교 출판부, 1996), 21.

4   이근삼 박사는 개혁주의 사상을 물려받아 전수할 수 있는 인재를 양성하는 일에 남다른
     관심과 열정을 가지신 분이었다. 미국과 호주, 화란 등 외국을 방문하는 기회가 있을 때
     마다 이근삼 박사는 언제나 후학들을 위해 외국 유학의 길을 열어주려고 노력하셨다. 이
     근삼 박사는 1975년 9월에 남아공화국 포체프스트롬 대학교(Potchefstroom University
     for Christian Higher Education)에서 개최된 기독교 고등교육 대회에도 다른 참석자들

이근삼 박사는 고신대학교에서 정년 퇴임하신 후에 다시 미국 L.A. 지역에서 복음대학교(Evangelia University)를 설립하여 개혁주의 신학과 사상을 교육하고 전수하는 일에 헌신하시다가 하나님의 부르심을 받았다.

개혁주의 기독교 고등교육을 향한 이근삼 박사의 이와 같은 비전과 실천은 기독교 고등교육을 향한 그분의 단순한 열정이 아니라 그분 자신이 귀하게 여기고 사랑했던 개혁주의 세계관과 신학, 개혁주의 철학과 문화관에 기인한 열매라고 분명히 말할 수 있다. 이근삼 박사는 개혁주의 세계관과 기독교 철학에 입각하여 개혁주의 기독교 고등교육의 비전을 성취하기 위해서 평생을 헌신하고 노력하신 분이었다.

| 기독교 고등교육의 필요성

오늘날 기독교 대학은 전 세계적으로 수많은 도전 앞에 직면해 있다. 외적으로는 교육에 대한 국가 권력의 부당한 통제는 물론, 변화하는 세계의 세속적 문화와 이념의 도전을 받고 있으며, 내적으로는 구성원들의 빈약한 세계관적 기초, 교권의 부당한 개입, 그리고 빈약한 시설과 재정 문제 등 수많은 시련 앞에 어려움을 겪고 있다. 이와 같은 상황에서 기독교 대학을 설립하고 운영한다는 것은 결코 쉬운 일이 아니다. 개혁주의 세계관과 철학에 기초한 개혁주의 기독교 대학을 설립하고 운영한다는 것은 더 더욱 어려운 일이다.

보다 일주간 먼저 참석해서 당시 그 대학교의 총장이었던 빙글(Bingle) 박사를 만나 개혁주의 사상의 전수를 위해 인재양성을 해 줄 것을 부탁했으며, 그 결과 필자를 포함한 많은 사람들이 그곳에서 유학할 수 있게 되었다.

이근삼 박사가 기독교 고등교육에 관심을 갖고 기독교 대학의 필요성을 인식하게 된 배경은 크게 두 가지로 나누어 볼 수 있다. 첫째는 현실적인 이유로서 대학의 세속화 현상과 이로 인한 고등교육의 위기 때문이며, 둘째는 신념적 이유로서 자신이 헌신하고 있는 개혁주의 세계관과 철학, 그리고 신학 사상 때문이다.

이제 이근삼 박사가 오늘날 고등교육을 위기로 진단한 이유와 문제들은 무엇이며, 또 기독교 고등교육의 필요성을 인식한 근거가 무엇인지를 좀 더 구체적으로 살펴보고자 한다.

1 고등교육의 위기

이근삼 박사는 오늘의 대학들이 전반적으로 위기상태에 처해 있다고 보았다.[5] 현대사회는 훈련된 고급 인력과 현대기술 사회를 주도해 갈 수 있는 지도자들을 요구하고 있는데, 대학은 전반적으로 현대 사회의 이러한 요구에 부응하지 못하고 있다는 것이다. " … 대학은 그 많은 학생들을 수용할 대지, 건물과 시설, 직원 등의 심각한 재정적 부담을 안고 있으며, 그것 때문에 어떤 부문에는 축소해야만 하는 결과를 가져온다. 이 학생들이 학교기구의 변경을 가져오고, 여러 가지 위기를 몰고 오는 것이다."[6]

이와 같이 대학이 그 본연의 기능을 감당하지 못하게 된 원인에 대해서 이근삼 박사는 크게 세 가지를 지적하고 있다. 첫째는 대학의 학사 행정권에 대한 학생들의 지나친 참여 요구이다. 심지어는 교육과정 편성에까지 학생들이 공동 결정권자가 되고자 하는 학생들의 요구가 대학의 위

---

5   이근삼, 『개혁주의 신학과 한국교회』, 308.

6   이근삼, 『개혁주의 신학과 한국교회』, 308.

기를 초래하고 있다는 것이다. 둘째는 공의와 평화에 대한 학생들의 왜곡된 이해와 자유방임적 행동 방식, 그리고 대학의 무책임한 지도 방식 등이 대학의 위기를 초래하고 있다는 것이다. 셋째는 대학이 확고한 교육 신조 또는 신념을 상실했기 때문이라고 지적하고 있다.[7] 이런 결과로 인해서 대학은 "학생들의 종이 되어가고 있으며",[8] 이제는 대학의 성격까지도 바꾸어가고 있다고 보았다.

> "그런데 대학은 지금 자유를 잃고 학생들 특히 미숙한 학생들의 종이 되어가고 있다. 현대의 대학은 대부분이 신앙신조를 버리고 있다. 그 이유는 신조가 과학지식, 과학의 실제와는 불합리하고 사실을 정확하게 교육할 수 없고 교조적이 되므로 개인과 대학의 자유를 저해한다고 하는 것이다."[9]

이근삼 박사가 대학의 위기를 말하면서 이상과 같은 세 가지 구체적인 이유를 제시하게 된 것은 물론 1960년대와 70년대를 통해서 군부독재정권에 저항하던 대학생들의 민주화 요구라는 시대정신을 반영해 주고 있다. 그런데 이근삼 박사는 대학이 직면하고 있는 이와 같은 위기의 뿌리가 무엇인지를 잘 진단하고 있다. 그 위기의 뿌리는 바로 대학 사회에 만연해 있는 진보에 대한 신앙과 인간중심주의적 가치관이라는 것이다. 그렇기 때문에 이근삼 박사는 대학이 처한 위기를 심각한 문제로 보았고, 이러한 위기를 근원적으로 극복할 수 있는 대안으로서 기독교 대학의 필

---

7   이근삼,『개혁주의 신학과 한국교회』, 308~309.

8   이근삼,『개혁주의 신학과 한국교회』, 309.

9   이근삼,『개혁주의 신학과 한국교회』, 309.

요성을 인식하고 있었던 것이다. 이근삼 박사의 다음 글을 보자:

"오늘의 이런 경향은 단시일에 된 것이 아니라 장기적인 진전과 변화에서 온 것이다. 그것은 대학의 모든 면에 있어서 인본주의 견해가 강력한 지지를 받아왔고 사람을 전능한 하나님으로 승화시키고 진보사상이 우상화되어 결과적으로 수 세기동안 전개하여 온 문화적 전통을 파괴하는 세대를 가져오게 된 것이다. 그래서 오늘의 대학이 된 것이다.

20세기 후반의 기독교 학생들과 교수들은 위에 말한 대학의 위기를 대항하는 분명한 개혁자들이 되어야 할 것이다. 그들은 하나님이 주신 규범들을 무시하지 않는다. 현존 질서의 불완전하고 죄 많은 것을 규명하고 순수하게 하나님을 섬기도록 쉬지 않고 노력할 것이다."[10]

2 개혁주의 세계관의 요청

오늘날 고등교육이 직면하고 있는 현실적 문제들은 이근삼 박사로 하여금 기독교 대학의 필요성을 절감하게 만들어 주었음이 분명하다. 그러나 이근삼 박사가 기독교 대학의 필요성을 인식하고 그 구체적 실현을 위해 헌신하게 된 보다 더 중요하고 깊은 이유는 그가 소유하고 있었고 전수하고 싶었던 개혁주의 세계관에 기인하고 있다.

개혁주의 세계관에 대한 이근삼 박사의 이해는 놀라울 정도로 체계적이며 포괄적이다.[11] 이근삼 박사는 '개혁주의 세계관'이라는 용어와 '칼

---

10   이근삼, 『개혁주의 신학과 한국교회』, 309~10.

11   Cf. 이근삼, 『개혁주의 신학과 한국교회』, 276~93.

빈주의 세계관', 그리고 '성경적 세계관'이라는 용어들을 동일시하면서 상호 교호적으로 사용하고 있다.[12]

이와 같은 개혁주의 세계관을 기초로 이근삼 박사는 기독교 고등교육의 필요성을 크게 두 가지 관점에서 주창하고 있다. 첫째는 부모의 교육적 권리와 책임이며, 둘째는 신자의 문화적 사명이다.

(1) 부모의 교육적 권리와 책임

기독교 고등교육의 필요성은 부모의 교육적 권리와 책임 수행의 관점에서 논의되어야 한다. 이근삼 박사는 아브라함 카이퍼(Abraham Kuyper)의 '영역주권사상'을 따라 자녀교육의 영역에서 부모가 가지고 있는 권리와 책임을 강조하였다.

부모의 교육적 권리와 책임에 대해서 이근삼 박사는 다음과 같이 말하고 있다. " … 가정은 가정대로, 교회는 교회대로의 주권을 가지고 있고, 학교는 학교대로의 주권을 가지고 있다. 자녀교육은 부모의 책임이지만, 아이들이 자람에 따라 가르쳐야 할 범위가 넓어지면 학교 교육이 필요하게 된다."[13]

역사와 문화의 발전과정에서 부모들이 자신들의 교육적 요구를 충족시켜 줄 수 있는 제도를 구체화한다는 것은 부모의 권리인 동시에 책임이기도 한다. 이것은 또한 본질적으로 부모들이 소유하고 있는 종교적 특성을 구체화한다는 의미이기도 하다. 이러한 과정에서 의식 있는 신자 부

---

12   이근삼, 『개혁주의 신학과 한국교회』, 281.

13   이근삼, 『개혁주의 신학과 한국교회』, 316.

모들은 자신들의 세계관과 일치하는 교육이 가정과 교회에서는 물론 제
도교육을 통해서도 실천될 수 있기를 바랄 수밖에 없다. 가정과 교회의
교육만으로는 전인격적인 기독교 교육이 불가능하기 때문이다.

　이런 관점에서 볼 때 기독교 대학은 부모의 교육적 책임을 하나님 앞
에서 성실히 감당하면서 신실한 그리스도인의 삶을 살기를 원하는 하나
님 나라의 백성들에게 당위적인 요청이다.

(2) 문화적 사명

　개혁주의 세계관이 주장하는 인간의 문화적 사명 역시 기독교 고등
교육의 필요성을 강하게 요청한다. 이근삼 박사는 인간의 문화적 사명을
아주 강조하였다. 문화적 사명 혹은 문화 명령이란 하나님의 창조 세계를
관리하고 보존하며 다스리는 인간의 과업과 소명을 의미한다.[14]

　이근삼 박사에 의하면, 하나님이 우리에게 맡겨주신 창조 세계를 문
화적 명령에 따라 발전하고 가꾸고 활용하여 창조주 하나님께 감사와 찬
양으로 영광을 돌리는 것은 인간이 하나님 앞에서 받은 사명이며, 이 사
명은 인간의 범죄로 말미암은 타락 이전에 맺어진 일반은총에 속한 것이
다.[15]

14　미국 칼빈대학(Calvin College)의 이론적 기초를 놓은 니콜라스 월터스트토르프(Nich-
　　olas P. Wolterstorff)는 " … 생육하고 번성하라. 땅에 충만하라, 땅을 정복하라 … "(창
　　1:28)의 말씀은 문화적 사명(mandate)이나 명령(command)일 뿐만 아니라 축복(bless-
　　ing)인 동시에 초청(invitation)이라고 보았는데, 월터스토르프의 이 관점이 본문에 대한
　　더 정확한 이해라고 볼 수 있다(cf. John Van Dyk, The Craft of Christian Teaching, 김성
　　수 역『가르침은 예술이다』(서울: IVP, 2003), 58.

15　이근삼,『개혁주의 신학과 한국교회』, 335.

기독교 대학은 그리스도인들이 문화적 사명을 수행할 수 있도록 준비시켜 주는 가장 효과적인 기구이다. 그래서 이근삼 박사는 기독교 대학을 하나님의 나라 건설을 위한 일꾼 양성터로 보았다.[16]

"이 대학교에서 교육받고 나가는 학생들이 장차 목사나 선교사, 의사가 되고 의료선교사, 간호사가 되어서 세계 각지 도움을 요청하는 곳에 사명을 받아 나가게 될 것이다. 또한 교육자, 음악가, 과학자들이 되어서 국내외 사회의 요원으로, 자기가 봉사하는 자리에서 그리스도를 왕으로 모시고 복음을 증거하면서 일하는 일꾼이 될 것이다."[17]

이근삼 박사는 기독교 대학이 하나님 나라의 일꾼을 양성하고 문화적 사명을 순종적으로 수행하는 일을 복음을 전하는 일 이상으로 귀한 일이라고 보았으며, 그렇기 때문에 기독교 대학이 필요하다는 사실을 강조하였다. 이근삼 박사의 다음 글을 참조해 보자:

"그동안 우리 교단은 초기부터 인재양성에 많은 관심을 가져왔고, 이것이 대학교육을 통해 나타나게 되었다. 교회에는 목사만 있는 것이 아니다. 교회에 나오는 신자들은 의사도 있고, 변호사도 있고, 상인도 있고, 회사원도 있고, 교수도 있다. 교회에 출석하는 의사가 개혁주의 신앙에 대하여 아무것도 모르고 낮예배에 참석하여 설교만 30분 듣고 한 주간 동안 살면서 신자다, 장로다 하는 것 보다는 기독교 대학에서 기독교적인 세계관에 입각해서 기독교 신앙

16 이근삼, 『개혁주의 신학과 한국교회』, 396.
17 이근삼, 『개혁주의 신학과 한국교회』, 397.

을 이해하고 의사로서 훌륭하게 봉사하는 사람이 필요하다. 세계의 모든 분야에 있어서 기독교적인 학문을 하고, 자신의 전문분야 에서 기독교적인 해석을 내릴 수 있고, 기독교적인 세계관을 공부한 사람이 자기 직장에 가서도 하나님 앞에서 사는 일꾼들을 양성해 내는 것은 우리가 복음을 전하는 것 이상의 일이다. 자신의 자리에 가서 평생토록 선교사 노릇을 할 수 있는 그런 사명을 주는 것이기 때문에 기독교 대학 교육은 꼭 필요한 것이다."[18]

II 기독교 고등교육의 기초

오늘날 고등교육이 직면하고 있는 문제들과 위기를 인식하면서 개혁주의 세계관의 관점에서 기독교 고등교육의 필요성을 절감한 이근삼 박사는 기독교 고등교육이 그 당면 위기를 극복하고 문화적 사명을 감당하기 위해서는 반드시 올바른 기초 위에 세워지고 운용되어야 한다는 사실을 강조했다. 그리고 기독교 고등교육이 정초해야 할 기초로서 이근삼 박사는 성경적 기초와 신학적인 기초를 강조하였다.

1 성경적 기초

이근삼 박사는 신사참배 반대자들의 신학적 배경을 설명하면서 성경에 대한 자신의 확고한 신념을 다음과 같이 천명하고 있다:

---

18   이근삼, 『개혁주의 신학과 한국교회』, 413~14.

"성경은 여호와 하나님의 계시하신 말씀을 기록한 것으로 일점일획도 가감할 수 없고, 기록된 말씀은 반드시 실현될 것으로 믿고, 성경에 계시된 하나님은 천지만물의 창조주 하나님이시며, 만물을 섭리로 주재하시는 유일 절대 지상의 전지전능하신 하나님이시며 그는 영원불변하시다. 다른 모든 신들은 여호와 하나님이 지배하고 있으며 천조대신을 비롯하여 800만 신들과 역대의 천황들은 하나님의 명령과 지배하에 있다.

신사참배 반대자들은 영감된 하나님 말씀의 절대적 권위를 믿고 하나님의 계명을 생명을 걸고 그대로 순종하여 하나님이 금하신 우상숭배에 응하거나 동참하지 아니하려고 몸과 마음을 바쳐서 충성하였다."[19]

기독교 고등교육이 성경적 기초 위에 확고히 서야 하는 이유는 성경이 모든 참된 지식의 출발점이 되는 기본 전제들을 제공해 주기 때문이다.[20] 기독교 대학은 학문의 모든 이론들이 근거하고 있는 전제들을 드러내고, 이를 성경적 관점에서 평가해야 하는 영적 전쟁터와도 같다. 온갖 종류의 이데올로기들이 그 자체의 정당성을 주장하는 고등교육의 장에서 기독교 대학이 기독교적 학문 정립의 과업을 효율적으로 수행하기 위해서는 반드시 학문 이론의 전제를 드러내는 일에 관심을 가져야 한다. 왜냐

---

19 이근삼,『개혁주의 신학과 한국교회』, 192.

20 전제(presupposition)는 사람이 그의 모든 생각에서 미리 전제(pre-suppose)하는 관념 또는 사상을 의미한다. 이것은 사상의 출발점을 마련해 줄 뿐만 아니라 지식을 얻는 방법과 지식이 지향하는 목표를 결정하는 역할을 한다. 이 출발점이 되는 전제들은 우리가 아는 지식 자체의 부분이 되지만 쉽게 증명되는 것은 아니다. 그것은 수학의 공리(axiom)와 같아서 증명될 수는 없으나 없어서는 안 될 것들이다. 이근삼,『개혁주의 신학과 한국교회』, 255.

하면 모든 사람들은 교육과 학문 활동을 포함한 모든 인간 활동에서 자신이 갖고 있는 전제들의 틀을 통해서 사물과 현상을 바라보고 해석하기 때문이다.

"모든 사람들이 전제들을 사용하는 이유는 아무도 그것 없이는 생각할 수 없기 때문이다. 마치 사람이 안경을 통하여 세계를 보는데 안경의 색깔에 따라서 보이는 세계의 색깔이 달라진다. 그와 같이 우리의 전제에 따라서 세계를 보는 것이 달라진다. 그러므로 해석이 없는 중립적인 것은 있을 수 없다. 모든 사실들은 사람의 전제적 전망으로 해석하는 것이다"[21]

기독신자는 세속주의자들과는 다른 전제를 갖고 출발한다. 그것은 모든 참된 지식의 근거가 되는 하나님의 계시이다. 하나님은 모든 다른 만물의 존재뿐만 아니라 그 의미들을 위한 전제 조건이 되신다. 성경이 말하는 자족하신 하나님은 우주의 창조주와 유지자로서만 아니라 모든 사상, 사건, 존재와 법칙들에 의미를 부여하는 진리의 창조주요 해석자이시다.[22]

"출발점이신 하나님 없이는 세계의 하나하나에 대해서 아무것도 알 수 없다. 단지 우리의 제한되고 유한한 전망에 기초한 지식에 대한 상대적 의미만을 말할 수 있다. 하나님 없이는 이성이나 감각적 경험이나, 의도 또는 지식을 위한 어떤 방법들도 우리는 믿을 수가 없다. 우리가 이성으로 어떤 것을 알고, 어떤

---

21   이근삼, 『개혁주의 신학과 한국교회』, 256.

22   이근삼, 『개혁주의 신학과 한국교회』, 255.

것은 감각 경험으로, 또 다른 것은 직감으로, 더욱 다른 것은 권위로 알게 된다. 그러나 이런 방법 자체로는 모든 지식의 충분한 기초가 될 수 없다. 이성으로 그 자체를 정당하다고 입증하지 못한다. 감각적 경험이나, 직감이나 권위도 마찬가지다. 모든 지식의 방편은 자체 밖에 있는 전제에 달려있다."[23]

이근삼 박사는 기독교 대학이 교육과 학문과 봉사를 포함하여 그 모든 활동의 근거를 성경적 전제 위에 두고 성경적 관점을 수용하게 될 때 대학을 다스리시는 그리스도의 주 되심이 드러나고, 그 분의 뜻대로 살아가는 기독인재를 양성할 수 있고, 이로써 기독교 대학이 하나님의 나라 건설에 참여할 수 있게 된다는 점을 강조하였다.

2 신학적 기초

이근삼 박사는 또한 기독교 대학은 철저하게 개혁주의 신학의 기초 위에서 운영되어야 한다는 사실을 강조하였다. 여기서 그가 의미하는 개혁주의 신학의 기초는 여러 가지 의미로 이해할 수 있지만, 이근삼 박사는 특별히 두 가지 의미를 강조하고 있다. 그것은 첫째로 유신론적 신앙이며, 둘째는 신행일치이다.

(1) 유신론적 신앙

기독교 대학이 유신론적 신앙 위에 기초해야 한다는 것은 하나님의 절대적 주권에 대한 신앙과, 창조 - 타락 - 구속과 관련하여 성경이 가르

---

23   이근삼, 『개혁주의 신학과 한국교회』, 257.

치는 것을 그대로 믿는 신앙 위에서 운영되어야 한다는 사실을 의미한다.

기독교 대학이 그 위에 기초해야 하는 하나님의 절대적 주권에 대한 신앙이라는 것은 개혁주의 신학의 한 독특성이기도 하다. 하나님의 절대적 주권이란 하나님과 피조물인 우주와의 관계를 말하는데 하나님은 최고의 입법자이시며 자연계와 도덕계를 포함한 만물에 대해서 절대적 통치권을 가지고 행하신다는 의미이다. "하나님은 자연계뿐만 아니라 진리, 사상, 도덕, 과학에서 법칙과 질서를 가지고 통치하신다. 이 모든 것은 오직 하나님의 기쁘신 뜻에 따라 행하는 것이다."[24]

기독교 대학이 하나님의 절대적 주권에 대한 신앙 위에 기초한다는 것은 교육과 연구와 봉사를 포함하여 대학의 행정과 시설 관리 등 모든 면에서 예수 그리스도가 대학을 다스리는 왕이 되심을 고백하고, 그 고백대로 실천하는 대학이 된다는 사실을 의미한다. 그 이유는 사도 바울의 고백과 같이 만물이 주에게서 나오고 주로 말미암고 주에게로 돌아가기 때문이다(롬 11:36).

기독교 대학은 또한 창조 - 타락 - 구속과 관련하여 성경이 가르치는 바를 믿고 실천하는 신앙 위에 기초해야 한다. 창조와 관련한 성경의 가르침은 말씀에 의한 '무로부터의 창조'(creation ex nihilo), 창조 세계의 다양성(diversity)과 통일성(unity), 하나님의 형상(image of God)으로서의 인간, 창조 세계의 법칙(law)과 규범(norm), 창조 세계의 발전 가능성과 인간의 문화적 사명 등과 관계가 있다. 기독교 대학은 창조에 관한 성경적 가르침을 탐구하고 이를 교육과 연구와 봉사의 모든 영역에서 구현할 수 있어야 한

---

24   이근삼, 『개혁주의 신학과 한국교회』, 333.

다. 이와 관련하여 이근삼 박사는 기독교 대학의 과업을 다음과 같이 강조한다:

"창조물에 대한 바른 설명과 의미부여는 오직 하나님이 하신다. 따라서 인간은 담대하면서도 겸허 한 자세로 하나님의 창조세계에 접근하여 그 신비를 탐구하고 잠재 가능성을 발견하고 발전시켜야 할 문화적 명령에 순응하여야 한다. 그러므로 이것을 이해하고 올바른 평가를 할 수 있도록 교육하 는 것이 또한 기독교 대학의 임무이다."[25]

기독교 대학은 창조에 관한 가르침과 마찬가지로 타락과 구속에 관한 성경적 가르침도 중요시해야 한다. 아담은 인류의 대표자로서 하나님과의 언약을 파괴함으로써 하나님과의 관계가 단절되었고, 가장 기본적인 부부관계로부터 모든 인간관계가 파괴되고 또 피조물과의 관계도 허물어지고 말았다.

그러나 인간의 타락으로 인해서 창조구조의 실체와 본성이 변해 버린 것은 아니다. 인간의 타락은 존재론적 변화를 말하는 것이 아니라 종교적 변화로서 창조주 하나님을 향한 본래의 사랑과 순종이 없어지고 오히려 하나님을 등지고 불순종적인 방향을 지향하며 잘못된 우상의 세력 앞에 굴복한 것을 의미한다. 그러므로 하나님을 거역하는 방향이라 할지라도 거기에 지혜가 있고 교제도 있으며, 건설이나 과학적 발전과 같은 문화적 활동을 추진할 수 있다. 그러나 이런 문화적 활동 과정에서 하나

----

25   이근삼, 『개혁주의 신학과 한국교회』, 334.

님의 형상으로서의 임무를 잘못된 방향으로 수행할 수 있는 가능성이 얼마든지 있다. 그 이유는 인간의 전인격적 초점인 '마음'(heart)이 하나님을 떠나서 불순종적인 방향으로 움직이고 있기 때문이다.[26]

그러나 예수 그리스도를 통한 구속은 타락의 영향을 입은 피조물의 모든 것을 회복시키고도 남음이 있는 놀라운 능력을 갖고 있다. 기독교 대학은 교육과 학문의 영역에서 볼 수 있는 타락의 영향들을 그리스도를 통해 새롭게 하는 구속적 사역을 실천하는 곳이 되어야 한다. 그런데 이근삼 박사는 기독교 대학의 구속적 사역은 궁극적으로 인간 구성원들의 능력이 아니라 성령의 역사로 이루어지는 것임을 강조한다. "기독교 대학은 신앙과 학문의 공동체로서 문화적 사명에 공동으로 헌신하여 모든 학문분야에서 하나님의 뜻과 그 속에 있는 무한한 잠재능력을 찾아서 하나님의 영광을 위하여 봉사하는 것이다. 이런 신앙과 학문의 열정이 그리스도의 왕권 앞에 바쳐질 때 이것이 곧 성령 충만의 징표일 것이다."[27]

(2) 신행일치

지금까지 기독교 대학의 신학적 기초로서 유신론적 신앙의 의미에 대해서 살펴보았다. 이근삼 박사는 이와 같은 유신론적 신앙의 기초와 함께 신행일치라는 기초석을 강하게 주창하고 있는데, 그 이유는 기독교 대학의 이념과 실제는 성경적 신앙의 자연적이며 당위적인 표출이어야 한다고 보았기 때문이다. 이근삼 박사의 다음 글은 이 점을 잘 보여주고 있다:

---

26   이근삼, 『개혁주의 신학과 한국교회』, 337.

27   이근삼, 『개혁주의 신학과 한국교회』, 339~40.

"사람이 하나님을 믿을 때 무엇을 해야 하는가? 이 믿음을 어떻게 실행해야 하는가? 믿음은 사람이 무엇을 하든지 관계되고 또 관계되어야 한다. 즉 찬송을 부를 때와 청소를 할 때, 기도를 드릴 때 와 수학공부를 할 때, 정원손질을 할 때와 철학공부를 할 때, 그리고 자비를 베푸는 일에도 할 수 있다. 하나님을 의지하는 것은 어떤 특별하고 구별된 종교적인 행사에만 국한된 것이 아니고 인생 전부와 생활 전면에서 행해져야 한다."[28]

개혁주의 세계관은 우리의 신앙이 교육과 학문 활동에도 반드시 일관성 있게 스며들고 표출되어야 한다는 사실을 강조한다.[29] 이근삼 박사가 기독교 고등교육의 필요성을 인식하고 기독교 대학의 설립과 발전에 관심을 기울인 이유는 그가 아브라함 카이퍼(Abraham Kuyper)와 같은 개혁주의 사상가들과 마찬가지로 인간의 모든 삶을 본질상 종교(religion)로 보았기 때문이다. 이근삼 박사가 교수와 총장으로 평생토록 봉사한 고신대학교의 모토가 '하나님 앞에서'(coram Deo)로 설정된 이유도 바로 삶을 종교로 보는 개혁주의적 관점 때문이다.

---

28   이근삼, 『개혁주의 신학과 한국교회』, 340.

29   종교(신앙)를 삶의 특정 영역, 예를 들면 교육이나 학문 활동 등과 분리시키는 것이 '세속화'(secularization)이다. 오스 기니스(Os Guinness)는 세속화의 의미를 다음과 같이 규정하고 있다. "세속화란 사회와 문화의 중심부로부터 점차로 그 외곽을 향해 이 사회와 문화에 인접한 영역들이 종교로부터 나온 개념이나 제도의 영향력으로부터 벗어나는 과정을 말한다. 다른 말로 표현할 것 같으면 세속화란 현대 사회의 중심 영역, 즉 과학이나 산업기술이나 정부조직 등과 같은 영역에서 종교가 미칠 수 있는 사회적, 문화적 중요성을 희석시켜서 종교로부터 나온 개념이 삶에서 차지하는 의미를 약화시키고 종교에 의해 형성된 제도들이 미치는 영향을 점점 작아지게 만드는 과정이다. Os Guinness, The Gravedigger File: Papers on the Subversion of the Modern Church, 이종필 옮김, 『무덤 파기 작전』 (서울: IVP, 1997), 60.

"바른 신자는 모든 문화적 활동을 무시하거나 어떤 종교적 특수 영역 속으로 후퇴하려고 하지 않는다. 오히려 이 모든 활동에 기쁨으로 자원해서, 열심히 동참하고 그 가운데서 하나님을 신앙하는 믿음의 행위를 실행하는 방법을 찾으려 한다. 하나님께 순종하는 것은 일상생활의 구체적 사건 속에서 구현되어야 한다.

성도는 문화적 활동에서 제외되는 것이 아니다. 그는 사회적, 정치적 활동에서 소외되는 것이 아니며 문학과 예술에 무관심하거나 역사 밖으로 축출되는 것도 아니다. 이 모든 것들 속에서 그것을 통하여 그리스도의 영적 나라가 분명하고 참되게 그리고 의미 있게 되도록 우리의 도덕적, 종교적 선택을 하여야 한다."[30]

그러므로 기독교 대학은 교육과 학문 활동 역시 예배나 기도와 마찬가지로 본질상 하나님을 섬기고 경배하는 종교적 행위이며 신앙적 행위라는 사실을 강조한다. 인간의 모든 활동이 본질상 종교적이며 모든 학문 활동이 종교적이라면, 기독교적 학문만이 유별나게 종교적인 것은 아니다. 모든 학문은 궁극적으로 종교적인 공약에 뿌리를 두고 있다. 우리의 신앙은 예배나 기도나 성경 읽기와 같은 좁은 의미의 경건 행위로 나타날 뿐만 아니라 교육과 학문과 봉사의 행위로도 일관성 있게 표출되어야 한다.

그렇기 때문에 기독교 대학은 자연스럽게 학문의 공동체인 동시에 신앙의 공동체로서의 특성을 지니게 된다. 그리스도인들은 고립적이거나 개인적인 삶이 아니라 공동체의 구성원으로서의 삶을 영위해야 한다. 인

---

30   이근삼, 『개혁주의 신학과 한국교회』, 341.

간은 공동체적 존재로 지음 받았으며, 공동체 안에서 그 성취와 완성을 찾을 수 있도록 지음 받은 존재다.

> "아담에게 하와를 지어주신 하나님은 생육하고 번성하여 땅에 충만하라고 하셨다. 거기에는 교제와 협력이 필요하고 서로 무관심이나 증오, 동료로부터의 소외는 인간을 향한 하나님의 뜻에 거역하는 것이며 따라서 자신의 자율적 존재도 거절하는 것이다. 성경은 하나님으로부터 인간의 자기 소외는 곧 동료 인간들로부터의 자기 소외를 가져왔음을 보여주고 있다.
>
> 이제 새로운 길은 그리스도 안에서 하나님과 하나되고 공동체 안에서 공동적 사랑과 충성으로 그리스도의 제자가 되며 서로 하나가 되는 것이다. 이 공동체 안에서 각자는 자신의 각별하고 중요한 할 일이 있다. 이제 그리스도의 제자는 그의 증인이다. 제자의 말과 행위, 그의 삶은 다른 사람들에게 하나님이 말씀하시는 수단이 되는 것이다. 그러나 이것은 아무도 혼자서는 완전할 수 없다. 각자의 은사와 능력은 제한되어 있으므로 오직 협동하는 노력으로 땅에서 신자의 임무를 수행할 수 있고 또 성취된다."[31]

이근삼 박사가 기독교 대학을 기독교 공동체의 맥락에서 생각하는 이유는 기독교 대학의 주요 기능인 기독교적 교육과 기독교적 학문의 과업은 개인적으로 성취될 수 있는 것이 아니라 공동체의 과업이라고 보았기 때문이다. 기독교 대학의 구성원들은 각자 자신의 독특한 재능과 과업을 감당하지만 성령의 역사로 한 하나님을 믿는 신앙에서 시작하고 동일

---

31   이근삼, 『개혁주의 신학과 한국교회』, 344.

한 신앙을 가지고 노력해야 한다. 이러한 노력은 기독교 대학의 구성원들이 기독교 문화를 발전시키는 노력이기도 하다.[32]

그러므로 기독교 공동체에는 직분과 관련하여 소위 말하는 '종교적 귀족 계급'이 용납될 수 없다. "목사의 직분이 가정부의 직분보다 높을 수가 없고, 학자의 직분이 농부의 직위보다 높은 것이 아니다. 일정한 때와 곳에서 어떤 직이 공동체의 건전성을 위해서 다른 직보다 좀 더 본질적일 수 있다. 그러나 기독교 공동체에는 우월하거나 열등한 직분이 있을 수 없다. 모든 직은 종교개혁자들이 강조했듯이 신적 소명(divine calling)이다."[33]

이근삼 박사는 "우리는 이 세상에 있지만 이 세상에 속한 자는 아니다"(We are in the world, but not of the world)라는 말을 아주 좋아했다. 그리고 기독교 공동체로서 기독교 대학은 세상과 고립된 공동체가 아니라 세상 속에서, 그리고 세상을 위한 공동체가 되어야 한다는 사실을 아주 강조하였다. 많은 사람들은 생각하기를 기독교 대학은 온실처럼 세상과 여타 다른 교육 기관에 만연해 있는 죄와 이단으로부터 젊은이들을 보호하기 위해 존재한다고 한다. 그러므로 기독교 대학의 일차적 과업은 창조세계에 대한 탐구와 교육이라기보다는 기독교의 신앙과 교리를 주입시키고 윤리적으로나 신앙적으로 안전한 환경을 제공하는 것이라고 생각하는 경향이 있다.

그러나 기독교 대학은 세상으로부터의 도피나 격리, 또는 세상을 향한 단순한 반대나 맹목적인 비판이 아니라 보다 더 적극적인 입장을 견지

---

32   이근삼, 『개혁주의 신학과 한국교회』, 344.

33   이근삼, 『개혁주의 신학과 한국교회』, 344.

해야 한다. 요컨대, 기독교 대학은 우리의 사회와 문화에 대하여 소심하지 않고 오히려 더 담대한 자세를 가지고 발전해 나가야 한다.

> "사실 기독교 신자와 불신자 간의 차이는 민족이나 언어, 또 풍속의 차이가 아니다. 기독교 교육은 그가 속한 사회와 그것으로부터의 도피를 가르쳐서는 안되고 사회 속에서 믿음으로의 삶을 가르쳐야한다. 그러려면 기독교 대학의 학생들은 먼저 그 사회를 이해해야 한다. 그 사회의 기원과 성격, 가치와 이상, 그리고 종교에 대해서 알고 이해해야 할 것이다. 하나님의 사람으로 그리고 동료 인간들의 일꾼이 되려고 하면 자기가 처해있는 사회를 배우고 또 그것을 정당하게 비판하는 자가 되어야 한다. 사실 "세상에 있으나 세상의 것은 아니다"라고 하기는 참으로 어려운 일이다. 그러나 세상에 속하지 않으면서 이 세상에 있다는 것은 하나님께 속하였느냐 아니냐를 알아보는 중요한 조목이다. 기독교 교육의 사명은 세상에 사는 하나님께 속한 신자를 양육하는 것이다."[34]

III 기독교 고등교육의 요건들

이근삼 박사는 기독교 대학이 이 세상 속에 있으면서도 이 세상에 속하지 않는 고유한 정체성을 유지하면서 하나님의 영광을 위하여 학문하고 인재를 양성하는 하나님의 기관이 되기 위해서 몇 가지 요건들을 구비

---

34   이근삼, 『개혁주의 신학과 한국교회』, 346~47.

해야 한다고 보았다. 기독교 대학이 갖추어야 할 많은 요건들 중에서도 이근삼 박사는 기독교적 교육신조, 기독교적 탐구, 기독교적 교육, 그리고 기독교적 인재 양성이라는 4가지 요건을 특별히 강조하고 있다. 이제 이들 4가지 요건들을 좀 더 구체적으로 살펴보기로 하자.

1 기독교적 교육 신조

교회의 역사를 보면 신조 작성 노력의 대부분은 제도교회의 생활 및 고백과 관련되어 있다. 제도교회는 종종 이단과의 투쟁에서 하나님의 말씀에 대한 신실한 반응을 하기 위해 일련의 아주 의미 있고 중요한 교회적 신조를 작성하였다.

그런데 예수 그리스도는 만물의 창조자, 구속자, 그리고 주님이시기 때문에, 다시 말해서 그리스도는 인간 삶의 모든 영역에서 주님(Lord)이시기 때문에, 우리는 교회적 영역뿐만 아니라 창조 세계의 모든 영역에서 예수 그리스도의 주되심을 고백해야 한다. 교회적 영역은 물론 교회 외적 삶의 영역도 역시 하나님의 말씀에 종속되기 때문에 여기서도 역시 기독교 공동체는 이들 영역에 알 맞는 방법으로 그리스도의 주되심(the Lordship of Christ)을 고백해야 한다. 교육의 영역에서도 그리스도의 주되심을 구체적으로 고백하는 교육신조를 작성해야 한다. 이러한 교육 신조는 성경과 교육의 과정(process)을 연결지우고, 교육활동의 방향을 규정하며 형성한다.[35]

이근삼 박사는 기독교 대학이 그 독특한 정체성을 유지하고 맡은 바 소명을 효과적으로 감당하기 위해서 이와 같은 교육신조를 고수해야 한

35   김성수, "기독교 교육과 학문의 실천을 위한 교육신조의 작성과 고백", 「고신대학교논문집」 22 (1995), 82.

다는 점을 아주 강조하였다. 이근삼 박사의 다음 글을 보자:

"어떤 대학들은 신조를 갖지 않는다고 하고 어떤 대학들은 교수들과 직원들
은 신조를 가지고 있으나 대학으로서는 그렇게 할 수 없다고 한다. 기독교 대
학들도 어떤 대학은 중립성을 주장한다. 그 들은 과학적 이유 때문에 신앙신
조는 갖지 않는다고 한다."

일반 대학에 있는 기독교인 교수들도 기독교 대학에 봉직하는 것보
다 오히려 마음이 편하다고 한다는데 그 이유인즉 거기서는 아무도 자기
개인의 신조의 결정을 어떤 규정으로 강요하지 않기 때문 이라고 한다. 심
지어 어떤 신자들은 기독교 학교가 있을 수 없다고 주장하는 만큼 신조
를 가진 대학이 있을 수 없다고 주장한다. 그들은 대학을 신앙하는 사람
보다는 건물의 집합체가 중요한 것이 라고 보는 것이다."[36]

기독교 대학의 교육 신조는 학문의 자유를 제한하고 규제하기 위한
것이 아니라 진리의 원천이 되시는 예수 그리스도 안에서 학문의 진정한
자유를 누릴 수 있는 틀(framework)과 관점(perspective)을 제공해 주기 위한 것
이다. 그러므로 기독교 대학의 구성원들은 기독교 대학의 교육 신조를 자
랑스럽게 생각해야 한다. 혹 학문의 '중립성'과 '객관성'을 주창하는 사
람들이 기독교 대학의 교육 신조를 교조적이며 주입적이라고 비난한다고
할지라도 그와 같은 비난은 종교와 학문의 본질을 이해하지 못하는 무지
에 기인하기 때문에 크게 관심을 가질 필요가 없으며, 때로는 그런 비난

---

36   이근삼, 『개혁주의 신학과 한국교회』, 310~11.

을 오히려 기쁘게 감내할 필요도 있다고 이근삼 박사는 강조한다.

"우리의 신조가 우리 대학의 모든 면에 있어서 인정받게 한다는 고백을 할 수
있는 것은 우리의 자랑이고 특권이라야 한다.

모든 과학적 활동, 교수내용, 전문직 훈련, 지역사회와 국가와 교회
에 대한 봉사 등 모든 것이다 이 생명을 바치는 신앙 고백적 신조 하에 발
육되는 것이다. … 이런 신조에 동의하는 자는 과학 분야에서 선입관을
가졌다고 하여 비난을 받을 줄 알아야 한다. 또한, 주입적이라고 비난을
받을 것이다. 그러나 이런 비난은 모든 현상을 완전히 이해하기 위해서는
대학의 어느 분야나 종교를 요구하고 있다는 것을 모르기 때문이다. 우리
는 예수 그리스도 안에서 참된 자유와 책임의 특권을 경험하는 것만이 하
나님을 섬기는 기초가 됨을 인식한다."[37]

2 기독교적 탐구(연구)

대학의 연구 활동은 교육 및 봉사 활동과 함께 대학의 한 본질적인
기능이다. 연구 중심의 대학이 아니고 교육 기능을 특성으로 삼는 대학이
라고 할지라도 연구의 기능은 대학이라는 학문공동체에서 결코 소홀히
할 수 없는 것이다. 효율적인 연구 활동의 수행이 없으면 교육과 봉사의
기능도 그만큼 약화될 수밖에 없다. 기독교 대학도 다른 대학들과 마찬가
지로 연구의 기능을 강화해야 한다.

---

37   이근삼, 『개혁주의 신학과 한국교회』, 311.

"그러나 기독교 대학에서의 연구 활동은 일반대학과는 다르게 독특한 전제와 관점에서 수행되어 나가야 한다. 기독교 대학에서의 연구 활동은 무엇보다도 하나님의 영광을 위한 것이어야 한다. "기독교 대학은 기독교적 과학을 연구하고 연습하는 사명을 가진다. 기독교 대학은 과학을 연구하고 실제화하는 곳이다. 기독교 대학으로서는 과학을 기독교적 전망 없이는 완전히 이해하지 못한다고 분명히 제시해 주어야 한다. … 그것은 곧 '하나님의 영광을 위해서'이다."[38]

기독교 대학에서의 연구 활동은 또한 그 총체적인 과정이 그리스도의 주권적 통치하에 있어야 한다. 기독교 대학에서의 연구 활동이 하나님의 영광을 위한 것이 되어야 한다는 것은 학문 활동의 탐구 결과를 하나님의 영광을 위해서 사용하기만 하면 된다는 의미가 아니다. 학문 활동이란 그 자체가 가치 중립적인 것이 결코 아니다. 그러므로 기독교 대학에서의 연구 활동은 그 전제와 출발점, 가설 설정과 검증의 과정, 탐구의 방법과 결과 등 모든 것이 기독교적 세계관의 인도를 받는 것이 되어야 한다.

"불신자들은 기독교 과학을 비과학적, 주관적이고 신앙과 이성을 혼동한다고 그것을 거부한다. 그러나 그것은 우리를 방해하지 못한다. 그런데 어떤 기독교 신자들이 과학적 수준에서 신앙은 지성인들에게 불합리하므로 기독교 과학은 치명적이라고 한다. 그들은 인간 노력의 중요한 장면을 예수 그리스도의 주권에서 이탈하되 저희 신조에는 영향을 주지 않는다고 하는 것이다. 이런

---

38   이근삼, 『개혁주의 신학과 한국교회』, 312.

기독교 과학자들은 정신분열증에서 떠날 수 없음이 분명하다. 우리는 하나님의 말씀의 빛 안에서 고도의 과학을 세계적으로 발전시켜야 한다."[39]

기독교 대학에 종사하는 학자들은 자신들의 연구 활동이 본질상 영적 활동이라는 의식을 가져야 한다. 인간 삶의 모든 영역은 빛의 나라와 흑암의 나라 사이의 긴장과 대립이다. 이 대립은 절대적 대립이다. 학문의 영역도 교회적이거나 윤리적 영역과 마찬가지로 영적 투쟁의 장이다. 사탄의 활동은 도덕적, 윤리적인 영역에서는 비교적 분별이 용이하다. 그러나 학문의 영역에서 과학의 탈을 쓰고 나타나거나 가치중립성의 허울을 쓰고 나타날 때는 분간하기도 어렵고 쉽게 속아 넘어가기가 쉽다. 이근삼 박사는 기독교 대학에서의 연구 활동은 그리스도를 대적하여 높아져 있는 모든 이론을 파하고 사로잡아 그리스도에게 복종시키는 영적 투쟁이라고 보았다.

3 기독교적 교육

이근삼 박사는 기독교 대학은 근본적으로 교육의 기관임을 잊어서는 안 된다는 점을 강조하였다. 대학이 비록 학문의 공동체라고 하지만 대학은 학생들이 보다 더 성숙한 인격체로 성장해 갈 수 있도록 교육하는 일을 소홀히 해서는 안 된다는 것이다. 이근삼 박사의 다음 글을 보자:

"대학이 비록 학자 교수들, 강사들과 그리고 학생들의 모임의 단체로서 학문

---

39   이근삼,『개혁주의 신학과 한국교회』, 312.

을 진지하고 정확하게 고도의 수준에서 탐구 발전시키고 있으나 인간형성의 과정에 있는 성숙 또는 미성숙한 개인들을 취급하고 원리문제들에 관한 수많은 질문들을 제기하여 생철학의 용어로 대답을 줄 수 있는 유일한 곳이다. 대학 수준에서는 교육학적 행동(pedagogical act)을 설명하는 장소는 아니다. 한마디로 기독교 대학은 그 업무가 사람들이 지상에 있는 하나님의 나라 안에서 저희들의 일자리를 차지하도록 인간을 형성하는 곳이라고 선포하는 것이다. 대학은 파괴된 인격을 생산할 수는 없다."[40]

이근삼 박사에 의하면, 기독교 대학은 교육적 기능을 더욱 더 강화해야 할 필요가 있다. 기독교 대학은 성경적 진리에 입각하여 성경적 세계관의 틀을 통해서 학생들에게 기독교 세계관을 구비시켜줌과 동시에 기독교 세계관의 기초 위해서 학문과 기술을 전수하여 하나님 나라의 인재를 양성하는 과업을 수행해 나가야 한다. 이러한 배경에서 이근삼 박사는 다음과 같이 기독교 대학의 교육적 기능을 중요시하고 있다.

4 기독교적 인재 양성

이근삼 박사는 기독교적 인재를 양성하는 일을 기독교 대학의 주요 과업으로 보았다. 특별히 기독교 전문인을 양성하는 일을 기독교 대학이 감당해야 할 가장 중요한 과업으로 보았다. "여기에 기독교 대학으로서 막대한 의무가 요구되는 미개발의 분야가 있다. 우리는 기독교 전문인 양성에 노력하여 국민생활의 모든 분야에 들어가서 지상에서의 하나님 백성

---

40 이근삼, 『개혁주의 신학과 한국교회』, 312~13.

들이 감당할 수 있게 해야 한다."[41]

이근삼 박사가 기독교 대학으로서 고신대학교를 위한 관심과 적극적인 후원을 당부한 것도 바로 이 기독교 대학을 통해서 하나님의 나라를 건설하고 확장할 수 있는 기독교 전문인들을 양성하는 일을 중요하게 생각했기 때문이다. 다음의 글을 참고해 보자:

"우리 고신 총회 산하의 교회들은 이제부터 교육에 대한 관심과 후원을 더욱 힘써야 할 줄 생각한다. 교회는 이 세상에 속한 것이 아니다. 그러나 이 세상에 존재하고 있는 것이다. 그리고 이 세상의 소금과 빛이 되어야 한다. 이 사명을 다하고자 교회 안에서만의 경건과 교육만으로 다하는 것이 아니고 기독교적 원리에 입각한 학문을 연구하여 세상에 진출하여 복음의 빛을 비추어 주는 일을 감당해야 한다. 모처럼 우리에게 있는 고신대학을 위하여 관심을 두고 기도해 주어야 하며, 또 지원을 아끼지 말아야 한다. 거기에서 목사, 선교사, 사회지도자가 배출된다는 사실을 잊지 말아야 한다."[42]

IV 기독교 고등교육의 실천적 측면

지금까지 이근삼 박사가 기독교 고등교육의 필요성을 인식하게 된 배경과 그 기초, 그리고 기독교 고등교육의 필수적인 요건들에 대해서 살펴보았다. 이제 이근삼 박사가 기독교 고등교육의 비전을 구체적으로 실

---

41   이근삼, 『개혁주의 신학과 한국교회』, 313.

42   이근삼, 『개혁주의 신학과 한국교회』, 392.

천하면서 강조했던 몇 가지 문제들을 언급해 보고자 한다.

1 건학 이념의 구현

이근삼 박사는 기독교 고등교육을 실천하면서 항상 건학의 이념을 분명히 할 것을 강조하였다. 특별히 기독교 대학은 그 존재의 이유와 정체성을 분명히 해야 한다는 것이다. 그렇지 않으면 기독교 대학이 여러 일반 대학들 가운데 하나로 전락하게 될 것이며, 이렇게 되면 어려운 사회경제적 여건 가운데서 구태여 기독교 대학을 소유하고 경영할 이유가 없다는 것이다.

> "대학은 그 대학의 건학이념과 정신이 뚜렷해야 한다고 생각한다. 대학이 설립될 때에는 분명히 어떤 교육이념이 있었을 것이다. 그것을 구현하고자 연구 및 수업이 진행되어야 하며, 그렇게 교육받고 훈련받은 사람들이 국가와 사회에 봉사해야 할 것이다."[43]
> " … 기독교 대학의 목적은 분명해야 한다. 즉 젊은 학생들에게 기독교 교육을 함에 있어서 넓고 깊은 의미에서 모든 학과목의 수업, 모든 학생들의 지적, 정서적 활동이 그리스도를 왕으로 하는 가르침과 정신으로 충만해야 한다."[44]

이근삼 박사는 아브라함 카이퍼(Abraham Kuyper)가 주장했던 영역주권 사상에 대한 신념을 가지고 있었다. 그래서 대학은 사회적 책무성과 자율성을 바탕으로 그 자체의 주권을 가지고 운영되어져야 한다는 점을 아

---

43   이근삼, 『개혁주의 신학과 한국교회』, 360.

44   이근삼, 『개혁주의 신학과 한국교회』, 307.

주 강조하였다. 이근삼 박사가 소위 군사독재정권이 대학을 통제하던 시대에 대학이 건학의 이념을 분명히 해야 한다고 주장했을 뿐만 아니라, "대학은 교육이념이 확실한 운영진과 경영진의 능력에 따라 학과의 신설과 증설, 학생모집, 등록금 책정 등을 그 자율적 운영에 맡겨야 할 것이다"[45] 라고 주장하면서 대학의 자율성을 강조한 것은 다소 놀랍기까지 하다.

우리 사회에서 대학이 그 자체의 건학 이념도 분명히 하지 못하고, 사회적 책무성에 대한 인식도 미흡하고, 경영 능력에 있어서도 미숙했기 때문에 정부의 통제를 받을 수밖에 없고, 이로 인해 개인적 사회적 진통이 따를 수밖에 없는 악순환의 고리를 보면서 이근삼 박사는 건학이념을 분명히 하고 자율성을 갖는 건실한 기독교 대학을 소망하였던 것이다.

"새로운 대학은 이런 일로부터 벗어나야 할 것이다. 대학의 교육이념이 분명하고 그에 따라 자체의 능력으로 운영하는 대학으로서 학생을 모집하게 되면 학생들은 대학지망으로부터 시작하여, 입시 준비, 응시 등 각자 알아서 할 것이 아닌가. 그런데 왜 정부가 이 문제를 전부 다 부둥켜안고 기획과 명령과 시행까지 다 하려고 하는가. 이런 일은 하루 속히 바로잡아 나가야 할 것이다."[46]

2 교회와의 관계

기독교 고등교육의 비전을 추구하는 가운데 이근삼 박사는 대학과 교회와의 관계 문제를 항상 분명히 하려고 노력했다. 이근삼 박사는 화란

---

45   이근삼, 『개혁주의 신학과 한국교회』, 360.

46   이근삼, 『개혁주의 신학과 한국교회』, 360.

의 자유대학교(Free University)에서 수학했는데, '국가로부터의 자유'와 '교회로부터의 자유'를 추구했던 자유대학교의 역사로부터 많은 것을 배웠다. 대학이 국가와 교회로부터의 자유를 추구하는 것은 이들과의 관계 단절을 추구해야 한다는 의미가 아니라 이들 기구들의 부당한 간섭과 통제로부터 자유로워야 한다는 것을 의미한다. 다시 말하면 대학은 하나님의 주권적 통치를 받으면서 다른 사회 기구들과 상호 협조하는 가운데 대학의 고유한 기능을 수행할 수 있어야 한다는 것이다.

그래서 이근삼 박사는 교회의 사역자를 양성하는 신학교는 총회가 파송하는 이사회의 감독 하에 두고, 인간 삶의 각 영역에서 문화적 사명을 수행할 기독교인 지도자를 양성하는 기독교 대학은 기독교적 세계관을 구비하고 있는 신자 부모들로 구성된 이사회의 감독 하에서 운영되도록 하는 것이 바람직하다는 점을 강조하였다. 고신대학교와 신학대학원의 관계 문제에 대해 이근삼 박사가 주장한 다음의 내용을 보자.

"고신대학은 총회 직영으로 되어 있어서 총회가 선출하는 이사들로 구성하는 학교 법인체를 이루고 있다. 그러나 이들은 출자이사가 아니다. 그리고 대학에 관한 전문인들도 아니다. 총회가 선출한 이 사들은 신학대학원을 관장하고 관리하기에 제일 적절한 이사회이다. 그러므로 총회선출 이사들은 신학대학원 운영과 신학사상 문제를 주관하여야 맞다."[47]

---

47   이근삼, 『개혁주의 신학과 한국교회』, 393.

3 학생의 책임

이근삼 박사는 기독교 고등교육의 비전을 추구함에 있어서 학생들 역시 성숙한 책임의식을 갖고 학생으로서의 한계와 본분을 지켜야 한다는 점을 아주 강조하였다. 이근삼 박사에 의하면 선진 제국의 대학과 마찬가지로 우리의 대학 풍토도 이제는 학생들이 지망을 하고 입학한 그 대학의 건학 이념을 지키기 위해 그 대학의 행정 방침에 따를 책임 의식을 갖고 그렇게 행동해야 한다.

> "학생들은 자기가 지망하는 대학을 미리 이해하고 스스로 선택할 수 있어야 한다. 그 대학에 입학했으면 그 대학의 교육이념과 행정에 순응하면서 교육을 받는 것이 학생의 할 일이다. 그것은 자기가 그 학교를 선택했기 때문이다. 학생은 학교를 경영하는 자가 아니며 다른 학생을 교육하는 교수도 아니다. 그는 단지 학생일 따름이다."[48]

대학시절을 통해 학생들은 하나님께서 인도해 주실 삶의 영역에서 자신이 감당해야 할 과업에 대한 예비적 지식과 기초적 학문을 충분히 습득하여 자기 발전의 기초를 바로 잡아야 한다는 것이다. 그렇지 못하면 정작 사회에 진출해서 활동해야 할 때 전문적 기술과 지식을 갖춘 실력 있는 지도자가 되지 못한다는 사실을 강조하였다. 동시에 다른 사람의 허물을 지적할 때도 자신의 연약함을 동시에 살피는 성숙한 신앙 인격을 연마할 것을 가르쳤다.

---

48   이근삼, 『개혁주의 신학과 한국교회』, 361.

"학생들의 젊음에서 분출되는 박력과 정의감은 고무할 만한 것이다. 그것이 정당하게 사용될 때에 훌륭한 결과들을 기대할 수 있으나 타의 비리와 잘못을 지적하면서 자신의 인격과 책임을 망각하는 일이 된다면 자가당착에 빠지는 꼴이 되고 만다. 학생들은 학교 운영에 대한 문제를 발견하고, 지적하며, 이를 다양한 방식으로 경고하는 이상으로 분수에 넘는 행동이 없도록 해야 한다."[49]

기독교 대학에서는 학생들이 학생으로서의 신분을 지켜야 하지만, 이사회, 교수, 직원들도 모두 각자의 맡은바 소명에 충실해야 한다는 점을 이근삼 박사는 동시에 강조하고 있다. "이사회로서는 학문연구와 교육활동 그리고 운동휴식에 필요한 시설과 공간을 마련하여 학생들에게 면학에 지장이 없도록 가능한 온 힘을 다해야 할 것이다. 그뿐만 아니라 실력 있는 교수들의 증원으로 충분한 교수를 확보하여 강의와 연구는 물론 학생지도에 전력케 해야 한다. 교수들로서는 심오한 학문연구와 철저한 수업준비에 임할 것은 물론이고 인격적 대화를 통한 학생지도에 각별한 주의를 기울여 상호신뢰가 있는 폭넓은 교육이 이뤄져야겠다. 학교 직원들은 각자 맡은 위치와 맡은 일에 충실해야 하며 위계질서를 지켜 아름다운 직장풍토가 기독교적 사랑 안에서 이뤄지도록 노력해야한다"는 것이다.[50]

---

49 이근삼, 『개혁주의 신학과 한국교회』, 395.

50 이근삼, 『개혁주의 신학과 한국교회』, 394~95.

맺는 말

지금까지 기독교 고등교육에 관한 이근삼 박사의 관점과 실천적 노력들에 대해서 고찰해 보았다. 이근삼 박사는 오늘날 고등교육이 직면하고 있는 위기를 극복하기 위한 대안으로 기독교 고등교육의 필요성을 인식하였다. 물론, 이근삼 박사가 기독교 고등교육에 대한 비전을 갖고 이를 실천하게 된 더 근본적인 배경은 자신이 평생을 헌신해 온 개혁주의 신앙과 신학, 그리고 개혁주의 세계관과 철학이었다고 분명하게 말할 수 있다. 특별히 부모의 교육적 책임과 신자의 문화적 사명에 대한 성경적 관점을 가지고 이근삼 박사는 기독교 대학이야말로 하나님의 나라 건설을 위한 일꾼 양성터로 보았다.

이근삼 박사는 기독교 고등교육이 그 당면 위기를 극복하고 문화적 사명을 효과적으로 감당하기 위해서는 반드시 성경과 개혁주의 신학의 기초 위에 확고히 서 있어야 하며, 대학의 모든 기능을 창조 – 타락 – 구속의 틀을 통해서 수행해 나가야 한다는 점을 강조하였다. 이와 함께 기독교 고등교육은 구성원들이 인간의 삶을 본질상 종교적인 것으로 인식하는 관점을 가지고 자신의 신앙을 교육과 학문 활동은 물론 대학 행정의 전반에 일관성 있게 표출할 수 있도록 인도해 주어야 한다는 점을 강조하였다.

그래서 기독교 대학이라는 공동체 역시 개혁주의적 정체성을 분명히 하면서 '이 세상에 있지만 이 세상에 속하지 않는' 대학으로 존재해야 한다. 기독교 대학이 그 정체성을 유지하면서 하나님의 영광을 위해 존재하는 하나님 나라의 기관이 되기 위해서는 반드시 기독교적 교육 신조를 가지고, 기독교적 탐구와 교육, 그리고 기독교적 인재 양성이라는 핵심 과제들을 수행해 나가야 한다.

이근삼 박사는 개혁주의 신앙과 세계관을 바탕으로 기독교 고등교육에 헌신하기 위해 자신을 준비했으며, 기독교 고등교육의 비전을 추구하면서 평생 동안 자신의 모든 것을 다 바쳐 헌신하신 분이다. 이런 과정에서 이근삼 박사는 언제나 하나님의 은혜에 감사하였으며, 때로는 인간적인 시행착오를 범했던 일들을 인정하면서 '죽도록 충성하지 못한' 아쉬움을 토로하기도 했다. 그러나 이근삼 박사는 언제나 개혁주의 신앙과 신학 사상을 일관성있게 견지했으며, 이 개혁주의 신앙과 신학 사상을 변질됨이 없이 전수하기 위해 최선을 다하신 분이다.

개혁주의 기독교 고등교육을 향한 이근삼 박사의 이와 같은 비전을 이어받고 구현하기 위해서 고신대학교는 세 가지 비전을 설정하고 이 비전의 성취를 위해 최선을 노력을 경주하고 있다. 그것은 첫째로 고신대학교는 복음의 빛을 갚는 선교중심의 대학이 되고, 둘째 지역사회와 지구촌을 향해 예수 그리스도의 사랑을 실천하는 대학이 되고, 셋째 고신대학교는 기독교 세계관과 기독교 학문 운동에서 탁월한 섬김의 지도력을 발휘하는 대학이 되어야 한다는 것이다. 고신대학교와 복음대학교와 함께 '이근삼 강좌'(Kum Sam Lee Memorial Lectures)를 갖는 것도 바로 개혁주의 기독교 고등교육을 향한 이근삼 박사의 비전을 구현하기 위한 것이라는 점에서 의미가 있는 것이다.

이제 좀 긴 인용문이기는 하지만 이근삼 박사의 다음 글을 통해 개혁주의 기독교 고등교육에 대한 그의 헌신이 어떠했는지 단면을 엿보면서, 기독교 고등교육을 향한 이근삼 박사의 비전과 열정을 되새기며 이어가고자 하는 우리의 다짐을 새롭게 하고자한다.

"우리는 미국에 가서 공부하는 동안 돈 한 푼 가지고 가지 않았는데, 하나님과 신실한 분들의 도움으로 모든 필요가 공급되었다. 또 학위를 마치고 돌아오니까 고려신학교에서 초청하여 교수로 일할 수 있게 되었다. 하나님이 나를 불쌍하게 여기시고 많은 은혜를 주셔서 오늘까지 이렇게 지내왔다. 그런 가운데 여러 면에서 모자라고 연약한 인간이 일하다 보니 여러 가지 시행착오도 많이 범했던 것도 사실이고, 지금 회고하여 보면 좀 더 잘했더라면 하는 아쉬움도 많다. 우리의 역량이 더 있었다면 학교가 이보다 훨씬 더 발전될 수 있겠지만 참 뜻대로 되지 않았다. 우리들이 30년 넘게 충성한다고 했지만 죽도록 충성하지 못했다. 지난 시절을 돌아보면 모두가 너무나 어려웠던 시절이었다. 우리가 교수 일을 시작했을 때는 학교의 재정이 어려워 세 달 동안 월급을 한 푼도 받지 못한 적도 있었다. 그래서 경제적인 어려움을 극복하기 위헤 사무직을 내보내고 내가 서무과장을 겸직하여 교회를 다니면서 신학교 사정을 호소하며 모금한 적도 있었다. 그동안 우리는 여러 가지 말할 수 없는 일들을 많이 겪었다. 그러나 우리는 우리가 받은 개혁주의 신학을 견지하고 이것을 신장시키기 위해서 참으로 기도하고 노력했다고 생각한다. 앞으로도 우리 고신인이 나갈 길은 우리가 받은 전통적인 이 개혁주의 신학은 변질되지 않도록 하는 것이다. 개혁주의 신학이 성경에 입각한 성경대로 가르치는 신학이기 때문에 우리가 그것을 따라야 한다. 성경에서 그 이상의 것을 연구해서 발견을 했을 때는 기꺼이 성경이 가르치는 더 좋은 것을 따라야 될 것이다. 그래서 신학교에 구약, 신약성경을 주석적으로 가르치고 연구하는 교수님들의 책임이 크다. 더 좋은 것을 연구하여 더 분명하게 더 확실하게 캐내어 학생들에게 보여주길 바란다."[51]

---

51   이근삼, 『개혁주의 신학과 한국교회』, 406~407.

15

신토의 변천사에 관한 연구*

소기천

서론

본 연구는 이근삼 박사(이하에서 이근삼으로 칭한다.)의 학위논문을 중심으로 그동안 부산의 고신대를 중심으로만 논의되던 내용을 한국교회 전체의 화두로 그 내용을 확대하면서, 그의 신학과 학문적 고뇌를 한국개혁신학회와 연구재단의 지원을 받는 학술지인 한국개혁신학에서 다룬다는 것에 그 의의가 크다.

우선 본 연구는 이근삼의 학위논문이 신토 국가주의의 다양한 문제점을 한국인의 시각에서 다루고 있는 것을 살펴보고, 이러한 연구에 대해서 평가하고 제언과 전망을 하는 것이 연구의 목적이다. 그러나 일본인이 천황이라고 부르는 것을 그대로 따르고 있는 이근삼의 용어와는 달리, 본 연구는 일왕으로 표기하면서 신토 국수주의를 일본 기독교가 국가종교로 변질하는데 직접적인 원인이라는 점을 지적하고자 한다.

더 나아가서 본 연구는 한글로만 유일하게 세계에서 하나님의 성경적인 개념을 드러낼 수 있다는 실례를 들어서, 이런 성경적 하나님을 알고 있는 한국인에게 일본 제국주의가 신토 국가주의를 기반으로 하는 신사참배를 강요하게 되었을 때, 한국인은 그 신토 사상을 국민의례로 받아들이기를 거부할 뿐만 아니라 반성경적인 이단사상이라는 점에서 항거한 것을 중시하면서, 일본인의 자연신인 카미 대신에 성경이 계시한 하나님 신앙을 정통 신명으로 제안하고 있다.

이근삼은 박사학위 논문에서 원래 주전 800년경 중국의 점술에 그 유래를 두고 있는 센타오가 유교와 불교의 전래를 통하여 일본에서 신도 국가주의, 신도주의, 신도 국수, 신도 등의 다양한 용어를 사용한다. 그러

---

*   이 글은 아래 저널에 동일한 제목으로 게재되었다. 소기천, "신토의 변천사에 관한 연구", 「한국개혁신학」 81 (2024): 12~33.

1   이근삼, 『기독교와 신도국가주의의 대결』 (서울: 생명의양식, 2008). 그 내용은 다음과 같이 제1부 고대신도, 01 고대 신도의 원시적 요소, 02 국가종교회를 향한 고대 신도의 발전, 제2부 근현대 신도와 신도 국수적(민족)주의, 01 헤이안 시대로부터 메이지 유신기에 이르기까지의 신도발전약사, 02 메이지 시대와 그 이후의 신도 국수적 민족주의, 제3부 초기 기독교(로마 가톨릭)의 도전과 일본의 대응, 01 예수화와 프란시스 사비에르, 02 토요토미 히데요시 치하에서 로마 가톨릭이 겪게 된 실망과 낙담, 03 토쿠가와 이예야수 막부 치하에서 로마 가톨릭이 경험한 박해, 04 로마 가톨릭의 일본 선교 노력에 관한 결론적 요약, 제4부 개신교 선교와 일본 국가 교회의 설립, 01 잔존하는 네덜란드의 지위와 일본에 대한 그들의 영향력, 02 일본에 대한 개신교 선교의 시작, 03 세 개의 기독교 신앙 공동체, 04 일본에 있어서 초기 개신교인의 특성, 제5부 개신교와 신도 국수적 민족주의의 만남(1), 01 기독교 교육과 일본 천황의 교육칙어, 02 교회 통일운동과 신도 국수적 민족주의에 대한 교회의 타협, 03 제2차 세계대전 기간동안의 일본 그리스도 교단과 신도 국수적 민족주의에 대한 굴복, 제6부 개신교와 신도 국수적 민족주의의 만남(2), 01 일본 내에서의 기독교 저항과 신앙고백, 02 한국에 있어서의 기독교 저항과 박해, 03 한국에 있어서 기독교 저항의 주요 동기, 제7부 회고와 전망, 01 신도국수적 민족주의와 개신교의 만남에 대한 회고, 02 신도 국수적 민족주의와 개신교의 만남에 대한 전망 등이다.

나 이근삼과는 달리, 본 연구는 주후 6세기에 중국에서 한국을 거쳐서 일본에 유입된 신토라는 용어를 통하여 그 변천사를 살펴보는 것이 목적이며, 이 연구를 통하여 2023년에 출생 100주년을 맞이한 이근삼(1923~2007)의 연구 의의와 향후 후학들의 연구에 가져올 내용들을 전망해보고자 한다.

칼빈주의 정통 신학자인 이근삼은 이종성[2]과 더불어서 평양신학교의 후손으로 2세대의 신학자라고 평가할 수 있는데, 1세대인 박형룡, 박윤선, 이상근과는 달리 1957년에 커버넌트신학교에서 "루돌프 불트만의 케리그마 신학"이란 석사학위 논문으로 신정통주의 신학을 정면으로 비판함으로써 칼빈주의 개혁주의 신학에 발을 디뎠다.

이미 위에서 언급한 박사학위논문에서 이근삼의 신토의 변천사에 관한 연구는, 러스두니(Rousas J. Rushdoony)가 이근삼의 학위논문에 대한 머리말에서 밝힌 바와 같이 '위대한 가르침'이다. 그 근거로 러스두니는 일본 전체 역사에서 신토는 국가신과 애국주의에 대한 숭배, 하늘의 방식과 인간적 방법의 장려, 국가와 국가권세에 대한 숭배와 복종 등이라고 평가하

---

2   이상규는 칼빈주의 학자들인 이근삼과 이종성의 학문 세계를 비교하면서 전자는 벤자민 워필드(Benjamin B. Warfiled)를 따랐고, 후자는 빌헬름 니젤(Wilhelm Niesel)를 따랐다는 흥미로운 분석을 제공한다. 이러한 분석은 후학들에게 혼동을 불러일으키기에 정확한 진단이 아니다. 참고, 이상규. "이근삼 박사의 생애와 사상", 『이근삼 박사 100주년 기념학술대회』(한국개혁신학회 2023 제154차 학술심포지엄 미간행 자료집, 45. 이러한 평가에도 불구하고, 이근삼은 이종성과 크게 다르지 않으며, 이종성에게 영향을 크게 끼친 충실하게 개혁주의 신학을 따른 Benjamin B. Warfield, *Calvin and Calvinism* (New York; London, Oxford University Press, 1931). 이경직, 김상엽(역), 『칼뱅: 하나님 성경 삼위일체 교리 해설』(서울: 새물결플러스, 2015)에 영향을 많이 받고 있다. 이 책이 강조하는 바와 같이 칼빈주의가 개혁신학의 뿌리인데, 한국 신학계에서는 복음주의와 근본주의와 개혁주의를 구별하지 못하고 혼동하는 학자들이 많다. 자세한 것은 각주 32번을 참고하라.

면서 일본의 집단적 의식이며 정신적 기초라고 평가받을 만하다는 견해를 보인다.[3]

이상규에 의하면, "하나님 중심 신학, 하나님 주권 신학"[4]을 계승한 아브라함 카이퍼와 헤르만 바빙크, 특히 벤자민 워필드의 개혁주의 신학을 계승한 이근삼은 칼빈신학이 주류를 형성한 화란 암스테르담의 자유대학교에서 한국인 최초로 쓴 학위논문을 통하여 신토에 의해 가해진 일본의 기독교에 대한 핍박을 파악하고, 신토의 오류를 지적한 기독교의 반응을 연구하는 것이 목적이라고 밝힌다.[5]

대한민국도 일본과 크게 다르지 않다. 지금도 사회주의와 동성애와 같은 이념을 추종하는 세력들이 교회를 흔들고 있는 상황에서 과거 일제 강점기에 신사참배를 거부하면서 교회의 순수성을 지킨 이근삼의 연구가 우리에게 던지는 메시지는 의미심장하다. 성경이 이단적 사상과 우상숭배를 멀리하고 있는데, 교회가 세속화되면서 이런 복음적 가르침을 귀담아듣고 교회와 한국 사회가 나아갈 방향을 찾는 것은 아주 중요한 일이므로, 한국개혁신학회가 정기학술대회를 통하여 새롭게 조명한 이근삼의 특집연구에 많은 학회원과 함께 부산 고신대에 직접 내려가서 학회[6]를 열었던 된 것은 다소 늦지만 다행스러운 일이다.

---

3   이근삼, 『기독교와 신도국가주의의 대결』, 14.

4   이상규, "이근삼 박사의 생애와 사상", 50~51.

5   이근삼, 『기독교와 신도국가주의의 대결』, 23.

6   한국연구재단의 지원을 받고 있는 학술지인 『한국개혁신학』은 제155차 학술심포지엄을 2023년 12월 2일(토) 오전 10시 ~ 오후 5시에 고신대 부산 영도 캠퍼스에서 개최하였다.

일본에서 신토의 변천

이근삼의 학위논문은 일본의 고대로부터 내려오는 신토를 근현대에 이르기까지 '국수적(민족)주의'로 변천해온 과정을 보여준다. 이근삼에 의하면, 고대 일본의 신토 신화에서 가장 위대한 신은 태양 여신인데, 다른 신화와는 달리 창조적인 활동에 관여하지 않고 단지 자연신으로 활동을 하는 것이 특징이다.[7] 나중에 태양 여신은 일왕[8]의 조상신과 동일시되는데, 이런 전통 속에서 메이지 유신 때 일왕을 거룩한 존재로 미화하기에 이른다. 이런 변화가 신토를 국가종교로 탈바꿈시키는 결과를 가져왔다. 이렇게 일본인이 신토를 미화하여 신성한 국가 내지는 강력한 국가 이미지를 부각하여 일왕을 숭배하는 일[9]에 일본은 지금도 몰두하고 있다.

일본에서 신토의 대상은 카미로 불리는데, 카미고토와 무추리고토는 국가적 종교 제례에 구별하여 사용하고 있다.[10] 이런 의미로 보자면, 신토는 일본에서 국가적 토착 종교로 자리를 잡았다고 평가할 수 있다. 그러나 원시적 의미로 볼 때, 고대 일본에서 신토는 다양한 종족으로 구

---

7   김영한은 이러한 일본의 신토를 "만물 속에 신성이 존재한다는 범신론적 애니미즘의 종교체계다. 창조신 개념은 없고, 죄와 도덕성에 대한 관념이 없다"라고 그 한계성을 지적한다. 참고, 김영한, "이근삼의 개혁주의적 문화신학",『이근삼 박사 100주년 기념학술대회』(한국개혁신학회 2023 제154차 학술심포지엄 미간행 자료집, 12. 이러한 김영한의 지적은 이미 필자가 앞에서 언급한 러스두니의 머리말에 근거한 내용이다.

8   이근삼은 필자가 일왕이라고 부르는 것을 천황 혹은 일황이라고 부르는데, 이러한 표현은 일본식 신토를 평가하는 용어로는 적당하지 않다. 참고, 이근삼,『기독교와 신도국가주의의 대결』, 21.

9   이근삼,『기독교와 신도국가주의의 대결』, 22.

10   이근삼,『기독교와 신도국가주의의 대결』, 28~29 참고. 중국식 표현인 신토를 일본식 의미로 바꾸면, 카미노미치로 카미의 방식 혹은 신들의 방식이라는 뜻이다.

성된 섬나라인 일본인의 특성에 잘 들어맞는다. 그러면 고대 신토의 원시적 형태를 알아보자.

고대로부터 일본 열도인 홋가이도, 사할린, 쿠릴 등지에 흩어져 살던 아이누족은 대륙에 기원을 둔 종족이었는데, 그들이 동북아시아에서 한국을 경유하여 일본으로 신토를 가져간 것으로 추정된다.[11] 이런 차원에서 일왕의 기원 자체가 동북아시아에서 비롯되었다고 볼 수 있는데, 이런 일왕의 가문이 텐손 부족의 연합이라는 설에 반대하여 시베리아 주술사의 후손이라는 설로 나뉜다.[12] 이런 주장에 따라 신토의 핵심인 카미 사상도 다양한 해석을 낳았다.[13] 그 결과로 일본에는 800만 개의 카미가 존재한다는 주장이 있다.[14]

분명한 것은 현대 일본의 신토에 있는 국가 숭배나 조상숭배의 개념이 옛날 고대 신토에는 없었다는 사실이다. 이근삼은 고대 신토는 오로지 자연숭배와 관련이 있다고 평가한다.[15] 그러나 우지 의식이 신토의 사회체제로 발전해 나간 측면이 있다.[16] 우지 씨족이 공동 제례에 관심을 두면

---

11   이근삼, 『기독교와 신도국가주의의 대결』, 31.

12   이근삼, 『기독교와 신도국가주의의 대결』, 31~32. 일본에 문화가 유입된 것이 대륙설과 한국을 거쳐서 유입되었다는 한반도설 가운데 후자를 국제적으로 각인시킬 필요가 있다.

13   이근삼, 『기독교와 신도국가주의의 대결』, 34~36.

14   필자의 동생 소기호 목사가 일본인 선교사로 33년 넘게 사역을 하면서 네 번째 교회를 개척 중인데, 일본인의 숫자만큼 카미가 존재한다고 말하여 고개를 갸우뚱한 적이 있다.

15   이근삼, 『기독교와 신도국가주의의 대결』, 44.

16   이근삼, 『기독교와 신도국가주의의 대결』, 45~48. 우지 문화는 일본에서 씨족의 범위를 넘어서 공동체 간의 결합과 연대를 모색하는 사회생활의 면모로 변화해 나가는 양상을 띤 것이었다.

서 자연숭배의 대상이 우지 카미 곧 씨족신과 결탁하면서 조상숭배로 연결되어 일왕 숭배로 이어지는 기원이 되었다.[17] 이로써 일본에서 신토는 국가종교로 발전하는 근거를 마련하였지만, 여전히 고대 신토는 씨족 고유의 틀을 벗어나지 못하고 있기에 지금도 일왕은 고립무원의 상황을 여실히 보여주고 있다.

일본인이 즐겨 읽는 코지키와 니혼쇼키 신화도 우지 카미와 다양하게 연결되어 있다.[18] 이 두 개의 신화는 일본인뿐만 아니라 정치인에게도 지대한 영향을 미쳤는데, 우지 카미 중에서 텐노는 그 두 개의 신화에서 아마테라수 오미 카미라는 태양 여신의 후손이라고 불리며 텐노 신성화의 발판을 마련하였다.[19] 그래서 코지키와 니혼쇼키는 일본의 국가신화로 발전해 나갔다. 그러나 이 두 개의 신화는 유물주의적이고 비도덕적이라 점차 일본인의 반감을 샀다. 그래서 보완되기 시작한 것이 고대 신토의 윤리적 도덕적 발전이다.[20] 이런 일본인의 반감이 고대 신토에서 태양 여신이 신성한 자리를 잡으면서 오늘 일본 국기는 태양 하나만을 형상화하여 오직 태양만을 보여줌으로써, 일본의 신토는 국가 여신으로 숭배하는 집단 종교주의로 발전하였다.

---

17   이근삼,『기독교와 신도국가주의의 대결』, 46.

18   이근삼,『기독교와 신도국가주의의 대결』, 50~55. 이 두 개의 일본 신화는 한국인에게 단군신화만큼 친숙한 것으로 일본인의 의식 세계에 깊이 들어가 있다.

19   이근삼,『기독교와 신도국가주의의 대결』, 54~55.

20   이근삼,『기독교와 신도국가주의의 대결』, 56~63. 현대 일본인에게는 아직도 윤리적인 면에서 원시적인 문화가 남아 있는 것이 많은데, 그중에서 온천 문화가 발달하면서 남녀 혼탕이 빈번해지면서 알몸으로 남녀가 한 곳에서 온천을 하는 경우가 그 대표적인 것으로 여겨진다.

다시 말해서, 일본의 신토는 자연숭배에서 정령숭배와 씨족숭배를 거쳐서 도덕적인 무장을 하면서 태양 여신인 아마테라수 오미 카미를 태양으로 숭배하는 국가종교로 자리를 잡았다고 평가할 수 있다. 김영한은 신토 국수주의나 신사참배는 전쟁 이데올로기에 불과하고, 일본의 허구적 신화를 맹신한 일본인 스스로 "역사를 착각하고 자민족 중심주의에 매몰되어 신도 이데올로기에 편승하여 어리석은 신앙 행보"[21]를 보인 것이라고 지적한다. 결국 태양 신토가 일본의 뿌리인데, 처음 신토가 출발하던 자연숭배와 크게 달라진 것이 없다. 현재 일본 정치인들이 야수쿠니 신사의 전범들에게 곡물을 바치는 제례를 행하는데, 그 뿌리는 이런 전통 속에서 자연숭배라기보다는 종족 숭배와 조상숭배의 영향을 받은 유교의 유산이라고 평가할 수 있다. 여기에 불교의 영향까지 더해져서 일본의 신토는 혼합주의적인 국수주의와 민족주의의 특징을 가지게 되었다.

이런 민족종교의 특징을 가져온 중요한 계기는 헤이안 시대로부터 메이지 유신에 이르기까지 오랫동안 신토가 발전하면서 일본의 국가종교로 자리를 잡게 된 결과이다. 여기에 불교의 대륙 문화적 요소와 연기설, 인과론, 권선징악설, 극락설 등이 영향을 미쳤고,[22] 불교의 쇠퇴 이후에 유교의 흥왕으로 장유유서와 '음양 사상'[23]이 일왕의 위상을 드높이면서

---

21 김영한, "이근삼의 개혁주의적 문화신학", 12.

22 이근삼, 『기독교와 신도국가주의의 대결』, 68~76. 일본에서 불교문화는 대륙과 한국에서 건너간 불상을 그대로 간직하려는 모습이 아직도 많다.

23 이근삼, 『기독교와 신도국가주의의 대결』, 79. 일본의 유교문화는 사무라이 정신의 토대가 되면서 성인이 될 때까지는 자유분방하게 학창 시절을 보내다가, 대학을 졸업 후에 직장인이 되면 서열과 줄서기에 익숙해지는 모습으로 급격하게 바뀌는 것을 외국인의 시각에서 저렇게 쉽게 급변하는 태도가 도저히 이해되지 않는다.

일본의 신토는 무소불위의 지위를 누리도록 발전하였다.

이런 상황에서 18세기에 들어서 일본에 국수주의가 부흥하면서 메이지 유신이 단행되었다. 왕정복고와 신토를 국가 종교화한 메이지 유신 때,[24] 신토 국가주의는 그 어느 때보다 국가종교로 견고한 자리를 잡게 되었다. 이때 일본에서는 반불교 운동으로 불교를 억압하고 신토 국가주의를 선포하는 일이 일어났다.[25] 이때 일본 정치인은 국가 신토와 종교 신토를 분리하여 일왕의 1인 체제를 견고하게 하면서도, 그 옆에서 일본 정치인의 권력이 자리를 잡도록 발판을 만들었다. 그러나 이런 메이지 시대의 판단은 세계정세를 잘못 인식하는 기회를 만들어서 결과적으로 일본 군국주의에 의해 무참하게 지배를 당한 한국인이 극도로 혐오하는 태양 여신의 깃발 아래서 일본이 진주만을 공격하며 전 세계를 지배하려는 군국주의로 몰락하는 출발점이 된 것이다. 이때부터 일왕의 절대군주적 모습이 군국주의의 부활과 함께 일본을 지배하는 신토의 국가주의와 국수주의로 자리를 잡게 된다.

II 이근삼 연구에 대한 평가

이근삼의 연구는 황무지와 같은 시대에 많은 신토 연구를 한 한국인 가운데 한 사람으로 여겨지기에 그 의미가 크다. 그들 중에서 이근삼은 외국에서 제출한 학위논문을 통하여 이 문제를 다룬 것이 놀랍게 여겨진

---

24 이근삼, 『기독교와 신도국가주의의 대결』, 95~100.

25 이근삼, 『기독교와 신도국가주의의 대결』, 96. 일본에서 불교를 억압한 일을 세종대왕의 억불 정책과 비교하여 그 상황을 이해하려는 연구도 많다.

다. 앞서 잠시 언급했지만, 2023년 12월에 고신대에서 특집으로 이근삼의 저서를 다루는 일에 한국개혁신학회가 학문적으로 평가를 한 것은 너무나도 중요한 일이다.[26] 그러나 이근삼의 고향과 같은 고신대에서 모인 특집 학회의 성격상, 학위논문을 접하면서 잔칫집과 같은 자리에서 필자가 이근삼의 학문적 결과를 평가해야 하는 상황에 놓인 것은 나름대로 의미가 있다. 이근삼의 학위논문이 이바지한 바가 비판하기에 너무 크지만, 후학들의 연구를 위하여 평가해야 하므로 간략하게 몇 가지만을 언급하고자 한다.

일제의 군국주의가 초래한 식민지를 거치면서 35년간 신음하던 시기에 정복자인 일본은 서러운 한민족에게 신토를 숭배하도록 강요하여 신사참배를 국민의례에 불과하다고 강요하며 한국의 기독교가 수용하도록 한 것은 일본 군국주의의 중대한 실수이고, 아직도 사과 한마디 하지 않는 일본 정치인에게 이근삼의 연구는 시의적절하다.

영어로 신토를 소개하면서 일본 신화와 고대 신토의 배경을 서양인들에게 소개한 연구는 너무나도 많다. 이래서 이근삼도 자신의 학위논문을 영어로 소개된 수많은 신토 연구를 습득하면서 피식민지 민족으로서 신앙의 관점을 품은 한국인의 정서를 유감없이 보여주고 있다. 이 점에서 이 연구는 다른 어떤 연구와 근본적으로 다른 접근을 하고 있으며, 이런

---

26 한국개혁신학회는 제154차 정기학술대회를 2023년 12월 2일(토)에 부산 고신대 영도캠퍼스에서 31명의 학자가 참여한 대규모의 학회를 진행하였다. 특히 기조강연에 김영한과 기조발제에 이상규가 발표하였으며, 분과발표에서 소기천, 이승구, 이경직, 우병훈, 유길선, 기동연, 권호가 참여함으로써 이근삼이 남긴 학문적 업적으로 평가하고 개혁주의 신학이 변화하는 시대에 여전히 정통신학의 기초를 이루고 있다는 사실과 향후 후학들에게 미칠 영향과 전망까지 나누는 기회가 되었다.

독특한 점이 서양인의 눈에 특별하게 다가왔을 것으로 보인다.

일본은 신토에 항거한 한국교회를 핍박하고 수많은 순교자를 낳게도 하였기에, 결코 잊어서는 안 되는 뼈아픈 역사이다. 이근삼은 이 책의 뒷부분에서 한국기독교의 저항을 다루는데, 여기에 십계명에 어긋나고 우상숭배라는 신앙고백에 서서 신토를 비판하고 특히 신사참배 문제를 일본 제국주의가 한국교회에 가한 가장 큰 오판이라고 목소리를 높인다. 이근삼의 저항은 신사참배를 반대하여 옥고를 치르고 출옥한 성도들이 세운 고신 교단의 독보적인 특징을 여실히 보여준다. 이근삼은 한마디로 "신사참배에 복종함으로써 신토 국수적 민족주의에 백기를 들고 투항한 것은 그리스도의 주권에 대한 불충이었다"[27]라고 평가한다. 이러한 이근삼의 회고 속의 일제시대에 대한민국이라는 국가가 없어지고 교회가 위태로웠던 어두운 시대를 생경하게 보여주는 아픔이 느껴진다.

그러나 이근삼은 일제의 시대적 상황이 신사참배를 강요당할 수밖에 없었던 사건을 자세히 다루지 않고 있기에 이근삼의 연구에 아쉬움이 크다. 하나는 일본 제국주의 시대에 신토가 국가주의로 탈바꿈하던 때에 일본교회는 신토 민족주의를 거부하고 교회의 복음적 특징을 견고하게 지키다가 희생당한 수많은 순교자에 대해서 이근삼이 침묵하고 있는 모습은 이 책이 그리려는 큰 범위를 벗어나는 주제이기는 하나 이근삼의 한계라고 여겨진다. 일본에서도 어마어마한 기독교의 순교자들이 나왔는데, 그들이 흘린 피를 신토에 대한 저항이 이근삼의 연구와 주요 논지에서 제외된 것이 아쉽다. 또 하나, 일본에서 로마 천주교가 처음에는 성공하였

---

27   이근삼, 『기독교와 신도국가주의의 대결』, 407.

지만, 나중에는 실패한 원인으로 수직적 방식을 비판하는[28] 이근삼은 심지어 천주교 신부들이 불교 승려들을 살해하기까지 하였다[29]라고 주장하는데, 그 근거로 들고 있는 자료가 희박하고 신빙성이 모자라고 있어서 재론이 필요하다. 특히 이 문제는 일본에서 순교의 피를 흘린 순교자들을 모독하는 부메랑이 되어 돌아올 수도 있는 큰 약점이 될 수 있다. 필자의 기우로 그치면 좋겠지만, 투옥되었다가 출옥한 성도들이 세운 고신 교단이기에 일본 기독교 역사에서 투옥의 정도가 아니라 순교의 피를 흘린 수많은 순교자에 대한 예우와 경외심을 후학들은 결코 잊어서는 안 되고 순교의 역사를 소홀히 해서는 안 된다.

물론 고인이 되신 이근삼의 학위논문이 많은 공헌을 하고 후학들에게 연구의 동기를 부여하고 있지만 부족한 부분이 여기저기 눈에 들어오는데, 이런 아쉬움은 향후 후학들이 재평가와 회고와 전망을 통하여 좀더 연구하는 계기가 되면 좋을 듯하다. 이근삼도 회고와 전망에서 신토의 군국주의에 대한 '일본 기독교의 저항 의지가 약하였다'라는 점을 지적한다. 이것은 '저항 의지가 없다'라는 말과 근본적으로 사뭇 다르다. 이러한 지적은 그만큼 순교의 피를 흘린 순교자들에 대한 예우를 소홀히 하는 일본 기독교의 무기력한 모습을 보여주는 것이다.

이근삼은 줄곧 일본의 왕을 천황이라고 부르는데, 이 또한 하늘의 왕이란 뜻이므로 기독교인으로서는 받아들이기 어려운 신명이다. 칼빈주의 신학을 한국에 본격적으로 소개한 정통개혁주의 신학자의 처지에서

---

28   이근삼, 『기독교와 신도국가주의의 대결』, 189. 필자가 수직적 방식이라고 표현한 것을
     이근삼은 '위에서 아래로'라는 표현으로 여러 차례 언급하였다.
29   이근삼, 『기독교와 신도국가주의의 대결』, 193.

일본인이 자기들의 왕을 신토주의에 입각하여 천황라고 부른 것을 이근삼이 그대로 사용한 것은 신사참배를 거부한 출옥 성도의 신앙의 계승한 고신 교단의 기초를 놓은 지도자에게는 '옥에 티'라고 평가할 수 있다. 이 점을 우려하여 필자는 일왕이라고 부르면서 신토 국가주의를 비판하는 관점에서 다음의 항목에서 일왕을 숭배하는 신사참배를 거부한 한민족의 신명이 유일하신 창조주 하나님을 일컫는 신명을 다루고자 한다.

III 신토의 변천과 다른 한글의 하나님 칭호

고대 일본 신화와 결탁한 신토의 변천사와는 달리, 한글은 신토 국수주의의 카미가 아니라 창조주 하나님을 성경적으로 올바르게 보여주고 있다. 이 점에서 초기 한국교회에서 기독교가 전통 신앙과 구별하여 성경에서 말하는 하나님을 한국인의 정서에도 꼭 맞게 소개한 것은 세계 기독교 선교의 역사에서 그 유래를 쉽게 찾아보기 어렵다.

우선 한글에서 신명이 천제나, 상제나, 하느님이나, 하늘님 등이 아니라, 오로지 하나님이란 명칭으로 표기된 최초의 역사를 아무리 강조해도 그 중요성은 더욱 빛난다. 모든 것을 문서로 남긴 조상들의 탁월한 역사의식 덕분에 하나님이란 명칭도 한글 문헌에서 박인로의 시에 다음과 같이 처음으로 나타난다.

一生에 품은 ᄯᅳᆺ을 비옵ᄂ다 하ᄂ님아[30]

---

30   박인로, 蘆溪集 卷之三, 歌(木版本, 1800).

박인로는 훈민정음 직후인 16세기 시인인데, 벌써 그때부터 하나님이 한국인의 신명으로 자리를 잡은 것을 보여주고 있다. 이 점에서 로마 천주교가 상제 혹은 하느님으로 신명을 표기하는 것은 처음부터 기독교의 전통과 다른 신을 소개하려는 오해에서 비롯된 잘못된 의도로 보인다.

　　하나님의 명칭이 왜 중요한가? 기독교의 하나님을 한 분이신 삼위일체 하나님과 천지를 창조하신 유일하신 하나님을 보여주기 때문이다.

　　이근삼의 연구는 신토 사상의 변천사를 통하여 기독교의 하나님이 신토와 근본적으로 다른 창조주 하나님이란 사실을 보여주려는데 그 연구의 목적이 있었다. 그래서 이근삼은 신토의 카미가 기독교의 창조신과 전혀 관련이 없다는 점을 드러내기도 하였다. 다신론적이고 혼합주의적인 신토 사상은 삼위일체 신론과 상극이다. 우상숭배를 거부하고 유일하신 하나님을 섬기는 기독교인에게 일제가 강요한 신사참배는 종말론을 강화한 한국교회의 강력한 저항을 초래하게 되었는데, 신토의 변천사에 익숙한 일본인에게 신사참배는 우상숭배의 문제가 아니라 국민의례라는 입장으로 받아들여진 것이다.

　　일본이 신사참배를 국민의례로 선전하여 한국교회에 신토 사상을 따르도록 강요를 한 것은 한글 최초의 하나님 명칭에 익숙한 한민족으로부터 직접적인 저항을 불러온 것은 너무나도 자명한 일이다. 박인로가 시를 쓰기 전부터 한국인은 천지신명을 하나님으로 부른 것이다. 이미 한국인에게 널리 퍼진 하나님이란 용어를 박인로가 한글로 쓴 시구를 통하여 표현한 것이다. 세계에서 그 유례를 찾아보기 어려울 만큼 한국인은 유일하게 하나님을 하나님으로 고백하면서 유일하신 창조주 하나님을 성경적으로 이해한 백성이다.

특히 이근삼은 자신의 학위논문에서 한국의 개혁주의적 칼빈주의 신학이 추구하는 기독교의 삼위일체 하나님을 정통신앙의 기초를 삼은 것은 미래의 일본교회가 바른 신학을 찾기 위해 신토 국가주의를 청산하고 일본인이 성경적 신앙으로 구원을 받을 수 있는 정통신학의 기초를 놓는 계기가 되기를 바란다.[31] 이런 바람은 세계 속에서 한국기독교의 위상을 드높일 수 있는 계기가 만들어진 것이기 때문에, 이근삼의 학위논문은 완성되자마자 1962년에 암스테르담에서 출판되었고, 1966년에 미국에서 재출판되기에 이른다.

IV 일본의 기독교 수용

개혁주의와 복음주의는 차이가 있다. 개혁주의는 칼빈주의 사상에 근거하여 성경적 삼위일체 신앙을 기반으로 세상의 이념이나 가치를 추구하기보다는 교회를 개혁하고 정통신앙을 보수하여 교회를 흔드는 어떠한 세력에도 단호하게 맞서서 창조신앙을 든든하게 세워나가는 것이기에 나무로 비유하자면 뿌리에 해당한다. 아브라함 카이퍼에 의하면, 창조신앙을 중심으로 하나님의 영역주권을 새우고 예수 그리스도께서 성도의 삶 전반을 다스리시게 하는 것이 진정한 개혁주의이다.[32] 그러나 복음

---

31   이근삼,『기독교와 신도국가주의의 대결』, 63.

32   Abraham Kuyper, *Souvereiniteit in eigen kring*, 박태현 역,『아브라함 카이퍼의 영역주권』(군포: 다함, 2020). 참고, 김영한,『영역주권론의 오늘의 의미』(서울: 기독교학술원, 2022); Richard J. Mouw, *Abraham Kuyper: A Short and Personal Introduction*, 강성호 역, 『아브라함 카이퍼』(서울: SFC 출판사: 2015). 아브라함 카이퍼의 영역주권론을 공부하는 학자는 이 두 책을 입문서로 삼고 있기에, 한국에서 영역주권론을 언급하는 학자들의

주의는 경직된 사고로 나가기 때문에 근본주의로 전락할 위험성이 있으며,[33] 현대 사회에서 신학적 대화가 제대로 되지 않는다. 이 점을 우려하여 베빙턴은 1730년대부터 1980년대에 이르기까지 250년 동안 영국에서 활동하였던 복음주의를 분석하면서 그 한계를 평가하였다.[34] 이 점에서 복음주의는 성경적 복음주의로 변화를 이룰 때, 개혁주의와 어느 정도 소통을 할 수 있을 것이다. 개혁주의는 칼빈주의에 뿌리를 두고 있기에[35] 이근삼처럼 현대 사회가 당면한 문제와 소통을 통하여 정통신학을 추구한다.

개혁주의의 입장에서 이근삼의 연구는 일본의 기독교 수용에 대해서 한 마디로 실패한 것이라고 평가한다. 신명부터 카미라고 함으로써 신토 사상을 처음부터 탈피하지 못한 형편에 있는 것이 일본의 기독교이다. 국가와의 이념 갈등 속에서[36] 일본의 기독교는 신토 국수주의를 단호히 거

연구는 별로 새로운 것이 없다.

33 George M. Marsden, *Understanding Fundamentalism and Evangelism* (Grands Rapids: Eerdmans, 1991). 참고, 신복윤, "복음주의, 근본주의, 개혁주의: 무엇이 어떻게 다른가?" 『월간 개혁신앙』(2014년 2월호). 복음주의는 근본주의와 소통을 하지만, 개혁주의는 칼빈주의와 소통한다. 근본주의는 세대주의와 결탁하여 종말을 고하였지만, 개혁주의는 성경적 복음주의로 발전하여 칼빈주의적 정통신학을 계승하고 있다.

34 David W. *Bebbington, Evangelism in Modern Britain*: A History from the 1730s to the 1980s (London: Routledge, 1989). 이 책은 영국의 복음주의가 영향을 끼친 미국을 비롯한 근본주의 선교사들의 신학을 평가하는 시금석이 되는 가장 중요한 책이다.

35 Benjamin B. Warfield, *Calvin and Calvinism* (New York/London: Oxford University Press, 1931). 자세한 것은 각주 2번을 참고하라. 한국의 개혁 신학자들이 이 책을 교과서로 삼고 있을 만큼 이 연구는 칼빈주의 연구를 시작하는 필독서가 되고 있지만, 아직도 한국의 신학자들 가운데 워필드와 같은 정통신학자가 나오지 않는 것은 안타까운 일이다.

36 John Young, *The Two Empires in Japan: A Record of the Church-State Conflict* (Philadelpia: Presbyterian & Reformed, 1958). 이 책은 영어권에서 보기 드물게 일본의 신토

부하지 못하고, 더 나아가서 성경의 창조신앙을 따라서 삼위일체 하나님을 중시하는 정통신앙을 포기하였다. 예수께서 산상수훈에서 "너희 조상들은 이렇게 말하였지만, 나는 너희에게 말한다"라고 하시면서 여섯 개의 반립 사상을 말씀하셨는데, 이러한 가르침을 칼빈주의자들은 잘 이어받아야 한다. 그 대표적인 학자가 카이퍼인데, 그러한 반립 사상을 잘 정리한 학자가 반 틸이다.[37] 이근삼의 신학은 반립 사상에 근거하여 자신의 학위논문을 통하여 일본의 신토 국수주의가 반성경적 이단 사상이라는 사실을 체계적으로 평가하였다.

이단(異端)이란 그 무엇보다도 시작은 같다가 끝이 다른 것이다. 일본에 기독교가 전래될 때는 성경적 진리였지만, 차차 신토 국가주의와 국수주의에 편승하면서 이단적 모습으로 변질한 것이 메이지 유신 이래로 일본 기독교의 현실이었다. 일본 기독교가 국가종교로 변질한 것은 일본인의 마음속에 자리 잡은 신토의 영향이 크다. 이근삼은 복음적 신학에 입각한 기독교 신명을 이해하지 못한 일본의 초기 기독교는 성경적인 가르침보다는 사회개혁의 원동력을 성경에서 찾으려고 혈안이 되었다. 그 목적으로 일본 기독교는 양성평등이나, 인권사상이나, 일부일처제나, 봉건

국수주의의 문제점을 다룬 연구이다.

37 Henry R. Van Til, "Cavinistic Culture and Antithesis", *The Calvinistic Concept of Culture* (Grands Rapids: Baker Academic Press, 1972). 이 책은 후에 이근삼에 의하여『칼빈주의 문화관』(성암사, 1984)으로 번역 출판되었다. 그만큼 이근삼에게 반립 정신은 그의 개혁주의 사상에서 시작점이요 종착점이라고 평가할 수 있다. 반립 정신을 논하는 학자들은 이러한 가르침의 효시인 예수의 산상수훈에 나타난 6개의 반립 정신에 관한 예수의 가르침에 더 많은 연구를 하여야 할 것이다.

사상 타파 등과 같은 사회문제를 해결하기 위해 성경을 읽었다.[38] 그래서 우찌무라 간조와 같은 일본인 사상가의 전집이 전 세계에 날개 돋친 듯이 팔려나갔지만, 그는 익명의 기독교인이라는 희한한 별명을 얻었음에도 그의 사상은 전통적인 기독교 사상과는 너무나도 거리가 먼 사회개혁의 이념 서적으로 전락하는 결과를 낳았다고 평가할 수 있다. 한 마디로 언급하자면, 일본인의 기독교 수용은 정통신앙보다는 사회주의에 편승한 일본인다운 취사선택의 결과물이다.

이런 일본 기독교의 특징은 나치의 군국주의에 전적으로 협력하여 유대인 600만을 학살한 전범으로 공동 책임을 진 독일 기독교와 다를 바가 없다. 아니 전후 독일이 유대인에게 사죄를 거듭하고 있기에, 일본은 독일과 비교할 때 아직도 존경받지 못하는 저급한 나라이다. 미국 유학시절에 외국인 사이에서 일본을 두려워하는 분위기를 보면서 세계에서 한국인만이 일본을 가장 무시하고 두려워하지 않는 민족이라고 자부하여 이런 언급을 하는지도 모르겠다.

기독교를 수용한 것이 예수처럼 십자가를 지고 희생하고 헌신하는 삶을 살아가려는 것이 아니라, 자기의 기득권을 세우고 세계를 지배하려는 민족주의와 국수주의의 우월성을 드러낸 일본 기독교는 "기독교의 진리보다는 국가적 연대를 더 많이 염두에 두고 있었다"[39]라고 평가한 이근삼의 학위논문은 그 어떤 지적보다 정확하다. 이런 일본 기독교의 입장

---

38 이근삼, 『기독교와 신도국가주의의 대결』, 258.

39 이근삼, 『기독교와 신도국가주의의 대결』, 313. 일본기독교가 이렇게 국가적 연대에 몰두하면서 신학의 본질을 잃어버리고, 상황황의 길을 걸어간 것이 일본기독교의 타락이라고 평가할 수 있다.

은 소수 군국주의를 따르지 않은 일본 기독교인을 "국가반역자나 혐오자"[40]로 규정하기까지 하는 오류를 범하였다. 이로써 일본 기독교는 일본 교단 전체가 군국주의에 굴복하고 신토의 국수적 민족주의에 굴복하여[41] 신앙하는 한국 기독교인을 박해하는 일까지 서슴지 않았다.

결론

마인홀트(Peter Meinhold)를 연구하면서 루터보다 개혁주의 교회가 헌법과 권징과 설교와 권징에 여러모로 더 철저한 것[42]이라고 평가한 이근삼은 한국에 칼빈과 칼빈주의를 소개한 개혁주의 신학자이다.[43] 그런데도 한국에서 이근삼에 관한 연구는 고신대와 고신 교단의 한계에 머물러 있어서 부산지역 이외에는 잘 알려지지 않았지만, 최근에 황대우와 이환봉

---

40 이근삼,『기독교와 신도국가주의의 대결』, 315. 일본에서 이런 끔직한 용어가 기독교를 쇠퇴시키는데 일본인 전체의 의식 세계에 자리를 잡음으로써, 스스로 기독교인이라고 밝히는 일이 자제되었고 목사를 향해서도 그 지위를 감추기 위해 센세이로 부르는 일이 일반화되었다.

41 이근삼,『기독교와 신도국가주의의 대결』, 316~333.

42 Peter Meinhold, *Ökumenische Kirchenkunde: Lebensformen der Christenheit heute* (Stuttgart: Kreuz-Verlag, 1962). 참고, 이승구. "이근삼 박사의 공헌으로서의 개혁신학과 칼빈주의 개념의 심화와 실천",『이근삼 박사 100주년 기념학술대회』(한국개혁신학회 2023 제154차 학술심포지엄 미간행 자료집, 62.

43 이근삼,『칼빈과 칼빈주의』(서울: 생명의양식, 2007). 칼빈주의를 개혁주의 신학이라는 이근삼의 평가는 워필드의 주장을 이어받은 것이다. 참고, Benjamin B. Warfield, *Selected Shorter Writings of Benjamin B. Warfield: Professor of Didactic and Polemic Theology, Princeton Theological Seminary 1887~1921*, ed. John Edward Meeter (Nutley, NJ: Presbyterian and Reforfmed Pub. Co. 1970).

에 의해 전국적으로 알려지게 되었는데 그 공헌은 안명준 외의 여러 명이
공동저작으로 편집 출판한 두 권의 책 덕분이다.[44]

고신은 분열 이전 한국장로교의 뿌리 중의 하나로 2024년에 123년
의 역사를 맞이하여 통합, 합동, 합신, 기장, 보수 등의 여러 교단과 같다.
한국에서는 교단마다 하나님이 다른가라는 말이 회자될 정도로 교단 분
열이 날로 심각해지는 양상인데, 이단과 사이비까지 날뛰어서 한국 기독
교인의 2/3가 이단이라는 오명을 뒤집어쓰고 있다.

이런 상황이 계속되면 한국교회가 신토의 변천사로 얼룩진 일본 기
독교의 오명을 벗어나기 어려운데, 점차 한국교회도 정통으로 시작하여
이단으로 분열되는 지리멸렬의 상태로 전락할 수 있다. 이럴수록 고신을
비롯한 정통교회가 하나의 하나님에 관한 신앙으로 연대하고, 사랑으로
하나를 이루어서 분열된 한국교회를 통합하는 새로운 결단을 하여 무너
진 기독교를 다시 한번 든든한 사도적 신앙과 예수의 복음에 굳게 세우는
성령의 역사가 강력하게 일어나기를 바란다.

이근삼 학술세미나를 개최한 고신대를 한국개혁신학회뿐만 아니라,
한국교회가 주목하고 있다. 신학교 가운데 의대를 가지고 있는 고신대가
학교의 재정과 입학 정원 문제로 최대의 위기에 처한 것은 아이러니의 상
황이지만, 고신대가 정통신앙의 깃발을 높이 들고서 다시 새롭게 앞장서
서 나간다면 신학생들이 다시 부산으로 모여들고 사람들이 모이면 재정

---

44 안명준 외,『한국교회를 빛낸 칼빈주의자들』(용인: 킹덤북스, 2020);『영적 거장들의 설
교』(서울: 홀리북클럽, 2023). 이 두 권의 방대한 자료는 향후 한국 신학계에서 더 많은
연구를 통해 빛을 보게한 인물들에 관한 미래의 연구로 나아가도록 하는 필독서와 지침
서의 역할을 할 것이다.

도 넉넉하게 채워질 것이다. 이런 요셉의 꿈같은 일이 현실에서 이루어지고 분열된 한국교회와 신학교가 고신대도 나서서 재기하고 하나로 세워지기를 축복한다.

다시 한번 이근삼의 연구에 존경의 마음을 표하면서 모든 후학들이 이 귀한 연구를 이어받고 향후 한국교회가 하나로 통합되어 세계를 향해서 민족복음화와 세계선교의 기치를 높이 들고 나가는 날을 기대하면서 연구를 마친다.

사족을 달자면, 한국개혁신학회의 정기학술대회에서 발표된 필자의 논문을 논찬한 김영종은 "고신의 후배임에도 이근삼의 학위논문을 읽지 못하였는데, 타교단의 소속 신학자의 입장에서 먼저 학위논문을 읽고 발표한 것에 감사하고", "이근삼 박사의 학위논문이 지닌 한계와 문제점을 가감 없이 지적하고", "이근삼의 신학에 대한 객관적인 평가를 시도한 것" 그리고 "이근삼의 고뇌와 울분을 이해하면서도 학문적인 영역에서 정당한 평가를 제시하고 있다"[45]라고 평가하였다. 이러한 평가를 계기로 고신대와 부산지역에서도 이근삼에 관한 연구가 활발하게 일어나기를 고대한다.

Soli Deo Gloria

---

45 김영종, "신토의 변천사에 관한 연구'에 대한 논찬", 『이근삼 박사 100주년 기념학술대회』 (한국개혁신학회 2023 제154차 학술심포지엄 미간행 자료집), 142.

제2부
일반논문

변종길
이신열 · 우병훈
김은수
신원하

고신의 성경관과 설교*

변종길

서론

고신 교단에 있어서 성경은 매우 중요하다. 이것은 다음 세 가지 측면에서 그러하다. 첫째로, 고신의 태생과 밀접한 관련이 있는 신사참배 반대 운동은 하나님의 말씀인 성경이 우상숭배를 금하고 있기 때문에 일어났다. 성경을 한낱 인간의 말이나 가르침으로 보았다면 그렇게 목숨을 걸고 반대 투쟁을 하지 않았을 것이다. 그러나 성경 말씀은 절대적 권위를 가진 정확무오한 하나님의 말씀으로 믿었기 때문에, 그 말씀이 금하고 있는 우상숭배를 결코 받아들일 수 없었던 것이다. 우상숭배를 금하는 이 계명은 목숨을 걸고서라도 지켜야 하는 하나님의 말씀이었던 것이다.

성경이 중요한 두 번째 이유는 고려신학교의 설립 목적이 옛 평양신학교의 정통신학을 계승하여 개혁주의 신학의 토대 위에 한국 교회를 재

---

* 　원래『개혁신학과 교회』25(2011), 64~92에 게재된 논문임 (이 논문 중 설교 부분은『갱신과 부흥』5(2009년), 29~43에 게재된 바 있음)

건하고자 했기 때문이다. 성경은 모든 개혁주의 신학의 바탕이며 토대이다. 특히 당시에 서울에서 성경 비평을 수용하여 자유주의 신학을 가르치고 있던 조선신학교와의 대립 구도 속에서 고려신학교가 탄생했기 때문에 성경은 더욱 중요했던 것이다.

고신 교단에 있어서 성경이 중요한 세 번째 이유는 고신 교단은 출발 때부터 생활의 순결을 강조하였는데, 그것은 오직 하나님의 말씀인 성경의 근거 위에서 가능한 것이었다. 성경이 우상숭배를 금하였기 때문에 신사참배를 거부하였던 것처럼, 성경이 죄를 금하고 우리가 성결하게 살도록 명하고 있기 때문에 그 말씀에 순종하여 생활의 순결을 지키고자 했던 것이다. 이처럼 고신 교단과 성경은 뗄래야 뗄 수 없는 중요한 관계에 있으며 성경은 고신의 생명이요 근본이라고 할 수 있다.

그러면 이처럼 고신의 바탕이 되고 토대가 되는 성경에 대해 고신 교단은 어떤 견해를 가지고 있었던가? 곧, 고신의 성경관은 어떠했는가? 고려신학교가 설립된 지 65년이 지나고 고신 교단이 설립된 지도 근 60년이 지난 지금(2011년 기준) 우리의 신앙의 선배들이 가졌던 성경관을 살펴보고 정리하는 것은 큰 의미가 있는 줄로 생각된다. 그리고 그러한 성경관이 고신 목사들의 목회 현장에서, 특히 설교에 어떤 영향을 미쳤는지를 살펴보는 것은 대단히 중요하고 의미 있다고 생각된다. 그래서 지난날의 우리의 장점과 부족한 점들을 돌아보고 계승할 것은 계승하고 지킬 것은 지키며, 또 보완하고 고칠 것은 개선해 나가는 것이 필요하다. 따라서 먼저 고신 교단의 성경관을 살펴본 다음, 고신 교단의 설교에 대해 살펴보고 우리의 나아갈 방향을 제시하고자 한다.

┃고신의 성경관

1 신사참배 반대자들의 성경관

　　고신 교단은 일제하에서 신사참배 반대 때문에 수감되었다가 출옥한 성도들을 중심으로 설립되었다. 따라서 신사참배 반대자들의 신앙이 고신 교단의 신앙의 바탕이 되었으며, 그들의 성경관이 고신의 성경관이 되었다. 그러면 그들은 어떤 성경관을 가졌기에 목숨을 걸고 신사참배를 반대하였던가? 이에 대해 이근삼 박사는 다음과 같이 기술하고 있다. "성경은 여호와 하나님의 계시하신 말씀을 기록한 것으로 일점일획도 가감할 수 없고 기록된 말씀은 반드시 실현될 것으로 믿고 성경에 계시된 하나님은 천지 만물의 창조주 하나님이시며, 만물을 섭리로 주재하시는 유일 절대 지상의 전지전능하신 하나님이시며, 그는 영원불변하시다. 다른 모든 신들은 여호와 하나님이 지배하고 있으며 천조대신을 비롯하여 800만 신들과 역대의 천황들은 하나님의 명령과 지배하에 있다."[1] 즉, 신사참배 반대자들은 유일하신 절대 전지전능의 하나님을 믿었는데, 이 신앙은 인간의 사상이나 생각에서 나온 것이 아니라 하나님이 계시하신 말씀 곧 "일점일획도 가감할 수 없는" 성경에서 나온 것이었다. 이런 성경관에 대해 이근삼 박사는 다음과 같이 말한다. "신사참배 반대자들은 영감된 하나님 말씀의 절대적 권위를 믿고 하나님의 계명을 생명을 걸고 그대로 순종하여 하나님이 금하신 우상숭배에 응하거나 동참하지 아니하려고 몸과

1　　이근삼, "신사참배 문제를 재검토한다", 『개혁주의 신학과 한국교회(이근삼 전집 2)』 (서울: 생명의양식, 2007), 192.

마음을 바쳐서 충성하였다."[2]

신사참배 반대자들이 신사참배와 천황 숭배를 반대한 이유는 그것이 우상숭배이며 하나님의 계명에 위반되기 때문이었다. 단순히 침략자요 지배자인 일본이 미워서 그리한 것이 아니었다. 그들이 온갖 고문과 핍박을 당하면서도 끝까지 신사참배를 반대한 것은 그것이 하나님의 계명에 위반되는 우상숭배였기 때문이다. 여기서 하나님의 계명이란 십계명의 제1 계명과 제2 계명을 말한다. 이 계명들은 하나님의 말씀이며 이 말씀은 곧 영감된 절대적 권위를 가진 하나님의 말씀으로 믿었던 것이다. 따라서 신사참배 반대자들에게 있어서 성경은 절대적 권위를 가진 하나님의 말씀이며 생명을 걸고 지켜야 하는 하나님의 말씀이었다. 이에 대해 이근삼 박사는 다음과 같이 말한다. "그러므로 신사참배 반대자들은 하나님의 말씀에 충성하려는 말씀 중심의 충성을 바치고자 하여 그 인간적 고통을 참은 것이다. 그들은 교회를 빼앗기고 그런 교회는 폐문도 당하고 양떼들은 산산이 흩어졌다. 그러나 양떼들에게 하나님의 말씀을 순종하고 지키는 것이 제사보다 낫다는 것을 실행으로 보여 주며 그것이 교회를 참으로 사랑하는 것임을 교우들에게 알려 준 것이다."[3] 그래서 이근삼 박사는 신사참배 반대자들의 성경관을 다음과 같이 정리하고 결론짓는다. "성경이 영감된 하나님의 말씀이고 말씀대로 순종하는 것이 복이 된다는 높은 성경관은 오늘의 진리가 사라지는 교회들을 향하여 각성을 요구하는 경종이라고 생각하지 아니할 수 없다. 이야말로 개혁주

---

2   같은 곳.

3   이근삼, "신사참배 문제를 재검토한다", 194.

의 정통신학의 근본적인 요소이다.["4]

이상에서 우리는 신사참배 반대자들의 성경관에 대해 다음 두 가지 사실을 알 수 있다. 첫째로, 성경은 영감된 하나님의 말씀이라는 사실이다. 그들은 성경을 인간의 생각이나 사상을 기록한 책이 아니라 성령으로 감동된 하나님의 말씀으로 믿었다. 그래서 이 성경은 이 세상의 어떤 책이나 문헌과도 비교할 수 없는 절대적 권위를 가진 책이었다. 둘째로, 이 성경은 절대적 권위를 가진 하나님의 말씀이므로 그 계명에 절대 순종하여야 한다는 사실이다. 바로 이 점에 있어서 신사참배 반대자들은 다른 성도들과 구별되었다. 곧, 이들은 그들이 믿는 성경관을 단지 머리로만 생각하거나 입으로만 고백하는 것으로 그친 것이 아니라 실제 행함으로 실천하였다. 이런 점에 있어서 신사참배 반대자들의 성경관은 하나의 교리나 지식만이 아니라 행동으로 실천한 살아 있는 신앙이었다고 말할 수 있다.

2 고려신학교의 성경관

출옥성도들을 중심으로 1946년에 설립된 고려신학교는 옛 평양신학교의 신학적인 전통을 계승하여 개혁주의 신학 전통을 잇는 것을 목표로 삼았다. "고려신학교 설립기성회"가 작성한 "고려신학교 설립취지서"에 보면, 이들은 고려신학교 설립을 통해 '정통신학 운동' 곧 '명백한 정통체계에 있는 진리운동'을 전개하고자 하였다.

이들이 내세운 '정통신학'은 바로 '성경의 독자적 신임성을 믿는 개

---

4   같은 곳.

혁신학'이었으며, 구체적으로는 '칼빈주의 신학'이었다. 칼빈주의 곧 개혁주의 신학은 성경을 정확무오한 하나님의 말씀으로 받아들이고, 인간의 이성(理性)이 아니라 하나님의 말씀인 성경을 따라 생각하고 그 말씀을 따라 살고자 하였다. 그래서 고려신학교 설립자들은 인간의 이성에 의거하여 성경을 비판하는 고등비평과 신(新)신학을 단호히 배격하였다. 또한 그들은 역사적으로 볼 때 성경의 진리를 거역한 나라들은 다 망하고 파괴되었음을 상기시키고 있다.[5]

이러한 설립이념은 고려신학교의 '교육이념'에 좀 더 체계적으로 나타나 있다. 곧 "신·구약 성경이 하나님의 말씀이니 신앙과 본분에 대하여 정확무오한 유일의 법칙임을 믿고, 그대로 가르치며 또 장로회 원본 신조인 웨스트민스터 신앙고백의 교리대로 교리와 신학을 가르치고 지키게 하며 생활의 순결과 순교적 이념으로 교역자 양성을 목적으로 한다."는 것이었다. 여기서 우리는 고려신학교가 개혁주의의 제일 중요한 기초인 '성경'을 강조하고 있음을 알 수 있다. 성경은 하나님의 말씀으로서 우리의 신앙과 생활의 정확무오한, 유일한 법칙임을 믿었다. 이것은 고려신학교와 고신 교단이 지향하는 신학은 자유주의적, 합리주의적, 주관주의적 신학을 거절하고 철두철미 계시의존적인 입장을 취하고 있었음을 보여준다.

이러한 고려신학교의 성경관은 당시에 성경 비평을 받아들이고 자유주의 신학을 가르치던 조선신학교 문제로 인하여 더욱 뚜렷한 특성을 드러내게 되었다. 1947년에 조선신학교의 김재준 교수의 성경관 및 신학사

---

5   "고려신학교 설립취지서"에 대해서는 허순길, 『한국장로교회사』, 대한예수교장로회 (고신) 역사편찬위원회 (서울: 총회 출판국, 2002), 323~325를 참조하라.

상에 반대하여 총회에 제출한 조선신학교 학생 51인의 진정서에 보면, 당
시의 김재준 교수는 구약 성경을 유대교의 성경으로 보았으며, 모세오경
에 대해 J·E·D·P 등 문서설을 주장하였고, 이사야서 40장~66장까지를
제2 이사야서라 하고 바벨론 포로 시대에 쓴 저자불명의 것이라 주장하
였으며, 성경에 오류가 많다고 가르쳤음을 알 수 있다.[6] 학생들의 진정서
로 인해 1947년 제33회 장로회 총회는 8인의 심사위원회를 구성하여 사
실 여부를 조사하게 하였다. 이 심사위원회 앞에서 김재준 교수는 자신의
성경관을 피력하였다. "즉 성경은 구속의 목적의 진리를 계시함에 있어서
무오한 것이고 결코 자연과학이나 역사과학의 순지식 부문에 있어서까지
무오한 것임은 아님"을 명백히하였다.[7] 김재준의 이러한 성경관은 사상영
감론으로서 만전영감과 축자영감을 부인한 것이다. 이것은 과거에 성경
비평을 받아들이면서도 개인적인 신앙을 유지할 수 있다고 주장한 성경
비평의 원조 제믈러(J. S. Semler)의 입장과 비슷한 것이다. 그러나 심사위원
회의 이러한 보고를 받은 총회 전체이사회는 김재준 교수를 불러서 그로
부터 "성경무오설을 입증하는 데 있어서 필승을 기할 수 있는 방법은 성
서는 구속을 위한 특별한 계시라는 가장 견고한 지반 위에 서 있는 것 이
외에 다른 방법이 없다."는 답변을 듣고서, 이 문제를 두루뭉술하게 덮어
버리고 말았다.[8] 그리하여 대한예수교장로회 총회는 성경 비평과 자유주
의 신학을 가르치는 김재준 교수 문제를 분명하게 처리하지 못하고 몇 년
을 끌다가 1952년 4월 29일 대구에서 모인 제37회 총회에서 김재준 교수

---

6   김양선, 『한국기독교 해방십년사』 (대한예수교장로회총회 종교교육부 발행, 1956), 217f.

7   김양선, 『한국기독교 해방십년사』, 215.

8   같은 곳.

를 면직처분하였다. 그가 면직처분을 받은 이유는 그가 성경유오설을 주장했기 때문이다. 곧, 그는 1) 성경의 역사적 오류를 말했고, 2) 성경의 과학적 오류를 말했으며, 3) 성경의 축자영감을 부인했고, 4) 오경의 모세저작을 부인했기 때문이다.[9]

김재준 교수의 자유주의 신학에 반발한 학생들 중 34명이 1946년 10월 전후로 고려신학교에 편입하게 되었는데, 이로써 고려신학교는 김재준 교수의 성경관과 자유주의 신학을 반대하고 학생들의 입장을 받아들인 셈이다. 이 학생들의 진정서에 보면, 이들은 성경 비평을 거부하고 신앙과 신학을 분리하는 조선신학교의 이념에 반대하고 있음을 알 수 있다. " … 우리 신앙은 성경 이외의 아무데도 기인될 수 없습니다. 우리 신앙의 유일의 기준은 오직 성경입니다. 이 성경이 살아계신 하나님의 말씀으로서의 권위를 잃을 때 우리 신앙은 근본적으로 파괴당하고 말 것입니다. 그러므로 우리는 먼저 '신앙은 보수적이나 신학은 자유'라는 조선신학교의 교육이념을 수긍할 수 없습니다. 근대주의 신학사상과 성경의 고등비평을 항거합니다. 자유주의 신학과 합리주의 신학을 배척하는 것입니다. 저들은 성경의 고등비평이나 자유주의 신학은 결코 신앙을 파괴하지 않는다고 변명하나 사실에 있어 파괴당하고 있는데야 어찌합니까? 이같은 사조로 인하여 현세계는 점점 비신앙 상태로 들어가고 있습니다. 그 때문에 독일과 일본이 망한 것을 우리는 보고 있지 않습니까."[10]

---

9   이근삼, "한국 장로교회의 신학과 신앙고백의 정착화",『이근삼 전집』2, 158f.

10   김양선,『한국기독교 해방십년사』, 216f.

3 박윤선 박사의 성경관

이러한 고려신학교와 고신 교단의 성경관은 고려신학교 초창기 10년 동안 성경과 신학의 여러 과목을 가르친 박윤선 박사에 의해 그 구체적인 내용이 채워지게 되었다. 그는 개혁주의 성경관 곧 자신의 성경관에 대해 다음과 같이 정리해 주고 있다.

개혁주의는 성경을 하나님이 주신 정확무오한 하나님의 말씀으로 믿는다. 성경은 하나님의 감동으로 기록된 것으로 절대 오류가 없다. 그리고 성경은 성령의 감화가 있어야만 깨달을 수 있는 하나님의 말씀이므로 성경을 바로 이해하기 위해서는 중생(重生)이 절대적으로 필요하다. 그리고 성경은 하나님께서 인간 저자들을 통해 기록하셨다는 유기적 영감설을 믿는다. 개혁주의는 성경에 관하여 다음 네 가지 속성들을 믿는다. 1) 성경의 자증 2) 성경의 필요성 3) 성경의 명료성 4) 성경의 충족성.[11]

박윤선 박사는 그의 책 『성경 신학』에서 정통 교회의 성경관을 체계적으로 정리해 주고 있다.[12] 그는 여기서 축자영감(逐字靈感) 교리를 정통 교회의 성경관으로 강조하고 있다. 먼저 "교부 시대(敎父時代)에 교부들도 성경을 그 마디마디 하나님의 영감된 말씀이라고 믿어 온 것이다."라고 말한다. 그리고 어거스틴은 "성경의 모든 말씀들은 다 참된 것으로 받아야 된다."고 하였으며(Epist. to Jerome, 82,ii,5), 또 "그 저자들 가운데 한 사람도 그 기록함에 있어서 어느 방면에서든지 오류(誤謬)를 범하지 않은 것은 가장 확실하다."고 하였고(같은 곳), "선지자들과 사도들의 글들에 전연 오착이

---

11   박윤선, 『성경과 나의 생애』 (서울: 영음사, 1992), 201~207.
12   박윤선, 『성경 신학』 (서울: 영음사, 1979), 21~27.

없는 사실을 의심하는 자는 악한 일을 행하는 자이다."라고 하였다.[13] 그리고 한국 장로교회가 초창기에 채택했던 『십이신조』의 제1조는 "신구약 성경은 하나님의 말씀으로 신앙과 본분에 대하여 정확무오한 유일의 법칙이니라."고 말한다. 이것은 웨스트민스터 신앙고백에 바탕을 둔 것인데, 이 신앙고백을 작성한 신학자들 중 한 사람인 존 화이트(John White)는 다음과 같이 말했다고 한다. "성령님께서 성경 기자들에게 교회에 전할 교리의 실질만을 계시하신 것이 아니고 그 성경 기록의 문구들과 방법과 제재(題材) 배열의 순서까지를 주셨다. 그것은 보통 사역자들에게는 주시지 않은 것이다. 성령님께서 보통 사역자들에게는 복음의 실질만을 바로 깨닫게 하시고 그것을 전달함에 사용된 말의 실수 같은 것을 제재(制裁)하시지 않으신다."고 하였다.[14]

나아가서 박윤선 박사는 삼대 칼빈주의 학자들인 워필드와 바빙크와 카이퍼의 성경관을 소개한다. 이들은 다 축자영감을 믿었으며 성경무오를 주장했다. 바빙크는 하나님의 말씀이 성경이 된 것을 로고스가 육신이 된 성육신에 비유하여 설명하였다. 곧 로고스가 낮아지셔서 육신이 되신 것처럼 하나님의 계시가 피조 세계에 들어왔다고 하였다. 이것은 성경의 무오를 결론하게 만든다. 왜냐하면 로고스가 육신이 되셨지만 죄가 없으신 것처럼 하나님의 말씀이 성경이 되었지만 오류가 없기 때문이다. 그리고 아브라함 카이퍼는 "하나님의 말씀이 성경에 있는 것이 아니고 성경이 바로 하나님의 말씀의 사진이다."라고 하였다.[15]

---

13   박윤선, 『성경 신학』, 22.

14   박윤선, 『성경 신학』, 25.

15   박윤선, 『성경 신학』, 27.

나아가서 박윤선 박사는 하르낙과 헤르만과 같은 구자유주의 신학자들의 성경관과 디벨리우스, 불트만 등의 양식사학파의 성경관을 비판한다.[16] 그리고 신정통주의와 바르트의 성경관을 비판한다. 바르트는 성경과 하나님의 말씀을 구분하고 있다. 그는 성경은 계시 자체와 구분되어야 한다고 주장하며, 성경이 계시(하나님의 말씀)에 대한 증거 역할을 하는 것으로 제한될 때에 하나님의 말씀이 된다고 한다.[17] 바르트는 성경 자체는 어디까지나 사람의 말이라고 한다. 따라서 성경에 오류가 있다고 주장한다. 바르트는 말하기를, "축자영감(逐字靈感)이란 것은 말이나 역사(歷史)나 신학적 성격에 있어서 성경 말씀이 오류(誤謬)를 지니지 않았다는 것은 아니다. 축자영감이란 것은 하나님께서 인간의 실수 있는 말을 사용하신다는 것이며, 또한 거기 실수가 있음에도 불구하고 사람들은 받아야 된다는 것이다."라고 하였다.[18] 나아가서 박윤선 박사는 벨하우젠과 같은 사람들의 고등비평에 대해서도 일관되게 반대하고 비판하였다.[19] 이런 점에서 박윤선 박사는 신사참배 반대자들과 고려신학교 및 고신 설립자들의 신앙의 바탕인 개혁주의 성경관을 구체적으로 해설하고 그 내용을 채워 넣었을 뿐 아니라, 그러한 성경관을 위협하는 자유주의 신학자들의 성경관을 일관되게 비판하고 경계한 신학자로서 고신 신앙과 신학에 큰 기여를 했다고 할 수 있다.

---

16   박윤선, 『성경 신학』, 28~30.

17   박윤선, 『성경 신학』, 38f.

18   박윤선, 『성경 신학』, 39.

19   박윤선, 『성경 신학』, 39~55.

4 이근삼 박사의 성경관

이근삼 박사는 한평생 고신 교단을 지키면서 고려신학교와 고려신학대학, 고신대학(교)에서 개혁주의 신학을 가르치며 후학들을 양성하였다. 그가 평생에 가르친 개혁주의 신학의 내용은 2007년과 2008년에 그의 전집 10권이 사후에 출판됨으로써 빛을 발하게 되었다. 하지만 그는 개혁주의 성경관에 대해 자세하게 논하지는 않았다.

이근삼 박사는 한국 장로교회가 채택한 웨스트민스터 신앙고백과 대소요리문답, 그리고 12 신조를 당연한 것으로 받아들이고 그 위에서 그의 신학을 전개하고 있다. 이런 전통적인 신앙과 신학의 토대 위에서, 한국 교회사에 있었던 아빙돈 단권 주석 문제와 창세기 저자 문제와 여권 문제, 신사참배 문제, 김재준 교수 사건 등을 다루고 있다.[20] 이러한 논의의 바탕이 되며 또한 이근삼 박사가 받아들였던 한국 장로교회 보수주의의 기본이 되는 사상은 '성경무오설'과 '축자영감설'이었다.[21] 그래서 그는 다음과 같이 결론짓는다. "이제 우리는 신앙과 생활의 정확무오한 하나님의 말씀인 성경을 그대로 믿고, 그대로 살고 그대로 전하는 중대한 사명이 있으며, 그 성경에 계시된 진리를 쉽게 잘 알 수 있도록 간추려 놓은 것으로 역대 교회 지도자들이 기도와 신앙경험에서 고백한 신조들을 우리가 함께 고백하면서 장로교회의 일치를 이룩해야 할 것이다."[22]

이근삼 박사는 화란개혁교회 교의학 교수였던 두꺼스(L. Doekes) 교수가 고려신학대학에 와서 "현대 성경관 비판"이라는 주제로 특강한 내용

---

20   이근삼, "한국 장로교회의 신학과 신앙고백의 정착화", 『이근삼 전집』 2, 152~165.

21   『이근삼 전집』 2, 159.

22   『이근삼 전집』 2, 165.

을 직접 번역 출판하였는데, 여기서 두꺼스 교수는 성경영감설과 성경정확무오설을 주장하는 개혁주의 교회와 신앙고백이 어떻게 도전받고 있는가를 설명하고 있다.[23] 여기서 두꺼스는 성경비평가들과 신정통주의자들의 성경관, 그중에서도 특히 칼 바르트의 성경관을 비판하고 있다. 나아가서 본회퍼의 종교관과 칼 바르트의 창조론 등을 비판하고 있다.

5 오병세 박사의 성경관

오병세 박사의 성경관은 총회교육위원회가 출판한 『신약 개설』에 잘 나와 있다.[24] 이 책의 제1장 "성경은 무엇인가?"에서 그는 이렇게 시작하고 있다. "성경은 기록된 하나님의 말씀이며 인간에게 주신 무오한 계시로서 구원과 의로운 생활 및 영생을 아는 데 필요한 모든 것을 포함하고 있다."[25] 그리고 현대의 성경비평가들에 대해서는 '믿음의 안목이 없는 사람들'이요 '인간 이성의 절대적 우위성을 주장하는 자들'이라고 배격한다. "그런데 성경을 부정적으로 비평적인 관점으로 보는 사람들이 근래에 와서 특히 많아졌다. 이들은 성경이 하나님의 정확무오한 계시로 보는 믿음의 안목이 없는 사람들로서 진리의 영역에는 인간 이성의 절대적 우위성을 주장하는 현대주의 관점을 가진 자들이다. 그러므로 이들이 성경을 하나의 문학서요, 역사서로 대하는 것은 중생하지 않고 죄로 가리워진 마음으로 잘못된 출발점에서 그릇된 방법으로 성경을 연구하는 것이므로

---

23 『이근삼 전집』 4, 14~102.

24 오병세, 『신약 개설』, 총회교육위원회 (부산: 고신출판사, 1986).

25 오병세, 『신약 개설』, 13.

진리에 도달할 수 없는 것은 너무나 당연한 것이다."[26]

성경 영감에 대해 오병세 박사는 다음과 같이 설명한다. "성경의 영감은 성경에 대한 독자의 반응이나 감상과는 완전한 별개의 것으로 성경고유의 객관적 사실이다. ⋯ 이를 살펴보면 인간이 성경을 썼으나 인간의의지에서 나온 것이 아니고 그 진정한 근원은 성령이심을 알 수 있다. 이초자연적 영향은 성경 저자가 이 사실을 항상 의식하지 않았으나 그들이기록할 때 역사하여 모든 오류에서 벗어나서 하나님이 의도하시는 대로기록하도록 인도했다."[27] 여기서 우리는 영감이 성경무오와 직결되어 있음을 알 수 있다.

나아가서 오병세 박사는 축자영감과 만전영감을 받아들인다. "성경의 영감은(단순히 사상만 아니라 그 단어들도 포함된) 축자적(逐字的 = Verbal)이요,(부분적이아니고 완전한) 만전적(萬全的 = Plenary)이다. 이는 전체 성경을 참 하나님의 말씀으로 보는 유일한 영감관이다."[28] 그러나 기계적 영감설은 반대하며 유기적 영감설을 받아들인다. "영감설 중에는 더욱 철저한 듯이 보이는 기계적 영감설이 있는데 우리는 이를 받아들일 수 없다. 이는 그대로 받아 적었다는 것으로 저자의 개성 및 능력 등 인간적인 요소를 배제하는 것이다. 즉 성경의 축어적(逐語的) 영감에 대한 우리의 진정한 견해는 기계적이라기보다 유기적이라는 것이다. 성령은 인간 저자의 인격을 통해서 역사하시면서 동시에 인간적 오류가 개입되지 않게 하신 것이다."[29] 여기서 우리는

---

26   오병세, 『신약 개설』, 18.

27   오병세, 『신약 개설』, 19f.

28   오병세, 『신약 개설』, 20.

29   같은 곳.

유기적 영감설이라는 것이 성경의 무오를 해치지 않음을 알 수 있다. 축자영감과 유기적 영감은 다같이 성경의 무오성의 토대 위에 있다. 오병세 박사는 나아가서 축어적 영감설과 성경의 무오성은 오직 원본의 원어에 관한 것임을 밝히고 있다.[30]

유기적 영감설에 대해 오병세 박사는 다음과 같이 좀 더 설명하고 있다. "이는 하나님이 성경 저자들을 필기자가 붓을 임의로 휘두르듯 사용하지 않으셨고 기록시키려는 단어들을 그들의 귀에 불어넣지 않고 오직 그들의 내면적 실유(實有)의 법칙과 조화되는 유기적 방식으로 역사하셨다는 사실을 강조한다. 즉 하나님이 성경 저자들을 그들의 성격, 성벽, 재능, 교육, 수양, 용어, 문체대로 사용하신 유기적 작업이 곧 성경의 영감이란 것이다. 이 유기적 영감이 성경이 가르치는 영감론이며 개혁주의 신학은 이것을 표준으로 삼는다."[31]

영감의 범위와 관련하여 사상영감과 부분영감을 반대하며 완전축자영감을 주장한다. 먼저 사상영감에 대해서는 다음과 같이 비판한다. "혹자는 성경의 사상은 신적으로 영감되었으나 그것을 나타내는 문자는 저자들이 마음대로 선택했다는 사상영감을 말하나 사상은 문자로 표현되므로 이를 분리할 수 없는 것인즉 모순이다."[32] 이어서 부분영감이 잘못되었음을 말하고 나서 다음과 같이 말한다. "끝으로 완전축자영감인데 이는 성경의 영감이 성경 각 부분 심지어 문자들에까지 동등으로 확장되었다는 것을 표시한다. 만전영감(plenary inspiration)은 성령의 충분하고 충족한

---

30   같은 곳.

31   오병세, 『신약 개설』, 43f.

32   오병세, 『신약 개설』, 44.

감화가 성경의 모든 부분에까지 미쳤기 때문에 성경은 하나님께로부터 온 권위 있는 계시이다. 따라서 이 계시가 사람의 마음과 의사를 통해서 나타난 것이지만 엄격한 축자영감(verbal inspiration)은 성경 저자들을 둘러싼 하나님의 감화력이 저희들의 주요한 사상에 미칠 뿐 아니라 말들에까지 미쳐서 하나님이 우리에게 나타내려고 한 사상을 틀림없이 정확하게 전달함이다. 그래서 저희들은 하나님의 기관이었다는 것을 의미한다."[33]

오병세 박사는 또한 칼 바르트와 불트만의 성경관을 비판하고 있다. "칼 바르트는 자유주의 신학의 고등비평과 역사적 예수 연구 등에 의해 갈갈이 찢겨진 성경을 구하려는 선한 동기에서 출발했으나 역사적 산물인 성경과 하나님의 말씀을 분리함으로 역사적 정통 성경관에서 떠났다."[34] 불트만에 대해서는 다음과 같이 평가한다. "불트만(Bultmann)은 성경에는 신화와 참된 복음인 케류그마(Kerygma)가 섞여 있으므로 성경을 비신화화하기 위해 재해석을 해야 한다고 했는데, 이것도 성령의 역사를 무시하고 오직 실존적 사고방식에 입각하여 성경을 하나의 단순한 과거의 역사적 산물이라는 생각에서 나온 결과이다."[35]

이상에서 우리는 오병세 박사가 전통적인 개혁주의 영감설에 대해 잘 정리해 주고 있음을 알 수 있는데, 그것은 곧 축자영감과 만전영감이며 또한 유기적 영감이다. 성경은 전체 사상뿐만 아니라 각 단어에 이르기까지 전체가 영감된 정확무오한 하나님의 말씀이다.

---

33 오병세, 『신약 개설』, 44.

34 오병세, 『신약 개설』, 20.

35 오병세, 『신약 개설』, 21.

이상에서 살펴본 바와 같이 고신 교단은 정확무오한 하나님의 말씀인 성경을 믿는 토대 위에 출발하였다. 그 구체적인 내용은 축자영감과 만전영감, 그리고 유기적 영감이다. 이것은 전통적인 한국 교회의 신앙과 개혁주의 신앙을 그대로 물려받은 것이었다. 이러한 성경관 신앙은 고신 교단에서 더욱 뚜렷한 특징을 띠게 되는데, 그것은 이 성경관 신앙이 단지 교리로만 끝나는 것이 아니라 생활 속에 실천되는 신앙이었다는 것이었다. 곧, 신사참배 반대의 신앙은 정확무오한 하나님의 말씀을 믿고 고백하는 정통 신앙일 뿐 아니라 또한 그것을 생활 속에 실천하는 신앙이었다. 그런 점에서 고신의 성경관은 단지 정통신학으로 끝나는 것이 아니라 생활의 순결로 실천되는 신앙이었다는 점에 그 뚜렷한 특징을 가진다 하겠다.

Ⅱ 고신의 설교

그러면 고신의 이러한 성경관은 실제 목회에서 어떤 특징을 띠게 되었는가? 특히 하나님의 말씀의 선포인 설교에 있어서 어떤 성격을 띠게 되었는가? 이것은 타교단의 설교와 어떻게 구별되며, 어떤 점에 있어서 장점과 단점을 가지고 있는 것일까? 이것을 신학적으로 규명해 보는 것은 우리의 중요한 관심사가 아닐 수 없다. 이에 대해서는 앞으로 체계적이고 실증적인 연구가 필요하다고 생각된다. 여기서는 우선 개괄적으로 간단하게 살펴보고자 한다.

1 주제 설교

고신의 설교자들은 이처럼 고귀한 정통적 성경관을 물려받았지만, 그것을 설교하는 데에는 어려움을 겪었다고 생각된다. 물론 해방 직후와 교단 설립 초기에는 신사참배 반대의 뜨거운 열정과 영적 체험 등의 영향으로 인해 확신에 찬 설교를 하고 많은 감화를 끼쳤다. 특히 박윤선 박사가 고려신학교에서 가르치던 1960년까지는 그에게서 배운 신학생들과 졸업생들이 개교회로 가서 배우고 들은 것을 설교함으로써 많은 은혜를 끼치게 되었다.

그러나 박윤선 박사가 떠나가고 초기의 열정이 식었을 때에 고신의 설교자들은 어려움에 봉착하게 되었다. 박윤선 박사를 통해 은혜로운 성경 주해를 더 이상 공급받을 수 없게 된 고신의 설교자들은 스스로 본문을 연구하고 본문의 메시지를 찾아내어야 했지만, 여기에는 중대한 장애물이 가로놓여 있었다. 그것은 곧 성경원어 실력의 한계였다. 스스로 원어 성경을 읽고 주해할 수 있는 능력의 한계 때문에 고신의 설교자들은 자연히 본문 설교보다는 주제 설교로 나아가게 되었다. 물론 이것은 박윤선 박사가 떠나기 전부터 있어 온 한국 교회의 전통이라고 할 수도 있다. 애초부터 한국의 교역자들에게 원어는 어려운 것이었기 때문에 선교사들로부터 배운 주요 교리를 중심으로 설교할 수밖에 없었다. 하지만 박윤선 박사가 가르치고 있는 동안에는 수업 시간과 경건회를 통하여 개혁주의적이고 경건하고 은혜로운 본문 해석이 계속 제공되었기 때문에, 고신의 설교는 뜨거운 열정과 함께 풍성한 내용을 공급받았다고 할 수 있다.

그러나 박윤선 박사가 떠남으로 말미암아 이러한 은혜의 시기는 일단락되고 고신의 설교는 더욱 주제 설교에 치중하게 되었다고 생각된다.

여기에는 칼빈주의 5대 교리를 중심으로 한 개혁주의 교리가 중요한 영향을 미치게 되었다. 그래서 고신의 설교는 도르트 회의에서 확정된 칼빈주의 5대 교리가 설교의 뼈대 역할을 많이 하였다. 물론 하나님의 주권과 하나님의 영광도 많이 강조되었다. 이러한 주제 설교의 장점은 설교에 있어서 교리적 안전성을 지켜주고 개혁주의 신학의 틀을 벗어나지 않게 해준다는 것이다. 그러나 단점은 어느 본문을 펴서 설교하든 강조하는 주제는 늘 비슷하게 되고 본문 자체의 의미가 잘 드러나지 않게 된다는 것이다. 그래서 신앙이 점점 형식화되고 고착화되는 위험성을 가져오게 되었다.

2 윤리 설교

성경 원어에 대한 이해력의 부족으로 인한 주제 설교는 자연히 고신 설교자로 하여금 교리 설교와 함께 윤리 설교에 치중하게 만들었다. 본문을 깊이 연구하여 본문 자체의 의미를 드러내는 능력의 한계로 말미암아 교리적으로는 칼빈주의 5대 교리를 중심으로 한 주제 설교에 치중하게 만든 반면, 생활면에서는 자연히 윤리 설교에 치중하게 만들었다. 절대적 권위를 가진 하나님의 말씀 앞에 부족하고 죄악된 인간의 모습이 적나라하게 드러나게 된다. 그래서 고신의 설교자들은 하나님의 말씀을 담대하게 선포하고 인간의 죄악을 분명하게 지적하게 되었다. 거룩하시고 엄위하신 하나님과 죄악되고 추한 인간의 모습이 극명하게 대비되는 설교가 바로 고신의 설교였다고 할 수 있다.

이러한 윤리 설교는 자연히 죄인된 인간을 정죄하고 책망하고 훈계하는 성격을 많이 띠게 되었다. 물론 그리스도의 속죄와 용서, 하나님의 은혜가 함께 강조되기는 했으나, 실제 생활면에서의 순결과 성결을 강조하다 보니 부족한 인간의 모습을 자꾸만 지적하고 책망하고 그것을 회개하라고 촉구하게 된 것이다. 그럴 때 성도들은 한편으로 옳다고 여기면서도 다른 한편으로는 하나님 앞에서의 정죄감, 무력감, 좌절감을 많이 느끼게 되었다. 이런 부정적 심리의 치료와 해결을 위해서는 고신의 설교자들이 별로 노력을 기울이지 않았다고 생각되며, 교단 전체의 분위기도 그런 것과는 거리가 멀었다고 할 수 있다.

이러한 윤리 설교는 성도들의 교회 생활과 관련하여서는 대개 주일 성수와 십일조 생활의 강조로 나타나게 되었다. 주일 성수는 십계명 중의 하나로서 우상숭배를 금한 1, 2 계명과 같은 차원에서 엄격하게 지킬 것이 요구되었다. 그것은 다분히 구약적인 안식일 개념이었으며, 청교도적인 신앙에서 한 걸음 더 나아가 신사참배 반대의 신앙이 가미되어 더욱 엄격하고 철저한 형태로 나타났다. 물론 이러한 주일 성수 강조는 주일 예배 출석을 독려해야 하는 목회자의 절박성과 결부되어 있으며 다른 교단에서도 다 강조된 것이었지만, 그 강조의 강도와 구체적인 내용은 고신의 것이 더욱 강했다고 생각된다.

성도의 개인적인 생활과 관련해서는 주초(술·담배) 금지가 고신 설교의 뚜렷한 한 특징이었다. 이 설교는 꼭 성경 본문에 근거해서 강조했다기보다 생활의 순결이라는 측면에서, 그리고 한국 교회가 전부터 강조해 오던 것이 해방 후 고신에 의해 계속 강조되었다고 할 수 있다. 그리고 겸손과 순종의 강조도 윤리 설교의 단골 메뉴였는데, 이에는 성경적인 개념과 아울러 종종 유교적인 개념이 섞인 형태였다. 물론 이것은 단지 고신 설교만의 문제는 아니고 한국 교회 설교 전체의 문제이며, 오히려 타교단에서 더욱 유교적이고 잘못된 형태로 나타나는 경우가 많았다고 할 수도 있다(특히 부흥회에서).

이런 고신적 설교의 부정적인 측면도 적지 아니하다. 무엇보다도 예수님의 제일 중요한 가르침이자 율법과 선지자의 강령인 '사랑'에 대한 강조의 약화이다. 물론 설교자에 따라 사랑이 강조되는 경우도 있었지만 전체적으로 볼 때 고신의 설교는 '사랑'에 대한 강조가 약했다고 할 수 있다. 허물많고 죄 많은 인간을 사랑하신 하나님의 사랑에 감동되어서 성도들이 서로 '용납'하고 '용서'하고 '사랑'할 것에 대한 강조가 약하였는데, 이것은 그 어떤 것으로도 보상하기 어려운 치명적인 결함이었다고 할 수 있다.

뿐만 아니라 하나님의 계명을 강조하다 보니 자꾸만 인간을 '정죄'하고 '책망'하게 되는데, 이에 반해 '위로'와 '소망'에 대한 설교는 약했다고 할 수 있다. 고신의 성도들은 하나님 앞에만 나아가면 자꾸만 책망받고 야단맞고 위축되었다. 그래서 설교를 통해 은혜를 받고 힘을 얻고 용기를 얻기보다 도리어 위축되고 소심해지고 무력해지는 경우가 많았다. 이 점에 있어서 고신의 설교는 연약한 성도들을 위로하고 격려하며 꿈과 희망을 심어주는 역할을 제대로 감당하지 못했다고 할 수 있다.

3 구속사적 설교

이러한 고신의 설교가 오랫동안 지속되어 오던 중에 1980년대에 들어와서 구속사적 설교에 대한 관심이 신학생들과 일부 목회자들 사이에 일어나게 되었다. 이런 관심이 일어나게 된 토양은 고신의 설교가 너무나 윤리화되고 단편화되었기 때문으로 생각된다. 특히 구약 본문을 설교할 때에도 쉽사리 오늘날의 윤리로 바로 적용하고 책망하고 교훈하는 것으로 단편화되고 개별화되는 경우가 많았다. 이러한 배경에서 구속사적 설교에 대한 관심이 일부 신학생들과 목회자들을 중심으로 일어나게 되었는데, 이에 대한 직접적인 계기를 제공한 사람은 박종칠 교수로 생각된다. 그는 화란 깜뻰의 트립프(C. Trimp) 교수의 책[36]을 소개하고, 구속사적 성경 해석과 설교에 대한 글들을 쓰고 책들을 출판하였다.[37] 그러는 가운데 캐나다의 목사 시드니 그레이다너스의 책[38]이 한글로 번역되어 출판되기도 했다.[39] 그래서 일부 목회자들 가운데서는 '구속사적 성경 해석과 설교'가 마치 정통 개혁주의 성경 해석과 설교인 것처럼 오해되기도 하였다.

그러나 1986년에 출판된 트립프 교수의 위 책은 구속사적 설교를 강조한 책이 아니라, 1940년대 화란개혁교회 안에서 제기되고[40] 행해져 오던 구속사적 설교의 문제점을 지적하고 그 대안을 모색한 책이다. 물론 트립프 교수는 구속사적 설교의 장점을 지적하였지만, 그 단점을 많이 지

---

[36] C. Trimp, *Heilsgeschiedenis en prediking*, Kampen: Van den Berg, 1986.

[37] 박종칠, 『구속사적 성경 해석』(서울: 기독교문서선교회, 1986); 『구속사적 구약 성경 해석』(서울: 개혁주의 신행협회, 1988); "구속사적 성경 해석과 설교. 그 흐름과 전망"(『목회와 신학』 1991년 4월호); 『문답식 구속사적 성경 연구: 창세기 1~25장』(부산: 로고스 출판사, 1996) 등.

[38] S. Greidanus, *Sola Scriptura. Problems and Principles in Preaching Historical Texts* (Kampen, 1970) (원래 암스테르담 자유대학 박사학위 논문임).

[39] 시드니 그레이다누스, 『구속사적 설교의 원리』, 권수경 역, (서울: 학생신앙운동, 1990, 2003(개정판).

[40] 그 중심인물은 B. Holwerda 목사(후에 깜뻰 개혁신학교의 교수)이다. 그는 1940년부터 성경의 '역사적 부분'을 어떻게 설교할 것인가에 대해 강연하고 글을 써 오다가 1942년에 개혁교회 목사들의 모임에서 강연하였는데, 이것이 나중에 "설교에 있어서의 구속사"라는 제목으로 출판되었다("De heilshistorie in de prediking", in B. Holwerda, " … *Begonnen hebbende van Mozes* … " (Kampen, 1953, 21974), 79~118).

적하였다. 특히 홀베르다가 '모범'이란 단어를 너무 부정적으로만 보았는데, 성경에는 '모범'(exemplum)이란 단어가 긍정적인 의미로(역사적 색채를 가지고 있는 의미로) 사용된 예가 많이 있음을 지적하였다(고전 10:6, 11; 약 5:10; 벧전 2:21 등).[41] 뿐만 아니라 구속사적 설교 주장자들은 구약에서의 '성령의 역사'를 간과하는 잘못을 범하였음을 지적하였다. 구약의 성도들은 단지 그리스도를 가리키는 역할만 한 것이 아니라 동일한 언약의 백성으로서 실제로 하나님 앞에서 살았다. 성령이 그들 안에 역사하였으며, 성령이 그들에게 위로와 소망을 주고 하나님을 신뢰하도록 인도하였다. 따라서 지나친 기독론적 해석 또는 구속사적 해석은 이러한 성령의 사역을 간과하는 잘못이 있는 것이다. 말하자면 구속사적 해석은 구약의 본문을 너무 '수평적으로'(horizontally)만 보며 '수직적으로'(vertically) 보지 않는 잘못을 범하고 있다고 말할 수 있다.

따라서 오늘날 우리는 지나친 구속사적 설교에 빠지면 안 된다. 물론 구약 본문에서 구속사적 의미를 찾는 것은 기본이지만 그것에만 매달리면 안 되는 것이다. 우리는 구약 본문에서 구속사적 의미만 찾을 것이 아니라 오늘날 우리의 생활에 교훈이 되는 것도 찾아야 한다. 왜냐하면 사도 바울의 말과 같이 "무엇이든지 전에 기록한 바는 우리의 교훈을 위하여 기록된 것"이기 때문이다(롬 15:4).[42]

---

41 Trimp, *Heilsgeschiedenis en prediking*, 77~79.

42 구속사적 설교에 대해서는 변종길, "구속사적 설교의 의미와 한계"(『그말씀』 1998년 11월호, 14~23)를 보라.

III 고신 설교의 나아갈 방향

그러면 고신의 설교가 나아가야 할 방향은 무엇인가? 특히 고신의 개혁주의적 성경관과 관련하여 어떻게 나아가야 할 것인가? 아래에 몇 가지를 생각해 보고자 한다.

1 본문에 충실한 설교

모든 설교는 성경 말씀에 충실해야 한다. 그 이유는 설교는 하나님의 말씀을 전하는 것이기 때문이다. 하나님의 말씀을 바로 전하려고 하면 먼저 하나님의 말씀인 성경에 대한 올바른 이해와 깊이 있는 이해가 선행되어야 한다는 것은 자명한 일이다. 그러나 이러한 성경 연구를 위해서는 원어 이해가 필수적인데 그동안 한국 교회의 설교자들은 이 점에 있어서 한계를 드러낼 수밖에 없었다. 원어 이해가 잘 안되니 본문의 정확하고 깊은 뜻을 제대로 발견해 낼 수가 없었고, 그래서 자연히 주제 설교나 윤리 설교 또는 예화 설교로 나아가게 된 것이다. 그래서 설교가 지나치게 교리적이거나 윤리적이고 또는 훈계적으로 되기 쉬웠다. 그러나 하나님의 말씀 자체의 깊고 오묘한 뜻을 드러내지 못하면 성도들의 신앙이 은혜 가운데 자라는 데 한계가 있게 된다.

물론 원어를 잘 이해한다고 해서 저절로 좋은 설교가 되는 것은 아니다. 기계적인 원어 설명과 분석을 하다 보면 원어를 모를 때보다 더 못할 수도 있다. 그렇지만 그래도 설교자가 원어로 본문을 읽고 준비하면 그렇지 않을 때보다 도움이 되고 대개는 더 좋은 결과를 가져오게 된다. 하지만 원어는 설교자 자신이 본문을 잘 이해하는 데 사용되어야 하며, 그 자체를 설교의 대상으로 삼으면 곤란하다. 원어는 간혹 필요한 경우에 단어의 뜻을 밝히기 위해 사용할 수 있지만, 대개는 설교자의 머리와 마음속에 용해되어 설교의 바탕이 되어야 한다.

본문에 충실한 설교라고 해서 꼭 강해 설교나 주해 설교를 해야 된다는 뜻은 아니다. 본문을 충실히 주해하거나 강해했다고 해서 설교가 되는 것은 아니다. 설교는 하나님께서 '지금 이 시간' 이 자리에 모인 성도들 또는 사람들에게 나타내고자 하시는 하나님의 뜻을 전달하는 것이다. 따라서 성경 본문은 그러한 설교의 바탕이 되는 것이지, 그 자체를 그대로 충실하게 설명한다고 해서 다 되는 것이 아니다. 그 본문을 바탕으로 해서 하나님께서 오늘날 우리에게 주시는 메시지를 전달해야 하는 것이다.

적용을 강조한다고 해서 성경 본문을 무시하고서 오늘날의 이런 저런 얘기를 마음대로 해도 좋다는 것은 결코 아니다. 설교는 설교자 자신의 생각을 전하는 것이나 인간의 이야기를 하는 것이 아니다. 따라서 설교는 여전히 하나님의 말씀인 성경에 토대를 두어야 하는데, 특히 그 가운데서도 그 시간의 그 설교를 위해 읽은 본문에 주된 초점을 두어야 하는 것이다.

2 적용에 강조점을 두는 설교

고신의 설교는 상대적으로 다른 교단의 설교에 비해 비교적 본문에 충실하다는 소리를 많이 들어왔다. 그러나 다른 한편으로 적용이 약하다는 평을 많이 들어 왔다. 적용이 약하다는 것은 여러 가지 의미로 이해될 수 있다. 현시대 상황을 잘 모른다거나, 성도의 실제 생활에 도움이 될 만한 위로나 격려가 부족하다거나, 또는 실제 생활에 도움이 될 지침이나 방향 제시가 부족하다는 것 등으로 이해될 수 있다. 이에 비해 타교단의 설교는 본문은 약하지만 적용은 강하며, 그래서 사람들이 좋아하고 많이 모인다는 말을 많이 듣는다.

그런데 우리는 이러한 현상을 단순히 현대 시대의 사람들이 순수한 하나님의 말씀을 듣는 것은 싫어하고 자기 귀에 듣기 좋은 것만 찾는 현상 때문이라고 치부해 버릴 수만은 없다. 물론 그러한 측면이 있는 것은 사실이다. 오늘날 사람들은 하나님의 말씀이 뭐라고 말하고 있는가보다는 지금 내게 무슨 유익이 있는가, 내게 무슨 복이 되고 은혜가 되는가를 먼저 따지는 경향이 있다. 그래서 하나님의 말씀이 바로 전파되는 것보다는 자기에게 유익이 되는 인간적인 설교를 더 좋아한다고 할 수 있다.

그러나 우리는 모든 것이 다 그렇다고 말할 수는 없을 것이다. 고신의 설교가 적용이 약한 근본 바탕에는 고신이 가지고 있는 성경관이 어느 정도 영향을 미치지 않았는지 생각해 볼 필요가 있다. 우리는 성경을 하나님의 말씀으로, 정확무오하고 절대적인 권위를 지닌 하나님의 말씀으로 본다. 이것은 옳은 것이고 좋은 것이다. 그런데 이 말씀이 과거에 우리에게 주신 하나님의 말씀으로 받아들이느냐, 아니면 오늘날 내게 말씀하시는 하나님의 말씀으로 받아들이느냐 하는 것 사이에는 커다란 차이가 있다. 즉, 과거에 주신 하나님의 말씀으로 받아들이느냐, 아니면 과거에 기록되었지만 지금 내게 주시는 말씀으로 받아들이느냐 하는 것은 엄청난 차이를 가져오게 되는 것이다. 비록 일부에서 있었던 일이긴 하지만 구약 성경을 구속사적 관점에서만 읽으려 하고 모범적 관점에서 읽으려 하지 않았던 경향들과, 그리고 대대로 고신의 설교에서 적용이 약하다는 지적은 성경을 혹 과거의 말씀으로 보고 만 것은 아닌가 하는 의구심이

든다.

화란의 개혁주의 교의학자인 헤르만 바빙크(Herman Bavinck)는 성경은 지나간 과거의 책이 아니라 살아 있는 하나님의 말씀임을 강조하였다. "성경은 우리를 과거의 인물들과 사건들에 연락시키는 지나간 책이 아니다. 성경은 옛날의 죽은 이야기가 아니다. 그것은 언제나 살았고, 지금이나 장래나 하나님의 백성에게 말해 주는, 영원히 살아 있는 말씀이다. 하나님께서는 성경을 통하여 날마다 그의 백성에게 찾아오시며 그 자녀에게 말씀하신다. 성경은 하늘과 땅, 그리스도와 그의 교회, 하나님과 그의 자녀들을 계속적으로 연락시키는 역할을 한다. 그것은 우리를 과거에만 연락시키지 않고 현재 하늘에 살아계시는 주님에게 연락시킨다."[43] 그리고 개혁주의 신약학자인 호로쉐이드(Grosheide)는 성경에 대해 다음과 같이 말했다. "신적 계시로서의 성경의 특징에서 성경은 살아 있으며 지금도 살아 있다는 사실이 나온다. 성경은 살아 있는 말씀으로 주어졌으며 죽지 않았다. 그것은 생명력을 가지고 있으며 지금도 우리에게 말씀한다. 성경의 어떤 부분이 '우리에게' 말하고자 하는 바를 지적할 때에라야 비로소 주석은 완성된다."[44] 호로쉐이드는 이것을 성경의 '깊은 의미'(de diepe zin)라고 불렀다.[45] 물론 '깊은 의미'라는 용어는 오해의 소지가 많은 용어이다. 이것은 '살아 있는 의미', '하나님께서 오늘날 우리에게 주시는 의미'라는 뜻으로 이해할 수 있다. 이것에 대해 독일의 일부 학자들은 '영적 주석'(pneumatische Exegese)이라고 말한다.

---

43   H. Bavinck, *Gereformeerde Dogmatiek*, I, 1967, 356f.(박윤선, 『성경신학』, 26f.에서 인용).

44   F. W. Grosheide, *Hermeneutiek* (Amsterdam: H. A. van Bottenburg, 1929), 65.

45   Grosheide, *Hermeneutiek*, 64~71, 183~215.

어쨌든 중요한 것은 설교할 본문을 확정하고 문법적, 역사적으로 설명했다고 해서 주석이 끝난 것은 아니라는 사실이다. 이로써 아직까지 성경은 하나님의 말씀이란 사실이 충분히 고려되지 않았다. 그래서 흐로쉐이드는 성경의 '깊은 의미'를 발견하기까지는 아직 주석 작업이 끝났다고 보아서는 안 된다고 말한다.[46] 또한 화란의 유명한 개혁주의 주석가인 흐레이다너스(Greijdanus)도 이와 같은 맥락에서 다음과 같이 말한다. "우리는 성경의 말씀을 단지 그 당시 그 자리에 있던 사람들에게만 주어진 것으로 읽고, 그래서 우리가 자기 자신의 책임과 자기 자신의 통찰력으로 거기에 기록된 것을 오늘날의 사람들과 상황들에 적용하는 것으로 읽으면 안 된다. 그러면 성경 말씀의 우리를 위한 호소가 사라지고 만다. 그러면 우리는 그것을 또한 우리에게 개인적으로 주어진 하나님의 말씀으로 이해하지 않고 느끼지 않게 된다. … 우리는 성경을 또한 매우 실제적인 의미에서 우리 자신과 모든 후세대 사람들에게 주어진 하나님의 직접적인 말씀으로 읽고 이해해야 한다."[47]

설교에 있어서는 바로 이 '살아 있는 의미', '오늘날 우리에게 주시는 의미'가 결정적으로 중요하다. 이 '영적 의미'가 바로 드러날 때 설교가 오늘날의 성도들에게 적용이 되며 살아 있는 하나님의 말씀이 되는 것이다. 즉, 구약의 본문을 읽을 때에도 단지 역사적 사실로만 읽을 것이 아니라 그 본문을 통해 오늘날 우리에게 무엇을 말씀하시는지를 생각해야 한다. 즉, 그 본문이 우리에게 주는 '교훈'을 찾아야 하며, 그리고 인내 또는 안위로 말미암은 '소망'을 가지게 해 주어야 한다(롬 15:4). 그래야만 "살았

---

46 Grosheide, *Hermeneutiek*, 183.

47 S. Greijdanus, *Schriftbeginselen ter Schriftverklaring* (Kampen: J. H. Kok, 1946), 123.

고 운동력이 있어 좌우에 날선 어떤 검보다도 예리하여 혼과 영과 및 관절과 골수를 찔러 쪼개기까지 하는" 하나님의 말씀이 되는 것이다(히 4:12). 성경은 과거에 주어진 하나님의 말씀이지만 또한 지금 우리에게 말씀하시는 하나님의 말씀이다.

이런 점에서 고신의 설교는 좀 더 '적용'에 강조점을 두어야 할 것이다. 단지 본문을 충실히 해설하거나, 하나님이 과거에 어떻게 역사하셨다는 것을 드러내는 것으로 설교가 다 된 것은 아니다. 또는 단지 구속사적으로 그리스도를 가리키는 것으로 다 된 것은 아니다. 그러한 바탕 위에 오늘날 이 시대를 살아가는 우리에게 주시는 하나님의 뜻이 무엇인지를 드러내고, 그리고 오늘날 성도의 삶에 구체적으로 적용할 것인지를 말하고 권면하고 촉구할 때 비로소 완성된 설교가 되는 것이다. 이 점에 있어서 고신의 설교는 많은 개선의 여지를 남겨두고 있다고 생각된다.

3 용기와 소망을 주는 설교

고신의 설교는 과거에 지나치게 정죄적이고 책망적이었다는 평을 들어 왔다. 소위 '치는 설교'가 많았다. 물론 죄에 젖어서 영적으로 나태한 성도들을 깨우는 데에 호통과 책망이 필요할 수도 있지만, 설교가 '항상' 그런 식으로 흘러가는 것은 문제라고 하지 않을 수 없다. 그러나 고신은 '신사참배 반대'라는 태동 이유로 말미암아 이런 식의 설교로 흘러가기 쉬운 환경에 놓이게 되었다. 하나님의 계명에 대한 절대 순종, 나아가서 하나님의 말씀인 성경의 절대 권위는 대단히 중요하고 옳은 것이지만, 그리고 우리는 세상 끝날까지 이것을 붙들어야 하지만, 자칫하면 연약한 성도들의 사정을 무시하고 책망하고 정죄하는 설교에 빠지기 쉬운 구조를 가지고 있었다. 실제로 고신의 설교는 바로 이런 함정에 빠졌다고 할수 있다. 그 결과 정통신학과 높은 신앙, 순수한 열정에도 불구하고 설교에서 대중적인 흡인력을 가지지 못하게 되었으며 교회 성장에서도 뒤지는 결과를 가져오고 말았다.

이것은 분명히 문제 있는 상황이다. 어딘가가 잘못되었다. 그러나 성경관이 잘못된 것은 아니다. 고신의 성경관은 성경적으로, 역사적으로 올바른 정통 개혁주의 성경관이다. 그러면 무엇이 잘못이란 말인가? 그것은 성경관이 아니라 성경이 말하고 있는 복음에 대한 치우친 이해 때문이라고 할 수 있다. 나아가서 하나님에 대한 치우친 이해와 예수님의 가르침에 대한 치우친 이해 때문이라고 할 수 있다. 곧 사랑의 하나님, 은혜의 복음에 대한 이해의 부족이라고 할 수 있다. 하나님은 우리에게 그의 계명을 지킬 것을 요구하시는 하나님이시지만, 또한 우리가 그것을 다 지키지 못하는 것을 아시고 용서해 주시는 사랑의 하나님이시다. 하나님의 아들 예수님께서 우리를 대신하여 율법의 요구를 다 이루어주셨으며 대신 형벌을 다 받으셨다(롬 8:3~4). 그래서 사도 바울은 자기가 전한 복음을 한마디로 말할 때 '은혜의 말씀'이라고 말한다(행 20:24; 14:3). 예수 그리스도 안에 나타난 하나님의 사랑, 끊을 수 없는 하나님의 사랑(롬 8:37~39)에 대한 깊은 이해와 강조가 더 많았어야 하는데 하는 아쉬움이 있다. 그래서 성도의 삶 속에서 '용서'와 '사랑'에 대한 강조가 더 많았으면 좋았을 것이다. 예수님의 가르침의 핵심도 '사랑'이며(마 5:44; 22:37~38), 성도들에게 제일 중요한 것도 '사랑'이다(고전 13장; 골 3:12~14). 연약한 인간에 대한 한없는 긍휼과 사랑, 서로의 허물을 용납하고 용서하는 형제 사랑이 무엇보다도 중요하다. 그렇지만 우리의 신앙과 신학은 어떠한 경우에도 확고하게 지켜야 한다.

그리고 우리는 무엇보다도 성도들에게 '소망'을 주는 설교를 해야 한다. 성경의 기록 목적이 결국 우리에게 인내와 안위로 말미암아 '소망'을 주려는 것이 아닌가?(롬 15:4) 힘들고 어려운 현실 가운데서도 우리를 사랑하시는 하나님으로 말미암아 힘과 용기를 얻고 소망을 가지도록 권면하는 설교여야 한다. 물론 때때로 책망과 훈계가 있어야 하지만 이 모든 것도 결국 성도들로 하여금 정죄하거나 낙심케 하는 것이 아니라, 자신의 잘못된 것을 뉘우치고 고침으로 말미암아 하나님이 주시는 더 큰 은혜와 복을 받을 수 있다는 '소망'을 심어주는 것이어야 한다. 사람은 소망을 가질 때 어려운 현실을 극복할 수 있는 힘을 얻게 되고 용기를 가지게 된다. 하나님을 믿는다는 것은 어려운 현실 가운데서도 하나님을 바라봄으로 소망을 가진다는 것이다. 그래서 바울은 하나님을 '소망의 하나님'이라고 불렀다(롬 15:13).

물론 고신의 설교가 과거에 가졌던 높은 하나님 개념, 절대적인 성경의 권위, 죄에 대한 민감성, 계명에 대한 절대 순종 등은 귀한 것이다. 우리는 이러한 귀한 유산을 잘 계승하면서 또한 우리의 부족한 점, 약점들을 보완하고 고침으로써 하나님 앞에서 더 온전하고 올바른 모습으로 나아가야 할 것이다.

결론

우리의 신앙 선배들이 물려준 성경관은 우리의 신앙과 신학과 생활의 토대이며 반석이다. 일점일획도 오류가 없는 정확무오한 하나님의 말씀인 성경, 글자 하나하나까지 다 영감되었다는 축자영감설, 그리고 성경의 일부분이나 사상만 영감된 것이 아니라 성경 전체가 영감되었다는 만전영감설, 그리고 하나님께서 말씀을 주실 때에 사람을 사용하셨다는 유기적 영감설 등은 개혁주의 신앙과 신학의 토대요 뼈대이다. 고신의 선배들은 이런 고귀한 성경관을 가지고 믿었을 뿐만 아니라 또한 그것을 생활가운데 실천하였다. 여기에 고신의 고귀함이 있고 독특성이 있다.

그러나 이러한 고귀한 성경관은 초창기의 열정이 식어지면서 연약한 인간을 위로하고 소망을 주기보다는 도리어 정죄하고 낙심케 하는 것이 되어버리지나 않았는지 염려된다. 곧, 고신의 성경관은 설교에서 문제점을 드러내면서 시대에 적응하지 못하는 결과를 가져오고 말았다. 그렇다면 우리 고신이 나아가야 할 올바른 방향은 우리가 물려받은 고귀한 성경관을 지키고 유지하는 가운데 설교에 있어서 많은 보완과 개선이 있어야할 것이다. 그러기 위해서는 원어 공부를 중심으로 하는 본문 연구에 힘쓰며, 또한 동시에 적용에 더 많은 관심과 노력을 기울여야 할 것이다. 연약한 성도들에게 힘과 용기를 주고 꿈과 소망을 주는 설교에 좀 더 치중해야 할 것이다. 그리고 은혜의 복음에 대한 깊은 이해와 더불어 사랑과 용서, 겸손과 섬김을 강조하는 방향으로 나아가야 할 것이다.

2

고신의 교의학자들

박윤선, 이근삼, 이환봉을 중심으로*

이신열 · 우병훈

시작하면서: 고신대학교 교의학자들에 대한 간략한 소개

1946년 9월 20일에 개교한 이후, 고려신학교는 교의학 담당 교수를 물색하던 중, 만주 봉천에서 사역 중인 박형룡 박사를 모셔 오기로 결정했다. 박형룡은 1947년 10월 14일에 고려신학교 교장으로 취임하고 강의를 시작했으나 여러 사정으로 인해서 부임한지 1년이 채 되지 않았던 이듬해 5월에 사임했다. 이제 이상근 목사가 교의학을 1948년부터 짧은 기간 동안 교수했지만, 1960년까지 교의학은 거의 박윤선 박사가 맡아서 교수했다. 박윤선은 원래 주경신학자였지만, 성경신학, 교의학, 변증학 등의 거의 모든 과목을 담당했다.[1]

---

*   이 글은 「고신신학」 18 (2016), 171~212에 동일한 제목으로 게재된 글을 수정, 보완한 것이다.

1   이근삼, 『개혁주의 신학과 한국교회』, 한국의 개혁주의자 이근삼 전집2 (서울: 생명의양

그가 1960년에 서울 총회신학교로 떠난 후 그의 제자로서 미국과 네덜란드에서 유학을 마치고 귀국한 이근삼 박사가 1962년부터 1994년까지 고신대학교와 고려신학대학원에서 교의학 교수로 봉직했다. 그는 박윤선과 마찬가지로 교의학을 위시하여 변증학, 윤리학 등의 다양한 분야의 과목들을 아울러 교수했다. 1979년에 네덜란드에서 기독교 윤리학을 전공하고 학위를 취득한 이보민 박사는 고신 최초의 윤리학자로서 윤리학과 변증학 분야의 과목들을 1991년까지 약 22년간 교수했다.[2]

이환봉 박사는 1981년부터 2015년까지 약 35년 동안 고신대학교에서 교의학을 교수했는데 그의 학문적 관심은 주로 개혁주의 성경관과 교의학 서론에 집중되었다.

고신대학교 설립 70주년을 맞이하여 고신의 교의학이 개혁주의 신학의 토대 위에 지난 세월동안 어떻게 발전해왔는가를 그동안 교의학 과목들을 담당했던 교의학자들의 견해를 중심으로 고찰하고자 한다. 이 글에서는 박윤선, 이근삼, 이환봉 3인의 교의학자들의 글들을 살펴보는 가운데 이들의 교의학적 사고에 나타난 개혁신학적 특징들이 어떻게 고신의 교의학을 형성하고 발전시켜 왔는가를 논의하게 될 것이다.[3]

식, 2007), 405.

2 1960년대부터 1990년 초반까지 고신의 기독교 윤리학에 대한 간략한 평가로는 다음을 참고할 것. 신원하, "개혁주의 윤리학과 도덕적 실천: 고려신학대학원 윤리학에 대한 회고와 제안",『하나님 앞에서: 개교 50주년 기념논문집』(부산: 고려신학대학원출판부, 1996), 85~91.

3 참고로 현재 (2016년 7월 현재) 고려신학대학원과 고신대학교에 재직 중인 교의학자들 및 윤리학자 (유해무, 박영돈, 이신열, 우병훈, 신원하 교수들)에 대한 평가는 이 논문에서 제외되었다.

| 박윤선

1 박윤선(1949~1960)의 교의학

박윤선은 메이천(J. Gresham Machen)의 지도하에 미국 웨스트민스터신학교에서 신약학 전공으로 신학석사 학위를 획득하고(1934~1936) 귀국하여 평양신학교에서 성경 원어학을 가르쳤는데 이것이 그의 교수 사역의 시작이었다. 1938년에 두 번째 미국 유학길에 나서 반틸(Cornelius VanTil)의 지도하에 변증학을 1년간 연구한 후 2차대전으로 잠시 일본에 머물다가 만주 봉천에 정착했으며, 1940년 3월에 이곳에서 목사 안수를 받고 봉천 오가황교회에서 목회했으며(1940~1941) 만주신학원에서 신약학 교수로 사역했다(1941~1943).

해방 후 귀국한 박윤선은 1946년부터 1960년까지 고려신학교에서 교수와 교장으로 사역했다. 교수로 사역하던 중 1953년 10월에 네덜란드로 세 번째 유학길에 올라 자유대학교에서 학업을 시작했으나 아내가 갑작스럽게 교통사고로 사망하게 되어 1954년 3월에 귀국할 수 밖에 없었기 때문에 네덜란드에서 수학한 기간은 6개월이 채 되지 못했다. 그러나 이 기간 동안 네덜란드의 개혁신학을 접할 수 있는 기회를 짧게 나마 가질 수 있었고 성경 주석 집필에 더 많은 깨달음을 얻게 되었다.[4]

약 15년동안 고려신학교 교수로 사역하면서 박윤선은 주경신학자로서 주로 성경원어 및 성경과목을 교수했으나 미국과 네덜란드의 개혁신학에도 박식하여 핫지(Charles Hodge), 워필드(Benjamin B. Warfield) 등의 미국 신

---

4   박윤선, 『성경과 나의 생애: 정암 박윤선 목사 자서전』 (서울: 영음사, 1992), 107.

학자들과 아브라함 카이퍼(Abraham Kuyper), 헤르만 바빙크(Herman Bavinck), 그리고 클라스 스킬더(Klaas Schilder) 등의 네덜란드 신학자들을 국내에 소개하기도 했다. 또한 그는 칼 바르트(Karl Barth)를 위시한 당대 위기 신학과 신정통주의 신학에 대한 이해와 비판적 평가에도 많은 관심을 기울였다. 특히 바르트의『로마서 주석』을 집중적으로 고찰하고 이를 비판했는데, 박윤선의 개혁신학에 대한 깊이 있는 애정이 그의 바르트 비판에서 분명하게 드러난다.[5]

박윤선은 신구약 성경 전권을 주석한 국내 유일의 개혁주의 주경신학자였다. 그가 1960년까지 고려신학교 교수로 사역하는 동안 요한계시록(1949)를 시작으로 공관복음(1953), 로마서(1954)를 주석하여 발행했는데 요한계시록 주석은 1943년부터 집필한 것으로 알려져 있다.[6] 고려신학교

---

5   박윤선은 그의『로마서 주석』에 바르트 비판을 위한 섹션을 따로 구성할 정도로 심혈을 기울였는데 특히 1~8장에 대한 주석에는 거의 모든 장에 걸쳐 바르트 신학을 구체적으로 비판했다. 계시, 성경, 신앙, 중생, 칭의, 성화 등의 다양한 교리적 주제들에 대해서 소개할 뿐 아니라 어떤 차원에서 그의 주장이 비개혁주의적인가를 자세히 논증했다. 바르트 신학을 이렇게 철저하게 비판하는 가운데 교의학자로서 박윤선의 발전하는 모습이 제공된 것이라고 볼 수 있다. 그러나 이것이 그의 바르트 비판의 시작은 아니었으며 이는 이미 그의 평양신학교 교수 시절부터 시작되었다고 볼 수 있는데 그 비판내용은 주로 성경과 계시였다. 박윤선, "빨트의 성경관 비판",「신학지남」1937년 7월; "빨트의 계시관 비판",「신학지남」, 1937년 9월. 그의 사후에 유고로 출판된『개혁주의 교리학』에는 해방신학, 폴 틸리히의 신학, 세속화 신학, 희망의 신학, 그리고 과정신학을 포함한 20세기 다양한 신학 사조들을 비판적으로 다룬 글들이 포함되어 있다. 박윤선,『개혁주의 교리학』(서울: 영음사, 2003), 578~600.

6   서영일,『박윤선의 개혁신학 연구』, 장동민 옮김 (서울: 한국기독교역사연구소, 2000), 242; 박형용, "박윤선의 생애와 신학 사상", 합동신학교출판부 (편),『박윤선의 생애와 사상』(수원: 합동신학교출판부, 1995), 104. 서영일은 요한계시록 주석의 출판을 1949년 3월로 언급하지만, 박형용은 이를 1955년으로 간주한다. 전자가 주장하는 1949년판은 출판사가 출판한 것이 아니라 고려신학교에서 직접 인쇄했다. 박윤선은 이 주석의 '머리

교수로 사역하는 동안 그는 바울서신, 히브리서, 공동서신, 시편, 그리고 요한복음을 포함한 모두 7권의 주석을 집필하여 발간했다.[7] 다음 단락에서는 박윤선의 성경주석 7권을 통해서 그의 개혁주의 신학의 면모를 살피는 가운데 교의학자로서 그의 모습을 간략하게 살펴보고자 한다.

2 박윤선의 교의학의 내용과 특징

이 단락에서는 박윤선의 교의학에 나타난 교리적 주제들에 대해서 그의 성경주석을 중심으로 살펴보되 특히 앞서 언급된 7권을 중심으로 살펴보고자 한다. 그의 『개혁주의 교리학』에 나타난 교리적 주제들에 대한 분석과 고찰은 다음 기회에 살펴보기로 하고 이 단락에서는 우선 그의 성경주석에 대한 분석에 집중할 것이다. 또한 지면 관계상 여러 교리적 주제들 가운데 계시론, 성경론, 기독론, 및 구원론의 4가지 주제로 국한하여 고찰을 시도할 것이다.[8]

말'에서 1934년 유학길에 오르면서 요한계시록 주석을 작성하기로 구상한 후 15년간의 연구 끝에 결실을 보게 되었다고 밝히고 있다.

7   박윤선, 『성경과 나의 생애』, 108. 이 기간 동안에 발간된 단권 주석은 모두 7권이지만 그는 실제로 주석 집필의 대상이었던 신구약 성경은 모두 14권이라고 밝힌다(마태복음, 마가복음, 누가복음, 로마서, 요한계시록, 갈라디아서, 에베소서, 빌립보서, 골로새서, 데살로니가전후서, 디모데전후서, 디도서, 빌레몬서, 히브리서, 베드로전후서, 요한1서, 요한2서, 요한 3서, 유다서, 시편, 요한복음).

8   그의 성령론, 교회론, 그리고 종말론에 대해서는 다음을 참고할 것. 최윤배, "정암의 성령신학", 「한국개혁신학」 25 (2009), 34~83; 이승구, "정암의 개혁파적 교회론에 관한 한 고찰", 「한국개혁신학」 25 (2009), 118~51; 이신열, "박윤선의 개혁주의적 종말론", 「한국개혁신학」 25 (2009), 182~213.

(1) 계시론

박윤선은 먼저 계시를 자연계시와 성문(특별) 계시의 이중계시로 이해한다.[9] 자연계시는 천계를 통해서 주어지는 것으로 편재성을 지니며 모든 사람에게 하나님을 알게 하는 목적으로 주어졌지만, 어떤 인간도 이를 감히 깨닫지 못한다(롬 1:20).[10] 인간이 받은 특수계시는 성경에 주어지고 기록된 계시로서 하나님의 의지를 나타내고 그가 이를 알 수 있도록 가르쳐주는 역할을 담당한다. 또한 이는 사람의 영혼을 거듭나게 하고, 지혜를 제공하며 하나님을 두려워하게 하는 구원의 진리를 깨닫도록 이끈다.[11] 두 계시의 공통점은 사람이 하나님을 깨닫고 믿을 수 있도록 주어졌다는 점인데 이런 이유에서 이중계시로 명명된다. 그러나 박윤선은 자연계시의 결과만으로는 사람에게 하나님을 아는 지식이 가능하지 않다는 입장을 취하는데 이는 궁극적으로 사람에게 자력으로 구원받을 수 있는 능력이 전혀 없다는 측면에서 자율종교에 대한 비판에 해당된다.[12] 이 용어와 관련하여 박윤선이 반틸의 영향을 받은 것은 분명하지만 그의 스승의 견해와는 약간의 차이가 있는 것으로 보인다.[13] 이 차이는 자연계시에 관한 것으로 다음과 같이 요약적으로 제시될 수 있다. 반틸은 자연계시가 인간의

---

9   박윤선,『구약주석 시편 (상)』(서울: 영음사, 2002), 176~88 (시 19편 강요). 자연계시를 가리키는 용어로서 천연계시라는 용어와 함께 특별계시 대신에 특수계시와 성문계시라는 용어들도 지속적으로 사용된다.

10   박윤선,『신약주석 로마서』(서울: 영음사, 1994), 37.

11   박윤선,『구약주석 시편 (상)』, 180~81 (시 19:7 주석).

12   박윤선,『신약주석 로마서』, 38 (롬 1:22 주석); 권성수, "박윤선 박사의 성경해석학",『박윤선의 생애와 사상』, 202~203.

13   김영재,『박윤선』, 208.

인식 여부와 상관 없이 존재하기 때문에 사람에게 하나님을 아는 지식이 이미 주어졌다는 전제적 입장을 취한다. 반면에 박윤선은 사람이 자연계 시를 통해서 하나님을 알게 되지만 그는 그의 죄악으로 이를 왜곡하고 억누르게 되었기 때문에 사실상 하나님에 대한 지식을 지닐 수 없으며 성령의 역사를 통하지 않고는 하나님을 믿을 수 없다는 평가를 내린다.

(2) 기독론

박윤선의 기독론에 대해서 이 단락에서는 다음 네 가지 주제로 나누어서 간략하게 살펴보고자 한다.[14]

첫째, 그리스도는 하나님의 영원한 아들이시다. 박윤선은 시 2:7을 주해하면서 여기에서 '아들'은 끝이 없으시며 영원하신 아들을 지칭하기 때문에 그는 하나님과 일체이시며 그의 영원한 형상이라고 말한다.[15] 아들은 하나님의 형상으로서 보이지 아니하는 하나님을 대신 나타내 보여주시는 하나님과 동일한 하나님이시다.[16] 그가 세례 요한에게 세례를 받으실 때 하늘에서 "이는 내 사랑하는 아들이요"(마 3:17)라는 소리가 들려왔던 것은 그가 영원하신 하나님의 아들이 사실에 대한 선포를 뜻한다.[17] 그는 영원부터 성부 하나님으로부터 절대적인 생명을 무시간적으로 부여

---

14 이에 대한 선행 연구로는 다음을 참고할 것. 김정우, "박윤선 시편 주석에 나타난 기독론적 해석", 『박윤선의 생애와 사상』, 131~50.

15 박윤선, 『구약주석 시편 (상)』, 54~55.

16 박윤선, 『신약주석 바울서신 (상)』, 289 (골 1:15 주석).

17 박윤선, 『신약주석 공관복음 (상)』, 117.

받은 성자 하나님이시며,[18] 그 안에는 신성의 총량이 영원히 거한다는 차원에서 그는 하나님의 충만으로 이해된다.[19] 그러므로 양자 사이에는 삼위일체론 차원에서 연합을 통한 완전한 사랑과 완전한 동일성의 관계가 존재한다.[20]

또한 박윤선은 하나님의 아들을 메시아 또는 그리스도로 지칭한다. 그의 전지성을 깨달은 자는 그를 하나님의 아들로 고백하게 된다.[21] 베드로와 나사로도 예수를 그리스도요 살아계신 하나님의 아들로 고백했는데 이는 한낱 인간에 불과한 이들이 파악하기에 결코 쉬운 일이 아니었다. 왜냐하면 이 지식은 아들과 메시아에 대한 성령 하나님의 감동을 통해 주어지는 오묘한 지식이기 때문이다.[22] 아들이 메시아이므로 그는 또한 중보자로 이해된다. 아들은 아버지께서 기뻐하시는 자이며 또한 하나님과 인간 사이의 중보자이시다.[23]

둘째, 그리스도는 인자이시다(마 16:13, 16). 박윤선은 인자라는 단어가 단 7:13에 사용된 단어를 염두에 두고 사용되었다고 생각하는데 그 근거로서 주전 1세기 문서인 에녹서 31~32절이 언급된다. 이는 단순한 사람을 지칭하는 차원을 넘어서서 그가 메시아로서 중보자이심을 가리킨다고

---

18 박윤선, 『신약주석 요한복음 (상)』, 188 (요 5:26 주석).

19 박윤선, 『신약주석 바울서신 (상)』, 293 (골 1:19 주석).

20 박윤선, 『신약주석 요한복음 (하)』, 435 (요 14:10 주석) & 508 (요 17:21 주석).

21 박윤선, 『신약주석 요한복음 (상)』, 85 (요 1:50 주석).

22 박윤선, 『신약주석 공관복음 (하)』, 440 (마 16:17 주석).

23 박윤선, 『신약주석 공관복음 (하)』, 451 (마 17:5 주석).

보았다.[24] 인자는 그리스도로서 특히 하나님의 보내심을 받은 자이며 신성을 지닌 하나님으로서 하나님과 동등한 자이시다. 또한 그는 메시아로서 기름 부음을 받은 자인데 이는 성령의 부어주심을 가리키는 것으로 주해한다.[25] 인자는 일반적 선지자와 달리 성령을 한량없이 받으신 분인데 이 점에 있어서 그는 하나님으로부터 받은 것만 말씀하시는 참된 선지자이시다.[26] 또한 그는 하나님의 보내심을 받은 메시아로서 하늘이나 땅에서도 죄를 용서할 수 있는 권위를 지니신 분이시다.[27] 인자가 높이 들려야 한다는 표현(요 3:14)은 그가 십자가에서 완성할 구속사역을 가리킨 것인데 박윤선은 여기에 사용된 '들리우다'라는 동사는 복음의 설교를 통해 그리스도가 높임을 받고 많은 사람들의 주목을 받는다는 해석을 제공하는 종교개혁자 칼빈(John Calvin)의 견해에 동의한다.[28]

셋째, 그리스도는 창조자이시며 심판자이시다. 박윤선은 그리스도를 먼저 창조자로 이해한다. 그리스도는 만유의 창조에 관해서 방법이며 수단일 뿐 아니라 그 원인과 배경에 해당된다.[29] 그리스도는 만유의 창조 이전에 존재하는 선재적(pre-existent) 존재이시다. 만유는 그의 전능하신 능력에 의해서 지음 받았고 이를 통해서 존재하게 되었다. 박윤선은 창조를

24   박윤선,『신약주석 요한복음 (상)』, 86~87 (요 1:51 주석);『신약주석 공관복음 (상)』, 245 (막 2:28 주석).

25   박윤선,『신약주석 공관복음 (하)』, 438 (마 16:16 주석).

26   박윤선,『신약주석 요한복음 (상)』, 131~32 (요 3:34 주석).

27   박윤선,『신약주석 공관복음 (상)』, 234 (눅 5:23 주석).

28   Ioannis Calvinus, *Ioannis Calvini opera quae super sunt omnia* (Brunsvigae: C. A. Schwetschke et filium, 1863~1900), vol. 47, col. 63 (요 3:14 주석) 이하 *CO*로 표기함.

29   박윤선,『신약주석 바울서신 (상)』, 290 (골 1:15 주석).

통해서 하나님께서 스스로를 계시하시되 인격적 신으로 계시하셨다고 주장한다.[30] 만유는 그에 의해서 창조되었기 때문에 그는 만물 가운데서 먼저 나신 자이시며 이를 주관하시는 대주재이시다. 그리스도는 만유에 생기를 주시고 이를 친히 다스리시며 섭리하시는 분이므로 만유는 그리스도께 복종한다. 박윤선은 시편 33편을 주해하면서 창조와 섭리에 대해서 다음과 같은 설명을 제공한다. "창조는 하나님의 정직한 말씀이 성립시켰고(v. 6 & 9), 섭리는 그의 진실하시고 공의로우시고 인자하신 행사가 성립시키기 때문이다."[31] 이런 이유에서 박윤선은 그리스도가 만유의 머리로서 이를 통치하실 뿐 아니라 또한 교회의 머리로서 이를 보호하신다고 주장한다.[32] 하나님의 말씀이신 그리스도를 통해서 만유가 존재하게 되었고 섭리를 통해서 만유는 하나로 통일되고 보존된다.[33] 여기에 만유의 존재 목적이 발견되는데 이는 곧 창조의 목적이며 이 목적은 영광을 위한 것이기도 하다.[34]

또한 그리스도는 인자됨을 통해서 심판자가 되신다(요 5:27). 성육신하신 인자는 그의 신성과 인성 모두에 근거해서 심판의 권세를 지니신다.[35] 그리스도는 알파와 오메가로서 피조되지 않고 만유를 기쁘신 뜻대로 다스리시는 대주재이시다. 하나님께서 정하신 때가 되면 만유를 그 뜻대로

---

30   박윤선,『신약주석 요한복음 (상)』, 62 (요 1:3 주석).

31   박윤선,『구약주석 시편 (상)』, 301 (시 33:6 주석).

32   박윤선,『신약주석 바울서신 (상)』, 128 (엡 1:22 주석).

33   박윤선,『신약주석 바울서신 (상)』, 291 (골 1:17 주석).

34   박윤선,『신약주석 요한복음 (상)』, 66 (요 1:3 주석).

35   박윤선,『신약주석 요한복음 (상)』, 189 (요 5:27 주석).

심판하시는 분이시며 우주의 최종적 귀정을 행사하실 무소불능하신 분이시다.[36] 그는 백마를 타고 재림주로 오셔서 온 세상을 친히 심판하실 것인데 그의 이름은 충신과 진실이므로 공의로 심판하실 것이다(계 19:11). 박윤선은 이 구절에 언급된 '충신'과 '진실'은 각각 예수 그리스도의 구속 사역과 그가 온 우주가 기다리던 진정한 구주이심을 가리킨다고 해석했다.[37] 그가 초림 시에는 어린 양, 즉 죽임을 당할 자로 오셨지만, 재림 시에는 정복자로 오셔서 세상을 심판하시게 될 것이다. 이는 그리스도의 심판이 물리적 힘이 아니라 하나님의 말씀으로 이루어질 것임을 가리킨다.[38] 그의 심판은 자기 이름을 신뢰하고 높이지 않는 모든 자들에게 임하는 형벌로 귀결되는 심판으로 나타날 것이다.

넷째, 그리스도는 삼중직을 수행하신다. 박윤선은 그리스도의 직분에 대해서 '삼중직'(threefold office)이 아니라 '삼직'(three offices)이라는 용어를 선호했다. 그는 계 1:5에 나타난 그리스도의 직분은 전체적으로 '선지자'(충성된 증인), '제사장'(죽었던 자), 그리고 '왕'(먼저 나시고 땅의 임금들의 머리가 되시는 자)의 삼직을 가리킨다고 주해했다.[39] 또한 베드로의 신앙고백(마 16:16)에 언급된 '그리스도'라는 명칭이 기름 부음 받은 자를 지칭한다는 사실에서 그리스도의 삼직에 대해서 다음과 같은 해석을 제공했다. "왕이라 함은 만물의 왕을 가리키고(계 19:10), 대제사장이라 함은 영원한 대제사장(히 7:12), 곧 모든 죄인을 대신하여 하나님 앞에서 대언하시는(요일 2:4) 영원하신 중

---

36 박윤선, 『신약주석 요한계시록』 (서울: 영음사, 2002), 51~52 (계 1:8 주석).

37 박윤선, 『신약주석 요한계시록』, 323 (계 19:11 주석).

38 박윤선, 『신약주석 요한계시록』, 323 (계 19:13 주석).

39 박윤선, 『신약주석 요한계시록』, 46.

보를 가리키고(히 8:6, 9:15), 하나님을 알려주시고 기타 모든 하늘의 일들을 제시하신 자라는 뜻이다."[40]

그렇다면 박윤선이 사용했던 그리스도의 '삼직'이란 용어는 어떤 차원에서 실제적으로 '삼중직'으로 이해될 수 있는가? 삼중직이라는 용어에는 그리스도께서 세 가지 직분 모두를 자신이 직접 수행하시므로 이들이 상호관련성을 맺는 하나의 직분으로 인식된다는 사실이 강조된다. 박윤선의 시편 110편 주석에는 그리스도의 직분이 '삼직'이 아니라 '삼중직'이라는 사실이 확실하게 드러난다.[41] 먼저 그리스도는 그의 계시의 말씀을 통해 사람들에게 하나님을 알리시는 선지자이신데 이 사역은 궁극적으로 그의 제사장적 사역에 근거한 복음 또는 말씀 사역으로 나타나게 된다. 시 110:3은 신약 시대에("주의 권능의 날에") 많은 사람들이 복음 사역의 결과로 성령의 역사 가운데 구원의 대열에 동참하게 될 것을 노래하고 있다("이슬 같은 주의 청년들이 주께 나오는 도다"). 이는 지상에서 그리스도의 중보자적 속죄 사역과 천상에서 "멜기세덱의 반차를 좇는 영원한 제사장"[42] 되시는 그의 중보자적 기도로 가능한 것이다. 또한 복음 사역은 "시온에서부터 주의 권능의 홀을 내어 보내시는"(시 110:2) 왕적 통치는 그리스도의 영과 진리의 말씀을 통해서 이루어진다.[43] 시 110:1에 비추어 볼때 이 통치는 복

---

40   박윤선, 『신약주석 공관복음 (하)』, 438~39 (마 16:16 주석).

41   박윤선, 『구약주석 시편 (하)』, 882~83 (시 110:1~3 주석): 김정우, "박윤선 시편 주석에 나타난 기독론적 해석", 142~43. 김정우는 박윤선이 이 시편의 구약적 배경 지식에 대해서 전혀 다루지 않았다는 사실을 지적한다.

42   칼빈은 이 구절을 "우리 구원 전체의 성패가 판가름나는 기로"라고 밝힌다. 『기독교 강요』, 2.15.6.

43   박윤선, 『신약주석 공관복음 (하)』, 539 (마 18:37 설교).

음 사역이 그리스도께서 사탄을 완전히 정복하시는 그 날까지("내가 네 원수로 발등상되게 하기까지") 시행되는 통치를 가리킨다. 여기에서 그의 선지자적 사역으로서 복음 사역과 왕적 사역으로서 통치가 서로 중첩된다는 사실이 파악될 수 있다. 그리스도의 통치는 왕적 사역의 핵심에 놓이는데 이는 장차 천국에서 왕으로 다스리시는 미래적 통치("네 우편에 앉으라")도 포함하는 개념이다. 이런 미래적인 왕적 통치를 온전히 실행하기 위해서 시 110˚5~7에 언급된 바와 같이 그리스도는 공의로운 진노로 온 우주의 심판자로 재림하셔서서("그 노하시는 날에") 적그리스도(anti-Christ)의 나라와 그 임금들을 심판하시게 될 것이다.

이런 관점에서 살펴보면 비록 박윤선이 그리스도의 '삼직'이라는 용어를 사용하지만 그 실제적 의미는 '삼중직'이라는 용어에 의해서 더 분명하고 확실하게 드러난다는 사실이 확인될 수 있다.

(3) 구원론

이 단락에서는 박윤선의 구원론을 중생, 신앙, 칭의, 그리고 성화의 4가지 주제로 나누어서 간략하게 살펴보고자 한다.

첫째, 중생은 진리와 성령에 의해서 깨끗하게 되는 것을 뜻한다(요 3:5).[44] 여기에서 진리는 하나님의 말씀(벧전 1:22~23; 딛 3:5)을 가리킨다. 중생은 인간의 노력으로 이루어질 수 없으며 전적으로 신적 능력에 의해서 가능하므로 말씀의 결정체인 복음을 들음으로서 주어지는 것을 의미한다.[45] 칼빈은 중생의 메타포로서 물을 성령의 역사에 의해서 깨끗하게 하는 것

---

44 박윤선, 『신약주석 요한복음 (상)』, 119~20 (요 3:5 주석).

45 박윤선, 『신약주석 요한복음 (상)』, 187 (요 5:25 주석).

으로 이해했으며, 박윤선도 이 견해를 따른 것으로 보인다.[46] 중생한 자의 영은 물과 성령으로 씻어 깨끗함을 받았고 그 결과 그의 육은 이렇게 중생한 자의 영과 대립관계에 놓이게 된다. 또한 중생한 영은 중생의 결과로 생명을 누리게 되는데 이는 구체적으로 중생이 우리 죽을 몸의 부활을 준비하는 것으로 이해된다.[47] 이렇게 중생은 성령께서 이끄시는 역사를 통해서 발생하며(요 6:44) 그 결과로서 신앙이 제공된다(히 10:22).[48] 이 분석을 통해서 박윤선이 중생의 논리적 결과로 신앙이 발생한다는 입장을 취한다는 사실이 파악될 수 있는데 이는 개혁파 신학자들 대부분이 지지하는 입장이기도 하다.[49]

둘째, 신앙은 중생의 결과로서 주어지는데 이는 다양한 방식으로 정의된다. 박윤선은 역사적 신앙과 구원을 얻는 신앙을 구분하면서 후자의 구성 요소인 겸손이 신앙의 기본 정신이며 여기에는 반드시 인간 편에서의 간절한 요청 또는 애걸함이 동반된다고 보았다.[50] 또한 마 16장에 나타난 베드로의 신앙고백에 나타난 신앙은 군중을 맹목적으로 모방하거나 의존하는 것이 아니라 "어떤 독특한 설계를 가진 자립성을 가지고 주

---

46 *CO* 47, 56.

47 박윤선,『신약주석 바울서신 (상)』, 132 (엡 2:5 주석);『신약주석 로마서』, 195 (롬 6:4 주석).

48 박윤선,『신약주석 요한복음 (상)』, 217~18 (요 6:44 주석).

49 헤르만 바빙크,『개혁교의학 4』, 박태현 옮김 (서울: 부흥과개혁사, 2012), 109~110; 루이스 벌코프,『조직신학』, 권수경, 이상원 옮김 (서울: 크리스챤다이제스트사, 2000), 743. 바빙크는 중생의 결과로 신앙이 행위로 나타난다고 보았던 반면에, 벌코프는 중생의 결과로 나타나는 회심의 적극적 요소로서 신앙에 대해서 다룬다. 벌코프가 말하는 회심의 소극적 요소는 회개로 나타난다.

50 박윤선,『신약주석 공관복음 (하)』, 425~29 (마 15:21~28 설교).

님과 연결된 거기에서 생명력을 띠는 것"으로 정의한다.[51] 참된 신앙은 자신의 능력, 노력, 체험, 또는 지식으로 구원받는다는 생각을 배격한다.[52] 스스로나 다른 사람을 의지하는 것이 아니라 그리스도를 지식적이나 감정적인 차원 뿐 아니라 인격적 차원에서 의지하는 것을 뜻한다.[53] 또한 신앙은 진실한 마음에서 우러나오는 것이므로 아무런 외식도 포함하지 아니한다. 박윤선은 신앙과 외식에 대해서 "요컨대 신앙은 진실을 그 본질로 하고 생명으로 한다. 외식과 가명은 신앙이 아닐 뿐 아니라 신앙의 적이요 방해물이다. … 그러므로 성경은 신앙을 주력하여 가르치는 동시에 외식을 적시한다"라고 말한다.[54] 신앙은 입으로 예수를 주로 시인하고 하나님께서 다시 살리신 예수를 마음에 믿는 것이다(롬 10:9). 예수 그리스도를 믿는 것은 곧 그의 말씀을 믿는 놀라운 일인데 이 놀라운 역사는 참된 신앙을 지닌 자들 안에서 잔파되는 말씀을 통해서만 발생한다.[55] 예수의 말씀을 믿는 것은 그분의 말씀을 받고 그분을 믿되 그를 사랑으로 신뢰하는 것을 뜻한다.[56] 여기에 영생이 주어지므로 말씀은 영생을 누리는 유일한 수단으로 작용한다.[57] 왜냐하면 이 말씀은 영으로서 생명의 말씀이기 때문이다(요 6:33). 칼빈이 지적한 바와 같이 이 구절에서 말씀에 해당되

---

51 박윤선, 『신약주석 공관복음 (하)』, 437~38 (마 16:15 주석).

52 박윤선, 『구약주석 시편 (중)』, 479 (시 51:7 주석).

53 박윤선, 『신약주석 로마서』, 288 (롬 10:14 주석).

54 박윤선, 「파수꾼」 (1950.5), 24.

55 박윤선, 『신약주석 바울서신 (하)』, 415~16 (살전 2:14 주석); 『신약주석 로마서』, 289 (롬 10:15 주석).

56 박윤선, 『신약주석 요한복음 (상)』, 126 (요 3:16 주석).

57 박윤선, 『신약주석 요한복음 (하)』, 363 (요 11:16 주석).

는 떡과 대조적으로 언급된 만나는 가시적 하늘에서 내려왔지만, 생명의 떡은 비가시적 하늘에서 내려온 것이다.[58]

셋째, 칭의는 오직 신앙을 통해서 주어지며 여기에는 인간의 모든 선행이나 어떤 공로도 전적으로 배제된다. 달리 말하면, 칭의는 공로가 전혀 없지만 그리스도의 의를 얻어 의인으로 간주되는 것을 뜻한다. 여기에서 '간주하다'라는 단어는 칭의 이해에 핵심적인 용어인데 박윤선은 이를 '대리적 인정'의 의미를 지닌 것으로 보았다.[59] 이런 이유에서 신앙은 비롯 칭의의 유효적(effective) 근거는 아니지만 주어진 '의'로 간주될 수 있게 된 것이다. 여기에 신앙이 은혜에서 비롯된 '하나님의 선물'(엡 2:8)이라는 표현이 지닌 의미가 드러난다. 박윤선은 신앙이 그 자체로서는 그리스도를 영접하는 수단(요 1:12)에 불과하기 때문에 그 근거는 전적으로 그리스도의 대속적 죽으심과 부활에 놓여 있는 것이다. 박윤선은 롬 5:9을 주해하면서 이 구절에 언급된 '피'가 그의 죽으심과 부활의 연쇄관계를 보여준다고 해석했다.[60] 그리스도를 통해 제공되는 칭의의 소극적 측면은 그가 율법을 성취하심으로 죄인의 속죄자가 되신 것을 지칭하며, 적극적 측면은 율법의 성취를 통해 우리의 의가 되신 것을 가리킨다.[61]

넷째, 성화는 믿음으로 칭의함을 받은 자가 점차로 죄의 오염으로부

58   CO 47, 143; 박윤선,『신약주석 요한복음 (상)』, 215.

59   박윤선,『신약주석 로마서』, 130 (롬 4:3 주석).

60   박윤선,『신약주석 로마서』, 170.

61   박윤선,『신약주석 로마서』, 286 (롬 10:4 주석);『신약주석 바울서신 (상)』, 254 (빌 3:9
      주석). 박윤선은 그리스도께서 죄인의 칭의를 위해서 획득하신 의는 그리스도의 수동적
      순종과 능동적 순종을 통해서 완성되었다고 간략하게 언급하기도 한다. 박윤선,『개혁주
      의 교리학』, 332.

터 깨끗함을 받는 과정을 가리킨다. 신자들이 거룩한 이유는 객관적 차원과 주관적 차원으로 구분하여 설명된다. 전자는 그리스도의 거룩함을 덧입어 거룩하게 간주되었음을 가리키는데 실제로는 아직 신자들이 완전한 거룩에 도달하지 못했음을 전제로 삼는 개념에 해당된다. 후자는 그리스도 안에서 실제로 성화되어 궁극적 완성을 지향하고 이에 도달했음을 지칭하는 개념이다.[62] 달리 말하면, 성화의 객관적 차원은 그리스도께서 거룩한 제물이 되셨기 때문에, 그와 연합한 그의 백성도 속죄함을 받아 거룩해지는 것을 뜻한다.[63] 성화의 주관적 차원은 성화의 방편 또는 수단과 관련을 맺고 있는데 성화는 하나님의 진리의 말씀을 통해서 이루어지며 여기에는 성화를 위한 인간의 노력과 하나님의 도우심이라는 두 가지 차원이 반드시 요구된다.[64] 하나님의 말씀이 왜 은혜의 방편으로서 사람을 죄악에서 깨끗하게 하는가? 말씀에는 하나님께서 항상 함께 하시되 자신의 전능한 능력으로 함께 하시기 때문이다. 말씀이 지닌 전능을 통해서 하나님께서 믿는 자들 가운데 역사하시기 때문이다.[65] 이렇게 말씀의 능력으로 성화의 삶을 살아가는 자는 세상에서 선한 일에 더욱 매진하게 된다. 펠라기우스주의자들이 주장하는 것처럼 인간이 자력으로 구원받을 만한 선을 행할 수 있다는 주장은 전적으로 배격된다. 왜냐하면 믿는 자가 선을 행하기 전에 하나님께서 그에게 이를 행할 수 있는 능력을 먼저 제공

---

62   박윤선, 『신약주석 바울서신 (상)』, 299~300 (골 1:22 주석).

63   박윤선, 『신약주석 요한복음 (하)』, 507~508 (요 17:19 주석).

64   박윤선, 『구약주석 시편 (하)』, 925 (시 119:10~12 주석).

65   박윤선, 『신약주석 바울서신 (하)』, 415~16 (살전 2:13 주석).

해주시기 때문이다.[66] 따라서 성화의 관점에서 선행이 가능하다고 말하는 것은 이 세상에서 신자가 자신의 힘으로 완전한 삶을 사는 것이 가능하다고 주장하는 완전주의적 사고와는 전혀 다른 것이다. 박윤선은 요일 1:8~9의 가르침에 근거해서 이런 완전주의적 사고를 전적으로 배격한다.[67]

(4) 평가

박윤선의 성경주석에 나타난 그의 교의학적 주제에 대한 개혁신학적 특징은 다음의 몇 가지로 정리될 수 있는데 여기에 간략한 평가를 첨언하고자 한다.

첫째, 박윤선은 주경신학적 기초가 확고한 교의학을 추구했다. 그는 성경주석 작업을 자신의 소명으로 여기고 이에 매진했는데 그 결과 성경 전권에 대한 주석이 그의 생애에 완성되었다. 성경 주석의 토대 위에 성경이 증거하는 교리적 가르침을 더욱 철두철미하게 세우는 교의학이 가능했다고 볼 수 있다. 이는 그의 사고를 대변하는 '계시 의존적' 사고에 그의 교의학이 뿌리를 내리고 있음을 뜻한다. 달리 말하면, 그의 교의학은 계시와 이를 담지한 성경에 대한 그의 열정적 사고에 대한 열매에 해당된다.

둘째, 박윤선의 교의학에는 변증적 성격이 두드러졌다. 웨스트민스터 신학교의 반틸로부터 전수받은 변증적 사고는 그의 교의학의 체계 형성에 중요한 역할을 차지할 뿐 아니라 그의 교의학이 지닌 색채를 결정지었다. 이는 다양한 현대신학자들의 교의학에 드러난 문제점들을 지적하고 비판함으로서 그가 추구하는 개혁주의 신학을 효과적으로 변증하도

---

66   박윤선, 『신약주석 바울서신 (상)』, 135 (엡 2:10 주석).

67   박윤선, 『신약주석 히브리서 · 공동서신』, 310.

록 이끌었다. 특히 바르트의 계시론과 성경론을 위시한 다양한 주제들에 대한 그의 비성경적 가르침들을 강력하게 비판하는 가운데[68] 개혁주의 신학이 지닌 변증적 성격을 잘 드러내었을 뿐 아니라 이 변증적 성격은 그의 신학 전체를 지배하는 모티브(Leitmotiv)로 작용했다고 볼 수 있다.

셋째, 박윤선의 교의학에는 근본주의적 성격이 강하게 드러난다. 네덜란드의 헤르만 바빙크(Herman Bavinck)의 『개혁교의학』을 높이 평가하고 이를 빈번하게 인용했지만, 박윤선은 종교개혁 이후 등장한 개혁주의 교회가 전통적으로 강조해왔던 역사적 신앙고백서에 대한 언급과 해설, 그리고 이를 교의화 작업에 반영하려는 노력이 전반적으로 부족한 것으로 보인다.[69] 그는 교리와 성경의 관계가 교의학에서 사실상 가장 중요하다는 신념으로 그의 근본주의적 사고를 이해했던 것이다. 그러므로 그의 유작의 명칭이 개혁주의 '교의'학이 아니라 『개혁주의 교리학』으로 명명되었던 이유도 여기에 놓여 있지 않는가 생각해 볼 수 있다.

---

68 그는 『개혁교리학』 제2부 '현대신학비판'이라는 제하에서 바르트의 신정통주의 신학에 대한 비판을 시도한다. 박윤선, 『개혁교리학』, 541~78. 또한 제1부 교리학에서는 '특별참고'라는 섹션을 별도로 설정하여 주로 바르트의 사고를 비판하는데 관심을 기울였는데 이에 포함된 주제들은 다음과 같다: '일반계시', '성경', '하나님의 형상', '인간의 몸과 영혼', 그리고 '그리스도의 무죄성'(36~37, 64~68, 196~99, 270~71).

69 종교개혁 이후 개혁주의 신앙고백서에 대한 고찰은 박윤석의 교의학에서 찾아볼 수 없다. 이와 달리 이근삼은 개혁교회의 신조에 대해서 상당한 관심을 기울였다. 이 관심은 그의 다음 두 저작에서 찾아볼 수 있다. 『개혁주의 교회와 목회』, 한국의 개혁주의자 이근삼 전집 3 (서울: 생명의양식, 2007), 76~146; 『교리문답 해설』, 한국의 개혁주의자 이근삼 전집 8 (서울: 생명의양식, 2007), 160~92. 최근에 이근삼의 개혁주의 신조 이해에 대한 2차 자료로는 다음을 참고할 것. 우병훈, "이근삼 박사와 기독교 신조와 신앙고백", 「한국개혁신학」 81 (2024): 70~101.

II 이근삼

1 이근삼(1962~1994)의 교의학

이근삼 박사는 1946년 9월 20일 고려신학교가 개교될 때 첫 입학생으로 입학하여 제5회로 졸업한 후에(1951. 6. 27), 미국의 고든칼리지(B.A.)와 카버넌트 신학교(M.Div./Th.M.)를 졸업하고, 웨스트민스터 신학교에서 1년 수학하고, 네덜란드로 가서 자유대학교에서 신학박사(Th.D.) 학위를 받았다.[70] 그는 1962년 교수로 임용되어 32년간 고려신학교(고신대학교) 및 고려신학대학원에서 교수, 학장, 총장으로 봉사했다. 그가 고려신학대학원에서 조직신학을 가르치면서 1989년 『기독교의 기본교리』라는 책을 냈다. 이 책과 그가 쓴 원고들을 바탕으로 그의 사후에 『개혁주의 조직신학 개요』라는 작품이 두 권으로 출간되었는데, 이 두 권의 책들은 이 박사의 교의학을 가장 잘 보여준다.[71] 아래에서 총 8개의 부(部)로 이뤄진 『개혁주의 조직신학 개요』의 중심 내용을 소개함으로써, 이근삼 박사의 교의학의 내용과 특징을 설명하고자 한다.

---

70 이상규, 『교회 쇄신 운동과 고신교회의 형성』 (서울: 생명의양식, 2016), 418.

71 이근삼, 『개혁주의 조직신학 개요 1(이근삼 전집 5)』 (서울: 생명의양식, 2007), 해제 참조. 이 1권은 서론, 신론, 인간론을 다루고 있다. 이근삼, 『개혁주의 조직신학 개요 2(이근삼 전집 6)』 (서울: 생명의양식, 2007)은 기독론, 성령론, 구원론, 교회론, 종말론을 다루고 있다. 이하에서 이 책들의 쪽수를 간략하게 표기할 때에 "권수:쪽수"의 표기법을 따르겠다. 예를 들어 1:17은 『개혁주의 조직신학 개요 1』, 17을 뜻한다.

2 이근삼 박사의 교의학의 내용과 특징

(1) 서론

서론에서 이근삼 박사는 현대 신학계에서 신학의 구분은 주경신학, 역사신학, 조직신학, 실천신학으로 구분하는 것이 일반적이라고 한다(1:13~15). "조직신학"이냐, "교의신학"이냐 하는 명칭 문제에 있어서 이 박사는 유연한 자세를 취한다. 유럽 계통의 신학에서는 "교의학"을, 영미 계통의 신학에서는 "조직신학"을 선호하지만, "그 근본적인 개념은 동일하다"라고 주장한다(1:17, 19). 중요한 것은 성경에서부터 출발하여 조직신학을 하는 것이다.

"조직신학은 하나님의 계시인 성경의 진리와 사실들에서 하나님과 하나님의 우주에 대한 관계, 인간 창조, 섭리, 구속, 구원의 과정, 교회, 종말에 관한 일들을 논하는 학문이다."[72] 조직신학의 유일하고 기초적인 원천은 특별계시인 성경이다. 조직신학의 방법론은 성경에서 신학을 인출하는 종합적 방법이 가장 적절하다(1:22~23). 조직신학의 구조는 신론, 인죄론, 기독론, 구원론, 교회론, 종말론이다.

조직신학에서 일반계시(창조역사와 일반적 섭리와 인간 존재구성에 주어진 계시)를 무시해서는 안 된다.[73] 하지만 계시의 주료 자료는 성경이며, 조직신학은 오

---

72   이근삼,『개혁주의 조직신학 개요 1』, 21. 이 정의를 위해서, 워필드, 바빙크, 카이퍼, 하지 등을 인용한다.

73   이것은 박형룡도 인정한 적이 있다. 그러나 이환봉 교수는 박형룡의 이런 경향성을 비판했다. 박형룡,『교의학 서론』, 177; 이환봉,『교의학이란 무엇인가』, 131 참조. 문제는 이근삼 박사는 나중에 신 존재 증명을 구체적으로 다룰 때, 우주론적 증명 및 목적론적 증명의 한계를 분명히 지적하고 있다는 점이다.

직 성경에 충실할 때 자신의 본연의 임무를 제대로 할 수 있음을 기억해야 한다.[74] 여기서 이 박사는 기록된 성경을 매우 중요하게 여기면서, 브룬너나 바르트의 실존주의적 계시관을 비판한다.[75] 이어서 그는 자연신학은 독립된 학문 분야가 될 수 없음을 주장한다.[76] 서론의 마지막 부분에서 다시 한 번 성경의 권위성, 충족성, 명료성 등을 다룬다.[77] 또한 성령의 조명이 없이 성경이 정당하게 해석될 수 없음을 강조한다.[78] 개혁신학은 이단과 비정통적인 견해에 맞서 신학을 전개하면서도, 스스로 항상 개혁한다는 자세를 견지해야 한다.[79] "과거의 역사 위에 세워지지 않은 신학은 역사에 대한 빛을 무시하고 현재가 역사로 말미암아 조건 지워진다는 사실을 거부한다. 그리고 과거에 의존하는 신학은 현재의 도전을 회피한다."[80]

(2) 신론

신론은 인간이 하나님을 알 수 있는가 하는 신지식론부터 시작한다. 하나님의 불가이해성(incomprehensibility)이란, 하나님은 완전한 계시를 주시지만 인간의 유한한 이해를 가지고는 무한한 하나님에 대한 완전무결

---

74 이근삼, 『개혁주의 조직신학 개요 1』, 27.

75 이근삼, 『개혁주의 조직신학 개요 1』, 27~28.

76 이근삼, 『개혁주의 조직신학 개요 1』, 29.

77 이근삼, 『개혁주의 조직신학 개요 1』, 36~42. 하지만 이런 구조는 편집자의 것인지, 이근삼 박사의 것인지 불확실하다. 이 글에서는 책의 구조를 따르되, 중복되는 부분은 함께 엮어서 다룰 것이다.

78 이근삼, 『개혁주의 조직신학 개요 1』, 30~31.

79 이근삼, 『개혁주의 조직신학 개요 1』, 32~35.

80 이근삼, 『개혁주의 조직신학 개요 1』, 34~35.

한 지식을 가지는 것은 불가능함을 뜻한(1:45). 하지만 하나님의 불가해성 교리를 회의주의나 불가지론과 혼동해서는 안 된다(1:46). 이 박사는 계속해서 토마스 아퀴나스의 신존재 증명 역시도 초월적 인격신이 아니라 무인격적 원리에 대한 추론으로 이어질 수밖에 없다며 비판한다.[81] 그는 또한 자연신학과 함께 일반계시마저도 부인했던 칼 바르트를 비판한다. 일반계시의 존재는 성경이 분명히 가르치는 사실이기 때문이다(시 19, 롬 1~2, 행 14:15~17, 17:22~31).[82] 죄인이 하나님을 알고 구원 받기 위해서는 특별계시가 필요하다. 이 박사는 특별계시가 인격적 계시임은 인정하지만, 기록된 성경의 객관적 진리성을 인정해야 한다고 주장하면서, 바르트, 브룬너 베일리(John Baillie), 이종성 등을 비판한다.[83]

하나님은 이름에서부터 그분이 어떤 분인지 알 수 있다. 특별히 이 박사는 언약적 이름인 "야웨"와 신약에서 중요하게 의미가 부여된 "아버지"라는 이름을 길게 다룬다.[84] 하나님의 속성에 대해서는 비공유적 속성(자존성, 불변성, 무한성, 영원성, 편재성, 유일성[단수성, 단순성])과 공유적 속성을 다룬다(1:100~130).[85]

---

81 하나님 존재 증명에 대한 비판은 이근삼, 『개혁주의 조직신학 개요 1』, 79~86에도 발견된다. 여기에서는 존재론적, 우주론적, 목적론적 증명을 비롯한 제 증명들을 모두 비판한다.

82 이근삼, 『개혁주의 조직신학 개요 1』, 55~62.

83 이근삼, 『개혁주의 조직신학 개요 1』, 63~66. 특히 이종성은 신론에서 여러 차례 비판 받는다(1:64, n. 48, 246, n. 198, 248, n. 200).

84 이근삼, 『개혁주의 조직신학 개요 1』, 87~99. 신약에서 "아버지"는 300번 이상 살아계신 인격으로 나타난다고 한다(175).

85 이런 방식은 17세기 개혁파 신학의 속성론 분류와 설명 중에서 가장 보편적인 방식을 따른 것으로 평가된다. 바빙크도 이런 방식을 따른다. 헤르만 바빙크, 『개혁교의학』, 박태현

삼위일체론을 다룰 때에는 성경적 접근과 역사적 접근을 두루 접목
시키면서 이 교리를 교의학적으로 상세하게 설명한다.[86] 이때 유럽의 신
학자들과 영미계통의 신학자들을 두루 참조하는 것이 특징이다. 또한 차
영배의 작품을 중요하게 소개한다.[87] 먼저 삼위일체론을 정의하면서 신의
한 본체 속에 삼위가 구별되어 존재하시지만 이것은 양태론이나 다신론
의 측면에서 이해되어서는 안된다고 주장한다. 삼위일체론을 다루면서,
케노시스(kenosis) 이론 즉 성자가 성육신 할 때에 신성을 포기했다는 이론
과 성부수난설 즉 성부 하나님이 성자로 나타나서 죽음의 고통을 당했다
는 이론은 모두 거부한다.[88] 그리고 바르트의 삼위일체론, 소키누스파의
견해 등을 모두 비판한다. 삼위일체론의 다양한 각론들을 다루는 부분은
독립된 책으로 내도 될 만큼 완결성을 갖춘 훌륭한 서술이다.[89]

옮김(서울: 부흥과개혁사, 2011), 제2권, 제30, 31장. 속성론에 대한 분류법을 자세히 소
개한 문헌으로 아래를 보라. 리처드 멀러, 『하나님의 본질과 속성』, 김용훈 옮김(서울: 부
흥과개혁사, 2014), 251~344.

86 성경적 접근은 특히 아래에 잘 나타난다. 이근삼, 『개혁주의 조직신학 개요 1』, 156~98.

87 이근삼, 『개혁주의 조직신학 개요 1』, 131~51. 차영배, 『삼위일체론』(신론)으로 소개되어
    있다(139, n. 118).

88 이근삼, 『개혁주의 조직신학 개요 1』, 182, 201. 그런데 "우리는 삼위일체 되신 하나님의
    구원역사를 십자가에서 발견한다. 이 십자가에서 죄의 심판과 함께 삼위일체 하나님이
    당하는 고통은 하나님의 영원한 내재적 삼위일체 하나님의 삶에 속한다"라는 말을 남겼
    으며 (『개혁주의 조직신학 개요 1』, 207), 또한 기타모리 가조의 『신의 고통의 신학』을 길
    게 소개하지만 (『개혁주의 조직신학 개요 2』, 43 이하) 이에 대한 그의 입장을 서술하지
    않는다. 하지만 분명히 성부수난설을 거부하는 방식으로 이해되어야 할 것이다.

89 이근삼, 『개혁주의 조직신학 개요 1』, 203~28. 발출과 발생의 구분도 다룬다 (225). 특히
    성령의 사역을 "피조물에 대한 하나님의 접촉의 완성이며 온갖 영역에서 하나님의 사역의
    종결이다"라고 멋지게 요약한다 (227).

삼위일체론 이후에 하나님의 영원한 작정을 다룬다. 하나님의 작정에는 모든 것이 포함된다. 그러나 죄행(罪行)은 작정에는 포함되지만 하나님 스스로 행하지 않는 일이다. 이에 대해서 이 박사는 "허용적 작정"의 개념으로 설명한다.[90] 선택과 유기 모두를 예정 교리의 내용으로 설명한다(1:235, 240). 선택론을 성부, 성자, 성령의 관점에서 설명함으로써 구속 언약 교리의 내용을 설명하며, 실제로 그 교리를 소개하고 있는 것도 흥미롭다(1:235, 292). 타락전 선택설과 타락후 선택설을 다루면서, 둘 다 칼빈주의 내에서 취할 수 있는 입장으로 소개하고 있다(1:240~42). 신론에서 창조와 섭리 또한 다루는데 이 또한 전통적인 방식이다. 창조에서는 삼위일체의 사역으로서 창조, 목적을 가진 창조, 말씀으로 창조, 무에서 유로의 창조를 설명한다(1:243~47). 특히 유출설, 진화론 등을 배격한다(1:247). 인간이 하나님의 형상인 점을 강조한다. 섭리를 보존(perservation), 협력(concurrence), 통치(government)로 나눠서 설명한다(1:254~57).[91]

(3) 인간론
이근삼 박사는 인간론의 중요성을 강조하고, 여러 가지 인간론의 유

---

90 이근삼, 『개혁주의 조직신학 개요 1』, 231. 그런데 여기에서 칼빈의 『기독교강요』, 3.23.7을 인용한다. 하지만 인용한 부분을 보면 칼빈은 "허용"의 개념을 매우 비판하였다. 오히려 아우구스티누스가 "허용"의 개념을 중요하게 제시하였다. 한편, 벌카우어도 허용설을 반대한다고 이 박사는 지적한다(1:255). 하지만 아담의 타락과 죄에 대해서는 허용설이 개혁주의 신학자의 견해라고 소개한다.

91 이 용어들에 대한 자세한 설명은 아래 내용을 보라. Richard A. Muller, *Dictionary of Latin and Greek Theological Terms: Drawn Principally from Protestant Scholastic Theology* (Grand Rapids: Baker Academic, 2017), 73 ("concursus"), 145 ("gubernatio"), 298~99 ("providentia").

형들을 다룬다(1:260~64). 그러나 성경이야말로 가장 올바른 인간론을 가르쳐 줌을 강조한다. 하나님은 계획 속에서, 직접, 하나님의 형상을 따라, 몸과 영혼으로 구분된 인간을 창조하셨다(1:264~65). 이 박사는 "진화론을 [인간을 만드신] 하나님의 작업방법으로 생각"하는 유신진화론(theistic evolutionism)은 창세기 2:7의 진술에 모순된다고 주장한다(1:266).[92] 하지만 6일 창조와 인간 창조에 대해서는 그 정확한 연대를 알 수 없다고 한다. 왜냐하면 "욤"이라는 단어는 24시간인 태양일뿐 아니라, 긴 시대를 가리키기도 했기 때문이다. 태양이 넷째 날에 창조된 것도 역시 곤란한 문제를 야기한다. 따라서 우리는 성경이 구체적으로 말하지 않은 부분에 대해서는 단정짓지 말아야 한다(1:301~2).

형상론에서는 구조적 하나님의 형상, 기능적 하나님의 형상에 대한 논의를 모두 소개하면서 이 박사는 이 안토니 후크마를 따라 두 가지가 결코 분리할 수 없다고 주장한다. 그리고 구조적 또는 광의적 형상은 보존하고 있으나 기능적 또는 협의적 형상은 상실했다고 주장한다.[93] 인간

---

92 유신진화론에 대한 비판은 아래 문헌들을 보라. J. P. 모어랜드, 스티븐 마이어, 크리스토퍼 쇼, 앤 게이저, 웨인 그루뎀 외 20인 공저, 『유신진화론 비판』, 소현수, 현창기, 배성민, 김병훈 역(서울: 부흥과개혁사, 2019); 우병훈, "개혁신학에서 본 진화 창조론: 우종학, 『무신론 기자, 크리스천 과학자에게 따지다』를 중심으로", 「개혁논총」 41 (2017): 9~46; 우병훈, "개혁신학의 관점으로 평가한 진화 창조론: 우종학, 『과학시대의 도전과 기독교의 응답』을 중심으로", 「한국개혁신학」 60 (2018): 145~208; 우병훈, "유신진화론의 아담론 비판: 데니스 알렉산더의 견해를 중심으로", 「성경과 신학」 92 (2019): 151~86.

93 이근삼, 『개혁주의 조직신학 개요 1』, 272~73. 이근삼 박사는 스킬더가 바빙크의 실재적이고 존재론적 형상론을 거부하고 윤리적 해석을 내세운 것을 비판하면서, "하나님의 형상을 이렇게 존재론적으로 해석하기보다 윤리적으로 해석하려고 하는 것은 현대 철학의 인간학의 방향과 매우 가깝다고 할 수 있겠다"라며 일침을 놓는다(1:305~6). 여기서 말하는 현대 철학의 인간학의 방향이란 인간의 본질을 되어감에 두는 실존론적 인간학을

은 참된 하나님의 형상이신 그리스도를 바라보며 형상의 회복을 소망해야 한다(1:273~74). 그럴 때에 하나님, 동료, 피조물을 향한 삼중적 관계성이 회복될 것이다(1:275~76).

이 박사는 이분설과 삼분설 중에 영혼과 육체의 이분설을 선호한다 (1:276~78). 또한 영혼의 기원에 대해서는 선재론과 유전론을 거부하고 창조론을 받아들인다(1:278~79). 타락 전 인간의 상태를 행위언약(Covenant of Works) 속의 인간으로 묘사한다. 아담은 인류의 언약적 대표가 되었다. 그러나 타락함으로써 사망이라는 형벌을 받았다.[94] 아담의 원죄로 말미암아 죄책과 오염이 발생했다(1:285). 아담의 죄는 그의 후손에게 전가된다. 원죄교리에 있어서 이 박사는 펠라기우스, 반(半)펠라기우스, 바르트주의를 거부한다(1:286). 인간은 원죄와 자범죄로 죄인이 된다. 죄의 형벌은 영적 죽음, 고난, 육신의 죽음, 영원한 죽음이다(1:289~90). 이 박사는 일반은총의 개념도 성경적이라고 하여, 스킬더가 아니라 바빙크와 카이퍼의 입장이 옳다고 본다(1:288~89).

그리스도의 십자가 공로로 타락한 인간이 구원 받을 수 있으니 이것이 하나님의 크신 은혜이다(1:287). 이 박사는 인간의 구원을 논할 때에 구속언약과 은혜언약의 개념에서 다룬다. 구속언약을 짧지만 삼위일체론적으로 잘 풀어내는 것이 특징이다(1:292). 은혜언약(Covenant of Grace)은 구속언약에 기초하여 그리스도 안에서 택함 받은 인간과 맺은 언약이다.[95] 이 언

가리킨다(1:297~98).

[94] 이근삼, 『개혁주의 조직신학 개요 1』, 279~80. 인간론은 여러 면에서 헤르만 바빙크의 구조와 어휘가 유사하다.

[95] 구속언약과 은혜언약의 관계에 대해서는 아래 문헌을 보라. B. Hoon Woo, *The Promise*

약은 무조건성과 조건성을 함께 지닌다. 하지만 인간의 공로는 절대 개입할 여지가 없다(1:293).

(4) 기독론

기독론에서 이근삼 박사는 그리스도의 명칭을 길게 다룬다(2:17~22). 이때 워필드, 보스, 리델보스 등의 도움을 많이 받았다. 예수, 그리스도, 인자, 하나님의 아들, 주, 구주라는 명칭이 다뤄진다(2:73~79도 참조). 이어서 그리스도의 신성, 인성, 무죄성, 신인성의 통일성을 다룬다(2:23~36). 이때 칼케돈 회의의 결정을 존중한다(2:34~35).

그리스도의 신분은 낮아지심과 높아지심을 말하는데, 벌코프는 이를 그리스도의 인격에 분류하고, 벌카우어는 이를 그리스도의 사역에 포함시켰다. 이근삼 박사는 벌커우어의 입장에 손을 들어준다(2:41). 이어서 그는 그리스도의 성육신과 탄생, 수난, 죽음, 장사되심, 지옥 강하, 부활, 승천, 하나님 우편 좌정, 재림에 대해 길게 상론한다(2:41~56). 그리스도의 죽음을 다룰 때, 일본 루터파 신학자 기타 모리가조(Kazoh Kitamori)의 『신의 고통의 신학』을 길게 소개하고, 지옥 강하에서는 상징적 해석(지옥의 고통을 겪으셨다)을 취하며, 그리스도의 부활의 역사성을 강조하며, 그리스도의 재림에서 종말론을 함께 논하는 것이 특징이다.[96]

---

of the Trinity: The Covenant of Redemption in the Theologies of Witsius, Owen, Dickson, Goodwin, and Cocceius (Göttingen: Vandenhoeck & Ruprecht, 2018), 38~39 (2.2.1).

96   이근삼, 『개혁주의 조직신학 개요 1』, 207; 이근삼, 『개혁주의 조직신학 개요 2』, 379도 참조.

개혁주의 전통을 따라 그리스도의 세 가지 직분을 선지자직, 제사장직, 왕직의 순서로 길게 논한다(2:57~66).[97] 이 부분은 그 자체로 하나의 독립된 논문이 될 만큼 매우 성경적, 신앙고백적, 실제적으로 잘 서술하였다. 이어서 예수 그리스도의 생애에 대해서 다루는데, 현대의 역사적 예수 연구를 깊이 있게 조사하여 다루었기에 학문적으로 아주 깊이가 있다. 조직신학자가 20세기 신약학에서 핫 이슈였던 역사적 예수 논쟁과 공관복음서 문제를 이토록 깊이 다룬 것은 아주 드문 일이다. 여러 문헌들과 성경 연구를 토대로 이 박사는 예수의 생애에 대한 재구성을 제시하는데, 탄생, 나사렛에서의 생활, 세례 요한과의 관계, 세례, 40일 시험, 유대 선교, 갈릴리 선교, 비유와 이적, 수난, 성만찬 제정, 겟세마네에서의 기도, 십자가에 못 박히심, 부활과 승천을 다룬다(2:88~117). 보통 기독론에서 예수님의 생애는 사도신경의 순서를 따라 간략하게 취급되는 것이 일반적인데, 이렇게 상세하게 예수님의 생애를 다룬 것은 이 박사의 성경신학적 안목과 깊이의 탁월성을 의심할 여지없이 잘 보여준다.

(5) 성령론

이근삼 박사의 조직신학에서 또 한 가지 탁월한 부분은 그의 성령론이다. 전통적으로 개혁주의 교의학 서적들에서 성령론에 대한 집중적 서술은 매우 취약했던 것이 사실이다.[98] 그런데 이 박사의 조직신학은 성령

---

97 그리스도의 세 직분에 대한 포괄적인 연구는 아래를 보라. 조윤호, 『그리스도의 세 가지 직분: 둘째 아담 그리고 창조회복』 (서울: CLC, 2021). 이를 구원론적으로 적용한 것은 아래를 보라. 우병훈, 『구원, 그리스도의 선물』 (군포: 다함, 2023), 제1장.

98 이것은 개혁신학이 성령론을 소홀히 했다는 것은 아니다. 삼위일체론, 창조론, 기독론, 구원론, 교회론 등에서 개혁신학은 언제나 성령을 말해왔다. 하지만 몇몇 예를 제외하면 성

론을 한 장(章)을 할애하여 매우 상세하게 다루고 있다. 이것은 이 박사가 성령론에 깊은 관심을 가지고 따로 연구를 진행했음을 말해준다.

먼저 구약성경과 신약성경에서 나타난 성령의 인격과 사역을 세밀하게 다룬다.[99] 그리고 교회사에 현대신학에서 나타난 잘못된 성령 이해를 소개하고 논박한다(2:135~43). 성령의 신성을 성령의 명칭, 성부/성자와 일치성, 사역에서 설명한다(2:144~50). 이것은 교부시대로부터의 전통이다. 특히 성령과 그리스도의 관계성을 다루는데, 영 - 기독론을 제시하지 않고서도 성령과 그리스도의 관계성을 이렇게 밀접하게 연결시킨 것은 매우 성경적이며 탁월한 시도이다.

이 박사의 성령론의 특징은 매우 실제적이라는 데 있다. 성령과 특별구원의 은혜를 다룬 대목에서는 중생, 성령세례, 성령의 내주, 성령충만, 성령의 은사 등을 심도 있게 다룬다(2:161~88). 특히 이 박사는 성령세례가 믿고 나서 주어지는 두 번째 은혜와 같은 것이 아님을 강조한다. 신자가 됨과 성령 받음은 일치하며, 이때 성령 받음이 바로 성령세례이다(2:169). 따라서 모든 그리스도인은 이미 유일회적으로 성령세례를 받았다(2:171, 173). 성령세례는 그리스도와 연합시키는 영속적 결과를 낳는다(2:173). 이 박사는 오순절파에서 말하는 성령세례 이론을 자세히 소개하지만 로마서

령론을 하나의 독립된 장(章)이나 책으로 깊이 있게 다룬 개혁신학자는 많지 않다. 바빙크조차도 성령론을 구원론과 교회론에 포함시켜 다룬다.

99 이근삼, 『개혁주의 조직신학 개요 2』, 133에서 "은혜는 자연을 파괴하지 않고 자연을 완전하게 한다"는 사상에 대해, 어거스틴이 소크라테스의 사상을 인용한 것이라고 하는데, 출처가 없다. 이러한 근거가 없는 인용은 칼빈의 『기독교강요』를 인용할 때도 한 번 나타난다. 2:157에서 『기독교강요』, 2.2.16을 인용하면서 물리학, 논리학, 수학 등이 "일반은혜의 사역의 결과"라고 따옴표를 쳐서 인용하고 있다. 하지만 칼빈은 "일반은혜"라는 말을 거기서 사용하지 않고 있다.

6장을 근거로 거부한다(2:174~77). 중생한 사람에게는 성령께서 내주하신다(2:177~79). 성령의 내주는 모든 신자들에게 무조건적으로 일평생 주어지는 은혜이다. 하지만 성령충만은 순종이 조건적이다. 성령충만은 성령의 사역이다. 성령충만은 반복적으로 경험된다. 그 조건은 성령을 소멸치 않고, 성령을 근심하게 하지 않으며, 성령으로 행하는 것이다(2:181~82).

성령은 신자들의 성화, 영적이해, 확신, 봉사, 기도, 예배, 은사 등을 발생시키는 분이시다(2:183). 특히 성령의 은사 교리를 잘 이해해야 한다. 사도 시대에만 주어졌던 일시적 특수 은사가 있는데, 사도권, 예언, 기적, 신유, 방언의 은사 등이다. 그러나 이 박사는 오늘날에도 병고침의 체험은 가능하며, 방언도 계속되는 것으로 본다. 하지만 성경적 사용을 위해 유의해야 한다(2:187~88, 266). 성령의 주요 사역은 구원의 서정에서 잘 나타난다(2:188). 이것을 이어지는 제2권 3부에서 다룬다.

(6) 구원론

이 박사는 구원의 본질에 대해 성경이 잘 가르쳐 준다고 본다. 구약에서 구원은 하나님의 주권적 사역이며, 역사 안에서 성취되었고, 적으로부터의 해방인 동시에, 여호와께로 해방이며, 하나님을 믿음으로 주어지고, 종말론적 전망을 가진다(2:194~95). 공관복음에서 구원은 예수님께서 주시는 것이다. 이것은 하나님 나라와 병행된다. 요한복음에서 구원은 영생을 얻는 것이다. 바울 서신에서 구원의 가장 완전한 신학적 의미를 찾을 수 있다. 예수님은 십자가에서 자신을 대속물로 희생제사로 주셨고, 희생적·대표적·대리적 죽음을 당하셨다. 이것이 과거 사건으로서의 구원이다. 그러나 구원은 그리스도 안에서 현재적으로 경험된다. 그리고 그리스도의 재림을 통하여 종말론적으로 완성된다(2:198~99). 이근삼 박사는 속죄의 역사성과 완전성을 옹호하면서 불트만을 비판한다(2:205). 특별히 그는 칼 바르트의 만인구원론을 강력하게 비판한다(2:209, 254~59).[100] 대신에 칼빈주의적 구원론을 도르트 신조(1619)로 제시한다(2:210).

구원의 적용은 삼위일체적으로 진술된다(2:211). 구원의 서정에 대해서는 "부르심 – 중생 – 믿음과 회개 – 칭의 – 양자 삼으심 – 성화 – 인내 – 영화"의 순서를 제시한다(2:215). 이 각각에 대해서 아주 상세하게 설명하는데, 성경적이고 삼위일체적이다(2:215~53). 특히 그는 "흥분된 부흥주의에서 일어나는 일시적 변화에는 내용 없는 신앙이 있을 수밖에 없다"고 하면서, "값싼 결심"에서 나오는 신앙을 비판한다. 칭의를 설명하면서 소극적으로는 벌 받을 의무에서의 해방으로, 적극적으로는 양자의 신분을 받는 것이라 설명한다(2:233). 능동적 혹은 객관적 칭의와 수동적 혹은 주관적 칭의를 모두 인정한다(2:234). 성화론에 있어서는 완전주의 성화론을 배격하면서도, 성화의 실제적 과정을 중시하면서 기도, 말씀 묵상, 예배를 매우 강조한다.[101] 또한 선행이 절대 공로가 될 수 없음을 매우 강조하면서도 선행의 필요성을 또한 힘주어 말한다(2:246~48, 227). 이처럼 이근삼 박사의 구원론은 매우 균형이 잘 잡혀 있다. 성도의 견인(인내) 교리를 설명하면서 그 증거로 예정론, 구속언약, 그리스도의 공로와 중보의 효능, 그

---

100 바르트의 만인구원론에 대해서는 아래 논문을 보라. B. Hoon Woo, "Karl Barth's Doctrine of the Atonement and Universalism", Korea Reformed Journal 32 (2014): 243~91.

101 이근삼, 『개혁주의 조직신학 개요 2』, 240~46. 완전주의에 대한 비판의 일부는 오늘날 바울에 대한 새 관점을 비판할 때에도 유용하다. 새 관점주의자들 역시 완전주의자들처럼 하나님의 법의 표준을 낮추고 죄의 관념을 약화시킴으로써만 미래 칭의를 종말까지 살아낸 삶에 근거하여 받는다고 주장할 수 있게 될 것이기 때문이다.

리스도와의 신비적 연합, 영생의 약속, 구원의 확신의 증거를 제시하는데, 오늘날 횡횡하는 반(半)펠라기우스적 구원론과 바울에 대한 새 관점주의자들의 이중칭의론을 반박하는데 이는 그대로 적용될 수 있는 내용이다 (2:250~51). 이처럼 이근삼 박사의 구원론은 성경적으로 형성한 구원론이 시대를 초월하여 여전히 신선한 목소리를 낼 수 있음을 잘 보여준다 하겠다.

(7) 교회론

교회론을 다룰 때에는 가장 중요한 네 가지 개념을 중심으로 풀어나간다. 하나님의 백성, 새로운 피조물, 신앙의 공동체, 그리스도의 몸의 개념이 그것이다(2:262~68). 이근삼 박사는 칼빈을 따라, 가견적 교회와 불가견적 교회 개념을 모두 인정하지만, 현실의 교회를 절대로 경시해서는 안 된다고 주장한다(2:264). 이어서 교회의 명칭으로 성도의 어머니로서의 교회, 그리스도의 몸으로서의 교회, 택자들의 공동체인 교회를 소개하는데 이는 칼빈의『기독교강요』제4권을 따른 것이다(2:269~72). "교회는 말씀을 소유하는 방법을 가르치며 믿음을 유지시키는 능력을 가진 유일한 곳이다"라고 이 박사는 주장한다(2:270). 직분자를 세운 것도 역시 하나님의 권위의 지속을 위한 것이다. 이처럼 그의 교회론은 매우 하나님 중심적이다(2:271). 교회관에 대한 루터, 멜랑히톤, 칼빈, 부써, 낙스의 견해를 소개하는 것도 매우 인상적이다(2:273~82). 이 박사는 교회의 참된 표지에 말씀 전파, 성례(세례와 성찬)의 집행, 권징을 넣는다(2:283~96). 그는 직분자에게 말씀을 주신 것을 강조하며, 성례의 집행자도 안수 받은 목사임을 강조한다(2:283, 290). 성찬론에 있어서는 루터의 공재설, 츠빙글리의 상징설, 로마 가톨릭의 화체설을 모두 거부하고, 칼빈의 영적 임재설을 주장한다

(2:291~92, 112, 323). 말씀이 없으면 성찬은 있을 수 없다고 강하게 주장한다 (2:293). 이 부분에서는 전반적으로 칼빈을 많이 따르지만, 교회의 속성으로 단일성, 거룩성, 보편성, 사도성을 설명할 때에는 벌카우어의 교회론을 소개한다(2:297~304). 특히 사도성은 목사직의 직무 속에서 전수됨을 강조한다(2:303).[102] 이처럼 교회론을 논할 때에 직분론을 중요하게 강조하는 것이 이 박사의 교회론의 특징이다. 그는 칼빈을 따라 목사, 교사, 장로, 집사직 가운데, 교사직은 목사직에 흡수된 것으로 본다(2:306~8).[103] 이어지는 장에서는 흥미롭게도 성부와 교회, 성자와 교회, 성령과 교회라는 식으로 삼위일체와 교회의 관계성을 다룬다(2:309~12). 교회론의 마지막 장에서는 역사적 교회의 유형들을 다루는데 일종의 비교교회론이다(2:313~41). 로마 가톨릭, 동방정교회, 루터교회, 개혁교회, 성공회, 침례교회, 감리교회, 퀘이커 교회, 오순절교회를 매우 심도 있게 다룬다. 이것을 보면 이근삼 박사가 교회론에 대해서도 수준 있는 연구들을 진행했음을 알 수 있다.[104]

---

102 헤르만 바빙크, 『개혁교의학』, 박태현 역(서울: 부흥과개혁사, 2011), 4:410에서 바빙크는 『디다케』, 15를 근거로 "감독들이 참 복음 전도자와 선지자와 교사가 되었다"라고 주장한다. 우병훈, 『교회를 아는 지식』 (서울: 복있는사람, 2022), 106도 보라.

103 1541년과 1561년의 교회 헌법에서 칼빈은 목사(pastores), 교사(doctores), 장로(presbyteri), 집사(diaconi)의 네 가지 형태로 직분을 나눴다(오토 베버, 『칼빈의 교회관』, 65). 칼빈이 이렇게 직분론을 구체화시킨 것에는 부서(Bucer)의 영향이 크다(스페이커르, 『칼빈의 생애와 사상』, 부흥과개혁사, 2009, 131). 스페이커르는 "교회관에 있어서, 칼빈은 전적으로 부서와 외콜람파디우스의 발자취를 따랐다"고 말한다(앞 책, 130). 그러나 나중에 칼빈은 목사직 안에 교사직을 포함함으로써, 최종적으로 삼중직의 직분론을 전개했다. 1561년에 나온 벨직 신앙고백서 30조에도 세 직분을 구분하며, 1618년에 나온 도르트 교회정치 2조에서도 세 직분을 제시한다. 이에 대해서는 대한예수교장로회 고신총회, 『헌법 해설: 예배지침, 교회정치, 권징조례』 (2018), 233을 참조하라.

104 이근삼, 『개혁주의 조직신학 개요 2』, 324~27. 특별히 개혁교회의 교회론을 다룰 때에는

(8) 종말론

종말론 부분에서는 종말론이 현대 성경신학에서의 강조로 인해서 기독론, 인간론, 교회론에 두루 접목되어 있음을 먼저 지적한다(2:345). 종말론을 다룰 때에도 역시 구약과 신약을 포괄적으로 다루는 성경적인 접근이 눈에 띤다. 재림에 대해 다룰 때에는 현대 성경신학에서의 실현된 종말론, 철저 종말론(슈바이처), '이미'와 '아직'의 구조(쿨만) 등을 다루는데, 소개할 뿐 아니라 개혁신학의 관점에서 성경적으로 비판하고 있다.[105] 천년왕국설에 대해서도 상세하게 다룬다(2:388~98). 천년왕국 후 재림설을 주장한 후천년설과 천년왕국 전 재림설을 주장한 전천년설을 모두 비판한 후에, 무천년설을 "개혁주의 교회의 가장 우세한 종말론적 사상"으로 옹호한다.[106] 종말론의 마지막 부분에서는 심판에 대해 다룬 후에 재림을 기다리는 그리스도인의 태도에 대해 서술한다(2:399~409). 그리스도인은 재림을 대비하고, 대망하고, 인내로 기다리며, 이를 기뻐하며, 거룩한 생활을 하며, 전도를 하며, 진리에 충성하며, 은혜 중에 성장하며, 하나님의 일을 해야 한다. "재림을 기다리는 자는 주어진 일에 열심하고 영원을 위해서 우리에게 주신 임무를 충실하는 자세"를 가져야 한다고 할 때, 이것은 이

칼빈의 『기독교강요』 제4권을 집중적으로 다룬 점이 특색이다. 유기체로서의 교회를 말한 부분(325)에서는 바빙크의 흔적을 볼 수 있다. 또한 오순절교회에 대한 비판에 대해서도 참고하라(340~41).

105 이근삼,『개혁주의 조직신학 개요 2』, 376~87. 이 박사는 쿨만이 예수와 초대 교회가 조기 재림 예언을 했던 것을 비판했던 것은 성경비평을 수용했기 때문이었다면서 비판한다(383, 384, 387).

106 이근삼,『개혁주의 조직신학 개요 2』, 398. 이것은 박형룡, 박윤선 등이 역사적 전천년설을 주장한 것과는 대조된다.

근삼 박사 자신의 삶과 신학의 태도를 요약하는 것처럼 들린다(2:409).

(9) 결론

이근삼 박사의 신학이 지니는 몇 가지 특징은 아래와 같다.

첫째, 성경적이다. 책 전체에 성경을 계속 인용하고 있다. 또한 성경 신학자들의 글을 종종 인용하는 것도 특징이다. 예수의 생애를 다룰 때 아주 두드러진다. 어떤 주제든지 구약과 신약의 중요 구절들을 다룬다. 필요한 경우에는 자신의 주석도 첨가한다.

둘째, 교의학을 저술하면서 고대의 자료뿐 아니라, 현대의 자료들을 두루 인용한다. 칼빈과 바빙크를 종종 참조하지만 그들만으로 지면을 채우지는 않는다. 대륙의 개혁신학자와 영미계통의 개혁신학자를 모두 참조한다.

셋째, 신앙고백적이다. 웨스트민스터 신앙고백, 벨직 신앙고백, 도르트 신조 등 개혁교회 신조들을 두루 인용한다.

넷째, 삼위일체론적이다. 교의학의 구조 자체를 삼위일체론적으로 풀어가지는 않았지만, 어떤 교의든지 삼위일체적 관점에서 다루기 위해 노력한 흔적이 보인다.

다섯째, 성령론을 포괄적으로 다룬다. 다른 개혁주의 교의학 서적들보다 훨씬 풍부하게 성령론을 다룬다. 그리고 단지 이론에 그치지 않고 신앙과 실제적인 주제들(성령세례, 성령충만, 성령의 내주, 성령의 은사 등)을 다룬다.

여섯째, 현대 독일 신학자들의 신학을 줄기차게 비판한다. 불트만, 브룬너, 바르트, 슈바이처 등 현대 독일 신학자들의 문제점을 자주 거론하며 비판한다.

일곱째, 개혁주의적 특징이 잘 나타난다. 그리스도의 삼중직을 다룰 때나, 교회론을 다룰 때에 개혁주의적 특징이 매우 잘 나타난다.

III 이환봉

1 교의학자로서 이환봉 교수

이환봉 교수의 신학적 여정과 주요 주제에 대해서는 이미 신득일 교수가 잘 다룬 바 있다.[107] 신 교수는 "이환봉 교수의 신학적 키워드는 성경관, 역사비평, 칼빈신학, 개혁주의, 기독교 대학이라고" 규정하고 각각의 주제들을 심도 있게 분석하고 있다.[108] 그러나 신 교수의 글은 아쉽게도 이환봉 교수가 교의학에 대해서 가지고 있는 견해와 사상에 대해서는 다루지 않았다.[109] 과연 고신대학교에서 35년(1980~2015년) 가까이 교의학 교수로서 봉직한 이 교수의 교의학은 어떤 내용과 특성을 지니고 있는가? 아래의 내용에서는 그 점을 다루고자 한다.[110]

---

107 신득일, "이환봉 교수의 신학적 여정과 주제", 「고신신학」 17 (2015): 27~56.

108 신득일, "이환봉 교수의 신학적 여정과 주제", 30. 이하에서 이 글의 중요 주장들을 요약한다.

109 결어에서 신 교수는 자신의 글이 이환봉 교수의 "교의학 과목과 이단사상, 교리교육에" 대한 부분은 제한된 지면 때문에 제외하고 있음을 밝히고 있다. 신득일, "이환봉 교수의 신학적 여정과 주제", 55.

110 이환봉 교수의 생애와 학문 여정을 서술한 자전적 기록으로는 이환봉, "여호와 하나님을 기억하면서", 「갱신과 부흥」 16 (2015): 5~31을 보라.

2 이환봉(1982~2015)의 교의학

(1) 교의학의 명칭과 요소와 정의

교의학자로서 이환봉 교수에 대해 제대로 다루기 위해서는 사실상 그가 썼던 글 전체를 살펴야 할 것이다. 왜냐하면 이 교수는 어떤 주제든지 교의학적인 안목과 방법론을 가지고 글을 집필했기 때문이다. 이 글에서는 이 교수의 교의학에 대한 견해가 가장 잘 드러나 있는『교의학이란 무엇인가』를 중심으로 교의학에 대한 그의 관점들을 정리하고 평가하고자 한다.[111]

오늘날 "교의학"에 해당하는 신학서들의 역사적 개관을 한 다음, 이 교수는 "'조직신학'과 '교의학' 중에 어느 명칭이 더 타당한가?"라는 굵직한 질문을 다룬다.[112] 그는 반틸과 틸리히를 비판한 후에, "조직신학"이라는 명칭보다는 "교의학"이라는 명칭을 사용함이 바람직하다고 주장한다. 그럼에도 그는 성경을 인위적 원리에 따라 조직하려는 태도는 경계하지만, "말씀과 성령의 인도를 쫓아가는 중생한 이성의 지성적 행위를 통해 조직적으로 연구하고 형식적으로 잘 정돈하여 새롭게 진술"하려는 노력은 긍정한다.[113] 이런 점에서 이 교수는 균형을 잘 잡고 있다. 그런 균형

---

111 이환봉,『교의학이란 무엇인가』(서울: 프라미스키퍼스, 2014).

112 이환봉,『교의학이란 무엇인가』, 7~10(개관), 10~16(질문). 한편, 이 질문에 대해서 이근 삼 박사는 "조직신학은 '교의신학' 혹은 '조직신학'으로 각각 불리우는데, 이 명칭 문제가 중요한 것은 아니다. 유럽 계통의 신학에서는 '교의학'을 즐겨 사용하지만 영국과 미국 계통의 신학에서는 '조직신학'이라는 용어를 즐겨 사용한다. 그러나 그 근본적인 개념은 동일하다"라고 주장했다. 이근삼,『개혁주의 조직신학 개요 1』, 17.

113 이환봉,『교의학이란 무엇인가』, 13.

감각은 하나님에 대한 가지성과 불가해성을 다룰 때에도 나타난다. 한편으로 이 교수는 우리가 이 땅에서 하나님의 본질 전체를 다 파악하고 완해할 수 없음을 인정한다. 다른 한편으로 그는 "하나님 지식의 불가완해성"은 "하나님 지식의 가지성(可知性, knowability)"을 전제로 함을 지적하고 있다. 인간은 하나님에 대해 다 알 수 없지만 하나님께서 스스로를 계시하신 진리 안에서는 분명히 알 수 있기 때문이다.[114]

교의학을 정의 내리는 부분에서 이 교수는 그의 글에서는 아주 보기 드물게 바빙크를 비판하고 있다.[115] 그리고 "교의학이란 성경에 철저히 복종하면서 교회가 고백한 교의들의 내용을 체계적으로 연구하여 새롭게 설명하고 표현함으로써 교회를 섬기는 학문이다"라고 교의학을 정의한다.[116] 여기서 그는 "성경에 철저히 복종하면서" 교의를 연구하는 일이 중요하다고 거듭 강조한다.[117] 이렇게 성경의 권위와 중요성을 천명한 것은 이 교수의 평소의 관심사를 잘 드러내 준다. 그는 신학자가 오직 성경을 따라 그리고 모든 성경을 따라 연구하고 표현할 때에만 온전히 교회를 섬

---

114 이환봉, 『교의학이란 무엇인가』, 13~14. 그러면서도 이 교수는 "마침내 하나의 체계를 전체로서 파악하는 일은 궁극적으로 종말에 가서야 이루어질 것이다"라고 한다(같은 책, 14쪽). 인간이 가진 신지식의 미완성적 성격을 "도정(道程)의 신학"이 가진 한계로 파악한 것이다.

115 이환봉, 『교의학이란 무엇인가』, 29~30. 그의 비판을 아래와 같다. 첫째, 바빙크의 교의학 연구의 대상은 하나님의 계시일 뿐이고 교회가 결정한 교의는 고려하지 않는 것처럼 보이기 때문이다. 둘째, 바빙크의 교의학 정의는 교의학의 부정적 기능만을 부각시킬 수 있기 때문이다. 셋째, 바빙크의 교의학 정의는 교의학의 역사적, 교회적인 측면을 간과하고 있는 것처럼 보이기 때문이다.

116 이환봉, 『교의학이란 무엇인가』, 31.

117 이환봉, 『교의학이란 무엇인가』, 32.

길 수 있다고 굳게 믿기 때문이다.

(2) 교의학의 학문성과 위치와 다른 신학 분야와의 관계

이환봉 교수는 교의학이 "학문"의 성격을 주장할 수 있다고 본다. 그렇다 하여 그가 신학을 "지혜"로 보는 아우구스티누스 전통을 떠난 것은 아니다. 그는 이 문제에 관해서 아우구스티누스, 아퀴나스, 둔스 스코투스, 루터 등을 다룬다. 그리고 19세기 후반 이후의 지적 풍토를 언급한다. 이런 견해들을 총체적으로 고찰한 후에 이환봉 교수는 신학(좁게 보아 교의학)도 학문성을 주장할 수 있다고 본다.[118] 그러나 이 교수는(아우구스티누스, 스코투스, 루터 등이) 말한 신학의 실천적 요소는(아퀴나스 등이 말한) 신학의 학문적 요소와 대립되지 않으며, 오히려 신학을 모든 학문의 정상에로 올려 준다고 주장한다.[119]

그렇다면 교의학의 위치는 어떻게 되는가? 교의학과 윤리학의 관계와 교의학과 변증학의 관계를 다루면서 교의학의 위치가 정치(定置)된다. 이 교수는 교의학과 윤리학의 유기적인 관계성을 강조한다. 그는 "교의학은 하나님에 대한 지식의 체계이며, 윤리학은 하나님에 대한 봉사의 체

---

118 이환봉, 『교의학이란 무엇인가』, 38. 구체적으로 네 가지 이유 때문이다. ①신학은 하나님께서 자신에 대해 계시하신 분명하고도 객관적인 내용을 연구의 대상으로 가지고 있으며, ②신학은 그 내용을 연구하는 분명하고도 일관된 방법론을 가지고 있고, ③신학은 일관성 있게 서로 연결된 계시의 내용 속에 있는 명제들을 검증할 수 있는 방법도 있으며, ④신학은 다른 학문들과의 어느 정도의 공동지반 즉 공유하는 주제들을 가지고 있기 때문이다. 여기에서 이 교수는 바르트와 밀라드 에릭슨을 참조한다.

119 이환봉, 『교의학이란 무엇인가』, 39.

계다"라고 한 바빙크의 말을 의미 있게 인용한다.[120] 이어서 이 교수는 교의학과 변증학의 관계를 다룬다. 여기서 그는 워필드를 비판한다. 워필드가 변증학을 일종의 무전제의 중립적인 학문분과로 보고서 다른 모든 신학과목들(주경신학, 교의신학, 역사신학, 봉사신학) 앞에 두어 그 과목들의 기본적 규범원리들을 수립시켜 주는 학문분과로 보기 때문이다. 이에 반대하고 카이퍼와 바빙크를 따라 이 교수는, 지성이 하나님의 존재에 대해 질문하기 전에 먼저 성경이 어떤 하나님을 제시하고 있는지를 알아야만 한다고 주장한다.[121] 이처럼 변증학을 교의학 뒤에 두고자 하는 이 교수의 관심은 결국 성경을 중심으로 신학을 하고자 하는 그의 기본적 입장을 잘 반영한다. 이어지는 글에서 그는 교의학과 성경신학이 상호의존적이어야 하며, 상호풍요화를 위해 협력해야 함을 주장한다.[122] 그 외에도 역사신학과 교의학의 관계, 봉사신학과 교의학의 관계도 강조한다. 특별히 이 교수는 설교학과 교의학의 관계를 다루기 위해 긴 지면을 할애한다. 그는 "설교는 교의학의 심장과 영혼이고 교의학은 설교의 지성과 양심이다"라는 한 문장으로 둘의 관계를 정립한다. 그는 "신학은 설교자들을 위해 설교를 어렵게 만들기 위해 필요하다"라는 에벨링(G. Ebeling)의 말과[123] 그 말을 역으로 표현한 "설교는 신학자를 위해 신학을 어렵게 만들기 위해 필요하다"

---

120   이환봉, 『교의학이란 무엇인가』, 46; 바빙크, 『개혁교의학』, 1:103.

121   Robert L. Reymond, 『개혁주의 변증학』, 이승구 역 (서울: 기독교문서선교회, 1989), 12.
        이환봉, 『교의학이란 무엇인가』, 50.

122   이환봉, 『교의학이란 무엇인가』, 58~60.

123   G. Ebeling, Word and Faith (Philadelphia: Fortress, 1963), 474; 이환봉, 『교의학이란 무엇인가』, 70에서 재인용.

라는 주장을 모두 소개한다.[124]

요약하자면, 이 교수에게 교의학이란 하나님에 대한 세상의 모든 질문들에 대해 전 성경에 나타난 "하나님의 모든 뜻"(the whole counsel of God, 행20:27)을 체계적이며 포괄적인 형태와 정확하고도 효율적인 서술을 통하여 드러내는, "모든 신학의 중심"에 위치하고 있다.[125]

(3) 교의학의 분류와 방법론

이환봉 교수는 교의학을 서술하는 구조에 따라서 교의학을 분류한다. 제일 먼저, 이 교수는 삼위일체론적 방법을 논한다. 그는 바빙크의 주장에 근거하여 모두 6가지 이유를 들어서 이 방법론이 교의학의 구조를 결정하기에는 부적절하다고 주장한다. 첫째, 이 방법은 삼위의 각 위의 사역을 상호분리하여 삼위의 일체성을 훼손할 수 있기 때문이다. 둘째, 이 방법론은 삼위의 사역을 다루기 전에 선행하는 별도의 장에서 삼위일체론을 취급해야 하는 문제점이 있다. 셋째, 이 방법론은 하나님의 외적 사역들을 위격들의 사역들로 이해하고서 삼위의 공동적 사역으로 거의 살피지 않게 된다. 넷째, 이 방법론은 삼위일체를 단지 경륜적으로만 파악할 위험이 있다. 다섯째, 이 방법론은 교의학의 논제들을 삼위일체의 위격들 아래에 두고 나눔으로써 그 논제들은 정당하게 다루지 못한다. 여섯째, 이 방법론은 쉽게 사변화 될 수 있고, 신통기(神統記)적 서술에 빠질 수

---

124 Thomas H. Troeger, "A Poetics of the Pulpit for Post-Modern Times", Intersection: Post-Critical Studies in Preaching, ed. R. L. Eslinger (Grand Rapids: Eerdmans, 1994), 43; 이환봉, 『교의학이란 무엇인가』, 71.

125 이환봉, 『교의학이란 무엇인가』, 73.

있다.[126] 따라서 이 교수는 삼위일체적 구성을 따라 교의학을 서술하는 것을 지지하지 않는다. 이어서 그는 분석적 방법, 언약론적 방법, 기독론적 방법, 왕국 개념에 기초한 방법론을 다루고 비판한다.

마지막으로 검토되는 방법론은 종합적 방법론이다. 이것은 바빙크의 "발생론적 – 종합적 방법론(Genetic-Synthetic Method)"에서 착안한 것이다. 이 교수는 이 방법론이 "가장 논리적이고 학문적인 통일성을 산출할 수 있는 분류 방법"이라고 규정한다.[127] 이 방법론은 "하나님으로부터 출발하여 하나님의 사역으로 내려가지만, 그것은 다시 그 사역들을 통해 하나님께로 올라가 하나님에게서 끝나기 위한 것"이며 "하나님이 시작과 중간과 끝"이 되는 방법론이다.[128] 바빙크가 말하듯이 이 방법론은 1) 하나님의 계시에 예시된 것과 같은 역사적 과정을 따르는 방법론이며, 2) 선험적인 사색에 대한 기회를 최소한으로 줄이고 신학의 실증적 특성을 가장 잘 보존하며, 3) 다른 학문들처럼 가장 단순한 요소들 혹은 원리들에서 시작하여 복잡한 체계로 진전하는 방법론이기에 교의학의 방법론으로 가장 적절하다. 이 교수는 이 방법론에 따라서 신학의 주제들을 신론, 인죄론, 기독론, 구원론, 교회론, 종말론 등으로 구성하는 교의학 구성을 제안한다.[129]

교의학의 주재료를 얻는 출처는 성경, 교회의 가르침, 신자의 의식이라는 세 가지가 있는데, 각각을 앞세우는 방법론을 성경적 방법, 전통적

---

126 이환봉, 『교의학이란 무엇인가』, 78~79; 바빙크, 『개혁교의학』, 1:165~66 참조.

127 이환봉, 『교의학이란 무엇인가』, 84.

128 이환봉, 『교의학이란 무엇인가』, 85.

129 이환봉, 『교의학이란 무엇인가』, 86~87.

방법, 주관주의적 방법으로 규정할 수 있다.[130] 이 중에서 이환봉 교수는 성경적 방법, 전통적 방법, 주관주의적 방법 가운데 어느 하나를 취해서는 안 되고, 통합적 방법을 취할 것을 주장한다. 그러나 여기에서도 역시이 교수가 강조하는 것은 "성경에 철저히 복종하면서" 교의학을 하는 것이다.[131] 여기서 우리는 이 교수의 교의학 방법론이 균형을 추구하면서도성경에 근거를 두려는 방법론임을 알게 된다.

(4) 교의학의 기능과 원리

교의학의 기능을 다룰 때 이환봉 교수는 세 가지 기능 즉, 재생적 기능(orthodoxy), 생산적 기능(orthopraxy), 예견적 기능(orthopraedixy)을 제시한다. 재생적 기능이란 교의들의 성경적, 전통적 근거를 살피는 것이다. 생산적기능이란 교의를 현실과 관련시켜 기독교적 의미와 행위를 창출하는 것이다. 예견적 기능이란 교회의 미래를 위해 교의의 미래 관련성을 추구하는 것이다.[132]

교의학의 원리를 다룰 때에 이 교수는 신칼빈주의와 같은 견해를 제시한다. 일반 학문에서 존재 원리는 하나님이다. 모든 지식의 원천은 하나님이시기 때문이다. 일반 학문에서 인식의 외적 원리는 하나님의 창조세계 혹은 일반계시이다.[133] 또한 하나님의 말씀과 성령의 내적 증거에 근거

---

130 이환봉, 『교의학이란 무엇인가』, 89~90.

131 이환봉, 『교의학이란 무엇인가』, 113~14.

132 이환봉, 『교의학이란 무엇인가』, 117~21.

133 이환봉, 『교의학이란 무엇인가』, 124~26.

한 신앙이 신학의 내적 인식 원리가 된다.[134] 이 교수는 교의학을 위한 인식의 내적 원리로서 이성이 될 수는 없다고 주장한다. 이 점에서 그는 박형룡을 비판한다.[135] 박형룡은 신학에서 이성의 자리를 높이고, 인간 이성에 의한 합리적 유신논증인 우주론적 논증과 목적론적 논증에 대한 신뢰를 표명했다.[136] 그러나 이 교수는 이에 대해 비판하면서, 이성이 신학 작업의 수단이 될 수는 있지만, 원리일 수는 없다고 주장한다.[137] 그리하여 이 교수는 개혁주의적 견해는 성령으로 말미암는 신앙이라고 주장한다. 우리는 신앙으로 앎에 이른다(per fidem ad intellectum).

(5) 교의학 연구의 자세와 개혁신학의 과제

교의학 연구 자세의 기본은 "기도"와 "겸손"과 "찬양"이다.[138] 그렇다면 개혁신학의 과제는 무엇인가? 종교개혁 이후 경건주의, 합리주의, 칸트, 슐라이어마허, 체험 신학, 리츨, 트뢸취, 사신신학, 본회퍼, 몰트만, 정치신학, 해방신학 등을 간략하게 다룬 이후, 이환봉 교수는 "오직 성경" 즉, 성경 무오성에 근거한 개혁주의 신학이 한국 교회의 미래를 위해

---

134 이환봉, 『교의학이란 무엇인가』, 136~38.

135 박형룡은 찰스 하지의 입장을 따라 "하나님의 진리의 인식에 있어서 신앙이 수위에 있음은 사실이나 이성은 그 차석에서 종속적이면서도 매우 중요한 사역을 담당한다는 의미에서 상당한 고위의 존재로 인정되어야 할 것이다"라고 했다 (박형룡, 『교의학 서론』, 177).

136 이 점에 있어서 이근삼 박사도, "우주론적 논증과 목적론적 논증이 부분적으로 유효하게 될 수 있다"라고 주장하였음을 기억할 필요가 있다. 이근삼, 『개혁주의 조직신학 개요 1』, 27.

137 이환봉, 『교의학이란 무엇인가』, 131.

138 이환봉, 『교의학이란 무엇인가』, 139~42.

필요한 신학이라 역설한다.[139]

(6) 결론: 이환봉 교수의 신학적 특징

이환봉 교수의 교의학 서론에서 나타나는 특징은 세 가지이다.

첫째, 성경적 신학을 추구한다. 이것은 그의 교의학 정의나 교의학과 타 신학 분과와의 관계성을 다룬 곳에서 잘 드러난다. 특히 변증학을 교의학 뒤에 두고자 하는 이 교수의 관심은 신학에서 성경을 가장 우위에 두고자 하는 그의 기본적 입장을 잘 반영한다.

둘째, 균형을 추구한다. 예를 들어, 교의학에 대한 지혜적 전통과 학문적 전통을 두루 소개하고 난 다음에, 비록 학문 전통에서 교의학 작업을 하고자 하나, 지혜 전통 역시 무시하지 않는 대목에서 이런 면을 발견할 수 있다. 교의학의 방법론을 다룰 때에도 역시 성경과 전통을 대립 관계로 보지 않고, 상호 조화시키려고 하고 있다. 이것은 성경주의적 극단과 로마 가톨릭의 극단을 둘 다 피하고, 성경과 전통 사이에서 균형을 유지하려는 입장이라고 말할 수 있다.

셋째, 사대주의적이지 않고 독립적인 신학을 추구한다. 비록 이 교수가 교의학 서론 전반에 걸쳐서 헤르만 바빙크를 중요하게 언급하고 인용할지라도, 때로는 그를 비판하기도 한다. 예를 들어, 교의학을 정의내릴 때에 바빙크의 정의를 여러 면에서 비판한 것이다. 또한, 교의학과 변증학의 관계를 다룰 때에도 찰스 하지나 B. B. 워필드를 비판하였다. 이성을 신학의 원리로 삼아서는 안 된다는 점을 강조할 때에는 박형룡도 역시 비

---

139   이환봉, 『교의학이란 무엇인가』, 144.

판의 대상으로 삼았다. 이런 점에서 이 교수의 신학은 전통을 마냥 반복하거나 맹목적으로 추종하지 않고, 성경을 중심으로 독립적인 태도를 견지하는 신학이라고 말할 수 있다.

마치면서: 세 교의학자들에 대한 결론적 평가

고신대학교 설립 70주년을 맞이하여 본 논문에서는 고신의 교의학자들이 지난 70년 동안 어떻게 개혁주의 교의학을 형성, 계승, 그리고 발전시켜 왔는가를 박윤선, 이근삼, 그리고 이환봉을 중심으로 살펴보았다.

한국 개혁신학계를 대표하는 주경신학자로 널리 알려진 박윤선은 당시 고려신학교의 거의 모든 교과목을 교수하는 가운데 교의학을 담당하면서 바르트를 위시한 다양한 현대신학자들의 거센 도전에 맞서 개혁주의 신학의 변증에 큰 관심을 기울였다. 이 글에서는 그의 '교의학적' 사고를 고찰하기 위해서 특히 1960년까지 발간되었던 그의 성경주석을 중심으로 계시론, 기독론, 그리고 구원론을 살펴보았다. 그의 주석들에는 당대의 신학, 특히 바르트의 초절주의적 신학에 대한 비판이 집중적으로 제기되었다는 특징이 있는 반면에, 그의 신학이 지닌 근본주의적 성향이 여전히 잔존해 있었다고 볼 수 있다.

박윤선의 뒤를 이어 1962년부터 1994년까지 교의학을 담당했던 이근삼은 2권으로 작성된 『조직신학 개요』를 남겼는데 이 글을 통해서 그의 교의학적 사고를 확인할 수 있었다. 그의 교의학은 칼빈과 바빙크의 개혁주의적 전통을 충실히 수용하고 이를 해설하였다. 이근삼의 교의학적 공헌은 박윤선이 크게 관심을 기울이고 비판했던 바르트를 위시한 당대 현대신학자들의 주장을 관점에서 날카롭게 비판했을 뿐 아니라, 박윤선의 근본주의적 경향을 개혁주의 신앙고백서를 중요시하는 역사적 개혁신학의 관점에서 수정 발전시킴으로서 고신 교의학의 지평을 더욱 확대했다는 점에서 찾아 볼 수 있다.

마지막으로 1982년부터 2015년까지 교의학자로서 봉직했던 이환봉은 특히 개혁주의 성경관을 전공한 학자로서 성경적 원리에 충실한 교의학 서론을 지속적으로 전개해 왔다. 그의 교의학은 칼빈과 바빙크가 주장하는 개혁신학의 원리와 방법론에 충실한 개혁주의 신학의 전형을 잘 보여주고 있다. 그러나 이환봉은 바빙크나 워필드, 그리고 박형룡을 비롯한 주요 개혁신학자들의 그대로 답습하는 경향을 탈피하고, 이들의 신학적 사고에 나타난 문제점들을 성경적 원리를 중심으로 비판하는 독자성을 추구하는 개혁주의 교의학을 표방했다고 볼 수 있다.

3

한국장로교 '조직신학'의 발전 역사

평양신학교와 고신/장신/총신/한신/합신을 중심으로

김은수

들어가는 말

19세기 구한말, 개화기의 격동의 시대를 지나는 동안 이 땅에 기독교 (개신교) 복음이 여러 경로로 전래되어, 1883년 황해도 솔내(松川, 소래)에 첫교회인 '솔내(소래)교회'가 자체적으로 세워졌다. 곧이어 1907년에 '예수장로회 대한노회'의 이름으로 독노회(獨老會)가 조직되고, 이 후 그 산하에 두었던 7개의 '대리회'(代理會)가 노회로 승격됨으로 인하여 1912년에는 '조선예수장로회 총회'(總會)가 조직되었다. 그러나 선교사가 공식적으로 입국하기도 전에[1] 이미 성경이 부분적이나마 자국어로 번역되었고 교회가 먼

---

* 본 논문은 "한국장로교회의 '조직신학' 교육과 연구 역사(1901~1980)에 대한 고찰", 「성경과 신학」 74 (2015): 97~135에 발표된 것을 1980년대 이후 제3세대 신학자들에게까지 확장한 것임을 밝혀둔다. 이 연구는 한국장로교의 조직신학 발전역사의 근간을 형성

저 세워졌던 것처럼, 노회와 총회가 조직되기도 전에 이미 이 땅에서의 신학교육이 시작되고 있었다. 1885년 4월에 입국한 미국 북장로교 선교부 파송 복음선교사 언더우드(Horace G. Underwood)는 1890년 초가을 서울 정동에 있던 그의 집 사랑방에서 '신학반'(theological class)을 열었고,[2] 이어 마포삼열(Samuel A. Moffett, 1890년 입국) 박사가 1901년 미국, 호주, 카나다 장로회 소속 선교사들의 연합공의회의 결정을 거쳐 평양에 있던 그의 사택에서 본격적으로 정규신학교로 시작하였는데, 이것이 한동안 장로교의 유일한 신학 교육기관이었던 "대한야소교장로회신학교"(평양신학교)의 태동이며,

해온 "평양신학교"와 이후 그것을 직접적으로 계승하거나 관계된 주요 5개의 장로교단의 목회자를 양성해 온 '신학대학원'(Theological Seminary)-고신/장신/총신/한신/합신 [가나다순]-중심으로 살펴본 것이다.

1 이 땅에 선교사가 공식적으로 입국한 것은 1884년 미국 북장로교 선교부 소속 의료선교사 알렌(Horace N. Allen, 1858~1932)이 제물포로 들어온 1884년 9월 20일이며, 그는 곧 '광혜원/제중원'을 세워 본격적인 활동을 시작하였다. 뒤이어 1885년 4월 5일 부활절날 미국 북장로교 선교부에서 파송한 복음선교사 언더우드(Horace G. Underwood)와 미국 감리교 선교사 아펜젤러(Henry G. Appenzeller) 부부 등 3인이 일본을 통하여 제물포(인천)에 그 첫발을 내디딤으로서 공식적인 선교역사가 시작되었다. 이 때 언더우드의 손에는 이수정이 번역한 한글성경 '마가복음'이 들려있었고, 그는 알렌의 제중원에서 학생들을 가르치기 시작하였다. Cf. 허순길, 『한국장로교회사: 고신교회중심』 (서울: 영문, 2008), 23~62. 참고로, 1884~1907의 초기 장로교 선교사들의 출신과 파송기관 및 입국일자에 대한 상세한 '입국상황'의 기록은 김남식/간하배(공저), 『한국장로교 신학사상사(I)』 (서울: 베다니, 1997), 67~70을 참조하라.

2 Cf. 양낙홍, 『한국장로교회사』 (서울: 생명의 말씀사, 2008), 81. 언더우드 선교사는 미국의 화란개혁신학교(Dutch Reformed Theological Seminary)에서 신학훈련을 받았으나, 선교현장에서는 초교파적인 태도를 견지하며 '교파주의'를 극복하려 노력하였으며, 이것이 초기 한국 선교에서 연합운동의 기초가 되었다. 김남식/간하배(공저), 『한국장로교 신학사상사(I)』, 96~99.

이로서 이 땅에서의 공식적인 신학교육이 시작되었다.[3] 그리하여 1907년 그 첫 졸업생들인 7인(길선주, 방기창, 서경조, 송인서, 양전백, 이기풍, 한석진)이 최초로 한국장로교 목사로 배출되었다.[4] 이처럼 이 땅에 공식적인 신학교육기관인 "평양신학교"(장로교공의회에 의해 1907년 정식으로 인준되어, 그 공식명칭은 "조선장로회신학교"로 정해짐)[5]가 세워져 본격적으로 신학이 전수되어 교육되기 시작된 이래 한국장로교는 분열과 발전을 거듭하며 약 115년의 역사를 점하고 있다.

한국장로교의 교단분열과 신학교의 역사를 간략하게 정리하자면, 이미 언급하였듯이 1901년에 설립된 '평양신학교'의 제1대 교장은 마포삼열 박사(1901~25), 2대 교장은 라부열 박사(Stacy L. Roberts, 1925~38)가 맡았으며, 1938년 5월 일제의 신사참배 강요로 자진 폐교하였다. 그리고 대부분의 외국 선교사들이 출국한 다음, 이미 성경관 문제 등 자유주의 신학으로 첨예한 갈등을 빚고 있던 김재준 목사를 중심으로 하여, "선교사들의 간섭과 통제로부터 벗어나 한국인의 자체적인 신학교를 세우고자하는 목적"으로 1940년 서울 승동교회에서 "조선신학교"(현 한신대학교/신학대학원)가 설립되었다.

---

3   Cf. 양낙흥, 『한국장로교회사』, 82f. 주강식, "한국장로교회의 개혁신학에 대한 연구: 1884년부터 2000년까지를 중심으로", 「갱신과 부흥」 14 (2014.07), 93. 1901년에 설립된 '평양신학교'의 제1대 교장은 마포삼열 박사(1901~25), 2대 교장은 라부열 박사(Stacy L. Roberts, 1925~38)가 맡았으며, 1938년 일제의 신사참배 강요로 자진 폐교하였다. 그리고 외국 선교사들이 떠난 후, 1939년 제28차 총회의 인준을 받아 1940년 재건되어 '(후)평양신학교'의 3대 교장은 채필근 목사, 광복 후 4대 교장은 김인준 목사, 1947년 이성휘 목사가 5대 교장을 맡았다.

4   Cf. 이상규, 『한국교회 역사와 신학』 (서울: 생명의양식, 2007), 20.

5   양낙흥, 『한국장로교회사』, 69, 90.

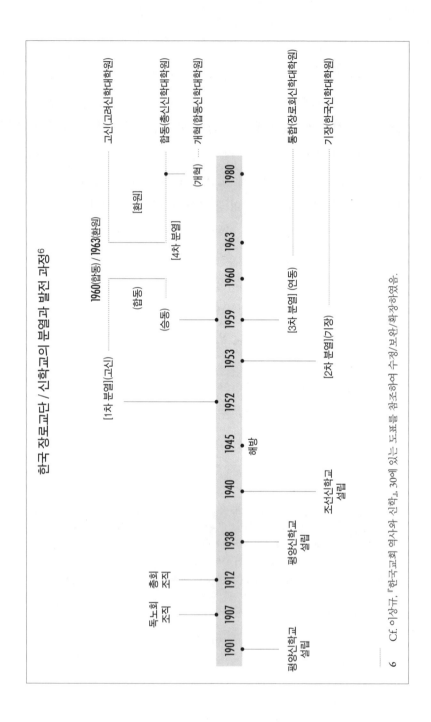

한국 장로교단 / 신학교의 분열과 발전 과정[6]

| 1901 | 1907 | 1912 | 1938 | 1940 | 1945 | 1952 | 1953 | 1959 | 1960 | 1963 | 1980 |

평양신학교 설립

독노회 조직 (1907)

총회 조직 (1912)

평양신학교 설립 (1938)

조선신학교 설립 (1940)

해방 (1945)

[1차 분열(고신)] (1952)

[2차 분열(기장)] (1953)

[3차 분열 (연동)] (1959)

1960(합동) / 1963(한연)

(승동)

(합동)

(한연)

[4차 분열]

(개혁)

고신(고려신학대학원)

합동(총신신학대학원)

개혁(합동신학대학원)

통합(장로회신학대학원)

기장(한국신학대학원)

6   Cf. 이상규, 『한국교회 역사와 신학』, 30에 있는 도표를 참조하여 수정/보완/확장하였음.

698

개혁주의 신학과 문화

나아가 일제하에서 신사참배를 거부했던 한상동 목사를 중심으로 한 출옥목회자들이 주축이 되어 경남노회에서 1946년 평양신학교의 신학적 복원을 염원하며 "고려신학교"(현 고신대학교/신학대학원)를 설립하여 그 역사를 시작하였고(cf. 한부선, 함일돈, 최이손, 마두원 등의 보수적인 선교사들이 동참함), 그 시초에 박형룡 박사(1947), 곧이어 박윤선 박사가 교장으로 섬겼다. 남북분단 후, 1948년 평양신학교를 계승하여 다시 서울 남산에서 개교한 "장로회신학교"가 개교하여 교장으로 박형룡 박사가 취임하였고, 1951년 한국동란 중에 대구에서 총회직영 신학교로 "총회신학교"가 시작되어 1952년 "대한예수교장로회신학교"로 인가되었다. 그러나 1959년 WCC 가입 문제로 또다시 '승동'과 '연동'으로 교회가 분열되었고, 이때 승동(합동)측은 "총회신학교"(현 총신대학교/신학대학원)로, 연동(통합)측은 1960년 "장로회신학대학"(현 장신대학교/신학대학원)을 인가받아 설립함으로서, 이후 분열된 각 장로교 주요 교단들의 신학교육을 담당하게 되었다.[7] 나아가 1979년 교권 문제로 분열된 대한예수교장로회 총회(합동)와 총신대학교의 개혁과 정화를 요구하던 학생들과 일부 교수들(신복윤, 김명혁, 윤영탁, 박형룡, 최낙재)이 박윤선 박사를 중심으로 1980년에 "합동신학대학원"을 설립하여 오늘에 이르고 있다.[8]

이렇게 한국장로교 신학의 역사가 100년을 넘어가면서 그동안 발전의 역사를 돌아보며, 그 발전의 과정과 특징적 요소들을 살펴보는 것은

---

7   Cf. 최윤배, 『조직신학 입문』 (서울: 장로교신학대학출판부, 2013), 58~61, 특히 "제2장, 한국장로회 조직신학 100년사"를 참조하라.

8   Cf. 20년사편찬위원회 편, 『합동신학대학원 20년사』 (수원: 합동신학대학원출판부, 2000).

사실 오늘 우리가 서 있는 자리를 명확히 살피는 일이요, 또한 앞으로 나아가야 할 방향을 가늠해 보기 위해서라도 너무나 중요하고 필요한 일이라 사료된다. 특별히 본 연구에서는 한국장로교 신학을 발전의 모습들을 '조직신학'분과 중심으로 살펴보고자 한다. 그러나 이 짧은 글에서 그 복잡다난한 한국장로교 조직신학의 역사를 전체적으로 일목요연하게 모두 담아 정리하기란 애초에 불가능한 일이지도 모른다. 그러한 연구의 한계와 어려움을 충분히 감안하면서, 여기에서는 '매트릭스 방법'(Matrix methodology)을 사용하여 한국장로교 조직신학의 발전과 전개과정을 정리하고자 한다. 그리고 이 연구의 범위를 제한함에 있어, 먼저 일차적으로 한국장로교 신학의 근간이 된 평양신학교와 그것을 직접 계승하였거나 분리되어 설립된 '5개의 주요 장로교단의 신학대학원'(고신/장신/총신/한신/합신[가나다순])을 중심하여 연대기적으로 그 신학적 특색에 따라 발전/전개과정을 정리하며, 동시에 각 시대별로 주요 조직신학자들과 저작들, 그리고 중요한 신학적 주제/이슈들과 이와 연관된 신학자들을 살펴봄으로서 그 통시적(계통적)인 발전과정을 밝히고, 또한 공시적으로 세계교회의 신학적 발전 및 전체적인 한국교회의 신학의 주요 주제/이슈들과의 상호 연관관계를 살피며 추적 정리하고자 한다. 이렇게 함으로서 기대하는 바는, 한국장로교를 대표하는 각 교단신학의 계통적인 발전과정과 더불어 신학적 정체성과 특징들을 명료하게 하고, 그것을 가능하게 한 주요 신학자들의 신학적 공헌과 특징들을 보다 구체적으로 알 수 있게 될 것이다. 즉, 본 연구를 통하여 우리는 "한국장로교 조직신학"이라는 전체적인 숲이 형성되어 온 과정과 경관을 조망하면서, 동시에 그 숲을 이루는 각각의 지형적 특징과 그 속의 각종 나무들의 특색 있는 모습까지 가능한 입체적으로 살펴보고자 한다.

I 한국장로교 조직신학의 파종기: 제1세대의 조직신학(1901~1945)

1 초기 장로교 선교사들의 신학적 특징과 '조직신학'의 착근(1901~1938)

(1) 초기 한국장로교 선교사들

한국장로교 신학의 기초는 초기 한국으로 파송되어 온 선교사들에 의하여 놓여졌고, 이들이 뿌려놓은 신학적 씨앗들은 튼튼하게 뿌리를 내리며 이후에도 계속하여 심대한 영향을 미쳤기 때문에 우리는 가장 먼저 그들의 신학적 정체성과 특징적인 요소들이 무엇인지 살펴보아야 한다. 초기 한국장로교의 신학의 정체성을 특징적으로 구체화한 선교사들은 대체로 미국의 맥코믹(McCormick) 신학교, 프린스턴(Princeton) 신학교, 유니온 (Union) 신학교 출신들이었다.[9] 미국의 북/남 장로교 선교부에서 파송하여 이 당시 활동했던 선교사들 가운데 극소수를 제외하고는, "세계에서 가장 보수적인 선교사들"이었다.[10] 1922년 당시, 미국 장로교 한국선교부의 연례보고서에 따르면, 한국에서 사역하던 선교사들은 모두 40명이었는데, 이 가운데 프린스턴 출신이 16명, 맥코믹 출신이 11명, 유니온 출신

---

9   Cf. 박용규, 『한국장로교 사상사: 한국교회와 성경의 권위』 (서울: 총신대학출판부, 1992), 63.

10   박용규, 『한국장로교 사상사』, 64. 초기 한국 장로교 선교에 있어 결정적인 역할을 한 이들 선교사들의 특징적인 신학과 신앙의 정체성에 대한 간략한 배경에 대하여는 김남식/간하배 (공저), 『한국장로교 신학사상사(I)』, 85~92를 참조하라.

이 3명이었으나, 초기 25년 동안 한국의 장로교 선교와 평양을 중심으로 이루어지던 부흥운동과 전도, 그리고 평양신학교에서 신학교육을 주도한 이들은 맥코믹 출신 선교사들이었다.[11] 이들 선교사 가운데, 특히 초기 한국장로교 신학의 기초를 형성함에 있어 가장 큰 영향을 미친 선교사들은 맥코믹 출신으로서 마포삼열(Samuel A. Moffett, 1890 입국), 소안론(W. L. Swallen, 1892 입국), 곽안련(Charles A. Clark, 1902 입국); 유니온 출신으로서 이눌서(이율서, William C. Reynols, 1892 입국), 구례인(J. C. Crane, 1907 입국); 그리고 프린스턴 출신인 어도만(Walter C. Eerdman, 1906 입국), 라부열(Stacy L. Roberts, 1907 입국), 함일돈(Floyd E. Hamilton, 1920 입국) 등이며, 이들은 평양신학교의 설립자들임과 동시에 지속적인 신학교수사역을 통하여 한국장로교 신학에 정통 보수주의 신학

---

11   Cf. 간하배(Harvie M. Conn), 『한국장로교 신학사상』 (서울: 개혁주의신행협회, 1991), 14; 박용규, 『한국장로교 사상사』, 66f. 이들 중에 마포삼열(Samuel A. Moffett), 소안론(W. L. Awallen), 곽안련(Charles Allen Clark), 이길함(Graham Lee), 블레어(W. N. Blair), 무어(S. F. Moor), 로스(Cyril Ross), 버히슬(C. F. Berheisel), 아담스(J. E. Adams) 등이 맥코믹 출신으로서 평양신학교에서 가르쳤던 선교사들이다(p. 67). 따라서 1938년 폐교할 때까지 평양신학교는 "한국의 맥코믹신학교"로 불리울 만큼 이들의 영향력은 지대했다. Charles Allen Clark, "Letter to Mr. McCaughey" (April 15, 1939) in Robert Culver McCaughey, "A Survey of the Literary Output of McCormick in Chosen", 91. 여기에서는 박용규, 『한국 장로교 사상사』, 74를 참조함. 양낙홍에 의하면, "평양신학교는 설립, 운영, 교수진, 건물 건축에 이르기까지 맥코믹신학교 출신 선교사들의 손에 의해 움직여졌다. 학교를 설립한 후 20년 이상 평양신학교 교장으로 있었던 마포삼열, 임시 교장직을 두 번 맡았던 번하이젤, 신사참배 시련기에 교장 대행직을 담당했던 곽안련 등이 모두 맥코믹 출신들이었다. 신학교 건물도 맥코믹 여사의 기부에 의해 건축된 것이었다[cf. 1908년 $5,500, 1922년 $35,000 기부함]. 그래서 곽안련 선교사는 1939년 평양신학교를 '한국의 맥코믹신학교'라고 부를 정도였다. 결국 맥코믹신학교 출신 한국 선교사들의 신학이 바로 [초기] 한국장로교회의 신학이 되었다." 양낙홍, 『한국장로교회사』 (서울: 생명의말씀사, 2008), 85.

을 착근시킨 직접적인 공헌이 있다.[12]

(2) 초기 한국장로교 선교사들의 신학적 특징

초기 한국장로교 선교사들은 "거의 대부분 [미국 장로교의] 구학파 (Old School) 신학이 지배하던 신학교 출신"들이며, 그 신학적인 특색은 "극단의 보수주의자 또는 근본주의자들"로,[13] 혹은 "교리적으로 말하면, … 청교도주의와 구학파 신학을 포함한 정통 칼빈주의로 특징지을 수 있을 것"이라고 하나,[14] 대체로 "[이들의] 교파적 배경은 장로교였으나 신학적으로는 엄격한 칼빈주의라고 보다는 보수적 복음주의자들에 가까웠다"고 평가된다.[15] 그들은 당시 자유주의 신학에 대항하여 미국에서 일어났던 근본주의 운동의 핵심교리인 "다섯 가지의 근본 교리들 – 처녀탄생, 대속의 죽음, 육체적 부활, 그리스도의 역사적 재림, 그리고 성경의 무오성 – 을 [전혀 의심없이] 확신했다."[16] 또한 미국 성경학교(cf. 무디, 뉴욕 등) 출신 선교사들의 열정적이고도 전국적인 광범위한 활동으로 "[성경 무오

---

12 Cf. 박용규, 『한국장로교 사상사』, 70~73, 130. 그러나 1925년 라부열(Stacy L. Roberts, 1907) 박사가 평양신학교의 제2대 교장으로 취임하면서, 1920년대 후반부터 30/40년대는 어도만(Walter C. Eerdman), 라부열(Stacy L. Roberts), 함일돈(Floyd E. Hamilton) 등의 프린스톤 출신 선교사들이 중심세력이 되어 제2기 평양신학교를 이끌었다. Cf. 김남식/간하배(공저), 『한국장로교 신학사상사(I)』, 117, n.101.

13 Chun Sung Chun, "Schism and Unity in the Protestant Churches of Korea" (Ph.D. Diss., Yale University, 1955), 67. 여기에서는 박용규, 『한국장로교 사상사』, 71에서 재인용함.

14 박용규, 『한국장로교 사상사』, 70.

15 양낙홍, 『한국장로교회사』, 89.

16 박용규, 『한국장로교 사상사』, 71.

와 영감의] 성경관에 대한 담대한 변호, 문자적인 성경해석, 그리고 세대
주의적인 종말론이 [초기] 한국의 장로교의 신학과 신앙을 특징지어 주었
다."[17] 그러나 이러한 일반적인 선교사들의 상대적으로 다양한 신학적 경
향과는 달리, 평양신학교를 중심으로 신학교육을 담당했던 선교사들은
대체로 칼빈주의적인 정통개혁파 신학과 청교도적 신앙전통을 계승한 미
국 북장로교회의 "구(舊) 프린스톤 신학"(Old Princeton Theology)과 칼빈주의와
'웨스트민스터 신앙고백서 및 표준문서들'에 기초한 신앙과 실천을 강조
했던 "남장로교 신학"(Southern Presbyterian Theology)에 정초하고 있었다.[18] 그
리하여 한국선교 50주년 연례보고서에서 블레어(Herbert E. Blair) 선교사는
'평양신학교의 신학적 특징'에 대하여 다음과 같이 기록하고 있다.

> 성경만이 강조된 교과서이며, 연구 교과서이다. 모든 목사들에게 한결같이 영
> 향을 끼친 이 신학교는 선교사 교수들의 손에 달려 있었다. … 역사적 칼빈주
> 의의 배경을 지니고 웨스트민스터 신앙표준을 수용하며, 장로 정치를 채용한
> 장로교인들은 구(舊) 프린스톤처럼 성경을 하나님의 말씀으로 의심치 않고 받
> 아들였다. 이러한 입장에서, 그리스도의 십자가에 그 중심이 있는 복음 이야
> 기와 이에 대한 바울의 초자연적 해석을 선교사들이 가르쳤고, 한국 교회는
> 서슴없이 받아들였다.[19]

---

17 박용규, 『한국장로교 사상사』, 69.

18 Cf. 김남식/간하배(공저), 『한국장로교 신학사상사(I)』, 87~92

19 Report of the 50th Anniversary Celebration of the Korea Mission, 121. 여기에서는 간
하배, 『한국장로교 신학사상』, 22에서 재인용. 또한 김남식/간하배(공저), 『한국장로교
신학사상사(I)』, 187f 참조.

이러한 초기 한국장로교의 신학과 신앙의 정체성은 1907년 장로교 '독노회' 조직시에 채택한 "대한예수교 장로회 12신조"와 "웨스트민스터 소요리문답"에 그대로 나타나고 있다. 이 '12신조'는 개혁주의 신앙의 정수가 담긴 "웨스트민스터 신앙고백서"의 요약문이며, 그 "강직한 칼빈주의 경향"으로 특징 지워진다.[20] 동시에 "새 교회는 역시 웨스트민스터 소요리문답을 채택하고 웨스트민스터 신앙고백, 그리고 대요리문답을 '하나님의 말씀에 대한 가치 있는 해석으로, 그리고 우리교회와 신학교에서 가르쳐야 할 체계'로 인정하였다."[21] 그리고 이 '12신조'에 강조되어 있는 철저한 "칼빈주의는 평양신학교에서 아주 효과적으로 배양되었다."[22]

(3) 조선 장로교회의 아버지: 마포삼열(Samuel A. Moffett) 박사

초기 한국장로교 신학과 신앙의 특징적인 정체성을 형성함에 있어 전체적인 관점에서 가장 결정적인 영향을 준 인물은 1901년 '평양신학교'의 설립부터 시작하여 1925년까지 교장직을, 이후에는 원로교장직을 수행하였으며, 또한 1907년 조직된 독노회의 제1회 회장과 1919년에 장로교 총회장을 역임하였고, 1890년 만25세의 나이로 선교사로 파송된 이래 1934년 70세의 나이로 은퇴할 때까지 45년간 그의 평생을 다양한 분야에서 한국선교를 위해 헌신한 마포삼열 박사(1864~1939)라고 할 수 있다. 그리하여 곽안련 선교사는 특별히 그를 일컬어 "조선 교회의 아버지" 혹

---

20   김남식/간하배(공저),『한국장로교 신학사상사(I)』, 131, 813f. 이 '12신조'는 1904년 인
     도 자유장로교회가 먼저 채택한 것이며, 그 전문은 pp. 184~86을 보라.

21   김남식/간하배(공저),『한국장로교 신학사상사(I)』, 183, n.14.

22   김남식/간하배(공저),『한국장로교 신학사상사(I)』, 186.

은 "조선 장로교회의 아버지"라고 칭송하였다.[23] 그는 스코틀랜드 언약
파(Covenanters)의 후손으로 미국의 구학파 신학전통을 계승하여 타협이 없
는 확고한 "보수적 근본주의/근본주의적 복음주의" 신학을 지향함으로
서 성경의 절대적인 권위와 무오설을 확신하였으며, 이러한 신학적 특징
은 그의 평양신학교 사역을 통하여 한국교회 전체에 퍼졌다.[24] 또한 그는
장로교회의 조직과 목회, 그리고 신앙과 삶의 영역에 있어서도, 1907년
조선장로교회의 헌법작성을 주관하였고, 또한 부흥사경회와 새벽기도회,
그리고 주일성수의 전통을 가장 먼저 시작하여 확립시킴으로서 초기 한
국장로교회의 성경의 절대적인 권위, 축자영감과 무오교리에 기초한 성
경중심과 경건주의적인 특징적 정체성을 확립하는데 큰 영향을 미쳤다.[25]
또한 그는 평양신학교 초기에 지금의 조직신학 분야에 해당하는 많은 과
목들을 가르쳤다. 다음의 내용은 1916년까지 평양신학교에서 강의된 주
요 조직신학 과목들과 담당 교수들이다.

조직신학 과목과 관련하여 1903년 개교 초기 마포삼열 초대 교장은 "신학
일반과 소요리문답", 배위량(William M. Baird, 1891 입국) 선교사는 "구원론"을 교
수하였다. 1916년 이전까지 조직신학 관련 과목과 담당교수는 다음과 같다:
"소요리문답", "신학: 구원론(결론), 교회정치와 성례들"(이상 마포삼열, Samuel A. Mof-

---

23 곽안련, "고 마포삼열 박사에게 봉정함", 「장신논단」 6 (1990), 192. 여기에서는 양낙홍,
    『한국장로교회사』, 72, 78f를 참조함.

24 Cf. 김남식/간하배(공저), 『한국장로교 신학사상사(I)』, 100~104; 박용규, 『한국장로교
    사상사』, 73~75.

25 Cf. 양낙홍, 『한국장로교회사』, "제3장, '조선교회의 아버지' 마포삼열", 55~79를 참조하
    라.

fett); "신학: 적절한 기독교와 신학의 증거들", "신학: 구원론"(이상 배유지, E. Bell, 1893년 입국); "신학: 종말론", "신학: 성령론"(이상 게일, James S. Gale, 1888 입국); "신학적 인간학"(매커첸, L. A. McCutschen, 1902 입국); "윤리학"(왕길지, G. Engel, 1900 입국); "신앙고백 강독세미나"(소안론, W. L. Swallen, 1892 입국); "신학: 성령의 직무와 사역"(언더우드, H. G. Underwood). 1916년 이후부터 1920년 초(初) 이전까지 조직신학 관련 과목인 "신학"은 마포삼열 박사에 의해 교수되었다.[26]

(4) 한국장로교 최초의 조직신학자: 이눌서(William C. Reynols) 박사

초기 장로교 "조직신학"의 착근과 관련하여 가장 중요한 역할을 한 사람은 이눌서(이율서, William C. Reynols, 1867~1951) 박사와 구례인(John C. Crane) 박사인데 두 사람 모두 미국 버지니아의 리치몬드 소재 '유니온 신학교' 출신이다. 먼저, 이눌서 박사는 1892년에 입국하여 다양한 선교사역을 감당하다 1924년에 평양신학교에 조직신학 담당교수로 초빙되어 1937년까지 14년간 사역하였고, 총 45년간을 한국교회를 위하여 일했다. 그는 "남장로교 학파 중에서 가장 탁월한 개혁주의 신학자로 손꼽히는 대브니(R. L. Dabney), 톤웰(J. H. Thornwell)의 [신학과] 사상적 후예였다. 따라서 이눌서 박사는 미국 남장로교의 보수성을 그대로 반영하는 인물이었다."[27] 간하배 박사는, 그를 "넓은 의미로 엄격한 보수주의자였다"고 평가한다.[28] 이

---

26   여기에서는 최윤배, 『조직신학 입문』, 69f에서 약간의 정보와 내용을 보완하여 인용함. Cf. 장로회신학대학교 100년사 편찬위원회, 『장로회신학대학교 100년사』, 112~17.

27   박용규, 『한국장로교 사상사』, 71.

28   간하배, 『한국장로교 신학사상』, 30.

때 이눌서 박사가 사용한 조직신학 교재는 중국의 남경신학교와 천진신학교 교수였던 차유밍(cf. 한국명: 가옥명) 박사가 쓴 조직신학서로서 전6권으로 구성되었고, 이것을 이영태, 정재면이 번역하여 1931년에 출판하였으며, 1938년까지 교재로 사용되었다.[29] 차유밍이 쓴 이 조직신학서는 "미국의 개혁주의 신학자였던 C. Hodge의 Systematic Theology와 그의 아들 A. A. Hodge의 Outlines of Theology, 그리고 침례교의 보수적인 신학자였던 A. H. Strong의 Systematic Theology의 내용을 토대로 집필된 책이다."[30] 이종성 박사의 평가에 따르면,

이 책의 내용은 철저하게 『웨스트민스터 신앙고백』의 내용을 따르던 침례교

---

29   김광열, "총신에서의 '조직신학' 논의 – 회고와 전망(I)",「신학지남」317 (2013, 겨울호), 63. "가옥명(賈玉明) 저/이영태(李永泰) 역/이눌서(李訥瑞) 감수,『조직신학 제1책: 기독교증험론(基督教證驗論)』(평양: 소화6년 5월 29일, 장로회신학교), 제2권부터 6권까지는 정재면(鄭載冕)에 의해 번역되었다. 가옥명(賈玉明) 저/정재면(鄭載冕) 역/이눌서(李訥瑞) 감수,『조직신학 제2책: 신도론(神道論)』(소화6년 6월 28일),『조직신학 제3책: 인죄론(人罪論)』(소화6년 6월 15일),『조직신학 제4책: 구원론』(소화6년 7월 23일),『조직신학 제5책: 성령론』(소화6년 7월 30일),『조직신학 제6책: 말세론』(소화6년 6월 27일). 소화6년은 1931년이다. 참고로 제1권 영어표지는 다음과 같이 되어 있다. Evidences of Christianity Volume I. of Systematic Theology Translated from the Chinese of Rev. Chia Yu Ming Professor in Nanking Theological Seminary by Y. T. Lee under the oversight of W. D. Reynolds, D.D., LL. D. Professor of Systematic Theology in The Presbyterian Theological Seminary Pyenyang, Korea Published by the Presbyterian Publication Fund 1931. 최근에 출판된 원본은 다음과 같다. 賈玉明.『神道學「上」,「中」,「下」』. 台北: 歸主出版社, 1996/1996/1997." 최윤배,『조직신학 입문』, 70f, n.141.

30   김광열, "총신에서의 '조직신학' 논의 – 회고와 전망(I)", 63. 김광열 박사는 계속하여 이 차유밍의 조직신학서에 대한 자세한 내용을 분석하고 그 특징적 요소들을 언급하고 있다(pp. 64~67).

회의 스트롱(Augustus H. Strong)의『조직신학』(1886)과[31] 장로교회의 프린스턴신학교 교수인 핫지(C. Hodge)의『조직신학』세 권(1871~1873)에 근거하여[32] 중국식으로 착색된 것이므로, 한국장로교회의 신학은 처음부터『웨스트민스터 신앙고백』을 따랐[고], 모든 신학적 용어는 이눌서의 번역에 의존했으며, 그의 입을 통하여 '칼빈주의'와 '정통주의'가 한국장로교회에 전래되었[다]. 역사적으로 볼 때, 이눌서는 "한국 장로교회(예장)의 신학적 건축자"였던 셈이며, 이눌서에 의해서 뿌려지고 다듬어진 "장로교회의 신학(개혁주의적 정통주의)은 그 후 박형룡에게 계승되었다."[33]

(5) 한국장로교 최초의『조직신학』저자: 구례인(John C. Crane) 박사

1907년에 입국하여 여러 분야에서 선교사역을 감당하던 구례인 박사는 1937년에 이눌서 박사의 후임으로 평양신학교의 조직신학 교수직을 맡아 한국동란이 일어난 1950년까지 14년간을 사역하였다. 그는 특별히 스스로 조직신학 강의안을 보다 체계적으로 깊이 있게 저술하여 교재로 사용하였고, 은퇴 후에 정식 출판하였는데, 이것이 한국에서 저술되

---

31 Augustus Hopkins Strong, *Systematic Theology* (New York: A. C. Armstrong and Son, 1886/1899).

32 Charles Hodge, *Systematic Theology*, vol. 1~3 (Grand Rapids: Eerdmans, 1871~1873 /1977).

33 이종성, "한국교회 조직신학 100년의 발자취",『춘계 이종성 저작전집(37)』(서울: 한국기독교학술원, 2001), 243. 박형룡 박사는 이눌서 박사로부터 "역사적 전천년설"을 받아들였다. 참고, 김명용,『현대의 도전과 오늘의 조직신학』(서울: 장로회신학대학교출판부, 1997), 115. 여기에서는 최윤배,『조직신학 입문』, 71에서 재인용함.

어 출판된 최초의 조직신학서이다.[34] 이 저서에서 구례인 박사는 주로 그가 공부한 남장로교의 전통을 따라가면서, R. L. Dabney, Louis Berkhof, Charles Hodge, W. G. T. Shedd, B. B. Warfield 등 당대의 정통개혁주의 신학자들의 저서들을 많이 인용하고 있다.[35] 간하배 박사는 "한국교회 초기의 보수주의 [신학의] 특징은 넓은 의미의 복음주의 이상이었다. 신학적으로 한국교회는 개혁파 신앙, 즉 칼빈주의의 독특성을 예리하게 인식하였다. 이는 아주 놀라울 정도이다. … 구례인의『조직신학(組織神學)』은 알미니안 신학과 칼빈주의 신학을 명확히 구분하고 있다"고 평가한다.[36] 특히 그는 조직신학 전반에 걸쳐 알미니안주의자들을 비판하면서 구원론에서는 칼빈주의 5대 논점을 분명하게 제시하였다. 뿐만 아니라, "고급 알미니안주의자"라고 불린 웨슬리안주의의 "완전성화론"이나 성령충만(세례)

---

34 간하배,『한국장로교 신학사상』, 30. 구례인 박사의 이 조직신학서는 그의 은퇴 후에 라부열(Stacy L. Roberts) 학장의 요청으로 먼저 영어로, 다음에 한글로 번역되어 출판되었다. "구례인(具禮仁; J. C. Crane, 크래인) 저/金圭唐 역,『Systematic Theology 組織神學 上卷』(서울: 대한예수교장로회 종교교육부, 1954.5.30)은 853쪽으로서 내용은 제1편 총론 7장, 제2편 신론 13장, 제3편 인론(人論) 6장으로 구성되어 있다. 구례인(具禮仁; J. C. Crane) 저/金圭唐 역,『Systematic Theology 組織神學 下卷』(서울: 대한예수교장로회 종교교육부, 1955.2.1)은 902쪽이고, 제목목록 27쪽, 저자목록 13쪽, 난구목록 2쪽이며, 제4편은 '구원론(1) 기독론(교리)'이고, 제5편은 '구원론(2) 기독론(경험)'이[며], 제6편 제1부는 교회론, 제6편 제2부는 말세론이다. Cf. J. C. Crane, Systematic Theology: A Compilation, Vol. 1. (Specialized Printing Company, 1953)." 최윤배,『조직신학 입문』, 72, n.147.

35 김광열, "총신에서의 '조직신학' 논의 – 회고와 전망(I)", 69.

36 간하배,『한국장로교 신학사상』, 38f. Cf. 김남식/간하배(공저),『한국장로교 신학사상사 (I)』, 202.

에 의한 "제2축복신학"을 비판한다.[37] 나아가 이 저서에서 그는 단순히 정통 개혁파 신앙을 요약하고 정리만 한 것이 아니라, 스스로 당시 일어나고 있던 신정통주의나 현대신학 사조들을 직접 공부하고 연구하여, 이를 비판적으로 비교하면서 적극 대응하며, 칼빈주의적 개혁파 신학과 신앙을 수립하고자 하는 깊은 열정을 보여주었다. 이러한 사실은 나중에 한글로 번역 출판된 그의 영문저서 1권 서문에 잘 나타나 있다.

당시 대학교를 졸업한 사람들이 학생단체에 참여하였고, 현대 신학사상에 명백한 관심을 보였기 때문에 현대 사상의 빛에 비추어 개혁파의 입장을 적절하게 설명하는 것이 긴급하였다. 이런 과업을 보다 더 잘 준비하기 위하여 필자는 프린스톤에서 브룬너(Emil Brunner), 파이퍼(Otto Piper), 카이징가(John E. Kuizenga), 스테이스(W. T. Stace/인식론) 및 여러 교수 밑에서 일년간 수학하였다. 또한 뉴욕 유니온 신학교에서 틸리히(P. Tillich), 모펫(James Moffatt) 및 여러 교수의 강의실을 찾아다니고, 여러 신학 잡지를 뒤져서 발달된 현대 사상가들의 광범위한 서적들을 섭렵하였다.[38]

한 가지 더 언급 할 것은, 구례인 박사는 또한 당시 무디(Moody) 성경학교와 뉴욕의 성경학교 출신 등의 근본주의적 입장을 가진 선교사들에 의한 지칠줄 모르는 지방순회 전도, 성경공부, 사경회 등으로 일반성도들

---

37 김광열, "총신에서의 '조직신학' 논의 – 회고와 전망(I)", 69~72.

38 J. C. Crane, Systematic Theology: A Compliation, Vol. 1 (Specializled Printing Company, 1953), vii. 여기에서는 간하배, 『한국장로교 신학사상』, 34에서 재인용. Cf. 김남식/간하배(공저), 『한국장로교 신학사상사(I)』, 198.

에게 광범위하게 전파된 율법폐기론과 성경 예언의 엄격한 문자적 해석과 성취, 그리고 '천국의 미래성'을 강조하는 세대주의 전천년설을 비판하며, 이를 개혁파 무천년설 입장에서 극복하려는 노력을 보여주고 있다.[39]

2 초기 '한국인 신학자'들의 조직신학(1934~1945)

(1) "청교도적 개혁신학"의 수용과 정초: 박형룡 박사

최초의 '한국인' 조직신학자인 죽산(竹山) 박형룡 박사(1897~1979)는 1930년 봄에 변증학을 가르치는 평양신학교 임시교수로 임용되었다가 1934년 9월 7일 전임교수로 사역을 시작하였다.[40] 이후 그는 49년 동안 조직신학자로서 그의 선임자들인 외국인 선교사들이 착근한 "청교도적 정통개혁파" 장로교 조직신학의 전통을 한국인의 손으로 정립함으로서, "한국교회의 정통교리를 확립하고 그 안에 개혁신학의 틀을 세워갔던 한국교회의 보배였다."[41] 그는 숭실전문학교에서 함일돈, 마포삼열, 허버트 블레어(Herbert Blair)에게서 신학을 배웠고(1920), 남경 금릉대학 영문학과(1923)를 거쳐 구(舊)프린스톤으로 유학하여 워필드(B. B. Warfield), 메이첸(J. G.

---

39   Cf. 간하배, 『한국장로교 신학사상』, 42~45; 김광열, "총신에서의 '조직신학' 논의 – 회고 와 전망(I)", 72~74.

40   박형룡 박사는 프린스톤 신학교에서 신학사(Th.B)와 신학석사(Th.M) 과정을 마친 다음(1923~26), 1926년 켄터키주 루이빌 소재 남침례교 신학교의 박사과정에 입학하여 1933년 변증학 분야의 "자연과학으로부터의 반기독교적 추론"(Anti-Christian Infer- ences from Natural Science)이라는 논문으로 철학박사학위(Ph.D)를 받았다. Cf. 장동 민, 『박형룡』(파주: 살림, 2006), 59, 73.

41   김광열, "총신에서의 '조직신학' 논의 – 회고와 전망(I)", 74.

712
개혁주의 신학과 문화

Machen)에게서 신학교육을 받았다(1923~26). 그 신학적 경향에 있어, 박형룡 박사는 구(舊)프린스턴의 '아치발드 알렉산더(A. Alexander) − 핫지 부자 (C. Hodge & A. A. Hodge) − 워필드 − 메이첸'으로 이어지는 칼빈주의 청도교적 정통개혁파/보수적 장로교 신학의 전통을 철저하게 계승한 조직신학자이다.[42] 특별히 그에게 가장 큰 영향을 준 메이첸 박사가 미국에서 그러했던 것처럼, 그가 교수사역을 시작할 당시 한국 장로교 안에서 불길같이 번져가기 시작한 현대 자유주의 신학사조와 한치의 타협없이 싸우며 '성경완전무오'와 '축자영감' 교리를 강력하게 변호함으로서, "한국의 메이첸"이라고 불릴만큼 한국장로교의 정통주의와 보수적 신학을 지켜낸 보루였다.[43]

박형룡의 신학은 "성경의 무오사상에 입각하는 비타협적인 보수주의 신학"이었다. "성경을 초자연적 영감으로 생각하고 그것을 열심히 연구하며 신앙과 생활의 법칙으로 삼아온 한국 장로교의 전통적 신앙을 가장 잘 대변하는 신학자, 또 그와 같은 한국 장로교회의 「성경의 권위」에 대한 「신념」을 조장하는데 그 누구보다도 크게 공헌한 신학자였다." 그의 신학의 특색은 성경의 권위에 기초하여 한국교회에 방향을 제시하는 "지로적 신학"(指路的 神學)이었다.[44] 그는 1935년 11월 신학교 강의안과 「신학지남」에 기고하였던 글들을 재편집하여 『기독교 근대 신학난제선평』(총18장, 847쪽)이라는 조직신학 저술을 출판함으로서 신학자로서 전국적인 명성을 얻었고, 나아가 후에 『교의신학』(전

---

42   Cf. 김길성, 『총신의 신학전통』(서울: 총신대학교출판부, 2013), 19, 25.

43   한승홍, 『한국 신학사상의 흐름(하)』(서울: 장로회신학대학교출판부, 1996), 84.

44   박용규, 『한국장로교 사상사』, 199f.

7권, 1955~77)을 출판함으로써 '한국인' 조직신학자로서 최초로 칼빈주의 신학과 청교도적 개혁주의에 기초한 보수적 장로교회의 조직신학 대계를 완성하여 후학들에게 큰 영향을 미쳤으며, 이러한 그의 모든 저작들은『박형룡박사 저작전집』(전20권, 1977)으로 출판되었다.[45] 그는『교의신학(I)/서론』에서 "본서는 정통주의 개혁주의의 입장에서 기독교 교의신학 혹 교의학을 논술하기로 한다"고 천명하고 있다.[46] 그의 조직신학의 기본적인 구조는 벌코프(L. Berkhof)의 조직신학을 따라갔으나(cf. 그는 먼저 벌코프의 조직신학 책을 번역하여 교재로 사용하였었다), "자신의 조직신학서에는 Hodge, Warfield, Dabney, Shedd, Smith, Kuyper, Bavinck, 그리고 Vos와 같은 개혁주의의 대표적 신학자들의 정통적 신학사조가 깔려있다"고 했다.[47] 박형룡 박사는「신학지남」에 기고된 그의 마지막 논문에서 "장로교회의 신학이란 구주대륙의 칼빈 개혁주의에 영미의 청교도사상을 가미하여 웨스트민스터 표준에 구현된 신학이다. 한국 장로교회의 신학적 전통이란 이 웨스트민스터 표준에 구현된 영미 장로교회의 청교도 개혁주의 신학이 한국에 전래되고 성장한 과정"이라고 요약하였다.[48] 그러나 정통개

---

45 박형룡,『박형룡박사 저작전집(전20권)』(서울: 한국기독교 교육연구원, 1977, reprint 1995), 21.

46 박형룡,『박형룡박사 저작전집(I): 교의신학/서론』, 21.

47 김광열, "총신에서의 '조직신학' 논의 – 회고와 전망(I)", 75, 76. 이러한 의미에서, 김길성 박사는 "박형룡 박사의 신학은 구 프린스톤 신학을 대표되는 영미계통의 장로교 신학과 화란계통의 개혁신학의 조화를 일구어 낸 신학으로 평가되어야 할 것"이라고 한다. 김길성,『총신의 신학전통』, 29.

48 박형룡, "한국 장로교회의 신학적 전통",「신학지남」43/3 (1976), 11. 그리하여 박형룡 박사의 신학에는 "역사적 칼빈주의가 관통하고 있[으며], 그것을 답습 재연한 것이 아니라 근본주의, 세대주의, 부흥운동적[/청교도적] 경건주의, 한국의 문화적, 시대적, 교회적 요인 등을 곁들여 한국형 개혁과 정통신학을 조형해 내었다"고 평가되기도 한다. 최덕성,

혁파 신학과 비교하여, 한 가지 특이한 것은 그가 『교의신학(VII)/내세론』에서 "역사적 전천년설"을 주장하였다는 사실이며, 이것은 일제하의 특수한 시대적 상황과 관련이 있었다.

(2) 한국장로교 안에서의 "자유주의 신학"의 대두: 김재준 목사와 '조선신학교'의 설립

한국장로교 안에서의 자유주의 신학은 시초는 선교 초기부터 주로 캐나다 장로교 소속 선교사들에게 그 뿌리가 놓여있다. 그들은 초기에는 한국 선교에 있어 주도적인 역할을 했던 보수적인 미국 장로교 선교사들 때문에 그 영향력이 미미하였다. 그러나 1925년 캐나다 장로교 선교부가 회중교회와 감리교회와 더불어 연합교회 선교부(회장: 서고도[William Scott] 선교사)를 구성함으로 인해 자유주의자들의 영향력이 커졌다.[49] 또한 1920년 대 일본에서 자유주의/진보적 신학교육을 받은 인물들이 귀국하여 본격적으로 활동함으로 인하여 1930년대에는 한국장로교회와 신학교에서도 그 영향력이 더욱 커져갔고, 그 중심인물들은 채필근, 송창근, 그리고 김

"박형룡 신학전통", 『고신의 인물과 신학사상』, 기독교사상연구소 편 (서울: 영문, 1996), 56.

49   Cf. 김양선, 『한국기독교 해방십년사』 (서울: 대한예수교장로회총회 종교교육부, 1956), 185; 박용규, 『한국장로교 사상사』, 171. 참고로, 주재용 박사는 초기 한국교회 안에서 주도적인 역할을 한 선교사들의 신학적 유형을 다음과 같이 세가지로 구분한다: "(1) 모 페트와 레이놀즈, 그리고 클라크 선교사를 중심으로 한 선교사 시대의 역사적 칼빈주의의 보수신학, (2) 헐버트와 스코트를 중심으로 한 선교사 시대의 역사 참여적 진보주의 신학, (3) 초기 선교사들과 감리교 선교사 하디를 중심으로 한 성령부흥주의 신학." 주재용, 『한국 그리스도교 신학사』 (서울: 대한기독교서회, 1998), 97.

재준 등이었다.[50] 그리하여 "1930년대는 종종 '전환점', '신학적 변천의 시대' 또는 '혼돈의 시대'로 상징된다. 이들의 도전 가운데 가장 중심적인 문제들은 [성경의] 고등비평, 오경의 모세의 저작권 부인, 자유주의 성경 해석과 이적 및 성경의 다른 초자연적 특성들의 부인과 같은 것이었다."[51] 그 이전에 남궁혁 박사(1882~1950, 신약신학)는 평양신학교와 미국 프린스톤 및 유니온신학교에서 신학교육을 받고 1927년 최초로 평양신학교의 한국인 교수가 되었으며, 자유주의 신학에 대해 관용적이었고, 김재준 목사는 그를 통하여 평양신학교와 관계를 맺게 되었다.[52]

"한국 자유주의 신학의 아버지"라 불리는 장공(長空) 김재준 목사(1901~1987, 구약신학)는 "극단적인 자유주의 신학"의 본산지였던 일본 아오야마(청산)학원(1925~28)과 미국의 프린스톤(1928)을 거쳐 송창근 목사가 있던 피츠버그 소재 웨스턴(Western) 신학교(1929~32)로 옮겨 신학교육을 받았고 (신학석사, S.T.M.), 처음부터 근본주의적인 보수적 장로교 신학에 대하여 아주 적대적이었다.[53] 그의 신학적 경향은 대체로 "자유주의를 용납하는 신정통주의 신학"(K. Barth, E. Brunner, R. Niebuhr, P. Tillich, etc.)이었고, 성경의 고등비평(R. Bultmann, etc.)과 진화론을 적극 수용하였을 뿐만 아니라, 칸트, 헤겔, 슐라이어마허, 리츨, 하르낙 등의 19세기 자유주의 신학을 적극 옹호하였다.[54] 1938년 신사참배문제로 평양신학교가 자진 폐교(cf. 1940년 「신학지남」 폐

---

50   Cf. 김남식/간하배 (공저), 『한국장로교 신학사상사(I)』, 213~25.

51   박용규, 『한국장로교 사상사』, 148.

52   Cf. 김남식/간하배(공저), 『한국장로교 신학사상사(I)』, 226.

53   Cf. 김양선, 『한국기독교 해방십년사』, 189; 박용규, 『한국장로교 사상사』, 148.

54   Cf. 박용규, 『한국장로교 사상사』, 180~81. 김재준 박사의 신학적 특징에 관하여는 다음

간/1954년 복간, 1941년 교수회 해체)하고 난후, 채필근, 김영주, 함태영, 송창근, 김 재준 등의 주도하에 보수적인 신학에 반대하며, 선교사들의 간섭을 받지 아니하고 자유주의 신학을 추구하는 사람들을 중심으로 1939년 신학교 설립기성회를 조직하여 1940년 서울에서 '조선신학교'를 설립함으로서, 이후 한국교회의 진보적 자유주의 신학의 중심요람이 되었다. 조선신학 교의 모든 주도적인 교수들은 그 당시 세계 신학의 주류를 형성하고 있던 신정통주의 신학노선을 추구하였고, 김재준 박사는 이 신학교의 초석이 되었다.[55]

II 한국장로교 조직신학의 형성기: 제2세대의 조직신학(1946~1980)

1 고신에서의 조직신학의 발전

(1) 고려신학교(고신)의 설립과 "정통개혁주의 신학"의 정초: 박윤선 박사/이상근 박사

1938년 9월 제27차 장로교 총회가 일제에 의해 강요된 신사참배를 가결한 이후, 신사참배를 반대하다 1940년 구금되어 감옥생활을 하던 한 상동 목사(1901~1976)는 '조선신학교'에 맞서 평양신학교의 정통개혁주의

을 참조하라: 한승홍, 『한국 신학사상의 흐름(상)』, 529~65; 김영한, "장공 김재준의 신학적 특징: 복음적 사회참여 신학", 「한국개혁신학」 38 (2013): 8~50; 김흥만, "장공 김재준의 신학여정", 「한국개혁신학」 38 (2013): 81~116.

55   Cf. 김남식/간하배(공저), 『한국장로교 신학사상사(I)』, 256~60.

신학적 전통을 잇는 신학교의 설립을 계획하였고, 일제의 패망으로 조국 광복과 함께 출옥후 1946년 9월 20일 주남선, 박윤선, 이상근, 한명동 및 한부선, 함일돈 등 일부 선교사들과 더불어 '고려신학교'를 설립하였다.[56] 이후 박형룡 박사가 봉천(심양)의 만주신학교로부터 귀환하여 1947년에 잠깐 초대교장을 맡았다 떠남으로 인하여, 곧이어 박윤선 박사가 제2대 교장을 맡게 되었다. 1952년 고신측 총노회가 조직됨으로 인하여 한국장로교는 1차 분열하였으며, 1960년 다시 분열된 승동측과 연합하였다가 1962년 고려신학교의 복교 및 1963년 대한예수교장로회 총회(합동)로부터 고신은 다시 환원하였다.

정암(正岩) 박윤선 박사(1905~1988)는 한국장로교 조직신학의 기초를 놓은 박형룡 박사와 더불어 한국장로교 '정통개혁주의' 성경신학의 기초를 놓았다. 그는 평양 숭실대학과 평양신학교를 졸업한 후(1934), 미국 웨스트민스터신학교에서 메이첸 교수 밑에서 신학석사(Th.M)를 마친후(1936) 귀국하여 가르치다, 다시 2차 도미하여 변증학과 성경원어를 연구하였고 (1938~39), 후에 화란 암스텔담 소재 자유대학에서 신약학을 연구하였으며 (1953~54), 미국 페이스(Faith)신학교에서 명예신학박사 학위를 받았다(1954). 그는 평생을 은사이자 동역자였던 박형룡 박사와 함께 혹은 뒤이어서 평양신학교(성경원어 강사), 만주신학교(1941~43), 고려신학교(교장서리/제2대 교장, 1946~60), 총회신학교(1963~80, 교장/대학원장), 그리고 마지막으로 합동신대원 (1980~85, 초대원장)에서 교수사역을 감당하였다.[57] 그는 성경주석가로서의 평생의 신학여정을 통해 1944년에 탈고한 요한계시록 주석원고를 1949년

---

56   Cf. 기독교사상연구소(편), 『고신의 인물과 신학사상』 (서울: 영문, 1996), 9~15.

57   Cf. 김길성, 『총신의 신학전통』, 51~53.

에 출판한 이후, 한결같이 성경주석에 치열하게 정진하여 마침내 신구약 성경전권에 대한 주석서(전20권, 1979)를 완간함으로써 한국장로교 성경신학과 주경신학의 기초토대가 된 화려한 금자탑을 쌓았다.[58] 더불어 한 가지 특기할 만한 것은, 그는 2차 미국유학중에 반틸(C. Van Til)의 변증학을 청강하며, 화란어를 직접 배워 헤르만 바빙크(H. Bavinck) 및 아브라함 카이퍼(A. Kuyper)의 조직신학을 원어로 읽었고, 흐레다누스(Greijdanus)와 흐로스헤이더(Grosheide)의 구속사적인 주석들을 깊이 있게 연구하였을 뿐만 아니라,[59] 나중에는 잠간동안 직접 화란 자유대학에 유학하여 연구으로서 한국장로교 안에 '화란 정통개혁주의 신학'의 전통을 착근시켰고, 그를 뒤이어 많은 후학들이 화란 정통개혁주의 신학을 유학하고 본격적으로 연구할 수 있도록 길을 열었다는 것이다. 그리하여 박윤선 박사는 구프린스톤과 웨스트민스터 신학자들로 대표되는 "영미 청교도적 개혁주의 전통"과 "화란 정통개혁주의 신학전통"이 균형있게 조화된 개혁파 신학체계를 구성하였다.[60] 이러한 신학적 기초위에서 그는 "한국교회에 성경신학에 기초하여 신학함의 초석"을 놓았고, 또한 "성경신학과 조직신학의 접목이

---

[58] 정암 박윤선의 구약주석(12권)은 7,347페이지, 신약주석(8권), 4,225페이지, 20권 총 11,602페이지의 방대한 분량이며, 이간데 1,053편의 설교와 41편의 소논문이 포함되어 있다. Cf. 김홍석, "정암 박윤선의 생애와 신학사상", 『고신의 인물과 신학사상』, 84.

[59] Cf. 기독교학술원(편), 『박윤선 신학과 한국신학』(서울: 기독교학술원, 1993), 18~22, 29.

[60] 그리하여 박윤선 박사의 신학에는 구프린스톤(Old Princeton)과 웨스트민스터 신학교의 신학자였던 C. Hodge, B. B. Warfield, J. G. Machen, C. Van Til, G. Vos의 영미 전통의 개혁주의 신학전통 뿐만 아니라 H. Bavinck, A. Kuyper, S. Greijdanus, K. Schilder, H. Ridderbos, G. C. Berkouwer 등의 화란 개혁주의 신학전통이 조화롭게 녹아들어 있다. Cf. 기독교학술원(편), 『박윤선 신학과 한국신학』, 22, 29, 60~61.

라는 새로운 [신학적] 장르"를 개척하였다.[61] 그리하여 그는 신구약 성경 전권에 대한 주석(전20권) 뿐만 아니라, 『성경신학』(1971)과 조직신학적 저술들을 모아 유작으로 출판된 『웨스트민스터 신앙고백서』(1989), 『개혁주의 교리학』(2003) 등을 남겼다.[62]

박형룡 박사가 고려신학교에 잠간동안 머물다 떠난 후에 항상 박윤선 박사와 함께하며 조직신학을 교수했던 이상근 박사(1911~2011)는 일본 청산학원과 평양신학교(1937)를 거쳐 일본 고베 개혁신학교에서 3년간 수학한 후 1948년 고려신학교에서 교리신학을 가르치다 다시 웨스트민스터 신학교(1949~51)에 유학후 1952년부터 고려신학교에서 조직신학을 가르쳤다. 이후 박윤선 박사와 함께 신학교를 옮겼고, 1963년 고신이 환원할 때 총신(합동)에 남아 1976년까지 조직신학을 가르쳤으며, 그의 조직신학 전반에 걸친 강의안(전7권)은 미출판된 책의 형태를 갖춘 프린터물의 바인더 형태로 남아 있다.[63] 그는 박윤선 박사의 영향으로 성경신학에 근거한 조직신학을 전개하였고, 또한 사도신경 및 웨스트민스터 표준문서들에 기초한 신앙고백적 신학에 특별한 관심을 가졌다.[64]

(2) "화란 정통개혁주의 신학"의 본격적인 수용과 전개: 이근삼 박사

1963년 고신의 환원이후, 고려신학교의 제2세대 신학자들로서 신학

---

61   김길성, 『총신의 신학전통』, 61, 71. 이러한 신학적 전통은 미국 웨스트민스터 신학교에서 G. Vos 등에 의해 시도되고 정착된 신학방법론에 그 토대를 두고 있다.

62   박윤선, 『성경신학』 (서울: 영음사, 2001); idem, 『개혁주의 교리학』 (서울: 영음사, 2003).

63   Cf. 김길성, 『총신의 신학전통』, 114~16, 125.

64   Cf. 김길성, 『총신의 신학전통』, 118, 120, 136.

교육을 이끌었던 이들은 고신에서 소위 '3인의 동방박사'라는 별칭으로 불렸던 홍반식(구약신학), 오병세(신약신학), 그리고 이근삼 박사(조직신학)였다. 이 가운데 이근삼 박사(1923~2007)는 1946년 고려신학교의 개교와 함께 입학하여 1951년 졸업후 미국 고든(Gordon) 칼리지, 페이스(Faith) 신학교, 카버난트(Covenant) 신학교(M.Div, Th.M, 1957), 웨스트민스터 신학교(변증학, 1957~59)에서 수학한 후, 화란 자유대학에서 베르카우어(G. C. Berkouwer)와 바빙크(H. J. Bavinck) 교수의 지도하에 한국인으로는 처음으로 박사학위(1958~62, Th.D)를 취득하였다. 1962년 귀국 후에 고려신학교에서 조직신학 교수로 사역을 시작하였고, 고신대학교 총장(1993~94)을 역임하였다.[65] 그는『칼빈, 칼빈주의』(1972),『개혁주의 신학과 교회』(1985),『칼빈주의 특성과 강조점』(1986),『기독교의 기본교리』(1990),『개혁주의 신앙과 문화』(1991) 등의 저술을 남겼고, 그의 저작들의 대부분은 모두『이근삼 저작전집』(전10권, 2007~2008)으로 다시 출판되었다. 이근삼 박사는 철저한 칼빈주의자로 '칼빈주의 신학'과 더불어 직접 유학하여 배우고 연구한 '화란의 역사적 정통개혁주의 신학'을 적극 수용하여 전개하였고, 특별히 신칼빈주의 신학자인 아브라함 카이퍼(A. Kuyper)의 언약사상에 기초하여 '하나님의 절대주권'과 '일반은총'을 강조하였다. 또한 이를 구체화하여 단순히 개인적인 구원과 교회 안에서만이 아니라 삶의 모든 영역 속에 하나님의 주권적 통치가 새롭게 실현되도록 하는 문화적 변혁을 추구하는 개혁주의 문화관을 강조하였는데, 이러한 그의 개혁주의 문화변혁적 신학사상은『개혁주의 신앙과 문화』에 잘 나타나 있고, 특히 고려신학대학원과 고신대학교

---

65   Cf. 기념논집발행위원회 편,『하나님의 주권과 은혜: 이근삼 박사 사역 50주년 기념논집』
      (서울: 총회출판국, 2002), 27~28.

를 통한 교육사역을 통하여 칼빈주의 신학을 실천하려 심혈을 기울였다. 또한 화란과 남아공화국, 호주, 일본 및 미국 개혁파 교회와 신학교들과의 교류에 큰 노력을 기울였고, 많은 제자들을 그곳의 신학교로 유학시켜 후학양성에 힘썼다.

2 한신에서의 조직신학의 발전

(1) 한신(기장)의 설립과 "진보적 신정통주의 신학"의 정초: 김재준 박사

한국장로교회 내에 진보적 자유주의 신학을 정초시키고, 그 신학적 요람인 "조선신학교"(현 한신대학교/신학대학원)의 신학적 기초를 놓은 이는 이미 언급하였듯이 장공(長空) 김재준 박사(1901~1987)이다. 1953년 9월 자유주의 신학노선을 추구하는 목회자들과 교회들이 마침내 "대한기독교장로회"(기장)로 2차 분열했다. 이러한 성경관 논쟁과 교회분열의 중심에 김재준 박사가 있었고, 이후 한신(기장)의 신학적 주요 관심은 다음의 두 가지 형태로 나타났다. 1) 먼저, 그 첫 번째 형태는 '신정통주의 자유주의 신학'을 지향한 것인데, 그는 신정통주의는 "그리스도교의 가장 근본적인 요소들을 누구보다 강력하게 주장"하는 것이므로, "자유주의, 정통주의, 신정통주의의 세 가지 주류의 신학사상 가운데 신정통주의가 취할 만한 것이고 가장 성경적"이라고 하였고,[66] "정통주의와 대결하여 싸우려는 철저한 자유주의 신학자"였다.[67] 이와 더불어, 2) 한국동란후 1960, 70년대의

---

66 김재준, "신학의 길", 『하늘과 땅의 해후』, 187. 김영재, 『뒤돌아보는 한국기독교』 (수원: 합동신학대학원, 2008), 334에서 재인용.

67 김양선, 『한국기독교 해방십년사』, 190, 199.

혼란스러운 한국사회 정치적 상황 속에서, 그는 "역사/사회 참여적 신학"을 추구하며 "사회와 문화"적인 상황에 관심을 가지고 신학화를 시도하였을 뿐만 아니라 정치/사회적 현실에 적극참여하기 시작하였다. 이러한 신학적 작업은 한신(기장)을 중심으로 이루어졌는데, 1960년대 이후 먼저 "토착화신학/문화신학" 및 "세속화 신학"에 대한 본격적인 논의가 시작되었고, 1970년대의 시대상황과 맞물려 "민중신학"이라는 역사/사회 참여적인 정치신학의 형태로 그 구체적인 모습이 나타났다.

(2) "신정통주적 자유주의 신학"의 수용과 전개: 박봉랑 박사

먼저, 한신(기장)의 기독교 사상가요 실천가로서의 김재준 박사의 첫 번째 신학형태인 '신정통주의적 자유주의 신학' 노선을 충실하게 계승하여 조직신학자로서 신정통주의적 자유주의 신학을 체계적으로 수용하며 전개한 사람은 박봉랑 박사(1918~2001)이다. 그는 일본 동경신학교(현, 도쿄신학대학, 1941)와 조선신학교(현, 한신대학교)를 졸업하고 미국 에즈버리신학교(B.D.)와 하버드대학교 신학대학에서 "칼 바르트의 성서론"을 연구하여 신학 박사학위(Th.M, Th.D, 1958)를 취득했다.[68] 그는 1958년 한신대 조직신학 교수로 부임한 이래 1984년 퇴임때 까지 칼 바르트의 신학을 중심으로 한 교의학 연구에 주력하는 한편, '민중신학'에 대하여는 비판적이었고, 주로 다양한 현대신학사조와 한국교회의 신학적 실존문제에 관심을 갖

---

[68] 박봉랑 박사의 학위논문의 전문이 그의 『신학의 해방』(서울: 대한기독교출판사, 1991): 45~376에 번역되어 수록되어 있다. 이것은 1947~53년 한국장로교 안에서의 성경관 논쟁과 교회분열에 있어 김재준 박사와 조선신학교의 입장을 칼 바르트의 성서론에 근거하여 논한 것이다.

고 칼 바르트의 신정통주의 관점에서 "복음적 교의학"을 발전시켰다. 또한 1980년 한국바르트학회의 활동을 통하여 한국교회에 있어 칼 바르트의 신학에 대한 재평가를 시도하며 '복음주의적 신정통주의'를 정립하기 위하여 노력하였다. 그의 주요저서에는 『기독교의 비종교화: 본회퍼의 연구』(1975), 『신의 세속화』(1983), 『교의학 방법론(I)/(II)』(1986/87), 『신학의 해방』(1991) 등이 있다.

(3) 현대 "급진적 자유주의 신학"의 수용과 "민중신학"의 전개: 서남동 박사

김재준 박사의 두 번째 신학형태인 '역사/사회 참여적 신학' 노선은 죽재 서남동 박사(1918~1984)를 통하여 구체화되어 나타났다. 그는 일본 도시샤대학(同志社大學) 신학과(1941)를 거쳐 캐나다 토론토 임마누엘신학교에서 신학석사(B.D., Th.M) 과정을 마쳤고(1955), 1984년 토론토대학에서 명예 신학박사 학위를 받았으며, 한국신학대학과 연세대학교 교수를 역임하였다. 서남동 박사는 그의 신학여정을 통하여 거의 모든 현대 자유주의 신학사조들과 철저히 마주하였고, 그것들을 적극 수용하며 흡수하였다.[69] 그 주된 것들은 '신정통주의 신학'(바르트, 부룬너, 니버)과 '실존 신학'(불트만, 다드), 그리고 특히 폴 틸리히의 '철학적 문화신학'과 디트리히 본회퍼의 '세속화 신학'(cf. 하비 콕스, 존 로빈슨)의 영향이 컸으며, 더불어 '신죽음의 신학'(반 뷰렌, 반 퓌어센, 토마스 알타이저), 몰트만의 '정치신학', 그리고 화이트헤드의 '과

---

69 서남동 박사의 신학적 여정에 대하여는 『전환시대의 신학』(서울: 한국신학연구소, 1976)의 자신의 "머리말"과 강원돈, "서남동의 신학", 『한국신학 이것이다』(서울: 한들출판사, 2008): 195~225; 한숭홍, "서남동의 신학사상" 『한국 신학사상의 흐름(상)』, 630~63을 참조하라.

정철학/신학'(존 쿱)과 떼이야르 드 샤르뎅의 유신진화론에 근거한 '생태/
생명신학' 등이다. 이러한 그의 다양한 현대 자유주의 신학에 대한 편력
과 섭렵은 1975년 이후 본격적인 그 자신의 "민중신학"을 착안하고 전개
함에 있어 밑거름이 되었다.[70] 그러므로 "민중신학은 토착화된 세속화 신
학"이라고 할 수 있다.[71] 그는 자신의 신학을 "방외자의 신학(方外神學)" 혹
은 "거리의 신학"이라고 하여 기존의 지배계급과 유착된 존재론적 이론신
학을 비판하며, 강단을 뛰쳐나와 사회정치적 억압과 고난받는 민중의 삶
의 현장으로 직접 뛰어들어 실천적인 '행동신학'(doing theology)을 추구하
였다.[72] 이러한 맥락에서 그는 지배 이데올로기적인 전통신학으로부터의
'탈신학'(脫神學), '반신학'(反神學)을 주장하였으며, 또한 기존의 그리스도론
중심의 신학을 탈피하여 '성령의 신학'"(성령의 제3시대)"을 강조하였다. 그의
주요 저서로는 『전환시대의 신학』(1976), 『민중과 한국신학』(1979), 『민중
신학의 탐구』(1984) 등이 있다.

3 총신에서의 조직신학의 발전

1947년 만주에서 귀국한 박형룡 박사는 잠간동안 고려신학교 교장

---

70   Cf. 나용화, 『민중신학 평가』(서울: 기독교문서선교회, 1987), 13~18. 민중신학의 형성
      에 관여한 학자들은 서남동, 김정준, 안병무, 김용복, 현영학 등이나, 그 핵심적 역할을 담
      당한 이는 조직신학자 서남동이다. 민중신학의 태동은 1973년 발표된 "한국 그리스도인
      선언"이라고 할 수 있으며, "민중 신학"의 개념은 서남동, "예수, 교회사, 한국교회" 「기독
      교 사상」(1975년 2월호)에서 처음으로 출현하였고, 그의 "민중의 신학"(4월호), "성령의
      제삼시대"(10월호)에서 더욱 구체화 되었다. Cf. 유동식, 『한국신학의 광맥(전면개정판)』
      (서울: 다산글방, 2000), 309~10.

71   유동식, 『한국신학의 광맥(전면개정판)』, 309.

72   서남동, 『민중신학의 탐구』(서울: 한길사, 1983), 3.

을 맡았다가 서울로 올라와 1948년 5월 서울 남산에서 '장로회신학교'를 개교하였으나(1949년 제35회 총회에서 직영신학교로 인가됨), 조선신학교와의 갈등으로 총회는 두 학교 모두 총회직영 인가를 취소하고 1951 피난지 대구에서 '총회신학교'를 설립하여 박형룡 박사가 교장이 되었으며, 1955년 다시 "대한예수교장로회신학교"로 개명하였다. 그러나 1959년 제44회 총회에서 WCC 가입문제(에큐메니칼 운동에 대한 입장차이)로 승동(합동) 측과 연동(통합) 측으로 분열하였으며, 이때 승동(합동) 측은 1960년 용산에서 "총회신학교"를 다시 시작하였고, 곧 고신과 합동을 하였으나 1963년 신학교 운영문제로 고신이 다시 환원한 후, 1965년 지금의 사당동으로 옮겨 오늘에 이르고 있다(1983년 용인시 양지에 총신대학교 신학대학원 이전). 특히 이 시기의 총신에서의 조직신학의 발전은 박형룡 박사와 이상근 박사의 뒤를 이어 박아론 박사와 차영배 박사에 의하여 이루어졌다.

⑴ "청교도 개혁주의 정통신학"의 계승: 박아론 박사

먼저 박아론 박사(1934~)는 일찍부터 미국으로 유학하여 유니온신학교(Th.M.)와 뉴욕대학교 대학원과 캘리포니아 신학대학원 공동 박사학위(Ph.D.)를 취득하였다. 1964년부터 총신에서 변증학, 험증학, 현대신학 등을 가르치기 시작했고, 후에는 조직신학(종말론)을 가르쳤다. 그는 선친인 박형룡 박사의 신학적 전통을 그대로 이어받아 변함없이 온전히 계승하고 전수하고자 노력하였고, 그 신학적 특징을 보수적인 "청교도 개혁주의 정통신학"이라고 정의하였는데, 이것은 인본주의적 자유주의 신학과 은사주의적 신학이 아닌 "하나님의 절대주권과 생활의 경건이라는 두 바퀴를 가지고 성경 66권의 궤도를 굴러가는 신학"이라고 했다.[73] 또한 그는 자신의 변증학을 전개함에 있어 화란의 헤르만 도예베르트(1894~1977)와 특히 코넬리우스 반틸(1895~1987)의 전제주의적 입장을 충실하게 따랐다. 나아가 그는 종말론의 천년기설에 대한 해석에 있어, 역사적 정통개혁주의 신학의 입장인 '무천년설'보다는 박형룡 박사와 박윤선 박사의 입장을 따라 "역사적 전천년설" 입장을 고수하였고, 이것은 총신의 종말론에 대한 기본 입장이 되었다.[74] 그의 주요 저서에는 『현대신학은 어디로?』(1970), 『기독교의 변증』(1988), 『현대신학연구』(1989), 『보수신학연구』(1993) 등이 있다.

(2) "화란 정통개혁주의 신학"의 수용과 발전적 확장: 차영배 박사

이 시기에 총신(합동)에서의 화란 개혁파 신학의 수용과 발전적 계승은 특히 차영배 박사(1929~)에 의하여 이루어졌는데, 그는 화란 개혁신학대학원(Kampen)에서 박사학위를 취득하였고(1968), 이후 총신에서 오랫동안 조직신학을 가르쳤다(1976~1995). 그는 총신의 신학적 주류로 자리잡아온 구프린스톤 학파(핫지, 워필드, 메이첸)의 신학전통을 넘어서, 특별히 화란의 정통 개혁파 신학를 대표하는 헤르만 바빙크(H. Bavinck)의 신학을 적극 수용하며 소개하고자 하였다. 또한 그는 교부들의 삼위일체론의 발전과 전개과정을 교리사적으로 정리하여 정통적인 삼위일체론을 제시함으로서 한국교회 안에서 양태론적인 경향으로 잘못 이해된 삼위일체론(cf. 특히 '웨스트민스터 신앙고백서' 제2장 3항의 해석과 관련하여)을 분명하게 교정하려고 시도하였다.[75] 그러

---

73   Cf. 김길성, 『총신의 신학전통』, 171f.

74   Cf. 김길성, 『총신의 신학전통』, 182.

75   Cf. 차영배, 『개혁교의학(II/1): 삼위일체론』 (서울: 총신대학출판부, 1982), 237~49.

나 무엇보다도 한국장로교 보수적인 정통개혁신학에 큰 논란을 일으키며 기여한 것은 성령론 분야라고 할 수 있다. 주로 구프린스톤 신학자들(핫지, 워필드)과 화란 개혁파 신학자 아브라함 카이퍼의 영향을 받은 장로교 보수적 정통신학에서는 오순절 성령강림의 단회성을 주장하고 연속성을 부인함으로써 '은사종결론'(cf. 예언이나 방언, 병고침, 기적 등)을 주장하였고, 이것은 총신의 신학적 기초를 놓은 박형룡 박사와 박윤선 박사의 입장이기도 하였다. 그러나 차영배 박사는 오순절 성령강림을 과거에 있었던 "단회적인 구속사적인 사건"이 아니라 오히려 지속적인 "구원의 서정"에 속한 것으로 볼 것을 주장하며, 그러한 성령의 역사를 통한 '은사지속론'을 주장하였다. 다른 한편으로, 그는 오순절주의자가 말하는 "제2의 축복론"을 인정하지 않고, 중생과 성령세례를 동일한 것으로 주장함으로써 개혁파 신학체계 안에서 성령론과 구원론 이해에 있어 교정을 시도하였다.[76] 그의 저서에는 『개혁교의학(II/1): 삼위일체론』(1982), 『H. Bavinck의 신학의 방법과 원리』(1983), 『성령론: 구원론 부교재』(1987), 『성령론』(1997) 등이 있다.

4 장신에서의 조직신학의 발전

(1) 에큐메니칼적인 "통전적(統全的) 신학"의 정초: 이종성 박사

1959년 WCC 가입문제로 분열한 후, 통합측은 1960년 서울 광장동 광나루에 '장로회신학대학교'를 설립하였다. 이렇게 시작된 장신(통합)의 새로운 신학적 기초토대를 놓았고, 총신(합동)의 박형룡 박사 이후 한

---

76   Cf. 차영배, 『성령론: 구원론 부교재』 (서울: 경향문화사, 1987).

국장로교(통합)의 조직신학 대계를 이룩한 신학자는 춘계(春溪) 이종성 박사(1922~2011)이다. 그는 일본 도쿄신학대학(東京神學大學, 1951), 미국의 풀러신학대학과 루이스빌신학대학(Th.M.), 샌프란시스코신학대학에서 철학박사(Ph.D, 1963)을 취득하였고, 일본 도쿄신학대학에서 명예신학박사학위를 받았다(1985). 이종성 박사는 연세대학교(1959~65)을 거쳐 장신(1966~87)에서 조직신학을 가르쳤다. 이 기간 동안 그는『조직신학대계』(전12권, 1975~93)를 완성하였고, 이것을 포함하여 그의 모든 저작들은『춘계 이종성 저작전집』(전40권, 2001)으로 출간되었다.[77] 그는 평생을 통하여 자신이 추구하고자 노력했던 신학을 "통전적(統全的) 신학"으로 정의하였으며, 이것을 "성서적이고 복음적이며, 자유하면서도 자유주의 신신학에 물들지 않으며, 보수적이면서도 폐쇄적이 아닌 통전적이고 열린 복음주의와 열린 보수주의 신학"이라고 강조한다.[78] 그는 자신의 신학에 있어 가장 큰 영향을 미친 세 신학자들로서 어거스틴(Augustine)과 칼빈(J. Calvin), 그리고 칼 바르트(K. Barth)를 말하며, 그 이유는 그들의 신학이 "성서적이고 복음적이며 은총주의적"인 신학이기 때문이라고 했다.[79] 이러한 근거에 의해 그는 "성서적 복음주의 신학"을 추구하는 "통전적 신학"을 주창하였으며, 그것은 또한 "에큐메니칼적 신학"이라고 했다.[80] 이것은 오늘날 장신(통합)의 기본적인 신학노

---

77 이종성,『춘계 이종성 저작전집(전40권)』(서울: 한국기독교학술원, 2001).

78 이종성,『춘계 이종성 저작전집(1)』, 6. Cf. 이종성/김명용/윤철호/현요한,『통전적 신학』(서울: 장로회신학대학교출판부, 2004).

79 이종성, "나를 신학자로 만들어 준 신학자들",『춘계 이종성 저작전집(38)』, 40~41.

80 Cf. 이종성, "우리가 지향하는 신학",『춘계 이종성 저작전집(22)』, 172~80. "통전적 신학은 두 가지 중요한 측면이 결합된 신학이다. 통전적 신학은 방법론적으로 모든 것을 통합한다는 의미를 갖고 있는 신학이다. 통전적 신학의 통(統)이란 말은 모든 것을 통합한

선인 '통전적인 신학'의 정체성을 규정하는 것으로서, "본 대학의 신학 노
선과 방향은 본 교단의 노선인 웨스트민스터 신앙고백의 노선과 에큐메
니칼운동 노선에 근거하여 성서적 복음주의 신학을 영위해 나가는 것"이
라고 했다.[81]

(2) 에큐메니칼적 "중심(中心) 신학"의 정초: 김이태 박사

이 시기(1970~84)에 장신에서 조직신학을 가르쳤던 김이태 박사
(1936~84)는 장로회신학대학(1965), 미국 오스틴 신학대학원(Th.M, 1968), 그리
고 호주 멜본 신학대학원에서 판넨베르크의 기독론 방법론에 대한 연구
로 박사학위(Th.D, 1976)를 취득하였다.[82] 특히 그는 장신(통합)의 신학을 "중

다는 의미를 지니고 있다. 그러나 통전적 신학은 모든 것을 통합하는 것(integrity)에 머
무는 신학이 아니다. … 통전적 신학은 모든 것을 통합해서 온전함(Wholeness)에 이르
고자 하는 신학이다." 이종성/김명용/윤철호/현요한, 『통전적 신학』, 53~54.

81 장로회신학대학교100년사 편찬위원회, 『장로회신학대학교 100년사』, 474. 김명용 박사
    는 한국장로교회의 신학을 크게 세 가지로 분류할 때, 박형룡 박사는 "합동측"의 신학
    을, 이종성 박사는 "통합측"의 신학을, 김재준 박사는 기장의 신학을 대변한다고 말한
    뒤, "박형룡의 신학은 옛 프린스톤의 신학자들(C. Hodge, A. A. Hodge, B. B. Warfield)
    과 메이첸(Machen)과 벌코프(L. Berkhof)으로 연결되는 신학선상에 있는 개혁교회의 신
    학 가운데 근본주의 성향이 아주 강한 극단적으로 보수주의적인 개혁신학"이며, "김재준
    의 신학은 바르트(K. Barth)의 신학적 영향"을 많이 받은 신학이지만, "이종성의 신학은
    대체로 칼빈(J. Calvin)의 신학과 바르트(K. Barth)의 신학 양쪽에 뿌리를 두고 있는 개혁
    교회의 신학의 중심부에 가까이 존재하고 있는 신학"이며, "한편으로는 근본주의 성향의
    개혁신학을 반대하고 또 한편으로는 자유주의 성향의 개혁신학을 반대하는 특성"을 가
    진 신학으로 평가한다. 김명용, 『열린신학 바른교회론』 (서울: 장로회신학대학교출판부,
    1997), 177~79.

82 김이태, 『판넨베르크의 기독론의 방법론적 구조비판』 (서울: 장로회신학대학출판부,
    1985).

심(中心)에 서는 신학"의 방향으로 추구했고,[83] 이것은 장신에서 "통전적 신학"의 개념으로 발전했다. 그는 "변두리(邊)가 아니라 중심(中心)에 서는 신학"을 주장하면서, 그 신학의 특징은 "포괄적이며, 긴장 속에 있으며, 선풍적이 아니라 점진적"이라고 하였다.[84] 나아가 그는 장신의 신학이 앞으로 보완해야할 점으로서 "새롭게 대두되는 사회문제에 민첩하게 대처하는 신학, 새로운 사상과 학설에 과감하게 자신을 노출시키는 신학을 주문함으로써, '전통'과 '혁신'이라는 두 긴장관계 속에서 본 대학의 신학적 현 위치와 특성과 미래를 주장했다."[85] 이러한 방향에서 장신의 신학적 특징을 요약하면, "장신신학은 성서적이고 복음적이며 종교개혁의 전통과 개혁신학의 맥락에 서 있으며, '중심에 서는 신학'을 지향할 뿐만 아니라 '통전적 신학'으로 심화 확대되어가고 있다. 또한 현대 복음주의 신학과 에큐메니칼 신학의 장점들을 수용하며 단점들을 비판적으로 극복함으로써 에큐메니칼 복음주의 신학 또는 복음적 에큐메니칼 신학을 지향한다."[86] 그는 유작으로 그의 박사학위 논문의 번역인 『판넨베르크의 기독론의 방법론적 구조비판』(1985)과 『중심에 서는 신학: 김이태의 신학세계』(1994)를 남겼다.

---

83   김이태, "장신대 신학의 위치와 그 특성-전통과 혁신이란 긴장관계에서의 검토", 『교회와 신학』 14 (1982): 103~33; 고 김이태교수 저작출판위원회 편, 『중심에 서는 신학: 김이태의 신학세계』 (서울: 장로회신학대학출판부, 1994), 209~40.

84   고 김이태교수 저작출판위원회 편, 『중심에 서는 신학: 김이태의 신학세계』, 222~33.

85   최윤배, 『조직신학 입문』, 78. Cf. 고 김이태교수 저작출판위원회 편, 『중심에 서는 신학: 김이태의 신학 세계』, 236~39.

86   신옥수, "중심에 서는 신학, 오늘과 내일: 장신신학의 정체성 형성에 관한 소고", 「장신논단」 40 (2011), 65.

III 한국장로교 조직신학의 발전기: 제3세대의 조직신학(1980~현재)

1 합신에서의 조직신학의 발전

이 시기에 한국장로교회 안에서 일어난 중요한 사건 가운데 하나는 예장(합동) 총회가 주류와 비주류로 사분오열되어 교권투쟁의 혼란한 상황 가운데서, 더불어 일어난 학내사태와 관련하여 일부 교수들과 학생들이 총회와 신학교의 개혁을 요구하며 박윤선 박사를 중심으로 합동신학대학원을 새롭게 설립한 일이라 할 수 있을 것이다(1980.11.11.). 이때 합신(개혁)의 설립에 동참한 교수들은 신복윤, 윤영탁, 김명혁, 박형룡, 최낙재 등이며, 그 설립 정신인 '칼빈주의 정통개혁주의 신학'의 기초위에 "바른신학, 바른교회, 바른생활"의 정립을 통하여 신학의 개혁, 교회의 개혁, 신앙과 삶의 개혁을 실천하려 노력하고 있다.

(1) 합신(개혁)의 설립과 "칼빈주의 정통개혁주의 신학"의 정초: 신복윤 박사

초창기 합신에서 조직신학의 기초토대를 놓은 신학자는 신복윤 박사(1926~)이며, 캘리포니아 신학대학원에서 '칼빈의 신지식'에 대한 연구로 박사학위(Ph.D)를 취득하였고, 총신(1972~80)에 이어 1980년 이후에는 합신에서 교수사역을 감당하였다. 신복윤 박사는 1953년 기장과의 분열, 1959년 WCC 가입문제로 예장(통합)과의 분열의 역사적 현장에 직접 참여하여 박형룡 박사의 보수적 개혁주의 신학적 노선에 충실하였고, 그를 이어 조직신학을 전개한 한국장로교 제2세대 조직신학자이다(cf. 따라서 그는 앞선 시기에 속하는 신학자로 분류되어야 하나, 합신의 조직신학을 정초한 제1세대이기에 여기에서 다루게 되었다). 특히 그는 "청교도적 개혁주의"의 뿌리가 되는 "칼빈주의 신학"에 깊이 천착하며, 한국장로교회 안에 침투한 "세대주의, 근본주의, 신비주의, 경건주의" 등의 부정적 요소들을 일소하고 "올바른 정통개혁주의 신학"을 세우기 위하여 노력하였다.[87] 이러한 그의 노력들은 다양한 분야에서 나타났는데, 곧 '한국칼빈학회'에서의 활동 및 합신내에 '칼빈사상연구소'를 설립하여 칼빈신학에 대한 연구가 지속될 수 있는 인프라를 구축함과 동시에, 칼빈의 『기독교 강요』(공역), 벌코프의 『기독교 신학개론』, 헨리 미터의 『칼빈주의 근본원리』, 클루스터의 『칼빈의 예정론』 등 일찍부터 '칼빈주의 정통개혁신학'의 기초가 되는 저서들을 번역하여 한국교회에 소개함으로써 칼빈주의 정통개혁신학의 저변확대에 큰 기여를 하였고, 스스로도 칼빈신학에 대한 연구에 매진하여 『칼빈의 신학사상』(1993), 『종말론』(2001), 『교의학 서론』(2002), 『칼빈의 하나님 중심의 신학』(2005), 『개혁주의 신학의 특성들』(2007) 등의 저서들을 출간하였다.

(2) 칼빈주의 정통개혁주의 신학의 확장과 발전적 전개: 김재성 박사

합신 출신의 칼빈주의 정통개혁주의 신학자로서, 김재성 박사는 미국 칼빈신학대학원(Th.M)과 웨스트민스터신학교(Ph.D)에서 '칼빈의 성령론'을 연구하였고, 합신에서 한동안 가르치다 지금은 국제신대원에서 교수 사역을 계속하고 있다. 그는 특히 칼빈의 신학과 이후 발전된 500년 칼빈주의 정통개혁신학의 다양한 발전 흐름들에 대한 깊이 있는 본격적인 분석과 연구를 통하여 이를 확장하며 발전적으로 전개하였다. 나아가 그는 한국장로교회의 정체성을 형성하고 있는 다양한 그룹들을 '분리적인 근

---

87   신복윤, 『개혁주의 신학의 특성들』(수원: 합신대학원출판부, 2007), 15, 292~99.

본주의', '경건주의적 신앙고백주의', '교세확장적인 부흥주의', '지역주의에 근거한 교단 정통주의', '세대주의적 보수주의', '신정통주의적 절충주의', '토착적인 문화주의'로 구분함과 동시에,[88] 또한 한국교회의 위기를 불러온 여러 가지 '세속화 요인들'(실용주의, 상업주의, 물질주의, 인본주의 신학, 신학의 개별화), '신학과 경건의 분리', '성경에서 이탈한 설교와 목회'의 문제들을 적시하며, 이러한 '장로교회'로서의 정체성 상실의 위기에 처한 한국장로교회의 갱신을 위하여 칼빈의 신학과 정통개혁주의 신학의 재정립을 주장하며, "개혁된 교회는 계속하여 항상 개혁되어 가야함"을 실천할 것을 강조한다. 또한 그는 한국교회 내에 잘못된 영성신학과 영성운동의 문제점과 위험성을 지속적으로 경고하며, 이를 칼빈의 성령론에 대한 연구와 정통 개혁주의 성령론의 전개를 통하여 극복하려는 시도를 하고 있다.[89] 그의 주요 저서에는 『칼빈과 개혁신학의 기초』(1997), 『칼빈의 삶과 종교개혁』(2001), 『성령의 신학자, 존 칼빈』(2004), 『개혁신학의 광맥』(2001), 『개혁신학의 정수』(2003), 『개혁신학의 전망』(2004), 『개혁주의 성령론』(2012) 등이 있다.

(3) 정통개혁주의 신학의 실천적 성찰과 현실에의 적용: 송인규 박사

미국 시라큐스(Syracuse) 대학에서 신학과 철학(Ph.D)을 공부한 송인규 박사(1949~)는 특히 그가 국제기독학생회(IVF)에서 간사와 총무로 봉사했던 실천적 경험으로 인하여, 단순히 이론중심의 조직신학을 전개하기 보다

---

88 김재성, 『기독교신학, 어떻게 세워야 하나』 (수원: 합신대학원출판부, 2004), 232~36.

89 Cf. 김재성, 『기독교신학, 어떻게 세워야 하나』, 309~40; 『칼빈과 개혁신학의 기초』 (수원: 합신대학원출판부, 1997), 249~92.

는 기독교 세계관, 일반은총과 문화 등, 정통개혁주의 신학을 한국교회의 실천적, 신앙적인 문제들에 깊이 적용하는 일에 큰 관심을 가지고 신학작업을 수행함으로써 "생활 신학자"라고 불리기도 했다. 그는 이러한 특유의 신학적 관점을 "실천지향적 신학적 성찰"이라고 부르며, 신학의 내용(성경적/신학적 지식)과 목회경험(개인의 의식/목회적 활동)의 통합을 지향하였고, 신학의 현실적 삶에의 참여는 필수적인 것이라고 강조한다.[90] 이러한 그의 활발한 실천적인 신학적 성찰의 산물들은 다음과 같은 저서들에 담겨있는데, 『세계를 품은 그리스도인』(1992), 『복음과 지성』(1995), 『예배당 중심의 기독교를 탈피하라』(2001), 『새로 쓴 기독교, 세계, 관』(2008), 『일반은총과 문화적 산물』(2012) 등이 그것이다.

(4) 정통개혁주의 신학의 성경적 정초와 실천적 적용: 이승구 박사

스코틀랜드 세인트 앤드류스(St. Andrews) 대학교에서 박사학위(M.Phil, Ph.D)를 취득한 이승구 박사는 국제신대원에서 가르치다 비교적 최근에 합신에서의 교수사역에 동참하였다. 그동안 그는 지속적으로 개혁주의 신학과 관련된 다양한 주제들의 많은 고전적인 저서들을 번역 소개함으로써 한국장로교 개혁신학의 저변과 이해의 폭을 확대하는데 큰 공헌을 하였다. 또한 영미 개혁신학의 단순한 수용을 넘어 현대 개혁신학의 다양한 발전의 흐름 속에서 나타나는 장점과 문제점뿐만 아니라 다양한 현대 복음주의 신학의 흐름들을 정통개혁주의 신학적 입장에서 비평적으로 날카롭게 분석하여 제시함으로써 정확하고 바른 이해의 깊이를 더하는 데

---

90   송인규, "또 하나의 씨름", 「신학정론」 26/2 (2008), 5~11; "신학적 성찰과 실천 지향성", 「신학정론」 27/2 (2009), 181~86.

많은 도움을 주고 있으며,[91] 더불어 이러한 튼실한 신학적 작업들은 장차 한국장로교회의 주체적인 정통개혁신학의 전개를 가능하게 하는 든든한 기초가 될 것이다. 나아가 그 자신의 개혁신학을 전개함에 있어 칼빈의 신학방법이자 합신 정통개혁신학의 기초인 박윤선 박사의 신학방법이기도 한 것으로, 보다 정확한 성경 주석적 근거와 신앙고백적 기초 위에 정통개혁주의 신학을 정초하려고 시도하며, 또한 이를 통하여 교회를 섬기는 개혁신학을 추구함과 동시에, 나아가 한국교회와 현대사회가 당면하고 있는 다양한 현실적/실천적인 문제들에 깊이 적용하며 적극적으로 실천하는 방향으로 정통개혁주의 신학을 전개하려 노력하고 있다. 이러한 그의 다양한 신학적 노력들이 담긴 저서에는 『현대 영국신학자들과의 대담』(1991), 『개혁신학 탐구』(2001), 『하이델베르크 요리문답강해(1/2)』(1998/2001), 『21세기 개혁신학의 방향』(2005), 『전환기의 개혁신학』(2008), 『기독교 세계관이란 무엇인가?』(2009), 『사도신경』(2009), 『광장의 신학』(2010), 『톰 라이트에 대한 개혁신학적 반응』(2013), 『우리 이웃의 신학들』(2014) 등이 있다.

(5) 개혁주의 정통신학의 발전적 계승과 교회적 적용: 김병훈 박사

미국 칼빈신학대학원에서 '삼위일체론'에 대한 연구로 박사학위(Ph. D.) 취득한 김병훈 박사는 목회를 겸하여 가르치다 최근에 와서 교수사역과 신학연구에 전념하고 있다. 그는 정통개혁신학의 기초인 칼빈의 신학

---

91 Cf. 이승구, 『현대 영국 신학자들과의 대담』(서울: 엠마오, 1991); 『전환기의 개혁신학: 20세기 후반 영미 개혁신학의 동향』(서울: 이레서원, 2008); 『톰 라이트에 대한 개혁신학적 반응』(수원: 합신대학원, 2013), 『우리 이웃의 신학들』(서울: 나눔과 섬김, 2014).

에 대한 연구와 더불어, 특별히 '17세기 개혁주의 정통신학'에 깊은 관심을 가지고 신학작업을 전개하고 있다. 나아가 17세기 정통개혁주의 신학과 신앙의 핵심요체가 집대성된 신앙고백서들, 특히 '하이델베르크 요리문답', '도르트 신경', 그리고 '웨스트민스터 표준문서'들에 기초한 정통개혁주의 신학의 확고한 정초를 통하여 한국장로교회를 개혁신학과 신앙고백에 있어 그 토대를 견고히 하는데 심혈을 기울이고 있으며, 저서에는 『소그룹 양육을 위한 하이델베르크 요리문답(I/II)』(2008/2012)이 있다.

2 고신에서의 조직신학의 발전

(1) 정통개혁신학의 '공교회적 확장'과 '한국개혁신학의 자립'에의 시도: 유해무 박사

고신의 제2세대 조직신학자로서 화란 개혁신학대학교(Kampen)에서 '정통주의 개혁파 예정론'에 대한 연구로 박사학위(Th.D)를 취득하였고, 1991년부터 교수사역을 시작한 유해무 박사는 특별히 "개혁신학의 보편성과 공교회성"을 추구한 신학자이다. 따라서 그는 정통개혁주의 신학의 단순한 수용을 넘어, 오히려 그 기초위에서 특히 칼빈의 공교회적 신학전통과 헤르만 바빙크(H. Bavinck)의 보편적 개혁신학의 정신과 노선을 따라[92] 독창적으로 한국교회에서 공교회적 정통개혁신학을 추구하고 시도하는 신학자라는데 그 독특성이 있다. 이러한 '공교회적 개혁신학'을 추구함에 있어, 그는 두 가지 방향으로 나아가는데, 먼저 정통개혁신학의 입장에서

---

92   Cf. 유해무, 『헤르만 바빙크: 보편성을 추구한 신학자』(서울: 살림, 2004).

조직신학에서 다루는 각 교의들의 의미를 살피되, 성경주석적 근거와 고대 공교회신조 및 정통개혁주의 신앙고백서들이 가르치는 교의들을 루터파, 웨슬리안, 카톨릭 신학 등 다양한 신학들과 '공시적인 대화'를 통하여 그리하였고,[93] 또한 다음으로 공교회적 개혁신학의 뿌리가 되는 고대 동/서방교부들의 원전들을 직접 연구하여 '통시적인 대화'를 통하여 이를 추구하였는데, 특히 동방교회 교부들의 중요성을 강조하였으며,[94] 나아가 중세신학과 종교개혁자들의 기독교 고전들에 대한 치열한 연구를 강조한다. 이러한 전체적인 공교회적 개혁주의 신학의 작업들을 통하여, 그가 도달하고자 하는 궁극적 목표는 정통개혁신학에 입각한 "한국개혁신학의 자립"이다. 즉, 정통개혁신학의 단순 번역과 수용의 단계를 넘어 성장한 한국교회의 신학의 자립에의 추구야말로 한국장로교 개혁신학의 온전한 성숙을 이루는 것이며, 또한 세계교회와 신학계에 대한 한국교회와 신학의 마땅한 기여라고 그는 강조한다. 이러한 관점에서, 그는 한국장로교 개혁신학이 계속하여 추구해야할 것으로서, "박형룡과 박윤선의 개혁사상의 창조적 계승, 교회현장을 위한 개혁신학, 기독교 고전연구를 통한 한국개혁신학의 자립, 교회연합에 기초한 공교회성 확립, 예배의 개혁" 등을 특히 강조한다.[95] 나아가, 그가 전개한 조직신학에 있어 특징은 '본래적 의미에서의 신학'(theologia)인 삼위일체론에 대한 강조와 더불어 전체 교의학의 삼위일체론적 구조와 전개, 그리고 신학의 송영적 성격을 분

---

93 Cf. 유해무, 『개혁교의학: 송영으로서의 신학』 (서울: 크리스찬다이제스트, 1997).

94 Cf. 유해무, 『신학: 삼위일체 하나님을 향한 송영』 (서울: 성약, 2007).

95 Cf. 유해무, "한국에도 개혁신학이 가능한가?", 「개혁신학과 교회」 15 (2003), 187~201: "한국신학의 자립을 갈망하면서", 『신학: 삼위일체 하나님을 향한 송영』, 277~98.

명히 드러내는 것이다. 이러한 그의 신학적 수고의 산물들은『개혁교의학: 송영으로서의 신학』(1997),『헤르만 바빙크: 보편성을 추구한 신학자』(2004),『신학: 삼위일체 하나님을 향한 송영』(2007),『삼위일체론』(2010),『코람데오: 시편51을 통해서 본 루터의 십자가 신학』(2012),『예배의 개혁, 참된 교회개혁의 길: 고대교회 예배로 돌아가자』(2013) 등의 저서에 담겨 출간되었다.

(2) 정통개혁신학의 '올바른 성령론의 정립'과 목회적 적용: 박영돈 박사

미국에서 칼빈 신학대학원과, 풀러 신학대학원을 거쳐 최종적으로 웨스트민스터 신학대학원에서 '성령론' 연구로 박사학위(Ph.D)를 취득한 이후, 박영돈 박사는 고신에서의 교수사역에 동참하였다. 그는 성령론을 전공한 관계로 주로 정통개혁신학의 관점에서 오랫동안 성령의 사역에 대한 관심을 가지고 집중하여 연구하였다. 또한 그는 그 결과로서 구원론과 교회론의 올바른 정립, 그리고 이것을 실제의 목회현장과 신앙의 삶의 부분에 실천적으로 적용하는 문제에 깊이 천착해 왔다. 즉, 그동안 정통개혁주의 신학에 있어 상대적으로 가장 취약한 부분으로 거론되던 성령론의 다양한 주제들을 깊이 있게 연구하고 다룸으로서 한국교회에 만연해 있는 오순절주의적 은사운동의 문제점들을 지적할 뿐만 아니라, 또한 그는 은사중지론으로 인해 소멸되다시피한 성령의 사역과 은사에 대한 정통개혁파 성령론을 "성령충만의 회복"이라는 개념을 통하여 성경적으로, 교의적으로, 그리고 실천적으로 올바르게 재정립하여 극복하려는 노력을 기울이고 있다.[96] 나아가 그는 이렇게 올바르게 재정립된 개혁주의 성령론을 통하여 칭의와 성화의 삶이 균형잡힌 한국장로교회의 구원론의 재정립의 문제와 더불어 올바른 개혁주의 교회론의 재정립과 더불어 이것의 목회적 적용과 실천을 강조함으로써 성장주의에 물든 한국교회를 바로 세우는 일에 많은 노력을 기울이고 있다. 이러한 그의 신학적 성찰과 목회적 실천에 대한 노력의 결과들이 담긴 저서에는 『성령충만, 실패한 이들을 위한 은혜』(2008), 『일그러진 성령의 얼굴: 한국교회 성령운동, 무엇이 문제인가』(2011), 『일그러진 한국교회의 얼굴: 한국교회 무엇이 문제인가』(2013) 등이 있다.

3 총신에서의 조직신학의 발전

(1) 정통개혁신학 안에서 계시신학과 기독론 중심의 신학의 정초: 서철원 박사

웨스트민스터 신학교(Th.M)를 거쳐 화란 자유대학에서 기독론과 관련한 주제를 연구하여 박사학위(Th.D, 1982)를 취득한 서철원 교수는 개혁신학연구원(1982~91)과 총신(1991~2007)에서 교수사역을 감당하였다. 그는 총신에서 주로 조직신학 서론, 기독론, 현대신학, 교리사 등을 중점적으로 가르쳤다.[97] 그는 스스로 자신이 전개한 신학의 특징을 "성경으로만 신학하기", "믿음만으로 신학하기", 그리고 "그리스도만으로 신학하기"로 규정하며, "성경의 그리스도가 내 신학의 처음이고 마지막이다"고 강조한

---

96   박영돈, "고신 교단의 성령론적 전망", 「개혁신학과 교회」 19 (2005), 109~29.

97   Cf. 김길성, 『총신의 신학전통』, 194.

다.[98] 바로 이 진술에 그의 신학방법론과 조직신학 내용의 정수가 그대로 표명되고 있다. 나아가 그는 자신이 추구한 개혁신학을 정의하여 말하기를, "우리의 신학은 개혁교회의 신학 곧 개혁신학이므로 개혁교회의 신앙고백을 규범과 근본으로 삼는다. 그리고 칼빈과 그의 후계자들의 신학을 기초로 삼는다. 특히 칼빈의 기독교 강요에 나타난 신학전개와 그의 주석에 나타난 성경이해를 준거해서 신학한다"고 했다.[99] 이것은 그가 칼빈주의 정통개혁신학 안에서 신학작업을 하려고 노력하였다는 것을 의미한다. 그는 이러한 정통개혁신학을 전개함에 있어 특히 이성/철학에 근거하지 아니하고 오직 믿음으로만 신학하기를 주장함으로서 배타적인 방법론을 취하며, 이것은 나아가 오직 성경에 근거한 신학, 곧 계시신학을 정초하기 위함이다. 나아가 그는 계시인식으로부터 종말론 이해까지 개혁주의적인 그리스도 중심의 신학을 정초하려 시도한다. 특별히 기독론 이해에 있어 모든 형태의 "상승 기독론"(아래로부터의 기독론)을 거부하며, 오직 "하강 기독론"(위로부터의 기독론)만이 성경적인 참된 기독론임을 강조하였다. 이러한 조직신학의 전개와 더불어, 그는 원전연구에 기초하여 기독교 주요 교리의 근원을 역사적으로(제7차공의회까지) 정리함으로서 한국장로교 신학에 중요한 신학적 공헌을 남겼다. 그의 주요 저서에는 『복음과 율법의 관계』(1987), 『하나님의 구속경륜』(1989), 『성령신학』(1995), 『신학서론』(2000), 『기독론』(2000), 『교리사』(2003) 등이 있다.

---

98 서철원, "나의 신학", 『성경과 개혁신학』, 서철원박사 은퇴기념논총위원회 (서울: 쿰란출판사, 2007), 41, 56.

99 서철원, 『신학서론』 (서울: 총신대학교출판부, 2000), 103.

(2) "총신의 신학 전통"의 확고한 계승과 전수: 김길성 박사

미국 트리니티(Trinity) 복음주의 신학대학원(Th.M, 신약학)을 거쳐 웨스트민스터신학교에서 '메이천의 교회론'에 대한 연구로 박사학위(Ph.D, 1992)를 취득한 김길성 박사는 1992년 총신에서 교수사역을 시작하였다 (1992~2014). 그가 웨스트민스터에서 먼저 '성경해석학' 전공으로 박사과정을 이수한 후에 다시 '조직신학' 전공을 바꾸어, 스스로 '메이첸의 교회론'이라는 주제를 선택하여 학위를 하였다는 사실은,[100] 역사적으로 총신신학의 기초가 된 박형룡 박사와 박윤선 박사의 신학적 전통과 계보를 잇는다는 의미가 있다. 따라서 그는 신학을 공부할 때나 이후 조직신학을 가르치며 연구할 때도 그가 직접 연구하고 쓴바, 『총신의 신학전통』(2000)을 계승하고 전수한다는 분명한 의식과 사명감을 가지고 임하였다. 따라서 그는 자신의 신학과 사상이 총신의 신학전통인 "역사적 개혁주의, 정통 칼빈주의, 청교도 장로교회의 신학의 물줄기에 서 있음"을 분명히 밝히고 있다.[101] 실제로 그가 연구하여 기고한 많은 논문들이 다루었던 주제들을 살펴보면 거의 대부분이 '칼빈의 신학사상, 개혁주의 신앙표준문서들, 구프린스톤 신학, 메이첸의 신학사상, 그리고 박형룡 박사의 신학사상'의 분석 연구에 집중되어 있다.[102] 나아가, 그가 스스로 전개한 조직신학 내용의 주요 근거자료들 또한 칼빈, 핫지, 바빙크, 벌코프, 박형룡 박

---

100 Cf. 이상웅, "송암 김길성박사의 생애와 신학적 관심들: 하나님, 성경, 교회중심의 신학과 삶", 「개혁논총」 30 (2014), 29~30.

101 김길성, 『총신의 신학전통』, 5; 『개혁신학과 교회』, 4.

102 김길성, "송암 김길성박사 약력과 논저목록", 12~16; 이상웅, "송암 김길성박사의 생애와 신학적 관심들", 47~55.

사의 저작들이며, 이에 더하여 주로 현대 개혁주의 신학자들(올리버 버스웰, 로버트 레이몬드, 마이클 호튼 등)과 건전한 복음주의 신학자들(밀라드 에릭슨, 웨인 그루뎀)의 저작들이었다.[103] 그의 주요 저서들에는 『개혁신학과 교회』(1996/2004), 『개혁신앙과 교회』(2001), 『총신의 신학전통』(2013) 등이 있다.

4 장신에서의 조직신학의 발전

이 시기의 장신(통합)의 신학을 살펴보면, 비록 이종성 박사의 "통전적 (統全的) 신학"과 김이태 박사의 "중심에 선 신학" 등으로 규정된 장신(통합)의 기본적인 신학적 지향성은 함께하나, 그 실제적 내용에 있어서는 다소 강조점의 차이를 보여주고 있다. 즉, '통전적 신학'의 기본방향에 기초하여 1)'칼빈신학을 비롯한 역사적 개혁주의 신학을 강조하며 이것을 현대적으로 재해석하여 확장하고자 하는 흐름'(역사적 개혁주의 신학의 통전적인 계승과 확장), 2)'칼 바르트의 신정통주의 신학을 현시대에 맞게 적용하고 발전적으로 확장하고자 하는 흐름'(신정통주의 신학의 통전적인 계승과 확장), 그리고 3)'다양한 현대 자유주의신학 사조와 적극적으로 대화하며 비판적 수용을 통하여 신학적 외연을 확장하고자 하는 흐름'(다양한 현대 자유주의신학의 통전적인 수용과 확장)이 곧 그것이다.

(1) 역사적 개혁주의 신학의 통전적인 계승과 확장: 이수영 박사/최윤배 박사

먼저, 첫 번째 흐름인 '통전적인 역사적 개혁주의의 확장'을 강조하는 신학자는 이수영 박사(1946~)이다. 그는 프랑스 스트라스부르(Strasbourg)

---

103   Cf. 이상웅, "송암 김길성박사의 생애와 신학적 관심들", 33f.

대학교에서 '칼빈 신학'을 연구하여 박사학위(Th.D)를 취득하였고(1984), [104] 분명한 칼빈주의자로서 장신(통합)의 '통전적 신학'의 구도 안에서 '칼빈주의적인 성경적, 복음적 개혁주의 보수신앙'을 대변하는 노선을 고수하였다. [105] 특히 그는 장로교회의 신학의 특징을 "개혁신학"으로 정의하고, 이 "개혁신학은 루터교신학과 더불어 개신교의 가장 오랜 전통의 신학"임을 강조하며, 이 개혁신학의 올바른 발전을 위해 "개혁신학의 첫 번째 완성자"인 칼빈신학과 종교개혁신학의 핵심주장인 "오직 믿음", "오직 은혜"와 "오직 성경"의 내용을 "개혁신학의 기초"로 삼을 것과, [106] 계속하여 "개혁되어야할 교회"로서 한국장로교의 '개혁성'을 강조한다. [107] 이러한 입장에서, 그는 장신내에서 "역사적 개혁신학"에 대한 보다 깊은 관심을 촉구함과 동시에, 나아가 한국장로교회 전체가 협력하여 이 '역사적 개혁신학'을 깊이 연구하고 현대적으로 적용할 것을 강조한다. [108] 그리하여 그는 "다양성 속에서 중심을 모색하는 다소 불투명하고 막연히 온건 중도 보수 통합신학"에서 보다 철저하고 분명한 "성경적/복음적/개혁적 신학"의 실제가 분명히 드러나는 신학을 주장한다. [109] 이와 더불어, 그는 전

---

104 그의 신학박사학위 논문은 "La notion d'expérience chez Calvin d'après son *Institution de la Religion Chrestienne*, Thèse, Strasbourg, 1984)"이다.

105 Cf. 이수영, 『개혁신학과 경건』 (서울: 장로회신학대학교출판부, 2006), 100. Cf. 이수영, "칼뱅신학의 특징과 한국교회", 한국기독교사상연구소 편, 『改革神學)』 (서울: 대학촌, 1989), 37~50.

106 이수영, 『개혁신학과 경건』, 110, 335~46.

107 이수영, 『개혁신학과 경건』, 404f.

108 Cf. 이수영, 『개혁신학과 경건』, 392~95.

109 이수영, "개교90주년을 맞은 장신의 내일", 「신학춘추」 사설(1991.5.21); 『개혁신학과 경

통적인 장로교회의 보수신앙을 지키면서도 학문적 폐쇄성과 배타성을 지양하고, 모든 다양한 신학사상들과 포용력 있는 학문적 대화를 통하여 건전한 것은 수용하려는 자세를 견지한다.[110] 그의 저서에는 『깔뱅, 교회를 말하다』(2003), 『깔뱅, 신앙을 말하다』(2004), 『깔뱅, 하나님의 백성을 말하다』(2008) 등이 있다.

장신(통합) 내에서 이러한 '통전적 역사적 개혁주의의 확장'의 노선을 계속하여 이어가고 있는 최윤배 박사는 화란 기독개혁신학대학원(Apeldoorn)에서 종교개혁자 마르틴 부처(Martin Bucer)와 칼빈의 신학을 연구하여 박사학위(Th.D)를 취득하였다. 그는 장신(통합)의 신학적 정체성과 관련하여 가장 중요한 두 가지 관점으로서 "개혁전통과 복음전통"을 강조한다. 그는 첫째 관점이 장신(통합)의 신학적 독특성을, 두 번째 관점은 세계기독교와 공유해야할 기독교 보편성을 반영한다고 하며, 이 두 관점을 "중심에 서는 신학/통전적 신학" 속에서 "성경적/복음적/개혁적 신학"으로 발전시키고자 한다. 그는 이 가운데 '개혁전통'은 츠빙글리, 칼빈, 부처(Bucer)를 출발점으로 20세기의 바르트와 몰트만에 이르는 약 500년의 역사를 가진 "역사적 개혁신학" 속에서 핵심적으로 발견하며, 또한 '복음전통'은 기독교가 공유하는 성서와 복음신앙 중심의 성서적, 복음적 신학으로서 복음주의신학과 에큐메니칼신학의 약점들이 극복되고, 그들의 장점들이 균형 있게 수용된 성경적/개혁신학적/복음주의적/에큐메니칼적 신학 속

건』, 514.

110 이수영, 『개혁신학과 경건』, 391f. Cf. 이수영, "한국 개혁신학의 한계와 그 극복을 위한 제언", 『목회와 신학』(1989.8): 86~89.

에서 발견된다고 말한다.[111] 그의 저서에는 『그리스도론 입문』(2009), 『성령론 입문』(2010), 『잊혀진 종교개혁자 마르틴 부처』(2012), 『깔뱅신학 입문』(2012), 『조직신학 입문』(2013) 등이 있다.

(2) 신정통주의 신학의 통전적인 계승과 확장: 김명용 박사

두 번째 흐름인, '통전적인 신정통주의의 확장'의 신학노선을 추구하는 신학자는 김명용 박사인데, 독일 튀빙엔(Tübingen) 대학교 신학부에서 박사학위(Th.D)를 취득하였다. 그는 먼저, 자신의 신학적 입장으로서 "에큐메니칼적 정통주의 신학"을 선택한다.[112] 나아가 장신(통합)의 신학 방향 또한 "에큐메니칼적 정통주의 신학" 방향으로 규정하며, 그것은 "[단순히] 신정통주의 신학이 아니라 종교개혁자들의 신학에서부터 옛 정통주의 신학 그리고 신정통주의 신학에 이르기까지의 개혁신학과 정통주의 신학의 위대한 정신을 계승하고, 성경을 바탕으로 출발하는 신학을 의미하는데, 옛 신학만을 옳다하고 새로운 신학을 무조건 배격하는 수구주의적 신학이 아니라 새로운 신학에 대하여 개방하며 이를 책임적으로 수용하는 신학이다. 현재 장신대의 신학은 개혁신학과 정통주의 신학의 장점을 계승하는 신학이고, 성경중심적인 신학이고, 복음적인 동시에 사회와 민족 역사의 문제에 책임적으로 대처하려는 신학이고 새로운 신학에 대해 개방해

---

111 Cf. 최윤배, "21세기 교단신학의 정체성", 「장신논단」 28 (2007): 95~139; 최윤배, 『조직신학 입문』, 85~86.

112 김명용, 『이 시대의 바른 기독교사상』 (서울: 장로회신학대학교출판부, 2001), 329. 그는 한국 신학을 여섯 가지의 종류, 즉 '토착화신학과 문화신학', '민중신학', '보수적 정통주의신학', '에큐메니칼적 정통주의 신학', '복음주의 신학', '오순절 성령운동의 신학'으로 구분한다.

서 연구하지만 이를 비평적으로 수용하려는 신학"이라고 한다."[113] 그리하여 그는 모든 면에서 복음주의적이면서도 에큐메니칼적인 신학, "균형 있고, 조화 있게 형성된 신학", "중심에 서 있는 신학"이 되기를 원하며, 또한 그것이 "통전적 신학"임을 주장한다.[114] 따라서 그는 "역사적 개혁신학"의 중요성을 인정하지만, 개혁신학의 2대 거장인 칼빈과 바르트를 종합적으로 이해하려고 하며,[115] 바르트 신학에 대한 정당한 평가의 필요성 그 가치의 중요성을 강조한다.[116] 그의 저서에는 『현대의 도전과 오늘의 조직신학』(1997), 『열린신학 바른 교회론』(1997), 『이 시대의 바른 기독교 사상』(2001), 『칼 바르트의 신학』(2007) 등이 있다.

(3) 다양한 현대 자유주의신학의 통전적인 수용과 확장: 윤철호 박사/현요한 박사

먼저, 윤철호 박사는 프린스톤 신학대학원(Th.M)과 노쓰웨스턴(Northwestern) 대학교(Ph.D)에서 공부했다. 그는 한국장로교 신학의 두 극단적 입장(근본주의/보수주의 vs. 급진적 자유주의/혁명적 진보주의)을 그 나름의 "통전적(統全的,

---

113 김명용, 『이 시대의 바른 기독교사상』, 330~31.

114 김명용, 『이 시대의 바른 기독교사상』, 331~39; 그는 통전적 신학을 "교부신학, 중세신학, 종교개혁신학, 17세기 개신교 정통주의, 경건주의신학, 19세기 자유주의 신학, 현대의 로마 가톨릭신학, 희랍 및 러시아 정교회와 20세기 후반의 모든 개신교신학들"을 비판적으로 받아들여 성서에 입각해서 건설적이고 창조적인 신학을 추구하는 것이라고 주장한다. 김명용 외 3인 공저, 『통전적 신학』, 109~16.

115 김명용, 『열린신학 바른교회론』, 214~15, 172.

116 김명용, 『칼 바르트의 신학』 (서울: 이레서원, 2007), 330~32. 그는 개혁교회의 신학은 문자 그대로 개혁교회의 신학으로서 츠빙글리와 칼빈의 종교개혁을 통해서 탄생했지만, 500여년의 역사를 통해서 지금도 바르트, 브룬너, 몰트만 등을 통해서 계승되고 있다는 점을 강조한다. 김명용, 『열린신학 바른교회론』, 170.

wholistic, 또는 integral) 신학"으로 극복하고자 하며,[117] 그러한 신학은 복음에의 적합성(적절성), 현실에서의 설득력(이해가능성), 그리고 창조적 변혁의 능력이라는 신학적 요소들이 잘 조화되고 균형 잡힌 신학이라고 말한다.[118] 즉, 그는 신학적 주제들에 있어 역사적 접근과 신학적 접근, 그리고 실천적 접근방식을 해석학적 관점에서 통합하고자 시도하며, 이것이 "통전적(統全的, wholistic) 또는 통합적(統合的) 방법론"이라고 말한다.[119] 이와 같이 그는 역사적 이해와 더불어 현대 자유주의신학의 다양한 사조들과 깊이 있게 대화하며, 그것을 통전적인 신학적 지평 안에서 비판적으로 극복함으로서 새로운 통합적 이해를 구축하고자 시도하고 있다. 그의 주요 저서에는 『현대신학과 현대개혁신학』(2003), 『세계와의 관계성 안에 계신 하나님: 틸리히와 캅의 신학에 대한 비교연구를 중심으로』(2006), 『신뢰와 의혹: 통전적인 탈근대적 기독교 해석학』(2007), 『신학과 말씀』(2008), 『삼위일체 하나님과 세계』(2011), 『너희는 나를 누구라 하느냐: 통전적 예수 그리스도론』(2013) 등이 있다.

다음으로 현요한 박사는 미국 프린스톤 신학대학원(Th.M, Ph.D)에서 신학을 공부했으며, 통전적 신학의 구체적인 내용으로서 "하나님의 평화로운 생명"을 제시하며, 특히 '통전적 생명'이라는 패러다임"을 사용하여 규명하려고 한다.[120] 나아가 그는 이것을 하나의 새로운 통전적 패러다임의

---

117 윤철호,『현대 신학과 현대 개혁신학』(서울: 한국장로교출판사, 2003), 246~52.

118 윤철호 외 3인 공저,『통전적 신학』, 170.

119 윤철호,『예수 그리스도(상)』(서울: 한국장로교출판사, 2008), 4~5; cf. 윤철호,『너희는 나를 누구라 하느냐: 통전적 예수 그리스도론』(서울: 대한기독교서회, 2013).

120 현요한 외 3인 공저,『통전적 신학』, 234~35, 269~70.

성령론을 통하여 전개하려 시도하며, 미래의 신학은 성령론적 패러다임의 신학이 될 것임 예견한다.[121] 또한 그는 신학과 영성의 조화와 통합에 대한 시도를 하였고,[122] 신학과 과학 사이의 건설적인 대화에 큰 관심을 가지고 있다.[123] 그의 저서로는 『성령, 그 다양한 얼굴』(1998), 『생명의 영으로 충만한 삶』(1998) 등이 있다.

5 한신에서의 조직신학의 발전

(1) '칼 바르트의 신정통주의 신학'의 계승과 확장: 오영석 박사

이 시기에 한신(통합)에서 칼 바르트의 신정통주의 신학을 중심으로 계승하여 신학을 전개한 이는 오영석 박사(1943~)이다. 그는 한신을 거쳐 칼 바르트가 가르쳤던 스위스 바젤(Basel) 대학교에서 신학박사(Th.D, 1982)를 취득한 후 1984~2005년 사이에 한신에서 교수사역을 감당했다. 그는 한신(통합) 신학의 중심주제를 '현실과 변혁'으로 파악하며, 이것을 바르트 신학의 실천적 측면을 강조하며 계승하려고 시도했다. 왜냐하면, "신학은 모든 현실을 결정적으로 새롭게 규정하는 하나님을 말하기 때문이다."[124] 그에 의하면, 바르트가 이해한 "복음은 하나님, 정치적인 현실과 인간의

---

121 현요한, 『성령, 그 다양한 얼굴: 하나의 통전적 패러다임을 향하여』 (서울: 장로회신학대학교출판부, 1998), 8~9.

122 현요한, 『신학은 하나님 배우기: 신학, 영성, 실천의 재연합』 (서울: 대한기독교서회, 2011); 현요한, "수도(修道)로서의 신학", 「장신논단」 29 (2007), 75~102.

123 현요한 편, 『기독교와 과학』 (서울: 장로회신학대학교출판부, 2002), 175; 현요한, "현대 과학의 신학적 인간이해에 대한 도전", 「한국조직신학논총」 19 (2007), 51~80.

124 오영석, 『조직신학의 이해』 (서울: 대한기독교서회, 1992), 4.

내적이고 외적인 모든 관계에 대한 가장 엄격하고 구체적인 책임과 역동적인 개방성을 요구"하며, 따라서 "신학은 예수 그리스도의 복음에 본래적인 사회/정치적인 차원에 불가피하게 관여할 수밖에 없다. 하나님의 보편적인 말씀은 그때그때 상황에서 구원과 해방의 사건으로 표현되어야 한다."[125] 나아가 그는 이러한 바르트의 정치신학적 측면이 오늘날의 혁명의 신학, 희망의 신학, 해방신학으로 발전적으로 전개되었다고 이해하며, "케리그마를 깊이 이해할수록 신학은 정치적이며, 정치적인 신학일수록 더 깊은 케리그마의 이해가 필요하다"고 강조한다.[126] 또한 그는 1993년 이신건, 김광식, 김균진, 최종오, 김명용, 정미현 등과 함께 '한국바르트학회'를 설립하여 활동하였고, 이 학회를 중심으로 바르트의 『교회교의학』 전권의 번역출판을 통하여 한국교회에 바르트 신학을 내용적으로 깊이 있게 정초하려 노력하였다. 그의 저서에는 『사도신조 해설』(1991), 『조직신학의 이해』(1992), 『신앙과 이해』(1999) 등이 있다.

(2) 역사/사회책임적 신학전통의 문화신학적 계승과 한국적 종교신학의 정초: 김경재 박사

한신(통합)의 역사/사회 참여신학은 미국 클레어몬트 대학교와 화란 유트레흐트대학에서 '폴 틸리히의 신학'과 '종교신학' 연구로 박사학위(Ph.D)를 받은 김경재 박사(1940~)에 의하여 '한국적 문화신학'의 형태로 계승되고 '한국적 종교신학'의 형태로 확장되었다. 그는 자신의 신학 형성에 가장 큰 영향을 미친 인물로 '김재준, 함석헌, 그리고 바르트, 틸리히,

---

125   오영석, 『신앙과 이해』(서울: 대한기독교서회, 1999), 247f.

126   오영석, 『신앙과 이해』, 248.

니버 형제, 떼이야르 드 샤르뎅, 본회퍼, 존 캅' 등을 들고 있으며, 이로써 그의 신학의 정초와 전개의 방향을 우리는 짐작할 수 있다.[127] 그는 먼저 폴 틸리히(P. Tillich)의 신학에 깊이 천착하며 틸리히의 문화신학의 개념과 '상관관계'의 신학방법론을 한국의 민중신학에 접목하여 한국적 문화신학을 전개하려 시도하였다. 나아가 1970년대 시작된 정치/사회적으로 억압받던 민중 속으로 직접 뛰어들었던 민중신학은 1980대 제2세대들을 통하여 민중들의 삶의 내적현실이 응축된 민중문화로 신학적 관심이 확장되었고, 이것은 자연스럽게 민중신학과 문화신학의 융합과 더불어 한국 종교신학으로 그 외연이 넓어졌다. 그리고 1990년대 이후, 민중신학과 문화신학은 상보적 협력을 통하여 '복음의 토착화 과정'을 더 성숙한 형태로 발전시키려 하며, 이것은 한국 문화신학의 정치신학적 측면이다.[128] 나아가 그는 현대 종교다원주의 신학에 대한 비판적인 한국적 수용을 통하여 한국적 종교신학을 정초하려 하며, 이것은 그의 '영성신학'에 대한 연구로 이어졌다. 그는 이러한 한국적 종교신학이 '비교종교학'이나 '종교혼합주의'가 아니라 "하나님의 백성을 돕는 봉사의 학문으로 새롭게 정립하려 하는 것"이라고 강조한다.[129] 그의 주요 저서에는 『폴 틸리히 신학연구』(1987), 『한국문화신학』(1983), 『문화신학 담론』(1997), 『해석학과 종교신학』(1997), 『그리스도교 신앙과 영성』(1997) 등이 있다.

---

127   김경재,『해석학과 종교신학: 복음과 한국종교와의 만남』(천안: 한국신학연구소, 1997, 재판), 6.

128   Cf. 김경재,『문화신학 담론』(서울: 대한기독교서회한국신학연구소, 1997), 19~21.

129   김경재,『해석학과 종교신학』, 18.

나가는 말: 한국장로교 조직신학의 정체성과 미래를 위한 제언

우리는 지금까지 1901년 평양신학교의 시작으로부터 현재에 이르기까지 약 115년간의 한국장로교 조직신학 발전의 역사를 통하여 그 주된 계통적 흐름의 대략을 살핌에 있어, 한국장로교 신학의 근간이 된 평양신학교의 신학적 정체성과 이후 한국장로교회 분열의 역사를 통하여 계승과 분리를 통하여 형성된 고신/장신/총신/한신/합신의 신학적 정체성과 특징들을 주로 그곳에서 사역을 감당했던 조직신학자들을 중심으로 정리하며 고찰하였다. 이제 이 논문을 마감하면서, 초기 평양신학교를 통하여 정초된 신학과 분열된 각 장로교단 신학교를 통하여 이제까지 전개되어진 조직신학의 특징들을 몇 가지로 정리함과 동시에 앞으로 나아가야 할 방향과 관련하여 한국장로교 조직신학의 발전을 위한 몇 가지 제언을 제시하고자 한다. 먼저 우리는 한국장로교회 신학의 근간이 된 평양신학교의 신학적 정체성과 이후 계승 발전된 주요 한국 장로교단의의 신학적 정체성을 분석하기 위하여, 그 배경과 영향을 미쳐 온 세계 개신교 신학의 주요흐름을 살펴볼 필요가 있으며, 대략적으로 오른쪽의 도표와 같이 정리할 수 있을 것이다.

나아가 우리는 오른쪽의 도표에서 언급된 세계 신학의 흐름들과 연관하여, 이제까지 분석한 평양신학교와 이후 각 장로교단의 신학정체성은 대략적으로 다음과 같이 정리할 수 있을 것이다.

1. 평양신학교의 신학:

   청교도주의 정통개혁신학/보수적 복음주의신학의 계승과 전수 – ①,②,④

2. 총신(합동)의 신학:

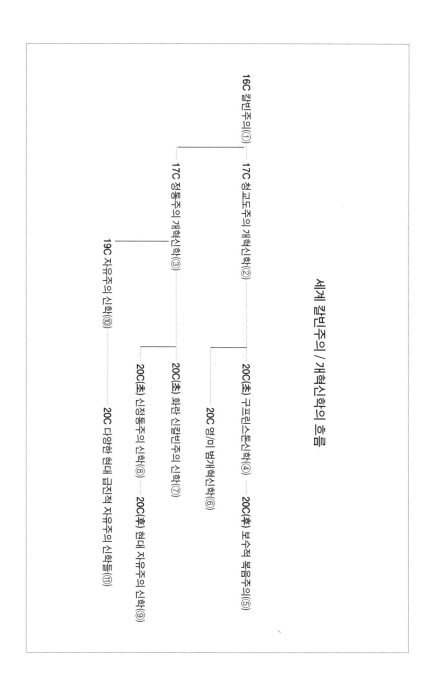

세계 칼빈주의 / 개혁신학의 흐름

16C 칼빈주의(1)

17C 청교도주의 개혁신학(2) ⋯⋯⋯ 20C(초) 구프린스톤신학(4) ⋯⋯ 20C(후) 보수적 복음주의(5)

17C 정통주의 개혁신학(3) ⋯⋯⋯ 20C 영/미 범개혁신학(6)

20C(초) 화란 신칼빈주의 신학(7)

20C(초) 신정통주의 신학(8) ⋯⋯⋯ 20C(후) 현대 자유주의 신학(9)

19C 자유주의 신학(10) ⋯⋯⋯⋯⋯⋯ 20C 다양한 현대 급진적 자유주의 신학들(11)

1) 청교도주의 개혁신학/보수적 복음주의신학의 계승과 발전적 확장 – ①,②,④,⑤

2) 화란 정통주의 개혁신학 전통의 수용과 발전적 확장 – ①,③,⑥,⑦

3. 고신의 신학:

화란 정통/청교도 개혁신학 전통의 수용과 발전적 확장 – ①,②,③,④,⑤,⑦

4. 합신(개혁)의 신학:

화란 정통/청교도 개혁신학 전통의 수용과 발전적 확장 – ①,②,③,④,⑤,⑥,⑦

5. 장신(통합)의 신학:

1) 칼빈 및(범)역사적 개혁신학의 수용과 발전적 확장 – ①,⑤,⑥

2) 신정통주의 신학의 수용과 발전적 확장 – ⑧

3) 현대 자유주의 신학의 수용과 발전적 확장 – ⑨

6. 한신(기장)의 신학:

1) 신정통주의 자유주의 신학의 수용과 발전적 확장 – ⑧,⑨,⑩

2) 급진적 자유주의 신학의 수용과 발전적 확장 – ⑧,⑩,⑪

위에서 살펴본 것처럼, 한국장로교 신학의 정체성과 특징은 본질적으로 칼빈주의 개혁신학을 그 근간으로 하여, 그 이후 계승 발전된 청교도주의 정통개혁신학과 보수적 복음주의 및 화란 정통개혁신학과 더불어 현대의 신정통주의 신학과 몰트만 등 자유주의 신학, 그리고 나아가 급진적인 자유주의 신학에 이르기까지 아주 광범위한 영역에 이르고 있다는 사실을 분명하게 보여주고 있다. 이것은 한국장로교회의 신학적 정체성에 있어 폭넓은 다양성과 더불어 많은 부분에 있어 본질적 일치를 추구할 수 있는 여지가 있음을 보여준다고 하겠다. 이제 이러한 한국장로교회의 다양한 신학적 특징과 정체성을 보다 구체적으로 살펴보면서, 우리는 한국장로교 신학이 앞으로 전개될 역사 속에서 어떻게 진행되어 가야할지 다음과 같이 몇 가지로 제시해 보고자 한다.

1) 먼저, 모든 한국장로교회가 자신의 신학적 정체성을 항상 반성적으로 살피며, 스스로의 신학을 치열하게 전개하는 가운데 "개혁된 교회는 항상 개혁되어져 가야한다"(ecclesia reformata est semper reformanda)는 종교개혁의 원리에 보다 더 충실할 필요가 있다. 즉, 이러한 종교개혁의 원리에 근거하여 각 장로교회의 교단들이 스스로의 신학과 교회와 신앙의 삶에 있어 더욱 본질적이고도 철저한 개혁을 추구하면서, 아래에서 언급할 문제들에 집중하여 그 신학과 신앙의 삶에 있어 동질성을 회복하도록 노력하면서, 교회로 하여금 "성령이 하나 되게 하신 것을 힘써 지키라"(엡 4:3)고 하신 그 역사적 책임과 과제를 외면하거나 현실에 안주하지 말고, 더욱 진지하고 철저하게 수행해 나가야 할 필요가 있다.

나아가 보다 구체적으로, 먼저 '신학적인 문제들'과 관련하여 몇 가지 사항들을 언급하자면 다음과 같다.

2) '화란 정통개혁신학'과 '영미 청교도주의 개혁신학' 전통뿐만 아니라 그것을 계승한 신학들인 미국의 구프린스톤/화란의 신칼빈주의/현대 영미 범개혁신학, 나아가 칼 바르트의 신정통주의 및 몰트만 등의 신학도 그 근원에 있어서는 모두 칼빈주의 신학에 그 원천적 뿌리를 두고 있다고 볼 수 있다. 그러므로 극히 일부 신학자들을 제외하고는 모든 한국장로교회가 스스로 인정하는 장로교 신학의 원천인 칼빈의 신학을 창조적으로 계승하면서 보다 더 철저히 할 필요가 있다.[130] 그리고 종교개혁 당시

---

130 한국장로교회 안에서의 칼빈 신학의 연구사에 대하여는 이상규, 『한국에서의 칼빈연구 100년』 (서울: 개혁주의신행협회, 1985); 박경수, "한국에서의 칼뱅 연구사", 『한국칼빈학

에 그가 교회연합을 위하여 기울였던 노력과 공교회적 신학을 추구한 그의 신학 정신을 계승하여, 우리시대에 한국장로교회의 신학적 동질성의 회복과 더불어 교회의 연합을 위하여 보다 철저하게 실천하고 노력할 필요가 있다.[131]

3) 나아가 한국장로교회는 그 신학적 정체성과 실천적 지향성이 어떠하든지 간에, 그것이 참으로 참된 기독교 신학이길 원하고, 또한 성경이 가르치는 복음의 진리에 기초한 참된 신학이길 원한다면, 모두가 칼빈의 신학방법의 기초 원리이기도 하며, 동시에 역사적 개혁교회(개신교)의 신학 원리인 "오직성경"(Sola Scriptura)이라는 원리에 충실하여, 신학과 신앙과 삶의 실천에 있어 성경의 권위를 인정하고, 하나님의 말씀인 성경에 기초한 신학을 보다 철저히 전개할 필요가 있다.

4) 또한 모든 기독교회의 신학과 신앙의 기초인 '고대 공교회 신경'들 및 장로교회의 신학과 신앙, 그리고 삶의 표준인 되는 '웨스트민스터 표준문서'들과 '개혁교회의 신앙고백서'에 기초한 신학을 보다 철저히 할 필요가 있다. 이 가운데 특히 한국장로교회가 스스로 신앙과 삶의 표준으로 채택한 '웨스트민스터 표준문서'들은 더욱 중요한 공통의 기초로서 중요한 역할을 할 수 있을 것이다.[132]

회 50년의 발자취: 회고와 전망』 (성남: 북코리아, 2014): 9~29를 참조하라.

131 칼빈신학의 특징과 한국개혁신학의 과제에 대한 논의로는 김은수, "칼빈신학의 특징과 개혁신학의 과제", 『칼빈과 개혁신앙』 (서울: SFC, 2011): 16~56을 참조하라.

132 한국장로교회는 그 시초에 웨스트민스터 신앙고백서의 내용을 압축하여 요약한 "12신조"와 "웨스트민스터 소요리문답"을 채택하였고, 1963년 합동(총신)측이 웨스트민스터 표준문서들을 정식으로 채택하였으며, 1967년 통합(장신)측이, 1969년 고신측이, 합신(개혁)은 1987년에 채택하였고, 그리고 기장(한신)은 1953~1972년까지 기존의 한국장

5) 더불어, 모든 한국장로교회는 이제 자신의 신학과 삶의 자리에서 보다 창조적인 신학작업을 통하여 그동안의 단순한 번역과 번안을 통한 유럽과 영미신학에 대하여 추종적이고 수용적인 입장에서 벗어나, 진정한 의미에서 '한국장로교 신학의 자립'을 위하여 모두가 가일층 노력하여야 할 것이다. 또한 이것은 2000년 정통 공교회 신학 및 종교개혁신학의 전통을 충실하게 계승함과 동시에 100년 한국장로교회의 신학적, 교회적, 신앙적 삶의 경험과 문제의식이 녹아든 것이어야 할 것이며, 이를 통하여 세계교회와 신학에 대한 독창적이며 창조적인 기여를 할 수 있어야 할 것이다.

다음으로, **'신앙의 삶과 사회적 실천의 문제들'**과 관련하여 언급할 것은,

6) 먼저, 칼빈의 신학과 목회적 실천에서 이미 잘 나타나 있기도 하거니와, 이것을 창조적으로 잘 계승한 화란의 신칼빈주의(Neo-Calvinism) 신학에서 더욱 분명해진 일반은총론과 영역주권이론에 근거한 '문화변혁적인 개혁주의 신학'과 더불어, 민주화시대 이후 많이 변화된 진보적인 '역사/사회참여 신학'은 그 실천의 다양한 영역들에 있어 서로 공유할 수 있는 많은 접점의 영역들이 있을 수 있고, 또한 한국교회와 한국사회가 당면하고 있는 많은 문제들에 대처하기 위하여 함께할 수 있는 많은 부분들이 있을 수 있다: 생태/환경문제, 생명과학(생명윤리) 문제, IT 등 과학기술의 문제, 사회적인 문제들, 문화적인 문제들, etc. 이렇게 긴급한 실천적 문제들에 대하여 함께 신학적으로 분석하고, 실천적인 해결 방안들을 모색함

로교 총회가 채택한 것을 그대로 사용하다 1972년 새로운 신앙고백서를 만들어 채택하였다. 주강식, "한국장로교회의 개혁신학에 대한 연구", 119f.

에 있어 교회의 연합은 더욱 긴요하고도 필수불가결한 요소가 될 것이다.

7)마지막으로 모든 한국장로교회는 심각하게 문제의식을 가지고 통일한국을 준비하며, 통일로 가는 과정뿐만 아니라 통일 이후의 많은 일들을 대비하기 위하여 모든 장로교회가 하나되어 신학적인 기초작업과 더불어 실천적인 문제들을 해결하기 위하여 함께 지혜를 모을 필요가 있다. 이 일을 추진하는 가운데 나누어진 장로교회가 다시 연합할 수 있는 실제적인 계기가 될 수 있고, 또한 연합된 한국장로교회의 노력으로 스스로의 신학의 근간이 된 평양신학교가 그곳에서 다시 재건되어 질 때, 한국장로교회와 신학은 새로운 시대를 함께 열어갈 수 있을 것이다.

이 땅에 복음의 씨앗이 심겨진 이래, 그동안 한국장로교회에 부어주신 하나님의 은혜가 참으로 크다. 오직 그 크신 은혜(Sola Gratia)로 인하여 한국교회는 세계교회사적으로도 그 유래를 찾아보기 힘들 정도의 발전과 성장을 이루어 왔다. 그러나 또 다른 한편으로는 교회의 급속한 성장으로 말미암아 교회의 분열과 더불어 많은 실천적인 문제점들을 노출함과 동시에 신학적으로도 심각한 도전에 직면해 있는 현실이다. 이러한 위기에 처한 한국교회의 현실을 통회하는 마음으로 직시하며, 우리는 종교개혁의 정신과 신학, 그리고 성경적인 참된 신앙으로 다시 돌아가야 할 엄중한 시대적 요청 앞에 마주 서있음을 깊이 재인식하여야 할 것이다. 그리하여 오직 말씀의 올바른 가르침에 따라 '항구적으로 계속하여 개혁을 추구해 가야하는 교회'(ecclesia reformata est semper reformanda)로서의 한국장로교회와 신학은 앞으로 계속하여 이어질 역사 속에서 그 '본질에 있어 하나됨'과 동시에 그 '적용에 있어서의 다양성'을 관용하며, '일치 속에 있는 다양성'과 '다양성 가운데 하나됨', 즉 '본질의 일치와 다양성의 연합'이라는 아름다운 조화와 공명을 이루며,[133] '하나님 앞에서'(Coram Deo) 성령 하나님의 인도하심 가운데 오직 예수 그리스도의 십자가와 부활의 복음의 진리 안에서 참으로 신실하게 스스로를 개혁하며, 그리고 항상 새롭게 스스로를 갱신하며, 우리 앞에 주어진 다음 100년의 역사를 역동적으로 힘차게 써나가야 할 것이다.

Soli Deo Gloria!

---

[133] Cf. 김은수, 『개혁주의 신앙의 기초(II)』 (서울: SFC, 2011), 180f.

차별금지법에 대한 신학적 분석과
교회의 책임적 대응에 대한 연구*

신원하

들어가면서

2024년 5월 29일자로 21대 국회가 폐회되면서 21대 국회들어 21대 국회의원 장혜영의원이 대표로 발의한 차별금지법은 폐기되었다. 이 법안은 법제사법위원회를 통과하지 못해 본회의에 상정되지 못한 채 자동으로 그와 유사한 다른 법안들과 함께 폐기된 것이다.[1] 약 4년 전 21대 국회가 시작된 지 약 한 달이 지난 2020년 6월 29일에 당시 정의당 장혜영 의원을 포함한 10명의 의원들이 '차별금지법안'을 발의했다. 이 법안의

---

*   이 글은 고려신학대학원 교수논문집 「개혁신학과 교회」 24 (2020): 235~61에 실린 저자의 글인데 여기에 서론과 결론의 일부를 2024년 시점에 맞게 수정 보완한 것이다.

1   21대 국회 회기동안 장혜영 의원이 대표발의한 차별금지법 외에도 이름만 다를 뿐 거의 대동소이한성격의 차별금지법안을 이상민, 박주민, 권인숙 의원이 시차를 두고 각각 추가로 대표발의하였다. 그리고 이들 법안들도 법사위원회를 통과하지 못했고 21대 국회 폐회와 함께 자동 폐기되었다.

첫 부분은 "헌법은 누구든지 성별 종교 또는 사회적 신분에 의하여 차별을 받지 아니한다고 규정함에도 불구하고 현실은 여전히 차별이 발생하고 있고 그런 경우 적절한 구제 수단이 미비하여 피해자가 제대로 보호받고 있지 못하고 있기 때문에, 이를 해결하기 위한 법이 필요하다"고 제안이유를 내세웠다.[2] 그리고 "이 법안은 … 생활의 모든 영역에서 차별을 금지하고 차별로 인한 피해를 효과적으로 구제함으로써 헌법상의 평등권을 보호하여 인간으로서의 존엄과 가치를 실현함"을 목적으로 한다고 목적까지 명시했다[3]

이 법안이 표방한 '차별폐지와 차별피해자에 대한 구제를 통한 평등권 보호와 인간존엄 구현'이라는 이유와 목적만을 두고 본다면 교회가 이 법을 반대할 하등의 이유가 없었다. 그런데 당시 그 법안이 발의된다는 소식을 접한 한국의 23개 개신교단의 교단장들은 법안이 발의되기 직전인 6월 25일에 차별금지법 제정을 반대하는 성명을 발표했다. 그 이유는 이 차별금지법안이 평등구현과 인권보장에 역행하고, 양성 평등한 혼인 및 가족 생활과 신앙의 자유를 침해한다고 교단장들은 판단했기 때문이다.

한국교회와 성도들의 기도화 노력가운데 지난 2024년 5월 29일에 21대 국회가 폐회됨과 함께 이들 발의된 차별금지법안들은 모두 폐기되었지만 현재 새로 시작된 22대 국회 회기 동안 차별금지법안은 또 다시 발의될 것으로 예상된다. 그것은 이 법안은 2007년부터 5번의 국회를 거

---

2   장혜원 외 9명, 『차별금지법안』 (2020년 6월 29일), 1. 이하 『차별금지법안』으로 표기할 것이다.

3   『차별금지법안』, 5.

치는 동안 정부안과 국회의원의 안으로 11차례나 발의되었고 모두 통과하지 못했기 때문이다. 이미 2024년 6월 4일에 시민단체 차별금지법제정연대는 여의도 국회의사당 앞에서 22대 국회는 이 법을 반드시 제정할 것을 촉구하는 성명을 발표한 바 있다.[4]

　　22대 국회는 민주당 외에도 몇몇 소수 진보당들이 원내에 진입해 있는 상태이기 때문에 21대 때보다 더 많은 차별금지법안들이 발의될 것으로 예상된다. 누가 어떤 이름으로 발의하든 사실 이 발의될 법안들은 21대에 발의된 법안들과 그 목적과 내용에 있어서 별로 다르지 않을 것이다. 그것은 21대에 발의된 것들이 그 이전에 발의된 국회의원들이 제안한 법안들이나 국가 인권위원회가 만든 정부안들과 내용에서 대동소이한 것이었음을 통해서도 능히 예상할 수 있다. 한국교회는 22대 국회 기간에도 마음이 하나가 되어 더 지혜롭게 잘 대처해 가야 할 것이라고 생각한다.

　　이런 상황에서 한국교회는 예방적인 차원에서 지난 국회 때 장혜영 의원이 발의한 '차별 차별금지법안'의 내용과 의도와 목적, 그리고 그것이 지닌 문제점들이 제대로 파악해야 필요가 있다. 바른 인식이 있을 때 효과적으로 대응할 수 있기 때문이다. 이 논문은 차별금지법의 목적과 내용과 그 문제점들을 분서하고 그것을 한국교회와 성도들에게 바르게 인식시키기 위해 쓰여진다. 이 논문은 먼저 '차별금지법안'의 사상적 기반에 깔려있는 성평등 이념과 이것의 사상적 배경인 페미니즘의 역사에 대해서도 먼저 살펴볼 것이다. 그리고 차별금지법의 내용을 분석하고 이것에 대해 신학적으로 평가하고 마지막에는 교회가 이런 법안들에 앞으로 어떻

4　https://www.ntoday.co.kr/news/articleView.html?idxno=106403

게 대처해야 할지를 역사적 선례를 통해 살피고 제안하고자 한다.

I 차별금지법안의 위장된 목적: 젠더 이념에 근거한 성평등(gender equality) 사회

차별금지법안은 "대한민국 헙법상 평등권을 보호하[기]" 위해 제안되었다.[5] 그런데 차별금지법안이 실제로 구현하고자 하는 핵심은 성 평등이다. 이 법안에 인종, 언어, 나이, 피부색, 국적 등 보편적 정당성을 가고 있는 사항을 차별금지 대상으로 쭉 열거하고 있지만 사실 그 중심은 '성별'과 '성적지향'과 '성별정체성'에 있다는 것이다. 그 외의 것들은 거의 들러리이고 위장용 보호막으로 쳐진 것들과 다르지 않고 그 본질은 동성애 차별을 금지하는 것이다.[6] 왜냐하면 이미 대한민국의 법령은 남녀고용평등법, 남녀차별금지 및 구제에 관한 법률, 장애인 차별금지 법률을 비롯한 다양한 개별적 차별금지법이 이미 존재하고 시행되고 있기 때문이다. 그 법률들에서 이번 법안에 명시한 것들을 거의 다 언급하고 금지해 놓고 있기 때문이다. 이 법안이 겨냥하는 것은 동성애 차별금지이고 추구하고자하는 평등은 성평등이다.

그런데 일반 시민들은 성평등(性平等)이라고 하면 양성평등(兩性平等)을 떠올린다. 양성평등이란 남성과 여성 간의 성별 차이때문에 차별받지 않고 평등하게 대우받는 것의 의미로 이해한다. 그런데 이 법안에서 말하는 성평등의 의미는 양성평등의 의미와 완전히 다르다. 이 법안은 제3조 1항

---

5   https://www.ntoday.co.kr/news/articleView.html?idxno=106403

6   조영길,『동성애 차별금지법에 대한 교회의 복음적 대응』(서울: 밝은생각, 2020), 24.

에서 성별, 성적 지향, 성별정체성 외의 23가지를 차별금지 대상으로 규정하고 금지했다. 그런데 제2조에서 "성별"(性別)의 의미를 "남성과 여성, 그 외에 분류할 수 없는 성을 말한다"라고 정의했다. "그 외에 분류할 수 없는 성"을 성별에 추가한 것이다. 이것은 남성도 여성도 아닌 제3의 성이 있음을 전제하고 인정한다는 의미이다. "그 외에 분류할 수 없는 성"이란 염색체, DNA, 생식기구조와 같은 생물학적 성격에 따라 성을 정했던 기존의 성별을 탈피하고 사회적 심리적 성 즉 젠더(gender)를 성별로 인정하겠다는 것이다. 젠더는 동성, 양성, 무성, 간성 등 수많은 성을 포함하고 자기의 주관적인 성인식을 근거하는 것이다. 예를 들면 생물학적 남자인 사람이 타인의 인식과는 관계없이 자기가 스스로 여성이라고 인식하면 성별이 트랜스젠더가 된다. 아침에는 남성으로 인식하지만 저녁에는 여성으로 스스로를 인식하고 지향한다고 생각하면, 그 자신의 성은 양성이 되는 것이다. 이것은 생물학적 특성에 따른 분류를 버리고 젠더주의에 따라 성별을 분류하겠다는 것이다.[7]

이 법안이 제시한 성별에 대한 새로운 정의는 인류가 수천년동안 채택해 온 생물학적 특성에 따른 성별 개념과 상충할 뿐 아니라, 대한민국의 법체계의 그것과도 배치된다. 대한민국 헌법 제36조 제1항은 혼인과 가족생활은 양성의 평등에 기초해서 성립된다고 말한다.[8] 이는 현행 헌법이 성별을 남성과 여성으로 이해하고 있음을 전제한다는 것이다. 그런데

---

7   이 젠더라는 용어는 뉴질랜드의 심리학자인 존 머니(John Money, 1921~2008)에 의해 본격적으로 쓰이기 시작했다. 그는 유아들을 대상으로 한 실험을 통해 성별 역할을 결정지우는 요인은 생물학적인 천성이 아니라, 양육과 교육이라고 주장했다.

8   "혼인과 가족생활은 개인의 존엄과 양성의 평등을 기초로 성립되고 유지되어야 하며, 국가는 이를 보장한다."

이 차별금지법안은 헌법 체계에 배치된다.

그리고 이 법안 2조에서 '성적지향'을 "이성애, 동성애, 양성애 등 감정적·호의적·성적으로 깊이 이끌릴 수 있고 친밀하고 성적인 관계를 맺거나 맺지 않을 수 있는 개인의 가능성"으로 정의한다. 그리고 '성별정체성'을 "자신의 성별에 관한 인식 혹은 표현을 말하며, 자신이 인지하는 성과 타인이 인지하는 성이 일치하거나 불일치하는 상황을 포함한다"고 정의했다. 성별정체성을 생물학적 특성에 따른 것이 아니라 자기 자신의 주관적인 인식에 따라 규정하겠다는 것이다. 성별정체성에 관한 새로운 정의는 성별 정의의 연장선에 있는 것으로 젠더주의를 채택하여 성정체성을 결정하겠다는 것이다. 이것은 매우 심각한 문제이다. 이것은 인류의 보편적인 성별인식과 그리고 대한민국의 법적 규정을 무시할 뿐만 아니라 합리적인 이유와 정당성에 대한 아무런 설명도 없이 젠더를 성별로 받아들이도록 밀어붙이는 것으로 매우 독단적인 작업이다.[9] 그러기에 이 파격적인 시도는 공정하지도 윤리적이지도 않다.

이러한 정의들를 감안하면, 성평등이 의미하는 바는 남성과 여성 간의 평등을 넘어 그 외의 젠더간의 평등, 성적지향성들 간의 평등을 의미한다. 그 의미가 완전히 달라지는 것이다. 2001년 국가인권위원회가 설립되어 활동을 시작한 이후 성평등 이념이 서서히 정치, 사회, 언론, 교육계 등에 영향을 미치게 되었고, 문재인정부가 들어선 이후 정치인들과 일부 진보성향의 정치인과 참모들이 성평등 사회 정책을 추진해 왔다. 2017년 6월 문재인 정부 탄생 2개월 후에 출판된 대선 정책 공약집에서 헌법개정

---

9   이상원, "궤변을 강요하는 법안" 『월드뷰』 통권242호 (2020년 8월), 33.

을 첫째 공약으로 내세웠는데, 헌법 개정을 통해 추구하는 여러 목표 중의 하나가 '성평등 사회 실현'임을 언급해 두고 있다.[10] 이 차별금지법안의 내용은 문재인 정부의 기조와 크게 다르지 않다. 그것은 이 차별금지법안이 실제로 국가인권위원회가 마련한 차별금지법 권고안의 내용을 상당히 준용하고 있는 것으로 판단할 수 있기 때문이다.

II 성평등과 성평등 사회 이념에 대한 신학적 분석

1 젠더(gender)와 기독교 창조론적 성별이해

기독교 윤리는 성경이 가르치는 인간에 대한 이해로부터 출발한다. 소위 신학적 성경적 인간론이 기독교윤리학의 기초이고 출발이다. 기독교 인간학의 두 핵심 명제 중의 첫째 명제는 인간은 하나님의 형상으로 창조된 존재라는 것이다. '하나님이 자기 형상, 곧 하나님의 형상대로 사람을 창조하셨다'(창 1:27)는 진술은 기독교 인간학의 기둥이고 출발이다. 이 교리가 얼마나 중요한지는 성경의 첫 장에 밝혀 두었음을 통해서도 알 수 있다. 인간은 하나님으로부터 창조된 존재라는 교리는 인간존재의 기원, 성격, 그리고 목적까지도 잘 말해주고 시사해 준다. 독일의 무니히(Munich) 대학의 신학자 트루츠 렌토르프(Trutz Rendtorff) 교수는 기독교인의 윤리의 가장 기본은 마틴 루터가 그의 소교리문답에서 말한 바처럼 '하나님이 나를 창조하셨고 존재하는 모든 것들을 만드셨다는 것을 믿는 고백'이라고

---

10   『나라를 나라답게: 제19대 대통령 선거 정책 공약집』 약속 11번 1항.

했다.[11] 렌토르프는 이 교리를 고백하는 것이 사람은 자신에게 스스로 생명을 주는 자가 아니고, 하나님이 주신 생명을 받는 자라는 사실을 인정하고 그것에 동의한다는 의미이기 때문에 정말 중요하다고 말한다. 즉 인간은 피조물로서 하나님이 주신 생명, 즉 "주어진 바 된 생명"(the givenness of life)을 받은 자임을 인정하고 창조주의 뜻에 따라 그 받은 생을 살아가는 존재라는 것을 이 교리가 말해 준다고 했다.[12]

그런데 성경은 인간 창조를 기록하면서 한가지 사실을 빠뜨리지 않고 명시해 놓았다. '하나님이 사람을 창조하셨다'고 말하지 않고 "하나님이 사람을 … 창조하시되, 남자와 여자로 창조하[셨다]"고 말한 것이다(창 1:27b). 신학자들은 이 사실과 기록에 매우 중요한 의미를 부여한다. 그것은 이 기록이 사람을 남자와 여자로 두 구별되는 성(sex)을 지닌 존재를 하나님이 창조하셨다는 것을 밝히려는 의도로 기록된 것으로 보기 때문이다. 그런데 이 구절에서 쓰인 남자와 여자라는 단어는 '자카르'와 '네케바'이다. 이것은 남성(male)과 여성(female)이라는 것이고, 이것들은 동물들을 가리킬 때도 쓰이는데 바로 수컷(male)과 암컷(female)을 의미하는 말이다. 이것들은 흔히 성인 남자와 여성을 가리키는 '이쉬'와 '이쉬아'는 조금 의미가 다른 생물학적 함의가 강조된 단어이다. 즉 이 본문이 강조하는 것은 하나님은 사람을 창조하시되 남성으로 여성으로 서로 함께 살아가도록 하셨다는 것이다. 사람을 창조한 것으로 끝나지 않고, 굳이 사람을 남성과 여성으로 창조했다고 천명하는 것은 하나님이 사람을 생물학적으로

---

11   Trutz Rentorff, *Ethics, Vol.1: Basic Elements and Methodology in an Ethical Theology*, trans. Keith Crim (Philadelphia: Fortress Pres, 1986), 40~41.

12   Rentorff, *Ethics, Vol.1: Basic Elements and Methodology in an Ethical Theology*, 33~37.

차이가 있는 성적 존재로 창조했고 그것은 하나님의 선하신 뜻이 있기 때문이라는 말이다.

그런데 이번에 발의된 차별금지법안에는 성별을 남성과 여성에다가 "그 외에 분류할 수 없는 성"을 더했다. 이들이 강조하는 젠더(gender)는 하나님에 의해 창조된 것이 아니라 사회가 만들고 사회에 의해 개진된 것이다. 이처럼 차별금지법안이 성을 양성과 여성이 아닌 그 외에 새로이 규정된 성을 인정하려고 하는 시도는 교회가 보기에는 하나님의 창조 질서를 인정하지 않으려는 도발에 지나지 않는다. 기독교 윤리는 이런 반성경적 성별 이해에 근거한 성평등 사회를 지향하고 그에 따른 행동을 강압하는 이 법안에 동의할 수 없는게 당연하다.

2 양성 창조와 기독교 윤리적 함의

인간이 만든 젠더와는 달리. 하나님이 사람을 그의 형상으로 창조하되 남성과 여성으로 창조하신 데에는 그의 선하신 뜻이 게재되어 있다. 사람을 육체적으로 정서적으로 그리고 생물학적으로 차이가 있는 즉 상반성을 지닌 남성과 여성의 양성으로 창조하신 이유는 두 사람이 연합하여 서로 보완하고 보충하며 보다 온전한 삶을 살아 가도록 하기 위함이다. 독일의 튜빙겐 대학의 복음주의 신학자 페터 바이어하우스는 양성의 상반성은 곧 상보성을 위한 하나님의 계획이고 이것은 삼위일체이신 하나님 자신 안에 있는 사랑의 공동체를 반영하는 증거라고 했다.[13] 즉 이것은 사람이 하나님의 형상으로 창조된 것을 잘 반영하고 보여주는 증거라고

---

13   Peter Beyerhouse, "Widersteht der Gender-Ideologie!" "젠더이데올로기에 대항하라" 페터 장 번역 (unpublished paper, 2015), 1.

말한다. 삼위일체 하나님은 성령으로 결합된 성부와 성자 사이에 존속하는 사랑의 공동체성을 지니고 있기 때문이다. 한 여자와 한 남자가 결혼하고 한몸을 이루고 자녀를 낳고 가정을 이루어 살도록 하셨고 그 가족관계라는 기초 공동체를 통해 인류가 생육하고 지속하도록 하는 것이 하나님의 양성으로 사람을 창조한 이유이고 목적이다.

사람을 남성과 여성으로 창조하신 것은 하나님이 인간에게 위임하신 명령인 땅을 채우고 다스리며 정복하는 일을 수행하기 위해서도 반드시 필요하기 때문이다. 자녀를 낳아야 번성할 수 있고, 그렇게 해야 이들을 통해 땅을 다스리며 경작하며 문명을 일구어 나갈 수 있기 때문이다(창 1:28; 2:21). 인간은 하나님이 자신에게 맡기신 이 일 즉 소위 문화적 사명을 수행하기 위해서는 생육하고 번성하는 일이 필요하다. 그러기 위해서는 남성에게는 여성이 여성에게는 남성이 있어야만 한다. 하나님이 사람을 남성과 여성의 양성을 지닌 존재로 창조하신 이유를 여기에서도 찾을 수 있다.

그런데 제3의 성은 인간의 존속과 유지에 기여하기에는 역부족이다. 그리고 그것은 하나님의 형상을 반영한 것이 아니다. 인간이 만든 젠더는 인류의 존속과 하나님의 뜻을 이루기 위한 것이 아니라, 자신의 욕망과 취향을 채우기 위한 목적으로 만들어진 것이다. 젠더에 따른 성분류와 성정책은 하나님이 만드신 질서에 도전하는 것이다. 이런 젠더주의를 추구하는 이 법안에 신학적으로 동의할 수 없다.

III 차별금지법안의 사상적 배경: 급진적 페미니즘과 젠더 이데올로기

차별금지법안에 깔려 있는 성에 대한 생물학적 인식과 사상을 해체

하는 젠더리즘의 성평등 이념은 19세기 후반이후 학문과 예술, 및 건축의 제반 영역에 영향력을 미치고 있는 포스트모더니즘의 사상적 토양에서 자랐지만 그 기원은 문화적 마르크스 주의와 후기구조주의 그리고 보다 직접적인 영향은 페미니즘에서 찾을 수 있다.

한국의 성평등운동은 이 사조들 가운데 페미니즘과 가장 밀접히 연결되어 있다. 이 차별금지법안의 이념도 페미니즘 사상에 크게 영향을 받았다고 할 수 있다. 공교롭게도 차별금지법법안 발의자 10명 중에 8명이 여성이었다. 그리고 그 중 5명은 당시 정의당 여성의원들이고 이들 대부분은 이전에 현장에서 노동운동가이거나 시민단체나 여성단체 출신자들이었다. 더욱이 더불어민주당 권인숙의원은 "성평등을 국가통치 원리로 작동시키기 위한 제도적 기반 마련을 위해 국회에 들어왔다"라고 말할 정도로 성평등에 강한 신념을 갖고 있는 여성학 박사 출신이다.[14] 이 법안 발의에 페미니즘(feminism)의 영향이 직간접으로 미치고 있음을 충분히 추론할 수 있는 이유이다.

페미니즘은 '여권신장운동' 또는 '여권주의'라고 번역될 수 있는 개념이다. 이것은 19세기 후반에 서구사회에서 발흥된 것으로 여성과 남성의 성차별을 없애고 사회 제반 영역에서 여성의 권리를 신장하고 여성의 평등을 실현하고자 하는 운동이나 사상을 가리킨다. 그런데 페미니즘이 한국에 사상으로 전해지고 여권신장운동으로 전개된 지는 그리 오래되지 않았다. 1980년대 이화여대에서 여성학이 전공학문으로 다뤄지고 연구되기 시작하던 때부터 시작되었다고 할 수 있다.

---

14 http://news.khan.co.kr/kh_news/khan_art_view.html?artid=202007241726001&code=910100&utm_campaign=daum_news&utm_source=daum&utm_medium=related_news.

차별금지법에 대한 신학적 분석과 교회의 책임적 대응에 대한 연구 | 신원하

1 서구 페미니즘의 역사

서구 사회에서 여권신장운동의 물결은 크게 세 단계로 흘러왔다고 할 수 있다. 첫단계 페미니즘 물결은 19세기 말과 20세기 초반기에 일어난 것으로 그 핵심은 여성들의 참정권 획득을 주목표로 한 것이다. 즉 여성들도 남성과 동등하게 투표할 권리가 있음을 주장하고 참정권을 얻으려고 힘을 모았다. 둘째 단계 페미니즘 물결은 1960~70년대에 일어난 것으로서 여성해방 운동의 성격이 강하다. 여성들이 남성 중심적 사회 구조와 가부장적 제도로부터 성차별과 불평등을 당하고 권리와 욕구가 억압당해온 피해자라는 인식을 갖고서 가해자인 남성과 남성중심적 사회구조 그리고 가부장적 이데올로기를 타파하려고 했다. 물론 이 가운데서도 평등한 기회와 임금, 그리고 공적영역에 참여할 권리를 옹호하고 쟁취하기 위해서도 노력했다.[15] 그런데 이 둘째 단계 페미니즘은 남성중심적 가부장적 사회구조에 대항하는 운동을 전개하는 가운데 과격한 남성 혐오적 주장과 저항운동을 펴는 급진적 페미니즘의 성격으로 나아가는 경향도 나타냈다. 이것의 본질은 아무래도 여성을 억압해온 남성중심적 사회구조를 타파하여 여성에게 차별을 제거하고 다양한 영역과 욕구총족에서 평등을 도모하고자 하는 해방 운동이었다.[16] 통상 페미니즘이라고 하면 이 1960년대부터 1980년대까지 서구에서 일어난 둘째 단계를 가리키고 또 급진 여권주의자들이 내세운 주장이라고 할 수 있다

---

15   현숙경, "페미니즘과 젠더 이데올로기 바로 알기"『월드뷰』 통권239호 (2020년 5월), 39~40.

16   강남순,『페미니즘과 기독교』(서울: 대한기독교서회, 1998), 180; 현숙경, "인문학에서의 젠더이론과 동성애 문제",『동성애, 성경에서 답을 찾다』, 대학출판부 편(대전: 침례신학대학교 출판부, 2020), 425~26

그런데 1960년대에 일어났던 둘째 페미니즘은 당시 베트남전쟁, 인종차별에 대항하는 흑인인권운동, 성개방문화 등으로 젊은이들 가운데 퍼져갔던 반문화운동의 시대 상황에서 진행되었다. 그래서 당시의 기독교적 성규범이 지배하던 문화에 저항하고 혁명적 성해방을 추구하는 흐름이 페미니즘에도 흘러 들었다. 여권주의자들은 여성들도 이제까지 여성에게 과도하게 요구되어온 순결의 성규범으로부터 벗어나 남자처럼 성적 자유를 찾을 와 권리가 있다고 주장했고 여성을 남성의 성욕망의 대상으로 삼는 남성중심적 성문화에 저항했다. 여자에게 정절을 요구하는 성윤리는 여성억압적 이데올로기에 불과하다고 보면서 여성의 성적 평등을 위해서는 가부장적 가족 제도를 바꾸어야 한다는 주장을 펴기도 했다. 여기에는 1960년대 말 프랑스에서 일어난 68혁명이라 불리는 젊은이들 중심의 반체제 운동이 서구의 페미니즘과 결합하여 남자와 여자를 계급투쟁의 관계로 이해한 것도 크게 작용했다고 할 수 있다.[17] 이런 맥락에서 페미니즘은 가정과 가족제도까지도 바꿀 수 있다는 급진적 페미니즘의 경향을 조금씩 띠어갔다.

세 번째 페미니즘 물결은 1990년대 초에 시작되었는데 둘째 단계의 페미니즘이 본질적인 성에 초점을 맞추고 남성에 억압받는 여성의 해방을 도모한 특징이 있다고 하변 셋째 단계의 페미니즘은 성자체와 성정체성을 중요한 주제로 삼고 다루었고 연구했다. 이 시기에는 성은 역사와 사회 가운데서 권력의 역학관계 가운데서 구성되는 것이라는 이론과 학문적 주장이 이미 많이 진행되었던 때였다. 미셸 푸코는 성의 역사를 연구한 책

17　이봉화, "급진페미니즘과 젠더이데올로기 정부를 고발한다", 『월드뷰』 통권237호 (2020년 3월), 39.

에서 성이란 여러 요소들의 관계이고, 사회적 장치로서 시대에 따라 의미와 내용이 달라지는 역사적인 구성물이라고 주장했다.[18] 페미니스트들은 이런 사상을 접하면서 본질적인 성차에 따른 여성과 남성에 대한 관심에서 점점 성 자체에 대한 담론으로 진일보하게 된다. 프랑스 철학자요 페미니스트 시몬느 드 보봐르는 그의 책 제2의 성에서 "여성은 태어나는 것이 아니라 여성으로 만들어지는 것"(one is not born, but rather becomes a woman)이라고 했는데, 이 주장은 3세대 페미니스트들에게는 크게 영향을 미쳤다. 남성과 여성을 성별하고 그에 맞는 성적 행동을 요구하는 것도 본질적인 성의 차이로 말미암은 것이 아니고 남성중심적 사회와 자본주의가 여성을 억압하고 가정에 묶어두려는 것에서 나온 유산으로 보면서, 성별의 구분조차도 이런 목적에서 취해지는 사회적 권력의 구성물이라고 생각하기 시작했다. 그래서 이 시기에는 이전 페미니즘이 생물학적이고 본질적인 차이를 지닌 여성과 남성과 그들 사이의 평등에 관해 연구했다고 하면, 성 자체 즉 사회적으로 구성되는 성에 초점을 맞추어 이것을 권력, 역사, 사회의 관계에서 이해하는 경향이 두드러졌다. 그래서 페미니즘도 여성학 연구에서 점점 탈피하고 젠더학으로 확대해 가게 되었다.[19].

셋째 단계의 페미니즘에 영향을 가장 많이 준 학자인 버틀러는 생물학적 몸의 차이인 성(섹스)과 문화적이고 사회적인 성인 젠더를 구분하는 것을 좋아하지도 찬성하지 않았다. 몸이 스스로를 여성이라고 생각하고

---

18   Michel Foucault, 『성의 역사』 제1권 이규현 역 (서울: 나남출판, 1997), 129~44; Jeffrey Weeks, Sexuality, 『섹슈얼리티: 성의 정치』, 서동진, 채규형 옮김 (서울: 현실문화연구, 1997), 31,

19   현숙경, "인문학에서의 젠더이론과 동성애 문제", 431.

느끼는 것도 사실은 문화와 사회가 그렇게 인식하게 했기 때문이라고 보면서, 자신을 여성이라고 판단하는 인식 그 자체도 사회적으로 구성된 산물이라고 본다.[20] 그래서 그는 섹스도 젠더와 별반 다르지 않다고 보았다. 성별이라는 것은 사회적 문화적으로 구분되는 것이기 때문에, 자신의 진정한 자아를 찾기 위해서는 자신이 주체가 되어 자신의 성적 정체성을 찾아야 한다고 주장한다. 그러기 위해서는 사회가 부여한 기존의 성역할이라는 관념과 성규범으로부터 해방되고 자유해야 한다고 말한다.

이런 맥락에서 가정에 대한 개념도 주체적으로 새로이 구성할 수 있어야 한다고 주장한다. 그에 따르면 가정도 생물학적인 특성에 따른 여자와 남자의 결합으로 형성되는 것이 아니고, 다양한 젠더를 지닌 자들로도 구성될 수 있다는 것이다. 결혼에 대한 생각도 마찬가지다. 동성이 결합된 관계도 충분히 결혼으로 볼 수 있고 보아야 한다는 것이다. 1960~70년대에 시작된 급진적 페미니즘 물결은 1990년에에 들어오면서 젠더이데올로기로 진입하고 편입되면서 페미니즘은 여성없는 페미니즘, 여성과 남성의 경계를 허문 젠더리즘과 젠더이데올로기에 둘러싸이게 된다. 점점 페미니즘은 젠더 주류화(Gender Mainstreaming) 방향으로 나아가게 된다. 이성애처럼 동성애(同性愛) 및 다른 성적 지향을 차별하지 말고 동등하게 받아들이는 젠더 권리운동으로 흘러가고 있다. 이 페미니즘을 갖고 있으면 차별금지법안이 담고 있는 가치에 반대할 수가 없고 오히려 동조하게 되는 것이 당연하게 된다.

---

20 Judith Butler, Gender Trouble, 『젠더 트러블』, 조현준 옮김 (서울: 문학동네, 2008), 94~98.

2 한국 페미니즘의 흐름

한국의 페미니즘은 1980년대 중반에 서구의 둘째 단계의 페미니즘의 영향을 받으면서 시작되었고 역시 여성을 차별하고 억압하는 사회구조와 제도를 비판하며 차별해소를 위해 의식개혁과 제도개선을 위해 노력해 왔다. 그 가운데 여성들의 성담론도 등장하면서, 여성이 성적으로 억압당해 온 것도 남성중심의 가부장적 사회구조가 크게 작용했고, 여성을 성적으로 대상화하고 여성에 대한 성폭력을 묵인하고 간과하는 남성중심적 성 풍습과 문화가 큰 영향을 미쳐 온 것임을 비판해왔고 이에 대항하는 운동을 전개해왔다. 성폭력 방지법을 제정하고, 성희롱 문제를 이슈로 부각시켰고 성희롱을 처벌하는 법을 만드는 결실을 맺기도 했다.[21]

그렇지만 1990년대에 들어 본격적으로 전개된 한국 페미니즘은 동시대 서구에서 진행되던 페미니즘에 크게 영향을 받지 않을 수 없었다. 그 시기의 여성학자들과 여권신장론자들은 당시의 젠더이론과 사상이 중심이 된 셋째 페미니즘을 접하고 학문적으로 연구하면서, 점점 여성학을 넘어 젠더학으로 관심과 시각을 확대해 갔고, 그 과정에서 억압당하고 차별당하는 성 소수자의 성과 성욕망에 조금씩 관심을 갖게 되었다. 그리고 성소수자들의 성욕망도 여성들의 성과 마찬가지로 전통적 남성중심과 양성중심의 사회구조로부터 차별받지 않고 보호받아야 한다는 생각을 하게 되었다. 이처럼 한국 페미니스트들은 자신들이 남성중심의 사회구조에 대항해서 여성을 해방시키고 했던 것처럼, 성소수자들의 억눌린 권익과 성적 욕망을 인정하고 이들에 대한 차별을 금지하고 권리를 옹호하는

---

21   조영미, "한국 페미니즘 성연구의 현황과 전망", 『섹슈엘리티 강의』, 한국성폭력상담소 엮음 (서울: 동녘, 1999), 14.

운동에 문을 열고 동참하는 길로 점점 나아갔다. 이런 이유로 페미니스트들은 성평등 이념을 지향하는 차별금지법안을 제정하는 것에 적극적으로 가담하고 전개해왔다고 볼 수 있다.

IV 법안이 지닌 주요 문제 분석

차별금지법안은 표방된 제안 이유와 목적과는 달리 실제로는 도리어 국민의 자유와 기본권을 훼손할 소지가 많다. 이 법안이 도리어 초래한 차별들 중 대표적인 것 몇 가지를 분석한다면 아래와 같이 말할 수 있다.

1 양심과 사상에 따른 표현의 자유 억압

'금지대상과 차별의 범위'에 관한 제3조의 제3항과 제4항은 성별 등을 이유로 상대방에게 피해를 주거나 "적대적 모욕적 환경을 조성하여 신체적 정신적 고통을 주어 인간의 존엄성을 침해하는 행위"를 차별로 명시하고 그것과 관련된 차별행위를 금지했다. 그러나 이 조항은 심각한 문제를 안고 있다. 쉽게 말하면 성별 등의 이유로 갑이 고통을 받았다고 하면 고통을 유발한 언행을 차별로 본다는 것이다. 예를 들면 성적 지향으로서의 동성애를 객관적 사실에 근거해서 부정적으로 진술해도 그것은 차별행위로 간주되어 규제된다. 이것이 바로 이 법안이 지난 문제들 중에 가장 심각한 것이다. 김주영 변호사는 이것을 가리켜 "국민들에게 보장된 영업의 자유, 표현의 자유, 종교의 자유 등 각종 기본권을 제한할 우려가 크

다"고 비판한다.[22]

특정 표현이 특정인들에게 고통이나 불쾌감을 야기한다는 이유로 그것들을 혐오행위로 규정하고 규제하는 것은 국민의 기본권인 표현의 자유를 제한하는 심각한 문제를 낳는다. 표현의 자유는 존중되어야 하고 그것을 규제하려면 원칙적으로 "중대한 공익 실현을 위해 불가피한 경우에 한해 엄격한 요건 하에서만 [규제가] 허용돼야 한다"는게 헌법재판소의 판례라고 안창호 전 헌법재판관은 소개한다. 그럴지만 이 법안은 부정적 평가나 정당한 비판까지도 포괄적으로 규제할 수 있기때문에 개인의 인격 발현을 방해하는 문제를 지닌 법이라고 평가한다.[23] 예를 들어 갑이 동성애에 관련해 객관적인 사실에 근거해 부정적으로 표현하는 것조차 규제하겠다는 것은 개인의 생각과 관점과 가치관의 자유를 제한하는 것과 다르지 않다. 따라서 이 차별금지법은 사고과 판단의 차이에서 말미암는 정당한 진술까지도 제한하고 규제하려는 법안이기 때문에 표현의 자유라는 국민의 기본권을 침해하는 것이다. 이 법안이 통과되면 동성애를 반대할 사상의 자유, 양심의 자유 그리고 표현의 자유까지 억압받게 된다.

소수자의 인권을 더 보살펴주는 것이 선진 사회의 특성 중의 하나이나, 그것도 다수자의 인권을 희생하지 않는 범위에서 취해져야 한다. 그런데 이 법안은 소수자의 성향과 생각에 반대하는 것이라면 그 표현까지도 차별로 간주하고 규제한다. 이때문에 이것은 일종의 역차별을 조장하는 법이다. 이것은 정의롭지도 않고 평등하지도 않으며 특정 그룹의 권익

---

22   https://m.hankookilbo.com/News/Read/A2020072811230001108

23   http://news.kmib.co.kr/article/view.asp?arcid=0924148152&code=23111111&cp=du(국민일보, 2020년 7월 20일 p. 25).

만을 보호하는 편파적인 법일 뿐이다.

2 처벌조항: 이행강제금 부과와 손해배상 소송지원

차별금지법이 지닌 또 다른 심각한 문제는 '차별의 구제'에 관한 제4장에서 차별행위자를 처벌하는 조항을 둔 것이다. 조영길 변호사는 이 법은 명목은 차별금지법이지만 실제는 동성애 반대행위를 차별로 몰아 법적인 책임을 부과하는 동성애 반대자를 처벌하려는 성격을 지닌다고 평가한다.[24] 물론 명시적으로 '처벌'이라는 용어를 사용하거나 형사 처벌을 명시하는 조항은 없다. 그러나 이 법안은 이행강제금과 손해배상소송 지원이라는 실제적 처벌 조항을 명시하고 있다. 이 점에서 이 법안은 매우 위압적이고 또 엄청난 파괴력을 지닌 법안이 된다.

(1) 강제이행금과 손해배상지원

제4장 제4조 제1항은 차별피해자가 차별행위자의 언행에 대해 국가인권위원회에 진정하면 그 위원회는 시정명령을 내리고 "그 정한 기간 내에 시정명령의 내용을 이행하지 아니한 자에 대하여 3천만 원 이하의 이행강제금을 부과할 수 있[도록]" 행정 권력을 부여했다. 만약 어떤 동성애자가 동성애를 비판하는 글을 읽고 수치감을 느꼈고 정신적인 피해를 받았

---

24 "차별금지법, 핵심은 처벌 조항의 도입", (기독일보, 2020년 6월 25일)
https://kr.christianitydaily.com/articles/104919/20200625/%EC%B0%A8%EB%B3%84-%EA%B8%88%EC%A7%80%EB%B2%95-%ED%95%B5%EC%8B%AC%EC%9D%80-%EC%B2%98%EB%B2%8C-%EC%A1%B0%ED%95%AD%EC%9D%98-%EB%8F%84%EC%9E%85.htm (2024년 6월 17일 접속).

다고 국가인권위원회 진정을 제기하면, 위원회는 글쓴이나 유발 주체에게 차별행위 시정 권고를 내리게 된다. 시정 권고를 받은 사람이 권고대로 이행하지 않으면, 인권위원회는 3000만원 이하의 이행강제금을 부과할 수 있다. 이행강제금 부과는 징벌적 성격을 지니기에 처벌과 다르지 않다.

아울러 법안 제50조와 51조는 '손해배상'도 명시해 놓고 있다. 차별 피해자가 예를 들어 동성애자가 정신적 피해를 당했다는 이유로 차별행위자에게 피해보상을 받고자 원할 경우 손해배상을 청구할 수 있고 그 경우 소송을 통해 손해배상도 가능하도록 50조 제2항에 명시해 두고 있다. 만약 차별행위자가 이 권고에 따라 이행하지 않을 때 피해자가 소송해서 피해에 대한 배상을 받기 원하면 국가인권위원회는 피해자를 위해 소송을 지원하도록 이 법안은 명시하고 있다. 이행강제금 부과와 아울러 손해배상을 위해 국가인권위원회가 소송지원을 할 수 있게 한 조항은 차별행위를 처벌을 통해서도 금지하겠다는 강력한 법안이다.

(2) 형사처벌의 가능성 담지

법안은 제3조 제1항 제4호에서 성소수자 개인이나 단체에 대한 모욕적 환경을 조성함으로 정신적 고통을 주는 것도 차별금지 행위로 간주하고 제재 대상으로 명시하고 있다. 대한민국 형법은 명예훼손과 모욕을 처벌하는 조항이 있기 때문에 만약 성소수자 단체가 동성애 비난의 글과 영상을 통해 모욕을 당했다고 간주하고 이것을 모욕죄를 붙어서 법원에 고소하면 차별행위(자)는 형사처벌을 받을 개연성이 있다. 법조인들의 가운데 이 경우 소위 차별행위 주체가 형사처벌이 되지 않는다고 단정할 수 없다는 해석을 내놓은 사람들이 있다.[25] 일단 소송이 진행되면 관련 조항을 판사가 어떻게 해석하느냐에 따라 형사처벌도 가능하다. 이런 해석이 가능한 것은 차별금지법이나 이런 효과를 지닌 법이 만들어진 서구에서 이와 유사한 사건에서 형사 처벌된 선례가 많이 있기 때문이다. 따라서 이 법안으로도 형사적인 처벌을 가하는 것이 가능하기에 이 법은 매우 위력을 지니는 심각한 법안이라고 할 수 있다.

만약 이 법이 제정된다면 차별행위에 대한 형사처벌 가능성도 높아질 것이다. 그것은 바로 제정된 법의 일부 문구를 첨삭하는 방식인 일부 개정안을 발의하는 작업을 통해 형사처벌 대상을 명시하는 개정안을 만들어 시행하는 것이다. 법 제정이 이루어지고 나면 제정은 훨씬 쉬운 것이 일반적인 현상이기에, 이러한 우려는 충분히 현실성이 높다고 할 수 있다. 그러므로 아예 해석상 다툼의 여지를 없애기 위해 시차를 두고 이런 방향으로 나갈 가능성이 훨씬 높을 것을 예상할 수 있다..

3 국가인권위원회의 엄청난 권력화와 악영향

차별금지법안은 행정부의 한 위원회였던 국가인권위원회를 거의 독립된 권력기관으로 만드는 엄청난 결과를 초래한다. 이 법안이 스스로 법안의 성격을 천명하면서 이 법안은 현행 국가인권회법의 차별 분야에 대한 특별법이라고 규정했다.[26] 지난 2001년 설립된 이후 이 위원회가 차별

---

25 http://news.kmib.co.kr/article/view.asp?arcid=0924149577&code=23111111&cp=-du(2020년 8월 5일 접속).

26 이 글에서는 이후 국가인권위원회를 위원회로, 국가인권위원회법을 위원회법으로 지칭할 것이다.

금지 대상을 지나치게 진보적이고 비윤리적으로 해석하여 그에 따른 법과 제도를 만들도록 국회, 행정부에 권고해 왔던 것에 비추어보면, 이 법안은 위원회 자체의 국가인권위원회법을 법률화하려는 특별법이다.

법안 제7조 제3항은 정부는 기본계획을 세우고 집행하는 일에 있어서 국가인권위원회의 권고안을 철저히 준용해야 할 것을 의무로 명시해 두고 있다: "정부는 기본계획을 수립함에 있어 국가인권위원회가 제7조에 따라 제출하는 권고안을 존중하여야 한다." 나아가 8조 3항에서는 국가인권위원회는 중앙행정기관의 장뿐만 아니라 지방의 군수와 구청장에 및 시도 교육감에게까지 "세부시행계획 이행결과의 제출을 요구할 수 있다"고 명시하여 중앙정부나 지방정부 그리고 시도 교육감들까지도 위원회의 지도와 권고를 받게 된다.[27]

지난 십수년 동안 국가인권 위원회가 자체 국가인권위원회 법에 따라 초중고등학교를 비롯한 교육계, 언론계와 사회 제반에 권고라는 형식으로 막대한 영향력을 미쳐왔다. 국민이 인식을 못했을 뿐이지만 그 폐해가 심각할 정도이다. 대표적인 예로 2011년에 국가인권위원회가 인권보도 준칙을 제정하여 동성애에 대한 부정적인 견해나 에이즈 감염의 주된 원인으로 서술하는 언론보도를 금지시켰는데 이후 공영매체에서 동성애를 긍정하거나 미화하는 드라마나 보도는 볼 수 있지만 동성애를 부정적으로 묘사하거나 비판하는 것들은 사라져 버렸다. 그런데 만약 차별금지 법안이 실제로 만들어지면 이 법이 처벌권을 담고 있기에 국가인권위원회 권고안은 훨씬 강력한 권력적 명령으로 작용하게 될 것이다.[28] 따라서 이

---

27   『차별금지법안』, 8~9.

28   조영길, 『국가인권위원회법상 차별금지 사유 '성적지향' 삭제 개정의 정당성』 (서울: 미래

런 내용을 담고 있는 이 법안은 국가인권위원회를 중심으로 한 "국가 개조 계획에 해당하는 법안"에 해당하는 심각한 법안이다.[29]

4 동성애 정죄 설교 - 차별행위로서 금지와 처벌 대상

교회에서 동성애가 죄라고 설교하는 것이 차별행위로 간주되고 나아가 처벌사유가 될 수 있느냐 하는 문제는 교회가 매우 관심갖고 있는 사항이다. 법안을 통과시키려는 측에서는 교회에서 설교하는 것은 종교의 자유에 속하는 것이기에 이 법안이 막을 수 없고 또 이 법안은 그것까지 금지하는 것은 아니라고 기독교회를 안심시키는 말을 하기도 한다. 그러나 어떻게 말하든지간에 상관없이, 만약 이 법안이 통과하면 반동성애 설교를 하는 것은 차별행위로 간주되어 규제될 될 가능성이 매우 높다.

동성애가 죄라고 선포하는 설교는 법안 제3조 제1항 제4호에서 "적대적 모욕적 환경을 조성하는 등 신체적 정신적 고통을 주어 인간의 존엄성을 침해하는 행위"에 해당한다. 예를 들어 동성애자나 동성애 옹호자가 이런 설교와 강연을 통해 모욕과 정신적 고통을 당했다고 주장하면, 그 설교는 차별행위에 해당하고 처벌 대상이 된다. 실제로 이미 유사 차별금지법이 제정되어 있던 국가인 영국에서는 동성애를 죄라고 설교한 설교자를 체포하고 구금한 것과 벌금형을 부과한 사례들이 영국과 스웨덴에서 있었다.[30] 외국의 선례를 보면 한국에서도 이런 일이 일어나지 않는다고

사, 2016), 6.

29 이승구, "장혜원 의원이 대표 발의한 차별금지법안의 문제점", 『인권윤리포럼 자료집』(서울대학교 호암교수회관, 2020년 7월 20일), 1.

30 http://news.kmib.co.kr/article/view.asp?arcid=0924149577&code=23111111&cp=-

단정할 수 없다. 목사와 교회는 스스로 자가검열을 하고 삼가게 될 것이 충분히 예상될 수 있다.

교회뿐만 아니라 방송이나 언론에서도 동성애를 죄라고 말하는 설교와 강연, 글 등은 차별행위로 제재 대상이 된다. 제28조(정보통신서비스 공급·이용의 차별금지)와 제29조(방송서비스 공급·이용의 차별금지)에서는 소셜미디어, 통신, 방송, 광고 등에서 동성애를 정죄하거나 비판하는 내용이 담긴 강연이나 설교는 차별행위로서 금지하고 있기 때문이다. 일반 방송과 언론은 물론 기독교 방송 신문에도 이 법에 따라 그와 같은 내용이 들어 있는 설교는 방송하지 못하거나 해당 내용이 삭제된 설교를 내보내야 한다. 방송과 언론이 지키지 않으면 시정명령을 거쳐 손해배상, 강제이행금이 부과될 수 있고 처벌 대상이 된다. 이런 조항을 지닌 법이 통과되면 기독교 방송과 언론까지도 처벌을 의식하게 되고 동성애를 비롯한 다자성애 등을 죄로 지적하는 대담프로는 아예 제작하지 않게 될 것이고 스스로 자가 검열하게 될 것이다. 이는 기독교인들에게 죄에 대한 인식을 흐리게 만드는 역기능적 작용을 하게 될 것이다.

5 교회와 기독교학교의 건학 이념과 교육권 침해

법안이 통과되면 교회나 교회가 설립해서 운영하는 기독교 학교와 어린이집 및 복지시설과 같은 기관에서도 동성애에 대한 우호적인 입장을 갖고 말하는 자들이 근무하는 것을 막을 수 없게 된다. 심지어 기독교 대학교와 중고등학교 등에서 교수나 직원을 채용할 때 동성애와 트랜스

du(2020년 8월 5일 접속).

젠더와 입장을 이유로 기회를 제한하거나 지원 자격에 불이익을 줄 수 없게 된다. 차별금지 및 예방조치에 관한 장인 제3장의 제10조(모집 채용상의 차별금지)는 "사용자는 성별 등을 이유로 모집 채용 기회를 주지 않거나 제한하는 행위"를 금지하고 있기 때문이다. 이것은 기독교 교리를 바탕으로한 건학 이념을 심각하게 훼손하게 될 것이 뻔하다. 이것은 기독교 학교에서도 성경에 근거해서 동성애가 잘못이라고 가르치는 교육 내용에도 적용된다. 심지어 신학대학원에도 마찬가지이다. 이것은 기독교적 가치를 구현하는 일이 어려워지게 된다. 그래서 기독교 교육의 내용이 제한되어 기독교 학교로서의 성격이 크게 손상을 입게 된다.

물론 이에 대한 논란은 있다. 제3조 제2항 제1호에는 다음과 같은 내용이 있다: "특정 직무나 사업수행의 성질상 그 핵심적인 부분을 특정 집단의 모든 또는 대부분의 사람들이 수행할 수 없고, 그러한 요건을 적용하지 않으면 사업의 본질적인 기능이 위태롭게 된다는 점이 인정되는 경우, 다만, 과도한 부담없이 수용할 수 있는 경우에는 그러하지 아니한다." 이 조항을 갖고 종교단체에서의 종교적 가르침과 고용에서 특수성을 예외로 인정할 수 있다는 해석도 제기된다. 그러나 이 조항은 상당히 애매하게 표현되어 있어서, 이것은 판사의 해석에 따라 그 판결은 언제든지 달라질 수 있다. 전윤성 변호사는 이 조항을 갖고 교회나 기독교학교나 복지기관이 동성애자를 고용에서 원천 배제하는 것이 차별금지법에 위반되는 것이 아니라고 단정하거나 장담하는 것은 매우 순진한 생각이라고 말한다.[31]

---

31 http://news.kmib.co.kr/article/view.asp?arcid=0924150366&code=23111111&cp=-du(2020년 8월 6일 접속).

V 교회의 대응책

차별금지법안이 제정되면 국회나 지방의회가 대한민국헌법 상의 평등권과 관련된 법령을 제정 개정하는 경우, 중앙정부나 지방정부 심지어 교육청이 평등권과 관련된 제도 및 정책을 수립하고 집행할 경우에도 모두 이 법안의 취지에 따라야 한다(제4조 제1항)[32] 이런 성격을 지닌 이 법안이 통과되면 그 법적 위력은 엄청날 것이다. 이미 분석한 바와 같이 이 법안은 사회 전반과 기독교 신앙에 심각한 폐해를 가져올 것이기 때문에, 이것이 법제화되지 않도록 교회는 모든 힘을 모아서 함께 저지해야 한다. 이목적을 위해 교회가 가장 우선해야 할 대응책을 몇 가지로 제안한다.

1 법의 실체적 내용과 문제 알리기와 경각심 고취

대다수의 일반 국민들은 포괄적 차별금지법안의 내용을 잘 모르고 단지 '차별금지'라는 단어 때문에 이 법안을 긍정적으로 생각하게 된다. 이 점이 법안반대 측 입장에서는 시작부터 불리한 형편에 처하게 되는 이유이다. 서구사회에서도 거의 마찬가지였다. 대부분의 국가에서 평범한 국민들은 이 법의 내용과 구체적인 문제점을 자세히 알지 못하는 상태에서 '차별금지'와 '소수자 보호'라는 좋은 가치를 표방하는 법의 이름과 그 대의에 끌려 우호적으로 생각하고 반대하지 않고 지켜보고 통과시켰을 뿐이다. 이 현상은 지금 대한민국에서도 비슷하게 나타나고 있다. 친동성애 매체와 진보 언론들은 국민들을 대상으로 차별금지법 제정에 대한 여론 조사 결과 88%의 찬성이 나왔다고 보도했다. 그런데 그 조사 결

---

32 『차별금지법안』, 8.

과는 '차별을 없애고 평등권 보장을 위한 법률인 차별금지법을 제정에 동의하느냐?' 라는 질문으로 조사했기 때문이다. 질문을 받은 사람들은 그 법안의 구체적 내용을 모른채 이 법이 차별을 금지하고 평등권을 보장하려는 목적으로 제정하는 법이라고 하니까, 많은 사람들은 단순하게 생각해서 동의하게 되었을 것으로 능히 분석할 수 있다.

그런데 차별금지법안에 동성애를 비판하면 처벌을 받을 수 있게 하는 조항이 있는데 이에 대해 어떻게 생각하는지를 물은 그 질문에는 대답이 달랐다. 찬성은 32%, 반대가 46%가 나왔다.[33] 그리고 차별금지 항목에 동성애를 포함하는 성적지향을 넣는 것에 어떻게 생각하느냐는 질문에 찬성은 26%, 반대는 55%가 나왔다. 이런 질문 외에 더 구체적으로 이 법이 제정되면 초중고등학교 학생들이 학교에서 동성애가 정상이라는 교육을 받고, 구체적으로 안전하게 동성애 하는 방법을 교육받고 또 제3의 성이 있고 본인이 스스로 그것을 선택할 수도 있다는 내용도 교육받게 되고 이런 교육을 위해 엄청난 국민세금이 들어가게 될 것을 알려 주면서 이 법에 동의하느냐 물으면, 반응은 훨씬 부정적으로 나오게 마련이다.

이 통계를 통해서 알 수 있는 것은 실제로 국민들이 성도들이 이 법의 실체와 내용을 잘 모르고 있다는 것이다. 그 때문에 나라를 걱정하는 기독교인들과 교회는 이 법안의 이 지닌 내용의 구체적인 문제들을 알려야 한다. 교회는 성도들에게 이 법이 얼마나 반기독교적인 성격을 많이 갖고 있는지를 말해야 하고 구체적으로 설교해야 한다. 이 법이 통과되면 기독교신앙이 위협받고 교회가 위축을 받고 설교가 제한받고 학교를 통

---

33 "동성애 반대자를 형벌로 규제하는 것 반대", (국민일보 기사, 2020년 6월 26일) https://www.kmib.co.kr/article/view.asp?arcid=0014735799 (2024년 6월 17일 접속).

해서 아이들이 성인식과 성가치관이 상당히 왜곡되고 오염될 수 있다는 것을 성도들에게 알리고 각성시켜야 한다.

2 기독 국회의원과 법조인들에 대한 교회의 설득과 압력

가장 강력한 방법은 아무래도 법을 발의하고 제정하는데 일을 하는 국회의원들에게 설득하고 압력을 행사해서 이들이 차별금지법 제정에 가담하지 않도록 하는 것이다. 사실 차별금지법안은 지난 2007년부터 5대 국회를 지나면서 무려 11차례나 정부안이나 국회의원 안으로 발의되었던 역사를 갖고 있다. 그렇지만 한 차례도 그 법안은 국회 본회의에서 다루어지지 못하고 철회되거나 상임위원회에 계류된 채 국회 회기가 종료되어 폐기되었다. 그 가장 큰 이유는 사명감을 가진 소수의 교수 변호사 의사와 같은 사명감을 지닌 전문직 그리스도인들이 앞장서서 이 운동을 견인했고, 이들의 헌신에 감동하고 또 동참을 간곡히 부탁받은 사회적 영향력이 있는 교회들의 목회자들과 전국 각 지역의 많은 그리스도인들이 조금씩 의식화 되어 반대운동에 동참하기 시작했고 국회의원들을 찾아가 설득하고 부탁하는 수고를 기꺼이 감당해 주었기 때문이다.

특히 교회는 국회의원들을 설득하고 이들을 통해 법안 저지 활동에 전해했다. 교회는 먼저 기독 국회의원들에게 찾아가 이 법안의 공교육에서의 폐해와 청소년들의 가치관 왜곡 조장 및 기독교 신앙 박해적 성격을 잘 설명했고, 이어 나라와 교회를 위해 기독국회의원들이 이 법안을 막아달라고 호소했다. 이와 아울러 교회는 영향력있는 많은 지역구 국회의원들을 찾아가 설득했고 동시에 선거와 연계시켜 이들을 압박했다. 이런 것들이 발의된 차별금지법안들이 상임위원회를 통과하지 못하게 하는데 크게 작용했다.

구체적인 예를 들면, 2011년에 김한길 의원이 대표로 발의한 차별금지법안은 당시 상임위원회를 통과하여 본회의에 상정되었지만, 약 15일간의 입법예고 기간 동안에 발의에 참여했던 몇몇 의원들이 발의를 철회하겠다고 의견을 바꿈으로서 이 법안은 자진해서 철회되었던 적이 있었다. 그런데 중간에 철회하기로 마음먹은 이들은 모두 기독 의원들이었고, 이들은 이 기간 동안 교회로부터의 매우 강한 철회 설득과 영향을 받았다. 또 하나는 국민적 압박이 크게 영향을 미쳤기 때문이다. 동시에 당시 입법예고 기간에 이 법안에 반대하는 청원자 수가 10만 명이 넘었고 특별히 지역구 국회의원들에게 지역에 속한 시민들이 강하게 반대하면서 법안을 철회하지 않으면 낙선운동을 전개하겠다는 전화와 메시지를 보내며 압력을 가한 것도 크게 영향을 미쳤다. 아주 대표적인 예이다. 이런 체험을 한 바 있는 기독 동성애반대 대책위원회는 21대 국회 회기 동안에는 훨씬 더 강력하게 이와 같은 운동을 전개했고 실제적인 효과를 거두었다.

2024년 현재 이 일에 대한 기독교회의 각성과 결집도는 이전과는 비교할 수 없을 정도로 강력해 졌다고 말할 수 있다. 그것은 지난 3~4년동안 나라의 미래를 생각하는 사명감 있는 기독법조인들을 중심으로 한 동성애 동성결혼 반대 국민연대, 동성애 동성결혼 반대 교수연합, 동성애 반대 아카데미, 한국동성애 반대협회와 같은 시민연대와 단체들이 결성되어 매우 적극적으로 대 교회 계몽과 각성운동을 전개해 왔기 때문이다. 예를 들면 길원평교수, 제양규교수나 조영길 변호사와 같은 기독 전문인들이 자신의 건강을 아끼지 않고 거의 목숨을 걸다시피 이 법안 제지 운동에 헌신해 왔다. 이들의 계몽과 호소에 그동안 적잖은 대형교회 목허자들과 지역의 수많은 목회자들과 교계 지도자들이 감동을 받고 이 일에 동참하게 되었고 실제로 크게 영향을 미쳤다. 만약 이 법안이 통과된다면, 교회뿐 아니라 결국 사회와 나라를 망하게 할 것이라는 의식을 교계가 갖게 되면서 현재 개신교회의 대다수 교단들과 대형교회 목회자들이 이 법안 제정 반대 운동에 적극적으로 동참했던 것이 법안 폐기에 크게 영향을 미치게 되었다고 할 수 있다.

나가면서

법은 최소한의 윤리로 볼 수 있다. 실제로 이 차별금지법안이 제정되면 이 법은 서서히 윤리적인 효과를 갖게 될 것으로 예상할 수 있다. 국가가 어떤 것을 법으로 규정하는 것은 최소한 그 내용이 도덕적으로 문제는 없는 것이라는 생각을 국민들은 하게 된다. 법이 제정되고 점점 시간이 지나면 도덕적으로 문제없는 것이라는 인식이 도덕적으로 받아질 수 있는 것이라는 인식이 국민들 사이에 자리잡게 된다. 바로 이것이 법이 지닌 교육적인 기능이다. 차별금지법이 제정되면 나라의 선량한 도덕과 가치관은 상당히 와해될 것이다. 이미 서구사회가 이 법이 제정된 후 학교와 교육기관에서의 윤리교육이 와해되고 있고 그 결과 가정 질서와 부모의 훈육도 타격을 받아 무너지고 있다. 우리나라도 이를 충분히 예상할 수 있다.

교회는 차별금지 법안이 교회와 기독교신앙에 대항하는 일종의 반기독교적 성격과 효과를 지니고 있는 점을 인식해야 한다. 앞으로 이런 법이 제정되면 죄를 죄로 지적하지 못하고 나라가 급격히 죄악으로 기울어지고 어두워지는 것을 붙잡지 못하게 된다. 이런 법안은 우리 사회에 하나님의 심판을 자초하게 하는 불행한 법안이 될 것임을 알고 그리스도인들은 긴장을 늦추지 말고 지난 국회 회기때 지녔던 열성과 전략으로 다시금 재무장하고 대비해야 할 것이다. 그리하여 우리 사회가 서구 사회가 걸어 갔던 그 불행한 역사를 거스르고 21세기에 사회의 도덕과 질서과 하나님의 법에 역행하지 아니하고 건전하게 유지되어서 기독교회가 단아한 가운데 신앙생활하고 지구촌 여러 나라를 위한 사명을 잘 감당해 갈 수 있도록 해야 할 것이다.

에필로그

고신의 개혁주의 신학자 이근삼 박사님 출생 (1923.10.28) 100주년을 맞이하여 평택대학교 명예교수 안명준 박사님의 제안을 따라 한국개혁신학회(회장: 소기천박사, 총무: 이상은박사)가 제154차 정기 학술심포지엄을 작년 12월 2일 고신대학교(영도캠퍼스)에서 개최했습니다. 국내 유수의 신학자 9명이 발제로 참가하는 풍성한 신학 잔치가 전개된 가운데 이 박사님의 개혁신학에 대한 학문적 논의가 이루어진 결과 이 논문집의 토대가 마련되었습니다. 이 학술대회를 위해 물질로 섬겨주신 교회 및 개인들께 감사드립니다: 사직동교회(복기훈목사), 송도제일교회(김형렬목사), 은혜로교회(김은태목사), 한누리국제선교교회[Hannuri International Church Assembly, 안토니오 도토스메(Antonio Dotosme) 목사], 함안제일교회(정진경목사), 성훈장로 및 장근용장로.

올해 상반기에 6편의 글들이 추가되어 이 논집의 출판이 가능해졌습니다. 바쁜 일정 가운데 흔쾌히 원고를 작성해주신 모든 분들께 다시 한번 진심으로 감사의 마음을 전해 드리고, 특히 이 학회와 출간의 아이디어를 제안하신 안명준 박사님(평택대학교 명예교수)께도 심심한 감사 인사를 드리고자 합니다. 아울러 논집의 출간을 위해서 수고해 주신 발간위원장 정태진 목사님(부총회장)의 헌신적 수고에도 감사드리면서 재정적 후원을 제공해 주신 아래 교회들께도 진심으로 감사드립니다: 안양일심교회(김홍석목사), 진주성광교회(정태진목사), 창원한빛교회(신진수목사), 남서울교회(최성은목사), 진주삼일교회(문장환목사), 송도제일교회(김형렬목사) 및 안락제일교회(권종오목사).

또한 출판을 맡아 주신 크리스천르네상스의 정영오 사장님 이하 모든 직원 분들께 감사드립니다. 출판 환경이 여러모로 넉넉지 않은 요즈음, 베스트셀러가 될 가능성이 희박한 논문집 출판을 기꺼이 수락해 주시고 기쁜 마음으로 감당해 주시니 흐뭇할 따름입니다.

이 논집의 발간에 즈음하여 개인적으로 한 가지 바람이 있다면 고신 교회가 '이근삼 기념사업회'를 설립하는 것입니다. 이를 통해서 고신의 신학자께서 일생 동안 일구어오신 개혁주의 신학이 제대로 계승되고 고신 교단을 포함한 한국 교회가 신학적으로 일취월장하는 계기가 마련되었으면 하는 것입니다. 이 기념사업회는 1) 이근삼 박사님의 개혁주의 신학을 연구하는 연구자들을 후원하여 더 활발한 연구가 진행될 수 있도록 돕고 2) 아직 발간되지 않은 이근삼 박사님의 1차 자료 및 관련 자료들을 찾아내어 출간하고 3) 이근삼 기념 센터를 건립하는 등의 사업을 추진할 것으로 제안해 봅니다.

우리 한국 교회는 개혁주의라는 아름다운 유산을 서구 개신교회로부터 전수받았습니다. 우리 모두가 이 신학을 잘 계승 발전시켜 나가서 세속화의 물결로 어려움에 처한 한국 교회에 새로운 힘과 희망을 불어넣는 불길이 되길 기원해 봅니다. 우리 하나님께서 한국 교회를 세우시고 지금까지 인도해 주셨는데 특히 한국교회는 지난 100년 동안에 기적 같은 성장을 이루게 하신 하나님의 놀라운 은총과 복주심에 감사드리는 교회가 되어야 할 것입니다. 이런 성장과 발전이 지속되기 위해서 교회 내에 신학적 뿌리가 더욱 든든히 자리 잡아야 하는데, 여기에 개혁주의 신학의 역할이 소중하고 결정적이라는 생각이 듭니다.

뿌리 깊은 나무가 거센 바람에도 흔들리지 않고 자라가듯이 교회라는 나무도 신학이라는 뿌리를 통해서 더 큰 나무로 성장하게 마련입니다. 교회와 신학은 서로를 떠나서는 결코 공존할 수 없습니다. 지금은 교회는 신학의 본질을 생각하고 교회가 신학을 위해서 무엇을 할 수 있는가를 생각해야 하는 시점입니다. 신학은 교회의 본질을 성경적으로 파악하고 하나님이 기뻐하시는 교회의 모습을 이 땅에서 구현하기 위한 학문적 노력을 멈추지 않아야 합니다. 한국 교회는 개혁주의 신학이라는 종교개혁의 위대한 유산을 소중히 여기되 이 신학이 지닌 장단점을 확실하게 짚어내어 장점을 더욱 극대화하고 단점을 보완하여 다음 세대도 이 신학의 위대함과 적실함을 깨달을 수 있도록 끊임없이 안내해야 할 사명을 지니고 있습니다. 포스트모더니즘, 과학기술 만능주의, 그리고 신자본주의를 위시한 다양한 세속적 사고들의 높은 파고에 휩쓸리지 않고 이 신학의 발전을 위해서 헌신해야 합니다. 이것이 개혁주의 신학자 이근삼 박사님 메시지의 핵심이라고 믿습니다. 한국 교회의 참된 희망이 개혁주의 신학에 놓여 있기 때문입니다.

Soli Deo gloria!

2024년 7월 31일, 영도 캠퍼스 연구실에서

이신열 고신대학교 교수

개혁주의 신학과 문화

이근삼 박사 100주년 기념 논문집

2024년 8월 19일 초판 인쇄
2024년 9월 05일 초판 발행

지은이 이근삼 박사 100주년 기념 논문집 발간위원회
펴낸이 정영오
표지 디자인 디자인집 02-521-1474

크리스천르네상스
주소 경기도 안산시 단원구 와동로 5길 301호와동, 대명하이빌
등록번호 2019-0000042019년 1월 31일

ISBN 979-11-94012-02-3(93230)

값 32,000원

크리스천르네상스 도서 목록

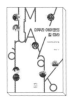

미우라 아야코의 길 따라
아사히카와 문학기행
권요섭(지은이)
168쪽
16,000원

스물한 가지, 기독교강요
21가지 주제로 읽는 해설집
박동근(지은이)
732쪽
38,000원

목회서신
디모데전서 / 디모데후서 /
디도서
송영찬(지은이)
496쪽
27,000원

**한 권으로 읽는
튜레틴 신학**
이신열, 권경철, 김은수,
김현관, 문병호, 유정모,
이은선(지은이)
344쪽
25,000원

성품
하나님의 형상을 찾아서
임경근(지은이)
296쪽
21,000원

신학은 삶이다
서창원(지은이)
344쪽
16,000원

웨스트민스터 신앙고백, 삶을 읽다(상)
웨스트민스터신앙고백
해설서
정요석(지은이)
540쪽
27,000원

기욤 파렐과 종교개혁
16세기 스위스 로망드 지역
종교개혁사
권현익(지은이)
806쪽
50,000원

웨스트민스터 신앙고백, 삶을 읽다(하)
웨스트민스터신앙고백
해설서
정요석(지은이)
548쪽
27,000원

수난당하시는 그리스도
클라스 스킬더 설교집 1
클라스 스킬더(지은이)
손성은 (옮긴이)
647쪽
34,000원

칼빈의 예정론과 섭리론
그의 중간개념(medium
quiddam)을 중심으로
김재용(지은이)
300쪽
20,000원

기독교역사 이해를 돕는 <안경말 시리즈>

**언더우드와 함께 걷는
정동 - 시리즈 1**
양신혜 (지은이)
388쪽
24,000원

**<워크북>
언더우드와 함께 걷는
정동 워크북**
양신혜 (지은이)
80쪽
8,000원

**아담스와 함께 걷는
청라언덕 - 시리즈 2**
양신혜 (지은이)
352쪽
24,000원

말씀 이해를 돕는 <XR 성경강해>

민수기 - 시리즈 1
이광호 (지은이)
424쪽
24,000원

예배를 돕는 <찬송가>

시편찬송가
크리스천르네상스(지은이)
448쪽
25,000원